U0934792

广视角·全方位·多品种

BLUE BOOK

权威·前沿·原创

中国西部经济发展报告（2010）

ANNUAL REPORT
ON ECONOMIC DEVELOPMENT IN WESTERN REGION OF CHINA
(2010)

主　编／姚慧琴　任宗哲
副主编／徐璋勇　赵海东　安树伟

社会科学文献出版社
SOCIAL SCIENCES ACADEMIC PRESS (CHINA)

法律声明

“皮书系列”（含蓝皮书、绿皮书、黄皮书）为社会科学文献出版社按年份出版的品牌图书。社会科学文献出版社拥有该系列图书的专有出版权和网络传播权，其 LOGO（ ）与“经济蓝皮书”、“社会蓝皮书”等皮书名称已在中华人民共和国工商行政管理总局商标局登记注册，社会科学文献出版社合法拥有其商标专用权，任何复制、模仿或以其他方式侵害（ ）和“经济蓝皮书”、“社会蓝皮书”等皮书名称商标专有权及其外观设计的行为均属于侵权行为，社会科学文献出版社将采取法律手段追究其法律责任，维护合法权益。

欢迎社会各界人士对侵犯社会科学文献出版社上述权利的违法行为进行举报。电话：010－59367121。

社会科学文献出版社

法律顾问：北京市大成律师事务所

西部蓝皮书编委会

中文摘要

《中国西部经济发展报告》(《西部蓝皮书》)是由教育部人文社会科学重点研究基地——西北大学中国西部经济发展研究中心——组织全国长期研究中国西部经济发展问题的专家学者撰写，并由社会科学文献出版社出版的专题研究报告，被教育部列为“十五”期间哲学社会科学研究重大标志性成果之一，从2005年起每年出版一部。

2010年是“十一五”规划与“十二五”规划的衔接之年。基于此，《中国西部经济发展报告(2010)》的主题是在对西部地区“十一五”时期发展进行回顾与总结的基础上，对“十二五”时期发展思路进行分析研究。

本报告在内容上除序言外，包括总报告、西部重点经济区发展、西部民生发展、西部“十二五”时期发展思路研究、西部发展典型案例分析、西部竞争力评价与分析、西部专题研究等七部分。其中总报告在对2009年西部地区经济发展状况进行全面分析的基础上，对其2010年的发展进行了预测；重点经济区发展报告主要对关中-天水经济区及成渝经济区发展的现状、存在的问题进行了分析，并提出了未来发展的基本思路与政策建议；西部民生发展报告分别就四川地震灾区的恢复与重建、西部新农村建设、西部低收入人群的社会保障等三大问题进行了分析研究；西部“十二五”时期发展思路研究报告则从西部整体及省级层面上，对西部地区“十二五”时期发展的基本思路、发展目标、发展重点等进行了分析研究，并提出了政策建议；西部发展典型案例分析研究报告主要选择了近年来经济快速增长的内蒙古(“即内蒙古现象”)及西部地区的全国百强县之一——陕西省神木县的经济发展进行了分析研究，对其发展经验进行了总结，对其发展中的问题进行了分析；西部竞争力评价与分析报告从静态与动态两个角度，以2008年数据为基础，对西部各省区市经济竞争力的变化进行了全面的分析与评价，内容涵盖宏观经济竞争力、产业竞争力、企业竞争力、资源竞争力、环境竞争力、金融竞争力、科教与创新竞争力、对外开放竞争力、政府职能作用竞争力等9个方面；西部专题研究报告主要包括对甘肃省经济发展滞后原因的分析研究、“西三角”发展思路研究、陕西能源化工产业发展研究、西部文化旅游产业发展研究、西部高新技术产业技术创新效率测评等。

Abstract

Report on Economic Development in Western Region of China (*Western Blue Book*) is a research report published by Social Science Academic Press (China), written by experts and scholars who are researching the economic development of western region and organized by Centre for Studies of China Western Economic Development of Northwest University, one of the key research institute of humanities and social science in universities of Ministry of Education. The Book has been recognized as major landmark of philosophy and social science by Ministry of Education during "10th Five-Year Plan" and published once since 2005.

The year 2010 is the year which links up the eleventh five year plan and twelfth five year plan. Therefore, the main topic of *Report on Economic Development in Western Region of China* (*2010*) (*Western Blue Book 2010*) is the analyzing and researching of developing strategy of twelfth five years, based on the review and summary of the western development during eleventh five year plan.

Excepting the Preface, the Western Blue Book 2010 is included 7 parts, i. e. , General Report, the Report on Key Economic Zone, Western People's Livelihood, The Western Developing Strategy Research for Twelfth Five Year, Case Studies of Western Development, Analysis And Evaluating Report on Western Competitiveness and Issues. The General Report summaries the performance and development of Western region economy during 2009 while it forecasts the economic future of 2010. Key Economic Zone focuses on the performance and issues of Guanzhong-Tianshui and Chengdu-Chongqing economic zone, rising the strategy and policy for future development. Western People's Livelihood analyses Sichuan rehabilitation and reconstruction, western new rural construction and social security of western low-income groups. The Western Developing Strategy Research on Twelfth Five Year analyses the basic idea, developing goal and developing priorities provincially and raises the policy suggestion. Case studies of western development summaries the experiences of Inner Mongolia and Shenmu County, Shhanxi Province, which have experienced leapfrog development in recent years. The analysis analyses and evaluates the changes of western provincial economic competitiveness statically and dynamically, using the data of

2008 and 2005, including macroeconomic competitiveness, industry competitiveness, enterprise competitiveness, resource competitiveness, environmental competitiveness, finance competitiveness, science, education and innovation competitiveness, opening competitiveness and governmental performance competitiveness. Issues includes the Gansu's economic development lagging, the strategy of western delta, Energy Chemical Industry Development of Shaanxi Province, western cultural tourism industry development, and the efficiency evaluation of western high-tech industry innovation, etc.

未来十年西部大开发的战略思考（代序）

曹玉书*

西部大开发，作为一个概念的提出是在1999年；作为一个战略的实施是从2000年1月国务院召开西部大开发工作会议开始的。实施西部大开发战略到现在已经十年。十年，在人类历史长河上可谓是暂短的一瞬，但在中国的西部大地却发生了重大的变化。进入21世纪的头十年，西部大开发取得了举世瞩目的成就。展望今后十年西部大开发何去何从，各方面非常关注并颇有研究。这里对一些重大的具有战略意义的问题谈谈我的看法和体会。

一 充分认识西部大开发的长期性，抓住今后十年西部地区黄金发展期的大好机遇加快发展

西部大开发是个长期的历史进程。未来十年西部地区仍处于黄金发展期。政府要坚持三“不”方略，做好长远政策安排。企业要科学应对，把握大好机遇，做好战略谋划。

为什么强调西部大开发的长期性？不谋长远者不足以谋一时。西部大开发是历史性的伟大工程，必须付出时间的代价，不可能在短时间内完成，更不可能一蹴而就。西部大开发之所以有一个“大”字，是因为在我国历史上进行西部开发并不是首次，而是多次。这次的一个突出特点就是“大”字。之所以强调“大”字，可以从时间和空间两方面去理解。从空间上看，这次纳入西部大开发范围的是“10+2+3”。“10”就是西南、西北10个省区市，“2”就是加上广西

* 曹玉书，全国政协委员，原国务院西部开发领导小组办公室副主任。

和内蒙古两个自治区，“3”就是在此之外的湘西、恩施和延边3个民族自治州。这个开发范围，幅员占我国国土面积的71.5%，人口占全国的28.9%，体量是非常大的。在短时期内企图改变这么大体量地区的多年积累的落后面貌显然是不现实的。

从时间上看，十年前中央提出西部大开发构想，就是站在历史长河的角度，以全局的观念、长远的视野，审视和勾勒西部大开发的宏伟蓝图。作为提出并推进西部大开发战略的党的第三代领导集体核心的江泽民总书记1999年6月17日在西安召开的西北五省国有企业改革与发展座谈会上初次较系统地阐述西部大开发时就明确提出：“我们要下决心进行几十年乃至整个世纪的艰苦奋斗，直到建设一个经济繁荣、社会进步、生活安定、民族团结、山河秀美的西部地区，不达目的，绝不罢休。”

从区域经济学的角度看，按照“木桶”理论，中国发展的“短板”是西部地区。但同时也要看到，中国发展的潜力和希望也在西部。这种巨大的潜力和殷切的希望，很重要的一个聚焦点就是一个“长”字。“长”才有后劲，“长”才能厚积薄发。“时”、“空”二者是相辅相成的。没有一定的“长”就没有广阔的舞台，只有有了一定的“长”才能造就丰富多彩的历史篇章。当然，我们要以只争朝夕的精神去奋斗、去拼搏，去做每一个项目、每一个工程，去完成每一个业绩。但是要解决中国西部发展的问题，必须有一个历史的过程，必须付出历史的代价，这是不可违背的客观规律。

从现实情况看，实施西部大开发战略以来，经过十年的努力，西部地区有了迅猛的发展。进入新世纪这十年是历史上西部地区发展最快的时期，从2000年到2009年西部地区GDP的年均增长速度11.6%，GDP总量将从2000年的16655亿元增加到2009年的65000多亿元，人均GDP由4624元增加到18000多元，增长幅度是相当大的。但是，东部沿海地区也在加快发展，而且是“率先发展”。因此，东西部地区之间差距不断扩大的趋势得以遏制，以增长率为标志的相对差距有所缩小，但是绝对差距不仅没有缩小，反而继续扩大。

笔者在搞关中－天水经济区发展规划时发现，在未来十年，这个地区以年均11%的速度发展，到2020年人均GDP总量也只有目前浙江省的水平。而关中－天水经济区是西部发展基础较好的地区。可以说，西部地区要比东部发达地区落后十到二十年。缩小地区之间的发展差距，事关整个国家全面、协调、可持续发展大局。未来十年，东部地区仍处于黄金发展期，仍会保持较快发展。因为东部地区有良好的发展基础和惯性势头。因此，东西部地区的差距在今后一个时期可能还会存在。东部地区加速发展既是理所当然的，也是十分必要的，包括随着东部地区的发展和实力的增强可以反哺西部地区，支持西部地区加快发展，也只有这样中国才能保持发展的良好势头和强势地位。在这种情况下，要缩小东西部地区的差距，只能是加快西部地区的发展，除此之外没有其他途径。要加快西部地区的发展，就是要继续保持西部大开发的良好态势，把西部大开发作为长期的历史进程继续下去。

为什么说今后十年是西部地区的黄金发展期？第一，经过多年特别是这十年的努力，西部大开发有了良好的开局，有力地改善了西部地区的发展基础，为西部的继续发展创造了精神的和物质的良好条件；第二，东部地区继续发展受到诸多因素的制约，而解决这些制约因素很重要的一个途径就是面向西部地区，从而为西部地区的发展创造有利条件，包括生产要素向西部地区转移，有利于西部地区继续保持较快的发展态势；第三，从西部地区发展的内在因素来看，市场需求潜力巨大，能源和矿产资源储量丰富，勘探开发利用潜力大，发展前景好，产业基础和科技支撑力增强，劳动力资源丰富而且成本较低。因此，我们判断，未来十年，在不发生非常情况的状态下，西部地区完全可以继续保持快速增长的态势。笔者估计，西部地区的未来十年，GDP 的潜在增长速度在 10% 以上，如果政策得当，又不发生天灾人祸等非常事件，这个潜在增长率完全可以变为现实。

为什么强调政府要坚持三“不”方略？所谓三“不”方略，是指国家推动西部大开发的决心不动摇，国家扶持西部大开发的政策不改变，国家支持西部大开发的投入力度不减弱。之所以强调三“不”方略，是基于以下几方面的考虑。

第一，决心和信心是万事成功之本。西部大开发是大事业，必须有大决心。西部大开发是一个需要长期奋斗的伟大工程，必须有持之以恒的精神。特别是领导者的决心和信心，往往对动员社会力量、左右心理预期，发挥巨大作用。最后的胜利往往存在于坚持与忍耐之中。各级领导和广大干部群众的信心和决心，是西部大开发夺取最后胜利的前提和保障。推进西部大开发，会遇到意想不到的新困难、新问题，会遇到各种严峻的挑战，决不能因此退缩。要有魄力、有智慧去应对各种困难和挑战，把这项伟大的历史工程进行下去，直到最后成功，而不是半途而废。

第二，西部地区培育自有财力需要一个过程，国家应该给予扶持。改革开放以来，贯彻邓小平提出的两个大局的战略构想，前20年，全国服从第一个大局，西部地区支持了东部的发展。进入新世纪以来，开始实施第二个大局的战略构想，全国特别是东部地区支持西部发展。现在才刚刚十年，时间是比较短的。实施西部大开发十年来，西部地区的自有财力有了明显增强，西部地区地方财政以年均近20%的速度增长，从2000年的1127亿元增加到2009年的6005亿元。但是地方财政仍然入不敷出。西部地区的自有财力的培育，需要一个相当长的过程。要完成这个过程，需要国家大力扶持。西部地区是全国的生态安全屏障，许多禁止开发区和限制开发区都在西部地区。这些地区的生态保护事关全局，是为整个国民经济发展和社会安定做贡献。这是应由全国公民共同承担的责任。国家财政掌握的全国纳税人的钱，应该用在这种对大家都有意义的事业上来，国家财政有责任有义务增加投入以解决这些问题。西部地区要发展，必须动员全社会特别是民营企业增加投入，参与建设，因此需要完善和坚持一系列的扶持政策，来吸引社会资金投身于西部大开发。比如财政政策，过去十年，按15%的税率征收企业所得税，对在西部地区新建的交通、电力、水利、邮政、广播电视和高技术投资项目，实行企业所得税两年免收、三年减半征收。未来十年，这些政策应该继续保持，以吸引企业在西部投资兴业。一些地方实行的优惠政策，对于动员社会资源参与西部大开发是很重要的，不能半途而废，不能釜底抽薪。这是研究未来西部地区十年政策的核心和关键。

第三，为优化全国的生产力布局，国家的一些重点项目，应该本着同等优先的原则在西部地区安排。这些项目有一批是公益项目，比如说青藏铁路，前一段到拉萨已经修完，已经开始运营，而后一段就是拉萨到日喀则。这是一个以公益性为主的项目。像这样的项目，国家有责任、有义务增加投入。这是事权所在。西部大开发十年来，国家预算内建设资金大量用于西部地区，对西部地区的快速发展起到了至关重要的作用。在推进西部大开发的过程中，前五年，由于时逢增发国债，投入西部地区的预算内建设资金达4600亿元，用于西部投资的占40%。后来由于国债淡出，投于西部地区的预算内建设资金比重虽未降低，但绝对额有所减少，接下来的四年共投入2700亿元。但2009年为应对经济增长下滑，大量增发国债，其中投于西部地区的比重高达45%。这种安排的指导思想是正确的。需要注意的是，这种政策取向不要改变，解决好地方配套问题，投入

资金应尽量及时足额到位。

为什么强调企业要科学应对，做好战略谋划？好的企业家总是要做好战略谋划和战略决策，从长远的观点去选好思路、确定战略、安排投资、选定举措。西部大开发是长期的历史进程，未来十年处于黄金发展期。如何把握大势，抓住机遇，规避风险，谋求发展，取得企业应有的经济效益，履行企业的社会责任，是有远见、有作为的企业家的必修课。目前，进入西部地区的企业很多，态势很好。从全球来看，世界500强纷纷进入；从中国来看，珠三角、长三角企业特别踊跃。未来的一个时期，企业谋划发展的时候把视野放在西部地区，应该是一个正确的选择。

二　坚持不均衡的发展理念，培育和打造一系列的增长极和增长点

从理论上讲，地区之间的绝对平衡是不存在的。科学地讲应该是“协调”，而不是“平衡”。坚持不均衡的发展理念，旨在实现协调发展。实现协调发展，需要做到有所为，有所不为。西部地区幅员巨大，各地发展基础和条件千差万别，在大开发中，不可能使用同一模式，不可能齐头并进，不可能一面平推。西部大开发需要内生力量来拉动。那些发展基础好、潜力大、前景明朗的地区应该优先开发；那些条件尚不具备的地区，应积累和创造条件，蓄势待发；那些事关国家生态安全、需要重点保护的地区，应以保护为重点，主要发展旅游等不影响生态环境的产业，当然国家要给以足够的财政支持，建立健全生态补偿机制。西部大开发需要国家大量投入加以扶持，而国家的财力是有限的，面铺得过大，会造成小马拉大车的尴尬局面。就政策效应而言，没有重点就没有政策，如果优惠政策面过大，会产生发散效应，影响政策预期效果。

十年来，西部大开发的一个成功经验，就是重点突破，通过打造一系列的增长极和增长点，发挥辐射、带动、示范作用，实现协调发展。目前看来，西南地区的成渝经济区、西北地区的关中－天水经济区和沿海地区的广西北部湾经济区三个增长极已脱颖而出，呈现良好的发展势头。这三个经济区，是西部大开发的标志和希望。三个经济增长极要千方百计实现率先发展，充分发挥带动和示范作用，成为引领和带动西部大开发的战略高地。广西北部湾经济区是西部地区唯一

的水路和陆路出海通道，具有良好的交通设施、产业基础和自然资源等发展条件，可谓天时、地利、人和兼而有之。由于在美国金融危机之前国家已制定并实施广西经济区发展规划，在扩大内需中抢占了先机，优先布局了一批重大项目，使经济发展保持了快速增长的良好势头。要再接再厉，加快开放，加强国家高新技术产业带建设，加强矿产资源开发和利用，延长产业链，增长附加值，提高发展的质量和效益。关中－天水经济区是西北地区最具潜力的地区，科技力量强，产业基础好，人力资源丰富，完全有可能打造成率先发展的创新型区域。要落实好国家颁布的关中－天水经济区发展规划，积极推进西（安）咸（阳）一体化，建设国际现代大都市，加快统筹科技资源改革，发挥科技资源优势，实现跨越式发展。成渝经济区是各方面条件特别好的区域。要充分利用交通便利、产业条件好、市场潜力大、劳动力资源丰富等优势，尽快搞好总体发展规划，形成发展合力，谋取集聚效应。加快统筹城乡综合配套改革步伐，积极推进跨行政区域城市一体化建设，促进各种生产要素跨区域合理流动。

一系列的增长点还包括西部地区各省的省会城市，资源密集地区，以及对外开发的口岸地区，这些都可能成为未来发展的增长点。值得强调的是，矿产资源富集是西部地区的发展优势。在《西部大开发十一五规划》中勾勒了西部地区一系列资源富集地区的发展前景。资源富集地区的开发，一定要走可持续发展的道路。要推进资源的有序开发，发展循环经济，利用现有资源开发利用的有利条件，打造支撑当地经济发展的支柱产业。

坚持不均衡的发展理念，实现协调发展，要与统筹城乡发展相结合，通过重点突破解决根本问题。比如，西部大开发的根本是教育。搞好教育是国家扶持的重点。在如何扶持上，就有很大的学问。一种思路是全面开花，在西部的县、乡、村都办学校。这种做法，在一些地方看似公允，实际很不公平。比如，在山区和牧区，由于乡村人口少、学校远，孩子上学很不方便，多数要寄宿；学校教学设施和师资配备与城市相比不可同日而语，特别是在市场经济条件下，由于生活条件差，不少高质量的有竞争力的师资多离开乡村流入城市。因此乡村孩子实际上是在与城里孩子在不平等的学习环境中成长的。这是种种原因形成的。为解决这一难题，内蒙古西屋旗等地进行了成功探索。他们的做法是，将乡、村的学校全部取消，把孩子从一年级起就全部集中到县城读书。政府统一解决教学设施和师资以及孩子就读的生活问题。将全县教师包括乡村教师都集中起来，通过考试确定，质量高的继续教课，质量不高的当宿舍班主任，照顾年纪小的学生的生活。首先，这会使城乡学生享受公平的教育，同时乡村学生进入城市之后，多数会“城市化”，不再重回山里或草原，从根本上解决生态压力；其次，有些学生的父母，为亲情所系，会到城里来打工，走市场化进城之路；最后，离开草原和山区的农牧民，会把他们的土地、山林、草原转让给他人使用，从而促进规模化经营，提高效益。这一案例，是非常耐人寻味的。

三 要与时俱进因势利导，适时调整西部大开发的着力点

经过十年努力，西部大开发已有了良好开局，进入一个新的发展阶段。西部大开发进入新阶段的重要标志，就是基础设施建设取得了突破性进展，与基础设施建设相伴而行的生态保护也走上轨道，西部地区的发展理念和体制机制环境也有了明显改观。

过去十年，西部大开发的着力点，主要放在基础设施建设和生态保护上。今后十年，要把开发的着力点，从主要放在基础设施和生态环境保护上，转到在继续搞好基础设施建设和生态保护的同时，加大发展特色优势产业的力度上来。

在西部大开发推进的过程中，如何处理好基础设施建设和生态环境保护与发展特色优势产业之间的关系，是一个非常重要的问题。前十年西部大开发的主要任务，一共提出四项，包括基础设施建设、生态环境保护、一些产业结构调整和改革开放，任务的着力点主要集中在基础设施建设和生态环境保护上。这个是符合客观规律的，因为“要想富，先修路”，发展相关产业，必须首先加强基础设施建设；要想防止西部大开发变成“西部大破坏”，必须加强生态保护，这都是国家特别是中央政府应该关注和解决的重点问题。对加工业，有一个基本的正确取向，那就是进行结构调整。当时的国务院领导曾经有一句话：“在西部大开发的初期，一个加工业项目都不上。”这个观点听起来似乎有失偏颇，实际上是指国家拿钱投资的项目不搞加工工业，目的是为了推进结构调整。因为当时的背景是，由于受亚洲金融危机的影响，加之我国总供给与总需求之间的关系发生了根本性变化，出现了买方市场，大量加工业供过于求，产能过剩，恶性竞争。西部地区基础设施落后，距沿海运输半径很长且交通不畅，加工业企业竞争力不强，而加工业主要是市场行为，应由企业自主决策，政府资金有限，摊子不能铺得过

大，要集中到政府应投资的领域。为了防止助长加工业的恶性竞争，避免加剧产能过剩的矛盾，把有限的资金用在刀刃上，在西部大开发初期国家不在加工业上投入财政性建设资金。但是，社会上有人把“一个加工项目也不上”理解为完全不搞加工业了。这是错误的。西部地区要加快发展，要缩短与东部地区的差距，没有加工业支撑是不可能的。事实上，即使在西部大开发的初始阶段，西部地区的加工业也没停步，许多地区还有了长足的发展。当然投资主体是企业。

经过十年奋斗，西部地区的情况有了很大变化，国内外的市场情况也有了很大的变化。资源和市场条件的变化，促使全球产业转移和我国东部地区产业转移，这种产业转移看好我国西部地区，为西部地区发展相关产业提供了难得的历史机遇。

从西部地区的实际情况看，过去十年，是西部地区发展最快的十年。这十年，西部地区的基础设施有了明显改善，特别是交通设施建设取得了历史性突破。到2008年公路通车里程超过142万公里，高速公路超过15000公里，铁路运营里程30000公里。2009年，交通建设是扩大内需的重点，西部又是区域重点，新上了一批重点项目，公路、铁路等基础设施会有更大的发展。这对于缓解交通压力，缩短运输半径，开拓商品市场，变资源优势为经济优势，支撑特色优势产业发展打下了坚实的基础。但是，基础设施建设的任务并没有完成，西部地区的路网密度和路况质量和东部地区相比还差得很远，特别是区域之间的“断头路”亟待加快建设。所以，今后十年，必须继续加强基础设施建设，再经过十年奋斗，建设并形成综合交通网络，加强水利设施和城市基础设施建设，解决好西部地区的基础设施建设问题。

过去十年，西部地区为加强生态保护与修复，实行了退耕还林、退牧还草、京津风沙源治理等一批重大工程，探索了一系列加强生态建设和修复的途径和办法，在西部地区新增荒山荒地以及退耕还林的面积累计多达4亿亩，相当于全国林地面积的8%。通过这些努力，使我国生态环境总体恶化的趋势得到有效扼制。但是，西部生态保护和修复的任务没有完成，任重而道远。现在正处于关键时期，必须继续坚持。如果中途夭折，将造成历史性的遗憾。今后十年乃至更长时期，必须坚持加强生态的保护和修复。要从长远和大局的角度来看待生态建设。十年实践已经证明，退耕还林区的粮食产量不仅没有减少反而增加。因为生态改善，促进了农业生产。这种巨大的社会效益是西部大开发的伟大成就。那种把退耕还林与保护耕地对立起来的观点是错误的。决不能以各种理由动摇生态保护与修复政策。国家要继续加大投入力度，巩固和发展退耕还林、退牧还草等重大工程的成果，继续搞好荒山荒地造林。要加强大江大河源头的综合治理。要下大决心、花大气力，构筑全国生态安全屏障，加强涵养水源，保持水土，防风固沙，保护湿地等生态建设。在这些领域，国家财政要舍得花钱，不要和退耕还林、退牧还草的农牧民过于斤斤计较，更不能无视他们的权益，以免打击他们的积极性。在实施退耕还林、退牧还草、天然林保护等重大工程的过程中，要引导好发展接续产业，形成良性循环。

基础设施建设和生态保护都是非常重要的。但是，西部地区要缩小与东部地区的发展差距，要增加财政收入，要解决就业问题，要不断提高居民收入水平，必须有一系列加工业的支撑。基础设施建设，要实现其价值，必须公路上面有足够的人流、物流，而人流、物流的产生，需要特色优势产业的发展。今后十年，西部大开发必须在继续加强基础设施建设与生态保护的基础上，加大发展特色优势产业的力度。现在看来，已经在全社会达成了共识。“十一五”西部大开发规划，明确地提出了“六大特色优势产业”，包括能源及化学工业、矿产资源开采及加工业、装备制造业、高新技术产业、农牧产品加工业和旅游产业。为促进这六大产业的发展，国家实行了一系列的扶持政策。包括财政政策、金融政策、土地政策、投资政策、环保政策和人才政策。国家要落实和完善相关政策。发展特色优势产业的动力在企业。要充分发挥市场机制的作用，促进特色优势产业发展，增强创新能力，打造一批具有国际竞争力的企业和有影响力的品牌。各地要深化改革，加快国有企业改革步伐，大力发展非公有制经济，打破行政区划的局限，积极创造良好的政策环境，大力推进特色优势产业发展。要充分发挥资源富集、市场巨大、劳动力丰富且价格较低等优势，扩大对外开放，加强东西互动，承接全球和我国东部地区的产业转移，优化经济结构，增长自我发展能力，实现又好又快发展。

目 录

总 报 告

西部重点经济区发展

西部民生发展

西部“十二五”时期发展思路研究

西部发展案例分析研究

西部竞争力评价与分析

西部专题研究

皮书数据库阅读**使用指南**

CONTENTS

General Report

The Development of Key Economic Zones in Western

Western People's Livelihood

The Western Developing Strategy Research for Twelfth Five Year

Case Studies of Western Development

Analysis And Evaluating Report on Western Competitiveness

Issues

总 报 告

GENERAL REPORT

2009年西部经济发展分析与2010年形势预测

西北大学中国西部经济发展研究中心宏观经济形势分析与预测课题组*

摘　要： 受全球金融危机的影响，2009年西部地区经济表现出增速迅速回升、内需明显扩大、工业化与城市化发展迅速、市场价格低位平稳运行、财政收入稳步增长、人民生活水平进一步提升等特征；但同时也面临着经济增长基础尚不稳固、结构性矛盾依然突出、社会稳定形势依然严峻、发展模式转变更加紧迫等问题。研究表明，国内外经济环境的变化将使西部地区在2010年的经济依然保持快速增长，但与其他地区经济增长率的差距将

---

* 课题组组长：何炼成教授；成员：姚慧琴教授、徐璋勇教授、蔡立雄博士；执笔人：蔡立雄博士。该项目是教育部人文社科基地重大招标项目《西部大开发理论与实践研究——西部经济增长与区域劳动分工及制度因素分析》（02JAZJD790024）的成果之一。

备注：本报告中2009年数据均来自于国家及西部各省区市2009年统计公报和政府工作报告，文中不再一一标明。

缩小；固定资产投资保持高位增长，但增速会有所回落；消费需求仍将快速增长，结构进一步升级；物价水平将温和上涨；对外交往将进一步拓宽，进出口贸易将进一步增长。

关键词： 西部地区　金融危机　经济增长

2009 年，西部地区各族人民在党中央、国务院和地方各级政府的领导下，以邓小平理论和“三个代表”重要思想为指导，深入贯彻落实科学发展观，全面落实应对国际金融危机的一揽子计划和政策措施，经受住了重大考验、成功应对了国际金融危机的冲击，在保增长、调结构、扩内需、惠民生等方面取得重大进展，进一步维护了经济增长、社会稳定、民族团结、人民安居乐业的大好局面。2010 年是实施“十一五”规划的最后一年，也是“十二五”规划的制定之年。为此，西北大学中国西部经济发展研究中心宏观经济形势分析与预测课题组通过对 2009 年西部地区经济社会发展状况的全面总结与分析，结合国内外经济社会环境的变化，对 2010 年西部地区经济发展态势进行预测。

一　2009 年西部地区经济增长的宏观背景分析

受世界金融危机蔓延与深化的影响，2009 年世界经济面临极大的困难。虽然各国政府纷纷采取力度较大的救市方案，但由于危机发生的根源——全球经济的失衡不能在短时间内解决，各国政府政策协调性也存在问题，使得金融危机进一步发展为市场信心危机和经济危机，大宗商品价格出现较大波动，国际贸易萎缩，世界经济遭遇第二次世界大战以来的首次负增长。根据博鳌亚洲论坛《新兴经济体发展 2009 年度报告》，2009 年世界经济增长率仅为负 0.8%，其中发达经济体为负增长 3.2%，失业率居高不下，经济复苏乏力；与发展经济体在地缘和制度上较接近的国家受影响也较大，部分国家出现主权信用危机；虽然也受到金融危机的影响，但依赖于规模较大的国内市场、较完整的产业体系和及时有效的宏观经济政策，新兴的发展中经济体成为阻止经济下滑的主要力量，拉动整个发展中经济体的增长为 1.7%。

2009 年中国经济在金融危机的影响下，过去长期以来拉动经济增长的主要动力源——出口增长严重受阻；加之国内因经济的周期性调整及一系列深层次结构性矛盾的存在，使得中国宏观经济增长面临较大困难。但由于市场潜力较大、工业化与城市化正处于大发展阶段、制度改革的空间仍较大、制造业优势依然存在等保障经济长期增长的因素比较丰富，加上中国政府自 2008 年起采取了力度较大的经济刺激和结构调整方案，经济回升态势持续向好，一到四季度增长率分别为 6.2%、7.9%、9.1% 和 10.7%，全年经济增长达到了 8.7%，虽然比 2008 年回落 0.9 个百分点，但仍是全球增长最快的主要经济体，成为全球经济复苏的主要力量。结构调整初见成效，第一产业增加值占国内生产总值的比重为 10.6%，比上年下降 0.1 个百分点；第二产业增加值比重为 46.8%，下降 0.7 个百分点；第三产业增加值比重为 42.6%，上升 0.8 个百分点；全年社会固定资产投资 224846 亿元，比 2008 年增长了 30.1%，增速比 2008 年加快 4.6 个百分点；全年社会消费品零售总额 125343 亿元，扣除价格因素实际增长 16.9%，实际增速比 2008 年加快 2.1 个百分点；货物出口 12017 亿美元，比 2008 年下降 16.0%，表现出明显内需拉动特征；全部工业增加值 134625 亿元，比 2008 年增长 8.3%，1 ~ 11 月全国规模以上工业企业累计实现利润 25891 亿元，比 2008 年同期增长 7.8%，与此同时，粮食生产再获丰收，经济复苏的基础逐步巩固。

但是仍应看到，全球金融体系依然脆弱，刺激经济方案所带来的财政压力比较大，失业和深层次的实体经济失衡问题也未解决，世界经济增长的动力依然不足。中国经济结构调整和经济增长动力向内需的转向也是一个较为长期的过程，同时还需要相应的制度改革配套；刺激经济所带来的财政、金融风险加大，资本市场依然疲软等增加了经济复苏的不确定性。

中国经济增长动力的转向和强有力的刺激方案拉动西部经济在 2009 年实现了快速增长，资源需求回升、基础设施投资和民生改善方面的投入是西部经济增长的主要贡献力量。但这些方面也使西部经济发展对资源的依赖作用进一步加强，经济结构调整的难度进一步加大。

二 2009 年西部地区经济发展情况

2009 年是新世纪以来西部地区经济社会发展形势最为复杂的一年，西部经济以“保增长、调结构、扩内需、惠民生”为主线，在努力抗击全球性金融危机带来的威胁的同时，实现经济迅速增长、民生显著改善、结构调整进展明显等重大成就，地区综合经济实力与竞争力显著增强，为西部地区下一个十年的快速发展奠定了良好的基础。

（一）应对危机成效显著，经济增速回升

2009 年西部地区虽然受到金融危机的影响，但受益于扩大内需的政策、投资增长等因素以及各地政府及时有效的危机应对策略，西部地区经济增长不降反升，实现国内生产总值 66857.46 亿元，按可比价格计算，比上年增长 13.4%，增长速度已连续 8 年超过 10%，创下改革开放以来的第三个高增速（仅次于 1984 年的 14.1% 和 2007 年的 14.5%），同时也使西部地区比全国各地区 GDP 加总的增长率（11.59%）高出 1.86 个百分点；占全国 GDP 的比重与 2008 年相比提高了 0.7 个百分点，达到了 18.5%。

从省际看，西部地区除新疆的增长速度为 8.0% 外，其他省（市）增速均高于全国 8.7% 的平均水平，其中内蒙古最高为 16.9%，重庆（14.9%）、四川（14.5%）、广西（13.9%）和陕西（13.6%）紧随其后，这五个地区的增长率在全国分居第一、三、四、五、六位。与 2008 年同期相比，西部地区有 7 个省份增速加快。受益于庞大的灾后重建计划，四川的 GDP 增长率提高了 5 个百分点，陕西提高了 2.6 个百分点；其他增长加快的省份还有西藏提高了 2 个百分点、云南提高了 1.1 个百分点、广西提高了 1.1 个百分点、贵州提高了 1 个百分点及重庆提高了 0.6 个百分点。与此同时，还有 5 个省区增速出现了下滑，其中甘肃、内蒙古、宁夏分别下降 0.1、0.3 和 0.4 个百分点，新疆和青海则下降幅度较大，分别达到了 2.6 和 3 个百分点；四川、重庆、内蒙古、陕西、广西对西部地区 GDP 增长的贡献率均超过 10%，五省、市、区加总的贡献率为 75.5%。

分时间段看，西部地区一季度增速为 10.5%，上半年为 11.8%，前三季度为 12.5%，经济增长呈现逐步加快趋势，各省区市除贵州和新疆出现第二季度增长率下降之外，其他地区的增长率均呈逐季上升之势。

人均 GDP 增长率为 12.2%（可比价格），但比 GDP 增长率低 1.2 个百分点。其中有四个省份人均 GDP 进入 3000 美元区间，分别是内蒙古（5891 美元）、重庆（3356 美元）、陕西（3183 美元）、宁夏（3145 美元）（见表 1）。

表 1　2009 年西部地区经济增长情况

省区市	GDP（当年价格、亿元）	GDP 增长率（%）	对西部 GDP 增长的贡献率（%）	人均 GDP（当年价格、元）	人均 GDP 增长率（%）
重　庆	6528.72	14.9	9.73	22916	14.1
四　川	14151.3	14.5	23.23	17339	14
贵　州	3893.51	11.2	4.78	10258	10.7
云　南	6168.23	12.1	8.83	13539	11.4
西　藏	437	12.1	0.61	15295	11.2
陕　西	8186.65	13.6	11.94	21732	13.3
甘　肃	3380	10.0	4.07	12852	9.4
青　海	1081.27	10.1	1.24	19454	9.6
宁　夏	1334.6	11.6	1.63	21475	10.3
新　疆	4273.57	8.1	4.31	19926	6.5
内蒙古	9725.78	16.9	16.86	40225	16.5
广　西	7700.4	13.9	12.77	15115	12.1
西　部	66861.03	13.4	100.0	18086	12.2

资料来源：西部各省区市 2009 年政府工作报告和 2009 年统计公报。增长率按可比价格计算。

分产业看，除新疆外，2009 年西部地区第一、二、三次产业分别实现增加值 8438.8 亿元、29909 亿元和 24246.4 亿元，分别增长 5.5%、17.8% 和 13.3%；三次产业对 GDP 增长的贡献率分别为 5.6%、57.9% 和 36.5%，可见西部地区经济增长中第二产业驱动特征非常明显（见表 2）。三次产业的比例关系由 2008 年的 14.6∶46.3∶39.1 变为 2009 年的 13.5∶47.8∶38.7，第一产业的比重进一步下降。

表 2　2010 年西部地区三次产业发展情况

单位：亿元，%

省区市	第一产业			第二产业			第三产业		
	增加值	同比增长	对 GDP 的贡献率	增加值	同比增长	对 GDP 的贡献率	增加值	同比增长	对 GDP 的贡献率
重　庆	606.8	5.5	3.8	3447.5	17.8	61.8	2474.4	13.3	34.5
四　川	2240.6	4.0	4.9	6711.9	19.5	62.4	5198.8	12.4	32.7
贵　州	554.0	4.8	6.5	1474.3	12.0	40.3	1865.2	12.6	53.2
云　南	1064.0	5.2	8.0	2580.3	13.6	46.8	2523.9	13.4	45.2
西　藏	64.0	3.3	4.2	136.2	21.7	49.7	241.2	10.3	46.1
陕　西	789.6	4.9	3.8	4312.1	14.7	56.9	3084.9	14.1	39.3
甘　肃	497.5	4.9	7.6	1511.0	10.4	46.7	1373.9	11.3	45.7
青　海	107.4	5.0	5.2	576.3	11.3	59.0	397.5	9.8	35.8
宁　夏	127.1	7.2	6.1	680.2	14.4	61.4	527.2	9.4	32.5
新　疆	759.73	4.8	—	1951.9	9.0	—	1562.0	6.5	—
内蒙古	929.0	2.3	1.5	5101.4	21.4	64.1	3695.4	15.0	34.4
广　西	1458.7	5.3	7.9	3377.7	17.6	54.6	2863.9	13.8	37.5
西　部	9198.43	5.5	5.6	29909.0	17.8	57.9	24246.4	13.3	36.5

（二）政策执行有力，内需明显扩大

首先，社会固定资产投资增长迅速。2009 年西部地区全社会固定资产投资继续保持强劲增长势头，总量达到 48294.13 亿元，比上年增长 30.9%；增速加快 0.3 个百分点，比全国增速高出 0.8 个百分点；占全国固定资产投资总量的份额也由 21.35% 提高到 21.48%，连续五年创下新高。由于灾后重建计划的全面启动，四川省的社会固定资产投资大幅增长，增速达到 58.1%，总量为 12020.7 亿元，占西部地区总量的 1/4；广西也由于环北部湾规划建设的加快，固定资产投资规模也达到 5706.7 亿元，增速为 50.8%；甘肃增长 40%，排第三。有 10 个省份的投资增速加快，其中四川、广西加快 20 个百分点以上，居前两位；青海、甘肃加快 10 个百分点以上，居第三、四位；宁夏、新疆则分别下降 7.8 和 0.35 个百分点。

城镇固定资产投资增长较快。2009 年城镇固定资产投资总量为 44275.6 亿元，占全部社会固定资产投资的比重为 91.7%，增长 35%，增长率仅次于中部地区的 36%，分别高于全国和东部地区 4.5 和 11.1 个百分点。四川、陕西、甘肃是增长率最高的三个省份，新疆和西藏增长率最低，分别为 19.4% 和 21.2%。房地产开发投资完成 7192 亿元，增长 19%，高于全国水平 2.9 个百分点，比东部地区高出 6.7 个百分点，但比中部地区低 5.4 个百分点。分月度看，上半年因扩大内需政策的效应逐渐显现以及受新开工项目大幅增加等因素影响，投资始终高速增长；下半年增速保持平稳，其中，12 月受 2008 年基数较高影响，增速有所下滑（见图 1）。

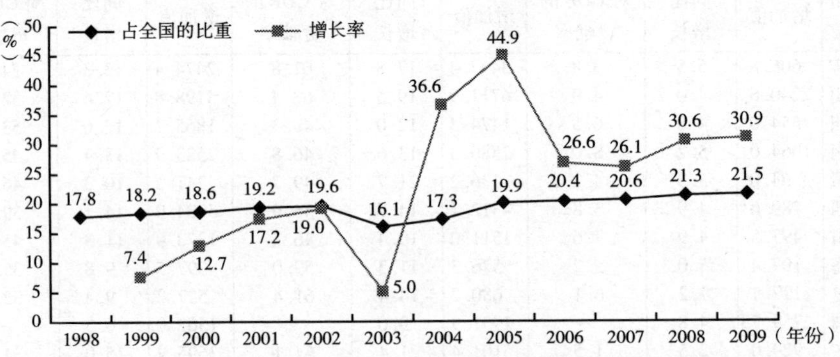

图 1　1998～2009 年西部地区社会固定资产投资及占全国比重变化情况

其次，社会消费品市场明显扩张。虽然经济危机对就业和居民消费信心造成较大影响，使社会消费品销售增长率有所下降。但由于国家扩大内需政策的强力驱动，以及西部大开发十年来地方政府着力提高城乡社会保障标准和低收入群体的收入，改善流通设施等政策措施的影响，同时认真落实家电、汽车、农机下乡等刺激消费政策，积极培育消费热点，拓展城乡消费市场，使得群众购买力明显增强，西部地区消费品市场继续繁荣活跃。2009 年，西部地区社会消费品零售总额为 23026.07 亿元，比 2008 年增长了 19.7%，增速比上年下降 2.6 个百分点，但比全国增速高 4.2 个百分点。分省份情况看，除西藏和四川外，其他 10 个省（区、市）增速均出现不同程度下降，其中新疆（-6.2%）、重庆（-5.7%）和陕西（-5.6%）降幅最大；与全国数据相比，除新疆增速（14.8%）略低于全国水平（15.5%）外，其他省（区、市）社会消费品零售总额增速均超过全国平均水平，排在前三位的是贵州（22.9%）、西藏（21.3%）和内蒙古（20.8%）（见表 3）。

表 3　2009 年西部地区内需增长情况

单位：亿元，%

省区市	全社会固定资产投资		城镇固定资产投资		社会消费品零售总额		
	金额	增长率	金额	增长率	金额	增长率	同比提高
重　庆	5317.92	31.5	4855.1	30.7	2479.01	20.1	-5.7
四　川	12020.70	58.1	9061.4	42.4	5758.70	20.0	0.4
贵　州	2438.18	30.8	2040.0	26.8	1247.25	22.9	-4.4
云　南	4527.02	31.7	4117.5	32.6	2051.06	19.4	-3.7
西　藏	379.42	22.4	328.7	21.2	156.58	21.3	6.1
陕　西	6553.39	35.1	5890.5	37.4	2699.67	19.7	-5.6
甘　肃	2430.00	40.0	2076.4	37.4	1170.00	18.2	-1.0
青　海	800.51	37.5	689.1	34.1	300.47	18.9	-2.6
宁　夏	1119.14	30.3	964.2	31.1	339.32	19.0	-3.0
新　疆	2825.00	25.0	2418.5	19.4	1178.00	14.8	-6.2
内蒙古	7380.57	33.8	7144.3	34.1	2855.31	20.8	-4.9
广　西	5706.70	50.8	4689.9	41.0	2790.70	19.3	-3.9
西　部	51498.55	39.8	44275.6	35.0	23026.07	19.7	-2.6

（三）工业化与城市化进展迅速

工业增长出现一定的高增长低效益的情况。2009 年西部地区实现工业增加值28001.6亿元，增长16.9%，比全国水平高出5.9个百分点，其中内蒙古和四川增速均在20%以上；工业增加值占GDP的比重为41.88%，比2008年提高1.25个百分点，但贵州、云南、新疆三省区的比重出现下降；工业增长对GDP增长的贡献度为51.24%，其中内蒙古的贡献度高达65.38%。资源及其加工业等重要支柱产业生产形势逐步好转，全年原煤、发电、原油加工、钢材、水泥产量分别达14.2亿吨、1万亿千瓦时、6027万吨、8470万吨、4.1亿吨，同比增长18.2%、11.7%、5.4%、23.0%、30.0%。

规模以上工业增加值总量为25849.77亿元，增速为17.1%，与2008年同期相比下降了1.7个百分点，增速超过全国增速6.1个百分点。有8个省区市超过或等于全国平均增速，内蒙古最高，增速达到24.2%，四川（21.2%）、广西（18.2%）位列第二、三位。有8个省区增速同比下滑，青海、新疆、陕西降幅较大，分别回落10.5、8.3和6.2个百分点，西部地区总体下滑1.7个百分点，幅度小于全国水平。

工业效益受金融危机影响较大。1~11月规模以上工业企业亏损面（规模以上亏损企业个数/全部企业个数）达到23.28%，超过全国水平；宁夏的亏损面最高，达到了49.07%，贵州和新疆分居二、三位（见图2）。1~11月西部地区规模以上工业企业实现利润总量为3717亿元，出现负增长3.9个百分点，同期全国规模以上工业企业实现利润增长率7.8%；各省区工业利润增长率出现高度分化，甘肃、宁夏、四川分别实现85.9%、60.3%、25.7%的正增长，而青海、新疆则出现高达54.3%和46.2%的负增长（见图3）。

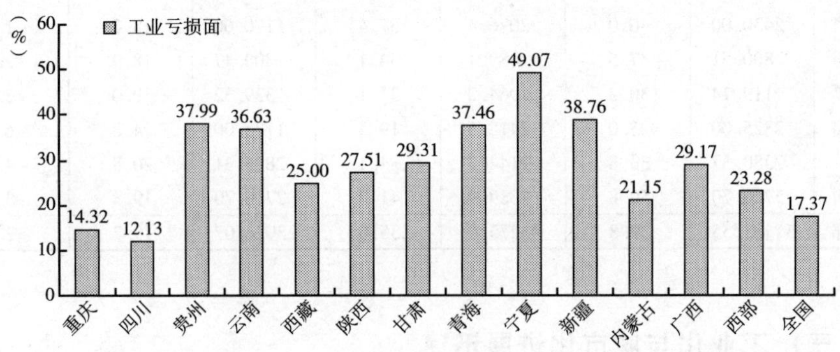

图2　1~11月西部地区各省份与全国工业企业亏损面对比

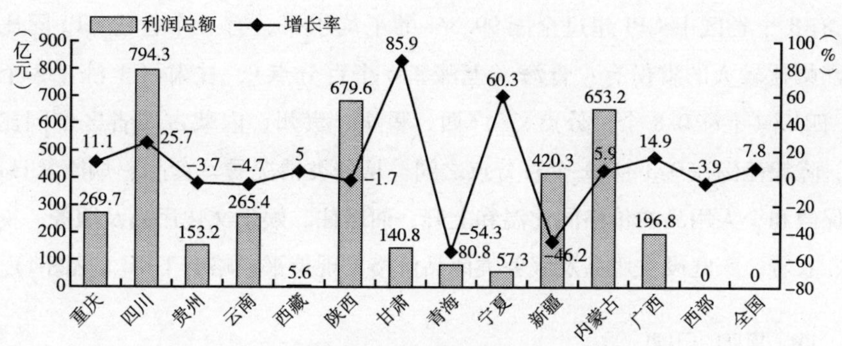

图3　1～11月西部地区各省份利润总额及增长率

2009年西部地区12省、市、区加总计算的城镇化率为39.2%，比2008年提高1.19个百分点，其中内蒙古、重庆、陕西、四川、西藏、宁夏的城镇化率均提高1个百分点以上（见表4）。

表4　2009年西部地区工业化与城镇化发展情况

单位：%，亿元

省区市	城镇化		工业增加值			规模以上工业增加值		
	城镇化率	比上年提高	数额	增长率	对GDP增长的贡献率	数额	增长率	增速与2008年比较
重　庆	51.6	1.60	2413.1	18.5	44.49	2917.4	17.2	-4.4
四　川	38.7	1.30	5966.5	21.2	58.24	6183.1	21.2	3.3
贵　州	29.9	0.78	1374.3	10.6	33.58	1170.29	10.6	0.5
云　南	34.0	1.00	2287.3	11.2	34.60	1904.38	11.2	-1.1
西　藏	23.8	1.19	32.9	10.8	6.80	27.56	10.8	1.9
陕　西	43.5	1.40	3781.5	14.8	49.74	3288.24	14.8	-6.2
甘　肃	32.7	0.50	1351.2	10.6	42.15	1120.00	10.6	1.1
青　海	41.9	1.14	491.6	11.0	49.11	440.10	11.0	-10.5
宁　夏	46.1	1.12	560.2	14.3	50.52	523.15	14.3	-0.8
新　疆	39.8	0.20	1919.6	7.2	40.76	1610.00	7.2	-8.3
内蒙古	53.4	1.69	4717.9	24.2	65.38	4400.45	24.2	-0.3
广　西	39.2	1.00	3105.6	18.2	50.89	2265.10	18.2	-4.4
西　部	39.2	1.19	28001.6	16.9	51.24	25849.77	17.1	-1.7

（四）市场价格低位平稳运行

2009年西部地区居民消费价格总体保持稳定，CPI地区加权指数同比下降

0.1。有8个省区市CPI超过全国99.3%的平均水平，有7个省份CPI同比均上升，涨幅比较大的省份有：青海（上涨2.6个百分点）、甘肃（上涨1.3个百分点）、四川（上涨0.8个百分点）；广西、重庆、贵州、内蒙古四省区市同比有所下降，降幅范围在0.3~2.1个百分点之间。从分类情况看，食品、烟酒及日用品、医疗保健和个人用品的价格同比温和上升，而居住、娱乐文化用品及服务、交通和通信、衣着、家庭设备用品及服务类商品价格出现持平或略有下降（见图4）。

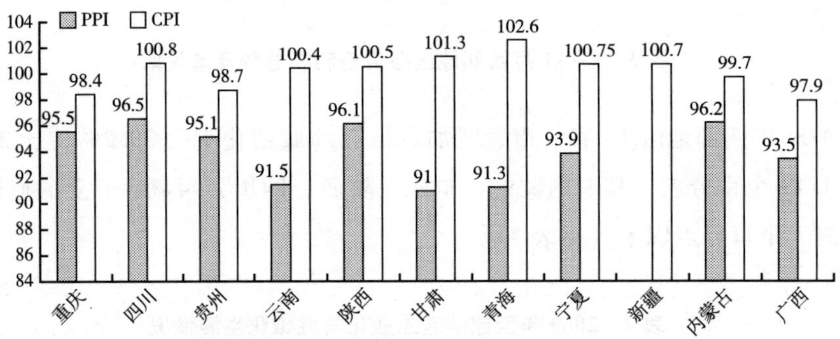

图4　2009年西部地区物价变化情况

2009年西部地区各省份（缺西藏和新疆）工业品出厂价格指数（PPI）均出现较大下降，有5个省份的降幅大于全国平均水平（94.6），指数最低的三个地区是云南、甘肃和青海。

（五）地方财政收入稳步增长

2009年西部地区全年实现地方财政收入6152.93亿元，同比增长19.23%，增速高于全国和东部地区5.53和6.93个百分点，其中，内蒙古（30.70%）、陕西（24.08%）增速居全国第1、2位；与2008年增速相比，西部地区仅有四川增速加快，其他10个省份增速均出现下降，甘肃、新疆、云南、重庆的降幅均超过10个百分点。地方财政支出17549亿元，同比增长27.5%，增速高于全国和东部地区4.5和8.4个百分点。从动态上看，上半年受经济危机影响以及国家结构性减税政策影响，西部地区财政收入大幅减少，随着国内经济回升势头明显，加上投资力度加大以及信贷规模大幅增加，下半年财政收入增速有所回升；全年除四川外，西部地区地方财政收入增速较上一年回落了7.2个百分点。

表 5　2009 年西部地区地方财政收入

单位：亿元，%

省 区 市	完成额	增长率	增速与 2008 年比较
重　庆	681.83	18.10	-12.30
四　川	1174.20	21.90	3.00
贵　州	416.46	19.70	-2.90
云　南	698.22	13.70	-12.50
西　藏	30.00	20.58	-2.96
陕　西	733.91	24.08	-0.38
甘　肃	280.00	20.00	-18.80
青　海	166.46	21.90	-4.30
宁　夏	111.50	17.40	-1.40
新　疆	388.80	7.70	-18.50
内 蒙 古	850.75	30.70	-1.40
广　西	620.80	19.80	-4.00
西部地区	6152.93	19.23	-7.20

（六）对外经济合作有喜有忧，实际利用外资快速增长

2009 年西部地区全年实现进出口总额 916.46 亿美元，同比下降 14.3%，下降幅度高于全国和东部地区 0.4 和 0.9 个百分点。其中，进口总额 396 亿美元，同比下降 4.3%，出口总额 519 亿美元，同比下降 20.5%；净出口 123 亿美元，比上一年增长 89.4 亿美元，增长 265.7%，对 GDP 增长的贡献率为 7.81%。四川外贸进出口总额 242.30 亿美元，居全国第 11 位、西部首位，增长 9.6%，是全国唯一的出口、进口均保持正增长的省份；外贸顺差最大的省份是新疆，顺差 77.9 亿美元，对新疆 GDP 增长的贡献高达 91.45%；陕西、甘肃、青海和内蒙古出现贸易逆差。

全年实际利用外商直接投资 154.48 亿美元，同比增长 22%，高于全国 24.6 个百分点。实际利用外资最多的省份是四川，为 41.3 亿美元，重庆和内蒙古分别以 40.16 亿和 29.84 亿美元，分列第二、三位。实际利用外资增长率最快的省份是西藏，增长率为 150%，贵州和青海则出现负增长（见表 6）。

表6　2009年西部地区对外经济联系情况

单位：亿美元，%

省区市	进出口		进　口		出　口		实际利用外资	
	金额	增长	金额	增长	金额	增长	金额	增长
重　庆	77.09	-19.0	34.29	-9.8	42.80	-25.2	40.16	47.2
四　川	242.30	9.6	100.80	12.3	141.50	7.8	41.30	23.5
贵　州	23.07	-31.5	9.49	-35.4	13.58	-28.5	1.34	-10.3
云　南	80.19	-16.5	35.05	-23.8	45.14	-9.7	9.10	17.2
西　藏	4.02	-47.5	0.27	-54.2	3.75	-46.9	0.58	150.0
陕　西	84.01	0.9	44.16	49.8	39.85	-25.9	15.11	10.3
甘　肃	38.21	-37.3	30.86	-31.3	7.35	-54.1	1.34	4.21
青　海	5.86	-14.9	3.35	24.2	2.51	-40.1	2.15	-2.3
宁　夏	12.02	-36.2	4.59	26.4	7.43	-41	1.42	17.7
新　疆	140.00	-37.4	30.32	-7.7	108.22	-43.8	2.15	13.2
内蒙古	67.64	-24.1	44.48	-16.6	23.16	-35.3	29.84	13.0
广　西	142.06	7.3	58.35	0.9	83.71	13.9	10.35	6.0
西　部	916.46	-14.3	396.01	-4.3	519.00	-20.5	154.84	22.0

（七）重民生取得显著成果，城乡人民生活水平进一步提高

2009年西部地区在努力克服金融危机不利影响的同时，着力改善民生，教育、卫生、社会保障事业不断发展，就业与城乡居民收入水平进一步提高，人民生活质量得到改善。

城乡居民收入在十年大开发的基础上保持快速增长，但与其他省区的收入差距仍较大。在城镇居民人均可支配收入方面，有5个省份增速超过10%，有6个省份增速超过全国平均水平（9.8%），分别是重庆、四川、贵州、陕西、内蒙古和广西，有6个省份的增速超过1998～2008年增长的平均水平，分别是重庆、四川、贵州、云南、西藏和广西；但所有12个省份的人均收入水平均低于全国平均水平（17175元），收入最高的内蒙古仅相当于全国平均水平的92.28%，最低的甘肃则仅为69.46%。农村居民人均纯收入方面，有4个省份的增长率在10%或以上，分别是重庆、西藏、宁夏、新疆和广西；有两个省份的收入增长率低于全国平均增速（8.5%）和1998～2008年的平均水平，分别是四川和内蒙古；各省份的农村居民收入水平也都低于全国均值（5153元），最高的内蒙古和

最低的贵州分别相当于全国均值的95.83%和58.32%。反映居民生活质量的城乡居民的恩格尔系数均有不同程度的下降（见表7）。

表7　2009 年西部地区各省份城乡居民生活情况

省区市	2009 年城镇居民人均可支配收入		农村居民人均纯收入		新增就业（万人）	城镇居民恩格尔系数		农村居民恩格尔系数	
	金额(元)	增长(%)	金额(元)	增长(%)		2009	2008	2009	2008
重　庆	15749.0	11.4	4621.0	12.0	28.13	37.69	39.64	49.1	53.3
四　川	13904.0	10.1	4462.1	8.3	16.5	40.44	43.97	—	52.03
贵　州	12862.5	10.9	3005.4	9.2	19.8	41.51	43.09	—	51.7
云　南	14424.0	8.3	3369.0	9.8	23.5	43.72	47.07	48.2	49.59
西　藏	13544.0	8.5	3532.0	11.2	8.64	50.71	51.21	—	52.44
陕　西	14129.0	9.9	3438.0	9.6	38.87	37.26	36.7	—	37.45
甘　肃	11929.8	8.8	2980.1	9.4	43.46	37.78	38.32	41.28	47.17
青　海	12691.9	9.0	3346.2	9.3	4.4	40.39	40.48	38.05	42.12
宁　夏	14025.0	8.5	4048.0	10.0	6.5	33.39	35.08	41.7	41.63
新　疆	12257.5	6.0	4000.0	14.0	43.0	36.3	37.32	—	42.6
内蒙古	15849.0	10.1	4938.0	6.3	38.92	30.5	32.82	39.8	41.01
广　西	15451.5	12.0	3980.0	10.6	42.71	39.89	42.41		53.42

注：①增长率为扣除物价因素后的数值。
②表中新缺数据是因为相关省份未披露。

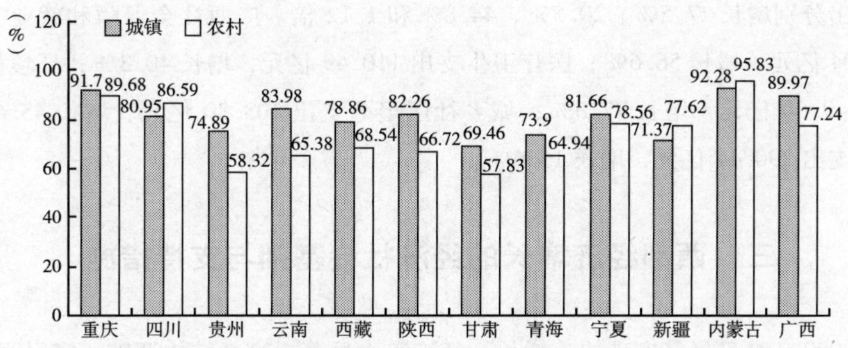

图5　2009 年西部地区各省份城乡居民收入与全国平均水平的比值

2009 年西部地区积极应对就业工作面临的严峻挑战，实施了稳定就业岗位、以创业带动就业等一系列积极的就业政策，开展就业培训、就业援助、强化就业服务等措施，有效地推动了就业工作，就业形势比较稳定，西部各省份（除宁夏和新疆外）共新增就业314.43万人，相当于全国新增就业量（515万人）的61.05%，为社会稳定和居民收入提高做出了重要贡献。

扶贫工作取得新进展。在贫困标准提高、脱贫难度加大的情况下，西部地区各地政府继续实施积极的扶贫政策，扶贫成果显著。2009年，重庆全年安排财政性扶贫资金9.34亿元，新建和改造乡村道路5140公里，异地扶贫搬迁8571户，退耕还林生态移民搬迁7673户，全年贫困人口减少20.1万；云南按农村贫困标准1196元测算，年末农村贫困人口为540万，净脱贫15万人；甘肃年末农村贫困人口为389.0万，脱贫人口为53.4万，贫困面为18.7%，比上年末降低2.6个百分点。

财政支出支持力度加大，社会保险覆盖面进一步扩大，教育、文化、卫生等公共服务和新型社会救助体系不断完善。2009年，内蒙古一般公共服务支出299.83亿元，比上年增长24.1%；社会保障和就业支出274.57亿元，增长43.4%；医疗卫生支出102.09亿元，增长70.7%；教育支出243.32亿元，增长17.9%；环境保护支出96.99亿元，增长21.7%。宁夏公共安全支出23.73亿元，增长24.7%；社会保障和就业支出47.91亿元，增长22.4%；医疗卫生支出21.90亿元，增长24.8%；环境保护支出22.39亿元，增长31.4%；城乡社区事务支出41.87亿元，增长34.4%。新疆财政用于民生支出948.6亿元，增长30.4%，占财政支出的70.3%，就业与社会保障、教育、医疗卫生、保障性住房支出分别增长27.5%、20.5%、44.8%和1.12倍。广西社会保障和就业支出202.04亿元，增长56.6%；医疗卫生支出110.49亿元，增长40.3%；环境保护支出49.60亿元，增长77.3%；城乡社区事务支出103.80亿元，增长43.6%；教育支出290.44亿元，增长15.6%。

三　西部经济增长的经济社会基础与支持措施

2009年西部经济实现快速增长，经济实力显著提高，结构调整、富民强区、全面建设社会主义和谐社会取得重大进展；生态建设、环境保护和社会发展的薄弱环节得到加强，使西部大开发十年来的快速增长势头不仅得到保持，而且有所强化，经济社会发展迈上了新台阶。2009年西部地区经济的快速增长是由多方面原因促成的，我们在此加以简要分析。

（一）国家区域均衡发展政策的全面执行，为西部地区的快速发展提供了制度保障

改革开放的前 20 年，中国政府为最大化国家福利，执行非均衡发展的区域政策，实现东部地区的率先发展，而西部地区则由于区位、资源等方面的劣势，加上市场化水平与开放度不足等原因，发展相对滞后，在全国经济空间结构中的地位不断下降（详见《中国西部经济发展报告（2009）》）。而在改革开放的后 10 年，适应经济全球化加快、世界科学技术迅猛发展和发达国家加快产业转移趋势，中央政府明确：要进一步继续推进经济体制、经济增长方式的根本性转变，探索改革开放和加快发展的新思路，不仅需要在更高水平上利用国外经济资源和市场，也需要进一步扩大内需和开发国内资源，在 1999 年，中央政府适时做出了以“从根本上改变西部地区相对落后的面貌，显著地缩小地区发展差距，努力建成一个经济繁荣、社会进步、生活安定、民族团结、山川秀美、人民富裕的新的西部地区”为目标的西部大开发的重大决策。由此，国家区域发展战略也由非均衡发展调整为均衡发展，西部地区改革与发展的步伐明显加快，但由于原有的缺口太大以及市场经济本身的极化效应，政府加大对西部发展投入的增长效应在很大程度上被东部地区的资源集聚效应抵消，西部经济在全国经济中的地位并没有明显改善，十年间仅提高了 0.11 个百分点。但应该承认，均衡发展战略对阻止西部地区经济的进一步塌陷起了关键性的作用，同时也为西部地区未来的高速发展打下了基础，在 2008 年全球金融危机到来之时，国家执行更积极的均衡发展政策，引导东部地区的资源在更高水平上向西部转移，从而带来了 2009 年的高增长。

（二）国家扩大内需与结构调整政策的驱动，为西部地区增长提供了良好的宏观环境

理论界普遍认为，2009 年中国经济的困难表面上是由于国际金融危机引起的，但本质因素还在于内外需结构、消费与投资结构的失衡，以及中国经济增长方式的不合理，为此要走出经济困境，就应当立足于自身问题的解决。为此，中央政府提出了“保增长、调结构、扩内需、惠民生”的一揽子政策。

从保增长上看，首先，在经济危机时期，受危机影响的国家一方面经济发展动力不足、国民收入水平下降；另一方面则为了保障就业，采取保护主义的贸易

政策，由此造成的后果是中国出口增长下降。2009 年中国货物出口 12017 亿美元，比上年下降 16.0%，贸易顺差减少 1020 亿美元。其次，2009 年全国消费需求虽有较大增长，社会消费品零售总额达到 125343 亿元，比上年增长 15.5%，但增速下降了 6.1 个百分点，而且消费仅占全部 GDP 的 1/3 强，同时促进消费增长也面临一系列制度、产业结构、分配等方面的约束，不可能迅速提高。为此，保增长的关键在于投资的快速增长。2009 年全国固定资产投资 224846 亿元，比上年增长 30.1%，增长率同比提高了 4.2 个百分点。新增加的投资中与西部特色产业和重点产业相关的采矿及其加工业、交通运输业等九个行业投资总额为 66980 亿元，占分行业城镇固定资产投资量（194139 亿元）的 34.5%（见表 8），使得西部地区成为全国投资增长最快的地区。2009 年东部地区投资 95653 亿元，比上年增长 23.0%，占 43.7%；中部地区投资 49846 亿元，增长 35.8%，占 22.8%；西部地区投资 49662 亿元，增长 38.1%，占 22.75%；东北地区投资 23733 亿元，增长 26.8%，占 10.8%。

表 8　2009 年分行业城镇固定资产投资及其增长速度

单位：亿元，%

行　业	投资额	比上年增长
采矿业	8093	18.2
纺织业	1768	14.8
石油加工、炼焦及核燃料加工业	1835	0.4
非金属矿物制品业	5948	43.5
黑色金属冶炼及压延加工业	3206	-1.3
有色金属冶炼及压延加工业	2202	16.8
金属制品业	2836	29.2
水利、环境和公共设施管理业	17814	45.1
交通运输、仓储和邮政业	23278	48.3

资料来源：《2009 年国民经济和社会发展统计公报》。

其次，从调结构上看，结构不仅指产业结构、需求结构，还指区域经济发展结构和城乡结构。从区域经济结构上看，西部地区是中国目前发展最落后的地区，促进区域协调发展要求西部地区以更快的速度实现增长；西部地区也是中国少数民族聚居的地区和国防安全的重点地区，出于维护民族地区稳定和国防安全的考虑，需要创造条件加快边疆地区、少数民族地区的发展；西部地区还是中国实现可持续发展的重点地区，贫困是导致资源浪费和环境破坏的重要原因，因此加快西部地区经济增长以消除贫困是实现中国经济绿色发展的关键环节。从城乡经济结构上看，全国城乡间收入差距最大的是西部地区，以 2008 年四大经济区的城乡收入比为例，东、中、西、东北地区农村居民人均纯收入分别相当于城镇居民可支配收入的 0.34、0.34、0.27 和 0.39；从城乡居民的支出结构上看，西部地区农村居民用于食品等必需品的支出比重也是最高的，因此西部地区是城乡统筹的重点地区。而实现城乡统筹的主要措施是城市支持农村、工业反哺农业，而西部地区的城镇居民收入在四大区中是最低的，恩格尔系数却是最高的。可见，依靠西部地区内部实现协调发展面临双低结构的困境。为此解决西部地区的城乡统筹发展需要国家给予更大的政策与资金支持。近年来，中央政府加大对西部地区的财政转移支付力度和执行东西合作制度既是国家经济结构调整的重要方面，也是西部地区实现快速发展的重要动力（见表 9）。

表 9　2008 年各主要经济区城乡居收入情况及支出结构

单位：元

项　目	东部地区		中部地区		西部地区		东北地区	
	城市	农村	城市	农村	城市	农村	城市	农村
可支配收入	19203.46	6598.24	13225.88	4453.38	12971.18	3517.75	13119.67	5101.18
其中:食品	36.68	41.21	38.89	45.17	40.75	47.69	37.11	37.15
衣着	9.21	5.57	11.72	5.72	11.32	5.61	12.09	7.79
居住	10.08	19.26	10.56	18.68	9.29	17.35	11.63	18.56
家庭设备用品及服务	6.21	4.84	6.57	5.19	6.13	4.50	5.02	3.70
四项合计	62.18	70.88	67.74	74.76	67.49	75.15	65.85	67.2

资料来源：《中国统计年鉴 2009》。

再次，从扩大内需上看，经过改革开放 30 年的发展，东部地区人民收入水平提高迅速，在技术没有出现重大变革的情况下，一般消费品的需求基本出现饱和，其消费结构更多转向汽车等耐用的大宗消费品；而西部地区正处于工业化的初期和中期，城市化也正处于快速发展期间，消费市场规模和发展的空间巨大，从运输成本、交易成本角度考量，最终产品的生产应建立在最接近市场的地方，因而东部地区产业加速向西部地区转移是一个不可避免的过程，这也是推动西部地区快速增长的重要因素。同时，惠民政策的实施和相关基础设施的完善则为西部消费品市场的发展提供了良好的条件。

最后，从惠民政策来看，考察民生经济的改善状况在很大程度上要看低收入人群的生活及其发展水平，而从2008年民生的诸多指标上看，西部地区人民的生活水平和发展能力在全国分省比较中都是比较低或最低的，城镇居民人均可支配收入中排名最后10位的省份中有7个位于西部地区；农村居民人均纯收入排名最后10位的省份全部在西部地区；城镇居民恩格尔系数最高的10个省份中西部地区均占了6个；农村居民恩格尔系数最高的10个省份中西部地区占了7个；而在体现发展能力改进的文教娱乐及服务支出中，全国占消费支出比例最低的10个省份中，西部地区城乡分别占有6个。因此在民生的改善中对西部地区应该予以更多的关注（见表10）。

表10　西部地区2008年民生经济的部分指标及在全国的排名情况

单位：%

省区市	城镇居民可支配收入与全国人均水平比较		农村居民人均纯收入与全国人均水平比较		城镇居民恩格尔系数		城镇居民教育文化娱乐服务支出占消费支出		农村居民恩格尔系数		农村居民文教娱乐用品及服务支出占消费支出	
	比值	位次	比值	位次	数值	位次	比值	位次	数值	位次	比值	位次
重　庆	91	11	86.7	20	39.6	19	11.4	13	53.3	30	9.2	13
四　川	80.1	24	86.6	21	44	28	9.8	28	52.0	27	5.6	28
贵　州	74.5	27	58.8	30	43.1	27	11.2	16	51.7	26	8.4	16
云　南	84	15	65.2	28	47.1	30	8.1	30	49.6	24	5.1	30
西　藏	79.1	26	66.7	26	51.2	31	5.0	31	52.4	28	2.8	31
陕　西	81.5	21	65.9	27	36.7	12	13.1	5	37.4	4	11.4	5
甘　肃	69.5	31	57.2	31	38.3	17	11.3	14	47.2	21	9.0	14
青　海	73.8	28	64.3	29	40.5	21	10.8	23	42.1	16	6.3	23
宁　夏	81.9	20	77.3	24	35.1	8	10.9	21	41.6	15	7.1	21
新　疆	72.4	30	73.6	25	37.3	14	9.4	29	42.6	17	5.5	29
内蒙古	91.5	9	97.8	14	32.8	1	12.8	6	41.0	13	11.0	6
广　西	89.6	12	77.5	23	42.4	26	11.2	15	53.4	31	8.5	15

资料来源：《中国统计年鉴2009》。

（三）灾后重建计划的全面启动有力地促进了灾区经济实现快速发展

2008年，四川、甘肃、陕西均受到“5·12”特大地震灾害的影响，随后中央政府组织全国各省区进行对口支援，启动了庞大的灾后重建计划。

其中四川省启动灾后民生项目重建、基础设施重建、产业重建计划，根据四川省2010年政府工作报告，“规划重建的126.3万户农村永久性住房全部完成，因余震等因素新增19.6万户农村住房重建已开工99.9%，其中完工77%。25.9万套城镇住房开工97.1%，其中完工74.7%。3002所学校开工99.2%，其中完工79.7%。1362个医疗卫生机构开工93.8%，其中完工75.5%。福利院和敬老院开工79%，其中完工49%。文化服务设施项目开工78.3%，其中完工58.5%。广播电视项目开工73.2%，其中完工9.3%。”“12个高速公路和88个国省干线及重要经济干线项目全部开工。农村公路恢复重建2.1万公里，383个客运站完工324个。开工水利项目1279个，震损水库除险加固完工598座，解决368.4万群众饮水问题。完成35千伏及以上电网恢复重建项目175个。市政公用基础设施项目完工68.5%。北川、汶川、青川3个县城及映秀、汉旺等35个城镇重建加快推进。”“184个农村建设项目全部开工。2440户规模以上受损工业企业有97.6%恢复生产，6个重灾市（州）规模以上工业增加值增速均超过全省平均水平。6239个市场服务体系项目开工6237个，其中完工85.8%。”

甘肃省灾区农村居民住房重建和维修任务全面完成。基层学校、医院等公用设施重建工作完成80%以上，通路、通电、通水、通信、通广播电视、通宽带目标基本实现，市场服务体系初步恢复，水利、电力、交通、城市基础设施建设等项目有序推进。

四川、甘肃两省分别完成灾后重建投资6002.7亿元、390.1亿元，分别占所在省GDP的42.42%和11.54%，受灾最严重的四川省的主要经济指标如GDP、工业增加值、固定资产投资、财政收入、社会消费品零售等增长率的提高速度均居各省之冠，而四川省GDP占全部西部GDP的21.17%。可见，灾后重建计划的加速实施对2009年西部地区的高增长做出了贡献。

（四）经济危机对西部经济的不利影响较小，特色经济得到进一步发展

西部地区经济外向程度较低，其产品主要面向国内市场，少量出口主要面向中亚和东南亚等受金融危机影响较小的国家，因而受金融危机不利影响较小；2007年和2008年西部地区出口占GDP的比重分别为11.38%和12.94%，占全

国地区加总出口量的比重均不到4%；外商投资企业的注册资本和投资总额占全国的比重也均在8%以下。反而因国家启动以投资为主的经济刺激政策获得了新的快速发展机会。2009年中，国际大宗商品价格开始反弹，国内煤、油、电等商品需求也随着投资的增长不断提高，价格也趋于上升，而西部地区的这些主要工业品除粗钢外在全国均占有较大比重（见表11）。

表11　2008年西部地区主要工业品产量及占全国的比重

主要工业产品产量	原煤(亿吨)	原油(万吨)	发电量(亿千瓦小时)	粗钢(万吨)	水泥(万吨)
绝对数	12.28	5500.06	9702.54	6397.77	31991.64
占全国比重(%)	44.05	28.95	27.99	12.78	23.04

（五）西部大开发十年取得的成效为西部经济进一步发展奠定了良好基础

1999～2008年，西部经济在克服宏观经济波动、生产成本上涨以及“非典”疫情、罕见的冰灾与大地震的不利影响的基础上，经济社会建设取得巨大成就。经济实力明显增强，实际年均经济增长率为11.42%，占国内GDP的比重提高到17.80%，其中内蒙古增长率连续7年高居全国第一。与此同时，反映地区富裕程度和生产率水平的人均GDP和劳均GDP与其他地区的差距也趋于缩小；区内经济的空间结构更加协调，原先最落后的西北五省区显示出强劲的追赶势头，其在西部地区GDP中所占份额由1998年的26.05%提高到28%；社会固定资产投资快速增长，2008年西部地区全社会固定资产投资完成36894.62亿元，比1998年多31847.82亿元，十年间总和达到158663.1亿元，年平均增长22%；产业结构高级化明显，1998～2007年，第一产业的比重由25.27%下降为15.97%，第二产业的比重由40.73%持续上升为46.32%，第三产业则由34%上升为37.7%；工业增长对GDP的贡献率明显上升，由1998年的25.7%提高到2008年的47.72%；城镇化快速发展，由1998年的28.73%提高为2007年的36.96%；财政收入和规模以上工业企业利润大幅增加，地方财政收入从1998年的946.24亿元增加到2008年的5096.09亿元，净增加3.33倍，2007年全部规模以上工业企业实现利润4231.69亿元，比1998年的39.49亿元增加了4192.2亿元，年均增长率高达329.92%；节能减排取得较大成效，2003～2007年，每亿元产值未达标废水排放量由 4.14 万吨下降到 1.35 万吨，年均下降 32.26%，比全国平均水平年均多下降 10.35%，每亿元产值工业固体废物排放量由 479.6 吨下降到 140.2 吨，年均下降 36%，比全国平均水平多下降 2.14%；教育、就业、医疗卫生、城乡居民收入等民生经济也获得了很大进步。

西部大开发的十年，是西部地区经济社会实现大开发、大发展、大跨越的十年，其对未来西部经济发展的意义不仅体现在经济总量的提高，还在于经过大开发，使西部经济的市场化水平及资源配置效率得到大幅提高、经济增长的效益得到改善；还在于初步建立起东西部合作的制度框架和国家持续进行大发展的政策体系；也在于通过大开发改善了西部地区投资的物理环境和社会环境，进而使西部地区的资源流入与流出达成初步平衡并有结余，扭转了西部资源流失而造成的不发展趋势；也在于通过大开发使西部的存量资源成为发展的资本，并初步形成一批有竞争力的特色产业体系；更为关键的是，西部大开发使得在“三线”建设时期布局的重工业获得了发展机遇，各种产业特别是重化工业、装备制造业等基础工业和基础设施建设的推进，为中西部地区的工业发展带来了强大的动力。总之，西部大开发十年奠定的各种制度、产业和环境基础以及由此探索出的一系列行之有效的经验是促进西部经济未来继续保持快速增长的重要条件。

（六）民生持续改善，使西部地区快速发展的信心得到加强

在《中国西部经济发展报告（2009）》中，我们通过教育、就业、医疗、收入等方面的指标论述了西部大开发以来西部地区民生事业的改善情况，现在我们用居民收入来源和民政事业费用支出两个方面的数据对此加以进一步论述。

居民收入来源的多元化，在一定程度上表明了居民获取收入的能力和机会的增加以及生存状态的改善。2008 年与 2003 年相比，从城镇居民收入来源上看，西部地区有两项收入的比例趋于下降，一是原来作为主要收入源的工资性收入比重下降，二是随着居民收入水平提高，转移性收入的比重也趋于下降；而因市场化的发展，居民自主经营的机会增加，财产资本化的水平提高，经营性收入和财产性收入的比重趋于上升。从农村居民收入来源上看，随着农村劳动力非农就业机会增加，以及国家加大扶贫投入和对西部农业生产的支持，农村居民的工资性收入和转移性收入有较大提高；而传统的主要收入来源——经营性收入的比重趋于下降（见表 12、表 13）。

表12 2003年和2008年西部各省份城镇居民收入的来源结构

单位：%

省区市	工薪收入		经营净收入		财产性收入		转移性收入	
	2003年	2008年	2003年	2008年	2003年	2008年	2003年	2008年
重庆	72.52	72.01	1.32	5.18	0.93	1.35	25.24	21.46
四川	65.58	66.62	4.69	7.60	2.45	1.92	27.28	23.86
贵州	69.20	64.10	5.63	6.33	0.82	0.91	24.36	28.66
云南	71.37	60.89	3.50	8.26	1.05	6.02	24.08	24.83
西藏	97.62	90.23	0	2.22	0.07	1.01	2.30	6.53
陕西	70.69	70.74	1.91	3.93	1.89	1.09	25.51	24.24
甘肃	73.87	71.59	3.78	5.47	0.58	0.56	21.77	22.37
青海	62.80	66.8	3.86	5.93	0.71	0.39	32.63	26.88
宁夏	66.81	62.28	6.31	13.15	1.18	1.29	25.70	23.27
新疆	79.06	75.51	3.71	7.52	0.97	1.14	16.26	15.84
内蒙古	71.22	67.68	8.35	10.24	1.14	2.14	19.28	19.95
广西	74.15	67.05	4.85	8.54	2.04	2.87	18.96	21.54

表13 2003年和2008年西部各省份农村居民收入的来源结构

单位：%

省区市	工资性收入		经营净收入		财产性收入		转移性收入	
	2003年	2008年	2003年	2008年	2003年	2008年	2003年	2008年
重庆	38.77	42.77	53.52	48.87	1.54	1.23	6.18	7.13
四川	34.34	39.32	60.41	50.03	1.40	1.73	3.85	8.92
贵州	29.33	35.85	63.18	54.08	2.35	2.29	5.15	7.79
云南	18.75	19.9	73.22	69.52	3.96	3.54	4.07	7.04
西藏	—	23.92	—	58.1	—	5.84	—	12.14
陕西	36.76	39.65	54.89	47.03	2.94	2.74	5.42	10.58
甘肃	29.21	31.87	66.26	56.66	1.01	0.72	3.52	10.76
青海	25.31	32.12	66.90	52.36	2.87	4.85	4.92	10.68
宁夏	28.99	34.23	61.44	55.20	3.37	1.79	6.21	8.79
新疆	6.66	12.07	89.02	79.35	2.80	3.46	1.52	5.12
内蒙古	15.20	17.32	80.21	69.11	2.28	2.47	2.32	11.10
广西	37.46	34.78	58.72	59.36	0.80	1.13	3.02	4.73

民政事业经费支出主要包括最低生活保障、灾害和医疗救助等方面的支出，其水平的提高反映了西部地区在经济发展过程中更注重社会公平与稳定、更加注重经济发展成果的社会共享，也有利于维护民众进行创业和社会化就业的能力和

信心，从而最终有利于经济发展。从1952年以来西部地区民政事业经费支出的变化中，可以发现，改革开放以来尤其是西部大开发以来，西部地区民政事业经费支出量呈稳定高速增长态势，每年增速基本都在20%以上，2007年和2008年的增速分别达到47.7%和197.1%（见图6）。

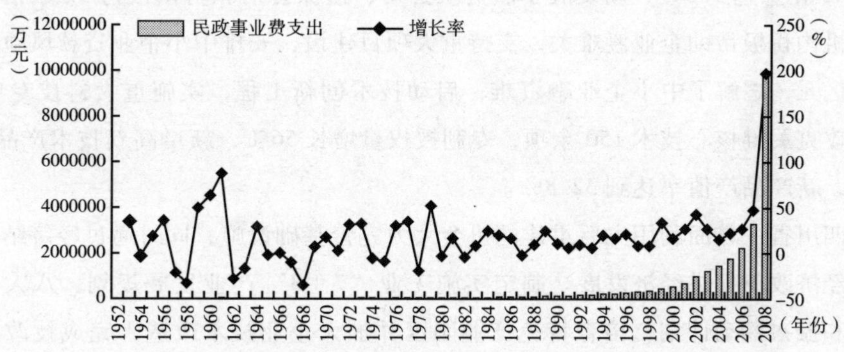

图6 1952～2008年西部地区民政事业经费增长情况

（七）地方政府积极有效的经济发展政策，为西部发展提供了政策指导

2009年西部地区各省区市地方政府根据中央保增长、调结构、惠民生的部署，针对地方经济发展的实际情况，实施了富有实效的经济政策，保障了西部经济的快速增长。

内蒙古全年完成50万元以上项目固定资产投资7381亿元，增长33.8%，对经济企稳回升、持续向好发挥了重要作用；同时着力优化投资结构，引导资金投向基础产业、基础设施、社会事业和改善民生等领域，促进了交通运输等基础设施的完善和产业的优化升级；制定并实施了促进工业增长的12项政策措施，调整优化工业结构。煤炭、电力等传统产业稳步增长，原煤产量6亿吨，电力装机6100万千瓦，分别增长22.8%和22.7%；新能源、装备制造、现代煤化工等新兴产业快速发展，新增风电装机200万千瓦，总装机突破500万千瓦，居全国首位；装备制造业增长40%以上，在较短时间内遏制了工业增速大幅下滑的势头，呈现出逐月加快、稳定向好的态势。实施了一系列力度大、针对性强的政策措施，有效缓解了“融资难”等制约中小企业发展的突出问题，2009年末，全区

中小企业贷款余额1800亿元，增长41%。

重庆实施三年1.5万亿元投资计划，落实中央预算内投资123亿元、市级财政资金31亿元，带动全社会固定资产投资达到5318亿元；实施重点产业调整振兴规划，完成工业投资1793亿元；加快金融业发展，实现增加值增长31.2%，占GDP比重达到6%，新发展小额贷款公司、担保公司和村镇银行91家，各类金融机构积极帮助企业渡难关，支持重大项目建设，安排中小企业贷款风险补助金1亿元，缓解了中小企业融资难；启动技术创新工程，实施重大科技专项23个，攻克关键核心技术150余项，专利授权量增长56%，新增高新技术产品500余个，新产品产值率达到32.8%。

四川省一方面利用灾后重建的机会大力完善基础设施，同时通过经济结构调整和经济改革促进经济发展。制定实施工业"7+3"产业发展规划、八大产业调整和振兴行动计划；培育特色产业园区并加大企业技术改造，完成技改投资2540亿元，增长54.6%；启动旅游重振工程"五大行动"，实现旅游收入1472.5亿元，增长34.8%；财税、金融、企业改革深入推进，民营经济快速发展，占GDP的比重达到54.2%；对内对外开放取得重大进展，到位的国内省外资金4063.7亿元，增长35.5%，实际利用外商投资41.3亿美元，增长23.5%；对外承包工程和劳务合作营业额33.7亿美元，增长40.2%。

陕西省出台了12个产业调整和振兴规划以及壮大产业集群、发挥科技支撑作用、开展质量兴省活动等重大举措，在应对危机中主动转变发展方式、推进产业结构调整。加快国有企业战略重组步伐，钢铁、医药、煤炭行业整合重组取得阶段性成果，大企业的支撑作用进一步增强，省属企业销售收入增长29.9%，全省销售收入过百亿元的企业达到16户，新增了3户，其中延长集团突破800亿元、煤化和有色集团分别突破300亿元；继续优化非公有制经济发展环境，新增私营企业2.91万户、个体工商户9.6万户；知识产权申请量突破1.5万件，技术合同成交额增长47.8%，科技创新在结构调整中的作用明显增强；旅游接待量突破1.1亿人次，总收入达768亿元，分别增长25.8%和26.5%，其中入境游145万人次，增长15.4%。

在主要省份经济发展和改革取得快速进展的同时，其他省份特色产业和重点领域的改革也取得可喜成效。如广西的环北部湾建设、青海的高原特色旅游业、新疆的现代农业、甘肃的新能源建设等都是2009年西部经济增长中的重要亮点。

（八）重点区域建设全面启动，西部地区经济增长极初步建立

在 2009 年国务院批准关中 - 天水经济区发展规划以后，西部地区三个经济增长极初步确立。2009 年四川省组织实施成都统筹城乡综合配套改革试验区总体方案，扩权强县试点增加到 59 个，试点县 GDP 增速比全省快 0.3 个百分点，县域经济活力增强；重庆新增部市合作协议 16 个，累计达到 54 个；新一轮土地利用总体规划获国家批准；集体林权制度主体改革任务基本完成；联合产权交易所服务范围不断拓展，农村土地交易所运行良好，股份转让中心和农畜产品交易所挂牌运营。陕西编制完成西安国际化大都市城市发展战略规划，落实推动西安高新区创建世界一流园区的政策措施，支持关中率先发展。北部湾经济区开发初显成效，经济增长强劲，GDP、财政收入、规模以上工业增加值、全社会固定资产投资总额、城镇固定资产投资额、社会消费品零售总额、外贸进出口总额、出口额、外商直接投资额、沿海港口吞吐量等 10 大指标比 2005 年翻了一番，GDP 对广西增长的贡献率达到 35.8%，占广西 GDP 的比重达 31.8%。

2009 年，陕西、广西、四川、重庆四省区市各项重要经济指标均位居西部地区前列，其中经济增长率分居西部地区的第五、四、三、二位，四省份经济总量占西部地区经济总量的 54.69%，比上一年提高 0.4 个百分点，对西部经济增长贡献率达到 57.44%。

四　西部经济增长面临的新问题、新挑战

虽然 2009 年西部经济增长的成绩喜人，但也应当清醒地认识到，我们在《中国西部经济发展报告（2008）》和《中国西部经济发展报告（2009）》的总报告中列出的 20 个问题还没有得到根本解决，要促进西部经济又好又快发展仍面临诸多障碍。从 2009 年西部经济增长的状况以及未来国内外经济发展与技术进步的情况看，有一些新问题、新挑战正在出现。

（一）经济持续向好的基础还不稳固

经济发展需要新的增量投资进入，但投资增加面临几个困难，一是在灾后恢复重建任务基本完成后，基础设施建设的投入可能会出现较大缩减；二是随着全

国经济的进一步复苏，东部地区经济增长动力的恢复，西部投资增长再次面临发达地区巨大的竞争压力；三是经过多年投资的高速增长，在投资基数比较大的情况下，保持投资持续增长难度增大；四是国家4万亿的投资刺激方案，客观上对民间投资产生了一定的挤出效应，民间投资意愿还不够强。同时，作为经济增长的主体，企业自主创新能力不强，民营经济比重较低，部分行业和企业生产经营还比较困难，经济效益尚未明显改善。此外，经济增长还面临较大的市场约束，西部地区经济外向度较低，经济增长主要依赖国内市场，但由于西部地区居民收入水平受到经济发展水平的限制，整体仍然偏低，对企业的赢利能力形成市场约束，企业扩大再生产积极性不高。

（二）一些影响科学发展的因素进一步暴露

国际金融危机使一些制约西部经济社会持续健康发展的体制性、结构性矛盾进一步暴露。区域性技术创新仍未建立，技术创新能力不强，先进制造业和现代服务业比重偏低，资源优势没有充分转化为经济优势；经济增长过度依赖投资拉动，消费尤其是出口的拉动能力偏弱，转变发展方式任务十分艰巨，经济发展的内生动力不足；产业结构不够合理，优势特色产业发展不协调，非资源型产业发展滞后，初级产品比重高，资源精深加工能力不强，产业链条短，产品附加值低；农业基础薄弱，统筹城乡改革发展亟待突破，农民持续增收困难较多；第三产业比重偏低，尤其是生产性第三产业发展落后，经济发展的成本较高；城镇化滞后于工业化，小城镇发展滞后于大中城市，县域经济实力不强，承载工业化和拉动内需的能力不足；城乡差距、地区间发展差距明显，社会事业发展滞后，经济社会、区域协调发展能力需要进一步增强；资源、能源、环境约束加剧，完成节能减排目标还需付出很大努力，生态脆弱的局面没有根本改变，部分地区生态环境仍在退化，生态保护建设任重道远；经济的市场化程度仍然较低，非公有制经济发展存在诸多制度性约束，发展缓慢。

改善民生任务依然繁重。城乡居民收入长期落后于其他地区，而且因经济增长过度依赖投资驱动，人民收入提高幅度有限；教育、卫生、文化等社会事业发展不够，民生保障水平总体不高；大中专毕业生和新成长劳动力规模较大，特殊群体就业矛盾仍然突出。

政府自身建设需要进一步加强。政府工作与形势的要求和人民群众的期望还有不小差距，政府职能转变还不到位，部分政府工作人员创新能力不足、公仆意识不强，一些重点工作推进不够理想，社会管理和公共服务比较薄弱，还不同程度地存在着虚报浮夸、形式主义、铺张浪费、以权谋私、消极腐败等现象。此外，公共服务均等化的实施对地方财政构成较大压力，市、县一级政府财政出现较大困难。

（三）“三种势力”严重威胁西部地区经济持续发展和社会稳定

近年来，宗教极端势力、民族分裂势力、国际恐怖势力不断从事危害中国国家安全的活动，其主要活动范围在西部民族地区。“三种势力”一方面制造舆论，蛊惑人心；另一方面大搞暴力恐怖活动，破坏社会安定，使经济发展的社会基础受到破坏，经济发展的动力受到影响。以新疆为例，2008 年之前新疆无论是 GDP 增长率，还是人均 GDP 增长率在西部地区一直处于上游水平，但 2009 年 7 月 5 日暴乱的发生，使得新疆 2009 年的 GDP 增长率下滑到了 8.1%，人均 GDP 增长率下降到了 6.5%，在西部地区位于最末一位（见图 7）。

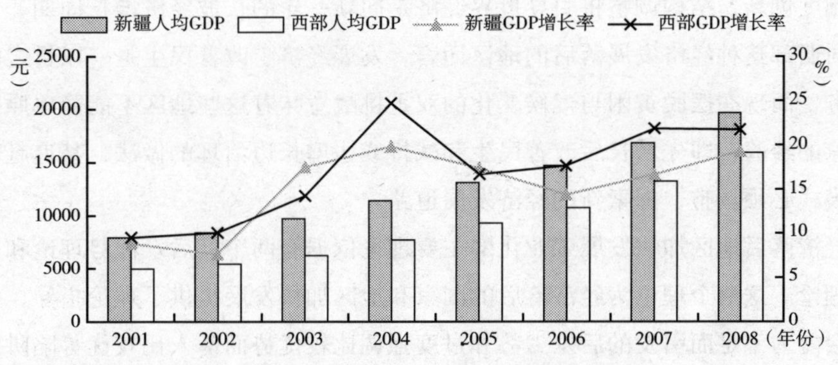

图 7　新疆人均 GDP 和经济增长率与西部地区整体水平的比较

（四）低碳经济时代来临，西部经济发展战略模式选择正处于十字路口

自 2003 年英国能源白皮书《我们能源的未来：创建低碳经济》发布以来，低碳生产、低碳消费的观念逐步深入人心并开始付诸实践。低碳经济是在全球气候变化的大背景下提出的，由于全球人口和经济规模的不断增长，能源使用带来

的环境问题持续增加，对人类生存和发展构成严峻挑战，2006 年，前世界银行首席经济学家尼古拉斯·斯特恩牵头做出的《斯特恩报告》指出，全球以每年 GDP 1% 的投入，可以避免将来每年 GDP 5% ~20% 的损失，呼吁全球向低碳经济转型。2008 年，联合国提出用绿色经济和绿色新政应对金融危机和气候变化的双重挑战，把低碳经济看做拯救当前金融危机、实现全球经济转型的重要途径。

从当前国际竞争以经济和技术为基本内容的特征来看，持续增长是经济的长期目标，而应对气候挑战是一个长期的社会目标。而从各国工业化的经验来看，发展经济与保护环境经常是一对不可调和的矛盾，绿色发展理论的提出要求各国在发展中必须寻找到一个结合点，把经济持续增长的经济期持久目标与应对气候变化的长期社会目标结合起来，在实现减排的同时实现经济发展，其最佳模式就是把气候变化的压力转化为经济发展的动力。因此，普遍认为，由工业经济向低碳经济转型，通过建立以低能耗、低物耗、低排放、低污染为特征的经济发展模式来获得最大的经济产出是未来经济发展的大趋势，以低碳化为核心的技术创新、制度创新、结构调整将引导世界经济走向新一轮的长波经济增长周期。

对西部这种经济发展落后的地区而言，发展经济、改善民生是一以贯之的迫切任务，而现在摆脱贫困与气候变化的双重挑战意味着这些地区不能简单照搬发达国家的经验，即先增长后改善民生和减排或边增长边治理的做法，其追赶现代化的模式必须调整，探索新的经济发展道路。

经济落后地区加快发展工业化的主要理论依据有两个：后发优势理论和比较优势理论。这两个理论为经济落后的国家和地区加快发展提供了理论指导，但对于社会能力不足而引发的后发劣势和过度强调比较优势而落入比较优势陷阱的忧虑，尤其是面对新的技术机会，制度、技术、资本均有较大缺陷的国家和地区，这两种理论的指导能力可能是有限的。

西部地区过去 30 年的经济增长主要是在两个理论的指导下取得的，后发优势战略强调制度借鉴和资本、技术引进，制度借鉴确实在短时间内使西部地区的市场化水平以及资源配置效率得到较大提高，但未来制度的进一步变迁却面临非正式制度变迁的瓶颈，经验表明，正式制度的学习、引进、变革并非一帆风顺，它受到旧的非正式制度的强大约束，而非正式制度的变迁通常是一个自然过程，西部经济的长期落后，使得在小市场经济、自然经济、计划经济中形成的观念有较大生存空间，从而使西部经济的追赶效应受到减弱；资本引入解决了西部经济发展中资本不足的问题，但又使其过度依赖投资增长和外来资源，经济增长的内生性与持续能力较弱；技术引入提高了西部经济增长效率并带动了西部地区一些技术中心的形成，但传统技术的模仿一方面不能解决临界最小差距问题，另一方面在新的大规模的技术革新面前这一模仿不再适用。比较优势战略解决了增长中的产业支撑问题，但西部地区市场化水平低、技术落后、人力资本支持不足等约束因素的存在，使其不能在发展中积累竞争优势，只能使以自然资源依赖为特征的产业结构得到强化，从这个意义上讲，发展特色产业是一种竞争力低下的表现，也是一个无奈的选择（见图 8）。

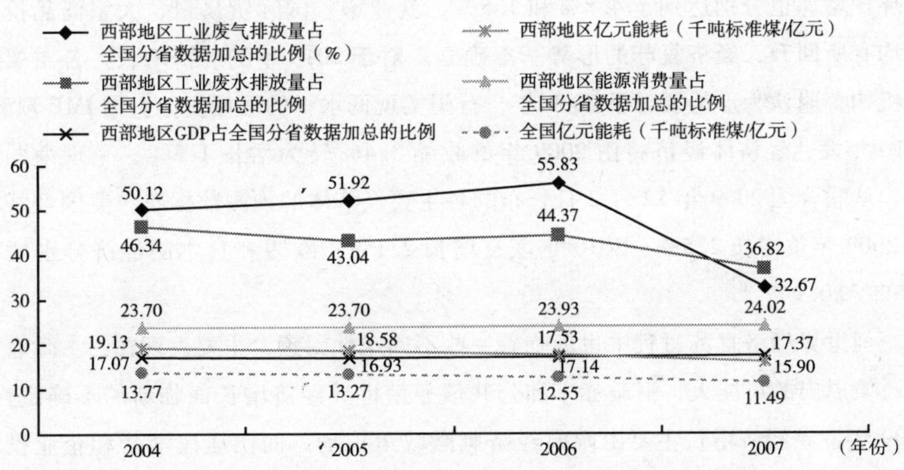

图 8　西部地区万元能耗与全国水平的比较及废气、废水排放量占全国比重变化情况

从 2004 年到 2007 年的数据看，西部地区万元能耗水平远高于全国平均水平，其能源消费量、工业废气与废水排放量占全国分省数据加总的比重远高于其 GDP 所占比重，因此西部地区是中国发展低碳经济所要解决的重点地区，如果再依据原有的比较优势战略便很难解决这一问题。从新中国成立以来西部地区 GDP 占全国比重的变化和西部地区城乡居民收入与其他省份对比情况（数据见《中国西部经济发展报告（2009）》）看，直到 2009 年，西部地区 GDP 占全国比重仍没有恢复到 1990 年前的水平，人均收入水平依然是各大区中最低的，表明依赖后发优势战略很难解决区域发展不平衡问题。因此，未来西部经济必须探索新的更富成效的发展战略。

五 2010年西部经济发展的预测与政策建议

受全球经济企稳向好、中国经济强劲复苏和2009年快速增长惯性的影响，西部地区2010年经济发展形势总体会更加良好。

（一）2010年西部经济增长的背景

首先，从世界经济形势上看，受各国经济刺激政策影响，2009年各主要国家经济出现V形反转，美国第三季度环比实现了3.5%的增长。日本和整个欧元区环比增速也分别达到了4.8%和1.5%，就业率、国际贸易量、大宗商品价格也均有所回升，经济复苏的形势基本确立。对于2010年的经济增长，各主要研究机构普遍认为形势要好于2009年，有望实现低水平的缓慢复苏。据IMF预测，2010年发达经济体经济将由2009年的收缩3.4%转为增长1.3%，呈现微弱扩张。从联合国2009年12月2日公布的各主要经济体的预测数据看，美国经济将在2009年负增长2.5%，2010年恢复增长2.1%；欧盟和日本的经济分别增长0.6%和0.9%。

但世界经济复苏过程中也面临着一些不确定性因素，主要表现在：①政府干预政策退出的可能大，财政赤字和公共债务使世界经济增长面临新的不确定性。2009年世界经济增长主要由政府经济刺激政策拉动，而由居民消费和企业投资带动的自主复苏能力较弱，而根据IMF 2009年10月份的预测，2009年世界各国财政赤字占GDP比重平均为6.7%，比上年提高了4.7个百分点；世界各国公共债务占GDP比重平均为68.1%，比上年提高了7.9个百分点，高昂的财政赤字和公共债务使得2010年扩大财政支出、减税等刺激经济增长的措施面临财力不足的硬性约束，进一步提高财政支出力度的余地很小。②造成危机的金融因素仍未解决，宽松的货币政策造成的通货膨胀的可能性较大。目前没有有效的金融工具来应对金融危机，而且作为危机始作俑者的金融业依然脆弱，面临着巨额坏账的威胁，如何处理不良资产关乎金融业稳定，发生在迪拜的贷款延迟偿还事件加剧了人们的担心；而且随着美元贬值预期的加深，发展中经济体尤其是中国的巨额外汇储备随时会面临缩水风险；刺激经济导致的流动性过剩和实体经济复苏导致的对大宗商品的需求上升，不断上升的油价和大宗商品的价格，通胀压力大，使经济的货币刺激与通货膨胀面临两难。③贸易保护主义呈愈演愈烈之势。发达国家为转移国内批评、保护国内企业利益和增加就业，各种传统的和非传统的贸易保护措施纷纷出台，使贸易摩擦加剧，世界贸易额下降，将使世界各国陷入不信任的怪圈，进而损害世界经济的长期增长。④欧盟统计局2009年9月14日公布的初步数据显示，截至2009年7月份，欧元区失业率已升至9.5%，为1999年5月以来的最高纪录，美国10月份的失业率也达到10.2%；失业率上升会抑制个人消费，使生产相对过剩，企业投资可能受到抑制，欧盟委员会承认，不排除出现失业率上升与经济下滑形成恶性循环的可能。

其次，从中国经济形势看，2009年12月中央经济工作会议指出，要继续实施积极的财政政策和适度宽松的货币政策，提出了五个更加注重，即更加注重提高经济增长质量和效益，更加注重推动经济发展方式转变和经济结构调整，更加注重推进改革开放和自主创新、增强经济增长活力和动力，更加注重改善民生、保持社会和谐稳定，更加注重统筹国内国际两个大局，经济政策富有稳定性和连续性，内需将进一步扩大，外需也将随着世界经济复苏而增长，国民经济整体回升向好的势头将进一步巩固和发展。世界银行等10家国内外研究机构预测，2010年中国经济增速将在9.47%左右。国家统计局2010年4月15日公布的一季度宏观经济数据也显示，一季度国内生产总值80577亿元，按可比价格计算，同比增长11.9%，比上年同期加快5.7个百分点，固定资产投资、工业经济效益、社会消费品零售总额、对外贸易、城乡居民收入均出现较快增长态势。

2010年中国经济增长中的不确定主要表现在：房地产价格过高，超出了居民承受能力，有可能导致房地产业增长出现波动；银行放款过多和热钱的过多流入增加了对通货膨胀的担心；地方政府投资冲动较大，财政困难局面没有缓解迹象。

世界与中国经济的良好态势为2010年西部地区经济提供了持续增长的外部环境和市场条件。一是世界与中国经济增长动力的恢复，经济全球化和产业转移的趋势将再次延续，西部地区的产业升级可望加快；二是扩大内需政策的延续尤其是投资的较快增长，将促进东部地区加快产业、技术向西部转移，同时也为西部地区资源产业的发展提供了较大空间；三是2009年西部经济在经济危机中的良好表现，将使得国内外投资与中央政府更加关注西部经济发展；四是灾后重建计划远未完成，同时在金融危机时期开工建设的许多项目也正在实施之中，宏观经济的复苏使这些项目的建设有望加快，投资仍将保持较快增长；五是低碳经济发展理念的提出，使得西部地区有望成为低碳技术和绿色经济模式研究、试验与产业化的基地，这对西部发展有长期性、全局性的意义；六是大宗商品价格的上涨，有望改善西部地区的贸易条件，提高经济增长的效益。

外部经济的不确定性因素虽然增加了西部经济增长的变数，但影响较小。

（二）2010 年西部经济发展预测

1. GDP 继续保持快速增长，与其他地区的增长率差距将大幅收窄

2010 年，维持西部经济实现快速增长的因素较多，但由于其他地区经济的强劲复苏的竞争，像 2009 年那样一枝独秀地增长的可能性较小；同时由于其他地区 2009 年增长率的基数相对较小，在 2010 年增长率出现强劲反弹的可能性较大，其增长率将接近甚至可能超过西部地区。2010 年一季度，东部、中部和西部地区企业家的信心指数分别为 133.6、139.5 和 135.2，比上季度提高 5.9、10.8 和 8.5 点；企业景气指数分别为 134.0、133.7 和 129.7，比上季度均有所提高。2010 年西部经济增长中的一个不利因素是自然灾害严重，玉树的地震灾害和西南地区的严重旱灾都对当地的投资消费造成不利影响。从 2010 年一季度各地区 GDP 的增长率对比情况看，西部地区除西藏外，增长率均超过 10%，而且与 2009 年相比，除西藏增速下降 4.2 个百分点外，其他省份均出现不同程度加快；在全部增速最快的 6 个省中西部地区由 2009 年占 5 个减少到仅占 3 个，而且内蒙古还让出了增长率第一的位置；而增速最慢的 10 个省份中，西部地区由占 3 个增加到占 5 个；西部 GDP 总量占全国各省份加总的比重也出现下降，由 18.5% 下降为 18.02%。但随着东、中部地区投资能力的释放和后半年增长率基数的提高，西部地区经济率排名较低的状态将有所改变。预计 2010 年西部地区 GDP 增长率将在 12% 左右，略高于全国各省加总的增速。同时，由于上半年东部地区经济的快速增长和去年以来经济刺激政策的集中释放，以及下半年出于对通货膨胀和投资增长过快再次引发经济结构失衡的担心，国家宏观政策可能趋紧，因此，全年西部地区经济增长可能先快后慢（见图 9）。

2. 社会固定资产投资将保持高位增长，但增速有所回落

2009 年新增的社会固定资产投资很大一部分是基础设施投资，具有较大可持续性；而且由于扩大内需政策实施的长期性，未来沿海地区企业向内地转移的

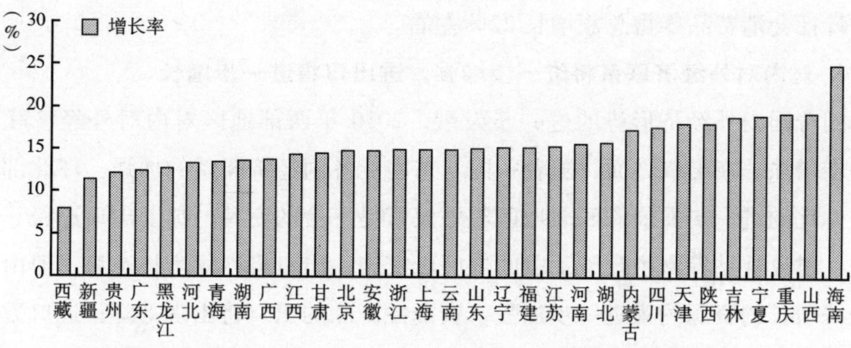

图 9　2010 年一季度各省份 GDP 增长率由低到高排列情况

规模可能扩大，对生产性和消费性基础设施有着更大规模的要求；另外，由于城乡居民收入的持续提高和城镇化的发展，西部地区的房地产市场将改变原有的大大落后于沿海地区的态势，实现快速增长，因此房地产投资有望加大。从 2010 年第一季度房地产销售情况看，西部地区商品房销售面积和销售额的增长率均为全国最高，其总量超过了中部地区，内蒙古、青海、云南三个省份的销售额增速均在 100% 以上，成为增长最快的省份（见表 14）。但由于大部分地震灾后重建项目的完工，以及地方政府财力的约束，今年固定资产投资增长速度将有所下降，预计全年社会固定资产投资增长 28% 左右，比上年回落 2.9 个百分点。

表 14　2010 年第一季度各地区房地产市场情况

地　区	商品房销售面积（万平方米）	销售面积增速（%）	商品房销售额（亿元）	销售额增速（%）
西部地区	4026.71	42.1	1383.21	66.4
东部地区	8237.59	31.7	5539.07	54.3
中部地区	3096.63	39.4	1054.52	65.4

3. 消费需求将继续快速增长，消费结构将会进一步升级

2009 年实施的刺激消费的政策在 2010 年将继续得到强化，加上就业形势好转、资产价格上升带来的收入效应和财富效应，以及消费基础设施的完善和消费环境的改善都将进一步刺激消费；另外，西部地区正处于工业化和城市化快速发展阶段，人均 GDP 大都位于 2000 ~ 3000 美元区间，消费结构升级也将使市场进一步扩大，由此我们认为 2010 年西部地区消费需求有望保持平稳较快增长，全年预计社会消费品零售总额增长22%左右。

4. 对内对外经济联系将进一步增强，进出口将进一步增长

随着国内外经济形势的进一步发展，2010年西部地区对内对外经济联系将进一步增强。在出口方面，随着中国与东南亚各国经济联系的加强、环北部湾经济一体化的进一步发展和西北地区与中亚贸易平台的完善，加上出口退税、出口信贷、财政补贴等财税政策手段的进一步实施，出口将恢复增长态势，但由于中国经济增长的资源约束进一步加强，资源性产品的出口将出现下降；进口方面与利用外资方面，西部地区工业化的快速发展和承接外来产业转移能力的加强，进口与FDI将出现较快增长态势。在对内经济联系方面，随着扩大内需政策的进一步强化和东部地区产业升级的加快，发达地区资本西移速度将加快，同时随着基础设施的进一步完善，资源性产品向发达地区输出的速度也将加快。综合两方面的情况，对内经济联系的增速将超过对外联系的增速。预计2010年西部地区进出口增长15%左右。

5. 物价水平将温和上涨

在CPI方面，虽然社会流动性较大，但由于全国的社会总需求特别是消费需求仍显不足，部分行业严重产能过剩，粮食库存比较充裕，物价总水平不会大幅回升。在PPI方面，由于经济快速恢复和国家资源性产品价格体制改革的加快，资源性产品可能有较大的上升区间，PPI会有一个较大上升，西北的涨幅将超过西南地区。预计2010年西部地区CPI涨幅为3%，PPI涨幅为4%。从2010年2月份的数据看，CPI和PPI都出现上涨之势，而且PPI的涨幅较大（见图10）。

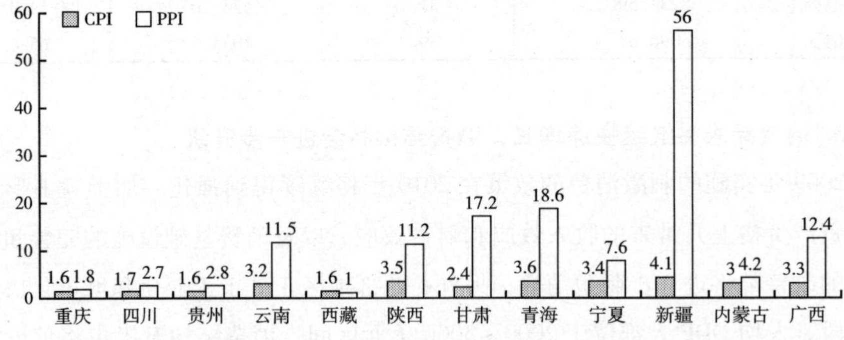

图10　2010年2月西部地区各省份CPI、PPI指数上涨情况

（三）促进 2010 年西部经济增长的政策建议

2010 年西部地区面临经济形势和具备的经济发展条件优于 2009 年，继续实现快速发展的可能性大大增加，但经济发展仍面临着结构性、发展性和体制性等诸多矛盾，产能过剩问题比较突出，就业形势严峻，要全面完成“十一五”规划的任务，把经济发展的可能性变为现实性，提高经济发展质量，需要有针对性地继续采取“调结构、惠民生”政策，既着眼于当前经济发展中的突出问题，又着眼于长远发展，为“十二五”规划的制定实施创造条件。

1. 坚持把促进经济增长与改善民生结合起来

在西部大开发的政策目标设计中，要突出富民与强区并重的目标。改善民生既是发展的目的，也是发展的动力，在中央政府近年来的政策导向中，促进发展成果共享，使发展成果更多更好地惠及广大人民群众也是一个重要的指导原则。西部地区在这一问题上面临的主要问题是经济不发达与人民收入低下的两难困境，根据以往的经济发展经验，在经济不发达阶段，为更好地集中资源以加快经济发展，往往以在某种程度上牺牲民生为代价，但在当前的政策背景下，这一经验不再适用，因此必须在经济发展中解决民生问题，或者说应以民生改善为导向来发展经济。

首先，必须千方百计促进就业。就业乃民生之本，尤其是在现阶段就业形势较严峻的情况下，促进就业是提高经济增长质量和改善民生的基础。为此应当加快产业结构调整步伐，大力实施就业导向型产业政策，促进中小民营企业和新兴产业发展，努力创造就业机会；实施区域技术创新战略，鼓励人力资本形成并创造人力资本价值实现的机会，同时通过教育和培训等途径，提高劳动者的创业与就业能力，进一步完善对就业的公共服务；调整工资形成与增长机制，改变资本收益过高的现状，鼓励就业。

其次，要大力发展教育、卫生、社会保障事业，着力提高城镇职工医保、城镇居民医保和新农合保障水平；全面推行城镇居民基本医疗保险；统筹解决关闭破产集体企业等退休人员和困难企业职工参加基本医疗保险的问题；搞好新型农村社会养老保险试点。完善城乡公共卫生服务体系，有效控制越来越频发的公共医疗卫生事件的发生和影响范围。大力发展基础教育和职业教育，有效解决西部发展中的知识鸿沟问题。

最后，继续实施扶贫攻坚工程。在2009年脱贫标准提高以后，西部地区反贫困的任务更加艰巨，因此，在交通、资源与环境条件较好的地方，继续实施开发式扶贫方案；在发展条件不足的地区，政府要继续实施整体式移民方案；由于贫困人口主要在农村，因此应大力发展公共服务均等化和城镇化，以在减少农村人口的同时提高农村居民的发展能力。

2. 以技术进步和结构调整为主线促进经济的绿色发展

经过十年大开发，西部地区经济发展的面貌有了很大改善，人民生活水平得到提高，经济发展的基础也更加扎实，但欠发达的基本区情没有根本改变，发展不足仍然是我们面临的主要矛盾。而且在经济越来越注重绿色发展的时代，西部经济发展资源与环境压力越来越大，要促进西部地区又好又快发展，必须抓住低碳经济发展的机遇。国际经济学界认为，低碳技术将引领未来经济实现又一轮长波发展，而根据国际经验，每一轮大规模的技术创新，必然产生一批后来居上的经济体，西部地区是我国碳减排和环境保护的重点区域，也是中国发展低碳经济的重点区域，西部地区若能抓住低碳发展的机遇，转变后发优势与比较优势的产业结构调整与技术进步导向，大力促进以低碳化发展为导向的技术创新和产业结构调整，则有望在未来中国经济版图中实现崛起。

一是实施人才强区战略，提高人力资本的积累规模和集中度，加大对研发领域的支持，整合科技资源，加大投入力度，支持自主创新，加强知识产权保护与开发利用，引导创新要素向重点领域和关键环节聚集，着力突破制约经济社会发展的关键技术，促进科技与经济的紧密结合，大力推动经济进入创新驱动、内生增长的发展轨道，大幅度提高科技进步对经济增长的贡献率。二是建设面向企业的公共技术服务体系，不断提高技术外溢水平和社会研发能力，加强产学研联盟和孵化器建设，加快重大科技成果产业化，打造一批战略性新兴产品和创新产品，特别是在资源综合利用、新能源、新材料等重点领域，组织实施一批重大科技专项，以技术突破带动产业转型升级。三是健全和完善财税政策，推进新能源和节能环保技术产业化，加快用新能源和节能环保技术改造传统产业，大力发展清洁能源，改善用能结构，培育新的市场，促进新兴能源产业发展。四是利用西部地区的资源优势，建立低碳工程技术研究中心、企业技术中心、质检中心建设，使西部地区成为低碳技术的研发、试验与产业化基地。五是开展低碳金融的试点，利用国际低碳产业发展的趋势，以西部地区大规模的碳减排量为基础，率先发展以减少温室气体排放为目标的各种金融制度和金融交易活动。六是大力调整产业结构，改变经济发展过度依赖资源开发的局面，提高西部地区抵御经济风险和经济波动的能力，2009 年工业增长的高速度低效益再次敲响了经济结构不合理的警钟，过度依赖资源开发的产业结构使西部经济发展效益对资源价格波动极为敏感，因此，结构调整以提高经济增长质量，是西部工业化发展的必由之路，同时也是低碳化发展的需要。

3. 坚持自我发展与争取国家支持相统一

改革开放以来，西部地区发展的动力主要有两个，一是市场化，二是中央政府的资金与政策支持。由于西部地区经济发展整体落后，在今后较长的时期内还不能完全依靠自身的力量抵御发达地区对西部地区资源的集聚力，也不能完全依靠自身的力量解决诸如技术相对落后的产业发展的市场空间、资源利用和环境保护等问题，因此还需要积极争取中央政府在资金、人力、政策等方面的大力支持，在服务国家、发展大局中努力加快自身发展步伐。但西部发展的主体是西部地区的政府、企业和居民，因此要以更大决心推进西部地区的改革开放，提高经济发展的内生性，当前关键是要努力启动民间投资，发挥政府投资对社会投资的引导和示范作用，拓宽社会投资的领域和渠道，打破阻碍民间资本发展的各种“玻璃屋顶”和“玻璃围墙”；同时进行制度改革，加大对民营企业的财税金融支持，降低企业发展成本和资本约束。

这些对策与 2009 年实施的证明行之有效的扩大内需、促进消费、增进城乡与区域经济协调、保护生态与关注安全生产、加大东西互动力度与规模等，都是保障 2010 年西部经济健康发展的关键；此外，抓好灾后重建工作与社会稳定工作也是保障西部地区稳定增长的基础。

西部重点经济区发展

THE DEVELOPMENT OF KEY ECONOMIC ZONES IN WESTERN

关中－天水经济区发展报告

李忠民 姚 宇 尹英琦*

摘 要： 2009年6月国务院正式发布了《关中－天水经济区发展规划》，标志着“关中－天水经济区”正式成立。本报告基于对“关中－天水经济区”现状和问题的分析，指出了经济区设立的根本意义，并从十个方面论述了在今后具体工作中经济区建设要着力把握的问题，包括：以关中城市群为基础，大力推进工业化和城镇化，打造以西安为核心的国际大都市；以国家级产业园区为载体，统筹园区建设，发挥区域比较优势，大力发展特色产业；以丰厚的历史文化为依托，统筹旅游文化资源，大力发展特色文化旅游产业；以新丝绸之路欧亚大陆桥为契机，统筹经济区位资源，大力发展

* 李忠民、姚宇、尹英琦，陕西师范大学国际商学院。

现代物流、会展等现代服务业；统筹区域内交通设施建设，促进区域内的要素流动，实现区内要素的合理配置；统筹能源资源开发，打造我国的“经济增长极”；统筹科教资源，推进区域人力资本的全面提升和教育大发展；以秦岭和渭河为重点，统筹生态资源，加大环境保护力度；统筹金融资源，打造西安区域性金融中心地位；统筹区内社会福利事业发展，促进和谐社会建设。

关键词：关中－天水经济区　统筹城乡　发展报告

2009 年 6 月 10 日国务院正式发布了《关中－天水经济区发展规划》，标志着“关中－天水经济区”正式成立。该区域包括了陕西省西安市、铜川市、宝鸡市、咸阳市、渭南市、杨凌区、商洛市部分区县（含商州、洛南、丹凤、柞水一区三县）和甘肃省天水市所辖行政区域，面积 7.98 万平方公里，2008 年末总人口为 2913 万①，直接辐射区域包括陕西省陕南的汉中市、安康市，陕北的延安市、榆林市，甘肃省的平凉市、庆阳市和陇南地区（见图 1）。

“关中－天水经济区”是《国家西部大开发“十一五”规划》中确定的西部大开发三大重点经济区之一。《规划》提出，将把“关中－天水经济区”打造成为“全国内陆型经济开发开放的战略高地”。打造成为全国先进制造业重要基地、全国现代农业高技术产业基地和彰显华夏文明的历史文化基地。《规划》提出，到 2020 年，“关中－天水经济区”的经济总量占西北地区比重将超过 1/3，人均地区生产总值翻两番。

该经济区地处亚欧大陆桥中心，处于承东启西、连接南北的战略要地，是我国西部地区经济基础好、自然条件优越、人文历史深厚、发展潜力较大的地区。2008 年，这一地区生产总值达到 4573.76 亿元，占西北地区的比例达到 28.08%。

“关中－天水经济区”的设立是在国家层面对该地区作为区域经济中心的认可，是国家西部大开发战略的重大措施。经济区的设立将加速推进“关中－天

① 本研究数据除特殊标明外均根据《中国城市统计年鉴》（2001～2008）、《陕西省统计年鉴 2009》和《甘肃省统计年鉴 2009》整理所得。

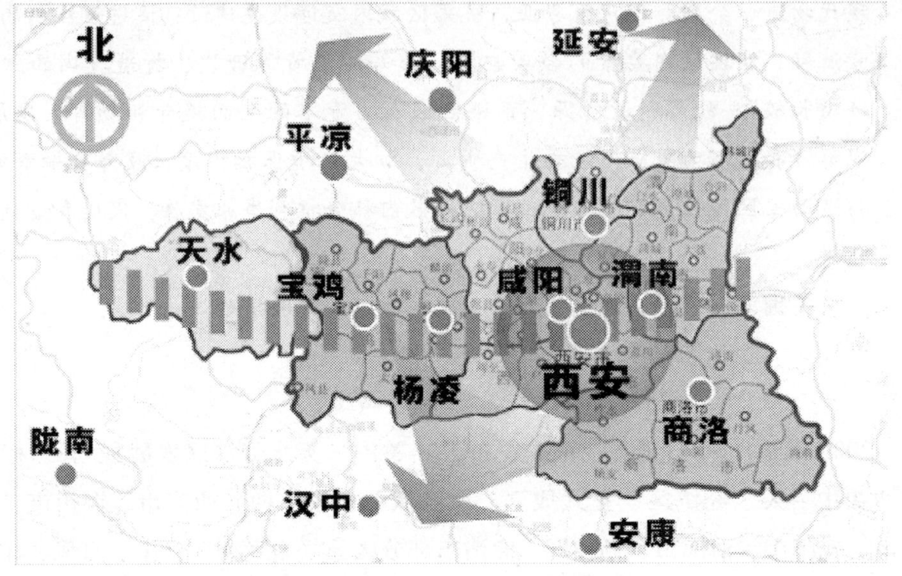

图1　关中－天水经济区示意

水”经济增长极的形成，推动西北地区乃至西部地区的经济发展，实现全面建设小康社会的战略目标，是西北地区经济大发展所面临的又一次重大机遇。

一　“关中－天水经济区”发展态势

（一）“关中－天水经济区”战略地位显要

“关中－天水经济区”在西北地区经济中具有举足轻重的位置。2000～2008年，该经济区地区生产总值年均增长13%，2008年该经济区地区生产总值为4573.76亿元，占西北地区的28.08%；地方财政收入年均增长15%，2008年达到253.15亿元，占西北地区的18.29%。该经济区长期以来在西北经济中发挥着核心引领作用。

“关中－天水经济区”战略区位重要。经济区处于我国内陆中心，是亚欧大陆桥的重要支点，是西北地区的桥头堡，也是全国交通、信息大通道的重要枢纽和西部地区连通东中部地区的重要门户。经济区内西安市更是区位优势明显，多条铁路、公路、航线、管线在此交会，已经是西部地区重要的金融、商贸中心和交通、信息枢纽。随着近几年来交通通信基础设施建设步伐的加快，经济区交通通信枢纽的地位更加突出。在西安市的带动下，整个经济区将更好地发挥其独特的区位优势，在新亚欧大陆桥沿线建设及西部大开发中发挥重要的枢纽作用。

“关中－天水经济区”科教实力雄厚，在西北地区乃至于全国都起着重要的作用。经济区内拥有80多所高等院校、100多个国家级和省级重点科研院所、100多万科技人才，2008年研究与发展经费支出占地区生产总值比重达2.7%，显著高于全国平均水平，关中地区平均万人拥有在校大学生285人、科技活动人员60人，分别比全国高76人和25人，科教综合实力居全国前列。①

“关中－天水经济区”工业基础良好。其中仅关中就拥有4个国家级开发区，集中了16个省级以上星火技术密集区。拥有国家级和省级开发区21个、高新技术产业孵化基地5个和大学科技园区3个，是国家国防军工基地、综合性高新技术产业基地和重要装备制造业聚集地。西安市拥有陕西法士特齿轮有限责任公司、庆安集团有限公司、陕西鼓风机（集团）有限公司、西安石油化工总厂、陕西汽车集团有限责公司、西安飞机工业（集团）有限责任公司、西安电力机械制造公司等大型工业企业，这些企业近几年发展飞快，很好的带动了西安及经济区内工业经济的发展。

“关中－天水经济区”文化积淀深厚。该区域是华夏文明重要发祥地，著名的丝绸之路源头和羲皇故里，拥有大量珍贵的历史文化遗产和丰富的人文自然资源。其中西安市有3100多年的建城史和1100多年的国都史，先后有13个王朝在此建都，与古罗马、雅典、开罗并称世界四大文明古都。丝绸之路就是以长安为起点，周围有72座帝王陵墓，其中有“千古一帝”秦始皇的陵墓、中华民族始祖炎帝的陵墓，西汉帝王11陵和唐代帝王18陵等陵墓，有秦阿房宫、唐大明宫等宫殿遗址20余处，大小雁塔、钟鼓楼、唐皇城城墙等古建筑700多处，居全国古建筑之最。

“关中－天水经济区”城镇带已初步形成。“关中－天水经济区”所覆盖的关中城市群不仅是西北地区城市密度最大的地区，也是我国主要城市群之一。西安特大城市对周边地区的辐射带动作用明显，咸阳、宝鸡、渭南和天水等城市也快速发展，区域内城镇化进程不断加快。2007年底，经济区城镇化率达到43%以上，西陇海沿线城镇带已具雏形。

① 国家发展和改革委员会：《关中－天水经济区发展规划》，2009年6月。

（二）十年西部大开发“关中－天水经济区”成绩斐然

第一，经济区内生产总值稳定增加，从2000年的14188094万元增加到2008年的47474000万元（见图2）。

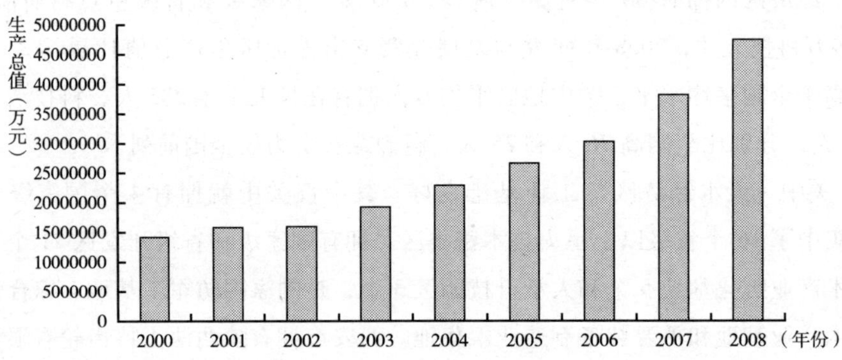

图2　关中天水经济区生产总值

资料来源：《中国城市统计年鉴》（2000～2008），《甘肃省统计年鉴2009》，《陕西省统计年鉴2009》。

第二，产业结构不断优化。第一、二、三产业结构不断变化，第一产业比重下降，由2000年的17.77%下降为2008年的10.7%；第三产业比重显著上升，由2000年的38.57%上升为2008年的40.64%（见图3、图4）。

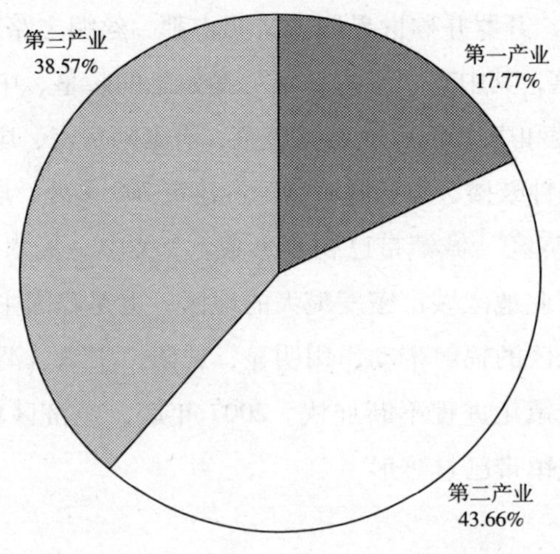

图3　2000年第一、二、三产业在生产总值中所占比重

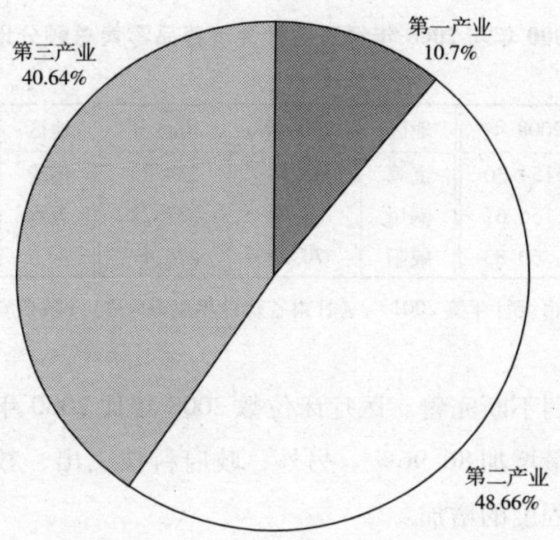

图4　2008 年第一、二、三产业在生产总值中所占比重

资料来源：《中国城市统计年鉴 2001》、《甘肃省统计年鉴 2009》、《陕西省统计年鉴 2009》。

第三，二元经济转化态势良好。非农业人口比重、城区面积比重和工业总产值比重逐年增加。

表1　2000～2008 年二元经济转化指标对比

单位：%

年份	非农业人口比重	城区面积比重	年份	非农业人口比重	城区面积比重
2000	24.30	15.20	2005	27.77	22.21
2001	24.74	15.21	2006	29.30	22.23
2002	26.04	18.75	2007	37.31	22.23
2003	26.85	22.18	2008	42.03	—
2004	27.24	22.18			

资料来源：《中国城市统计年鉴》（2000～2008）、《甘肃省统计年鉴 2009》、《陕西省统计年鉴 2009》。

第四，社会购买力显著增强。2000～2008 年经济区内社会消费品零售总额从 805.87 亿元上涨到 1904.05 亿元，年均上涨 17.03%。人民生活水平明显提高，2008 年城镇居民人均可支配收入和农民人均纯收入均比 2000 年翻了一番。

表 2　2000 年与 2008 年经济区社会消费品零售总额分地区对照

单位：亿元

地区	2000 年	2008 年	地区	2000 年	2008 年	地区	2000 年	2008 年
西安	536.82	1154.30	宝鸡	63.58	234.35	杨凌	—	5.93
渭南	55.74	156.67	铜川	4.64	37.21	天水	35.52	89.42
商洛	39.32	60.83	咸阳	70.26	226.17			

资料来源：《中国城市统计年鉴 2001》、《甘肃省统计年鉴 2009》、《陕西省统计年鉴 2009》。

第五，社会福利不断完善。医疗床位数 2008 年比 2000 年增加 19.8%，每百人公共图书馆藏书量增加 86.96%。另外，政府科技支出、教育支出、社会保障补助支出都有较大程度的增加。

表 3　2000 ~ 2008 年经济区主要福利指标变化汇总

年份	医院床位数(张)	政府教育支出(万元)	政府科技支出(万元)	年份	医院床位数(张)	政府教育支出(万元)	政府科技支出(万元)
2000	75970	73228	1839	2005	79603	170466	4838
2001	76603	96512	2546	2006	83327	629615	6028
2002	75617	129577	2260	2007	86676	955713	43651
2003	76604	149445	2434	2008	91012	—	—
2004	78750	146272	2752				

资料来源：《中国城市统计年鉴》（2000 ~ 2008）、《甘肃省统计年鉴 2009》、《陕西省统计年鉴 2009》。

第六，基础设施明显改善。2000 ~ 2008 年，共完成全社会固定资产投资 9511 亿元，年均增长 23.4%，相继建成一批国家重大工程项目。区域综合交通设施日趋完善，电力、通信、市政等基础设施保障能力不断增强。

表 4　2001 ~ 2008 年经济区固定资产投资汇总

单位：亿元，%

年份	固定资产投资额	增长率	年份	固定资产投资额	增长率	年份	固定资产投资额	增长率
2001	504.38	44.02	2004	1139.92	30.32	2007	2635.81	39.20
2002	598.85	18.65	2005	1457.84	29.92	2008	3647.86	38.72
2003	874.51	46.15	2006	1893.10	29.92			

资料来源：《中国城市统计年鉴》（2000 ~ 2008）、《甘肃省统计年鉴 2009》、《陕西省统计年鉴 2009》。

（三）“关中－天水经济区”经济发展不平衡问题仍很突出

尽管“关中－天水经济区”整体发展水平在西部地区的发展中占有极其重要的地位，且近10年来整体经济发展态势良好，但在“关中－天水经济区”内的不同地区间，由于资源禀赋和历史发展水平的不同，还存在着各种层面发展的不协调和不平衡。

从人均经济指标上看，2008年经济区内西安市的人均生产总值、城镇居民人均收入最高，分别为26259元和15207元；天水市的人均生产总值和城镇居民人均收入最低，分别为6626元和9050元，最高与最低差距明显。2008年经济区内城镇居民人均消费支出也存在较大差异，其中西安市最高，为12016元，天水市最低，为6972元（具体数据见图5、图6）。

人均生产总值
城镇居民人均收入
人均生产总值（城镇居民人均收入）（元）
30000
25000
20000
15000
10000
5000
0
西安市
渭南市
商洛市
铜川市
宝鸡市
咸阳市
杨凌区
天水市

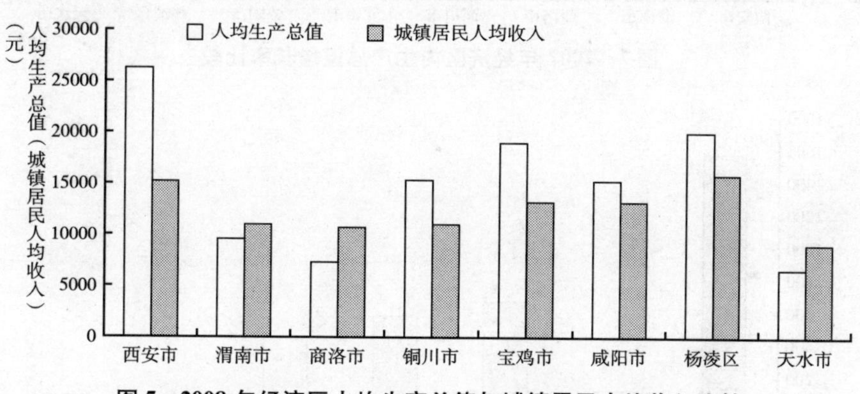

图5　2008年经济区人均生产总值与城镇居民人均收入比较

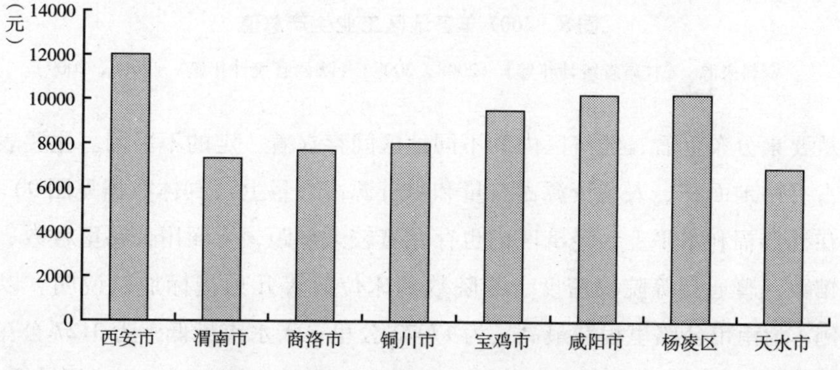

（元）
14000
12000
10000
8000
6000
4000
2000
0
西安市
渭南市
商洛市
铜川市
宝鸡市
咸阳市
杨凌区
天水市

图6　2008年城镇居民人均消费支出

资料来源：《甘肃省统计年鉴2009》、《陕西省统计年鉴2009》。

从城镇化和工业化发展水平上看，2008 年经济区非农业人口比重铜川市最高，为 47.3%；商洛市最低，为 16.4%。2007 年经济区总体工业产值西安市最高，为 1577.05 亿元；商洛市最低，为 60.08 亿元。此外，生产总值增长率也有很大差异，以 2007 年为例，各市（区）也存在一定差异（具体数据见图 7、图 8）。

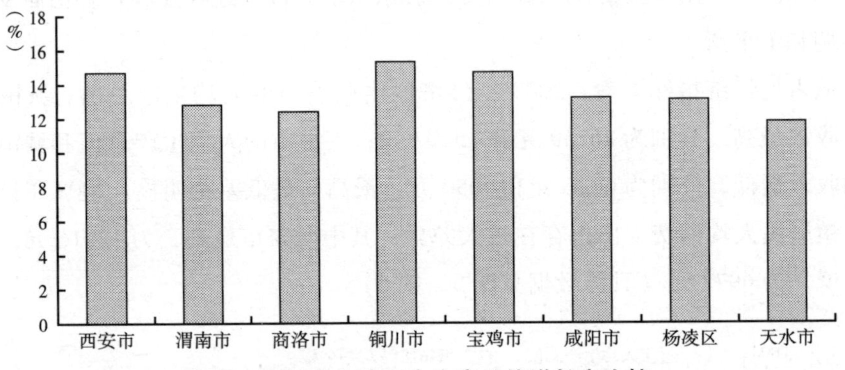

图 7　2007 年经济区内生产总值增长率比较

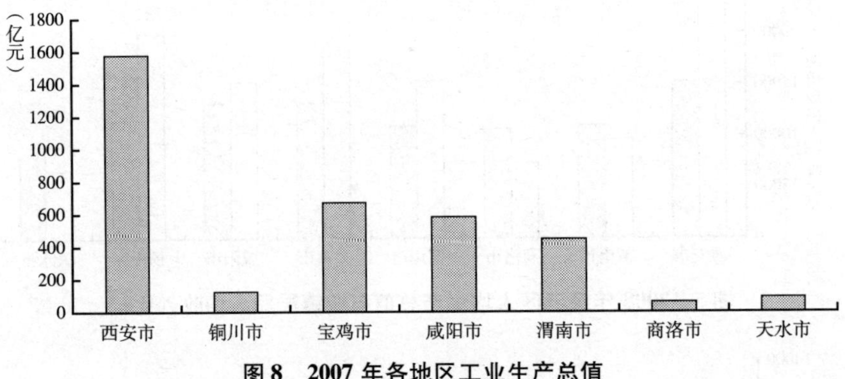

图 8　2007 年各地区工业生产总值

资料来源：《甘肃省统计年鉴》（2008，2009）《陕西省统计年鉴》（2008，2009）。

从要素分布上看，经济区内的不同地区间存在着一定的不平衡。主要表现在人均占有耕地面积、人均资源占有量和水资源占有量上（具体数据见图 9）。

在社会福利水平上，经济区内也存在着较大差距，下面用公路里程数、公共图书馆数、普通高等院校密度、医院数和床位数等几项指标加以说明。以 2008 年为例，渭南市公路里程数最高，为 17072 公里；天水市最低，为 3127 公里，两地之间差距明显。在公共图书馆数量上，西安市最高，为 14 所；杨凌区最低，为 1 所。在普通高等院校密度上，西安市最高，为 48 所，大大高于第二位咸阳市的 13

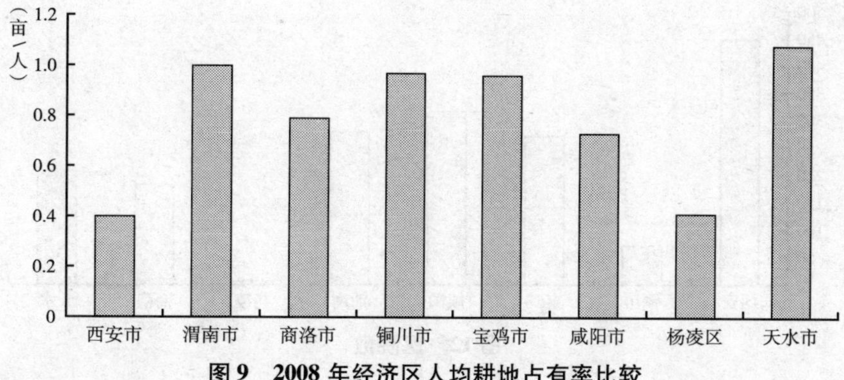

图9　2008年经济区人均耕地占有率比较

资料来源：《甘肃省统计年鉴2009》、《陕西省统计年鉴2009》。

所，值得一提的是铜川、宝鸡、渭南、商洛等市的普通高等院校数量均不超过2所。在医院数和人均床位数上，西安市最高，为448所和人均0.47张；杨凌区最低，为7所和人均0.25张，差距明显（具体情况见图10、图11、图12）。

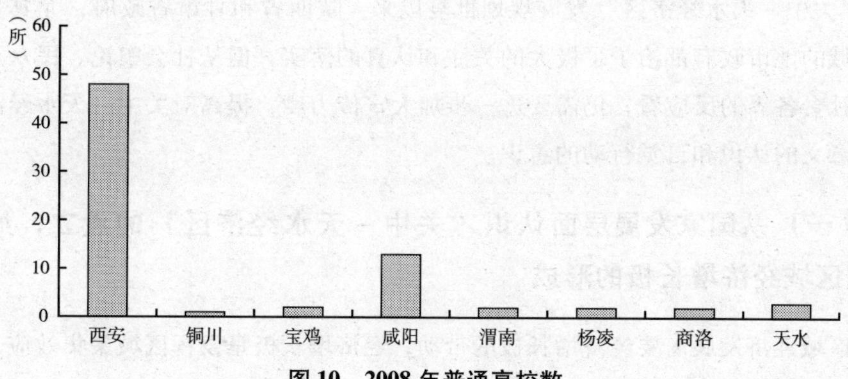

图10　2008年普通高校数

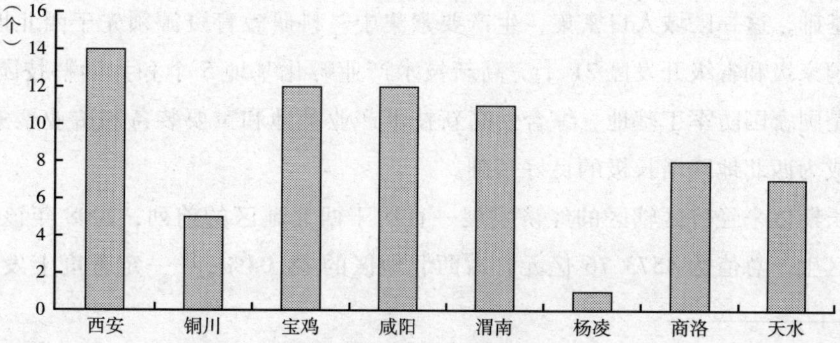

图11　2008年公共图书馆数

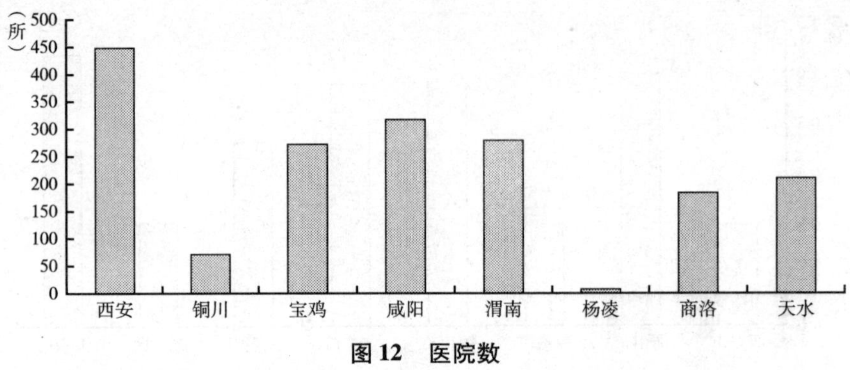

图 12　医院数

资料来源：《甘肃省统计年鉴 2009》、《陕西省统计年鉴 2009》。

二　加大宣传力度，充分认识“关中－天水经济区”设立意义

“关中－天水经济区”发展规划批复以来，陕西省和甘肃省政府，尤其是核心区域的地市政府都给予了极大的关注和认真的落实，但从社会舆论、民众意识以及社会各界的反应看，仍需要进一步加大宣传力度，提高对关中－天水经济区设立意义的认识和自觉行动的意识。

（一）从国家发展层面认识“关中－天水经济区”的设立，加速我国区域经济增长极的形成

区域经济发展需要经济增长极的带动，经济增长极是发挥区域聚集效应、提高区域经济竞争能力的关键。“关中－天水经济区”在西北地区正具有成为增长极的基础，这一区域人口密集，生产要素集中，科研教育资源领先于西北地区，拥有国家级和省级开发区 21 个、高新技术产业孵化基地 5 个和大学科技园区 3 个，是国家国防军工基地、综合性高新技术产业基地和重要装备制造业聚集地，具有成为西北地区增长极的良好基础。

长期以来经济区辖区的经济发展一直居于西北地区的前列，2008 年该经济区地区生产总值为 4573.76 亿元，占西北地区的 28.08%，[①] 一定程度上发挥着

① 资料来源：根据相关年份《陕西省统计年鉴》、《甘肃省统计年鉴》整理。

引领西北经济发展的作用。“关中－天水经济区”的设立为这一聚集提供了政策支持和制度保障，对促进这一地区尽快成为西北地区经济增长极和我国又一个经济发展引擎有着重大推动作用。

（二）从全国整体发展的视角，发挥区域比较优势，推进西部大开发新一轮战略的实施

发挥区域比较优势是实现区域发展的前提和基础，是提高区域竞争力的前提条件。比较优势可以充分利用地方的优势资源，促进社会分工，减少生产成本并促进产业聚集。“关中－天水经济区”拥有丰富的矿产资源、科教文化资源和旅游资源，比较优势显著。例如，经济区的辐射带是我国最主要的能源基地之一，陕甘宁石油储量近66亿吨，天然气资源储量陕甘宁地区占全国储量的20%强；经济区内拥有80多所高等院校、100多个国家级和省级重点科研院所、100多万科技人才；秦始皇兵马俑、黄帝陵、华清池等名胜古迹更是数不胜数。

“关中－天水经济区”的设立有利于区域比较优势的发挥。通过整合这一区域内的优势经济资源，实现强化优势、互补不足、共同开发、协作发展，可以实现经济区综合经济实力新跨越，从而带动中西部地区经济发展迈上新台阶。

（三）从国际竞争的格局出发，审视西北地区经济发展，突出区位优势，统筹我国东中西地区协调持续发展的大战略

区位优势是地区由于空间属性所带来的综合资源优势，是地区位置所决定的自然资源分布、劳动力聚集、工业聚集和交通条件等共同决定的经济发展优势。“关中－天水经济区”地处我国内陆中心，处于承东启西、连接南北的战略要地，是亚欧大陆桥的重要支点，是西北地区的桥头堡，也是全国交通、信息大通道的重要枢纽，区位优势十分明显。

“关中－天水经济区”的设立有利于发挥该地区的区位优势，通过交通等基础设施的统筹规划，重大产业的合理布局，打造西安成为西部金融、物流和会展中心，使经济区的区位优势得到充分发挥。只有发挥经济区的区位优势，其引领西北经济发展的作用才能得以实现。

（四）站在转变我国经济发展方式的战略高度，全面提升区域创新能力，打造我国第一个“技术服务高地”

创新是指人类为了满足自身的需要，不断拓展对客观世界、自身责任及行为过程和结果的活动。“关中－天水经济区”科教资源在中西部地区首屈一指，特别是陕西拥有雄厚的教育资源，2008年，全省共有高等学校95所（其中普通高等学校76所），当年招收普通本专科学生27.63万人，全省研究生招生2.41万人，在校研究生达到7.44万人。

“关中－天水经济区”的设立有利于提升区域创新能力。经济区可以统筹科技资源，协调高科技产业园区的发展战略，将区域内的科教优势资源合理配置，为企业和科研机构搭建整体的合作平台，强化优势产业的竞争能力，对能源和文化等优势产业进行倾向性引导，提升区域创新能力，提高科技对经济发展的贡献率，把西安打造成为我国第一个“技术服务高地”。

（五）突破我国二元经济结构制约，实现城乡统筹，提高产业集聚能力和发展质量

“关中－天水经济区”的设立和国家对西部经济发展政策的倾斜，有利于进一步加大区域内交通、水利、市政、信息等基础设施建设，促进生产要素配置效率和降低生产要素流动成本，特别是有利于巩固亚欧大陆桥的重要支点和新丝绸之路重要节点的地位，有利于为区域内经济发展和民生改善提供良好的物质条件和硬件保障。

城镇化程度是衡量一个国家和地区经济、社会、文化、科技水平的重要标志，是工业化发展和产业聚集的必然结果。尽管“关中－天水经济区”城镇化程度领先于西北地区，达到了43%以上，但其二元经济结构明显的特点并未消除，二元经济转化仍是这一区域经济发展的主线。

“关中－天水经济区”的设立有利于提高该区域的城镇化水平。在经济区的统筹规划下，西（安）咸（阳）经济一体化将推进西安大都市群的形成，渭南、西安、咸阳、宝鸡和天水所组成的城市经济带将日益联系紧密，以县城为主体的中心城镇将加快工业化步伐，城市群对周边地区的辐射带动作用将明显增强，区域内城镇化进程将不断加快。同时，经济区内的产业园区也将得到进一步整合，

产业聚集效应将得到进一步发挥，低效和无效的建设浪费将会避免，具有一定聚集程度的新式城镇将会出现。

（六）从着力改善我国社会收入分配差距入手，全面提高公共服务水平、人民生活质量和福利水平

“关中－天水经济区”的设立有利于提高公共服务水平，改善人民生活质量和福利水平。通过统筹区域发展和城乡发展，特别是提高公共服务水平，可以达到改善人民生活质量和福利水平的目的。主要表现在：第一，设立“关中－天水经济区”有利于加大政府财政对教育、卫生、文化、体育社会事业等有关民生方面的投入，满足人民不断增长的物质和文化生活需要，建立和健全社会福利制度和社会保障制度，增加城乡居民收入，切实改善民生，提高人民生活水平和生活质量；第二，就业是民生之本，解决就业问题是有关改革发展稳定大局的重大问题，也是改善民生的重大问题，设立“关中－天水经济区”有利于积极推进产业结构调整，特别是加快发展以现代服务业为重点的第三产业，使之成为吸纳就业人口的主导力量。

（七）从谋求我国经济社会可持续发展的大思路着眼，大力改善中西部生态环境，实现我国经济发展与生态保护的协调发展

生态环境是人类生存、生产与生活的基本条件，良好的生态环境不仅有利于人类自身的健康，而且也是经济发展的一项宝贵资源。西部地区生态环境十分脆弱，而且面临着发展经济、改善民生和承接中东部产业转移的艰巨任务，因此生态环境保护显得尤为重要。

设立“关中－天水经济区”有利于经济区内各地区之间相互协作，加大重点流域（渭河）、区域（秦岭）污染防治力度，有利于沿河上下游之间通力合作，特别是要对黄土高原的水土流失、荒漠化问题实施重点防护林、天然林保护，实现经济发展与生态保护的协调发展。

三　以规划统领“关中－天水经济区”的发展，全面落实《“关中－天水经济区”发展规划》

目前，“关中－天水经济区”正处于贯彻落实发展规划的关键时期，重点

在于结合本地实际，系统的制定和贯彻发展规划中提出的各项任务和目标，把各地发展的热情统一到规划中来，落实到各地的“十二五”规划中去，把国家意志转化为“关中－天水经济区”各级政府和民众的自觉行动。为此，我们提出，在省级层面，建立由陕西省和甘肃省政府参与的“关中－天水经济区”发展建设领导组，建立全国性乃至国际性的智库组织：关中－天水发展研究院。从统一领导和专家决策的视角，以及从区内和区外两个方面，系统制定“关中－天水经济区”发展建设的实施细则。在具体工作中要着力把握好以下问题。

（一）以关中城市群为基础，大力推进工业化和城镇化，打造以西安为核心的国际大都市

城镇化是实现区域二元经济转化的基础，是区域工业化的载体和经济发展的先决条件。“关中－天水经济区”所覆盖的关中城市群不仅是西北地区城市密度最大的地区，也是我国主要城市群之一，是区域经济发展的引擎和动力。统筹城镇体系发展就是协调区域内不同规模城镇之间的发展层次，合理分工，合理布局，形成合力，最大可能地发挥经济区内不同城镇的经济潜能，共同促进经济区发展。

当前，“关中－天水经济区”内的城镇体系分工不明确，缺乏协作和发展层次。基于不同城市在关中城市群的地位，经济区城镇体系应从以下几方面协调发展：一是做大做强西安都市圈，加快“西咸一体化”进程，强化大都市圈整个经济区的经济引擎作用；二是以渭南、西安、咸阳、宝鸡和天水为轴心，协调产业布局，做大关中城市带，形成产业竞争合力；三是全面推进小城镇建设，发展大城市产业辐射的卫星城，推进经济各个区域的全面发展。

（二）以国家级产业园区为载体，统筹园区建设，发挥区域比较优势，大力发展特色产业

产业园区是形成产业聚集效应的重要载体，具有技术溢出、人力资源共享等多种经济的外部效应，是发展高新科技和特色产业、形成区域产业竞争合力的重要行政手段。“关中－天水经济区”内不但拥有众多国家级和省级产业园区，如西安高新技术开发区、杨凌农业高新技术产业示范区、西安经济技术开

发区和西安阎良国家航空高技术产业基地等，各市县还设有不同层次的工业园区和技术园区，可以说经济区有着依靠产业园区发展特色产业的基本条件。但同时，经济区内产业园区之间缺乏布局和科学规划，分散的园区不但不利于产业发展，还制约了产业聚集，抑制了区域特色产业的快速发展。基于“关中－天水经济区”的产业基础和园区设立情况，可从以下几方面依靠园区发展特色产业。

高新技术。以西安高新技术开发区和杨凌农业高新技术产业示范区为载体，充分利用经济区内的优势科教资源，大力发展信息科技、电子科技和创意劳动等具有知识技术密集型的产业，形成高科技产业集群。

航空航天产业。依托西安阎良国家航空高技术产业基地和西安国家民用航天产业基地，重点发展大型运输机、涡桨支线飞机、通用飞机等主干产业，重点培育和发展航天运载动力产业集群、卫星及卫星应用产业集群。

装备制造。以西安经济技术开发区和宝鸡蔡家坡经济技术开发区为基础，加强重点产业集群建设，强化区域整体实力和竞争能力，全面提升重大装备制造水平。

资源加工。以宝鸡、渭南、铜川、商洛、天水等地工业园区为重点，加快重要矿产资源开发及深加工。宝鸡重点发展铅锌、钛产业，渭南重点发展煤炭、化肥、钼精深加工等产业，铜川重点发展铝加工、建材、陶瓷等产业，商洛重点发展钼、钒等采冶加工和多晶硅等新型材料产业，天水以非金属矿产资源开发利用为重点。

（三）以丰厚的历史文化为依托，统筹旅游文化资源，大力发展特色文化旅游产业

“关中－天水经济区”所辖地域是我国历史文化最悠久的地域之一，是中华文明鼎盛的周秦汉唐时期的代表，是新中国红色文明的摇篮，具有非常深厚的历史积淀。这一区域名胜古迹众多，有世界第八大奇迹秦始皇兵马俑，有供奉世界唯一佛指舍利的法门寺，有中华人文始祖黄帝的陵寝，有中华文明奠基者周公姬旦的庙堂，更有诸如唐高宗、汉武帝等众多帝王陵墓，珍贵的历史遗迹数不胜数。但经济区内的旅游开发却呈现各自为政的局面，旅游线路缺乏合理规划，很多旅游景点市场效益都不能实现，统筹规划、有序开发既可以实现

经济效益，又可以降低开发成本。经济区的旅游开发大致可以分以下两个层次。

第一个层次是以西安的古迹、文化展览为中心，结合现代旅游元素，打造国际旅游都市；以临潼秦兵马俑和秦始皇陵为中心，建设秦文化旅游区；以茂陵、汉阳陵和汉长安城遗址为重点，建设汉文化旅游区；以乾陵、昭陵和唐长安古城为重点，建设唐文化旅游区；以宝鸡西周遗址、天水先秦文化遗迹为支撑，建设周文化旅游区。

第二个层次包括华山潼关旅游精品区（华山人文自然旅游景区，再现潼关八景），天水人文自然旅游精品区（伏羲庙、麦积山等历史文化旅游景区，天水关、街亭古战场等三国古迹旅游景区景点），宝鸡人文旅游精品区（炎帝陵、青铜器博物馆、周原遗址、钓鱼台、周公庙、雍城和秦公大墓遗址等周秦文化旅游景区），铜川历史文化与自然风光旅游精品区（玉华宫遗址、耀州窑遗址、药王山等），商丹人文生态旅游精品区（仓颉造字遗址、商邑遗址、金丝峡谷、丹凤红色旅游等）。

（四）以新丝绸之路和欧亚大陆桥为契机，统筹经济区位资源，大力发展现代物流、会展等现代服务业

经济区位是生产要素的空间属性，是生产要素在区域间配置的基础和前提，充分发挥区位优势有利于实现要素区域合理配置，有利于提高区域整体竞争力。“关中－天水经济区”地处我国西北地区的最东端，具有连接东西部、辐射大西北的区位优势，是新丝绸之路和欧亚大陆桥上重要的节点，是西部大开发的“桥头堡”。经济区区位优势为发展现代物流和会展等现代服务业提供了基础。统筹经济区区位资源，发展现代服务业是经济区发展的重要内容。

大力发展现代物流业，进一步加大物流基础设施建设力度，加快西安国际港务区，咸阳空港产业园，宝鸡陈仓、商洛，天水秦州、麦积等重点物流园区项目建设。充分发挥西安作为国家级物流节点城市的辐射带动作用，积极研究设立西安陆港型综合保税区，着力打造在国内有重要影响的内陆港口岸和亚欧大陆桥上重要的现代物流中心，逐步形成区域一体化的物流新格局。加强城乡商业网点和农副产品交易中心、批发市场建设，培育大型流通骨干企业。加强农村流通基础设施建设。

发展壮大会展业。以欧亚经济论坛、中国东西部合作与投资贸易洽谈会、中国杨凌农业高新科技成果博览会、中国国际通用航空大会为龙头，进一步整合会展资源，加快西安世界园艺博览会场馆、杨凌农业展馆等项目建设，完善西安曲江国际会展中心、浐灞国际会议中心等会展平台服务功能，建设以西安为中心的会展经济圈。

（五）统筹区域内交通设施建设，促进区域内的要素流动，实现区域内要素的合理配置

交通设施是区域内要素流动的基础，是降低要素配置成本的先决条件，提高区域内配置效率，提高区域竞争力就需要统筹区域交通资源，合理规划区域内交通设施建设，提高综合运输能力，尽快实现区域内的高效通勤。充分发挥各种运输方式的优势，扩大规模、完善网络、优化结构，建设现代化综合交通网络。加快铁路客运专线、煤炭运输通道、关中城市群城际铁路以及西安铁路枢纽建设，构建以西安为中心的发达的铁路网络。加快陕甘两省高速公路网和连接中心城镇及资源富集区通达县乡（镇）村的道路建设，提高公路等级和通达能力。力争到2020年，实现区域内所有县（市、区）通高等级公路，通乡（村）公路全部实现水泥或沥青路面，形成以西安为中心的“两环三横四纵六辐射”高速公路网络。进一步强化西安咸阳国际机场枢纽功能，有序建设支线机场。建成覆盖中心城市和重点用户的油气管网系统。

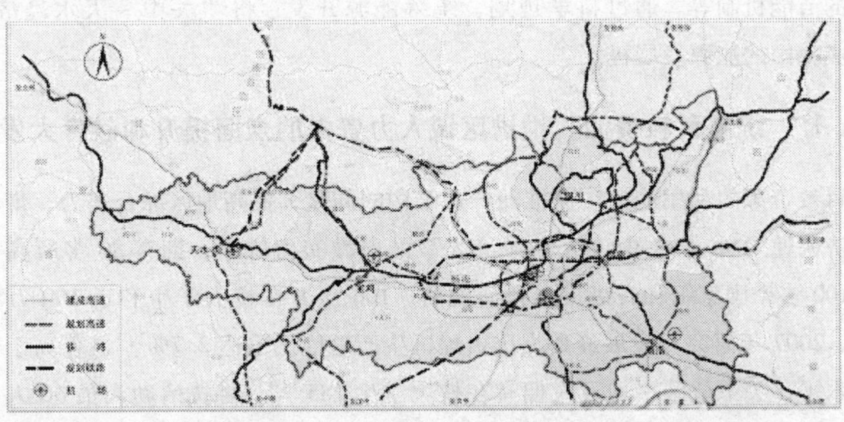

图 13 “关中－天水经济区”交通规划

（六）统筹能源资源开发，打造我国的“能源增长极”

能源是人类活动的物质基础，人类社会的发展离不开优质能源的出现和先进能源技术的使用。能源的发展是我国社会经济发展的重要问题。“关中－天水经济区”是我国重要的能源开发区，是西煤东运、西气东输、西电东送的重要源头之一，在国家能源发展中处于重要的战略地位。“关中－天水经济区”能源资源丰富，优势突出。陕甘宁石油储量近66亿吨，陕西的煤炭资源探明储量约为1621亿吨，天然气资源储量陕甘宁地区占全国储量的20%多。而且水资源丰富，矿产资源储量大、品种多。同时，可再生能源资源发展势头强劲，提升空间明显，其中太阳能、风能潜力巨大。

尽管“关中－天水经济区”能源资源丰富、发展势头强劲、提升空间明显，优势突出，但在开发利用的过程中仍存在着诸多问题，主要有能源产业结构不合理、技术利用水平低、产品附加值低、生态环境破坏严重、浪费惊人等。因此，通过产业结构调整和优化布局，延伸产业链，推动产业升级，形成产业集群，其中将重点构造装备制造、资源加工等特色优势产业基地——包括石油钻采设备、能源化工装备、矿产资源开发及深加工；同时依托辐射区内延安、榆林、平凉、庆阳等地的煤炭、石油和天然气资源，促进能源化工产业向资源综合利用延伸，重视可再生能源的开发与利用，促进可再生能源跨越式发展，同时，进一步加强基础设施建设，弥补区位不足，提升广大公民的节能意识，积极建立市场经济条件下的节能机制等。通过科学规划、统筹能源开发，将“关中－天水经济区”打造成我国的能源发展极。

（七）统筹科教资源，推进区域人力资本的全面提升和教育大发展

科教资源的利用能够快速推动产业结构的调整，提高地区综合实力，带动地区经济快速发展。“关中－天水经济区”的科教实力雄厚，拥有80多所高等院校，100多个国家级和省级重点科研院所，100多万在校大学生和近100万科技人才，2007年研究与发展经费支出占地区生产总值比重达2.7%，显著高于全国平均水平，关中地区平均万人拥有在校大学生285人、科技活动人员60人，分别比全国高76人和25人，科教综合实力居全国前列。

但目前“关中－天水经济区”教育体制落后，人才培养与市场脱节，对科

技人才的重视还不够，高新技术转化为实际生产的能力欠缺。科技与产业的脱节，一定程度上影响了地区经济的快速发展。因此，要推进科技创新体制改革先行先试，坚持政府引导和市场配置相结合，整合创新资源，聚集创新要素，强化创新功能，建设特色鲜明和优势突出的区域创新体系，依托高新技术开发区、高新技术产业基地、大学科技园区等，大力扶持科技创新型企业，把各类园区建设成为高新技术研发聚集地、孵化基地。加快产学研一体化，统筹军民科技融合发展，促进科教优势向经济优势转化，同时，大力支持产业技术联盟，搭建公共服务、技术转移和知识产权交易平台，促进科技成果转化为现实生产力和区域核心竞争力。要在制度层面和市场层面积极探索和培育科技成果市场和专家级人才市场，鼓励创新人才通过兼职、技术开发、项目引进、科技咨询等方式自由流动，吸引和留住各类人才服务经济区建设，促进地区人力资本的全面提升。教育发展必须确立为市场经济服务的原则，面对市场经济调整办学思路和专业设置，转变高等教育和职业教育办学模式，开创教育尤其是高等教育和职业教育的新局面。

（八）以秦岭和渭河为重点，统筹生态资源，加大环境保护力度

秦岭是我国南北气候、水系、动植物区系的天然分界，具有丰富而奇特的生物多样性，是中国乃至东亚地区亚热带—暖温带生物多样性最丰富的地区之一。秦岭山地降雨充沛、水量丰富，秦岭的北部是渭河，渭河是黄河最大的一级支流，水资源多年平均有110亿立方米，直接关系着西安等大中城市的城镇居民生活用水及八百里秦川的工农业用水和生态环境用水。目前，秦岭更是我国南水北调工程的水源地，直接关系着南水北调中线工程和关中生命水水源地的水质安全和水量多寡。

但是，改革开放以来由于无节制、无合理规划的滥用，秦岭天然林大面积减少、水土流失严重、洪涝灾害加剧、生物资源遭受严重破坏等问题，其生态功能亟待保护与恢复。因此，应强化生态环境保护，加强自然生态和生物多样性保护，建设秦岭北麓、渭北山地生态屏障。加快推进渭北、天水等黄土高原丘陵沟壑区水土流失综合治理。加强西安、宝鸡、商洛、天水等秦岭山地生态功能区生态环境保护与建设，提高水源涵养能力。构建与外围生态系统相衔接的区域一体化生态体系，形成以秦岭北麓、渭河干支流、湿地和北塬南坡为骨干，以自然保护区、林地、大遗址为基本要素的区域生态体系。在环境保护方面，坚持预防为

主、综合治理，远近结合、标本兼治，着力解决流域水污染、矿区环境污染、大气污染和农村面源污染等突出环境问题。加强饮用水水源地的保护，控制入河污染物排放，加大城镇生活污水和垃圾收运处理设施建设，提高污水处理率和垃圾无害化处理率。积极推进农村环境综合整治，同时，严格执行国家大气污染物排放标准，努力改善区域空气环境质量。

（九）统筹金融资源，打造西安区域性金融中心地位

整合金融资源在区域经济发展中极为重要。西安地处关中平原的中心，是中、西部两大经济区的结合部，是西北、西南通往中原、华东、华北、东北、中南各省市的门户和交通枢纽，又是西北地区最大的中心城市。西安具有优越的区位资源、强大的经济实力、良好的金融基础。目前，西安城区内聚集了大量的各类金融机构，已经成为事实上的经济区内的金融中心。

“关中－天水经济区”内跨区域金融基础设施不完善，金融机构跨省区服务受到诸多制度限制。金融机构跨行政区服务经济区建设受到制度限制。因此，关中－天水经济区应以西安地区经济发展为依托，以经济区金融供求为拉动，将西安建设成地域上覆盖整个关中－天水经济区，业务上汇集银行、证券、保险、期货、外汇等交易于一体，辐射整个大西北的金融资源集聚、金融服务高效的区域性金融中心。加快对已具雏形的西安高新区金融创新试验区、中心城区金融机构聚集区和浐灞金融商务区的合理定位，以西北能源金融中心、西部生态化金融中心、西部金融文化产业中心为目标，努力建设形成各具特色、有机互补的格局。加快西安金融业发展规划的编制，进一步明确西安金融业发展的方向和战略定位，并纳入政府发展规划，加快浐灞金融商务区建设，形成以金融后台服务和金融服务外包为基本特色的金融商务区。加强对金融信贷模式和体系的制度创新，在金融商务区发展中小金融企业、建设中小企业融资中心，引导和发挥西安金融机构对经济区内各类企业、各项投资、各种项目的资金支持，起到对经济区内经济发展的“输血”作用。

（十）统筹区内社会福利事业发展，促进和谐社会建设

社会福利是社会矛盾的调节器，是社会保障体系的重要组成部分，对缓和社会矛盾、保持社会稳定、增加居民收入、扩大消费需求、扩大就业具有积极的经

济和社会功能，社会福利的发展可以有效地改变国民收入分配的格局。尽管"关中－天水经济区"近些年城乡整体发展势头良好，但仍存在城乡发展失衡和区域不协调等诸多问题，特别是城乡人民生活水平差距明显，社会事业发展仍较薄弱，基本公共服务水平亟待提高。因此，需要实施更加积极的就业政策，努力提高就业水平。

"关中－天水经济区"的社会福利事业发展需要统筹城乡劳动就业，加快建立城乡统一的人力资源市场，规范劳动用工制度；需要建立健全无就业家庭动态援助工作机制，加快建立城乡统筹的社会保障体系，确保财政用于社会福利的资金，同时多渠道筹措社会保障资金，加快完善社会保障体系，提高保障水平，率先实现区域内社会保障统筹和社会保险关系跨省区转移接续；需要完善城乡基本养老保险制度、基本医疗保险制度和城镇职工失业保险制度，扩大工伤和生育保险覆盖面；需要完善社会救助体系，规划建设儿童福利院、敬老院、救助站、残疾人康复中心等社会福利和社会救助服务机构。"关中－天水经济区"的社会福利事业发展是实现经济区和谐社会建设的重要组成部分，需要统筹规划并大力开展。

参考文献

国家发展和改革委员会：《西部大开发"十一五"规划》，2007 年 3 月。

国家发展和改革委员会：《关中－天水经济区发展规划》，2009 年 6 月。

李忠民：《西部发展报告——大关中发展报告（2008）》，经济科学出版社，2008。

李忠民：《西部发展报告——大关中发展报告（2007）》，经济科学出版社，2007。

白永秀、邵金萍、吴振磊：《关于建设"关中－天水经济区"的几点思考》，《西北大学学报（社会科学版）》2009 年第 11 期。

张军、何剑伟：《金融支持关中－天水经济区发展的思考》，《西部金融》2009 年第 11 期。

长青、西平、周励：《"关中－天水经济区"发展规划解读》，《西部大开发》2009 年第 7 期。

《三大增长极引西部新一轮发展》，http：//www. cctv. com/sxzx/special/gzts/20090627/10302. shtml。

《"关中－天水经济区发展规划"访谈实录》，http：//shaanxi. cctv. com/20090625/107346_ 1. shtml。

成渝经济区发展研究报告

邹 璇　赵金锁　文传浩　张春勋*

摘　要：本报告认为成渝经济区应定位于国家经济增长的第四极；内部的重庆和成都因在资源、产业发展等方面存在差异而需要有各自的具体定位，同时要基于分工与协作进行合理的产业布局。从参与国内以及全球产业分工、增强对内对外开放能力出发，成渝经济区必须协同加快交通基础设施建设，建立起全方位、快捷、方便、多向的对外交通通道，从根本上突破发展瓶颈的制约。最后，提出了加快成渝经济区发展的政策建议。

关键词：成渝经济区　分工合作　发展战略　政策建议

一　成渝经济区的范围界定及区域发展战略

（一）成渝经济区的范围与基本情况

成渝经济区是以重庆、成都两市为中心。其中四川部分包括成都、德阳、绵阳、眉山、资阳、遂宁、乐山、雅安、自贡、泸州、内江、南充、宜宾、达州、广安15个市；重庆部分包括“1小时经济圈”内的23个区县（主城9区和涪陵、万盛、双桥、江津、合川、永川、长寿、南川、綦江、潼南、铜梁、大足、荣昌、璧山），还有渝东北的万州、梁平、丰都、开县、云阳、忠县、垫江和渝东南的石柱，共31个区县市（见表1）。

---

* 邹璇、赵金锁、文传浩、张春勋，重庆工商大学长江上游经济研究中心。

表1 成渝经济区范围

次级经济区	包括的市区县
四川部分	成都、德阳、绵阳、眉山、资阳、遂宁、乐山、雅安、自贡、泸州、内江、南充、宜宾、达州、广安15个市
重庆部分	主城9区和涪陵、万盛、双桥、江津、合川、永川、长寿、南川、綦江、潼南、铜梁、大足、荣昌、璧山、万州、梁平、丰都、开县、云阳、忠县、垫江、石柱

成渝经济区面积20.6万平方公里，2008年常住人口9840.7万，GDP总量1.58万亿元。这里每平方公里产出767万元，比全国水平313万元高出454万元，比西部高出350多万元，其区域经济密度（单位平方公里内经济总量）是西部平均值的14倍，人均GDP高出西部平均值40%；每万平方公里有1.73座城市，比西部平均水平多1.49座，比全国平均水平多1.03座。因此，成渝经济区是西部最发达的区域。成渝经济区四川部分面积15.5万平方公里，2008年地区生产总值11108.1亿元，占全省的87.7%，占成渝经济区的70.1%。重庆部分面积是5.15万平方公里，占重庆总面积的73.56%，涉及重庆人口2380万，占重庆总人口的62.5%。

（二）成渝经济区的战略定位：国家经济增长第四极

成渝经济区地处四川盆地的盆底和盆周部分区域，涵盖了四川和重庆主要的城市群和产业聚集区。经济区北接陕甘，南连云贵，西通青藏，东邻湘鄂。这里自然资源丰富，产业基础雄厚，城镇密集，科技教育实力较强，人口、城市、资源密度在西部绝无仅有，是西部最有希望的区域，是西部唯一具备突破省市界限，在更大范围内优化配置资源的地区，完全具备成为西部大开发的增长极或经济高地的条件和潜力。事实上成渝经济区已经是国家西部大开发的核心区域，是西藏、青海、甘肃、云南、贵州等西部地区发展的重要依托，是引领西部加快发展、促进区域协调发展的重要区域，是增强国家发展动力最具潜力的地区之一，在西部乃至全国具有举足轻重的地位。推动成渝经济区的建设，将有利于释放新的生产力，推动经济区又好又快发展；有利于通过增长极的培育来推动西部大开发深入实施；有利于全国形成东中西互动、良性循环和协调发展的新局面；有利于探索城乡一体化和内陆对外开放的新路径。

成渝经济区目前占全国经济总量的5.3%左右，通过3～10年的跨越式发展，经济总量将能占到10%左右，将承担起辽阔的西部经济发展“引擎”的重任，成为保证国家经济安全的新的增长极。中国的西部大开发战略进入第二个10年，西部大开发战略需要在新的发展背景下有所突破，发展层次需要拓展到新的、更大的空间，重点建设成渝经济区这样的西部重点区域便是一个重要战略。此前成渝经济区先后被定位为国家统筹城乡综合配套改革试验区、国家主体功能区规划的重点开发区、国家重要的经济增长极。然而，如果把成渝经济区确立为我国经济增长的第四极，将能在未来的5~10年内改变整个西部甚至全国的经济发展格局。

将成渝经济区建成国家经济增长第四极这一定位主要涉及五个方面的内容：新一轮西部大开发的增长极或经济高地；国家重要的先进装备制造业、现代服务业、高新技术产业和农产品基地；全国统筹城乡综合配套改革试验区；国家内陆开放示范区；国家生态安全保障区。

为尽快建成国家经济增长第四极，重庆部分和四川部分要有各自的具体定位。定位如下。

1. 成都要建成全国重要的高技术产业、先进制造业和现代服务业基地以及西南地区的综合交通枢纽

构建以成都为核心，以“成德绵”为主轴，以周边其他城市为节点的空间开发格局；巩固成都核心城市地位，强化科技、商贸、金融和交通通信服务功能，壮大先进制造业和高技术产业，打造西部地区创业环境最优、人居环境最佳、综合实力最强的特大城市；壮大“成德绵”发展带，增强现代工业集聚功能，加强产业互补和城市功能对接，推进一体化进程，打造西部地区综合竞争力最强的发展带；壮大其他各节点城市经济规模、人口和城市规模，成为区域经济发展的支撑点；做好岷江内江的生活污染、岷江外江的畜禽养殖污染、沱江的企业污染整治，加强龙泉等山脉的生态建设，构建以邛崃山脉——龙门山、龙泉山为屏障，以岷江、沱江、涪江流域为纽带的生态网络。

2. 重庆建成西部地区的重要增长极、长江上游地区的经济中心和统筹城乡的直辖市

一是在经济实力上，成为国际或区际的经济、贸易、金融中心，是区域经济增长的中心和产业结构高地，对区域经济有相当的支撑力和影响力。二是成为总部基地。集中较多的跨国公司和国内外金融机构以及国际或国家级经济与政治组织的区域性总部，成为区域资本集散中心，某种程度上能够控制和影响区域性经济活动。三是达到很高的经济开放度。市场化程度高，通行国际惯例和国际法规，生产性服务（特别是通信、信息、科技、咨询、商业、市政公用业等）发达，具有方便快捷的高速区际和区域内交通系统。四是成为商品集散中心。包括拥有先进信息技术支撑的国际性和区域性商品、资本、技术、信息和劳动力市场。五是成为创新基地。有健全的创新激励机制，吸引大批海外及本土人才，汇集新思想、新技术，创造新兴的产业高地。六是形成庞大的产业集群和企业集团。拥有竞争力强的大集团，可支撑相当的资产存量、要素流量和内外贸易额。还有相当数量的中介组织，配套服务，产业链联动。七是成为人性化宜居城市。拥有现代化的公用事业网络和较好的人居生态环境。

因此，成渝经济区是西部重要增长极，长江上游流域的经济核心板块，统筹城乡综改试验、内陆开放的先行区，国家明确规划把成渝经济区建设作为西部大开发的突破口；从基础设施网络、市场要素流动、投融资规划、产业布局、就业和社保、房地产市场、生态保护、教育资源等八个方面推进一体化建设；建设以“成内渝万”陆上交通干线和“宜泸渝万”水路交通干线为走向的繁荣经济带。

二　成渝经济区的资源优势、产业优势和产业布局

（一）成渝经济区的资源优势

成渝经济区是我国矿产资源、旅游资源和生产要素资源富集的地区。许多自然资源不仅储量大而且分布相对集中，具有很大的开发潜力。在国内外具有明显的比较优势和具备开发规模的资源，主要有以下三大类。

1. 矿产资源

（1）水能资源。成渝经济区及其辐射区（含四川省和重庆市两地行政区管辖范围，以下同）水能资源在全国居于首位。水能资源理论蕴藏总量为1.66亿千瓦，占全国总量的24.50%；技术可开发量为1.13亿千瓦，占全国总量的29.89%。其中四川省境内的水能资源理论蕴藏量1.43亿千瓦，技术可开发量1.03亿千瓦；重庆市水能资源理论蕴藏量0.23亿千瓦，技术可开发量0.10亿千瓦。目前成渝地区开发量仅为10%左右，其开发潜力十分巨大（见表2）。

表2　成渝经济区水资源情况

单位：亿千瓦，%

	全国	四川	重庆	成渝合计	占全国比重
水力资源蕴藏量	6.76	1.43	0.23	1.66	24.50
可开发量	3.79	1.03	0.10	1.13	29.89

资料来源：《中国统计年鉴2008》、《四川统计年鉴2008》、《重庆统计年鉴2009》。

（2）天然气资源。成渝经济区是我国重要的天然气产区。根据1993年第二次四川盆地天然气资源评价资料，全盆地天然气远景资源量为71851.25亿立方米，约占全国1/5，其中四川省境内约为5.18万亿立方米，重庆境内约为2万亿立方米。截至目前全盆地探明储量7620.42亿立方米，居全国第一位。其中四川省境内6061.6亿立方米，重庆境内1558.82亿立方米（见表3）。

表3　成渝经济区天然气资源基础储量情况

单位：亿立方米，%

地区	全国	重庆	四川	成渝合计	占全国比重
天然气	34049.62	1558.82	6061.6	7620.42	22.38

资料来源：《中国统计年鉴2009》。

（3）其他主要矿产资源。成渝经济区及其辐射区的矿产资源种类繁多，部分品种储量大，在全国占有重要地位。其中四川境内有已探明储量的矿种82种，是我国探明矿种储量最多的省份之一；重庆市境内有40多种矿产资源，已探明储量的有25种（见表4）。

经济区内储量居全国首位的矿种有钛、钒、硫铁矿、熔炼水晶、芒硝、光学萤石、玻璃脉石类、霞石正长岩、毒重石、铝土、岩盐、锶矿等；储量居全国第2位的有锂、稀土、镉、锰、碘、晶质石墨、石棉、云母、瓦用板岩、水泥配料黏土等；居全国第3位的有铁、铂、铍、钡及熔剂石灰岩等。其中钒钛磁铁矿探明储量96.6亿吨，为世界储量的1/4。其中钛储量居世界第一位，为全国储量的90.50%，世界的35.2%；钒储量居全国第一位，为全国储量的62.2%，世界的11.60%；钙芒硝保有储量195.79亿吨，居全国第一，占全国总资源量的

表4 成渝经济区主要矿产资源储量情况（2008年）

名称	属性及单位	储量	名称	属性及单位	储量
煤炭	(万吨)	70.7305	玻璃用砂岩	(矿石,万吨)	2833.09
铁矿	(矿石,亿吨)	28.9712	水泥配料用砂岩	(矿石,万吨)	4361.16
锰矿	(矿石,万吨)	1874.55	砖瓦用砂岩	(矿石,万立方米)	151
钛矿	(钛铁矿 TiO_2,万吨)	22761.44	铸型用砂岩	(矿石,万吨)	36
钒矿	(V_2O_5,万吨)	692.17	玻璃用脉石英	(矿石,万吨)	882.6
铜矿	(铜,万吨)	83.17	陶瓷用砂岩	(矿石万吨)	495
铅矿	(铅,万吨)	71.97	硅藻土	(矿石,万吨)	387.1
锌矿	(锌,万吨)	235.39	高岭土	(矿石,万吨)	56.1
镁矿	(炼镁白云岩)(矿石,万吨)	1781.2	耐火黏土	(矿石,万吨)	1245.2
金矿	(金,吨)	74.47	水泥配料用黏土	(矿石,万吨)	3779.22
银矿	(银,吨)	2547.4	水泥配料用泥岩	(矿石,万吨)	2360
锂矿	(Li_2O,万吨)	42.58	化肥用蛇纹岩	(矿石,万吨)	3889.7
石墨	(晶质石墨,万吨)	318.8	饰面用花岗岩	(矿石,万立方米)	3974.98
硫铁矿	(矿石,万吨)	40485.94	霞石正长岩	(矿石,万吨)	174.9
石棉	(矿石,万吨)	1192.44	饰面用大理岩	(矿石,万立方米)	2412.57
石榴子石	(矿石,万吨)	550.5	盐矿	(矿石,万吨)	370106.4
芒硝	(矿石,万吨)	774646.7	磷矿	(矿石,万吨)	32513.8
石膏	(矿石,万吨)	10250.17	铝土	(矿石,万吨)	3639
菱镁矿	(矿石,万吨)	178.69	重晶石	(矿石,万吨)	185
熔剂用灰岩	(矿石,亿吨)	3.2487	锶	(天青石,万吨)	43
水泥用灰岩	(矿石,万吨)	201754.4	毒重石	(矿石,万吨)	491
冶金用白云岩	(矿石,亿吨)	1.4246	汞	(吨)	1917
冶金用石英岩	(矿石,万吨)	656			

资料来源：根据《四川统计年鉴2009》和《重庆统计年鉴2009》有关资料整理。

46%；岩盐达5万亿吨，占全国总资源量的80%以上；铁储量占全国的20%，是仅次于“鞍本地区”的我国第二大铁矿。①

2. 旅游资源

四川盆地多样性的自然地理条件造就了丰富的自然生态景观、厚重的文化底蕴和众多少数民族文化的共生繁衍，造就了绚烂多彩的人文景观，是我国少有的

① 林凌、廖元和、刘世庆：《共建繁荣：成渝经济区发展思路研究报告》，经济科学出版社，2005。

旅游资源集中区，在全国占有举足轻重的地位。

2008 年，成渝经济区和辐射区内有 9 处世界文化遗产和自然遗产（四川 5 个，重庆 4 个）。其中四川境内有 9 个国家级风景名胜区，44 个省级风景名胜区，150 多个市县级风景名胜区；全国文化历史名城 7 座，省级历史文化名城 24 座，历史文化名镇 22 个；有全国重点文物保护单位 40 处，省级文物保护单位 200 多处，以及国家级、省级自然保护区 37 个；有 28 座海拔 5000 米以上的山峰群，有多种野生动物资源和植物群落，有多个原始森林，适合专项生态旅游；境内少数民族风情浓郁，每年要举办 10 余个少数民族民俗活动。

重庆境内有各类旅游景区 30 多个，其中国家自然风景名胜和自然保护区 4 个，国家级文物保护单位达 10 多个。有融抗战文化、三峡文化、民族文化于一体的人文旅游资源。多姿多彩的自然风光和独特的文化内涵，赋予了重庆旅游资源鲜明的个性特色和较高的知名度。

3. 基本生产要素

成渝经济区拥有产业发展的基本生产要素优势，是我国发展劳动、资源和土地密集型制造业的最佳地区。在区内及周边的 1.2 亿人口中，劳动力潜力巨大。区内土地面积约 20 万平方公里，可供第二、三产业利用的土地价格相对便宜。区内科研力量居全国前列，成渝经济区有高校 137 所，科研机构达 1766 所，拥有科学技术人员 20 多万人，两院院士 68 人，居全国第 4 位。

成渝经济区内电力相对充裕且价格较低。区内水资源丰富，主要城市均有江河作为依托。

（二）成渝经济区的优势产业

目前已经形成了比较完整的产业体系。在全国具有较大影响力的产业有机械、电子、食品饮料、化工、医药、冶金、能源、军工等，生产汽车、摩托车、重大装备制造、彩电、中药、化肥、白酒、硫酸、丝绸、原盐、天然气等工业产品。经济区内拥有长安汽车、嘉陵摩托车、长虹彩电、宜宾五粮液和泸州老窖等全国驰名品牌，经济区内还有几百个省市级名牌企业和名牌产品，是成渝经济区快速发展的重要条件。

表 5　2008 年成渝经济区 10 大行业（以产值大小为准）

单位：亿元

名次	行　业	工业产值(亿元)		
		四川	重庆	合计
1	交通运输设备制造业	826.1	1890.98	2717.08
2	黑色金属冶炼及压延加工业	1215.13	305.52	1520.65
3	农副食品加工业	1233.23	195.66	1428.89
4	化学原料及化学制品制造业	1040	351.89	1391.89
5	电力、热力的生产和供应业	879.79	327.65	1207.44
6	通用设备制造业	868.62	234.49	1103.11
7	非金属矿物制品业	821.75	266.39	1088.14
8	饮料制造业	780.55	64.8	845.35
9	电气机械及器材制造业	559.81	282.17	841.98
10	有色金属冶炼及压延加工业	483.6	343.82	827.42

注：根据《四川统计年鉴 2009》和《重庆统计年鉴 2009》整理计算。由于按经济区统计缺乏专门的数字，因此表中数字采用的是四川省和重庆市的数字，比划入成渝经济区的数字略大，但不影响总体情况。

表 6　2008 年四川省 10 大行业（以产值大小为准）

单位：亿元

名次	行　业	工业产值
1	农副食品加工业	1233.23
2	黑色金属冶炼及压延加工业	1215.13
3	化学原料及化学制品制造业	1040.00
4	电力、热力的生产和供应业	879.79
5	通用设备制造业	868.62
6	交通运输设备制造业	826.10
7	非金属矿物制品业	821.75
8	饮料制造业	780.55
9	通信设备、计算机及其他电子设备制造业	722.97
10	煤炭开采和洗选业	589.27

资料来源：根据《四川统计年鉴 2009》整理计算。

表7　2008年重庆市10大行业（以产值大小为准）

单位：亿元

名次	行　业	工业产值	名次	行　业	工业产值
1	交通运输设备制造业	1890.98	6	电气机械及器材制造业	282.17
2	化学原料及化学制品制造业	351.89	7	非金属矿物制品业	266.39
3	有色金属冶炼及压延加工业	343.82	8	通用设备制造业	234.49
4	电力、热力的生产和供应业	327.65	9	农副食品加工业	195.66
5	黑色金属冶炼及压延加工业	305.52	10	煤炭开采和洗选业	173.07

资料来源：根据《重庆统计年鉴2009》整理计算。

表5、表6、表7分别显示了2008年底成渝经济区和川渝两省市工业总产值位居前十名的行业。从中可以看到，成渝经济区的主要产业分别为交通运输设备制造业、黑色金属冶炼及压延加工业、农副食品加工业、化学原料及化学制品制造业、电力和热力的生产和供应业、通用设备制造业、非金属矿物制品业、饮料制造业、电气机械及器材制造业、有色金属冶炼及压延加工业，既有初级产品加工业，也有中间产品加工制造业，还有最终产品制造业，说明其产业体系较为完善，但总体而言，以基础性原材料产业为主，这与成渝经济区拥有的资源优势和国家前期的产业布局规划密切相关。其中四川省的10大产业中，有8个产业与成渝经济区10大产业相吻合，所不同者，电气机械及器材制造业和有色金属冶炼及压延加工业未进入前10位，而通信设备、计算机及其他电子设备制造业和煤炭开采和洗选业列入前10位；重庆市有9个产业与成渝经济区10大产业相吻合，唯一不同的是其饮料制造业相对较弱而煤炭开采和洗选业相对较强。

表8　2008年成渝经济区在全国位居前10位的行业（以产值为准）

单位：亿元，%

名次	行　业	工业总产值		占全国比重
		全国	成渝经济区	
1	饮料制造业	6250.46	845.35	13.52
2	燃气生产和供应业	1506.55	169.99	11.28
3	交通运输设备制造业	33395.28	2717.08	8.14
4	医药制造业	7874.98	567.86	7.21
5	非金属矿采选业	1869.49	123.45	6.60
6	农副食品加工业	23917.37	1428.89	5.97

续表 8

名次	行业	工业总产值		占全国比重
		全国	成渝经济区	
7	黑色金属矿采选业	3760.65	203.24	5.40
8	印刷业和记录媒介的复制	2685.01	140.7	5.24
9	煤炭开采和洗选业	14625.92	762.34	5.21
10	非金属矿物制品业	20943.45	1088.14	5.20

资料来源：根据《中国统计年鉴2009》、《四川统计年鉴2009》和《重庆统计年鉴2009》整理计算。

表9　2008年四川省在全国位居前10位的行业（以产值为准）

单位：亿元，%

名次	行业	工业产值	占全国比重
1	饮料制造业	780.55	12.49
2	燃气生产和供应业	107.76	7.15
3	医药制造业	427.81	5.43
4	非金属矿采选业	100.31	5.37
5	农副食品加工业	1233.23	5.16
6	黑色金属矿采选业	182.2	4.84
7	石油和天然气开采业	432.25	4.07
8	煤炭开采和洗选业	589.27	4.03
9	印刷业和记录媒介的复制	108.12	4.03
10	专用设备制造业	572.72	3.94

资料来源：根据《中国统计年鉴2009》和《四川统计年鉴2009》整理计算。

表10　2008年重庆市在全国位居前10位的行业（以产值为准）

单位：亿元，%

名次	行业	工业产值	占全国比重
1	交通运输设备制造业	1890.98	5.66
2	燃气生产和供应业	62.23	4.13
3	医药制造业	140.05	1.78
4	烟草制品业	75.01	1.67
5	有色金属冶炼及压延加工业	343.82	1.64
6	废弃资源和废旧材料回收加工业	16.17	1.42
7	水的生产和供应业	12.36	1.35
8	仪器仪表及文化、办公用机械制造业	63.42	1.27
9	非金属矿物制品业	266.39	1.27
10	非金属矿采选业	23.14	1.24

资料来源：根据《中国统计年鉴2009》和《重庆统计年鉴2009》整理计算。

表8、表9、表10分别反映了2008年度成渝经济区及川渝各自占全国产值份额较大的10大产业。从中可以看出：

第一，成渝经济区饮料制造业、燃气生产和供应业、交通运输设备制造业、医药制造业、非金属矿采选业、农副食品加工业、黑色金属矿采选业、印刷业和记录媒介的复制、煤炭开采和洗选业、非金属矿物制品业等行业在全国占有较大的产值份额。其中饮料制造、燃气生产和供应业产值份额高达10%以上，交通运输设备制造和医药制造业产值份额也较大，说明成渝经济区这些行业在全国具有举足轻重的地位。

第二，从川渝各自在全国产值份额较大的产业来看，四川省饮料制造业、燃气生产和供应业、医药制造业等行业具有很强的竞争力；而重庆市在交通运输设备制造业、燃气生产和供应业等行业具有优势。

综合起来，成渝经济区优势比较明显的产业主要有：

（1）机械工业。包括交通运输设备——有摩托车、轿车、轻重型卡车、铁路机车、军用飞机等，以及重大装备产品——有大型发电设备、化工设备和冶金设备、工程机械、仪器仪表、机床、电器等。

（2）电子信息。除长虹、九州、旭光等一批“三线”军工企业积极开发民用电子产品，培育了家电等优势产品外，一批国外电子信息产品和软件产品制造商，如惠普、英业达、富士康、摩托罗拉、菲尼克斯、英特尔、中芯国际、友尼森等跨国公司相继进入，使成渝经济区的笔记本电脑、大规模集成电路、军事电子、航空航天电子、家用电子、光机电一体化等产品都具有相当优势，使汽车电子产品具有良好发展前景。

（3）食品工业。主要集中在白酒、肉类、卷烟、特色农副产品等方面。其中白酒产量占国内产量的10%以上，拥有国内最多的名酒品牌和产量最大的白酒生产企业。经济区内年产生猪8300多万头，占全国生猪产量的13.65%；猪肉加工能力、产量和出口量均居国内之首。经济区卷烟产量约占我国产量的6%。另外，长江沿岸柑橘、经济区反季节蔬菜、水果在全国销量很高，并有大量冷冻蔬菜出口。

（4）化学工业。主要集中在天然气化工、盐化工、硫磷化工、有机化工等方面。区内有国内最大的合成氨、尿素、油脂、三聚氢胺、甲醇、烧碱、纯碱、甲烷氯化物、有机硅、有机氟、磷酸氢钙、硫酸、盐酸、钛白粉、醋酸、炸药等生产企业。

（5）冶金工业。集中在钢铁、电解铝、铝材、铁合金以及部分有色金属方面。区内钢铁主要集中在攀钢集团的攀枝花基地、成都基地、江油基地。铝业加工企业有亚洲最大的西南铝业集团，已发展成为中国生产规模最大、技术装备最先进、品种规格最齐全的综合性特大型铝业加工企业。经济区的钒、磷、钛白粉、铁合金等产量在全国均占重要地位，其中钛白粉产量居全国第一，钒、磷产品大部分出口。

（6）医药工业。集中在中成药、原料药和合成药三个方面，其医药工业产值居全国第四位。

（7）能源工业。集中在电力和天然气上。2007 年底，区内发电装机容量达到3700 万千瓦左右，居国内前列，约占全国的 5%，其中水电装机容量居全国第一位。2008 年，四川盆地的天然气产量 202 亿立方米左右，约占全国天然气产量的 26%。目前，经济区内已形成连接川东气田，经川南、川中到川西北的大口径的南北输气干线，以及贯穿全盆地的主要气田。

（三）成渝经济区的产业布局

目前，成渝经济区内产业已经形成“四圈一带”产业布局。“四圈”包括：①以重庆市区为中心的汽车、摩托车、电子信息、医药、工程机械、仪器仪表、电器设备、商贸、物流等产业布局；②以成都市区为中心的电子信息、生物制药、重大装备、工程机械、食品、轻纺、新材料、农业、商贸、金融物流等产业布局；③以川南城市群为主体的天然气化工、盐化工、硫磷化工、能源、建材等产业布局；④以川中、川北、川东为主体的天然气、轻纺、农牧业以及农副产品加工业等产业布局。“一带”则是沿成绵、成乐铁路和高速公路沿线构成的以电子信息、生物技术、新材料、医药、重大技术装备、运输设备等为主的“成德绵”乐高新技术产业带。①

成渝经济区的产业布局有以下四个特点。

（1）工业布局呈高度极化，域内各地区间工业发展极不均衡。2008 年，四

① 林凌、廖元和、刘世庆：《共建繁荣：成渝经济区发展思路研究报告》，经济科学出版社，2005。

川省仅成都、绵阳、德阳三个城市的国有和规模以上非国有企业就有6340家，占全省的比重高达46.19%，工业总产值5980亿元，占全省的40.52%，其中成都市拥有国有及规模以上非国有企业4308家，占四川省的31.39%；实现工业产值4233亿元，占四川省的28.68%。重庆市工业向主城区的集中度更高，2008年重庆市第二产业81%的产值是在“一小时经济圈”内实现的，而三峡库区则出现严重的产业“空心化”。

（2）依托资源形成的产业布局。川南地区依托当地的天然气资源、盐卤资源和水能、煤炭资源优势，形成了以天然气、盐化工、水电、火电为主的产业布局。川中地区依托农副产品资源优势形成了以食品、轻纺为主的产业布局，有些新发现气田的地区还有可能发展天然气化工。

（3）依托“保税区”、高新技术开发区、经济技术开发区、工业园区形成的新兴产业布局。重庆、成都、绵阳的国家级高新技术开发区，重庆、成都的国家级经济技术开发区、出口加工区，重庆北部新区，区市县的工业园区，均成为高新技术和新兴产业集聚区域。区内一般有良好的基础设施条件和服务体系，有聚集效益形成的较低成本，成为大中小城市的工业亮点。尤其是国务院批准在重庆建立“保税区”及即将批准的“两江新区”，由于其政策的优惠，必将吸引更多的高新技术产业特别是跨国公司巨头入驻，为成渝经济区高新技术产业的发展打造更好的开放平台。

（4）区域内城际产业协作程度低。重庆自直辖以来，川渝经济协作关系非但没有加强，反而有进一步弱化的趋势。尤其是成都与重庆两大城市之间的竞争大于合作，产业呈雷同化发展趋势。再加上条块分割，中央企业之间、国防科技工业企业之间、中央企业与地方企业之间、国防企业与民用企业之间的横向联系薄弱，产业链条很短，聚集效益没有得到充分发挥。

（四）成渝经济区产业发展的方向

成渝经济区未来产业发展的基本方针应当是：巩固现有优势特色产业，调整和淘汰落后产业，大力培育和发展新兴产业。今后重点发展的产业包括以下几个。

（1）机械工业。主要有汽车、摩托车、重大装备、工程机械、仪器仪表、飞机、输变电设备等，现有基础和发展潜力很大，前后向带动作用强，因此应当

作为重点发展的产业。

（2）饮料食品。优势产品集中在白酒、啤酒、卷烟、肉类及蔬菜加工、饲料、茶叶等产业上。实施名牌战略，发展名酒、肉类加工、方便食品、卷烟、软饮料、川菜、绿色食品等拳头产品。

（3）能源产业。集中发展水电、火电、天然气，迅速扩大规模和形成互补功能，建设中国最大的能源基地。核电也是今后电力产业发展的重点方向之一。

（4）电子信息。目前经济区内电子信息产品的产值与沿海一些地区相比，虽然总体规模不算大，尚处于起步和布局阶段，但根据其目前的增长态势及发展潜力，可以预见，电子信息产业必将成为经济区内正在崛起的主导产业。

（5）化学工业。今后除继续抓好天然气化工、烧碱、纯碱、橡胶加工、聚酯、乙炔、甲醇、醋酸、聚氯乙烯、精细化工、合成材料等产品外，成渝经济区要根据国内外市场需要，利用原料优势有选择地发展深加工产品，重点发展乙炔化工、甲醇、醋酸及其衍生物三大系列天然气化工产品和天然气制氢、天然气碳、光气衍生等系列产品，发展有机硅、有机氟、聚苯硫醚等高分子材料和其他精细化工系列产品，发展区内市场需要的乙烯等石化系列产品。

（6）医药工业。尽快将成渝经济区建成我国的中成药加工基地，同时加快生物医药工程的发展，开发基因工程药物、核酸药物、合成多肋、免疫制剂和单抗药物、生物提取物、微生物制剂及代谢产物等产品。

（7）冶金工业。增强以攀（枝花）钢集团为首的冶炼产业发展。扩大和提升电解铝、铁合金、铝材加工等的生产规模和技术水平。

（8）旅游业。成渝经济区有得天独厚的旅游资源，在全国乃至世界的旅游资源中具有鲜明特色。因此其旅游线路和景点的开发，将围绕这些特色旅游资源进行，形成多层次的旅游环线和多种旅游品种，并将其发展成为经济区内的重要支柱产业。

（9）现代服务业。以区域金融市场、证券市场、产权市场、信息市场和物流建设为突破口，以国内外金融机构、投资公司、基金公司、大型商业连锁企业、信息企业和物流企业为龙头在中心城市推进。因此，成渝地区要争取建立经济区开发银行，以适应区内现代产业发展需要。

三　成渝经济区城市化进程及城镇空间集聚特征

（一）成渝经济区城镇化特征

1. 城市化水平空间差异明显

2008 年，成渝经济区城市化水平有较大的空间差异。城市化水平最高的重庆主城 9 区的城市化水平为 89.67%，城市化水平最低的石柱县为 23.03%，二者相差近 64 个百分点。两大经济中心成都和重庆主城 9 区的城市化水平分别为 89.67% 和 63.58%，二者相差约 26 个百分点。

从 2008 年成渝经济区城市化水平分组统计情况看，城市化水平大于 60% 的城市有 4 个，分别是成都、重庆主城 9 区、双桥区、万盛区；40% ~60% 的有 7 个，分别是涪陵区、长寿区、江津区、合川区、永川区、南川区、万州区，在这一组里，城市化水平最高的是重庆主城 9 区，为 89.67%；城市化水平在 35% ~40% 的城市有 11 个，分别是自贡市、德阳市、绵阳市、乐山市、内江市、璧山县、泸州市、綦江县、遂宁市、铜梁县、荣昌县，所占比例为 23.4%；城市化水平在 30% ~35% 的城市有 9 个，分别是大足县、南充市、宜宾市、雅安市、开县、梁平县、眉山市、达州市、垫江县，所占比例为 19.15%；城市化水平在 30% 以下的城市数有 7 个，分别是资阳市、忠县、潼南县、丰都县、云阳县、广安市、石柱县，所占比例 14.89%。整体而言，成渝经济区的城市化水平处于 30% ~60% 之间的城市较多，共 27 个，处于 60% 以上和 30% 以下的城市较少。（见表 11）

2. 城市化水平低于沿海国家级经济区

成渝经济区城市化水平不仅低于全国平均水平，且较大程度地低于其他经济区城市化水平。具体来说，2008 年，成渝经济区城市化水平为 49.87%（2005 年为 24.6%），高于全国平均水平 45.68%（2005 年是 32.1%）4.2 个百分点；而环渤海、长三角、珠三角、东北三省经济区城市化水平在 2005 年就分别达到了 53.7%、51.5%、45.8%、46.7%。2007 年，长三角、珠三角、京津冀 3 大地区城市化率远高于全国 44.94% 的平均水平，长三角达到 59.11%，珠三角达 63.14%，京津冀为 51.86%。而成渝经济区只有 41%，加快城市化依然是成渝

表11　成渝经济区城镇化率

单位：%

地　区	城镇化率	地　区	城镇化率	地　区	城镇化率
成都市	63.58	遂宁市	36.55	广安市	25.80
自贡市	39.63	内江市	38.10	达州市	31.02
泸州市	37.63	乐山市	38.30	雅安市	33.40
德阳市	39.50	南充市	34.00	资阳市	29.70
绵阳市	38.72	眉山市	31.10	荣昌县	36.41
渝中区	100	涪陵区	53.91	璧山县	37.92
大渡口区	100	长寿区	48.7	万州区	51.02
江北区	100	江津区	53.8	梁平县	31.7
沙坪坝区	100	合川区	50.8	丰都县	28.51
九龙坡区	100	永川区	54.6	垫江县	30.6
南岸区	100	南川区	44.9	忠　县	28.9
北碚区	71.24	綦江县	37.41	开　县	32
渝北区	66.44	潼南县	28.7	云阳县	28.4
巴南区	69.39	铜梁县	36.41	石柱县	23.03
万盛区	70.81	大足县	34.34		
双桥区	92.83	宜宾市	34.00		

经济区面临的重要任务。前述地区经过3年的城镇化发展显然要大大高于成渝经济区。从5大经济区经济中心城市的城市化水平看，2006年，城市化水平最高的是上海，为88.7%，其次为北京和天津，分别为84.3%和75.7%；位居第四的是广州，达68.9%。就成渝经济区两大经济中心城市成都和重庆的城市化看，虽然重庆主城9区城市化已达到89.67%，但是成都仅为63.58%，除略高于长春、哈尔滨、杭州水平外，仍远低于上海、北京等中心城市的城市化水平，而成渝经济区的城市化水平则是所有经济中心城市中最低的，仅为49.87%。可见，成渝经济区整体城市化水平以及两大经济中心城市化水平较之其他经济区还有一定的差距，加快成都、重庆以及成渝经济区的城市化水平具有紧迫性。

3. 成渝经济区城市化水平变化趋势

2000~2008年间，成渝经济区城市化水平呈现不断上升的趋势，2006年成渝经济区城市化水平为25.1%，2008年上升为49.87%，年均增长率为8.13%。从各城市城市化水平的变化情况看，区内城市化水平最高的城市始终是重庆主城9区，2006~2008年间城市化水平分别为63.1%、64.64%和89.67%；城市化水平位居第二位的是成都，2006~2008 年间城市化水平分别为 51.8%、62.58% 和 63.58%；区内城市化水平最低的城市始终是重庆的石柱县，2006~2008 年间城市化水平分别为 12.3%、21.5% 和 23.03%。从成渝经济区的城市化增长率可发现，经济区内各城市在城市化增长速度上存在较大的非一致性。城市化增长速度最快的是重庆，年均接近 8.85%，最低的是石柱，还不到 3.57%。成渝经济区各城市城市化水平增长速度上的差异，是 2006 年后经济区内各城市城市化差距不断加大的主要原因。

（二）成渝经济区的城镇规模结构

根据我国城市规模等级的界定，规定市区非农业人口在 200 万以上的是超大城市、100 万~200 万的是特大城市、50 万~100 万的是大城市、20 万~50 万的是中等城市、20 万以下的是小城市。而且，一个区域范围内城市规模与它的等级之间存在一种固定关系，即随着城市人口规模的增大，相应规模的城市数目递减，城市的规模等级与城市的数量呈反比关系。下面我们将对成渝经济区的城市规模等级进行分析。

从城镇规模等级来看，成渝经济区的超大城市有 2 个——成都和重庆；没有特大城市；大城市有 5 个——万州、涪陵、绵阳、南充、自贡；中等城市 12 个——江津、合川、德阳、乐山、内江、宜宾、泸州、遂宁等；小城市有 10 个；其余 1650 多个为小城镇。

从上面的分析我们可以看出，成渝经济区在城镇规模构成方面存在的问题主要是城镇体系不合理。特大城市处于断层状态，大城市数量少且规模小，中小城市和小城镇数量多，不符合城镇规模构成的“金字塔规律”。这样导致了整个成渝经济区的城镇化规模体系不平衡，总体规模水平较低。

（三）成渝经济区的城镇职能结构

从目前成渝经济区的实际情况来看，成都、重庆的职能基本都得到了较好发育，是西部工业、商业、交通运输业、文化旅游业等职能部门发达的复合型城市。涪陵、德阳、绵阳是成渝地区重要的工业城市，万州、合川、永川、自贡、宜宾、泸州、乐山是工业、旅游业发达的复合型城市。江津、眉山、资阳、内江、遂宁、南充、广安、达州等城市属于商业职能较明显的城市。

表 12　成渝经济区城镇职能构成

城市职能	城市名称
综合性城市	成都、重庆
工业性城市	涪陵、万州、合川、永川、德阳、绵阳、自贡、宜宾、泸州、乐山
旅游性城市	万州、涪陵、自贡、宜宾、泸州、乐山
商业性城市	江津、永川、眉山、资阳、内江、遂宁、南充、广安、达州

从表 12 可以看到，作为西部区域性中心城市的重庆、成都，已具备强大的集散、生产、管理、服务、创新等综合功能，产业体系相对完善。从其整个经济区的职能结构来看，城市之间已形成了一定的职能分工。综合性城市和专业性城市具有较强的互补性。中小城市以经济功能为主，形成了一批专业化特点较为明显的工业、矿业城市。

同时我们也看到了一些中等城市专业化主导职能还不够明显，综合功能薄弱，部分中小城市产业结构存在一定的趋同性。主要是由于成渝经济区分属一省一市，行政隶属关系复杂，地区之间很难协调。

（四）成渝经济区的城镇空间结构

从空间分布状况来看，2009 年，在 20.6 万平方公里的土地面积上，成渝经济区共有城市 29 个，城市密度为 1.76 个/万平方公里，乡镇密度为 130.18 个/万平方公里。同城镇体系比较完善的长江三角洲地区相比，长江三角洲城市密度为 1.89 个/万平方公里，乡镇密度为 134.82 个/万平方公里。从中可以得出结论，成渝经济区的城市密度低于长江三角洲，而二者的镇网密度相差无几。

从空间组合状况来看，城市沿交通轴线分布的特征十分明显，以长江干流、铁路和高速公路为轴线，形成了一江三线的空间布局。即沿长江上游干流的城市发展轴线；宝成—成昆铁路公路城市发展轴线；沿成渝铁路（高速公路）的城市发展轴线；成遂渝铁路（高速公路）城市发展轴线。总体上处于点轴式的中级空间开发格局。而长江三角洲的空间组合已经进入了网络式的高级阶段，所以今后要继续发挥大城市和中小城市的发展，增强城市之间的联系，通过多种轴线发展形成到网络式阶段。

四　成渝两地分工合作状况

优势互补，合力所在。成渝经济区的发展并不是简单地把两地做大，也不是两地经济总量简单相加，而是要在做大两地经济的同时，让经济区发挥辐射和带动作用，实现资源优化配置，创造更大效益，让1+1大于2。经济区合作的目的不是为了自给自足，而是强强联手、优势互补地参与国际经济合作与竞争。

（一）分工合作现状

实质性合作从2004年就已经开始，此前两地合作不理想。2004年2月3日，川渝签署“1+6”合作协议，在交通、旅游、农业、公安、文化、广播电视等6个方面加强合作。川渝两地高层同时表示——为这次合作建立专门机构，进一步加强两地高层交往，共同努力把成渝经济区打造成中国西部最具活力、最富吸引力和最有竞争力的增长极。

此后，在几乎每一年全国“两会”上，来自川渝两地的代表委员都要就这一话题展开热烈讨论、提出建议或议案。2006年底，国务院常务会议审议并原则通过的《西部大开发“十一五”规划》，明确提出要重点发展成渝经济区。同年6月，国家发改委、国务院西部开发办负责人在介绍西部重点区域发展将分5类推进时指出：成渝地区被列为率先发展的重点经济区。

2007年4月3日，四川省和重庆市共同签署了《四川省人民政府、重庆市人民政府关于推进川渝合作共建成渝经济区的协议》，这标志着川渝合作“迈出了实质性的一步”。双方一致认为，川渝联手共建紧密联系、分工协作的经济区，是川渝合作发展的重要载体和纽带，有利于保障国家经济、生态安全，有利于两省市互利共赢、共同发展。依照协议，双方将依托良好的资源条件和产业基础，以重庆、成都两个特大城市为龙头，以成都及绵阳等14个沿高速公路、快速铁路、黄金水道的市和重庆“1小时经济圈”内23个区县为载体，加强区域分工合作，共同将成渝经济区建成国家新的经济增长极。此后，川渝两地按照协议约定加快了合作步伐，并取得初步成效，合作渐入佳境。

（二）未来合作方向

从发展现状看，基础设施建设滞后与产业的分工协作相对较弱，造成了成渝经济区同发达地区的差距。由于运距长和交通造价高，成渝经济区单位工业总产值的物流成本高出全国平均水平50%以上，严重影响工业竞争能力和对外开放。畅通开放之路，最迫切的是加强成渝经济区基础设施特别是交通建设。存在交通“瓶颈”制约。与“长三角”、“珠三角”和环渤海地区不同，成渝经济区是一个典型的内陆型经济区，不靠海、不沿边，与沿海主要港口的运输距离超过2000公里，运输及物流成本高，经济发展的外向程度低，而这就是内陆型区域经济发展的最大瓶颈制约。因此，从参与国内以及全球产业分工、增强对内对外开放能力出发，成渝经济区必须协同加快交通基础设施建设，建立起全方位、快捷、方便、多向的对外交通通道，从根本上突破发展瓶颈的制约。

成渝两地在遵循区域一体化原则基础上，首先应在交通设施、市场规则、公共服务能力建设等方面的合作取得突破。其次双方要协议，建立开放、规范、竞争、有序的商品市场，破除行政壁垒，加强交通、物流合作，降低产品跨区域销售成本；将取消两地的就业户籍限制，建立流动人口“便参保、易转移”的社会保障体系，建立有利于人口合理流动的劳动力市场。最后要在经济区内促进价格管制产品的互惠贸易，构件要素无障碍流动机制，促进产业互动、利益共享。构筑企业合作的绿色通道，进一步放宽民营经济投资领域，消除民营经济进入市场的障碍。

经济区建成后，两地将立足现有产业基础，共同培育和建设国家重大装备制造业基地、高技术产业基地、清洁能源基地、国防科研产业基地，优势农产品生产加工基地。在区域内整合产业，优化产业布局，构建分工合理、各具特色的产业集群。加强互相协调，共同争取国家重大产业项目的布局将是经济区产业分工协作的重要任务。

两地将共同实施污染物排放总量控制制度，按资源承载力和环境容量进行产业和重大项目布局，共同建立长江上游联防联治的水环境管理机制。开展环境检测合作。共同争取国家生态环境建设投入和建立生态补偿机制，在长江上游长期实施天然林保护、退耕还林、防护林体系建设等工程。

加强产业间分工合作。从农业看，成渝经济区四川部分的优势农产品主要是

粮油、生猪、蔬菜、水果、蚕桑和花卉等，成渝经济区重庆部分的优势农产品主要是生猪、柑橘、茶叶和水产等；从工业看，成渝经济区共有51个产品在全国具有竞争优势，其中，四川部分的优势主要集中在清洁能源、重大装备制造和农产品加工方面，重庆部分的优势主要集中在汽车和摩托车制造方面；从服务业看，川渝两地有扩大合作的有利条件，如地理区位互补，四川是连接欧亚大陆桥和泛亚大铁路的西部主通道，重庆是连接“长三角”的水路通道。处理好合作与竞争的关系，是成渝经济区1+1大于2的关键。

同时，成都可充分利用重庆特殊的政策优势、长江大航道和空港优势；而重庆也可利用成渝经济区四川部分的广大腹地，获得市场空间。四川省政府对此已表现出了积极的态度。四川省政府近日发布信息称，四川正在明确要求围绕重庆的6个城市主动融入重庆都市圈，将重庆视作“经济省会”，这是四川省政府首次从政策层面做出这样的决定。按照四川省的要求，要主动融入重庆的6个城市，主要包括达州全市以及广安、泸州、资阳、内江、遂宁的部分县区市，它们被官方称为“环渝腹地经济区”。

未来成渝分工合作要着眼于从解决问题中建立合作机制，在市级、省级以及市场主体等各个层面建立四川与重庆有关方面的协调、协作、协同机制。

五 成渝经济区建设的政策措施

要将成渝经济区建设成为国家的第四经济增长极，成渝经济区必须对自身发展方向做好规划。为此我们认为应从如下几个方面考虑。

1. 把成渝经济区建设成中国经济增长第四极

通过成渝经济区在西部的率先发展，引领西部地区新一轮大开发、大开放和大发展，为促进全国区域协调发展做出新的更大贡献。甚至与关中－天水一起形成“西三角”，并将“西三角”的发展提升到国家战略层面。

2. 打破行政壁垒，加强两地的分工与合作，谋求畅通开放

目前最为紧迫的是加强成渝经济区基础设施特别是交通设施建设。因此，建议国家加强对成渝经济区基础设施建设的政策扶持，超前规划并优先安排成渝经济区交通、水利、能源、环保等重大基础设施项目，对重大项目，在审批和立项、金融信贷、中长期国债安排等方面适当倾斜。降低重大项目建设的地方资本

金和配套资金比例。同时要实现内部城际间一小时通达。大都市区需实现产业、空间一体化，一体化的标志就是内部各城市间要实现交通 1 小时通达，“各城市之间消除空间概念之时，就是一体化之日”。

3. 推进成渝经济区重点产业发展

建议国家加大对成渝经济区优势产业发展的政策支持，重点支持装备制造、高新技术、国防科技、优势资源加工、特色农产品加工和现代服务业等产业布局和发展。国家有关产业振兴和发展基金，重点要向成渝经济区倾斜，促进资源转化型产业就近布局，但同时也要解决某些产业结构雷同的问题。

4. 要加快城镇化进程，加快发展大中城市以及有条件的中心城镇

要大力发展渝西城市群、川南城市群、川东北城市群，培育成渝经济区内的新经济增长点，将重庆建设成为长江上游经济中心、金融中心和西部综合交通枢纽，将成都都市圈建设成为高科技产业基地和科教中心。

5. 加大要素保障与资本支持力度

在要素保障方面，建议国家加大对成渝经济区财税和土地政策支持，提高地方的增值税分成比例；允许在整个经济区范围内实现土地占补平衡，破解制约工业发展和城市建设的“土地瓶颈”；在资本支持方面，建议国家支持成渝经济区建设西部和长江上游金融中心，鼓励境内外金融机构设立区域总部或法人机构，支持发展各类金融机构。发展区域票据交易市场，建立区域性非上市公司股权柜台交易市场，建立西部产权交易市场和农产品期货交易市场。特别是在成渝经济区建设西部第一家期货市场，可加快金融中心建设的步伐，形成资本聚集和投资洼地效应。

6. 深化成渝经济区的土地制度改革

在确保耕地和基本农田总量的前提下，允许成渝经济区根据统筹城乡发展的需要，调整土地利用规划。鼓励成渝经济区深化农村土地制度改革，开展以农民土地承包权、宅基地使用权换取发展权和保障权的试点。

7. 加强生态环境保护，支持可持续发展

由于成渝经济区主要城市和工业均沿长江干流或支流布局，只有将成渝经济区建成生态文明示范区，才能与川西北水源涵养地和三峡库区水环境保护地相配合，共同构成长江上游生态屏障。此举，必将得到中央政策和资金的大力扶持。

西部民生发展

WESTERN PEOPLE'S LIVELIHOOD

四川地震灾区恢复与重建发展报告*

郑长德　蓝红星**

摘　要：2008 年 5 月 12 日发生的汶川特大地震是新中国成立以来破坏性最大，波及范围最广的一次地震。经济直接损失为 7717.70 亿元，公共服务直接经济损失为 236 亿元，生态方面的地质灾害，水土流失，环境恶化也影响严重。本报告从经济，社会，生态三个方面进行灾情分析之后，整理了震后国家及四川省出台的有关综合、财政、税收、金融、土地、住房、产业扶持、就业保障八个方面的政策环境，明确了灾后重建的"三年基本恢复，五年发展振兴，十年全面小康"以及"六有"的发展规划和目标，并从家园建设、基础设施建设、产业重建、精神家园重建、对口支援五方面分析了

* 国家外国专家局 2009 年重点项目"中日地震灾后重建的比较研究"阶段性成果。项目主持人：郑长德教授。田钒平博士、郭利芳博士、吴敏娜博士参加了资料收集和课题讨论。郑长德教授、蓝红星博士执笔。本文的写作得到四川省发展改革委员会杨洁博士、成都市国土局姚树荣博士的帮助，特此感谢。

** 郑长德、蓝红星，西南民族大学经济学院。

四川现在的恢复情况。最后，结合本次四川受灾后重建的宝贵经验与各方面优势，提出下一阶段恢复建设的政策建议。

关键词：四川地震　灾区恢复　灾后重建

一　四川地震灾区恢复重建的背景

2008年5月12日发生的汶川特大地震，是新中国成立以来破坏性最强、波及范围最广、灾害损失最重、救灾难度最大的一次地震；也是四川省有文字记载的地震中，人员伤亡、财产损失和基础设施破坏最为惨重的一场灾难。灾后恢复重建难度大、综合性和系统性强、时间紧。

1. 四川“汶川大地震”的灾情分析

根据2009年5月7日四川省政府公布的数据，全省地震遇难人数达到68712人，失踪17912人。地震造成四川20多个市（州）的139个县（市区）受灾，灾区总面积29.38万平方公里，约占四川全省幅员总面积的60.67%①。

（1）经济影响。根据民政部等四部委2009年核算，四川139个县市区直接经济损失为7717.70亿元，其中纳入国家规划的39个重灾县市区为6080.69亿元。

全省139个受灾县市区，受损居民住房直接经济损失2025.8亿元。其中，城镇居民住房1020.84亿元，农村居民住房1004.96亿元。

39个重灾县市区，城乡住房直接经济损失1662.71亿元，受损453.56万户，其中倒塌和严重破坏259.88万户。城镇住房直接经济损失840.28亿元，受损10621.27万平方米，其中倒塌1396.68万平方米、严重破坏4787.57万平方米、一般破坏4437.03万平方米；受影响户数118.01万户。农村住房直接经济损失822.44亿元，受损1342.19万间，其中倒塌399.69万间、严重破坏364.99万间、一般破坏577.5万间；受影响户数335.55万户。

（2）社会影响。全省139个受灾县市区，公共服务直接经济损失236亿元。其中，教育系统40.74亿元，卫生系统15.90亿元，文化系统25.90亿元，科技

① 中国民政部等五部委：《汶川地震灾害范围评估结果》，2008年7月22日。

系统5.80亿元，社会福利系统5.40亿元，环保系统25.40亿元，地震系统0.40亿元，计生系统3亿元，广播通信设施24.80亿元，政权设施44.76亿元，气象4.3亿元，体育23.40亿元，宗教系统16.20亿元，

39个重灾县市区，公共服务直接经济损失195.52亿元。其中，教育系统25.69亿元；卫生系统12.28亿元，受损卫生机构7431个，损毁房屋408万平方米，受损设施设备51922台（件）；文化系统20.70亿元；科技系统5.70亿元；环保系统21.10亿元；广播通信设施19.90亿元；政权设施37.45亿元，损毁房屋1001.8万平方米，损毁设备设施38.1万台（套）。

（3）生态影响。次生灾害频繁发生，灾区山高、谷深、坡陡，滑坡、崩塌、泥石流、堰塞湖等次生地质灾害频繁发生。地震引发的次生灾害呈现出范围广、程度深、危害大、持续时间长的特点。灾区在历史上就是地震多发区，生态系统脆弱，资源环境容量有限。大量次生灾害使生态环境更加恶化，大面积植被被毁，资源环境承载力进一步降低。灾区属长江上游生态屏障的组成部分，此次地震造成的生态破坏预计将会对长江中下游的生态环境带来一定影响。

地震造成四川全省28.59万公顷水土保持设施损毁，小型水保工程蓄水容积减少近500万立方米，粮食产量相应减少一到两成。同时，排查出来9300多处滑坡、5500多处崩塌、1200多处泥石流、2600多处不稳定斜坡和104处堰塞湖（坝），产生的土石方量达数10亿吨。再加上泥沙滞留与淤积下游河道、灾区资源承载力下降与生态环境恶化等，均对当地居民的生命财产安全构成极大威胁①。

此次地震造成的直接和间接经济损失是有史以来最高的（见图1），特别是各种设施一度瘫痪、各行各业停业、工农业减产等原因造成了大量有形的间接经济损失，而且还因文物损坏、世界物质文化遗产和非物质文化遗产损毁等原因造成无法估算的间接经济损失。地震的核心区是我国羌族聚居区，地震对羌族文化造成了严重破坏。羌族文化核心区的非物质文化遗产的载体遭受毁损，一大批传统羌族民居受到不同程度的毁坏。

2. 四川灾区恢复重建的政策环境

国家和四川省出台的支持灾区恢复重建政策，涉及财政、税收、金融、土

① 《汶川地震致水土流失加剧　经济损失逾五百亿元》，中国新闻网，2009-07-19。

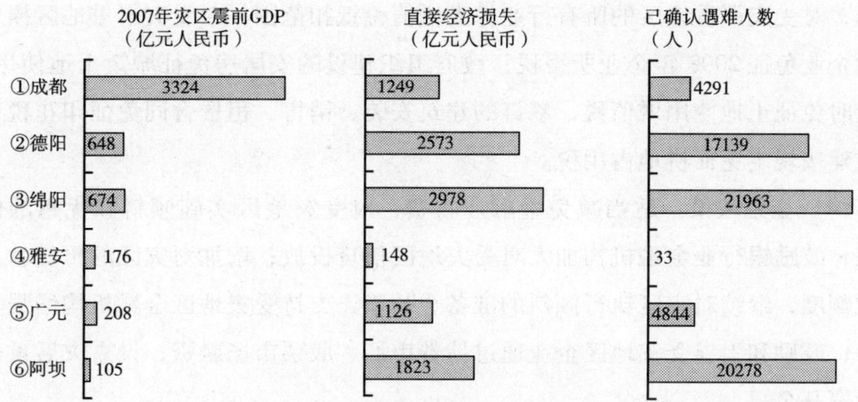

图1　六个重灾地区遭受了重大的人员和经济损失

资料来源：2007 年灾区震前 GDP 数据来源于《四川统计年鉴 2007》，直接经济损失和遇难人数来源于四川省发改委 2009 年 9 月提供的数据。

地、住房、产业扶持、对口支援、就业和社保等方面。截至 2009 年 11 月，先后出台政策 105 个。

（1）综合政策。国务院先后出台了《汶川地震灾后恢复重建条例》（中华人民共和国国务院令第 526 号）；《国务院关于支持汶川地震灾后恢复重建政策措施的意见》（国发［2008］21 号）；《国务院关于做好汶川地震灾后恢复重建工作的指导意见》（国发［2008］22 号）；《国务院关于印发汶川地震灾后恢复重建总体规划的通知》（国发［2008］31 号）。四川省结合实际灾情，出台了《四川省人民政府关于支持汶川地震灾后恢复重建政策措施的意见》（川府发［2008］20 号）。上述政策的出台，对灾后重建起到了至关重要的作用。

（2）财政政策。中央财政建立地震灾后恢复重建基金，采取对居民个人补助、项目投资补助、企业资本金注入、贷款贴息等方式对城乡居民倒塌损毁住房、公共服务设施、基础设施恢复重建以及工农业恢复生产和重建等给予支持；符合条件的灾后重建用地免征新增建设用地土地有偿使用费和土地出让收入；对受灾严重地区减免部分政府性基金和部分行政事业性收费。

（3）税收政策。对企业、个人通过公益性社会团体、县级以上人民政府及其部门向受灾地区的捐赠，允许在当年企业所得税前和当年个人所得税前收入中全额扣除；受灾地区企业通过上述途径取得的灾后恢复重建款项和物资，免征企业所得税；进口直接用于灾后重建的大宗物资、设备等，在三年内给予进口税收优惠；对受灾严重地区的所有行业扩大增值税抵扣范围；对受灾严重地区损失严重的企业免征2008年企业所得税；政府组织建设的安居房免征城镇土地使用税，转让时免征土地使用增值税，签订的建筑安装、销售、租赁合同免征印花税；农房重建按规定免征耕地占用税。

（4）金融政策。适当减免金融业收费；对受灾地区实施倾斜和优惠的信贷政策，鼓励银行业金融机构加大对受灾地区信贷投放；增加对灾区的再贷款、再贴现额度，继续对灾区执行倾斜的准备金政策，支持受灾地区金融机构增强贷款能力；鼓励和引导受灾地区企业通过债券市场、股票市场融资；设立灾后重建产业投资基金。

（5）土地政策。优先核定重建用地规模；今年灾后重建用地指标不足的可预支安排，明年起对灾后重建用地指标优先安排；扩大城乡建设用地增减挂钩试点，多渠道保证灾后重建用地计划指标；调整审批程序，为灾后重建启动用地审批快速通道；对符合条件的灾后重建用地实行划拨土地、降低地价等特殊供地政策。

（6）住房政策。增加廉租住房建设；安居房建设用地实行行政划拨方式供应；对城镇居民住房重建予以资金补助；对建设安居房、廉租住房及原址重建住房和加固住房，一律免收各项行政事业性收费和政府性基金。

（7）产业扶持政策。大力支持符合国家产业政策、当地资源环境条件、灾后恢复重建规划的特色优势产业发展；把旅游业作为先导产业，加快重点旅游景区、景点的恢复重建；调整产业结构，发展循环经济，加强节能减排；对不适宜原地重建的企业异地迁建，在成都、德阳、绵阳、广元等地形成产业集中区；在恢复重建期间，按灾后恢复重建规划要求适度调整煤炭新建项目规模限制；实行直购电试点。

（8）就业和社会保障政策。对受灾地区企业适当降低失业保险费率；对吸收就业困难人员的企业给予税收优惠和社会保险补贴；对从事个体经营的有关人员给予税收优惠和行政事业性收费优惠；通过发放失业保险金、纳入城市低保范围、实施临时生活救助等措施保障受灾困难人员基本生活；保障工伤保险、养老保险支付。

3. 四川地震灾区恢复重建的总体规划和目标

四川灾后恢复重建工作坚持以人为本、尊重自然、统筹兼顾、科学重建。坚持把恢复重建与工业化城镇化和新农村建设、优化经济布局、转变发展方式、充分开放合作、改善宏观环境结合，努力实现“三年基本恢复，五年发展振兴，十年全面小康”的灾后恢复重建总体目标。

四川地震灾区灾后恢复重建规划包括国务院批准的1个总体规划，国家部委审定的10个专项规划，四川省制定的43个行业规划、39个受重灾县市区的实施规划、100个一般受灾县市区的项目规划。四川省规划用三年左右时间完成恢复重建的主要任务，基本生活条件和经济社会发展水平达到或超过灾前水平，努力建设安居乐业、生态文明、安全和谐的新家园，为经济社会可持续发展奠定坚实基础。努力实现“六有”目标。

家家有房住。基本完成城镇和农村居民点恢复重建，灾区群众住上安全、经济、实用、省地的住房。

户户有就业。有劳动人口的家庭至少有一人能稳定就业，城镇居民人均可支配收入和农村居民人均纯收入超过灾前水平。

人人有保障。灾区群众普遍享有基本生活保障，享有义务教育、公共卫生和基本医疗、公共文化体育、社会福利等基本公共服务。

设施有提高。交通、通信、能源、水利等基础设施的功能全面恢复，保障能力达到或超过灾前水平。

经济有发展。特色优势产业发展壮大，产业结构和空间布局优化，科学发展能力增强。

生态有改善。生态功能逐步恢复，环境质量提高，防灾减灾能力明显增强。

二　四川地震灾区恢复与重建的情况

此次地震灾后重建以科学规划为前提，以优先解决民生问题为基点，四川省着力推进家园重建、基础设施重建、产业重建、精神家园重建和对口支援重建等几大方面工作。

1. 家园重建

灾后重建中做到民生优先，把农村和城镇居民的永久性住房以及学校、医院、康复机构等社会事业恢复重建摆在优先位置。尤其把关系灾区民众生活的城乡住房建设放在突出位置，编制城乡住房恢复重建规划（参见表1）。

表1　城乡住房恢复重建规划项目

<table>
<tr><td colspan="2" rowspan="2">分　类</td><td colspan="2">数　　量</td><td rowspan="2">配套公建
（万平方米）</td><td rowspan="2">室外场地
（万平方米）</td></tr>
<tr><td>万户(套)</td><td>万平方米</td></tr>
<tr><td rowspan="2">城镇</td><td>新建</td><td>68.7</td><td>5291.0</td><td rowspan="2">309.2</td><td rowspan="2">4122.8</td></tr>
<tr><td>加固</td><td></td><td>4437.0</td></tr>
<tr><td rowspan="2">农村</td><td>新建</td><td>191.2</td><td>573.5</td><td rowspan="2">251.7</td><td rowspan="2">5033.2</td></tr>
<tr><td>加固</td><td>144.4</td><td></td></tr>
<tr><td colspan="2">合　计</td><td></td><td></td><td>560.9</td><td>9156.0</td></tr>
</table>

<table>
<tr><td colspan="2" rowspan="2">分　类</td><td colspan="3">任务年度分解</td><td colspan="4">资金需求(亿元)</td></tr>
<tr><td>2008 年</td><td>2009 年</td><td>2010 年</td><td></td><td>配套设施</td><td>室外场地</td><td>合计</td></tr>
<tr><td rowspan="2">城镇</td><td>新建</td><td>完成全部规划设计和施工准备，完成投资总量30%（238.1 亿元)以上</td><td>累计完成投资总量70%(555.6 亿元)以上</td><td>基本完成</td><td>793.7</td><td rowspan="2">55.7</td><td rowspan="2">61.8</td><td rowspan="2">1177.4</td></tr>
<tr><td>加固</td><td>完成住房鉴定工作及加固总量80%（213.0 亿元）</td><td>基本完成</td><td></td><td>266.2</td></tr>
<tr><td rowspan="2">农村</td><td>新建</td><td>完成投资总量60%（688.2亿元)，基本解决安全过冬问题</td><td>基本完成</td><td></td><td>1147.0</td><td rowspan="2">30.2</td><td rowspan="2">15.1</td><td rowspan="2">1307.8</td></tr>
<tr><td>加固</td><td>全部完成</td><td></td><td></td><td>115.5</td></tr>
<tr><td colspan="2">合　计</td><td></td><td></td><td>2322.4</td><td></td><td>85.9</td><td>76.9</td><td>2485.2</td></tr>
</table>

截至 2009 年 11 月，四川全省城乡住房 278 个项目全部开工，完成投资 1770.9 亿元，占估算投资的 71.26%。开工建设永久性农村住房 127.57 万户，其中已完工 124.2 万户；完成维修加固住房 221.3 万户；完成投资 1300.36 亿元，占估算投资的 99.43%；开工建设永久性城镇住房 22.9 万户，其中已完工 7.72 万户。完成维修加固住房 118.18 万户。完成投资 470.54 亿元，占估算投资的 39.97%。

截至 2010 年 1 月底，永久性农房完工 98%，永久性城镇住房完工 76%，学校完工 2372 所，医疗卫生项目完工 1148 个。帮助 158.03 万名因灾失业失地人员实现就业，1449 名“三孤”（孤老、孤儿、孤残）人员基本生活得到保障。

2. 基础设施重建

以恢复基础设施功能为中心，统筹协调基础设施的恢复重建，重点恢复重建公路、铁路、民航、通信、邮政、能源、水利等工程，具体情况见表2。力争用三年左右的时间，基本恢复受损的基础设施，努力使基础设施服务水平和能力达到或超过灾前水平，实现“十一五”规划确定的发展目标。截至2010年1月底，交通、通信、邮政、能源、水利等基础设施恢复重建项目已开工98.76%。高速公路和国省干线及重要经济干线项目全部开工。

表2 四川省灾后恢复重建基础设施项目建设

类 别	建设任务
高速公路	11条共计1372公里,总投资484.7亿元,规划期投资300.1亿元
干线公路	61条共计4752公里,总投资282.3亿元,规划期投资282.3亿元
铁 路	宝成线、广岳支线、成汶支线、德天支线、成昆线、成渝线、内六线、襄渝线、川黔线、沪昆线、遂渝线、达成线、广旺线、成都枢纽等14条既有铁路,达成线扩能、乐巴铁路、襄渝增二线等3条在建铁路,兰渝线、成绵乐客专、成都枢纽货车外绕线等3条设计铁路建设。总投资146.2亿元
民 航	四川机场集团公司、绵阳机场、九寨黄龙机场、南充机场、泸州机场、宜宾机场、广元机场、康定机场、西南空管局、飞行学院、民航二所、中航油西南公司、国航西南公司、四川航空公司、西南管理局等15个项目,总投资1.4亿元
通信工程	固定通信、移动通信、传输网、村村通和农村信息化,邮政恢复重建等
能源工程	电力重建总投资294.8万元,煤炭重建总投资24.8亿元,油气重建总投资32.2亿元,合计351.8亿元
水利工程	各种水库1222座(大型水库3座,中型水库26座,小一型水库167座,小二型水库1026座),总投资32.5亿元;堤防工程515处,总投资32.8亿元;堰塞湖处理104处,总投资12.7亿元;山洪防治及防汛预警系统总投资2.6亿元;水文站点315处及其他设施,总投资2.4亿元;灌区建设(影响灌面785.3万亩),总投资104.1亿元;微型水利设施5.5万处,总投资3.7亿元;水电重建总投资17.1亿元;水资源监测设施总投资1.9亿元。以上9项,合计总投资209.8亿元

3. 产业重建

根据国家有关规划、行业发展规划和产业政策，调整灾区产业布局和发展方向（产业园区调整情况见表3）。适宜重建区要大力发展相关产业，延伸产业链，增强配套能力，逐步形成优势产业带和产业基地；适度重建区要重点发展以旅游和生态农业为主的特色产业，建设精品旅游区，适度开发优势矿产资源；生态重建区在不影响主体功能的前提下，适度发展旅游业和农林牧业。灾区产业结构调整进展加快，产业布局逐步优化。

产业重建主要涉及农业、原材料工业、机械工业、消费品工业、电子信息业、旅游业（旅游业恢复重建点见表4）、文化产业等几个产业的恢复重建。

表3　四川产业园区调整情况

类　型	调整情况
撤并和迁建的产业园区	阿坝水磨工业园区、平武南坝工业园、北川工业园、安县花荄工业园、青川工业集中区、什邡蓥华工业园、什邡穿心店工业区、绵竹龙蟒河工业集中区、绵竹高尊寺化工集中发展区等
扩大面积的国家级、省级开发区	绵阳高新技术产业开发区、江油工业园区、德阳经济开发区、广汉经济开发区、彭州工业园区、都江堰经济开发区等
新设循环经济产业集聚区	成都、德阳、绵阳、广元循环经济产业集聚区等
原地恢复现有产业园区	成都高新技术开发区、川苏都江堰科技产业园区、德阳高新技术开发区、旌阳工业集中区、什邡城南新区、绵竹剑南春工业集中发展区、中江工业集中发展区、罗江工业集中发展区、绵阳经济开发区、江油厚坝创业基地、利州工业集中区等

表4　四川省旅游业生产能力恢复重建重点

类　别	建设重点
世界遗产和重点景区、景点	九寨沟、黄龙、都江堰－青城山、三星堆古蜀文化遗址、大熊猫栖息地、三国文化旅游区、龙门山旅游区、藏羌文化旅游区
重要旅游通道沿线旅游设施	九寨沟环线北环线，德阿快速通道，成都S106川西旅游环线，国道108、212广元段，九寨沟环线东线，六市(州)旅游通道
乡村旅游公益设施	青城山－都江堰－彭州乡村旅游带、什邡－绵竹－安县乡村旅游带、江油李白文化乡村旅游带、青川白龙湖乡村旅游带、汶川三江农业生态旅游区、汉源花海果都乡村旅游区、龙泉山旅游带
旅游城镇公益设施	以嘉绒藏族建筑风貌为主的黑水、理县和松潘，以羌族文化风貌为主的北川、茂县、汶川，以川北民居风貌为主的青川县城，突出羌族和白马藏族风格的平武，突出川西民居建筑风格的都江堰，突出汉代建筑风貌特征的汉源
旅游安全应急救援系统	完善旅游监测、预警、救援设施，建立旅游安全预警系统、山地旅游救援系统、旅游远程监控系统、旅游应急通信系统和医疗急救站体系
旅游市场恢复	旅游市场研究、产品开发、宣传推广、市场营销

4. 精神家园重建

“5·12”汶川特大地震对灾区干部群众造成了严重心理创伤，为帮助灾区干部群众尽快摆脱心理阴影，全省成立了灾区心理服务领导小组，充分整合资源，统筹政府、群团力量，国际国内专家力量及社会各方面力量，组建专业和业余心理巡回服务队，在灾区广泛开展心理治疗和心理服务。全省建立了心理卫生五级服务网络和省心理卫生服务中心，设立心理服务热线，开展网上心理咨询，组织文艺团体到灾区演出等，开展形式多样的心理抚慰活动。加强重点人群的心理服务。针对“三孤”人员、伤残人员、有亲属死亡的伤残人员以及在校师生等特殊人员开展心理服务。灾区有师生遇难的学校配备心理服务教师，较大的受灾群众定居点配备心理咨询服务人员，县、乡医院配备心理服务人员。针对基层干部工作任务重、思想压力大的实际，组织专家举办心理干预知识讲座，安排基层干部外出学习考察，实行强制休假制度，帮助解决实际困难，缓解心理压力。

截至2010年1月底，总计对四川灾区群众和基层干部开展医学心理干预32.03万人次。在地震遗址保护工作方面，启动了理县桃坪羌寨、马尔康直波碉楼等文物抢救保护工程，羌族文化生态保护实验区建设顺利推进。

5. 对口支援重建

截至2010年1月底，四川已确定对口支援项目3338个，支援资金720.33亿元，已建成项目1744个，累计完成投资443.22亿元。

（1）18省市对口支援。按照中央确定的“一省帮一重灾县”的原则，东部和中部18个省（市）对口支援四川省18个极重和严重受灾县（市）恢复重建。对口支援内容与方式包括八个方面：提供规划编制、建筑设计、专家咨询、工程建设和监理等服务；建设和修复城乡居民住房；建设和修复学校、医院、广播电视、文化体育、社会福利等公共服务设施；建设和修复城乡道路、供（排）水、供气、污水和垃圾处理等基础设施；建设和修复农业、农村等基础设施；提供机械设备、器材工具、建筑材料等支持；选派师资和医务人员，提供人才培训、异地入学入托、劳务输入输出、农业科技等服务；按市场化运作方式，鼓励企业投资建厂、兴建商贸流通等市场服务设施，参与经营性基础设施建设；对口支援双方协商的其他内容。各支援省市每年对口支援实物工作量，不低于本省上年地方财政收入的1%。

18个对口支援省市迅速、全面、有序地展开了对口支援灾后重建工作，开局良好。①已完成援建方案和项目对接，建立并不断完善援建工作机构和工作机制。截至2009年10月底，已有1152个援建项目达成协议，承诺援建资金近270

亿元。②首先启动农村住房、学校、医院、福利院等关系民生和交通、建材等灾后重建先导性项目。除农村住房重建项目外，18 个援建省（市）已启动项目 512 个，其中 171 个项目已开工建设，总投资 72.87 亿元，6 个项目已建成投入使用。③积极开展软项目支持。各援建省（市）积极帮助灾区编制实施规划，提供建筑设计和技术服务；完成房屋安全鉴定和修复工作；积极组织现场招聘会，提供岗位培训，努力解决灾区劳动力就业问题；安置灾区学生异地免费入学；开展冬季送温暖活动和伤残人员生活、医疗救助。④注重输血和造血相结合，积极引进支援省市的优势产业。截至 2009 年 10 月底，四川省与 18 个援建省（市）共签约合作项目 351 个，总投资 1688.4 亿元。

（2）港澳特区援助。汶川特大地震发生以后，香港、澳门特别行政区政府和广大港澳同胞，本着“血浓于水”的情怀和“一方有难、八方支援”的精神，捐资捐物，派出搜救、医疗、防疫、飞行等专业队伍投入抗震救灾工作。通过立法会的程序，香港特区决定在 3～5 年内，援助四川灾后重建资金 100 亿港币；澳门特区援助 55 亿澳门元（其中，澳门特区政府援助 50 亿澳门元，澳门基金会援助 5 亿澳门元）。

香港特区主要援助学校、医院、康复中心、敬老院、孤儿院、妇幼保健院以及文化体育等公共服务设施，道路、桥梁等基础设施，医疗和康复等支援服务，重点援助卧龙自然保护区；澳门特区主要援助学校、医院、福利、文化、体育等公共服务设施，农民住房等民生项目，城镇道路、桥梁、供排水等交通和市政设施，旅游合作项目等，重点援助广元市利州区。

香港和澳门特区政府相关部门积极工作，援助项目前期工作取得积极进展。川港、川澳双方分别签署《香港特别行政区支援四川地震灾后恢复重建合作的安排》和《澳门特别行政区支援四川地震灾后重建的合作协议》，公布并启动了首批援助项目。

三　四川地震灾区恢复重建的经验总结

汶川地震灾后恢复重建涉及面积广大、自然条件复杂、建设任务艰巨。截至 2010 年 1 月底，全省 39 个重灾县市区总体经济发展水平已达到或超过灾前水平。2009 年这 39 个重灾县市区生产总值增长 16.2%，全社会固定资产投资增长

175%，社会消费品零售总额增长25.4%，地方财政一般预算收入增长37.5%。按照目前的情况，三年重建任务两年基本完成的目标一定能够顺利实现。[①]

美国《时代》周刊记者奥斯汀·拉姆齐在《时代》周刊刊发总结四川汶川地震灾后恢复重建取得的巨大成就时，认为中国进行灾后重建有许多优势：强大的中央政府、中国政府反应迅速、经济的高速发展、经济较发达地区对灾区的有力支援，这些宝贵经验值得其他国家学习。

同样，四川地震灾后重建的经验也值得我们认真总结和分析。

1. 中国的制度优势

地震之后，“汶川不哭”、“中国加油”的吼声响彻天安门广场上空。如今，百万栋新房从废墟上拔地而起，曾经满目疮痍的灾区焕发勃勃生机。地震灾区重建奇迹，见证了中国人民自强不息的精神，见证了中国特色社会主义制度集中力量办大事的巨大优势。[②] 汶川特大地震发生后，党中央、国务院高度重视，胡锦涛总书记、温家宝总理等中央领导亲临灾区第一线指挥，举全国之力抗震救灾。全党全军全国各族人民众志成城，香港同胞、澳门同胞、台湾同胞以及海外华侨华人踊跃捐助，国际社会积极施援，形成了抗震救灾的强大力量。

2. 将灾后恢复重建纳入法制化轨道

2008年6月8日，国务院公布实施《汶川地震灾后恢复重建条例》，这是我国首个地震灾后恢复重建专门条例，确立了灾后恢复重建的指导方针和基本原则，明确了恢复重建规划编制的原则、要求和程序，确定了实施恢复重建的责任主体，以及各级政府和各部门在恢复重建中的职责和任务。对恢复重建资金和物资的筹集、使用和管理，对恢复重建项目的监督检查，对违反条例应承担的法律责任等方面都做出了明确规定。

3. 科学制定灾后恢复重建规划

2008年5月23日，国务院抗震救灾总指挥部决定成立灾后重建规划组，负责灾后重建规划的编制工作。规划工作坚持以人为本、科学重建、深入调研、广纳民意，统筹兼顾生活与生产、当前与长远、物质与精神，从灾区实际情况出发并注意借鉴国内外的有益经验，提出“家家有房住、户户有就业、人人有保障、

① 《四川灾后重建项目完工逾七成，完工项目2.19万个》，中国日报网，2010-03-05。

② 《重建奇迹见证中国制度优势》，新华网，2010-02-05。

设施有提高、经济有发展、生态有改善”的重建目标。同年9月19日，国务院印发了《汶川地震灾后恢复重建总体规划》。此后，有关部门相继印发了城乡住房、城镇体系、农村建设、公共服务、基础设施、生产力布局和产业调整、市场服务体系、防灾减灾、生态修复和土地利用等十个专项规划。

4. 灾后恢复重建政策的有力支持

为支持和帮助受灾地区开展生产自救、重建家园，鼓励和引导社会各方面力量参与灾后恢复重建，使灾区早日恢复正常的生产生活秩序，国务院及时印发了《关于支持汶川地震灾后恢复重建政策措施的意见》、《关于做好汶川地震灾后恢复重建工作的指导意见》，明确了灾后恢复重建的主要任务、工作要求、实施步骤和保障措施，决定中央财政建立汶川地震灾后恢复重建基金，并明确财税、金融、土地、产业、就业和社会保险等方面支持恢复重建工作的政策。国务院有关部门、各受灾省政府、各监管机构，陆续制定出台了一系列支持灾后恢复重建的政策措施。

5. 把灾后恢复重建作为扩大内需的重要举措

面对国际金融危机的冲击，党中央、国务院明确把加快灾后恢复重建作为扩内需、保增长的一项重要举措，把恢复重建作为加快灾区发展的重要契机，作为促进全国发展的强大引擎，努力实现又好又快地重建。

6. 健全组织机构落实工作责任

灾后恢复重建进入实施阶段后，国务院明确由灾区省级人民政府对本地区灾后恢复重建负总责。四川省成立了灾后恢复重建委员会，省委书记、省长担任委员会主任，并根据灾后恢复重建任务下设7个协调小组。灾区省级人民政府统一领导、组织协调、督促检查灾后恢复重建规划的实施，市、县人民政府具体承担和落实恢复重建各项任务。国务院专门成立了汶川地震灾后恢复重建工作协调小组，指导规划实施，协调政策落实，研究解决灾后恢复重建中的有关重大问题。

7. 有效推进对口支援工作

对口支援省市认真贯彻落实党中央、国务院的决策部署，以高度的政治责任感、紧迫感和使命感，迅速选派大批有责任心、有能力、有经验的干部到灾区一线工作，深入了解灾情，考察项目选址，制订实施方案，快速启动了一批民生工程的建设。如浙江援建青川，除了搞好基础设施重建等“规定动作”外，重点突出智力援建和产业援建，提高青川的“造血功能”与可持续发展能力。浙江援建的400多个钢架蔬菜大棚、万只长毛兔种兔基地、万亩生态农业园区等项目，对当地发展高效生态种养业起到了很大的促进和示范作用。目前，青川县有87个“一乡一业”特色产业区块初具规模。

8. 切实做好建材供应保障

随着恢复重建工作的全面展开，灾区建材需求量大幅增加，特别是农房建设所需砖、瓦等建材供应紧张，价格上涨较快，增加了群众负担。国务院有关部门采取有效措施，确保建材供应和质量，稳定市场价格。灾区各级政府积极采取应对措施，扩大建材产量，建立特供机制，实行临时价格干预，千方百计保障建材生产供应和价格基本平稳。交通运输部和发展改革委为跨省调运建材开辟了运输“绿色通道”。成都军区还适时出动运输车辆，为灾区群众抢运重建所需建材，对保障建材供应和建房进度发挥了重要作用。

9. 将灾后重建工作当成培养考核干部的重要基地

抗震救灾和灾后恢复重建是检验和考察干部的重要课堂和考场。这是磨炼意志、增长才干、经受检验的难得机会，可以实现支援灾区与干部成长的双赢。在四川灾后重建期间，中央组织部、国家各部委、各对口支援省市及省委，根据灾区的急需，共向成都、德阳、绵阳、广元、雅安、阿坝等6个重灾市（州）集中选派了461名挂职干部，其中，中央国家机关选派125名，省级机关选派227名，对口支援省市选派109名。另外，四川各级党委及组织部门从省、市、县三级机关非重灾区选派干部到极重灾区挂职帮助工作，通过组织招考公务员、事业人员和大学生村干部，加强灾区基层工作力量，有效缓解了灾区干部的工作压力。截至2009年11月，全省共选派了4000多名干部到重灾区帮助工作，5200多名干部接受培训，重灾区先后提拔重用1100多名副科级以上干部，其中破格提拔120人，2523名干部异地轮岗①。

在重建工作中重视挂职干部，严格要求，严格管理，让挂职干部有职、有权、有责，为他们搭建发挥作用的舞台，并对挂职干部跟踪考察，及时向上级和派员单位反馈情况。对经实践检验特别优秀的干部进行积极推荐、大胆提拔使用。

---

① 《四川地震重灾区1100余名干部被提拔重用》，四川在线，2009-11-08。

10. 及时协调解决有关重大问题

根据灾后恢复重建工作的需要，国务院灾后恢复重建工作协调小组及成员单位及时协调解决恢复重建过程中的有关重大问题，提出了推进农房重建、支持灾区农村信用社、促进群众就业、落实银行贷款、规范学校医院建设标准等一系列政策措施。对灾区所得税、房产税、契税、增值税等实行优惠政策并根据实际情况对部分税收优惠政策给予适当延长；简化恢复重建项目用地、环评工作程序，提高审批效率；对灾区银行业金融机构实行差别准备金政策，加大货币政策支持，加大信贷投放力度，实行灵活的信贷政策，开办并购贷款、集合理财和灾区保险等业务；出台对灾区劳动者异地转移就业、自主创业等扶持政策，扩大灾区群众就业；及时制定和修订有关建筑标准规范，确保工程建设质量和安全。有关部门组织调集系统内专业技术力量，支持帮助灾区加强恢复重建项目的勘察、设计、施工和监理。同时，纪检监察、审计部门全过程加强对资金、物资筹集和使用的监管，确保重建资金按照规定专款专用。

灾后恢复重建是一项艰巨复杂的系统工程，随着灾后恢复重建工作的深入推进，实际工作中还存在不少困难和问题。

（1）农村贫困户住房重建资金困难较大。在农村居民住房重建中，部分贫困农户由于家庭经济困难，收入来源有限，缺少劳动人口，难以获得贷款支持。

（2）城镇住房恢复重建进展相对缓慢。由于城镇住房的产权关系比较复杂，群众对住房重建方式需要协调统一等原因，目前城镇住房重建面临一些困难，重建速度进展相对缓慢。

（3）灾后重建监管有待进一步完善。2010 年 1 月，审计署发布《汶川地震灾后恢复重建跟踪审计结果（第 2 号）》。审计署直接对 72 个重点项目、753 所学校和 22 个县（含县级市、市辖区，下同）城乡居民住房重建项目（规划总投资 768.50 亿元，已完成投资 372.88 亿元）进行了审计和审计调查。发现住房重建达不到计划要求、违规安排使用灾后恢复重建资金、重复申请灾后恢复重建资金、工程违规转分包等七大问题。

（4）重建中的攀比现象不容忽视。攀比速度而忽视重建质量，攀比重建的水平而忽视灾区震前的生产力发展水平，忽视灾区震后的客观现实，盲目攀比的重建，是很难产生良好的社会经济效果的。如一些学校的体育场馆，对口支援投入力度非常大，建设质量也不错，但是，建好之后的维护成本大（包括额外看管人员工资、简单修复等）、几年之后的翻新成本大将给灾区的老百姓带来不小的负担。

（5）贷款存在一定困难。人民银行、银监会多次进行调查研究，做了大量工作，出台了对灾区的支持政策，但灾区金融贷款困难特别是中小企业贷款难的问题仍然较为突出。特别是灾区农村信用社承担了发放农房重建贷款任务的90%以上，也是支持农业生产恢复的主要贷款渠道。此次地震使农村信用社直接财产损失巨大，使信用社的融资功能受到重大影响。

（6）一般受灾地区困难较多。目前，除纳入总体规划的39个重灾县（市、区）外，其他一般受灾地区由于缺少资金，恢复重建面临困难较多，特别是教育、卫生等公共服务设施恢复重建缺乏建设资金。

（7）心理服务专业人员缺乏。汶川特大地震灾情严重，受灾面积广、受灾人员多，需要对大量灾区群众、干部、师生、伤残人员进行心理治疗和精神抚慰。一段时间以来，虽经心理干预和抚慰，个别干部群众因亲人遇难、财产损失、生活和工作压力大等多种原因，出现心理健康问题。目前存在的主要问题是心理服务专业人员缺乏，人手不足，应加强和改进对灾区的心理卫生服务。

（8）建材供应、技术力量等问题突出。随着灾后恢复重建加大力度、加快进度，建材集中使用与供应相对不足的矛盾仍然比较突出。由于恢复重建任务繁重，特别是重灾地区恢复重建项目多，专业技术人员紧缺，急需加强建筑、道路、桥梁等设计、监理方面的技术力量支持。

四　下一阶段四川灾区恢复重建的政策建议

一般来说，巨灾后的灾后重建，按照时序，可划分为恢复性重建和发展性重建两个阶段。“恢复性重建”的主要任务是恢复到灾前的“常态”轨道，基本目标是重建住房、生计、物质基础设施和社会基础。而“发展性重建”则更注重提高受灾地区可持续发展的能力。①

1. 从“恢复性重建”过渡到“发展性重建”

按照十一届全国人大二次会议审议通过的《政府工作报告》，要求灾后重建

① 郑长德：《汶川地震极重灾区发展性重建的几点思考》，载罗布江村赵心愚主编《四川地震灾区灾后重建与发展学术研讨会论文集》，中国出版集团·现代教育出版社，2009。

要加大力度，加快进度，力争在两年内基本完成原定三年的目标任务，四川灾后恢复重建将在2010年底完成投资90%以上、完工项目92%以上，让灾区人民早日过上更加幸福美好的生活。2010年，是四川灾区基本完成“恢复性重建”过渡到“发展性重建”的关键一年。

（1）确保所有灾区群众早日住上永久性住房。要继续把住房重建作为恢复重建的第一要务，在全面完成农村住房的重建任务的基础上，加强对城镇住房重建工作的指导和协调，协调处理好产权关系，组织好廉租住房和经济适用住房建设，合理安排普通商品住房建设。要特别关心农村和城镇特困群众的住房建设，以更扎实的工作、更有力的措施，帮助解决好资金、建材、用工等方面的困难，让每一户困难群众都能及时搬入新居，实现家家有房住的目标。

（2）全面恢复和提升公共服务水平。教育、医疗卫生、文化体育等基本公共服务设施是灾区群众恢复正常生产生活的重要保障。要继续把公共服务设施建设放在重要位置，加快重建步伐，全面恢复和提升公共服务水平。建立更加完善的公共服务体系和社会保障体系，使灾区群众普遍享有基本生活保障，享有义务教育、公共卫生和基本医疗、公共文化体育、社会福利等基本公共服务，服务条件达到或超过灾前水平。做好精神家园恢复重建，加强人文关怀，营造关心帮助孤儿、孤老、孤残的社会氛围。建设好体现伟大抗震救灾精神的重点纪念设施。

（3）大力提高基础设施保障能力。进一步加快交通、通信、水利、能源等基础设施恢复重建，并以此为契机，力争在加强和改善基础设施薄弱环节上实现较大突破，为灾区长远发展打下坚实基础。继续加强灾区公路建设，形成灾区生命线公路网。在全面完成现有铁路设施恢复重建的同时，积极推进支撑灾区未来发展的新铁路项目建设。抓好机场、通信、电力等工程建设，加快形成满足灾区恢复重建和发展需要的基础设施保障体系。加快城镇恢复重建及配套公共交通、给排水、供气供热、污水垃圾处理等市政公用设施建设。到2010年9月底，四川省北川、汶川、青川县城和映秀、汉旺镇等重灾城镇建成城镇基本框架，形成城镇基本功能，其他城镇完成重建主体任务。加快通乡通村道路、农村沼气等基础设施建设，完善农业生产服务体系，为农村生产生活提供有力保障。

（4）积极促进特色优势产业发展。全面恢复工业、农业、旅游业、市场服务设施，结合国家十大产业调整和振兴规划，优化生产力布局，调整产业结构，促进灾区经济平稳较快发展。积极发展电子信息、重大装备、新型建材、新材料、新能源、医药等特色优势产业，建设优质粮油、特色果蔬、畜牧业等农业生产基地，发展农副产品深加工。发挥大型骨干企业的优势，通过兼并、联合、重组等方式，实现调结构、上规模、上水平、上档次。建设好循环经济产业集聚区，积极承接产业转移，引导企业集中布局，培育产业集群。大力振兴旅游业，加强重点旅游区和精品旅游线建设，恢复和提高旅游设施服务功能，充分发挥旅游业安民富民的重要作用。

（5）努力推进生态文明建设。进一步加强生态修复，尊重自然、尊重规律、尊重科学，通过自然修复与人工治理相结合，恢复受损植被，恢复水源涵养、水土保持等生态功能。做好环境综合整治，加强污染源和环境敏感区域的监督管理，加快改善灾区环境质量。加强对自然规律的认识和总结，努力提高地质灾害防治水平，增强防灾减灾能力，有效预防自然灾害威胁。

（6）全力做好各项保障工作。用于恢复重建的中央财政重建基金要及时拨付到位，并根据加快进度的要求，适时预拨一部分资金，加大对一般受灾地区的支持力度。进一步做好银行贷款落实工作，增加对灾区中小企业贷款的支持力度，中央财政用于支持中小企业贷款担保的业务也要向灾区倾斜。根据灾区实际情况，开发信贷产品，有效增加对中小企业的信贷投放。加强建材生产供应，保持市场价格基本稳定，已经实施的跨省建材运输“绿色通道”政策即将到期，必要时再适当延长执行时限。

2. 下一阶段灾区恢复重建的政策建议

2010 年，是灾后恢复重建的决胜之年，9 月底前四川将完成灾后恢复重建投资和项目 85% 以上，年底完成投资 90% 以上、完工项目 92% 以上；北川、汶川、青川县城和映秀、汉旺镇将在 9 月底前建成基本框架，形成基本功能，其他 33 个城镇基本完成重建主体任务。为更好地适应灾后重建的实际需要，兼顾全省经济的发展提高，可以采取如下措施。

（1）构建地震灾区有效的投融资体系。第一，采取 BOT 方式投资建设高速公路等基础设施项目。总投资 1542 亿的成绵高速公路复线等共 14 条，泸州港多用途码头建设、亚丁机场以及地方专用铁路建设项目可以试行通过 BOT 或独资、合资、融资等方式引进资金。第二，发行巨灾债券。在目前地方政府债券于 2009 年施行之后，政府可以尝试在大的自然灾害后发行专门用于灾区“发展性重建”的“巨灾债券”，筹集资金。第三，出让特许经营权加快城市环境保护等市政设施建设。主要是绵阳市、德阳市、泸州市等区域中心城市和部分县级城市，建设污水处理、垃圾处理等设施，以及城市道路、桥梁等市政基础设施项目，采取特许经营权出让等多种方式引进资金。

（2）加大灾区贫困村的反贫力度，关注“因灾返贫村”。四川 39 个重灾县中，有 31 个是国家扶贫开发工作重点县和省定贫困县，其中 2117 个村为贫困村、399 个村为因灾返贫村，受灾人口 258.4 万。自 2001 年起，2117 个贫困村逐步开展了扶贫新村建设，其中 1587 个已完成建设任务，但地震将多年的建设成果毁于一旦。贫困村灾后恢复重建要与社会主义新农村建设相结合，与其他灾后恢复重建专项规划相结合，与扶贫开发相结合。既要体现农村灾后重建规划的要求，也要突出贫困村的特点；既要体现扶贫开发在灾后重建中的作用，也要与相关专项规划、项目相衔接。

（3）根据灾区要素禀赋结构，选择具有比较优势的产业，培育具有“自生能力”的企业。根据林毅夫的经济发展转型理论，“自生能力”是我国许多企业不具备的。地震是对不具备自生能力的企业、不具备比较优势的产业进行淘汰的好时机。立足灾区的要素禀赋结构，发挥四川农业大省生物资源优势加快现代农业发展。主要包括中药材深加工及中药产业化项目、名优水果基地及果蔬深加工系列项目，以及名优特新农产品种植、养殖产业化项目。加强旅游恢复重建，增强旅游先导产业作用。重点筛选了九寨沟、都江堰－青城山、峨眉山等知名景区和部分特色景区的配套设施建设、旅游产品深度开发及旅游业内涵和外延拓展的投资合作项目。结合灾后重建，筛选推出羌族文化抢救等文化旅游项目。

（4）依托重点产业的基础条件发展现代制造产业。突出龙头企业的产业集聚优势，培育优势产业集群。主要是依托国家和省级开发区及各类产业园区，发挥龙头企业在品牌、研发、产业配套以及市场集聚等方面的优势条件，引进配套或协作企业，优化和完善产业发展链条，增强产业发展的整体实力和市场竞争能力。如重点筛选绵阳“中国科技城”、成都电子信息产业基地等电子信息产业高技术开发项目；围绕攀长钢扩能改造推出系列机械加工、装备制造等项目。

（5）加强灾后重建的审计监察力度。改变以往事后审计、秋后算账的思路，形成“事前依规划、事中紧密跟踪加督促整改、事后严问责”的机制。灾后重建的每一笔资金，只要开始拨付，审计部门就要介入，跟踪查看重建资金有没有被挤占、截留、挪用的现象。通过选派审计干部到主要受灾市县挂职、邀请特约审计员监督等方式，整合审计资源，提高审计质量和水平，做好灾后恢复重建跟踪审计工作。坚持审计与整改相结合，对于灾后恢复重建资金和项目管理中存在的不规范、不合规问题，及时向相关单位通报审计情况，督促整改，对于相关责任人进行问责制。切实保证灾后恢复重建规范、有序进行，有效地发挥审计的“免疫系统”功能。

（6）建立心理重建常态化工作机制。灾后心理重建是一个长期的系统工程。要建立心理重建常态化工作机制，安排专家定期为幸存者免费进行心理咨询和心理学知识讲座，安排生活援助员定期走访“三孤”人员等，给灾区人民以精神上的安慰和关切。在全国范围选派具有中级以上职称、专业从事心理卫生服务工作达到一定年限的人员到灾区工作，一方面直接为灾区干部群众提供心理咨询，另一方面为灾区市（州）和重灾县培训心理卫生专（兼）职人员。同时，组织灾区基层医务人员到省外医院进修学习，逐步充实灾区自有心理卫生专业人员数量，对重点人群实行长期持续的心理援助。在构建“地震遗址旅游”项目时，要注意避免灾区民众因“睹物思人”而造成心理创伤。

（7）由“救济性援建”到“发展性援建”。18个省市对口援建，这对地震灾区迅速恢复生产、重建家园的作用是显著的。不过有些对口援建的受灾地区的政府部门、企业和民众参与程度很低。这种对口援建方式对受援地区的经济发展有一定作用，但不及对施援地区的作用大。这是因为目前的对口援建主要带来的是施援地区的市场放大效应，初看起来，施援地区对受援地区进行了大量投资，但这些投资是在施援地区形成了购买力，而不利于受灾地区市场范围的扩大，甚至产生了对受灾地区市场的挤出效应。因此，我们认为从促进受灾地区经济发展的角度考虑，要改革和优化对口援建方式，由救济性援建到发展性援建，注重受灾主体的参与，注重受灾地区市场范围扩大和就业市场的扩大。

（8）建立有效的巨灾保险制度。在我国，重大自然灾害等所造成的多数损失主要依靠财政救济和社会捐助，这与发达国家1/3左右的巨灾损失由保险承担存在很大差距。建立政府推动的多层次巨灾保险体系刻不容缓。巨灾保险制度需要政府和市场共同推动，采取“政府主导，市场运作”的模式。在确保“基本保障、广泛覆盖”目标实现的基础上，采用商业的形式，确保满足差异化的需求。要增加保险产品品种，将自然灾害造成的风险分散给整个社会。

(9) 加强社会公众危机教育，提高自救互救能力。应进一步强化对公众危机管理教育，增强公众的危机意识、社会责任意识，提高自救、互救能力。把应急知识教育纳入学校教育体系；利用学校和社区开展应急知识教育普及活动，指导公众制订家庭应急计划；努力提高社会公众应急知识知晓率；引入民间社会自治与自救机制，重视培育和发展社会应急管理中介组织，鼓励公民、法人和其他社会组织为应对突发事件提供支持。

西部地区新农村建设报告：基于农户视角的调查分析*

李东　徐璋勇**

摘　要：本报告基于对西部地区4078户农户的问卷调查，对农户对新农村建设中的“生产发展、生活宽裕、乡风文明、村容整洁、管理民主”五个方面的满足程度、需求意愿及政策诉求进行了统计分析，发现西部地区农户的需求意愿集中体现在合理的农产品价格政策、惠农政策的真正贯彻落实、有效的农村金融支持、教育费用的有效降低及对医疗和养老的政策需求等方面。在此基础上，提出了西部地区新农村建设的途径与政策建议。

关键词：西北地区　新农村建设　农户意愿　政策诉求

一　导言

自从中共中央十六届五中全会上明确提出要推进社会主义新农村建设和中共中央、国务院通过了《关于推进社会主义新农村建设的若干意见》以来，新农村建设就在各级政府的推动下，在全国各地迅速展开。“生产发展、生活宽裕、乡风文明、村容整洁、管理民主”既是社会主义新农村建设的内容，也是新农村建设的目标。

社会主义新农村建设，从国家层面讲，就是要统筹城乡发展，贯彻落实科学

* 本项目为教育部人文社科基地重大招标项目《中国西部地区新农村建设途径与政策选择研究》(2007JJD840193) 的中期研究成果。

** 李东、徐璋勇，西北大学中国西部经济发展研究中心。

发展观，实现全国的安定与和谐发展，从而为实现经济的长期、稳定、持续发展奠定基础；从农民层面讲，就是要使农民更多地分享改革开放的成果，获得在生活水平、居住环境、管理民主以及农村教育文化等方面的极大改善，并最终通过农民收入的增加，启动广大的农村市场，缓和国民经济运行过程中因结构性过剩而带来的矛盾。

由于新农村建设的主体是农民，新农村建设的目标是提高农民收入，并由此使广大农民分享改革开放成果。因此，了解农民对新农村建设的真实想法、需求意愿与政策诉求，就成为新农村建设政策与措施制定的首要前提。但由于不同地区间经济发展水平存在差异，使得不同地区新农村建设的基础条件也必然不同。具体到西部地区，由于经济发展水平低、基础设施落后、农业自然条件脆弱，农民增收难度较大，加之许多地区的贫困与反贫困、减灾防灾与生态修复等问题还没有得到很好的解决，在这种环境条件下，西部地区农民对新农村建设的所思所想与政策诉求与东、中部地区肯定有着很大不同。新农村建设战略已经实施了5年，目前我国西部地区新农村建设的现实情况究竟如何？农户的切身体会和期盼是什么？显然，对这些问题的全面调查和了解，不仅是对新农村建设5年来的总结，更是为即将到来的“十二五”规划及未来制定有效的新农村建设政策提供客观、科学的依据。

由此，本报告基于农户视角，通过设计调查问卷，采取调查员亲临农户进行面对面调查的方式，收集西部地区农户生产生活等方面的第一手数据，从生产发展、生活宽裕、乡风文明、村容整洁、管理民主五个方面对当前西部地区新农村建设的现状以及农户的真实需求进行了分析。

二　调研设计与统计描述

（一）调研目的

新农村建设对于中国经济的持续、稳定发展具有重要意义。但是目前还很难找到关于新农村建设的相关数据。所以，一方面我们希望通过问卷调查，获得关于西部地区农户真实、客观的第一手资料，为进一步的分析研究提供基础数据；另一方面，通过大样本的问卷调研，了解农民对于新农村建设的真实意愿和需求，以便使研究成果更有真实性和可靠性，为政府制定具有较强针对性的新农村建设政策提供客观依据。

（二）调研区域、方式及内容

1. 调研区域

我们的调研区域涉及中国西部十一个省区市，具体包括内蒙古、新疆、甘肃、宁夏、青海、陕西、贵州、广西、云南、重庆、四川。

2. 调研方式

调研通过设计针对农户的调查问卷，采取调查员入户面对面的调研方式。

3. 调研内容

我们基于对新农村建设的五项具体目标，设计了针对农户家庭的调查问卷。调查内容涉及被访农户的家庭基本信息、家庭收支情况、资产负债与金融服务需求状况、乡村公共基础设施和公共服务情况、基层组织建设与管理民主状况等五大部分共计120余个问题。

（三）调研数据的统计描述

本次研究中采用的样本，来自于对西部十一省区农户2008年家庭状况的调研。我们共调研5000户农民，其中4078户的数据为样本中使用的有效农户数据，有效率为81.56%。

从被访者性别来看，男性占72.11%，女性占27.89%。

从被访者年龄结构来看，年龄最大者为75岁，最小者为18岁，平均为40.85岁。18~32岁的被访农户占25%，33~49岁的被访者占50%，50~75岁的被访者占25%。一半的被访农户年龄集中在33~49岁这个区间。

从被访者受教育程度看，小学文化程度占19.37%，初中文化程度占43.87%，高中文化程度占23.36%，大专及以上文化程度占9.41%，文盲占3.66%。

三　基于西部地区农户视角的新农村建设

新农村建设的内容包括“生产发展、生活宽裕、乡风文明、村容整洁、管理民主”五个方面。此部分我们将通过对西部地区农户调研数据的统计分析，从农户视角，对这五个方面的状况及其政策诉求做一分析。

（一）农户视角的生产发展

“生产发展”是中央提出的新农村建设的首要目标，是实现其他目标的基础。只有实现了生产发展，才能不断增加农民收入，为农村社会和农民的全面发展奠定坚实的物质基础。统计分析发现，西部地区农户眼里的生产发展主要集中在农业科技化、生产资料和农产品价格以及基础设施等与农业生产直接相关的几个方面。

1. 当前农业生产的基本现状

（1）被调查农户中平均每户有 1 人在外打工。调查显示，西部地区平均每农户的家庭人口数为 4.44 人，劳动力为 3.12 人，外出打工人数为 1.05 人。可见，农村人口中每 4 个农民中就有一个走出农村外出打工。近年来我国农村人口外出打工的人数逐步增加。一是由于农村人均耕地面积较少，使得农业生产对劳动力的需求减少，农业对劳动力向外转移的推力巨大；二是农业生产收益较低，而非农产业具有相对较高的收入水平，因此，对农村剩余劳动力的吸引力较大。

（2）粮食作物收入是农户生产性收入的主要来源。根据调查，2008 年西部地区农户年平均生产性收入为 7684.76 元，其中：粮食作物收入平均为 3086.91 元，几乎占了一半；经济作物收入 2847.12 元，养殖业（牧、渔业）收入 1360.71 元，林业收入 390.12 元。西部地区不属于中国的产粮区，但是粮食作物收入依然成为农民生产性收入的主要部分，说明西部地区农户家庭生产结构单一化问题较为严重。

（3）基本生产性资料支出占到生产性现金支出的 2/3，农业生产科技含量低。根据样本数据，2008 年西部地区农户年平均生产性现金支出为 3283.05 元，其中购置生产性资料——种子、苗木、幼畜、化肥、农药的支出平均为 2269.63 元，占到了 2/3。其次是购买农业机械支出（767.96 元）和技术培训费用（245.47 元）。可见，从目前来看，西部地区的农业耕作方式依然处于传统的小农耕作，用于农业技术和机械化生产工具的支出很低，传统农业依然占有相当地位。

（4）生产收益、农业技术和资金是影响农业生产发展的三个主要因素。调查显示，影响农业生产发展的首要因素——农业收益率过低。其中 51.57% 的农户认为农产品价格过低，42.57%的农户认为化肥、农药等农业生产资料价格上涨过高。在这种情况下，农民普遍认为种田不如出去打工。其次是农业技术方面，36.27%的农户认为自身文化水平低或缺乏农业技术，对其从事农业经营形成了一定的限制。另外，有32.15%的农户认为农产品销售渠道不畅，22.80%的农户表示农村缺乏能带领大家致富的人。除此之外，认为影响农业生产发展以及收入增加的其他因素还有：①人均耕地少（32.24%）；②自然灾害（16.71%）；③没有好的政策（10.97%）；④缺乏资金（22.41%）。由此可以看出，与农业生产直接相关的收益率低、农业生产技能和资金投入不足是当前影响西部农村农业生产发展的最主要因素。

2. 农民对农业生产发展的需求

（1）缺少资金是农民认为首先需要解决的问题。调查发现，缺少资金、缺乏农业科技知识、文化水平低、农业基础设施较差等是农民在农业生产中普遍面临的问题。被访农户中53.41%认为缺少资金是农业生产发展的最大障碍。其主要表现为农户收入水平低以及农村金融机构的信贷服务无法满足农民需求。西部地区高原、山区、丘陵众多，农户人均收入水平低于全国平均水平，更是低于东部地区。同时，西部地区的农村金融不发达，这一切严重影响了农户的生产经营。调查中，40%的农户存在着强烈的贷款需求；每户贷款的平均需求量为22889.66元，最大为50000元，最小为5000元。在进一步问到"您从银行或信用社获得的贷款能满足多大需要时"，只有8.67%的农户表示从金融机构获得的贷款完全可以满足资金需求；15.04%的农户认为只能满足需要的2/3；26.62%的农户认为从农村金融机构获得的贷款只能满足需要的不到一半。可见，西部农户贷款难、贷款金额无法满足需要是一个非常突出的问题。

（2）农民对生产技术非常渴求。科学技术是第一生产力，这对于农业同样适用。农业技术大大限制了西部农业生产的发展，而农户也意识到了这一点，因此，非常希望得到生产技术方面的帮助和扶持。

在对目前"最希望得到的各种培训"问题的回答中，最希望得到生产技术培训（种植、养殖、加工）的农户占到了81.14%。

（3）农田水利建设是农户最迫切需要改善的农业生产基础设施。农业生产基础设施是生产发展的重要条件和基础。当前西部农村农业生产基础设施条件差，直接影响到了农业生产以及农民收入水平的提高。在涉及"阻碍家里增加

收入的因素”时，34.81%的农户认为农业基础设施较差是最大障碍之一。

调查显示，一半的被调查农户对农业基础设施中的“农田水利建设”非常迫切。在回答“认为村上目前迫切需要做的事”这一问题中，50%的农户认为进行“农田水利建设”非常迫切，其中认为最迫切的占到28.40%。

（4）农户对文化知识尤其是农业科技知识渴求强烈。在我们的调查中，当谈及阻碍增加收入的主要原因时，农户纷纷表达了对知识特别是农业科技知识以及农业应用性知识的需求。被访农户中50.91%认为文化水平低，51.65%认为缺乏农业科技知识，20.70%的农户认为缺少农业专业协会组织、指导。结合西部农户的其他需求，可以看出，尽管西部地区农业生产发展较为落后，但是他们并不盲目地归结为缺少资金、缺少技术、缺少农业生产灌溉水等客观因素，依然看重自己的主观因素，重视自身科学文化知识对农业生产发展的积极作用。

（5）部分农户期望对惠农政策进一步落实。在谈及农业生产的优惠政策时，部分农户希望政府能对惠农政策进一步落实。在我们的调查中，15.37%的农户认为政府惠农政策落实不到位。这些政策主要包括：①农机具购置补贴；②退耕还林补贴或退耕还草补贴；③取消（除烟叶以外的）农业特产税；④免征牧业税。

3. 研究小结

综合以上我们对西部农村当前农业生产发展的现状及农户对农业生产发展需求进行的基本分析，可以得到以下几点结论。

（1）粮食生产在西部农业生产中依然占有重要地位，西部农户家庭收入中生产性收入部分的主要来源是粮食作物收入。

（2）当前影响西部农业生产的主要因素有三个：农产品的低收益、农业科学技术投入不足以及农田水利设施匮乏。

（3）在农业生产方面，农户急需解决的问题主要有：缺少资金投入、缺少农业专门技术以及农田水利等基础设施匮乏。获得资金、增加资金的投入是当前农民最迫切的需求。

（4）西部农户贷款难、贷款金额无法满足需要是一个突出问题，这部分导致农户在农业生产上的投入不高。

（5）农民希望政府的惠农政策能够切实的落实，这些政策主要包括：①农机具购置补贴；②退耕还林补贴或退耕还草补贴；③取消（除烟叶以外的）农业特产税；④免征牧业税。

（二）农户视角的生活宽裕

生活宽裕是社会主义新农村建设的要求之一，也是新农村建设的根本目标。这不仅意味着农民的物质需求达到充分的满足，也要满足和提高农民的公共服务质量和水平，比如农民的教育、养老、医疗等。同时，生活是否宽裕还是衡量新农村建设的基本标准。只有农民收入增加、衣食住行改善与生活水平提高，才是新农村建设成效的直接体现。因此，本部分将依据调查资料，对农户的收入、支出、教育、医疗、养老等方面的基本情况及需求意愿做一分析。

1. 农户生活宽裕的现状

（1）农户对家庭经济状况的满意度。调查表明，有57.83%的被访农户对自己家庭当前的收入感到不满足，其中：不满意的农户占45.36%，非常不满的占12.47%；表示基本满意、比较满意、非常满意的农户分别为35.80%、5.77%和0.61%。

（2）农户家庭收入状况。农民家庭的收入水平在很大程度上决定了农户的生活富裕程度。研究数据显示，所有被访农户家庭2008年平均每户收入为18710.16元，远远低于同期全国平均水平29751.1元。[①] 可见，西部地区农民的实际收入水平非常低，仅占全国平均水平的62.89%。

我们对西部农户的收入结构进行了分析。研究表明，当前农民家庭的各项收入中，农业生产性收入、经营性收入和打工性收入成为农户家庭收入的三个主要来源，其中农业生产性收入居西部农户家庭收入来源之首。

在被访农户家庭2008年的总收入18710.16元中，生产性收入为7684.76元，占总收入的41.07%；经营性收入3865.33元，占20.66%；打工收入7411.77元，占39.61%；此外，工资性收入以及财产性和转移性收入分别达到1771.15元和699.92元。而在农业生产性收入中，种植业收入（粮食作物和经济作物收入）为5934.03元，占农业生产收入的77.22%，占家庭总收入的31.72%。可见，西部地区农户的收入来源结构还比较单一，对种植业收入和打工所得依赖性较强。

① 根据《中国农村住户调查年鉴2009》中2008年农村居民人均总收入6700.7元及本调研平均每户4.44人计算。

(3) 农户家庭支出状况。从支出水平看，西部地区农户用于生产生活的花销比较少。研究数据显示，2008 年所有被访农户家庭平均每户现金支出为 16702. 32 元，与同期全国平均 23345. 09 元①相比，不足 3/4。

对于农户家庭支出结构的研究，我们要从生产性现金支出和生活消费现金支出两方面来分析。

在生产性现金支出方面，平均每户生产性现金支出 5771. 74 元，占总支出的 34. 56%。从支出的结构数量看，最大一部分支出为购置生产资料支出，占到农业生产支出的 2/3；除了农业生产性支出之外，农户的企业经营性支出占生产性现金支出 16. 6%。

在生活消费支出方面，平均每户生活消费现金支出 10930. 58 元，占总支出的 65. 44%。总额较大的前五位支出分别是子女教育费用支出（24. 81%）、食品支出（22. 12%）、住房支出（16. 7%）、日用消费品支出（11. 4%）以及衣着支出（10. 87%）（见图 1）。可见，除了日常基本生活消费（食品支出和日用消费品支出）外，教育支出仍然是当前西部地区农民日常生活中的一笔较大开支；住房支出成为仅次于教育的又一大支出。目前西部农户在家电方面的消费支出比例为 8. 91%，物质生活享受并不高；在文化、娱乐方面的支出比例非常小，仅占消费支出的 2. 60%，基本谈不到精神层面的享受。

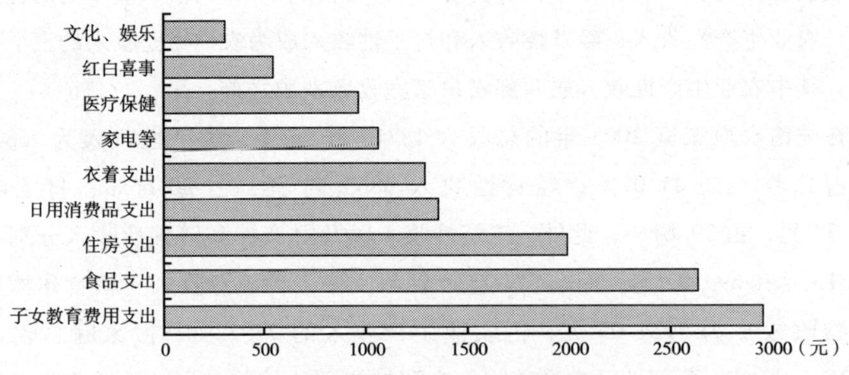

图 1　西部地区农户平均生活消费现金支出

① 根据《中国农村住户调查年鉴 2009》中 2008 年农村居民人均现金支出 5257. 9 元及本调研平均每户 4. 44 人计算所得。

2. 农民在生活宽裕方面的需求

（1）九成以上农民的最大需求是提高收入水平。研究发现，几乎所有被调查农户认为当前最大的需求就是提高收入。在问及家庭最迫切需要解决的问题时，90.95%的农户选择了“提高收入问题”。

在进一步分析影响农民生活富裕因素时，调查表明，排在前三位的分别是收入、教育和医疗。从对这些影响因素重要性的排序中可见，83.81%的农户认为首要因素“收入水平低”；教育是限制农民生活富裕的第二大因素，71.81%的农户“为子女教育而不敢消费”；医疗是限制农民生活富裕的第三大因素，60.87%的农户“为防病治病不敢消费”。因此，低收入成为制约西部地区农民生活富裕的首要障碍。

（2）影响家庭收入水平的主要因素。在上述分析的基础上，为了进一步了解导致收入水平低的原因，调查发现西部地区农户大多认为农业生产中的价格因素以及自身农业知识与技术水平较低是影响家庭收入水平提高的主要原因。其中，51.57%的农民认为农产品价格过低，42.57%的农户认为生产资料价格上涨过大。这两种因素分别从收入与支出两个方面影响着农户的家庭收入。另外，有94%的农户认为提高农产品价格对增加家庭收入具有重要影响。因此，对于西部地区农户而言，农产品价格以及生产资料价格的变动最受关注。保护农产品价格以及规范和治理农业生产资料乱涨价自然成为当前西部农户对政府政策的迫切需求。有36.27%的农户认为“自身文化水平低或没有专业技能”对家庭收入的提高形成了影响。

（3）农村教育状况。调查显示，教育支出依然是当前西部地区农民最重的负担。尽管当前在农村实施了九年义务教育，并且对学费及书本费实行全免，但是依然有很多家庭因为“负担不起费用”而使学生失学，很可能的原因是收入过低以致无法负担上学的食宿费。农民希望针对农村的教育政策能进一步落实，并且增加教师人数和提高教师的教学水平、改善教学条件。

我们调查了学龄儿童的辍学情况，承认家里有学龄儿童辍学的农户占到了23.78%。在进一步对儿童辍学的原因进行分析时，发现费用太高、不愿上学、学习不好、缺乏劳动力等是当前西部地区农村学龄儿童失学的主要原因。其中有38.02%的农户选择了“费用太高”；25.28%的农户选择了“因为孩子学习不好”；20.02%的农户选择了“因为孩子不愿意上学”。当前我国农村普遍实行了对于九年义务教育学费全免的政策，但从农户角度看，依然感到上学的负担较重。导致这种情况的最大一种可能是：当前在农村实行教育资源整合，在撤点并校后，地理位置偏远、农户稀少的地区距离学校的距离就相对更远了，这些农户为了让子女上学不得不负担路费以及住校的食宿费。低水平的收入使得他们无法支付这些费用。

我们对农户认为的农村义务教育中存在的问题也进行了调查，统计分析发现教学条件差和教学质量低是当前存在的主要问题。其中有 30.92% 的农户认为是老师的教学水平差；29.72% 的农户认为校舍条件差。存在的其他问题还包括：学校太远不方便，缺老师以及老师不认真。因此，农户对农村基础教育状况改善的期望在于增加教师人数、提高教学水平以及改善教学条件。

（4）医疗服务状况。调查显示，西部地区农村实施的新农合基本得到落实，并基本实现了其社会保障目的，但是农民的满意度并不高。主要在于对医疗人员数量以及新农合的具体实施环节有待改善。

当前西部农村中近八成的村子有基本医疗机构，但是村民对本村医疗条件的满意度较低。在被调查的农户中，76.98% 的被调查农户表示村里有卫生室或卫生所；对村里医疗条件表示满意的农户占 57.15%，其中基本满意的占 49.22%；49.22% 的农户表示本村医生数量不够。

从对新农合实施情况的调查来看，绝大多数农户都参加了新农合，并相信新农合可以为他们的医疗提供一定保障。在接受调研的农户中，农户的参合率达到了 85.12%，而参加的原因中排在首位的是“参加后，看病可以报销”，持有这样认识的农户占 64.46%；其次，被强迫要求参加的农户占到 18.63%，“看了别人参加所以参加”的农户比例是 9.55%，家里有人经常生病的农户比例是 5.38%，其他原因的占 2.19%。

我们对未参加新农合的原因也进行了分析。发现对农民而言，当前农村实施的新农合还存在一些不太合理的地方，主要有：①报销比例太小；②报销手续复杂；③对新型农村合作医疗制度不是很了解。

最后，我们对新型农村合作医疗实施的结果进行了分析。研究数据显示，参加新农合后，71.20% 的农户对看病、住院报销情况感到满意。这充分显示出新农合在保障农民基本医疗方面的成效在逐步显现，特别是在使农户摆脱因大病而陷于贫困的问题上起到了非常大的作用。

（5）农村养老状况。养老问题也是影响农户生活富裕的一个重要因素。研究表明，西部农村中养老依然是农民比较担忧的问题，部分会影响到农户当前的消费。

我们调研了农户对自己未来养老的担忧程度，研究发现大多数被调查农户对未来养老都不乐观。63.82%的农户对自己的未来养老问题表示担忧，其中有16.88%的农户表示非常担心；仅有36.18%的农户表示不担心。

在关于养老方式的调查中，我们发现绝大多数农户认为应主要依靠自己的家庭来养老，养儿防老的思想依然占据首要位置；对通过社会保障和商业保险进行养老考虑不多。在关于“最希望用哪种方式解决自己的养老问题”的回答中，43.88%的农户选择“靠子女”，35.17%的农户选择“靠自己的储蓄”，选择通过“养老院”的农户仅占4.95%，选择“购买养老保险”的农户占16.21%。在被调查农户中，部分农户或者其子女已经外出打工，他们对养老的认识不再是传统的“养儿防老”，这部分调查群体，除了依靠子女养老，认为自己也要存钱养老。

3. 调查小结

综合以上我们对西部农村农户收入、支出现状以及影响生活富裕程度的教育、医疗、养老等方面的分析，本部分的基本结论可归纳如下。

（1）一半以上农户不满足于自己家庭当前的收入水平，并且认为当前家里最急需解决的事情就是提高收入。

（2）西部农民的实际收入水平远远低于全国平均水平。农业生产中的农业生产性收入、经营性收入和打工收入是农户家庭收入的三个主要来源，其中农业生产性收入是家庭收入的首要来源。

（3）西部农户的支出水平远远低于全国平均水平。从支出结构上看，农户家庭的生产性支出低于生活消费支出，约占生活消费支出的1/2。在生产性支出中，最大一部分支出用于购置生产性资料；在生活消费支出中，教育支出是当前农民生活中开支最大的一笔消费，而在文化、娱乐等精神层面的支出非常小。

（4）收入、教育、医疗是影响农民生活富裕的三大因素。影响当前农户收入水平的主要因素是农产品价格和生产资料价格的变动以及农业科技知识和技能水平。因此，保护农产品价格、规范和治理农业生产资料乱涨价，以及提供农业科技和专业技术成为当前西部农户对政府政策的迫切需求。

（5）在教育方面，西部农村约有1/5的儿童失学。费用太高是导致当前西部农村学龄儿童辍学的一个重要原因；另外，不愿上学、学习不好、缺乏劳动力等也是主要原因。农民对教育的需求主要体现在：希望针对农村的教育政策能进一步落实，并且增加教师人数和提高教师的教学水平、改善教学条件。

（6）在医疗方面，西部地区农村实施的新农合基本得到落实，并实现了其社会保障目的。但是农民的满意度并不高，在医疗人员数量以及新农合的具体实施上有待改善。

（7）在养老方面，大多数被调查农户对自己的未来养老表示担心；在养老方式上，表示出以依靠子女和自己的储蓄为主。

（三）农户视角的乡村文明

中央提出的新农村建设的20字方针中，“乡风文明”体现了对农村精神文明建设的要求，也是农民素质的反映。只有农民群众的思想、文化、道德水平不断提高，崇尚文明、崇尚科学，形成家庭和睦、民风淳朴、互助合作、稳定和谐的良好社会氛围，教育、文化、卫生、体育事业蓬勃发展，新农村建设才是全面的、完整的。本部分重点分析农村社会风气、农民的文化娱乐生活等精神文明建设以及农户的道德、教育等基本素质状况。

1. 乡村文明的现状

（1）迷信、讲排场比阔气等现象严重影响社会风气。以村为单位的乡村社区的社会风气最能体现出精神文明的现状和水平。调查表明，当前西部农村社区中主要存在迷信、讲排场比阔气、不孝敬老人以及邻里关系不好的现象，这些严重影响了当地的社会风气。其中，迷信现象较为普遍，39.97%的农户认为这是影响社会风气最突出的问题。影响社会风气的第二大不良现象是“讲排场比阔气”，持有该观点的农户占被访者的37.11%。此外，“子女不孝敬老人”和“邻里关系不好”也是村民眼里影响村里社会风气的重要因素，持有此种认识的农户分别占34.98%和30.71%。

此外，为了从行为层面研究乡村文明情况，我们还对村民的公共行为进行了调查分析。调查发现，乱扔垃圾是目前农村社区不文明行为中最突出的现象（64.34%）。其次，污水乱排（43.46%）以及房子乱建（31.74%）的行为也比较突出。

（2）西部农户的文化娱乐活动较为贫乏。调查发现，目前西部地区农村社区的文化娱乐活动比较贫乏，农户用于文化娱乐等精神层面的消费支出不足总支出的2%，而赌博成为部分农户主要的娱乐方式。

在涉及文化娱乐方面的调查中，62.76%的农户表示文化娱乐活动缺乏。进一步分析我们发现：农户用于文化、娱乐用品及服务的支出年平均仅为283.64元，占消费支出的2.60%，占总支出的1.70%，即西部农户每年用于文化娱乐的费用不足全部支出的2%。以平均每户4.44人来计算，一年西部农户用于文化娱乐的人均支出仅为63.88元。究其原因，主要是村上的文化活动设施较少，例如图书室、娱乐设施、体育健身设施等极度缺乏，从而使得农民将“玩扑克”、“打麻将”当做农闲时最主要的娱乐方式。

（3）乡村社会治安状况较好。调查发现，尽管有44.53%的农户认为本村存在赌博现象，可是普遍认为村里的治安状况相对较好。调查户中有66.45%的农户对本村治安状况表示满意，其中表示基本满意的占52.48%，表示比较满意的占12.18%，表示非常满意占1.79%。另外有27.10%的农户表示不满意，仅有6.48%的农户表示非常不满。

2. 农户对乡村文明建设的需求

（1）西部地区农民对子女的教育非常重视。在农民对待教育的态度方面，我们的研究发现，绝大部分农户非常重视子女的教育问题，认为掌握文化知识至关重要。在问及“希望孩子的上学程度”时，51.89%的农户希望孩子能读大学；39.83%的农户完全支持孩子上学，“能上到什么程度就上到什么程度”；4.73%的农户认为要读到高中或高职。认为“读完九年义务教育就够了”的农户仅占调查户的1.80%；认为“只要读完小学就可以了”的农户仅占1.77%。可见，九成以上的农户都认为孩子在接受完九年义务教育后还应该继续求学，掌握更多的知识和技能。

同时，大部分西部农户对于子女教育的需求也非常迫切。在调查“家里最迫切需要解决哪三件事”时，72.98%的农户选择了子女教育问题。

（2）大多数西部农户希望村里加强文化娱乐设施建设。西部地区农民虽然在文化娱乐方面的花费较少，但农民却普遍存在着对文化娱乐设施及活动的强烈渴望。39.30%的农户表示村里目前最迫切要做的三件事之一是“建村民活动中心”。这无疑为新农村建设中如何推进乡村文明建设提供了启发。

3. 研究小结

乡村文明最直观的表现是社会风气、文化娱乐以及乡村治安。综合以上各方面的分析，我们可以得到以下结论。

（1）当前西部农村中影响乡村社会风气的主要现象是迷信、讲排场比阔气，以及不孝敬老人和邻里关系不好。

（2）西部农村社区的文化娱乐活动贫乏，其主要原因在于图书室、娱乐设施、体育健身设施等文化活动设施的极度缺乏。

（3）一多半的农户对村里的社会治安状况表示满意。

（4）西部农民普遍重视子女的教育，认为掌握文化知识至关重要。

（5）农民对文化娱乐设施建设有着较为强烈的需求。

（四）农户视角的村容整洁

“村容整洁”是新农村建设的重要内容之一。该目标强调农村在追求经济发展的同时，必须重视农民生活环境的改善。社会主义新农村呈现在人们眼前的，应该是脏乱差状况从根本上得到治理、人居环境明显改善、农民安居乐业的景象。本部分通过最能代表村容村貌的基本条件——乡村道路、房屋建设、卫生条件等来研究西部农村的“村容整洁”。

1. 当前西部农村村容村貌的现状

（1）房屋建设：七成以上农户住上了砖瓦房。根据调查，当前西部农村七成以上的农户住进了砖瓦房，房屋安全得到了基本保障。在这七成农户中，51.20%的被访农户家庭房屋属于砖瓦结构，22.94%的农户甚至住进了自家的楼房。目前，被访农户中房屋属于土木结构的比例是19.54%，其他结构的比例是5.54%。

（2）新农村建设实施以来，大约1/3的农户盖了新房。我们对农户当前居住房屋的使用年限也进行了分析。研究发现，新农村建设实施以来，有大约1/3的农户进行了新房建设。调查显示，现有房屋使用年限在2年以内的农户占6.41%，2～5年的占20.93%，6～10年的农户占30.33%，11～20年的占28.63%。这就是说，自从新农村建设提出以来，有27.34%的农户盖了新房，农民的住房条件得到了极大改善。但同时需要引起重视的是，还有5.64%的农户住房年限已经超过了30年。对这部分农户的住房进行改造，是保证农户住房安全的重要任务。

（3）饮用水条件不容乐观，吃上自来水的农户不足一半。新农村建设开展以来，农村的改水改厕建设取得了显著成效。但是，调查表明，西部地区农村的饮用水条件并不乐观，饮用自来水的农户仅占43.50%；饮用井水的农户占42.56%。另外，饮用河水和窖水的农户分别占5.38%和6.30%。特别需要引起关注的是，还有2.31%的农户是通过买水来满足饮用水需要的。因此，西部地区农村饮水条件的改善还需要一个较为长期的过程。

（4）道路条件：一半以上农户表示满意。乡村道路条件是村容村貌的典型代表，也是农村公共设施状况的直接体现。在进行农户对本村道路的满意度研究时，我们发现一半以上的农户对本村的道路条件感到满意，其中基本满意的占43.38%，比较满意的占9.65%，非常满意的占1.78%；同时，表示不满意的占33.16%，非常不满意的占12.03%。这表明，近年来，政府虽然对乡村道路进行了改善，并取得了显著的成效，但与农户的需求相比，依然存在较大差距。

2. 农民对村容整洁方面的需求和投入意愿

（1）农民对村容整洁方面的改造需求。调查显示，农户认为会影响村容村貌的因素主要有：垃圾乱扔，污水乱排，房子乱建，村里道路太差，没有路灯以及房子破旧。在这些因素中，有些与农户家庭或个人行为相关，需要通过提高乡村文明程度以及农户个人素质来改善；有些与村里公共设施匮乏有关，主要需要通过乡村组织的管理来改善。

我们对村民认为急需改进的影响村容村貌的公共设施因素进行了分析，研究表明乡村道路建设是农户最大的需求。3981户被访农户就“在改善村里公共基础设施方面村里目前迫切需要做的事情”这一问题进行了回答，排在首位的急需改进的公共设施是村道路建设，31.47%表示赞同；其次，是改善饮水（9.65%）；再次，是建路灯（3.04%）和厕所改建（2.41%）。由此可见，道路依然是农户最急切需要改善的头等大事，同时在西部农村改水改厕建设也非常紧迫。

（2）农民对改造村容整洁各方面的投入意愿。从西部农户的需求看，建设村道路、建路灯和改水改厕是当前农户眼中最迫切要改善的事情。那么农户的迫切程度究竟有多大呢？当政府财政无法全部支持乡村的公共设施建设时，共建成为农户的第二选择，农户对此的投入意愿强烈，充分说明了他们的迫切需求。

研究显示，对村里公共部分的改造，如果采取政府和农民共同投资或投劳的办法建设时，农民最愿意参与的项目包括以下几个。

第一是村道路建设。在农民愿意参与共建的前三个项目中，首选村道路建设的农户占32.12%，第二位选择的农户占21.59%，第三位选择的农户占7.80%，总计占比为61.50%。

第二是改善饮水。在农民愿意参与共建的前三个项目中，首选改善饮水的农户占比为9.65%，第二位选择的为15.81%，第三位选择的为12.27%，总计占比为38.32%。

第三是建路灯。在农民愿意参与共建的前三个项目中，首选建路灯的农户占比为3.03%，第二位选择的为5.21%，第三位选择的为11.86%，总计占比为20.10%。

最后是厕所改建。在农民愿意参与共建的前三个项目中，首选厕所改建的农户占比为2.20%，第二位选择的为4.48%，第三位选择的为7.76%，总计占比为14.44%。

3. 研究小结

通过以上对村容村貌各方面的调查和分析，本研究主要得到以下基本结论。

（1）在住房方面，西部地区农户居民的房屋安全有了基本保障，七成以上的农户家庭住在砖瓦房内。大约1/3的农户在过去的5年内对自家住房进行了改造，但超过30年的住房依然占有一定比例。

（2）在饮水方面，西部地区农村的饮用水条件并不乐观，吃上自来水的农户不足一半，这需要政府加大对西部地区农村饮用水工程的投资力度，加快改善西部地区尤其是干旱、山区、高原农户的饮用水条件。

（3）在乡村道路方面，农户对本村的道路不满意，认为最急需改进的村公共设施就是村道路建设。

（4）从建设公共设施的投入意愿上看，农户愿意采取共建的项目依次是村道路建设，改善饮水，建路灯，厕所改建。

（五）农户视角的管理民主

“管理民主”是新农村建设5个目标中的最后一项，是新农村建设的政治保证。它既是对社会主义新农村基层政权的要求，也是社会主义新农村建设在基层组织层面的政治制度保障。只有进一步扩大农村基层民主，完善村民自治制度，真正让农民群众当家做主，才能调动农民群众的积极性，真正建设好社会主义新农村。在这一部分，我们以农村的基层政权建设为基础，从农户的视角出发，探讨目前农民心目中的管理民主的现状及农民对管理民主的需求，这主要包括选举的民主程度、村级财务账目公开、村干部廉洁公正等。

1. 民主选举

（1）农户的参与程度。调查显示，西部地区相当一部分农户对“民主”的含义并不是很了解，因此对于民主选举的参与度不高。在对“村里搞村委会民主选举时您会去投票吗”这一问题的回答中，明确表示一定会去投票的农户仅占被调查农户的58.17%；明确表示不去投票的农户占12.75%；另有29.08%的农户表示不一定。这表明，在广大西部地区中，在谋求经济发展的同时，农民的民主意识还有待培养，参与民主选举的积极性有待提高。

（2）农户对本村民主选举的看法。前面的数据表明，在西部地区，农民对村里选举的参与度并不太高，大部分农民对目前村里的民主选举持有看法。数据显示，在问及对本村民主选举的看法时，42.65%的农户认为“选举只是形式”，26.65%的农户认为“不公平，有拉选票现象”，8.82%的农户表示“不关心，也不愿意参加”；认为选举过程“公平、公正、合法”的农户仅占21.89%。此外，导致农民对参与选举积极性不高的另一个原因是，西部部分地区农村根本没有实施真正的基层选举制度。在“您村的村长是怎么选出来的”调查中，有10.58%的被调查者回答是“上级任命的”，有21.12%的农户表示“不清楚”。可见，在部分地区民主选举中存在的形式化、不公平等问题使得民主选举的有效性受到质疑，造成部分农户对民主选举的不信任。

2. 民主管理

（1）大多数农户对村干部的工作表示满意。调查显示，在所有接受调查的农民中，62.09%的农民对现在村干部与村委会的工作持满意态度，其中表示基本满意的占52.57%，比较满意的占8.16%，非常满意的占1.36%；表示不满意和非常不满意的分别占调查户的29.24%和8.67%。可见，西部地区的广大基层村干部，其辛苦的工作得到了大部分农户的支持与肯定。

在问及对村干部满意的原因时，调查发现有近40%的农户认为自己对村干部的工作表示满意，但说不出原因。27.39%的农户认为好村干部的标准就是

"为农民办实事，带领大家致富"。

（2）带领村民致富是多数农户对村干部工作业绩的衡量标准。研究显示，大多数农民希望的村干部是能够带领村民致富的人，这也是西部农户衡量一个村干部工作业绩的标准；同时，也期待着村干部在工作中能够坚持公平。农民在回答"选举村干部时你愿意选什么样的人"这一问题时，52.84%的农户选"能带领村民致富的人"，其次是"办事公道，敢代表村民说话的人"，占调查户的38.51%。另外，在问及对村干部不满意的原因时，我们发现排名第一的是"不为农民办实事，不能带领大家致富"，占调查户的36.33%；其次是"政策水平不高，工作没有实效"，占19.80%；办事"不公正、不廉洁"占19.12%。

3. 民主监督

（1）西部地区一多半的村级财务状况没有公开。农民对"村里财务收入是否公开"这一问题的回答中，63.77%的农户表示村里的村务收入状况不公开。可见，村委会财务状况透明度比较低。

（2）农户对村里的财务情况满意度低。调查显示，50.08%的农户认为如果村里的财务收支公开，自己会表示满意，其中：基本满意的占39.66%，比较满意的占7.20%，非常满意的占3.23%；37.27%的农户表示不满，13.65%的农户表示无所谓。事实上，几乎所有的农户都希望村委会能够公开村里的财务状况。

4. 农民组织和培训

（1）农民组织化程度非常低，但农民对建立组织的需求旺盛。研究发现，当前西部地区农村中农民组织还处于起步阶段，农民的组织化程度较低。在所有参与调查的农户中，仅有9.59%的农户所在村子有统一购买生产资料以及统一联系销售农产品的协会，而90.41%的农户表示没有。当进一步问到"您认为是否有必要大力发展这一类协会"时，78.34%的农户表示有必要，认为没必要的农户仅为21.66%。可见，在现在市场经济条件下，大部分农户还是希望大力发展农民组织的。

（2）农民对培训需求巨大，最急需生产技术培训。调查显示，当前西部农户在生产技术（种植、养殖、加工）、创业技能、外出打工技能、市场营销和企业管理技能以及相关法律政策等方面都有培训需求。农民对各种培训的需求程度依次为：生产技术（种植、养殖、加工）培训占81.14%，创业技能方面的培训占65.63%，打工技能方面的培训占54.05%，法律政策方面的培训占49.47%，市场营销和企业管理技能方面的培训占32.98%。可见，农民对养殖、种植方面的生产技术培训需求程度最高，也最为迫切；其次是创业技能方面的培训；再次是打工技能方面的培训。

5. 研究小结

我国农村基层政权建设已基本建立起来，但是农民的民主政治建设仍处于起步阶段。作为新农村建设的重要保证，管理民主必须要通过农民的民主意识、民主参与和民主管理来实现。本部分的基本结论可归纳如下。

（1）西部农民重视账目公开、村干部带领村民致富以及廉洁公正等，但却忽略了自身参与的重要性。西部农民对村里选举的参与度并不太高，部分农民并不信任民主选举，此外，西部地区个别农村仍未实施基层选举制度。

（2）大多数农户对村干部的工作表示满意。

（3）大多数农民对村干部的要求是：为农民办实事，能够带领村民致富，这也是西部农户衡量一个村干部工作业绩的标准。同时，也希望村干部可以做到公平公正。

（4）村委会财务状况透明度比较低，一多半西部农村的村财务没有公开。

（5）西部农村农民组织还处于起步阶段，农民的组织化程度较低，大部分农户希望大力发展农民组织。同时，农民对培训的需求巨大，最急需生产技术培训，以及创业技能培训和打工技能方面的培训。

四　西部地区新农村建设中农户的政策需求

中央及各地方政府制定的关于新农村建设的各项政策，其目的就在于促使新农村建设五个目标的实现。然而，政策实施的效果如何，在很大程度上取决于所制定的政策措施是否满足了农民的现实需要，符合农民的利益要求。根据我们的调研，通过对调研数据的分析，我们可以将西部地区农民对新农村建设的主要政策诉求归纳为以下几个方面。

（一）合理的农产品价格政策

希望政府出台相关政策和措施，进行农产品价格及农业生产资料的规范化治

理，有效增加农户从事农业生产的收益，保证农户进行农业生产的积极性。

农民离不开土地，以土地为生的西部农民希望政府在农业生产资料价格方面进行规范化治理。在对“您最希望政府为农民做的事”这一问题的回答中，48.02%的农户希望政府能有效解决“防止假种子，防止肥料等农业生产资料乱涨价”等问题。同时，也希望“对粮食等农产品实行保护价制度”。

（二）惠农政策的真正贯彻落实

西部农户希望进一步落实各项惠农政策，减少农民经济负担，有助于农民收入水平的提高。当前政府出台了各项惠农政策，受到广大农民的支持，有利于农民收入的增加。但是，部分政策并未得到真正落实。

调查表明，西部农户非常希望能进一步落实以下几方面的政策：农机具购置补贴政策；退耕还林补贴或退耕还草补贴政策；取消（除烟叶以外的）农业特产税政策；免征牧业税政策。

（三）有效的农村金融支持政策

西部农户希望政府能大力发展农村金融，以解决他们的贷款问题，支持农户进行农业生产投资及发展。

在问及“您认为当前政府应大力扶植的金融机构”时，选择农村信用社（33.19%）和农村商业银行（农业银行）（19.18%）的农户比例最大，其次是农业保险机构（13.15%）、民间贷款机构（13.98%）和小额信贷机构（11.84%），最后是村镇银行（9.64%）。可见，从西部地区来讲，农户收入的低水平，使得农户家庭生产遇到的资金不足约束更为严重，因此农户期望政府能扶持农村金融机构的发展，以为农户提供更为周到全面的金融服务。

（四）有效降低教育费用是农户对于教育的政策需求

西部农户的教育意识非常强。在问及“您最希望政府为农民做的事”这一问题时，农户选择最多的是教育。关于农村教育的政策方面，农户的最大需求是“对考上大学的农村孩子实行更多的学费减免和优惠政策”，这一需求达到总调查人数的68.88%。此外，从更宽泛的层面上看，“帮助建设村文化站”以及“提供各种培训”也是农民政策诉求的重要内容。

（五）对医疗和养老的政策需求

在回答“最希望政府为农民做些什么”这一问题中，部分农民希望政府出台相关政策，让农民也能参加养老保险。在医疗方面的政策需求，主要是为农民提供优质、便宜的医疗服务，表现在新农合的相关政策——简化报销手续、提高报销比例、调整并降低合作医疗点的医疗价格等。

五　西部地区新农村建设的途径与政策建议

“生产发展、生活宽裕、乡风文明、村容整洁、管理民主”是我国新农村建设的目标。这五个目标既包含了农村经济的发展，又包含了农民收入、生活质量的提高；既包含了农村整体面貌、环境的变化，又包含了农民素质的提升，还包含了农村基层民主建设等。在所有这些方面中，农民是进行新农村建设、实现目标的主体。因此，新农村建设的一切政策措施，都应该紧紧围绕农民的现实需求，充分调动农民在新农村建设中的积极性和主动性。这是我们新农村建设政策与措施制定的基本出发点。

（一）西部地区新农村建设的途径

新农村建设的主体是农民，核心目标是增加农民收入，农民收入增加的决定性因素是农民的主观能动性和能力，从经济学的角度看就是人力资本。根据人力资本理论，人力资本对于产出的增加具有决定性作用。因此，在一定的配套环境下，只要提高农民的人力资本含量，即提高农民的思想、文化素质和专业技能，就可大大提高农民的收入。所以，在为农村、农业生产提供一定条件和保障的前提下，提高农民的人力资本，即培育有素质有技能的新型农民，是西部地区新农村建设的根本途径，也是新时期农村建设“新”之所在。

我们认为的“新”型农民，不是个人，而是一个群体。这个新型农民群体具有自我发展的能力：他们思想先进，懂得教育的重要性，利用教育学习新的农业相关知识，利用新知识、新技术发展农业生产，增加农业收入；同时学习新的技能，利用外出打工锻炼能力、寻找商机，增加打工收入寻找创业项目；他们通过教育增加收入，又将部分收入用于教育——提高素质和技能，通过“教育-

收入”这样一个循环不断提高素质和技能、发展自我。

因此，我们认为西部地区新农村建设的主要途径是：培育有素质有技能具有自我发展能力的新型农民。基于此，我们提出西部地区新农村建设的根本目标是增加农民收入、扩展发展能力、培育新型农民。

（二）西部地区新农村建设的政策建议

在充分考虑新农村建设主体——农民的现实需求、支付能力及政策诉求的基础上，围绕“增加农民收入、扩展发展能力、培育新型农民”的西部地区新农村建设根本目标，我们提出以下政策建议。

1. 大力发展适合农民的各项专业培训

培育新型农民的关键是为农民提供符合他们需求的各种培训。当前西部地区农村农户的家庭收入主要来自两部分，一部分是农业收入，另一部分是打工收入。要增加农业收入，需要增加相关的农业技术培训，培养农民在农业生产中使用新技术，增加农业生产的科技含量；要增加打工收入，需要通过各种技能培训，培养农民的打工技能。

因此，政府应制定相关培训政策，在西部各地区结合当地农民的需求与当地发展的实际，适时地发展农民合作组织，通过合作组织向广大西部农民提供多种培训。在偏远地区，农民最急需种植、养殖等相关技术，应建立专业技术协会，开展各种技术培训；在一些外出务工农民较多的地方，发展打工职业技能协会，帮助农民提高职业技能，提高素质。

2. 增加西部地区农村的财政投入规模

缺少资金无论对于农民和当地农村都是目前最棘手的问题。从创造利于发挥农民主体作用的条件而言，最重要的部分就是政府的财政投入。

要大幅提高财政投入中一般性转移支付的规模和比例，建立一个科学、稳定的政府对西部农村投入增长的机制。在资金的使用上，要以规范的资金管理运行机制做保障，让国家的财政支持政策发挥出最大的效力，实现政府投入对农村的经济发展、农民收入提高的促进和保障。在资金的用途上，主要用于西部农业基础设施建设以及教育、文化、社会保障、公共基础设施等的建设，促进农村基本公共服务均等化和城乡统筹。最后，各种惠农政策的具体落实也是财政投入的一大方面。

3. 大力发展农村金融，增加农村金融供给

农村金融是现代农村经济的核心，是解决西部农村农业资金短缺的重要途径，也是新型农民培育过程中培养农民独立性和主动性发展的关键环节。

现有的农村金融机构的金融供给离中国“三农”的金融需求还有较大差距，为此，加大农村金融的供给在西部地区就显得十分迫切。①政府应采取相应措施，激励农村正规金融机构加大对“三农”的资金投放力度。具体包括：一是要继续完善农业银行的经营管理体制，以“三农”为中心，采用激励措施引导与调整其信贷投向结构，比如对于向“三农”提供的贷款，按其规模大小可以核减一部分存款准备金；或者给予利息补贴等。二是继续按照合作制原则规范与扶持农村信用合作社以及农村合作银行等。农村信用社规范的基本原则是合作制，但政府也要予以一定的资金支持。比如对于信用社贷给农户的贷款，因为自然灾害或疾病等意外因素导致信用社的资产损失，由政府财政予以弥补；对于在支农方面成绩突出的信用社，政府给予相应的奖励。②地方政府要积极推进小额贷款公司的试点工作，为小额贷款公司的发展与正常经营提供注册、税收等方面的优惠，并提供项目评估、风险控制与管理等方面的系统服务，而不能袖手旁观。③调整农村金融的市场准入政策，鼓励民间资本进入农村金融市场，成立相应的贷款公司，组建村镇银行，建立农村资金互助社、担保公司、典当行等民间金融机构，以满足多元化的农村金融需求。[①]

4. 发展农业基础设施建设

大力发展农业基础设施建设，为新农村建设的主体——新型农民的生产生活创造良好的客观环境。

按照统筹城乡发展的思路，要大力加强农业和农村基础设施建设，道路、市场、信息、电网、水利等基础设施建设是基本，努力促进城乡基础设施建设的一体化。在这些农业基础设施建设中，对于西部地区农村而言，农田水利设施的建设和改造是重点。此外，通过财政补贴、以奖代补等方式，引导农民加强小型农田水利设施建设、发展设施农业，鼓励农民培肥改土、提高土壤肥力，建设稳产高产基本农田。

---

① 徐璋勇、王红丽：《基于农户金融需求视角的金融抑制问题研究》，《西北大学学报（哲学社会科学版）》2009 年第 5 期。

5. 强化农村基层民主，充分发挥农民的主体作用

韩国新村运动成功的一个重要经验，就是充分发挥了村民的主体作用。国家投入到农村的经费和建材物资干什么，可以由村民根据当地实际情况自主决定，这样的决定效益一般是高的。

因此，在新农村建设过程中，发挥好村民的主体作用至关重要。因此，要强化农村基层民主，健全议事协商，尊重农民意愿，让村民参与讨论对新农村建设投入资金的使用方式，提高资金使用效益。具体而言，一是加强对农民的政策宣传及引导，增强农民的民主意识和主体意识。让农民知道国家有哪些政策，以及这些政策在当地是如何实施的。二是完善村委会的民主选举机制，完善村民代表会议制度。围绕新农村建设，将涉及农村经济发展的事、农村基础设施、村容村貌建设以及兴办公益事业纳入议事决策的范围，让农民也参与到决策中。三是健全村务公开制度，调动农民参与新农村建设的积极性。不仅仅是财务收支状况，与农民利益息息相关的农民所关注的热点、难点事务均应纳入公开的范围，保障村民的民主监督权利。

西部地区低收入人群社会保障研究报告

张思锋　王立剑　吴桂龙　李宝娟*

摘　要：基于社会调查资料和公开统计资料，描述西部地区低收入人群生存状况和社会保障现状，并从技术层面和制度层面分析低收入人群社会保障存在的问题及原因，研究发现，“重视生存，忽视发展；社会保障覆盖范围狭窄；保障标准偏低，未能满足保障对象的需求；保障对象甄别、补差标准确定困难”是西部地区低收入人群社会保障存在的主要问题，据此提出树立“全覆盖、分类别、多路径”的制度设计理念、完善城镇低收入人群的社会保障政策支持体系、完善低收入家庭社会救助识别系统等对策建议。

关键词：西部地区　低收入人群　社会保障

一　引言

西部地区低收入群体社会保障问题是中央和西部地方政府重点关注的重要民生问题。《西部大开发“十一五”规划》中明确提出“基本解决贫困人口温饱和低收入人口稳定增收问题”，“提高城乡居民收入保障水平，增强居民特别是农村居民和城镇低收入者的消费能力”；西部各省的“十一五”规划纲要中均对低收入人群的生活保障、医疗、住房、就业等问题给予了充分的关注。2008 年，西部 12 省（自治区、直辖市）① 总人口为 3.65 亿，如果将收入最低的 20% 的人

* 张思锋、王立剑、吴桂龙、李宝娟，西安交通大学公共政策与管理学院。

① 西部 12 省（自治区、直辖市）是指重庆市、甘肃省、广西壮族自治区、贵州省、内蒙古自治区、宁夏回族自治区、青海省、陕西省、四川省、新疆维吾尔自治区、西藏自治区和云南省。

口作为低收入人群，那么，2008 年西部地区低收入人群的数量为 7304.47 万人。[1] 然而，截至 2009 年 11 月，西部地区城镇居民低保覆盖人数为 838.75 万，农村居民低保覆盖人数为 2157.47 万，城市医疗救助人次数 84.66 万次，农村传统救济人数 24.28 万，农村集中供养五保人数 153.01 万，农村临时救济人次数 152.92 万次，[2] 尚有很大比例的低收入人群未能享受到社会保障。

目前，专门针对低收入群体的社会保障制度主要有城镇最低生活保障制度、最低工资制度、失业救济制度、农村居民最低生活保障制度、医疗救助制度、住房保障制度等。但是，西部地区低收入群体社会保障仍然存在着制度供不应求、覆盖范围狭窄、保障水平低等亟待解决的问题，有必要进一步探索其深层次的原因，从而寻求改善低收入人群社会保障现状的路径。

关于低收入人群社会保障问题的研究主要集中在四个方面：①低收入人群社会保障项目研究。Hans Werner Sinn[3] 强调最低生活保障，杨坤蓉等[4]侧重研究贫困人口医疗救助，王培刚等[5]研究了贫困人口住房保障，Albanese[6]、赵航[7]提出教育救助、司法救助、就业和创业政策支持、精神慰藉等新保障项目。②低收入人群社会保障需求研究。Van Voorhis[8] 运用 Logistic 模型对影响低收入人群生活保障需求的因素进行了分析；Tim Polettia 等[9]通过访谈对扩大低收入人群的社区

① 资料来源：《中国统计年鉴 2009》，中国统计出版社，2009。

② 资料来源：中华人民共和国民政部网站，http：//cws. mca. gov. cn/article/tjsj/sjsj/。

③ Hans-Werner Sinn，“Migration and Social Replacement Incomes：How to Protect Low-Income Workers in the Industrialized Countries Against the Forces of Globalization and Market Integration”，*International Tax and Public Finance.* Boston，2005，12（4）：p. 375.

④ 杨坤蓉、冯泽永、屈谦：《浅析我国城市贫困人口社区医疗救助模式》，《中国医院管理》2007 年第 8 期。

⑤ 王培刚、周长城：《社会公正视野下的中国城市低收入者住房保障研究》，《社会学研究》2007 年第 3 期。

⑥ Albanese，Maria Luzarraga，“New form for employers hiring from low-income groups”，*Journal of Accountancy*，1997，183（1）：p. 26.

⑦ 赵航：《我国社会救助制度现状及发展浅析》，《科学经济社会》2005 年第 2 期。

⑧ Van Voorhis. Rebecca A.，“Different Types of Welfare States? A Methodological Deconstruction of Comparative Research”，*Journal of Sociology & Social Welfare*，2002，29（4）：pp. 3 – 18.

⑨ Tim Polettia，Dina Balabanovaa，Olga Ghazaryanb，Hasmik Kocharyanb，Margarita Hakobyanb，Karen Arakelyanc，and Charles Normandd，“The desirability and feasibility of scaling up community health insurance in low-income settings—Lessons from Armenia”，*Social Science & Medicine*，2007，64（3）：pp. 509 – 520.

卫生服务的需求和可及性进行了评价；梅建明等①调查发现现行低保救助制度在项目和数量上都难以满足低保对象的实际需求。③低收入人群社会保障作用研究。Lindsey Jeanne Leininger②、Gunilla Ringbäck Weitoft 等③研究发现，社会保障对低收入家庭孩子的成长具有重要影响，可以给低收入群体带来很多益处。④低收入人群社会保障制度完善研究。高文敏④建议施行最低生活保障动态标准；文林峰⑤、梁万富⑥指出应从管理体制、组织机构、管理制度、救助资金、服务体系、工作条件等方面有所调整。上述研究成果表明，国际社会对于低收入人群的研究重点集中于对现有制度和政策的评价和反思，以及社会行政体制的改革和社会服务行动的丰富；国内学者对低收入人群社会保障的研究，已经考虑到社会保障体系的完整性，也提出了许多有创造性的建议，但尚未系统分析我国低收入人群的社会保障的现状、问题、原因与对策，而且对于西部地区低收入群体社会保障的关注还较少。

本文基于实际调查数据、国家和地方公开统计资料，首先描述了西部地区低收入人群的范围、收入水平、收支结构，对其社会保障现状进行分析，并从中发现低收入人群社会保障存在的问题，分析出现这些问题的表层原因和深层原因，最后给出解决西部地区低收入人群社会保障问题的政策建议。

二　西部地区低收入人群的生存状况

（一）西部地区低收入人群的范围

低收入人群是一个相对概念，是指在一定时期内人均收入低于某一标准的居

① 梅建明、刘频频：《城市低保群体的社会经济特征及低保救助制度——对武汉市 387 户低保家庭的调查分析》，《中南财经政法大学学报》2005 年第 5 期。

② Lindsey Jeanne Leininger, Rebecca M. , Ryan, Ariel Kalil, "Low-income mothers' social support and children's injuries", *Social Science & Medicine*, 2009, 68 (12): pp. 2113 - 2121.

③ Gunilla Ringbäck Weitoft, Anders Hjern, Ilija Batljan, Bo Vinnerljung, "Health and social outcomes among children in low-income families and families receiving social assistance—A Swedish national cohort study", *Social Science & Medicine*, 2008, 66 (1): pp. 14 - 30.

④ 高文敏：《借鉴国外社会救助的经验完善我国城镇居民的最低生活保障》，《理论探讨》2004 年第 6 期。

⑤ 文林峰：《完善住房保障体系满足中低收入家庭住房需要》，《住房保障》2005 年第 7 期。

⑥ 梁万富：《现阶段城市医疗借助模式的理性选择》，《中国民政》2006 年第 1 期。

民人群。[①] 国际通用的划分低收入人群的标准有按收入水平划分、按收入来源划分、按公众可见的收入水平和生活水平划分三种；[②] 国内的认定标准主要是相对标准、分地区和城市分别制定最低工资标准、贫困线标准等。[③] 借鉴国内外划分低收入人群的做法，按照《中国统计年鉴》的统计口径，将城镇人口按人均可支配收入由低到高排队，按10%、10%、20%、20%、20%、10%、10%的比例依次分成最低收入户、低收入户、中等偏下收入户、中等收入户、中等偏上收入户、高收入户和最高收入户等七组；将农村人口按收入五等分为低收入户、中低收入户、中等收入户、中高收入户和高收入户。将收入最低的20%的人群界定为低收入人群。

（二）西部地区低收入人群的收入水平

从西部12省份2008年低收入人群收入水平数据来看，除重庆市和广西壮族自治区外，其他省份的城镇低收入家庭总收入和可支配收入都比全国低收入家庭平均水平低，其中陕西省和四川省的城镇低收入家庭总收入和可支配收入还不到全国平均水平的一半。在农村低收入人群人均年总收入和纯收入方面，不论是全国还是西部各省，都比城镇低收入人群的收入水平低；而广西、甘肃等西部省份的农村低收入人群收入水平也低于全国平均水平，其中甘肃省农村低收入人群人均年总收入只相当于全国平均水平的61.29%。以2008年部分西部省份城镇低收入人群可支配收入为例，与全国城镇人均可支配收入进行对比，按照相对收入从高到低依次是渝（51.44%）、蒙（37.89%）、桂（36.75%）、宁（30.74%）、甘（29.23%）、滇（27.14%）、疆（26.69%）、藏（26.50%）、青（21.55%）、川（17.06%）、陕（16.34%）（见图1）。

（三）西部地区低收入人群的支出结构

居民支出结构是指居民在生活过程中，不同类型支出占总支出额的比重及其

① 张思锋、刘佳：《城镇低收入人群社会保障的需求与供给差异研究》，《西北大学学报（哲学社会科学版）》2009年第6期。

② 樊平：《中国城镇的低收入群体》，《中国社会科学》1996年第6期。

③ 谢勇：《中国城镇居民低收入群体研究综述》，《人口与经济》2006年第2期。

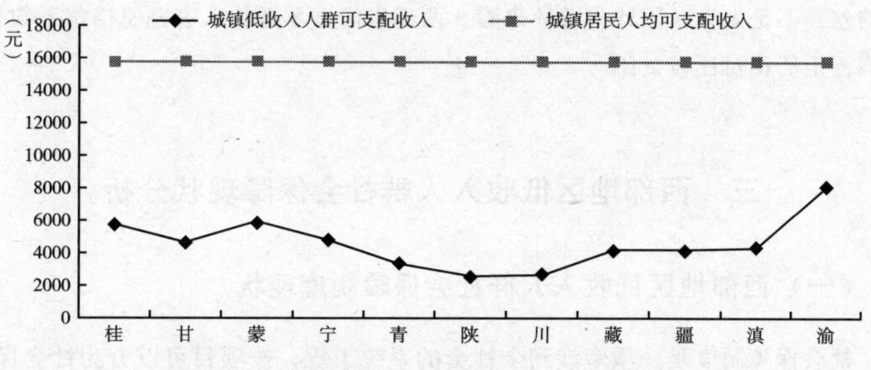

图1　2008年西部部分省份城镇低收入人群收入水平

相互之间的组合、替代、制约关系。[①] 城镇居民总支出分为消费性支出、购房与建房支出、转移性支出、财产性支出、社会保障支出五类；农村居民总支出分为家庭经营费用支出、购置生产性固定资产支出、税费支出、生活消费支出、财产性支出和转移性支出六类。城乡居民生活消费支出进一步细分为食品、衣着、家庭设备用品及服务、医疗保健、交通和通信、娱乐教育文化服务、居住、其他（杂项）商品和服务八项支出。

在西部地区城乡低收入人群支出结构中，生活消费支出占家庭总支出的比例均达到了50%以上，其中西藏自治区城镇低收入人群生活消费支出占家庭总支出的比重达到了92.62%。与全国低收入人群的支出结构相比，大部分西部省份低收入人群的生活消费支出水平要比全国的平均水平低，其中陕西省和四川省城镇低收入人群每年的生活消费支出分别相当于全国的47.13%和48.19%，可见相对于全国来说，西部地区城乡低收入人群的整体生活水平还比较低。

进一步对西部省份城乡低收入人群生活消费支出的结构进行分析发现，食品是最重要的支出项目，在城镇，食品支出平均占到统计省份低收入人群生活消费支出的48.73%（全国的平均水平为46.87%），其中最高的为西藏自治区，占到58.95%，最低的为内蒙古自治区，占到38.17%；在农村，食品支出平均占到统计省份低收入人群生活消费支出的57.30%（全国的平均水平为50.75%），各

① 王晓霞：《我国城镇1997居民消费结构的地区分析》，《数量经济技术经济研究》2000年第7期。

省的差异不是太大。因此，总体来看，西部省份城乡低收入家庭恩格尔系数相对较高，生活相对比较贫困。

三　西部地区低收入人群社会保障现状分析

（一）西部地区低收入人群社会保障制度现状

社会保障制度是一项牵涉到全社会的系统工程，按项目可以分为社会保险、社会救助、社会优抚和社会福利，这些项目都或多或少地覆盖了西部地区低收入人群。限于篇幅，本文仅分析专门针对低收入人群的社会保障项目。

1. 最低生活保障制度

最低生活保障制度，是政府对贫困人口按最低生活保障标准进行差额救助的新型社会救济制度[①]。1997 年，国家在全国建立城市居民最低生活保障制度，其覆盖范围是家庭人均收入低于当地最低生活保障标准的持有非农业户口的城市居民。2007 年，在全国建立农村最低生活保障制度，覆盖范围是家庭年人均纯收入低于当地最低生活保障标准的农村居民，主要是因病残、年老体弱、丧失劳动能力以及生存条件恶劣等原因造成生活常年困难的农村居民。

2. 医疗救助制度

医疗救助是政府通过提供财务、政策和技术上的支持以及社会通过各种慈善行为，对贫困人群中因病而无经济能力进行治疗的人群，或者因支付数额庞大的医疗费用而陷入困境的人群，实施专项帮助和经济支持的一种医疗保障制度。[②]城市医疗救助的对象主要包括：城市居民最低生活保障对象中未参加城镇职工基本医疗保险人员、已参加城镇职工基本医疗保险但个人负担仍较重的人员和其他特殊困难群众；农村医疗救助的对象主要包括：享受农村居民最低生活保障的人员，五保供养人员，在乡老复员军人，享受高龄老人津贴的人员，家庭年收入低于家庭成员重特大疾病医疗支出费用以下的特殊困难家庭成员等。

---

① 福建社会科学院：《三十年的探索：福建改革开放的回顾》，福建人民出版社，2008，第 216 页。

② 崔凤：《城市贫困人口医疗问题的现状与出路》，《青岛行政学院学报》2004 年第 1 期。

3. 低收入家庭住房保障制度

低收入家庭住房保障制度主要有廉价租房制度和经济适用房制度两种。廉租住房保障范围主要是住房困难的低保家庭，其他多数低收入家庭既无力购买经济适用住房，尚不能完全享受廉租住房保障，缺乏政策支持；经济适用住房供应对象为城市低收入住房困难家庭，并与廉租住房保障对象衔接。经济适用住房属于政策性住房，购房人拥有有限产权。

4. 就业保障制度

目前，我国的就业保障体系可以概括为失业保险制度与积极的就业政策相结合的体系。1999 年，国务院颁布《失业保险条例》，2001 年 1 月 1 日《失业保险金申领发放办法》出台，2002 年 10 月 17 日，国务院颁布《国务院办公厅关于下岗失业人员从事个体经营有关收费优惠政策的通知》；2002 年 12 月 27 日，财政部、国家税务总局发布《关于下岗失业人员再就业有关税收政策问题的通知》；2004 年 3 月 1 日，中国人民银行、财政部、劳动和社会保障部联合颁布《关于进一步推进下岗失业人员小额担保贷款工作的通知》。这些政策从税收、贷款、收费等方面对再就业员工提供优惠条件，积极促进下岗职工再就业，在一定程度上保障了低收入人群的基本生活。

西部地区低收入人群社会保障的相关政策既包括国家制定的指导性和约束性政策法规，又包括西部地区颁布的地方性相关条例和办法，本文做了简要整理（见表 1）。

表 1　西部地区低收入人群社会保障相关政策

实施日期	颁布单位	政策名称	保障人群
1997. 9. 2	国务院	关于在全国建立城市居民最低生活保障制度的通知	家庭人均收入低于当地最低生活保障标准的持有非农业户口的城市居民，主要是：1. 无生活来源、无劳动能力、无法定赡养人或抚养人的居民；2. 领取失业救济金期间或失业救济期满仍未能重新就业，家庭人均收入低于最低生活保障标准的居民；3. 在职人员和下岗人员在领取工资或最低工资、基本生活费后以及退休人员领取退休金后，其家庭人均收入仍低于最低生活保障标准的居民
2004. 3. 1	国土资源部、国家税务总局	城镇最低收入家庭廉租住房管理办法	符合市、县人民政府规定的住房困难的最低收入家庭

续表 1

实施日期	颁布单位	政策名称	保障人群
2005.3.14	国务院办公厅	国务院办公厅转发民政部等部门关于建立城市医疗救助制度试点工作意见的通知	城市居民最低生活保障对象中未参加城镇职工基本医疗保险人员、已参加城镇职工基本医疗保险但个人负担仍较重的人员和其他特殊困难群众
2006.1.21	国务院	农村五保供养工作条例	老年、残疾或者未满16周岁的村民,无劳动能力、无生活来源又无法定赡养、抚养、扶养义务人,或者其法定赡养、抚养、扶养义务人无赡养、抚养、扶养能力的
2006.1.23	财政部	关于下岗失业人员再就业有关税收政策问题的通知	1. 国有企业下岗失业人员。2. 国有企业关闭破产需要安置的人员。3. 国有企业所办集体企业(即厂办大集体企业)下岗职工。4. 享受最低生活保障且失业1年以上的城镇其他登记失业人员
2007.4.28	人力资源与社会保障部	关于切实做好被征地农民社会保障工作有关问题的通知	被征地农民
2007.7.11	国务院	国务院关于在全国建立农村最低生活保障制度的通知	家庭年人均纯收入低于当地最低生活保障标准的农村居民,主要是因病残、年老体弱、丧失劳动能力以及生存条件恶劣等原因造成生活常年困难的农村居民

(二) 西部地区低收入人群社会保障的实施现状

近年来，西部各省份也都将民生问题作为地方政府工作的重中之重。①

1. 最低生活保障制度实施情况

2008年，西部地区城市最低生活保障人数为844.8724万（平均每个省的保障人数为70.4060万），比2002年的645.3440万增长了31.02%；投入资金为134.8426亿元（平均每个省的投入资金为11.2369亿元），比2002年的34.1894亿元增长了2.94倍。其中四川省的保障人数最多，为186.0263万；其资金投入也最大，为26.4646亿元。与城镇相比，农村最低生活保障制度的发展更为迅猛，2008年，西部地区共有2098.3314万人（平均每个省的保障人数为

① 本节数据均来源于中华人民共和国民政部网站。

174.8610 万）享受到农村最低生活保障，比 2002 年的 108.7895 万人增长了 18.29 倍；农村最低生活保障支出为 93.6470 亿元，比 2002 年的 0.6894 亿元增长了 134.84 倍（年均增长 3.38 倍）。其中四川省的保障人数最多，为 335.9435 万人；资金投入最大的省份是贵州省，为 15.2400 亿元。

2. 医疗和住房救助体系实施情况

2008 年，西部 12 省的城镇医疗救助支出为 8.5716 亿元，比 2007 年的 3.7308 亿元增长了 1.30 倍；农村医疗救助支出为 14.1809 亿元，比 2005 年的 2.5574 亿元增长了 4.55 倍，年均增长 1.53 倍。西藏自 2006 年启动廉租住房建设，目前已在 74 个县市展开，累计投入廉租住房建设资金近 10 亿元；2009 年底，青海省共开工建设各类保障性安居工程 6.558 万套（户），其中，城镇保障性住房 2.39 万套，农村危房改造已交付 1.5815 万户，林区棚户区涉及 155 套改造项目，游牧民定居工程开工建设 2.571 万户；2009 年，宁夏共完成“塞上农民新居”新村建设示范点 65 个 6636 户，整治旧村 283 个 2.4 万余户，完成农村危房改造 3 万余户，建设抗震农宅 600 多户。

3. 低收入群体社会保险项目实施情况

截至 2008 年底，西部 12 省共有 2244.8279 万人参加了失业保险（平均每个省有 187.0690 万人），比 2007 年的 2167.3551 万人净增 77.4728 万人，共为 57.1570 万名失业员工发放失业保险金 44.8884 万元；有 929.1454 万人参加了农村社会养老保险（其中 2008 年新增 2.8401 万人），共有 67.9600 万人领取了养老金；有 840 万人参加了城镇居民基本医疗保险，3520 万人参加了城镇职工基本医疗保险（其中在职职工 2434 万人，退休职工 1086 万人）。截至 2009 年 9 月，西部地区实际参加新型农村合作医疗的农业人口为 2.6 亿，参合率达到 93%，分别较 2008 年增加 700 万和 2.5 个百分点。

（三）基于陕西省抽样调查的分析

为了获取西部地区低收入人群社会保障问题的实证资料，课题组于 2008 年 4 月，在西安市和宝鸡市进行了以最低生活保障户作为调查对象的社会调查。在西安市共发放调查问卷 430 份，收回 426 份，其中有效问卷为 404 份；宝鸡市发放问卷 550 份，收回 540 份，有效问卷为 497 份，有效样本总数为 901 份。被调查者男性占 51.50%，略多于女性的 48.50%；年龄集中在 40 ~ 59 岁之间的，占 76.25%，年龄在20~39岁和60岁及以上的，分别占13.32%和9.88%；初中及以下和高中/高职者占低收入人群的96.55%，而大专及以上的仅占3.45%；已婚家庭占63.82%，离异和丧偶家庭占低收入人群的比例也达到了18.31%和12.87%，未婚者仅占4.99%；职业集中在失业和非稳定就业人群，分别占67.26%和27.19%。

被调查的低收入者对现有社会保障政策有相当程度的了解，具体表现为：对社会保障基本政策完全了解和基本了解的人员占总样本量的84.16%；经常参与社会保障政策学习的人员占总样本量的87.63%；完全熟悉和基本熟悉低保申请程序的人员占总样本量的67.33%。被调查者对相关低保政策的满意程度见表2。

表2　低保人员对低保政策满意程度

单位：人，%

低保金能满足基本生活要求	选　项	完全同意	基本同意	无所谓	基本不同意	完全不同意
	人　数	27	169	9	459	238
	比　例	2.97	18.81	0.99	50.99	26.4
认为理想的低保标准	选　项	完全同意	基本同意	无所谓	基本不同意	完全不同意
	人　数	80	147	219	254	201
	比　例	8.91	16.34	24.26	28.22	22.28
低保申请程序复杂，审核时间长	选　项	完全同意	基本同意	无所谓	基本不同意	完全不同意
	人　数	134	491	156	85	36
	比　例	14.85	54.46	17.33	9.41	3.96

城镇低收入人群享受的社会保障项目情况见图2。城镇低收入者享受医疗救助制度的比例较低，仅有1/4左右，导致医疗救助制度覆盖面窄的原因可能有两

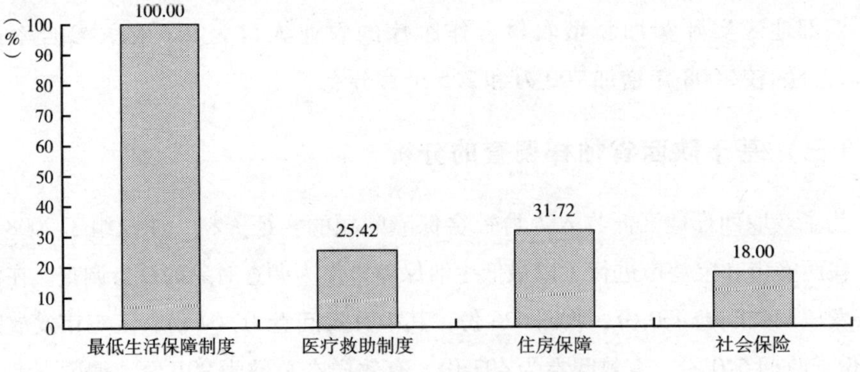

图2　被调查者享受的社会保障项目统计

个：一是被调查者不需要医疗救助；二是当前的医疗救助制度供给不足。同样，住房保障制度的覆盖率仅为31.72%，这说明当前的制度供给难以满足城镇低收入者的社会保障需求。仅有18%的被调查者参加了社会保险中的养老保险和医疗保险，其他险种的参保比例均低于18%，这说明，城镇低收入人群对未来社会风险的预防能力较弱。

能够享受社会保障项目的低收入人群的享受水平也不高。享受的最低生活保障水平全部在500元以下；医疗救助中有38.61%的被调查者享受的医疗救助也在500元以内，同时，享受的医疗救助水平在1001~1500元和2000元以上的被调查者分别占到被调查者总数的1/5强；在住房保障方面，由于住房的价格较高，享受这一制度保障的被调查者中，有83.52%的人享受的保障水平在2000元以上，其他选项的选择者都不超过10%。

尽管陕西省城镇低收入人群的社会保障制度实施状况并不理想，但职能部门的管理水平还是比较让人满意的。认为“没有不够资格而享受低保”的人数占到了85.71%；被调查者普遍认为自己的低保金能够按时领取，只有3.62%的人认为自己的低保金没有能够按时领取到。由此可见，陕西省城镇低收入人群的社会保障项目管理状况较好，但工作中的细节仍然需要在实际工作中进一步加强。

四　西部地区低收入人群社会保障存在的问题及原因分析

（一）西部地区低收入人群社会保障存在的问题

1. 保障理念重视生存，忽视发展

中国西部地区低收入人群的社会保障制度重在“最低”，主要保障“吃饭”①。低收入人群的社会保障是对生活在贫困线以下的居民实施社会救济，是指为维持人体生命延续所必需消费的商品和劳务的最低需求②，最低生活保障线的测定基本上是绝对贫困的计算方法。虽然最低生活保障、医疗保障、住房保障等项目都规定保障低收入者的基本生活，但对于低收入人群的未来发展、如何摆脱贫

① 徐滇庆等：《中国社会保障体制改革》，经济科学出版社，1999，第666~676页。

② 林毓铭：《城市居民最低生活保障线制度研究》，《社会学研究》1998年第4期。

困境地的保障制度却不多，只是在再就业工程中针对失业者有一定的再就业政策。西部各省乃至全国各地之所以仅强调低收入者的生存问题，而忽视其发展，是因为政府绩效考核制度本身只重视被保障的低收入者的数量及基金支出效率，而不重视低收入者的未来发展，再加上低收入者本身由于文化程度、劳动技能的限制，摆脱贫困需要政府更多地投入，也造成政府在重视低收入人群发展问题上的犹豫。

2. 低收入人群社会保障覆盖范围狭窄

截至2008年底，西部地区参加基本养老保险的人员（包括在职职工和退休人员）共计3851.18万人，占20493.19万就业人员的18.79%；参加城镇职工基本医疗保险和城镇居民基本医疗保险的总人数为6343.79万人，占13995.29万城镇人口的45.33%；参加失业保险的人数为2244.83万人，占就业人员总数的10.95%；参加工伤保险的人数为2092.35万人，占就业人员总数的10.21%；参加生育保险的人数为1626.06万人，占就业人员总数的7.93%；参加农村养老保险的人数为929.15万人，占农村人口的4.12%。[①] 可见，在西部地区，社会养老保险的覆盖范围还比较低，而被排除在社会保障制度之外的人员有很大一部分是农村居民、农民工、失地农民等低收入人群。近年来，虽然养老、医疗、失业、工伤和生育等“五险”的覆盖范围在以较快的速度扩大，但仍然十分狭窄。

3. 保障标准偏低，未能满足保障对象的需求

据吴碧英[②]对我国36个城市最低生活保障标准实证分析的研究显示：除拉萨外，我国35个省会城市和直辖市自建立城市低保制度以来，城市低保标准经过1998年、2002年、2004年三次调整，月均低保标准由1998年的148.47元/人提高到2002年的208.03元/人，年均增长8.80%；2004年再次调整为230.03元/人，年均增长5.15%。与我国的经济增长速度相比，低保标准未能同步增长，再加上通货膨胀的影响，低保很难满足保障对象的需求。

陕西省的抽样调查显示，有90.74%的受访对象表示“在物价上涨的背景下，现在的低保金不能维持日常生活”。根据张思锋[③]对陕西省城镇低收入人群

① 资料来源：根据《中国统计年鉴2009》、《中国劳动统计年鉴2009》的有关数据计算所得。

② 吴碧英：《中国36个城市居民最低生活保障标准实证分析》，《数量经济技术经济研究》2001年第4期。

③ 张思锋、刘佳：《城镇低收入人群社会保障的需求与供给差异研究》，《西北大学学报（哲学社会科学版）》2009年第6期。

基本支出需求的测算，2007 年陕西省城镇低收入人群月基本支出需求为 648. 85 元，按陕西省月均 170 元/人的补差水平来测算，只有当城镇低收入者的月收入达到 478. 845 元时，才能满足基本支出需求。但是通过对西安市、宝鸡市的社会调查发现，陕西省城镇低收入人群的月收入大多在 150 元以下，因此，现行的保障标准偏低，很难满足低收入人群的需求。

4. 保障对象甄别、补差标准确定困难

从低收入人群社会保障制度设计的初衷来看，既要使所有应该享受保障的家庭获得政府补贴，从而能维持基本的生活水平，又要将不应该享受保障待遇的家庭排除在外。在实践中，通常是用“最低生活保障标准（线）”做标尺，对照申请人的家庭收入进行衡量。只有当申请人或家庭收入低于最低生活保障标准（线）时，才具有享受低保待遇、领取低保金的资格。看似简单的设计，却一直是低保制度实际操作中的一个难点，其原因主要表现在：隐性收入难以预防、道德风险难以防范、人户分离难以防范。

另外，传统的社会救助对于“三无人员”是按照当地低保标准全额享受的；但对其他尚有一定收入的城市居民，是按照家庭人均收入低于当地城市居民最低生活保障标准的差额来享受的。即在确定救济对象后，必须明确每个低保家庭的救济金额。但由于家庭实际收入核算的困难，使得对于补差标准的确定也变得非常困难。

（二）西部地区低收入人群社会保障存在问题的原因分析

1. 表层原因——技术层面

（1）补差标准的确定不科学、不规范。虽然最低生活保障标准是独立的标准，但是部分西部省份过分考虑当地财力的“量入为出”，没有经过科学的抽样调查，在财力承受的范围内，由民政部门会同财政、统计、物价等部门通过简单协商的方式制定，这种没有经过充分的科学论证的“最低生活保障线”，并不能很好的保障低收入人群的基本生活。不但标准的确立缺乏标准，最低生活保障标准也没有随着支出水平的提高而变动。调查发现，2007 年宝鸡市城区 5 月份大米的价格较物价上涨前上涨了 63. 6%，面粉上涨了 25%，食用油上涨了 69. 1%，猪肉上涨了 109. 6%，但宝鸡市的低保标准仍维持在 145 元/月，这对于城镇低收入人群而言影响是十分巨大的。

（2）家庭收入的核定困难。家庭收入核定对于世界上任何一个社会救助制度来说都是难题。目前，中国还未能建立与市场经济体制相适应的金融信用体制和收入申报制度，从而导致实行最低生活保障制度行政程序中最关键的环节——家庭收入调查没有切实的依据，主要表现在调查途径上存在障碍、“隐性收入”和“隐性就业”核查难。

（3）“一刀切”的救助方式不科学。不同结构的家庭生活需求有很大差异。例如，老人多、孩子多、病人多的家庭，其生活需求就要比与之相反的家庭高许多。而目前我国西部地区低收入人群社会保障制度采取的保障方式一般是“一刀切”式的救助方式。从2004年开始，在民政部的倡导和要求下，大部分的西部省份也开始探索实行“分类施保”这种初级阶段的分类救助模式。如陕西省对低保对象中的“三无人员”、70周岁以上老年人、重度残疾人、丧失劳动能力的危重病人、非义务教育阶段的学生及单亲家庭提高低保补助标准10元/月~30元/月，2006年起在低保标准的基础上增发低保标准的30%~50%。这种针对特定对象进行分类管理的做法具有一定积极的意义，但总体而言，救助标准趋于平均化，忽视了不同结构和类型家庭的差别，也没有考虑贫困家庭中不同的人的不同需求。

2. 深层原因——制度层面

（1）资金管理模式不合理。有学者对我国中西部地区城市低保制度资金来源进行了博弈分析，结论是下级政府和上级政府在虚报——惩罚博弈中的纳什均衡：下级政府选择虚报，上级政府选择放弃惩罚①。目前，我国城市低保资金主要来源于各级政府财政，这一机制也是在上级政府和下级政府的博弈中形成的，因为对于下级政府的虚报低保人数、套取上级资金从而减少当地政府投入的这一做法，上级政府并不会选择惩罚（而且缺少惩罚的措施）。这种多级财政共同负担的机制是在上级政府和下级政府的博弈中形成的，多级财政共同负担是防止地方政府虚报人数的一个不得已的选择。

（2）现行政策体系设计中存在“社会排斥”现象。“社会排斥”是指居民置身于失业、技能缺乏、收入低下、住房困难、罪案高发、丧失健康以及家庭破裂等交织的环境里，利益被忽视，声音被掩盖，被排斥在主流社会之外②。虽然四

① 张晖、雷华：《对我国中西部地区城市“低保”制度资金来源的博弈分析》，《西北大学学报（哲学社会科学版）》2005年第1期。

② 杨立雄：《最低生活保障制度实施过程中存在的问题》，《社会》2003年第4期。

川省、陕西省、西藏自治区、广西壮族自治区、甘肃省的低保对象基本上已经实现了“应保尽保”，但是“社会排斥”现象并没有得到完全的解决。在本次对陕西省的调查中，有22.69%的被调查者表示“周围认识的人，有够享受低保条件而未能享受低保者”。

（3）管理中存在缺位现象。由于低收入人群社会保障工作往往极为复杂和烦琐，需要花费大量的人力、物力和财力，要想单独依靠民政部、人力资源或社会保障部等行政主管部门很难面面俱到。因此，大量的审查工作就要靠居委会的工作人员来完成。而作为村民自治组织的居委会，因其工作人员不行使“公共权力”而不受有关法律法规的制约和约束，现行的制度规定却让这部分人违规受惩戒的成本很低。因此，“人情保”“关系保”凸显出管理环节存在的问题：管理权限的“下置”导致“入口”把关不严，让大量的不符合规定的人员混迹于低保制度之下。据了解，宝鸡市各区县民政部门入户抽查率为30%，对其他70%的低保对象的审查，只要基层工作人员对上稍加“屏蔽”，就可让这部分人享受低保待遇。

五 解决西部低收入人群社会保障问题的政策建议

（一）树立“全覆盖、分类别、多路径”的保障理念

由于现有保障理念更多地关注低收入人群的生存保障，而忽视了他们的发展需求，因此，有必要树立一个“全覆盖、分类别、多路径”的综合性、系统性的社会保障理念。

“全覆盖”是指制度供给应该覆盖所有的低收入人群，即我们常说的“应保尽保”，其目标旨在解决西部低收入人群社会保障的覆盖面问题。全覆盖的社会保障体系不仅可以解决现有的城镇低收入人群的保障问题，还为户籍制度取消后新进入城镇低收入人群的人提供了保障的基础和可能性。

“分类别”是指在对低收入人群进行救助时，应该按照不同的致贫原因采用相应的方式进行救助，目的在于解决低收入人群的保障水平问题。将西部地区低收入人群按照收入划分为低、中、高三种人群，在确定了人群划分之后，根据每一人群的特征提供相应的保障项目。

"多路径"是在试图解决低收入人群保障的财务可持续问题，它主要是针对保障资金的来源渠道，是为了更好地解决保障资金的筹集问题。低收入人群，缺乏自我保障能力，甚至生存问题都可能无法解决，急需国家给予保障。国家应该尽全力确保城乡统一、全国统一、全面覆盖的社会保障制度底线，以解决城市人口、农村人口、进城务工农民三个基本人口人群中低收入者的基本生存问题。

（二）完善西部地区低收入人群的社会保障政策支持体系

1. 构建低收入人群社会保障政策支持体系

借鉴发达国家和国内发达地区低收入人群的社会保障实践，结合西部地区低收入人群的生存状态及其社会保障状况，本文建议在社会保障的子系统社会保险、社会救助、社会福利中，均设计专门针对低收入人群的相关政策法规。所构建的政策体系见图3。

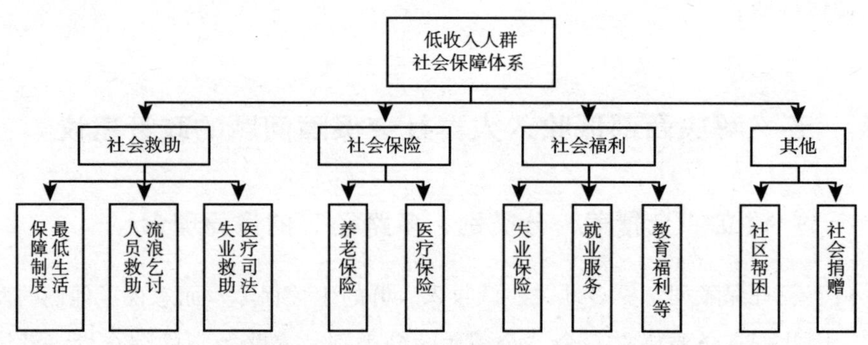

图3　低收入人群社会保障体系

2. 完善低收入人群社会保障相关政策法规

国家应加快社会保障立法，尽快出台《社会保险法》、《社会救助法》。良好的制度防范和保障措施，能够有效地保证公民享受到恰如其分的保障待遇，也能够使冒领、骗领社会保障的公民受到确定、及时和有效的法律制裁，从而使低收入人群社会保障制度能够更有效地保障低收入人群的基本利益。

地方应加紧探索建立和完善分类救助制度。分类救助较好地实现了贫困居民的基本消费需求与贫困家庭的实际差异需求之间的结合，代表着低保制度未来的前进方向。西部各省应该在中央有关部门的推动和指导下，根据本地的实际，探索建立真正意义上的分类救助制度。具体做法是，建立多层次的低保对象制度，将低保对象分为若干层，对每一层的对象提供不同的福利救助。可以考虑以目前的低保对象为“低保基本层”，然后在其内部做出“特困户”和“普通低保户”的区分，并且将其之外一定范围内的低收入家庭纳入到低保扩展层。

（三）完善低收入人群社会救助识别系统

社会救助识别系统由指标构建、数据获取、数据处理、程序识别以及识别结果等五部分构成。通过将低收入人群的社会保障需求进行指标分解，筛选指标建立低收入人群社会保障识别系统指标体系，然后依据构建的指标体系获取数据，构建低收入人群信息数据库，利用统计软件进行数据处理，通过对数据的分析处理，最终遴选出低收入人群。

此外，低收入人群社会保障指标体系建立之后，最重要的就是数据的获取，为保证数据的真实性、完整性，需要提升骗保者的道德成本和机会成本。由于我国的社会规范尚不成熟，社会保障方面的立法比较缓慢，对于失信的惩罚不够，失信成本低，出现了类似劣币驱逐良币的现象。因此，在加强公民思想道德建设的同时，有必要通过立法提升骗保者的成本，让低收入人群能够切实得到应得的保障，体现社会保障的公平和效益。此外，还需要多项措施解决家庭收入和财产调查难题。完善对那些缴纳社会保障金对象的收入审核，通过社会保险数据库的个人记录来获得收入信息。进一步加强群众监督的力度，建议在有关部门已经推行存款实名制、手机实名制、完税证明回复等措施的基础上，加强部门协调与合作，推动个人信用体系的建立，研究授权民政部门到金融机构查询有关信息的机制和渠道并向全社会公布低保欺瞒行为的举报电话。通过建立跨部门协调机制，努力解决家庭收入和财产调查难题。

西部“十二五”时期发展思路研究

THE WESTERN DEVELOPING STRATEGY RESEARCH FOR TWELFTH FIVE YEAR

“十二五”时期推进西部大开发的基本思路

魏后凯*

摘　要：本报告对西部大开发十年的主要成效进行了系统回顾与总结，对目前西部开发中面临的突出问题进行了分析；在此基础上，指出了“十二五”时期西部大开发的着力点应在维护社会稳定、推进民生工程、提高可持续发展能力、打造低碳产业体系及加速推进城镇化等方面，并对此提出了应该采取的政策措施。

关键词：“十二五”　西部开发　基本思路

* 魏后凯，中国社会科学院城市发展与环境研究所。

一　西部大开发十年的主要成效

自1999年中央提出实施西部大开发战略以来，有关部门先后制定实施了一系列的规划和政策措施。在国家有关政策的有力支持下，西部大开发各项工作稳步推进，十年来成效显著。具体表现在以下几个方面。

1. 固定资产投资增速加快

2000～2008年，西部地区全社会固定资产投资年均增长23.4%，比全国平均增速高1.9个百分点，比东部地区增速高4.4个百分点。2009年，西部地区全社会固定资产投资增速高达38.1%，远高于全国30.1%和东部地区23.0%的水平，在四大区域中最高。在投资拉动和国家政策的支持下，近年来西部地区基础设施和生态环境建设快速推进，尤其是交通、通信设施得到了很大改善。到2008年，西部地区森林覆盖率达到17.05%，比十年前提高了6.73个百分点。

2. 地区经济呈现高速增长

实施西部大开发以来，西部地区生产总值增长速度逐年加快，自1999年的7.3%迅速提高到2007年的14.5%。2008年，受金融危机的影响，西部地区增速有所回落，但仍高达12.4%，分别比全国和东部地区平均水平高0.7和1.3个百分点。2000～2008年，西部地区生产总值年均增长11.7%，其中2005～2008年达到13.3%，在全国四大区域中增长速度最快。2009年，西部地区生产总值继续保持高速增长态势，比上年增长13.5%，分别比东部、中部和东北地区高2.8、1.8和0.9个百分点。

3. 地区工业化快速推进

1999～2008年，西部地区工业增加值占生产总值的比重由32.9%迅速提高到41.1%，增加了8.2个百分点，而同期东部、东北和中部地区仅分别增加4.5、4.5和6.4个百分点。这说明，自实施西部大开发以来，西部地区工业化快速推进，与其他地区之间的差距在不断缩小。

4. 居民生活水平明显改善

经过十年的开发，西部地区经济社会发展水平显著提高，综合发展能力不断增强。1999～2008年，西部地区人均生产总值由4283元迅速提高到15951元，其相对水平（以各地区平均为100）由60.7%提高到63.8%。西部地区城乡居民收入均获得了较快增长。到2008年，西部城镇居民人均可支配收入达到12971元，农民人均纯收入达3518元，分别相当于全国平均水平的82.2%和73.9%。

5. 东西发展差距趋于缩小

自2003年以来，尽管东西部地区间人均生产总值绝对差距仍在继续扩大，但其相对差距已呈现逐步缩小的态势。2003年，西部地区人均生产总值比东部地区低63.0%，2005年下降到60.7%，2007年下降到58.9%，2008年进一步下降到56.9%，比1999年的差距水平低3.3个百分点。2007年之后，东西部地区间城乡居民收入的相对差距也开始趋于缩小。

6. 对外开放水平显著提高

2000～2008年，西部地区出口额年均增长26.4%，在全国四大区域中最高，比全国平均水平高1.6个百分点。到2008年，西部地区出口额占全国的比重已达到4.5%，分别比1999年和2004年提高0.5和1.0个百分点。但由于受金融危机的影响，2009年西部地区出口额比上年下降36.6%，下降幅度超过东部和中部地区。同时，西部地区实际利用外商直接投资占全国比重近年来也迅速提高，由2004年的2.88%提高到2006年的3.45%，2007年又提高到4.92%。这说明，总体上看，近年来西部地区的对外开放水平在明显提升。

二　当前西部开发面临的突出问题

然而，应该看到，目前西部地区发展水平还很低，老百姓的生活还相当艰苦，基础设施还比较薄弱，生态环境恶化趋势未得到根本改变，要实现中央提出的建设一个经济繁荣、社会进步、生活安定、民族团结、山川秀美、人民富裕的现代化新西部目标，今后仍需做出长期艰辛的努力。当前，西部开发面临的突出问题主要有以下几个方面。

1. 产业结构呈逆向调整

西部地区产业发展层次低，采掘和原料工业比重大，产业链条短，加工深度和综合利用程度低。更重要的是，由于能源、原材料等重化工业的快速扩张，近年来这种格局在进一步强化，西部一些地区产业结构呈现逆向调整，结构低级化趋势进一步强化。例如，2001～2008年，在规模以上现价工业总产值中，内蒙古资源性产业所占比重由60.9%提高到70.2%，增加了9.3个百分点①。2007 年，西部高技术产业增加值仅占规模以上工业的 5.6%，比 2000 年下降 3.0 个百分点，比东部地区低 7.8 个百分点。

2. 城镇化差距趋于扩大

2008 年，西部地区城镇化率仅有 38.3%，比全国平均水平低 7.4 个百分点，比东部地区低 17.6 个百分点。2000～2008 年，全国城镇化率平均每年提高 1.19 个百分点，其中，东部和中部地区分别年均提高 1.33 和 1.40 个百分点，而西部地区年均提高只有 1.20 个百分点。这期间，东部与西部地区间城镇化率差距由 16.6 个百分点扩大到 2007 年的 18.0 个百分点，2008 年开始呈现缩小态势，东西差距缩小到 17.6 个百分点。同时，西部地区城乡居民收入差距大，二元结构明显，中心城市的带动作用不强。2008 年，西部有 8 个省区城镇居民人均可支配收入与农村居民人均纯收入之比超过 3.5∶1，其中云南、贵州、陕西、甘肃超过 4∶1。

3. 就业机会增长缓慢

近年来，西部地区经济增长主要是靠资源和投资拉动的，资源型重化工业快速扩张起到了主导作用。2000～2008 年，西部地区生产总值的增长有 64.5% 是靠投资拉动的，这一比重分别比全国和东部地区高 10.7 和 18.9 个百分点。由于重化工对劳动力吸纳能力有限，加上城镇化严重滞后，导致西部地区就业机会增长缓慢，岗位严重不足，大量农村剩余劳动力不得不到东部去打工。

4. 公共服务能力低下

2008 年，西部地区人均地方财政本级收入仅相当于全国平均水平的 64.5%，东部地区的 40.5%，上海市的 11.3%。由于西部地方财力有限，加上中央财政转移支付水平偏低，导致西部地方政府尤其是县乡政府公共服务能力明显不足，地区公共服务水平较低。至今为止，西部地区尤其是农村地区、贫困地区、偏远山区和边境地区，交通、通信、医疗卫生、文化、自来水、垃圾处理等公共服务设施仍然十分薄弱，离中央要求的实现基本公共服务均等化目标仍有很大差距。

5. 农村贫困问题突出

西部是我国农村贫困人口最集中、贫困程度最深、扶贫难度最大的地区。

① 资源性产业的统计范围包括采矿业，石油加工、炼焦及核燃料加工业，化学原料及化学制品制造业，黑色金属冶炼及压延加工业，有色金属冶炼及压延加工业，非金属矿物制品业，电力、热力的生产和供应业。

2008 年，西部地区仍有低收入以下农村贫困人口 2648.8 万人，贫困发生率高达 9.3%。西部贫困人口比例则是全国平均水平的 2.2 倍，其中西藏、青海超过 10%，宁夏、贵州、云南、新疆等也超过 7%。目前，西部贫困人口约有一半居住在山区，连续贫困群体有 76% 居住在资源匮乏、环境恶劣的深山区、石山区、高寒山区和黄土高原地区，这些地区自然条件恶劣，贫困发生率高，返贫现象严重，脱贫难度极大。

6. 高碳经济特征明显

由于西部地区资源性产业比重大，加上技术和管理水平低，导致其经济发展呈现出“高消耗、高排放”的高碳经济特点。2008 年，西部地区万元 GDP 能耗高达 1.67 吨标准煤，万元工业增加值能耗达 2.99 吨标准煤，分别比全国平均水平高 51.8% 和 36.5%，比东部地区高 81.5% 和 110.6%。西部地区单位工业增加值三废排放量也远高于全国和东部地区平均水平。

表 1　2008 年各地区单位产出能耗比较

单位：吨标准煤/万元

地　　区	单位 GDP 能耗	单位工业增加值能耗
东部地区	0.92	1.42
东北地区	1.48	2.18
中部地区	1.33	2.90
西部地区	1.67	2.99
全　　国	1.10	2.19

注：根据各省区市单位 GDP 能耗和地区生产总值以及单位工业增加值能耗和工业增加值推算。
资料来源：《中国统计年鉴 2009》和 2008 年各省、自治区、直辖市单位 GDP 能耗等指标公报。

7. 物流和税收成本高

西部地区由于远离沿海港口和主要消费中心，加上产业配套不完善，生产者服务业发展滞后，导致物流成本偏高，严重影响了民间资本进入和企业发展。更重要的是，目前西部地区工业平均税负远高于东部地区平均水平。2008 年，西部地区规模以上企业税金总额占产品销售收入的比重高达 7.13%，分别比全国和东部地区平均水平高 48.9% 和 79.6%。这种情况的出现，是与外商投资和出口高度集中在东部以及西部高税行业比重大且地方从严征税等因素紧密相关的。在东部地区，由于地方财力雄厚，税源充足，大多实行“放水养鱼”的宽松税收政策。

三 “十二五”时期西部大开发的着力点

实施西部大开发战略是一项长期的艰巨任务。未来十年，是我国深入推进西部大开发的关键时期，也是全面统筹区域协调发展的重要转折时期。在“十二五”期间，应坚定不移地全面深入推进实施西部大开发战略，坚持“民富为先、稳定为重”的方针，更加注重维护社会稳定、扩大就业机会和让百姓得到实惠，切实提高西部自我发展能力和综合竞争力，使西部尽快走上持续、稳定、快速、健康发展的轨道。

1. 始终把维护社会稳定放在首位

西部地区边境线漫长，是我国少数民族地区、革命老区和贫困地区的集中分布区，各种不安定的因素相互交融在一起。因此，在深入推进西部大开发的过程中，要始终把维护社会稳定放在首位，把经济发展与社会稳定有机结合起来，坚持“两手抓、两手都要硬”。特别是，要高度重视“老少边穷”地区的全面发展，切实帮助这些地区解决面临的各种问题和困难，建立长效机制，增强自身发展能力，依靠大发展促进大繁荣，实现西部社会大稳定和民族大团结。

2. 要让西部老百姓得到更多实惠

在西部大开发的前十年，国家着力实施了一批基础设施和生态环境领域的重大项目。这些重大项目对尽快改变西部地区的落后面貌起到了关键性作用。今后除继续推进点上的重大项目建设外，要更加重视从面上加强西部民生建设，着力解决与广大百姓息息相关的教育、文化、医疗、卫生、社会保障、安全、居住环境等方面的问题，使西部老百姓能够在大开发中切实享受到更多的实惠，使老百姓的收入和生活水平大幅度提高。

3. 千方百计扩大西部的就业机会

实行就业优先战略，着力增加本地就业机会，而不是一味向东部输出廉价劳动力，为东部地区“打工”，使西部人尽可能在西部成家创业，这是促进西部经济繁荣和维护西部社会稳定的关键所在。为此，应加大国家财政和政策支持力度，鼓励海内外民间资本投资西部，鼓励沿海企业、开发区和加工贸易西进，鼓励西部农民工回乡创业，尤其要高度重视在西部发展劳动密集型产业，以便在西部创造更多的就业岗位。

4. 切实提高西部可持续发展能力

目前，西部有相当一部分地区的增长都是依靠开采资源来拉动的，走的仍然是一条“卖资源”的传统路子。这种做法虽然可以暂时带来 GDP 的高速增长和政府财政收入的增加，但无疑是不可持续的。为此，要围绕优势资源开发，积极培育资源循环产业链，完善产业配套体系，提高资源加工深度和综合利用程度。同时，要加快推进资源型城市转型，着力培育发展接替产业和新兴战略产业，促进产业适度多元化，切实提高可持续发展能力，尽快改变单纯向外输出资源的状况。

5. 倾力打造西部特色低碳产业体系

最近，我国政府已明确表示，到 2020 年，单位 GDP 二氧化碳排放比 2005 年下降 40% ~45%。要实现这一目标，难点将在中西部尤其是西部地区。为此，要按照资源节约、环境友好、低碳高效的原则，尽快制定实施西部节能减排行动计划，加快推进低碳型的特色优势产业发展，推动建立一批能够充分发挥地区优势、具有较强竞争力的低碳产业园区和低碳产业基地，全力构建西部特色低碳产业体系，为西部大开发提供坚实的产业支撑。

6. 加快推进西部地区的城镇化进程

要把城镇化与工业化、信息化有机结合起来，以工业化为支撑，以城镇化为载体，以信息化为手段，推动城市转型升级和“三化”互动融合。从西部区情和各地实际出发，走具有西部特色的新型城镇化道路，全面提高城镇化质量，促进城镇化健康发展。充分发挥中心城市的带动和辐射作用，继续抓好成渝、关中 - 天水、北部湾经济区建设，加快推进兰西、呼包鄂、天山北麓、宁夏沿黄、滇中、黔中等城市群规划建设，积极培育形成一批新的增长极。同时，要加快小城镇建设步伐，进一步完善基础设施和公共服务，着力提高小城镇吸纳能力。

四 “十二五”时期推进西部大开发的措施

在“十二五”及后十年期间，国家应进一步加大对西部大开发的政策支持力度，着力采取多方面的有效政策措施，以切实增强西部地区的可持续发展能力和产业竞争力。

1. 建立差别化分类扶持政策体系

要改变过去的普惠制办法，并对现有针对特定区域的扶持政策进行整合，按照区别对待、分类指导的原则，对西部中心城市、资源富集区、老工业基地、贫困地区、生态脆弱区、边境地区等不同类型区域，实行有针对性的差别化分类扶持政策，明确国家扶持的标准、范围、时限、方式和具体措施，切实提高政策的实施效果。当前，要尽快将东北老工业基地政策延伸到西部地区，并研究制定具体的实施细则。在划分类型区的过程中，对民族地区和革命老区实行“同等优先”，给予照顾。

2. 设立国家承接产业转移示范区

为积极引导外商投资、沿海企业、加工贸易和开发区西进，建议在西部条件较好的地区，依托交通干线以及大中城市和产业园区，建立一批国家承接产业转移示范区。推进示范区的建设，应以城市为地域单元，以产业园区为载体，突出特色和重点，高起点搞好规划，明确功能定位、发展目标和重点领域，并在投资、财税、信贷、土地等方面给予相应支持。鼓励东部与西部地方政府互动合作，在示范区联手建立工业园区和产业化基地。要采取有效措施禁止沿海污染产业向西部转移扩散，做到“产业转移，污染不转移”。

3. 大力推进基本公共服务均等化

进一步加大中央财政转移支付力度，大幅度提高均等化转移支付的比重，逐步建立以均等化转移支付为主体的财政转移支付体系，切实增强西部地区的公共服务能力。当前，要大力推进西部科技教育、文化体育、医疗卫生、园林绿化、环境保护、社会保障、公共安全、社区和信息服务等设施建设，并按照城乡一体化的要求，推动城镇各项基础设施向农村延伸，构建以城带乡、城乡互动、融合发展的新型格局。对西部民族地区和边境地区，还要考虑双语教学、民族文化、民族出版、地广人稀带来的高额成本等特殊情况，增加其特殊基本公共服务支出，提高基本公共服务标准和水平。

4. 深化完善西部大开发税收政策

延长税收优惠时限，把现行主要税收优惠政策再延长 10 ~20 年；进一步降低税率，可考虑将西部国家鼓励类企业按 12% 甚至 10% 征收所得税；实行直接优惠与间接优惠并举，采用投资抵免、加速折旧、提取准备金、再投资退税等方式，鼓励西部企业加快调整升级；将消费税设为共享税，适当提高西部地方留成比例；根据税收属地原则，调整所得税汇总纳税，对总分机构和跨区经营企业，其企业所得税按税源地的贡献大小进行分配；扩大资源税的征税范围，提高税率，将计税依据由从量计征改为从价计征；统一资源税和资源补偿费，实现税费合一；制定适合西部的国家鼓励类产业目录，将西部特色优势产业纳入目录，并将西部国家鼓励类产业企业主营业务收入必须达到70%以上的规定降为60%或50%，扩大优惠政策覆盖面。

5. 健全西部资源与生态补偿机制

进一步理顺资源价格，实行资源性产品和战略性资源出口最低限价政策；对西部矿产、油气等资源税，实行10年左右的全部返还政策，主要用于西部资源保护、环境污染治理等；建立矿业企业矿区环境治理和生态恢复的责任机制，强制企业从销售收入中提取一定比例资金用于矿山环境、生态补偿及资源枯竭后的企业转产；优先在西部资源性产品产地，建立一批国家战略储备基地；合理确定国家在西部有偿出让矿业权收益的分配比例，实行中央与地方二八分成；在矿山企业强制提取安全费用，加大安全投入。在青海"三江源"等大江大河源头区和生态极度脆弱地区，开展生态补偿试点，建立国家生态保护综合试验区和"无人区"。

6. 加大对扶贫工作的支持力度

进一步提高农村贫困线标准，重新核定国家扶贫工作重点县范围，着力培育特色生态产业体系，提高自我发展能力，扩大当地就业机会，集中力量重点解决集中连片的贫困地区经济发展和脱贫致富问题。对到中西部贫困地区投资设厂或创办企业并能为当地创造较多就业岗位的投资者，中央财政给予一定就业补贴，并实行"八免二减半"征收企业所得税优惠政策。对中西部集中连片的贫困地区，尤其是少数民族和沿边地区，可考虑设立"无税区"，除在一定期限内享受减免企业所得税外，还可享受减免其他税费的优惠政策。由此减少的地方财政收入，由中央财政全额补足。

7. 加快沿边地区开发开放步伐

尽快启动编制《沿边地区发展规划》，继续推进实施兴边富民行动计划，进一步打通西部与东中部、东北地区以及与周边国家的对外联系通道，加快沿边地区交通、通信、口岸、供电供水、环境卫生等基础设施建设，适当放宽边境地区设立各类"特殊区域"的审批条件，增设边境出口加工区、互市贸易区、保税区等。在满洲里、二连浩特、博乐、霍城、东兴、凭祥、河口、瑞丽等边境口岸城市，整合现有资源，建立高度开放、更加灵活、更加优惠的边境经济特区，推动形成以开放促开发、促发展、促稳定的新格局。

参考文献

魏后凯、袁晓勐：《我国西部大开发税收政策评价及调整方向》，《税务研究》2010 年第 2 期。

课题组：《西部大开发“十二五”规划及到 2020 年中长期发展思路研究》，中国社会科学院城市发展与环境研究中心，2009。

我国区域经济发展的回顾与“十二五”展望

肖金成*

摘　要： 我国从改革开放以来，相继实施了东部率先、西部开发、东北振兴、中部崛起区域发展战略，使各地区的比较优势得到了不同程度的发挥。区域规划的编制和推出旨在促进区域实现科学发展。本报告在对上述问题进行回顾与分析的基础上提出了“十二五”期间促进区域协调发展的建议：一是空间规划研究与编制应提上议事日程；二是加快户籍制度和社保制度改革，促进人口空间结构调整；三是改革财政转移支付制度，加快实现基本公共服务均等化；四是构建生态补偿机制，共同维护人人共享的生态环境；五是加强国际次区域合作，促进边疆地区的经济社会发展。

关键词： 区域经济　“十二五”规划　协调发展　生态补偿

我国从改革开放以来，相继实施了东部率先、西部开发、东北振兴、中部崛起区域发展战略，使各地区的比较优势得到了不同程度的发挥。尤其是“十六大”以来，实施区域协调发展战略，取得了重大成效，“东中西”三大地带的区域发展差距扩大的势头得到遏制，并初步形成了以城市群为中心的区域发展基本格局。为了实现全面、协调和可持续发展的目标，未来，应促进经济要素跨区域流动，加强区域之间合作，以城市群为中心构建经济圈和经济带，在欠发达地区和边疆地区培育新的经济增长极，以此带动欠发达地区和边疆地区的经济社会发展，并加强国际次区域合作。

---

* 肖金成，国家发改委国土开发与地区经济研究所。

一 “四大板块”均出现重大变化，区域政策指导作用加强

改革开放以来，我国实施了对东部沿海地区倾斜的政策，以发挥沿海地区的区位优势，推动改革开放，率先发展。在东部地区取得重大突破和辉煌成就之时，于2000年开始，西部大开发战略全面启动。2003年国家颁发了《关于实施东北地区等老工业基地振兴战略的若干意见》，从政策、资金和项目上，给予了有针对性的支持。2006年4月国家颁发了《关于促进中部地区崛起的若干意见》，提出了中部崛起的战略目标。至此，东部率先、西部开发、东北振兴、中部崛起区域战略全面实施，对不同地区采取了不同的发展战略和区域政策，形成了各具特色和不同发展特征的“四大板块”。相对于“东中西”三大地带，“四大板块”的区域发展特征更加明显。“四大板块”区域发展战略的实施有力地促进了我国区域经济社会的协调发展。

（一）东部地区有效应对世界金融危机的冲击，加快了产业结构升级的步伐

我国东部地区以全国9.6%的土地和37%的人口，创造了全国经济总量的半壁江山，在东部的海岸线旁拓出了一片改革发展的热土。长三角、珠三角、京津冀三大城市群，犹如三个动力强大的引擎，在改革开放的进程中发挥了引领全国发展的作用。三大城市群总人口约占全国的20.6%，土地只占1.1%，GDP已占全国总量的40%以上，实际利用外资额占全国的85%以上，进出口额占全国的75%以上，成为中国经济社会发展水平最高、综合实力最强、城镇体系较为完备的区域。

多年来，东部地区凭借出口导向政策、低廉的人力成本及大量投入实现了经济的快速增长，但另一方面，资源瓶颈愈发明显、环境污染不断加重、产业升级缓慢、外部风险加大等问题日益突出。这些长期积累而形成的深层次矛盾，因世界金融危机而更加凸显，一批传统企业倒闭或外迁至内地成本更低的地方。在长三角地区著名的制造业基地苏州工业园区，今年前三季度规模以上工业企业中逾半数的企业利润总额出现负增长。面临订单减少、资金紧张、成本压力加大等金

融危机现实挑战的许多企业，把发展机遇寄托于自主创新和升级转型。今年以来，珠三角、长三角等地区加快了产业升级的步伐。东莞与深圳推动“腾笼换鸟”政策，通过调整产业政策，将劳动密集型产业向周边地区转移，腾出更多的空间发展高附加值、高科技产业。苏州工业园区也在推进类似的计划，希望在产业结构升级、服务业发展、生态环保等方面取得新进展，这个曾经借国际产业转移之机发展起来的制造业高地，逐渐出现了科技文化艺术中心、纳米科技园、科教创新区等新亮点。

在国际金融危机背景下，京津冀地区显现出巨大活力，2008 年地区生产总值占全国总量超过 9%。天津滨海新区和唐山曹妃甸新区成为这一区域的两大亮点。2006 年，国务院批准天津滨海新区为国家综合配套改革试验区，天津滨海新区被纳入国家总体发展战略，曹妃甸新区也成为国家循环经济示范区。目前，天津滨海新区已成为世界跨国公司在中国投资最密集的地区之一，世界 500 强企业已有 120 多家在这里投资设厂，2008 年 GRP 达到 3102 亿元，占天津 GRP 总量 48.8%，成为继深圳、浦东之后于 21 世纪初崛起的新的经济增长极。

（二）西部大开发基本改变了西部地区基础设施薄弱的状况，特色经济发展成效明显

西部地区地域辽阔，人口众多，自然资源丰富，发展潜力巨大，是国家的生态屏障和资源保障之所在，在全国发展格局中具有极其重要的战略地位。由于自然、历史、社会、经济等诸多因素的影响，西部地区发展相对落后。实施西部大开发战略以来，西部地区的经济建设取得了巨大的成就，经济社会发展速度明显加快，人民生活水平明显提高；基础设施逐步完善，生态环境建设取得积极成果；对外开放水平进一步提高，多层次区域合作的格局开始形成；整体经济实力和区域地位得到提升，正形成一批具有一定竞争力的特色优势产业，为进一步加快发展奠定了良好基础。西部大开发的十年，是改革开放以来西部地区经济社会发展最快，人民生活水平提高最为显著的时期。

西部大开发以来，特色优势产业不断壮大。西部地区的能源工业、矿产资源开采及加工业、特色农牧产品加工业、装备制造业、高技术产业、旅游产业等 6 大特色优势产业发展势头良好，形成了一批特色优势产业基地和一批在国内外拥有较大知名度和较强竞争能力的名优品牌和企业集团。棉花、糖料、烟草、名

酒、瓜果、畜牧等产品的生产加工在全国具有独特优势。此外，高新技术和旅游文化产业也已渐成规模，生物技术、新能源、现代制药和现代农业等高新技术项目顺利实施，先进适用技术推广和科技成果转化加快，高新技术对经济增长的促进作用不断增强。

实施西部大开发以来，国家投入巨资兴建了一批大项目。但还存在与西部地区产业发展联系不够紧密、带动作用有限的问题。一是很多项目旨在利用西部地区资源解决东部发达地区能源短缺和环境保护问题，导致西部地区在全国经济分工中处于原材料、初级产品供给地的地位；二是东部发达地区的企业在西部资源开发过程中占据主导地位；三是国家在西部地区投资的大项目，与西部地区本地的企业之间的联系不够紧密，形成了新的二元结构与“两张皮”问题。[①] 西部地区是我国各种矛盾交会、多方面问题突出的地区，生态环境非常脆弱，荒漠化、水土流失、草场退化、原始森林大幅减少等问题突出。另外，西部地区是我国“老少边穷”地区分布最为集中的地区，贫困现象突出，提高这些地区的经济社会发展水平，维护民族地区稳定仍是比较艰巨的任务。

（三）东北振兴使很多企业焕发活力，资源型城市转型任务依然艰巨

实施东北地区等老工业基地振兴战略是党的十六大提出的一项重要任务，是党中央、国务院从全面建设小康社会全局着眼做出的重大战略部署。振兴东北地区等老工业基地，不仅要在经济发展方面跟上全国的步伐，而且要解决影响发展的体制性、结构性问题和生态性矛盾，增强内在活力，改善发展环境，为实现又快又好的发展并最终实现振兴奠定坚实的基础。

东北地区是我国资源禀赋合理、交通设施完善、产业基础雄厚、生态环境优美的地区之一。能源、原材料工业和装备制造业比较发达，是我国重要的石油生产基地、钢铁生产基地和装备制造业基地。东北地区土地资源非常丰富，土地肥沃，是我国重要的粮食主产区。很长一段时期，受市场经济的冲击，老工业基地的体制性、结构性矛盾日益显现。市场化程度低，经济发展活力不足；产业结构

① 魏后凯：《我国西部大开发的成效及未来政策取向》，《中国西部经济发展报告（2006）》，社会科学文献出版社，2006。

调整缓慢，企业设备和技术老化；企业办社会等历史包袱沉重，社会保障和就业压力大；资源型城市依赖的资源逐步枯竭，支柱产业衰退；相当一部分国有企业陷入困境，就业矛盾突出。

实施东北振兴战略以来，东北地区已经取得了明显的效果和显著的变化。以国有企业改革为重点的体制机制创新取得重大突破，多种所有制经济蓬勃发展，经济结构进一步优化，自主创新能力显著提升，对外开放水平明显提高，基础设施条件得到改善，重点民生问题逐步解决，城乡面貌发生很大变化。投资环境有所改善、政策效应开始显现、招商引资吸引力增强，优势产业不断壮大，并成为主导区域经济发展的重要支柱，产业结构已向集约化、高级化和精深加工转变。① 不仅建成了具有国际竞争力的大型石化生产基地，而且以高技术产业为代表的新型产业也在蓬勃发展。通过联合重组和深化企业改革，东北地区产业结构趋于合理，生产要素进一步向优势产业集中，企业生产效率普遍提高，市场竞争力显著增强。

2009 年上半年，东北地区实现地区生产总值 11723.9 亿元，同比增长 10.8%，比一季度加快 2.4 个百分点，且高于全国 3.7 个百分点，经济回升的趋势渐趋明显。上半年，东北地区规模以上工业实现增加值 6126.6 亿元，同比增长 11.5%，比一季度加快 2.2 个百分点；其中 6 月当月增长 15.2%，高于全国 4.5 个百分点，已接近去年 10 月份水平。工业经济增速企稳回升迹象更加明显。特别是装备制造、农产品加工、建材、汽车、医药等支柱产业成为拉动工业增长的主要动力。

目前，东北地区老工业基地振兴只是取得了阶段性成果，东北地区与发达地区相比还有较大差距，一些影响长远发展和振兴进程的深层次问题还没有根本解决。如体制机制创新依然十分艰巨，企业自主创新能力亟待加强，不良贷款制约国企发展改革，资源型城市经济转型任务艰巨，就业和社会保障压力仍然很大，产业结构调整有待加强完善。

2009 年 9 月 9 日，国务院发布了《关于进一步实施东北地区等老工业基地振兴战略的若干意见》。《意见》对于进一步解决东北地区等老工业基地体制性、

① 引自国务院东北等老工业基地办公室网站东北振兴三年评估报告《发展加快　后劲增强　社会进步　民生改善》。

结构性等深层次矛盾，应对国际金融危机，发挥东北地区的巨大潜力具有重要的现实意义。

（四）中部崛起初显成效，中部多数地区实现快速增长

包括山西、安徽、江西、河南、湖北和湖南六省在内的中部地区，总面积103万平方公里，占全国的10.7%。2008年总人口35466万，占全国的28%。①中部地区地处内陆，是我国区域关联度最强的地区，承东启西，连南贯北，是全国重要的交通枢纽和物流中心，具有开拓大市场和发展大流通的优越条件。中部地区的矿产资源种类多、储量大，动植物资源丰富，是全国著名的农产品生产基地和重要的能源原材料工业基地，具有加快发展的优势条件。但中部地区在经济发展中制约因素也比较明显：一是城市发育不良，城市数量少、规模小，城市化水平低，农村人口多；二是县乡自我发展能力弱，县乡财政普遍比较困难，影响了农村水利、交通运输等基础设施条件的改善和发展环境的优化；三是交通基础设施建设相对滞后；四是农业比较效益低，农村发展环境差；五是资源优势未转化为经济优势，制造业尚未成为主要的支柱产业。近些年出现增速落后于西部的状况，中部地区的学者将其概括为“中部塌陷”。

2006年4月，中共中央、国务院发布《关于促进中部地区崛起的若干意见》，提出将中部地区建设成为全国重要的粮食生产基地，能源原材料基地，现代装备制造及高技术产业基地和综合交通运输枢纽。中部崛起战略正式成为继东部地区率先发展、实施西部大开发、振兴东北老工业基地战略之后，党中央、国务院从现代化建设布局出发做出的又一重大决策。通过实施“中部崛起”战略，中部六省充分发挥综合优势，加快农业产业化、新型工业化和城镇化步伐，促进经济增长方式由数量粗放型向质量效益型转变、由投资带动型向投资、消费、出口协同推进型转变，经济发展迈出了健康的步伐。能源、原材料、装备制造业、农业和农产品加工业都获得较快发展，增长速度大大加快。

实施促进中部崛起战略以来，中部六省发展速度明显加快，城乡人民生活水平稳步提高，呈现出经济快速增长、社会全面进步、人民生活明显改善的良好局

① 根据国家统计局《中国统计摘要2009》有关数据计算。

面。中部地区 GRP 占全国的比重由 2006 年的 18.7% 提高到 2008 年的 19.3%，2008 年中部六省地区生产总值 6.3 万亿元，比 2007 年增加了 1.1 万亿元，占全国的 19%；人均地区生产总值 17773 元，相当于全国平均值的 69%。[①] 2009 年以来，中部地区面对危机奋力崛起，经济仍保持了良好的态势。1～7 月，社会消费零售总额呈加速增长的发展势头，增速达到 18.65%，比 1～4 月高出 0.05 个百分点，明显高于东部沿海地区。但是，中部地区仍面临着诸多制约长远发展的矛盾和问题。

中部地区应进一步扩大开放，在结构调整中承接海外和沿海的产业转移，统筹城乡发展和经济社会发展，快速提高工业化水平和城市化水平，走出一条全面、协调、可持续发展的新路子。

二　以城市群为核心的区域发展格局基本形成

我国的国土面积很大，但适合人类居住的空间并不多，我国的资源很丰富，但人均数量却不多，尤其是土地资源、石油资源及淡水资源属于短缺资源，所以，必须大力倡导集中发展、集群发展、集约发展，在人居环境比较好的东部沿海地区、中部平原地区、东北地区及成都平原、关中平原，聚集大量人口和城市。近年来，高速公路的修建极大地改善了城市之间的交通状况，城市间的产业联系与经济合作不断加强，区域经济一体化的进程加快。除长三角、京津冀、珠三角三大城市群之外，还涌现出新的城市群。现已初步形成的城市群有：山东半岛城市群、辽中南城市群、长江中游城市群、中原城市群、海峡西岸城市群、川渝城市群和关中城市群（参见图 1）。

据统计，上述十大城市群的土地面积占全国总面积的 11%，2007 年，人口所占比重为 39.44%，而 GDP 所占比重为 67.68%（参见表 1）。也就是说，十大城市群以 1/10 多一点的土地面积，承载了 1/3 以上的人口，创造了 2/3 以上的 GDP。从资源环境承载能力和未来发展潜力来看，十大城市群将聚集更多的人口，创造更多的 GDP。因此可以说：十大城市群是我国最有发展潜力的地区，是支撑我国国民经济健康发展的十大支柱。

① 数据来自国家统计局：《中国统计摘要 2009》。

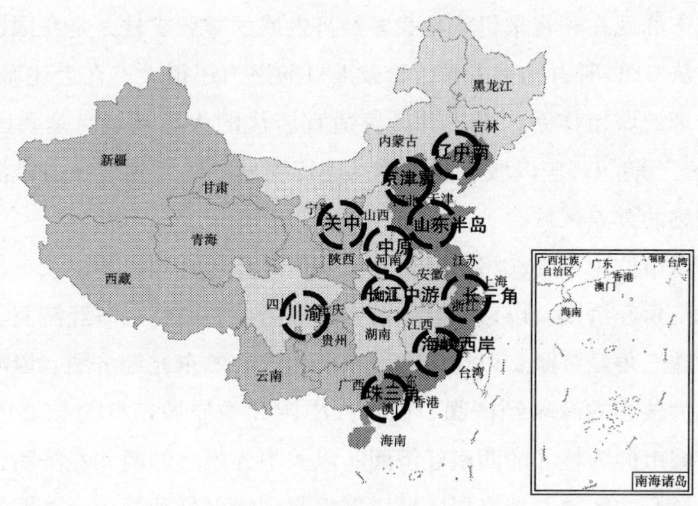

图1　中国十大城市群

表1　2007年十大城市群面积、人口、GDP数据

城市群名称	面积(万平方公里)	人口(万人)	市域GDP(亿元)
长三角	10.97	8368.28	46860.30
珠三角	5.44	2868.02	25605.99
京津冀	18.27	7184.94	25071.79
山东半岛	9.28	5062.99	19731.82
川渝	16.67	9969.35	12969.63
辽中南	9.71	3110.21	11196.20
长江中游	14.63	6169.88	8951.29
中原	5.88	4159.67	8612.27
海峡西岸	5.45	2575.63	7470.10
关中	7.41	2645.52	3743.83
合　计	103.71	52114.49	170213.22
全　国	960.00	132129.00	251483.20
占全国比重(%)	11.00	39.44	67.68

资料来源：根据《中国城市统计年鉴2008》计算。

除了上述十大城市群之外，以长株潭为中心的湖南中部，以合肥为中心的江淮地区，以长春、吉林为中心的吉林中部，以哈尔滨为中心的黑龙江东南部，以南宁为中心的北部湾地区，以乌鲁木齐为中心的天山北坡地区等都有希望发展成为新的规模较大的城市群。

这些城市群现在和将来仍然是我国经济发展的重要支柱，是我国经济要素集聚的地方。从 GDP 所占比重来看，承载人口的潜力还很大。在上述城市群地区，构建科学合理的城市体系，保护并改善适宜居住的生态环境，是我国的长远大计。“十二五”期间，应以城市群为单元进行规划，使之成为吸引经济要素，尤其是人口聚集的重点区域。

以上述城市群为核心，将形成若干经济区或称经济圈，如以长三角城市群为核心的大长三角经济圈、以京津冀、山东半岛为核心的泛渤海经济圈、以珠三角为核心的大珠三角经济圈，以辽中南城市群为核心的东北经济圈、以海峡西岸城市群和台北为核心的海峡经济圈、以长江中游和中原城市群为核心的中部经济圈、以川渝城市群为核心的西南经济圈、以关中为中心的西北经济圈，基本形成以城市群为核心的区域发展格局，城市群将起到辐射带动整个经济圈经济社会发展的作用。在经济圈范围内，加强联系，加强合作，统一规划，共同发展。在经济圈内的非城市群区域，尤其是沿边地区，应选择有一定区位优势的中小城市，将其培育为具有一定辐射力和带动力的经济增长极。

三　区域规划：促进区域经济科学发展

近年来，国家加强了对区域发展的指导，区域规划和政策已成为宏观调控的重要手段，相继批准了多个区域规划，包括广西北部湾、广东珠三角、江苏沿海、辽宁沿海、吉林图们江、山东黄河三角洲、江西环鄱阳湖、关中－天水、安徽皖江城市带共 9 个经济区的区域规划，其中，东部地区 4 个，东北地区 2 个，中部地区 2 个，西部地区 1 个，涉及 10 个省份。区域规划成为国家推进区域经济科学发展的新举措。

（一）区域规划是促进区域经济科学发展的重要手段

改革开放以来，东南沿海地区率先改革开放，经济快速发展，增强了国家经济实力，提高了中国在世界上的影响，引起了全世界的瞩目。但在经济快速发展的同时，出现了产业结构层次低、空间布局不合理、土地粗放利用、环境污染严重等问题。经济发展也不平衡，除了东中西三大地带经济发展差距不断拉大之外，沿海地区内部经济发展也不平衡。如江苏沿海、辽宁沿海、北部湾等属于后发展地区，其发展潜力还很大，如能同步发展起来，对于我国经济发展将起到重要支撑作用。而珠三角虽是先发展地区，是我国东部经济最发达的地区，但在国际金融危机的冲击下，暴露出核心竞争力不足、抗风险能力弱、国际市场依赖度高、自主创新能力不强等问题。鄱阳湖之水汇入长江，其生态环境和水资源的质量既对当地也对下游地区产生重大影响。周边地区的经济发展不可避免地对鄱阳湖的生态环境产生影响，如何解决经济发展与生态环境保护之间的矛盾？如何在经济快速发展的同时，又能有效地保护生态环境？黄河三角洲与环鄱阳湖地区面临同样的问题，渤海是我国的内海，黄河注入渤海，渤海的生态着实令人担忧。图们江经济区是东北亚六国合作的核心地区，也是东北亚次区域合作的重要组成部分，图们江经济区的发展对国际次区域合作具有重要的拉动作用。安徽皖江城市带毗邻长江三角洲城市群，长期以来接受长三角的辐射和带动，在接受沿海地区及发达国家产业转移方面具有得天独厚的优势，如何改善投资环境？如何进行产业选择？如何集中发展、集约发展、集群发展？不仅是皖江城市带本身的问题，也是全国共同的问题。随着交通条件的改善、基础设施的完善、产业转移的梯度推进，这些地区的经济发展无疑会加快，如何避免重蹈先发展地区的覆辙，在加快经济发展的同时，实现土地集约利用、生态环境不断改善、产业结构升级、空间布局优化，一句话就是如何实现区域科学发展，只有通过区域规划手段，将科学发展观贯彻于区域规划之中才能实现这一目标。

所谓区域规划就是在一定的地理空间范围内对经济要素进行布局的制度性安排。在市场经济条件下，企业是市场经济的主体，企业以利润为目标，不可能事事从全局考虑，工厂、道路、住房等又很难移动，因此，政府应从全局考虑，对一个区域进行超前谋划。早在2005年，国务院在《关于加强国民经济和社会发展规划编制工作的若干意见》中就提出：“国家对经济社会发展联系紧密的地区、有较强辐射能力和带动作用的特大城市为依托的城市群地区、国家总体规划确定的重点开发或保护区域等，编制跨省（区、市）的区域规划。其主要内容是对人口、经济增长、资源环境承载能力进行预测和分析，对区域内各类经济社会发展功能区进行划分，提出规划实施的保障措施等。”从2006年起，国家发改委就开始进行编制跨行政区的区域规划试点，如长三角区域规划、珠三角区域规划、成渝经济区规划等。但跨省区规划的编制比较复杂，直到2009年底，也未正式推出。而省域内部的重点经济区由于范围比较小，关键问题容易把握，中央与地方的理念也比较易于对接，所以转向省域内部之后，推出区域规划的速度就加快了。当然，区域规划的重点和难点仍然是跨行政区的规划，省域内部的区域规划是一种尝试，是一个基础，在此基础上编制跨行政区的规划直至编制全国性规划。

（二）规划明确了各区域的战略定位和发展方向

一个特定区域，不论其位于东部、中部还是西部，都具有优势与劣势，都面临机遇与挑战，都和周边地区存在竞争与合作关系，确定区域的战略定位对于未来的发展具有十分重要的意义。纵观上述规划，在战略定位和发展方向方面倍加重视，犹如规划的点睛之笔，突出、明确、简洁。如《珠江三角洲地区改革发展规划纲要》对珠三角地区的战略定位是：探索科学发展模式试验区；深化改革先行区；扩大开放的重要国际门户；世界先进制造业和现代服务业基地；全国重要的经济中心。发展方向是：率先基本实现现代化，基本建立完善的社会主义市场经济体制，形成以现代服务业和先进制造业为主的产业结构，形成具有世界先进水平的科技创新能力，形成全体人民和谐相处的局面，形成粤港澳三地分工合作、优势互补、全球最具核心竞争力的大都市圈之一。《广西北部湾经济区发展规划》对北部湾经济区的战略定位是：立足北部湾、服务“三南”（西南、华南和中南）、努力建成中国－东盟开放合作的物流基地、商贸基地、加工制造基地和信息交流中心；带动、支撑西部大开发的战略高地和开放度高、辐射力强、经济繁荣、社会和谐、生态良好的重要国际区域经济合作区。发展方向是：经过10～15年的努力，把北部湾经济区建设成为我国沿海重要经济增长区域，在西部地区率先实现全面建设小康社会目标。《关中－天水经济区发展规划》对关中－天水经济区的战略定位是：全国内陆型经济开发开放战略高地；统筹科技资源改革示范基地；全国先进制造业重要基地；全国现代农业高技术产业基地；彰显华夏文明的历史文化基地。发展目标是：综合经济实力实现新跨越；创新能力有新提升；基础设施建设有新突破；城镇化水平有新提高；公共服务达到新水平；生态环境建设取得新进展。各区域规划对定位、方向、目标各不相同，体现了对不同区域的针对性和指导性，但都体现了对全国及本区域所能发挥的重要功能与作用。

（三）规划重在推进产业结构升级和空间布局优化

区域规划虽然是一定地理空间的规划，但空间规划的重要内容是产业发展和产业结构升级。江苏沿海地区发展规划提出：依托连云港、盐城、南通三市产业基础和比较优势，实施错位发展，建立区域产业分工体系，切实转变经济发展方式，加快推进产业优化升级，形成以现代农业为基础、先进制造业为主体、生产性服务业为支撑的产业协调发展新格局。空间布局优化的方向是：以沿海地区主要交通运输通道为轴线，加快沿线城镇发展，进一步强化腹地产业优势，构建产业和城镇带；以三极为中心，以产业和城镇带为依托，以沿海节点为支撑，促进互动并进，形成“三极（重点加快连云港、盐城和南通三个中心城市建设）一带（依托沿海高速公路、沿海铁路、通榆河等主要交通通道，促进产业集聚，形成功能清晰、各具特色的沿海产业和城镇带）、多节点（以连云港港为核心，以连云港徐圩港区、南通洋口港区和吕四港区、盐城大丰港区、滨海港区、射阳港区以及灌河口港区为重要节点）”的空间布局框架。集中布局建设临港产业，发展临海重要城镇，促进人口集聚，推进港口、产业、城镇联动开发，构建海洋型经济发展新格局，成为提升沿海地区整体发展水平的支撑点。

《皖江城市带承接产业转移示范区规划》明确把装备制造业、原材料产业、轻纺产业、高技术产业、现代服务业和现代农业作为重点发展的六大支柱产业，并以现有的产业园区为基础，推动园区的规范、集约、特色化发展，突破行政区划制约，在皖江沿岸适宜开发地区高水平地规划建设承接产业转移的集中区，以适应产业大规模、集群式转移的趋势。还将加快技术创新升级，强化技术创新要素支撑，构建企业主体、市场导向、政府推动、产学研结合的开放型区域创新体系，促进产业承接与自主创新相融合。《规划》在空间布局上以沿长江一线为发展轴，以合肥和芜湖两市为“双核”，以滁州和宣城两市为“双翼”，构筑“一轴双核两翼”产业分布的新格局。

辽宁沿海经济带规划确定：推进产业结构优化升级，做强具有基础优势的先进装备制造业和原材料工业，做大高技术产业，加快发展现代服务业和现代农业，利用信息技术改造提升传统优势产业，提高产品质量，逐步形成以先进制造业为主的现代产业体系。在空间布局优化方面，进一步提升大连核心地位，强化大连－营口－盘锦主轴，壮大渤海翼（盘锦－锦州－葫芦岛渤海沿岸）和黄海

翼（大连－丹东黄海沿岸及主要岛屿），强化核心、主轴、两翼之间的有机联系，形成“一核、一轴、两翼”的总体布局框架。坚持走新型城镇化道路，构建以特大城市为龙头、大城市为主体、中等城市及各类中小城镇有序发展的网络化城镇体系。

（四）规划把生态环境保护作为重中之重

各个规划都用了很大篇幅具体阐述生态环境保护问题，把生态环境保护、防治污染、发展循环经济以及生态环境保护工程列举得很详细。如珠三角规划提出：优化区域生态安全格局，构筑以珠江水系、沿海重要绿化带和北部连绵山体为主要框架的区域生态安全体系。保护重要与敏感生态功能区，加强自然保护区和湿地保护工程建设，修复河口和近岸海域生态系统，加强沿海防护林、红树林工程和沿江防护林工程建设，加强森林经营，提高森林质量和功能，维持生态系统结构的完整性。加强珠江流域水源涵养林建设和保护，综合治理水土流失。推进城市景观林、城区公共绿地、环城绿带建设，促进城乡绿化一体化，加快建成沿公路和铁路的绿化带，维护农田保护区、农田林网等绿色开敞空间，形成网络化的区域生态廊道。

鄱阳湖规划和黄三角规划更是把生态环境保护作为发展的前提和重点。鄱阳湖是我国唯一的世界生命湖泊网成员，是国际重要湿地，也是亚洲最大的越冬候鸟栖息地，享有广泛的国际关注。因此，建设鄱阳湖生态经济区，加强生态建设，强化环境保护，推广生态文化，为世界生态环境保护做出应有贡献，有助于我国开展国际生态经济合作交流，展示我国负责任的大国形象。建设鄱阳湖生态经济区，就是要下决心保护好鄱阳湖的生态环境，保护好江西的青山绿水，使江西在经济社会又好又快发展的同时，山更绿、水更清、天更蓝、环境更优美。黄三角规划开宗明义提出坚持生态优先，实现可持续发展原则。牢固树立生态文明观念，在保护中开发，科学确定区域功能定位和产业空间布局，积极发展园区经济，大力发展高附加值产业和高端产品，维护渤海湾和黄河下游流域生态安全。高效生态经济的发展，要体现可持续发展理念，推进产业结构生态化、经济形态高级化，促进经济体系高效运转和高度开放，实现开发与保护、资源与环境、经济与生态的有机统一。其他区域规划也把保护生态环境、坚持可持续发展作为重要内容。

（五）规划弱化了政策优惠，突出了体制创新和区域合作

很多地区都对区域规划表示出很高的热情，希望有更多的优惠政策，取得国家更多的资金支持。以为戴上了这顶帽子，就纳入了国家战略，该地区就成为国家重点支持的地区。从批准的区域规划来看，规划中给予的优惠政策并不多，而突出了体制创新和区域合作。

珠三角规划提出了具体的改革开放和体制创新的任务：以行政管理体制改革为突破口，深化经济体制和社会管理体制改革，健全民主法制，在重要领域和关键环节先行先试，率先建立完善的社会主义市场经济体制，为科学发展提供强大动力。如在农村经济体制改革方面，支持有条件的地方发展多种形式的规模经营，逐步实现集体建设用地与国有土地同地同价，建立城乡统一的土地市场，开展城镇建设用地增加与农村建设用地减少挂钩试点，支持惠州、佛山、中山等市开展统筹城乡发展综合改革试点等。在财政和投资体制改革方面，提出健全财力与事权相匹配的体制，健全转移支付办法，改革财政资金分配办法，建立和完善通过制度健全、公开透明方式取得财政资金的机制。在金融改革与创新方面，提出建立金融改革创新综合试验区，研究开放短期出口信用保险市场，深化境外投资外汇管理改革，选择有条件的企业开展国际贸易人民币结算试点等。在企业体制改革方面，提出创新国有资产运营和监管模式，探索发展多种形式的新型集体经济，鼓励非公有制企业自身改革，建立现代法人治理结构，做大做强。在社会管理体制改革方面，提出鼓励社会组织和企业参与提供公共服务，简化社会组织注册登记办法。推进户籍管理制度改革，实行城乡居民户口统一登记管理制度。改革和调整户口迁移政策，逐步将外来人口纳入本地社会管理，使在城镇稳定就业和居住的农民有序转变为城镇居民，引导流动人口融入所在城市等。在加强区域合作方面，规划不仅确定了粤港澳合作的重点领域，还提出加强与台湾、环珠三角、泛珠三角、东南亚的合作。首先提出加强与港澳的协调合作，充分发挥彼此的优势，支持与港澳在城市规划、轨道交通网络、信息网络、能源基础网络、城市供水等方面进行对接，加强产业合作，建立港深、港穗、珠澳创新合作机制，鼓励粤港澳三地优势互补，联手参与国际竞争，鼓励在教育、医疗、社会保障、文化、应急管理、知识产权保护等方面开展合作，为港澳人员到内地工作和生活提供便利，共同建立绿色大珠江三角洲地区优质生活圈。

图们江规划的重要内容是长吉图合作与东北亚合作。规划提出在着力推进长吉图开发开放先导区内部联动发展的同时，加强长吉图区域与国内其他区域的经济联系与合作，建立区域性联合推动机制，实现资源优势互补、产业合理分工、基础设施协同共建、区域经济协调发展，全面推动中国图们江区域合作开发。在新的历史起点上推进长吉图开发开放和图们江区域国际合作，要统筹国际国内两个大局，逐步形成全方位、宽领域、多层次、高水平的图们江区域开发与国际合作新格局。

四　对促进区域协调发展和空间结构调整的建议

（一）空间规划研究与编制应提上议事日程

改革开放以来，我国的经济获得了快速发展，但也付出了巨大的环境代价，一些地方资源被粗放利用，环境受到污染；一些地方不顾自身条件，追求大干快上，对生态形成巨大威胁。这些情况引起了中共中央、国务院和全国人民的广泛关注，于是，对国土空间进行规划成为十分必要和非常急迫的工作。“十二五”时期，应在“十一五”进行的主体功能区规划基础上加强对空间规划的研究和编制工作。

空间规划是一个国家或地区对全国和一定区域的空间结构进行调整和合理布局所编制的长期性规划。它应是经济社会发展规划、城市规划、土地利用规划及其他规划编制的依据，是约束性规划。

借鉴其他国家的做法，编制规划尤其是编制具有约束力的长期规划，一定要有法律依据。建议在“十二五”期间制定并由人大通过关于编制全国性空间规划纲要和区域性空间规划的法律文件即《空间规划法》。在规划法中明确规划的性质、规划的定位、规划的内容、规划的程序、规划的编制主体、规划预算、规划的实施等。我国现有《城乡规划法》和《土地管理法》等，但作为长期规划，作为城乡规划和经济社会发展规划的依据，更应有法律依据。规划编制出来之后，才具有法律约束力，才能真正成为上位规划，成为其他规划的依据。

空间规划的编制应主要依靠规划专业人员，但规划编制完成后应征求各方面意见，进行反复论证，由规划编制人员进行修改，使其更科学更合理，而不是屈就于地方的利益。规划纲要完成后，经人大通过后颁布实施，成为编制区域性规划的基本依据。各区域性规划编制、修订和调整也应严格依照规划法确定的程序进行。

（二）加快户籍制度和社保制度改革，促进人口空间结构调整

作为一个需要迅速提高人民生活水平的发展中大国，我国需要保持持续稳定的较高的经济增长率。城市化是提升中国经济社会发展水平的根本出路，也是扩大内需的有效途径。城市化已经成为决定我国经济增长的关键性因素，不加快城市化进程，就难以实现农村经济的现代化，我国国民经济发展就难以跃上一个新台阶。

我国的基本国情是区域差距大，农村人口多。推进城镇化既是促进经济快速增长的机遇，也是严峻的挑战。城镇化的基本路径是跨区域的农民工的市民化，正是因为“跨区域”，劳动力跨省、跨市、跨县转移，使得现行制度遇到了挑战。作为“两栖人”的农民工为输入地做出了不可忽视的贡献，但当地政府却不愿让他们逐步融入进来，成为城市的一分子，导致城市化不彻底。由于保障资金不能跨省转移，使进城打工多年的农民未建立属于自己的社保账户，既没有失业保障，也没有养老保障。中国 30 年改革开放最大的成就和推动力之一就是亿万农民进城，特别是内地的农民到沿海地区打工，形成了我国经济的比较优势。但如不能把已经转移到发达地区的农民变成当地的居民，不解决长期在城市务工经商的农民的户籍问题和社会保障问题，就很可能在不久的将来转化为十分棘手的社会问题。

根据对我国东西部地区人口分布状况的分析可知，从资源环境承载力的角度看，我国西部地区的人口压力高于人口密集的东部地区。考虑到西部地区脆弱的生态环境对我国经济社会可持续发展造成的严重影响，以及人类经济活动对生态环境的破坏日益严重和西部地区落后的经济状况，从欠发达地区向发达地区的适度移民，是解决一系列生态环境保护、经济社会可持续发展问题的可行措施。而从西部地区进入东部城市的打工者的大部分正是自愿转移的“一族”，他们的转移既符合城市化的需要，也符合全国性人口空间结构调整的需要。适应中国特色城镇化道路的要求，需要在户籍制度和社会保障制度两个方面加大综合配套改革的力度，以奠定全国统一的、完整的、体系化的制度基础。

在户籍制度改革方面，应抓紧研究建立有序的准入制，允许符合具有可靠职业和稳定收入的外来人口在经常居住地落户，引导流动人口融入当地社会。东部发达地区的城市政府应创造条件接纳农民工成为城市居民。鼓励家庭移民，家庭中凡有一人在城镇有固定职业者，便允许其家庭成员落户。农民工权益保障问题看起来很复杂，包括教育、社保、医疗等，但核心是户籍制度问题。户籍问题解决了，相应的社会保障、住房公积金、廉租房、子女教育等问题都能够得到解决。之所以这一问题久拖不决，实质上是一个地方利益问题，所以中央政府应强力推动，制定统一的严格的促进农民工市民化的法律和政策，让发达地区的政府承担更多的责任。

事实上，即使户籍制度放开，也只有一部分进城农民符合条件并有在城市落户的意愿，有相当数量的农民难以符合在城市落户的条件或无在城市长期居住的意愿，所以，建立全国统一的社会保障制度是非常迫切的。应尽快研究社会保障全国统筹问题，首先使全体农民工纳入社会保障体系。建议“十二五”期间在全国推行凡领取工资或现金报酬的职工包括农民工强制加入社会保险的政策，无论是企业缴纳还是职工个人缴纳均进入个人账户，退休后根据缴纳年限和数量在居住地领取养老金。在全国社会保障制度尚未实行之前，首先解决流动人口社会保障资金的可转移问题，不仅个人缴纳部分可转移，企业缴纳部分也要进入个人账户，实现社保账户全国性可转移。

（三）改革财政转移支付制度，加快实现基本公共服务均等化

如果说，世界上有一些国家可以实现各地区生产总值比重基本均衡的话，那么，这一点在我国是不可能做到的，因为我国各地区间的自然条件差异太大。另外，我们也不应该去追求各地区达到相对均衡产出水平的目标，我们要追求的应该是各地人民有比较接近的生活水平和公共服务水平，这样才有利于整个社会的稳定，有利于和谐社会建设。要实现这一目标，一方面需要帮助经济欠发达地区加快发展，通过提高当地的产出水平来增加人民的福利；另一方面，也是更重要的方面就是要通过财政收入再分配来提高经济欠发达地区人民群众包括教育、卫生、社会保障等在内的生活福利水平。实现区域之间公共支出的均等化和居民公共福利的均等化，也就是说保证欠发达地区居民的基本教育、基本医疗、基本设施和基本保障。对欠发达地区的政府支出包括公务员的报酬水平也要给予基本保

证，和发达地区的差距不能拉得太大。

我国现行的财政体制不适应基本公共服务均等化的需要。财政体制建立在20世纪90年代“分税制”的基础上，对东部发达地区仍采取“税收返还”的方式，对西部欠发达地区的转移支付难以满足最基本的需求。而且，转移支付往往采取专项转移支付的方式，即资金跟着项目走。首先，要一级一级向上申请，再一级一级向下拨付。各部门审批项目时，又往往要求地方提供配套资金。对于欠发达地区来说，资金本来就捉襟见肘，再为中央政府的项目提供配套资金，资金就更为紧张。这种由中央政府各部门按项目分配资金的方式具有很多弊端：一是各部门批项目劳神费力，没有精力抓大事；二是地方政府为了中央政府“这把米”，使尽浑身解数，“跑步（部）前（钱）进”，不惜把自己变成“鸡”；三是“会叫的孩子有奶吃”，往往是需要钱的地区得不到支持，而不很需要的地区得到的支持更多。建议彻底改革财政体制，减少专项转移支付，增加规范性转移支付。根据事权的划分确定年度预算，该支付多少，就支付多少，不需要再“跑步前进”。

（四）构建生态补偿机制，共同维护人人共享的生态环境

我国特殊的地理地貌构成了祖国大家庭的基础。西部的矿产资源和水资源成为东部赖以生存和发展的基本条件。珠江、长江、黄河等大江大河均发源于西部，上游的环境和对水资源的保护对下游地区的生产和生活起着生命线的作用。一些省域范围内的江河也存在类似情况。我国江河上游地区多是经济欠发达地区，下游地区又多是发达地区，因此，生态补偿机制的建立显得更为迫切和必要。欠发达地区的政府和人民正在谋划发展之路，他们既有生存权，也有发展权，经济全球化给这些地区带来前所未有的机遇的同时，对生态环境的影响乃至破坏也将越来越严重。生态补偿和对口支援不同，生态补偿是一种应尽的义务，是对生态保护地区的人民承受牺牲或贡献的一种补偿，补偿者不是“恩赐”，是不允许放弃的责任。对口支援是道义上的责任和政治任务，受援地区和支援地区可能不存在任何经济联系，所以可履行也可以不履行。

生态补偿机制建立的难度很大。一是生态补偿的理论尚不完备，迄今理论界尚未达成共识，还存在很多分歧。二是生态补偿标准难以确定，如水资源补偿机制是按照水资源数量还是按水的质量，抑或二者都需考虑；空气质量的测定在技

术上已不成问题，但质量好坏不一定完全取决于上游地区，和自然界尤其是大气环流存在非常密切的关系。三是受益对象难以确定，是由下游地区的所有居民承担补偿责任还是由企业承担？四是补偿对象是上游地区的政府还是全体居民？等等。

建议“十二五”期间加强研究和试点。开征生态税，企业按资产纳税，个人按收入和不动产纳税。通过征收生态税建立生态补偿基金，用于提高欠发达地区人民的生活水平。凡生态受益对象明确的地区政府应与生态提供地区的政府签订协议，按照一定的标准给予补偿。

（五）促进边疆地区的经济社会发展，加强国际次区域合作

“十一五”期间，中国与周边国家的合作不断加强，沿边地区的经济社会发展也很快。中国与东南亚各国的联系与合作在不断推进，在“10+1”（东盟10国+中国）、“10+3”（东盟10国+中国、日本、韩国）的框架下，关税壁垒逐步消除，即将实现国际贸易自由化，各国之间的贸易和投资额将快速增长，国际次区域合作也将进一步加快。随着中国“东北振兴”战略的实施，东北地区城市和国有企业即将摆脱困境，正在驶入快车道，与周边国家的经济联系与合作不断加快。大连作为东北亚国际航运中心的建设将进一步加强与东北亚各国的经济联系，尤其是与韩国、日本的联系将不断加强。中国西北地区将与中亚地区各国、西南地区与东南亚和南亚地区加强合作，从维护和平、促进交流的阶段发展到经济合作、扩大贸易的新阶段。“十二五”期间，国际次区域合作将迈出更大的步伐。

发展国际次区域合作必须首先加快边疆地区的经济发展。中国边疆地区多数高山连绵、交通不便，又多是少数民族地区聚居的地方。中国政府应通过全面规划、财政转移支付、改善交通条件、加快实现基本公共服务均等化、提高社会事业发展水平等措施，提高生活、文化、保障水平，使改革开放的成果惠及全体人民。促进边疆地区充分利用珠三角区域协作、中部崛起的良好机遇，积极承接生产要素转移，吸引这些地区的资金、技术和制度，共享市场和国际经济联系，实现区域优势互补。创造条件，大力吸引北京、上海、广州等发达地区特大城市的资本、技术和人才到边疆地区投资兴业，推动跨区域要素流动。加强人才开发、技术合作、信息交流等领域的区域合作。随着边疆地区经济社会发展水平和居民

生活水平的提高，国际交流与合作也将进一步加强。

近年来，中国－东盟自由贸易区的发展，成为我国最主要的区域经济合作组织。发展东盟与我国的经济合作，有助于我国更好地利用国内、国际两个市场、两种资源、两种资本。近年来，广西、云南和东盟诸国的双边贸易呈现出迅猛的发展势头。为便利中国与东盟国家间的贸易往来，2007 年，中、越、老等六国签订了《大湄公河次区域便利国境客货运输协定》；国家发改委已于2008 年2 月正式批复《新建南宁至广州铁路项目建议书》，同意建设南宁至广州铁路，该项目线路全长559 公里。根据广西方面的规划，南广铁路建成后，将直接接入泛亚铁路网，同时并入黔桂线及南昆线，形成挺进西部及拥抱东盟的铁路交通格局。

“十二五”时期，应大力推进沿边地区对外开放，加强次区域合作，加快边境贸易区建设，加大边境口岸基础设施建设投入，完善边境口岸功能，提升边境地区对外经济技术合作水平。

借助边境贸易优势发展边贸型城镇。目前，西部漫长的边境线上分布着众多城镇，而这些城镇由于特殊的地理位置和特点，逐渐发展成为边防口岸城市，如云南的瑞丽、畹町、河口、孟连、打洛，新疆的霍尔果斯、喀什，内蒙古的满洲里，广西的凭祥等。“十二五”时期，西部边境地区边贸城镇的规模和聚集程度要在现在的基础上得到较大幅度的扩大和提高，向中等城市发展，逐步发展为陆疆国际交通的运输枢纽中心、边境国际贸易流通中心和外向型制造业中心，大力发展适应陆疆对外开放需要的外向型制造业和适用技术制造业，以此提高边境开放城镇的经济要素和人口聚集能力，形成边贸城镇体系。通过培育经济增长极，使边疆地区崛起若干大中城市，以此带动边疆区域经济社会的发展。

通过创新边境经贸合作的方式和机制，加快边境地区的经贸合作。采取“两国一区、封闭运作、境内关外、自由贸易”的模式建立经济贸易国际合作加工区，实行自由贸易区的有关政策。即两国边境城市各规划一定规模的土地共同建立边境经贸合作特区，具有双经济特区的性质。利用邻国劳动力、资源，利用中国的资金、技术等进行要素优势互补的合作。在两国边境城市设立对方国家产品保税加工区。可以把在中国逐渐失去优势的产业向此转移，在经贸合作上达到无障碍与双赢。

通过欧亚大陆桥实现与中亚乃至东中欧地区的贸易和经济协作，提高大陆桥各级中心城市的产业结构水平和集聚辐射能力，形成若干具有特色产业体系和集群效应的经济板块；以广西为前沿推动与越南的区域协作；通过泛珠三角协作实现与香港乃至东南亚的对外开放；以内蒙古为前沿，推动与蒙古在资源、技术、劳动力等生产要素的对接流动。同时，全面参与中国－东盟自由贸易区、上海合作组织、澜沧江－湄公河次区域合作。借助地缘优势，促进资金、产品、技术、人才与劳动力、资源等多种经济要素的流动。在有形贸易的同时，依托旅游资源和文化资源，大力发展旅游业和服务贸易。

参考文献

肖金成等：《中国十大城市群》，经济科学出版社，2003。

魏后凯等：《西部大开发"十二五"规划及到2020年中长期发展思路研究》，内部报告。

李青、王恩同、齐清波：《2008 中国区域经济发展报告》，内部报告。

姚慧琴、任宗哲：《中国西部经济发展报告 2008》，社会科学文献出版社，2008。

国务院东北办网站：《东北振兴三年评估报告》。

魏后凯：《中国西部经济发展报告 2006》，社会科学文献出版社，2007。

《发改委东北振兴司司长：十年内东北将全面振兴》，中国经济网，2009－08－31。

《中部经济企稳回暖初显　"崛起"呈加快态势》，新华网，2009－04－29。

《范恒山：区域协作联动是中部崛起的关键》，中国网，2006－12－26。

“十二五”时期我国区域政策调整研究

安树伟　吉新峰　张素娥*

摘　要：“十二五”时期，要在区域政策规范化的基础上建立健全区域政策体系，实施更加具有针对性的差别化区域政策，着力解决关键问题，重视区域自我发展能力的培养，扶持问题区域发展，构建良好的区域利益协调机制，形成分工合理、良性互动的区域协调发展新格局。区域政策调整重点是，切实提升东部地区国际竞争力，大力促进中部地区崛起，进一步深入推进西部大开发，全面振兴东北等老工业基地，积极支持问题区域发展，建立健全区域协调机制。

关键词：区域政策　调整　“十二五”

“十一五”以来，我国区域发展总体战略稳步实施，国土开发格局明显优化，区域发展的协调性显著增强。虽然东部地区领先发展格局未变，但主要经济指标在全国所占比重呈下降态势，2005～2008年东部GDP占全国的比重由55.6%下降到54.3%；同期西部地区不仅扭转了多年来经济总量占全国比重连续下降的态势，在2005年达到最低点（16.9%）之后开始上升，2008年达到17.8%。2004年，东西部地区之间人均GDP相对差距达到了历史最高值（2.64∶1），2005年以来出现了连续缩小的趋势，到2008年下降为2.40∶1；2005～2008年，中部地区GDP占全国的比重由18.8%提高到19.3%；东北地区由2005年的8.7%下降到2007年的8.5%，2008年略有上升，达到8.6%。在这种情况下，必须不断调整和完善国家区域政策，逐步形成科学合理的国家区域政策体系。

---

* 安树伟、吉新峰，西北大学中国西部发展研究中心；张素娥，西北大学经济管理学院。

一 “十二五”时期我国区域经济发展机遇与挑战并存

目前，我国面临的国际环境主要有：世界经济渐渐复苏，新兴国家的迅速崛起，逐渐呈现多极化；新兴国家金融市场在世界资源配置中影响力不断增强，从长远来看，跨国公司仍看好中国，将其列为全球最有吸引力的投资地；全球经济结构调整迫切性增强，国际产业转移步伐加快，有利于我国发挥比较优势，参与国际经济分工，提升国际竞争力；以产业链竞争为重点的全球经济竞争加剧；国际贸易保护主义抬头，劳动密集型产品的出口面临较大压力；国际社会对资源的争夺更加激烈；遏制全球气候变暖已经成为全世界的共识，我国将面临调整能源结构的挑战，企业也同样面临着节能减排的压力。

面临的国内环境有：中国经济仍将有一段时期的较快增长，到 2030 年时，中国经济对世界经济增长的影响力，以及她在地缘政治中的作用，会大大超过现在；中央政府的调控能力不断增强，手段逐步完善，这将为切实落实已经出台和即将出台的一系列区域规划，为我国在金融危机后实现经济结构转型和经济发展方式的转变，为进一步改革财政转移支付制度，建立生态补偿机制提供财力保障；国家继续全面建设小康社会，将切实结合不同区域、不同功能区的基本情况，加大公共服务的投入力度，实现基本公共服务均等化；在就业形势尚未根本缓解的同时，人口老龄化进一步加深，意味着劳动力的供给不足，市场需求减少，也意味着社会服务和医疗卫生产品的需求越来越大；区域经济实力增强，中国经济增长从主要通过“东部带动”向“四大区域共同推动”转变，区域协调发展机制急需改善，区域经济发展的加速以及区域间合作增多对区域协调发展机制要求更加严格；客运专线将在某种程度上改变中国区域经济格局；资源供需缺口日益加大，对国外资源的依存度不断攀升，生态环境整体功能在下降，抵御各种自然灾害的能力在减弱。

二 “十一五”时期以来四大区域发展特点各不相同

1. 东部地区综合发展水平最高，但近年发展速度减缓

经济实力在全国仍占绝对优势，GDP 总量及人均 GDP 大幅领先于其他地区，

以服务业为代表的第三产业发展迅速，带动产业结构进一步优化。但近年来经济发展速度有所减缓，外贸依存度偏高的特点使得其发展受国际环境影响较大，世界经济变动会导致其经济大幅波动。人民生活水平在全国也处于领先地位，城镇居民人均可支配收入、农村居民人均纯收入、人均社会消费品零售总额三者均居四大区域首位。但其城市化水平滞后于工业化水平，城乡居民收入差距呈现明显扩大趋势。此外，东部地区基础设施最完备，能源利用效率及节能减排都稳居四大区域之首，卫生教育等方面仍有提升空间，社会医疗事业有待进一步加强。

2. 中部地区开始崛起，经济发展软环境仍是制约因素

经济总量持续增加，占全国比重不断上升。但外贸依存度极低使其在对外经济交流中处于被动地位，“十一五”以来这种状况有所改善，对外联系日益加强。居民生活水平快速改善，农村居民人均纯收入同比增速为四大区域最高，人均消费水平发展较快。但其城市化水平缓慢，与工业化协调程度最差。中部地区基础设施建设发展较好，路网密度较高，但卫生教育发展缓慢，每万人拥有床位数、国有企事业单位专业技术人员数为全国最低。加之中部地区有不少资源型城市，原有的高耗能产业面临转型，环境保护任务比较严峻。

3. 西部地区取得长足进步，但综合发展水平仍然最低

经济发展明显加快，综合经济实力不断提升，但其经济发展总体仍然落后，人均 GDP 在四大区域最低，工业化水平快速提高，产业层次低，结构不合理。城镇居民人均可支配收入同比增速居四大区域首位，但城乡居民之间收入差距依然居全国最高，农村居民人均纯收入全国最低。基础设施依然薄弱，人口科学文化素质提高缓慢，社会基本公共服务水平偏低，对中央支持政策依赖性极强，自我发展能力弱，这些都严重制约了西部地区经济社会的发展。另外，能源利用效率低下，“三废”排放水平居全国首位，对生态环境破坏严重，经济发展方式亟待转变。

4. 东北地区基础较好，但经济增长速度相对较低

经济发展总体实力较强，人均 GDP、工业化水平仅次于东部地区，但经济发展速度放缓。经济结构转变困难，高端工业和现代服务业发展不足，产业结构升级的任务艰巨。外贸依存度虽然高于中西部地区，但仍有进一步提升的空间。人民收入水平仅次于东部地区，城乡居民收入差距最低，且呈现不断缩小趋势。卫生教育事业发展良好，城市化水平居四大区域首位，人民群众文化素质明显优

于其他地区，具备经济转型的人力资源优势。近年来以高速公路为代表的基础设施发展缓慢，城市化在一定程度上滞后于工业化，能源利用效率仍需进一步提高。

三　我国区域政策中存在的突出问题

1. 国家区域政策重点不突出

一方面，对于如何界定问题区域，达到什么标准中央政府就要提供援助，并没有一个合理的界定；另一方面，中央政府出台了一些本应由地方政府出台的区域政策。中央政府应该主要关注区域间的协调发展，或者是对全局有重要作用的区域发展问题。对于地方政府可以自己解决的问题，中央不应该插手。“十一五”期间国家出台了一系列支持各类区域发展的政策，几乎涉及全国所有省（市、区）。表面上看，几乎所有的省（市、区）均为国家的重点支持对象，实际上真正需要中央政府予以重点支持的区域则无法凸显。依目前我国中央政府的财力看，并无力支撑全面开花式的开发；从区域经济发展规律看，更没有这种必要。

2. 区域政策的规范性有待提高

发达国家的区域政策的实施主要建立在法律基础之上，权责明确，稳定预期，明细规则，可以有效减少交易成本，促进区域经济持续健康发展。而我国区域政策调控手段除采取部分经济手段外，法律手段近乎于零①，大多数采用的是行政手段，均以通知、意见、纲要、决定、建议、规划等形式提出，缺乏相关的法律依据。虽然政策出台快，但政策的制定、实施、监督无规可依，随意性很大。

3. 区域间基本利益关系尚未理顺

区域利益是客观存在的，区域中各行为主体对区域利益认识的不一致，或追求利益目标的差异，使其在谋取利益的行为上表现得千姿百态。伴随着经济改革的进程，在我国逐步形成了多元利益主体，各个利益主体在既定的约束条件下追

① 法律手段中，只有2003年开始实施的《退耕还林条例》，一些法律虽纳入立法计划，但迟迟不见出台，如《西部开发促进法》。

求自身利益的最大化。区域之间的经济合作，涉及多重利益主体，不同的制度安排及利益需求导致区域间诸多的利益冲突，而目前我国在区域利益关系方面的调整还缺乏科学规范的制度框架，市场机制还不能充分发挥作用，促进区域协调发展的管理体制不健全，法律制度环境亦不够完善，区域之间基本利益关系尚未理顺，区域发展不协调的格局还没有改变。

4. 主体功能区推进尚处于规划阶段

推进主体功能区建设是“十一五”期间的一项重要工作，但计划中的《全国主体功能区规划》迟迟未出台，导致各区域及内部主体功能定位不清。在当前经济全球化和国内区域经济一体化日益加快的背景下，主体功能区划的差别化政策制定和成效保障面临巨大的挑战，不少地方和部门更关心国家能够给予什么类型的政策以及多大的政策力度，对主体功能区划工作本身的认识还有待深入。另外，我国现阶段的经济实力、政府管理能力等因素亦将直接影响主体功能区差别化政策的力度，而且中央和地方政府的目标取向存在很大差异，这更增加了主体功能区划分类政策的设计难度。如果没有强有力的配套政策，主体功能区划就难以有效执行和落实。

四 “十二五”时期我国区域政策的调整方向

1. 进一步规范区域政策调控手段，建立健全区域政策体系

尽快出台相关法规，促进我国区域政策的科学性、连续性、高效性和透明性，为区域政策的制定和实施提供良好的制度环境，以保证区域政策的正常执行和监督评价。进一步规范转移支付，由以专项转移支付为主、一般转移支付为辅转变为以一般转移支付为主、专项转移支付为辅。明确中央和地方政府的职责分工，中央政府应主要考虑不同区域间的利益，而地方政府主要考虑在本区域中各主体间的利益。尽快制定《问题区域援助法》，建立规范化的识别标准与援助机制，按区域问题的性质和严重性合理划分问题区域，以此作为国家援助和支持的地域单元，并按照规范化的援助机制实施相应的援助政策。

2. 着力解决区域关键问题，促进区域健康发展

加快已有政策的落实力度，注重将区域政策具体化，增加政策的针对性与可操作性。对于真正关乎全局的、已批复涉及多省（区）的规划，中央层面要切实执行，搞好规划实施的动态监测、定期评估、规划方案修订等配套工作。大力促进人口与产业空间分布的适度均衡，积极调整国家产业布局战略，适当控制东部地区的开发强度，提高承接国际产业转移和城市化的质量，加快产业升级步伐；提高中西部地区的产业配套能力，积极引导国外及沿海企业和资金在中西部和东北地区创造更多的就业机会。构建良好的包括协调目标、协调内容、协调主体（政府、居民、企业与非政府组织）、协调手段与途径（财政政策、投资政策、产业政策等）、协调程序的完整的区域利益协调机制与实现途径。重视区域自我发展能力的培养，进一步提升重点区域发展水平，积极培育区域经济新增长极。

3. 提高东部和东北的城市化质量，加快中西部地区城市化发展

东部和东北城市化战略的重点是以现代化为主要内容的城市化，强化城市功能，建设现代化的城市设施支撑体系，提高城市质量，建设中心区与郊区之间的快速公共交通通道，推进城乡整体的现代化；中、西部地区在大力提高城市化进程的同时，要突出城市成为市场中心、信息中心、服务中心、文化教育中心的内涵，提高中心城市的经济能量和对整个区域的辐射和带动作用。

4. 实施更加具有针对性的差别化政策

针对不同的问题区域，实行有差别的国家援助政策，并据此调整和完善国家区域政策体系。完善相关的财政、投资、产业、土地、人口管理、环境保护、区域补偿政策、绩效评价和政绩考核体系。重视调节四大区域内部的发展差距问题，在区域内部实行有差别化的区域政策，改变目前的普惠制，使政策更有针对性。

五 “十二五”时期我国区域政策调整重点

1. 切实提升东部地区国际竞争力

率先提高自主创新能力，率先实现经济结构优化升级和发展方式转变，在率先发展和改革中支持、带动中西部地区发展。以切实提高产业国际竞争力为主线，加快推进先进制造业和生产性服务业的发展，提高工业化质量，形成以高端技术制造业为主，具有强大辐射能力的产业集群；大力发展循环经济、低碳经济，改善生态环境，提高人民生活质量；加快发展生产性现代服务业，提高第三产业在经济中的比重；鼓励产学研相结合，加快人才高地建设，加大研发投入，加强关键技术、核心技术攻关，尽快形成更多拥有自主知识产权的技术和产品，率先建成全国创新型区域。在加快产业向中西部地区转移的同时，积极承接国际产业转移，提高承接国际产业转移的质量；加快海洋经济发展步伐，支持海南国际旅游岛建设；解决大都市区膨胀病，加快大都市区治理的法制化进程，完善城市规划编制、执行、监督和民主管理体制，加强城镇密集地区的整体协调，妥善处理新旧发展空间的关系；推进城乡统筹综合配套改革试验，建立以工促农、以城带乡的长效机制；以构建利益协调机制为切入点，加强地区内区域合作力度，形成整个东部地区区域一体化发展的共赢格局。

2. 大力促进中部地区崛起

促进产业结构、城乡结构和需求结构的全方位调整。坚持把改革开放和科技进步作为动力，着力增强自主创新能力、优化产业结构、转变发展方式、切实提高城市化水平、保护生态环境；坚持深化改革和扩大对内对外开放，在更大范围、更广领域、更高层次上提高对外开放水平；加快工业化进程，走新型工业化道路，尽快形成沿长江、陇海、京广和京九“两横两纵”特色经济带。提升产业配套能力，抓好承接产业转移示范区建设，积极有效承接产业转移。充分发挥比较优势，巩固提高粮食、能源原材料、制造业等优势产业，稳步推进城市群的发展，增强对全国发展的支撑能力；促进人与自然资源之间的和谐，加快形成节约能源资源和保护生态的发展方式和消费模式；提高城乡经济与社会、人与自然和谐发展，坚持立足现有基础，国家给予必要的支持，着力增强自我发展能力。积极推进武汉城市圈、长株潭城市群、中原城市群、环鄱阳湖生态经济区、皖江城市群等重点区域率先发展，加强统筹规划和协调，促进大中小城市和小城镇协调发展。加快建立和完善资源开发补偿机制和衰退产业援助机制，对重点资源枯竭型企业关闭破产、分离企业社会职能、职工安置、沉陷区居民搬迁给予支持。加强开展煤炭工业可持续发展政策措施试点工作，探索实现煤炭工业可持续发展的有效途径，推进老工业基地振兴和资源型城市转型。优先发展教育，切实增强基本医疗和公共卫生服务能力。鼓励中部地区与毗邻的沿海地区推进区域经济一体化建设。支持中部地区与东、西部地区在粮食、能源、原材料等方面建立长期稳定的合作关系，在实现“三个基地，一个枢纽”中崛起。

3. 进一步深入推进西部大开发

以增强西部地区经济发展的自生性、稳定性、协调性和可持续性为目标，推动经济结构全方位调整。按照“全面推进、科学发展、开放开发、加速转型、分类支持”的总体思路，坚定不移地进一步深入推进西部大开发，把全面提高西部地区开发开放水平放在更加突出的战略地位，努力把西部地区建设成为特色优势产业发展的重要基地、统筹城乡改革与发展的示范区域以及生态文明建设的先行区域，实现西部地区经济社会的全面协调可持续发展。

加强统筹规划和协调，在推进成渝、关中－天水、广西北部湾等重点区域率先发展的同时，积极培育呼（和浩特）包（头）鄂（尔多斯）经济区、兰（州）西（宁）格（尔木）经济区、滇中城市群等一批新的增长极。继续完善基础设施，围绕建立贯通国内外的大枢纽和大通道，加快构建现代化基础设施体系。加大生态环境保护和建设力度，积极推动清洁发展、循环发展、安全发展。促进生产型服务业特别是物流产业的发展，提高西部地区产业配套能力，积极承接东部地区产业转移。加快特色农业及农产品深加工、能源开发及高载能产业、重要矿产资源开发及加工、装备制造业、高新技术产业、旅游产业等特色优势产业发展，加快用高新技术改造提升传统产业，积极推进园区化进程。进一步解决好西部民族地区经济发展和社会安定，加大对贫困地区和革命老区的扶持，增强自我发展能力。加大中央财政转移支付力度，加快发展以改善民生为重点的社会事业，切实解决教育、医疗卫生、就业、社会保障领域存在的突出矛盾，努力提高政府公共服务水平，切实推进基本公共服务均等化。积极推进资源税改革，建立与完善区域生态补偿政策。切实推进市场化进程，加大对西部地区落后省份的扶持力度，实行更加具有针对性的政策。加强成渝统筹城乡配套改革试点工作，探索统筹城乡协调发展新路径，着力缩小城乡差别，促进西部地区城乡经济社会一体化。

4. 全面振兴东北等老工业基地

切实转变发展机制，提高老工业基地振兴政策的实施效果。强化东北地区现代农业、工业基地和资源城市转型的物质基础和制度保障，集中实施重大项目建设，建立东北地区长远发展的大框架基础；利用区域优势进行战略布局，立足东北，面向全国和世界，建立全国的高附加值农产品基地和制造业基地；加快发展现代服务业，积极发展生产性服务业；做大做强装备制造、钢铁、石化、汽车等传统优势产业，做大高技术产业，积极培育新兴潜力型产业。扶持重点产业集聚区，推动辽宁沿海经济带、沈阳经济区、哈大齐工业走廊、长吉图经济区加快发展，打造东北振兴的主要载体。鼓励科技创新，着力增加政府研究与开发资金投入，逐步以科技创新、技术改进奖励代替资金、税收优惠，鼓励企业加大研发力度，引导企业提高自主创新能力，形成区域持续发展的原动力；继续支持资源型城市经济转型，建立多元化的投融资体制，推进建立和完善资源开发补偿机制与衰退产业援助机制，积极发展接续替代产业，延长产业链；多方面积极完善社会保障体系；深入节能减排，发展低碳经济，实现可持续发展。充分发挥地区优势，加快区域合作进程，加快推进东北三省与蒙东地区的产业对接和合理分工。

5. 积极支持问题区域发展

积极制定、完善支持革命老区、民族地区、边疆地区、贫困地区、三峡库区、生态屏障地区等各种问题区域发展专项规划。加大财政转移支付力度和财政性投资力度，改善基础设施条件，积极支持革命老区发展；积极发展民族教育事业，支持民族特色产业发展；扩大对外开放，促进边疆地区社会事业发展；提高贫困线标准，完善扶贫机制；统筹解决遗留问题，推动三峡库区的后续发展；完善生态补偿机制，促进具有重要生态功能的生态屏障地区的健康发展。

6. 建立健全区域协调机制

从区域利益补偿机制、利益相关者的信息沟通与协商机制、激励和约束机制、合作机制、合理的绩效评估和政绩考核机制等方面入手构建区域协调机制。加强对区域一体化发展的支持。在政策鼓励上中央政府可以给予相关区域在组织编制、实施合作规划以及设立区域发展资金等方面更多先行先试的机会和权力。

参考文献

国家发展改革委地区经济司：《"十二五"时期促进区域协调发展的基本思路与政策建议》，《中国经贸导刊》2009 年第 19 期。

安树伟、任媛：《"十一五"以来我国区域经济发展的新态势与新特点》，《发展研究》2009 年第 9 期。

安格斯·麦迪森：《中国经济的长期表现（公元 960 ~ 2030 年）》，上海人民出版社，2008。

刘晓蓉、安树伟：《“十二五”时期我国区域经济发展环境分析》，《西安财经学院学报》2010 年第 3 期。

余明勤：《区域经济利益分析》，经济管理出版社，2004。

安树伟、刘晓蓉：《区域政策手段比较及我国区域政策手段完善方向》，《江淮论坛》2010 年第 3 期。

安树伟、郁鹏：《“十一五”以来我国区域经济运行态势及未来政策取向》，《西南民族大学学报（社会科学版）》2008 年第 10 期。

吉新峰、安树伟：《主体功能区建设中区域利益的协调机制研究》，《未来与发展》2009 年第 11 期。

洪银兴、刘志彪、范从来：《转轨时期中国经济运行与发展》，经济科学出版社，2002。

安树伟：《中国大都市区膨胀病的国家治理政策》，《改革与战略》2009 年第 3 期。

国家发改委：《促进中部地区崛起规划》，2010。

国家发展改革委东北振兴司综合处：《东北地区 2009 年上半年经济形势分析》，http://dbzxs.ndrc.gov.cn/zxjb/t20090724_292431.htm，2009-07-24。

国家发展改革委宏观经济研究院课题组：《推动区域协调发展的管理体制及机制研究》，《宏观经济研究》2009 年第 7 期。

内蒙古自治区“十二五”时期发展思路研究报告

朱晓俊　张永军　王 岩*

摘　要：对内蒙古“十一五”时期以来经济社会运行情况和“十二五”时期面临的机遇及挑战进行总结分析。围绕改善民生，突出落实“富民强区”和全面协调可持续发展的理念，提出“十二五”时期内蒙古发展的指导思想、基本原则、发展目标；依据资源优势和已经形成的产业基础，提出“十二五”时期产业发展的思路、发展重点和保障措施。

关键词：“十二五”　发展思路　可持续发展　优化结构　创新

一　内蒙古“十一五”时期经济社会发展回顾

（一）“十一五”时期的成绩

综合经济实力显著增强。2008 年内蒙古地区生产总值达到 7761.8 亿元，由 2005 年的全国第 19 位上升到第 16 位。人均地区生产总值达到 32214 元，由全国第 10 位上升到第 8 位。财政总收入年均增长 37.2%，达到 1384.93 亿元。

城乡居民收入明显提高。城镇居民人均可支配收入达到 14431 元，年均增长 12.4%；农牧民人均纯收入达到 4656 元，年均增长 11.4%。

结构调整步伐加快。农牧业内部结构不断优化：2008 年，粮食产量达到 213 亿千克，人均粮食产量居全国第 3 位；畜牧业产值占第一产业比重达到 45%，

* 朱晓俊、张永军，内蒙古自治区发展研究中心；王岩，内蒙古大学经济管理学院。

牲畜总头数达到10677.2万头（只），全区农畜产品加工率达到63%，产业化经营覆盖全区农牧户的50%，乳品和羊绒产业化链条基本成型。优势特色产业快速发展：2008年，煤炭产量达到4.72亿吨，居全国第2位，电力装机容量达到4800万千瓦，居全国第4位；煤制油年产达到124万吨、甲醇793万吨；钢产量达到1211.03万吨。服务业增加值达到2583.79亿元，年均增长15.7%。内蒙古已经成为国家重要的农产品供应基地和能源基地。

基础设施建设速度加快。截至2008年底，铁路总里程达到9042公里，比2005年增加1108公里。公路总里程达到14.7万公里；民用机场达到10个，运营航线达到99条，初步形成以呼和浩特为中心、覆盖内蒙古、辐射全国及周边国家和地区的航空网络。水利骨干工程和大型灌区工程建设力度进一步加大，供水保障能力明显提高。电网建设积极推进，初步建成了以500千伏线路为主架、220千伏为补充的电网结构。

生态建设进一步加强。"十一五"时期以来，内蒙古继续加大退耕还林、退牧还草、京津风沙源治理等八大生态重点工程的实施力度，前三年累计完成退耕还林313万亩，完成退牧还草6110万亩，完成京津风沙源治理1001万亩，天然林保护352万亩，"三北"防护林128万亩。累计新增综合治理水土流失面积1529.6万亩，生态恶化趋势得到初步扭转，实现了"整体遏制、局部好转"。

对外开放步伐明显加快。2008年，全自治区外贸进出口总额达到89.33亿美元，2005~2008年年均增长20.1%。招商引资规模进一步扩大，引进国内（自治区外）资金到位2058亿元。口岸已由2005年的12个发展到18个，口岸过货量由2600万吨达到3300万吨，口岸经济的综合拉动作用明显增强。

（二）"十二五"时期面临的挑战和制约因素

1. 产能过剩

近年来，中国钢铁、水泥、平板玻璃、煤化工、多晶硅、风电设备等六大行业出现产能过剩或重复建设。国家将严格产能过剩行业的市场准入，进一步加强项目审批管理，强化环境监管，严格依法依规供地用地，实行严格的有保有控的金融政策。这些产业大多数是内蒙古着力培育的优势特色产业，因此，内蒙古进行产业结构调整的形势严峻。

2. 节能减排和应对全球气候变化的压力

由于内蒙古重型化产业结构短期内难以根本改变，节能减排任务仍然艰巨。2007年单位GDP电耗为2101.68千瓦时/万元，居全国第6位；单位GDP能耗为2.305吨标准煤/万元，居全国第5位。2007年温室气体排放量约为2.56亿吨二氧化碳当量，比2005年增加了38.1%。“十二五”期间节能减排和控制温室气体排放面临巨大压力。

3. 居民收入增长滞后于经济增长，牧区群众的收入增长滞后于其他社会群体

2008年全自治区城镇居民可支配收入相当于地区生产总值的23.2%，较2000年下降了4.7个百分点；农牧民纯收入相当于地区生产总值的7%，较2000年下降了13.3个百分点；同期，地方财政总收入占地区生产总值的比重达到14.3%，较2000年提高4.2个百分点。2006~2008年全区牧民人均纯收入年均增速低于农民3.8个百分点，低于城镇居民人均可支配收入3.9个百分点，加之牧民生活成本较高，导致“三牧”问题突出。

4. 生态和基础设施承载产业、保护发展的能力弱

生态脆弱的基本面没有得到根本改变。中度以上生态脆弱区域占全区国土面积的62.5%，荒漠化面积占全区国土面积的55.7%，荒漠化和土壤侵蚀现象严重，约2/3的耕地处于水土流失区域。基础设施瓶颈制约明显，2008年全区公路、铁路路网密度分别是全国平均水平的33%和85.8%，高等级公路仅占全区公路总里程的11.1%。电网建设比较滞后，现有500千伏电网输送能力不能满足大范围电力资源优化配置和电力市场的要求。

二 内蒙古“十二五”规划的基本原则和发展目标

（一）基本原则

持续发展。把较快增长和长周期发展有机结合起来，继续保持经济社会的良好发展态势。

协调发展。正确认识和处理发展中各个方面、各个环节的关系，着力解决发展中的偏差，实现经济发展和社会和谐的有机统一。

创新发展。把创新作为推动经济社会发展模式转型的根本动力，完善体制机

制，实现制度创新与科技创新的有机统一，建设创新型内蒙古。

绿色发展。继续建设资源节约型和环境友好型社会，推动绿色生产和绿色消费，实现经济效益和生态效益的有机统一。

和谐发展。把建设和谐社会作为经济社会发展的重要目标，在经济发展的同时，更加注重民生，实现民富与区强的统一。

（二）发展目标

保持经济增长速度在全国的领先水平。从内在条件看，内蒙古基础设施水平逐步提高，投资环境优良，资本和要素的积聚能力不断提高；从外部市场看，随着我国工业化的持续推进，内蒙古的资源优势还将进一步发挥，在“十二五”期间保持经济增长速度在全国的领先态势是可能的。

在西部地区率先建成更加全面的小康社会。“十二五”期间，注重提高城乡居民收入，着力改善居民收入增长滞后于经济增长的局面，在经济快速增长的基础上，努力提高城乡居民收入。国民平均受教育年限增加，医疗卫生体制改革基本完成，公共卫生和医疗服务体系比较健全。以基本养老、基本医疗、最低生活保障为重点的社会保障覆盖全社会。

转变经济发展方式，产业结构优化升级取得重大突破。在工业平稳快速发展的基础上，现代服务业在经济总量中的比重得到明显提升，现代农牧业稳步推进，由主要依靠第二产业带动向依靠一、二、三产业协同带动转变；传统优势特色产业得到改造提升，战略新兴产业、现代制造业、文化产业等得到较快发展。在投资继续保持较快增长的同时，推动消费需求在总需求结构中的地位稳步上升。自主创新能力不断提高，研究与试验发展支出占国内生产总值的比重提高到2%，经济增长由主要依靠增加物质资源消耗向主要依靠科技进步、劳动者素质提高和管理创新转变。

绿色经济发展取得突破性进展。把推动新能源、清洁能源和节能环保产业作为重要突破口，加快建设以低碳排放为特征的工业、建筑和交通体系，创造以低碳排放为特征的新的“绿色经济”增长点。生态系统稳定性明显提高，草原退化、沙漠化、耕地盐碱化等问题明显改观。生态建设后续产业得到发展壮大，草产业、沙产业等特色产业成为农牧民收入增长的重要来源。主要污染物排放得到有效控制，单位 GDP 能耗、SO_2 和化学需氧量排放总量持续下降。

三 内蒙古“十二五”时期产业发展重点

依据内蒙古的资源优势和已经形成的产业基础，以能源、冶金、农畜产品加工为主体，不断提高重化工、装备制造比重。通过对资源的深加工、延长产业链、发展新能源、开发新材料，利用新材料开发生产新产品，实现产业结构优化升级。具体而言，发展以下七大产业。

发挥内蒙古有色金属资源富集和冶炼优势，继续发展有色金属开采和冶炼业。

利用能源和矿产资源富集优势，构建能源、煤化工产业链，形成能源煤化工产业集群。

利用农畜产品资源优势，构建农畜产品加工产业链，形成农畜产品生产加工产业集群。重点发展乳业、畜产品加工业、以玉米为基本原料的生物制药业。

利用风能、太阳能富集优势，构建新能源产业链（包括材料、设备、发电、蓄电池系列生产），形成新能源产业集群。力争到2015年，新能源产业实现规模化发展，成为我国的“风电三峡”和光伏产业基地。

利用稀土资源富集优势，开发新材料，构建从新材料研发到新产品生产产业链①。

适应能源重化工业对相关设备的需求，加快发展重型汽车、矿山机械等先进制造业，成为内蒙古经济发展的新动力。通过承接东部地区的产业转移，重点发展装备制造业，为东北地区生产机器和汽车配件。

提升现代服务业地位。重点发展物流、金融信息服务业、金融保险业、现代会展业等生产性服务业。以呼和浩特等中心城市和满洲里、二连浩特等口岸城市为重点，大力培育引进现代商贸物流主体，建设商品集散中心和物流中心。

四 内蒙古“十二五”时期发展的保障措施

（一）增强自主创新能力，建设创新型内蒙古

实施创新发展战略，创新发展理念、建立创新机制、转变发展模式，实现内

① 比如稀土－电池－家用电动油混合动力汽车的新材料和新产品生产产业链。

蒙古经济发展方式由要素投入拉动型向科技创新驱动型的转变；认真落实国家《关于发挥科技支撑作用促进经济平稳较快发展的意见》，争取国家重大专项资金支持；着力发展内蒙古具有优势和一定产业基础的新材料、新能源等产业；在风机制造等一些重点领域实现突破；加快推进农牧业科技创新；加大培养创新型人才队伍的力度；引进制约自主创新的关键技术、知识产权和关键零部件，提高自主创新能力。

（二）优化空间布局，促进区域协调发展

按照推进形成主体功能区的要求，合理划分生产空间、生活空间和生态空间，科学定位主体功能，促进人与自然的协调发展。继续实施“收缩转移”战略，促进工业向园区集中、人口向城镇集中、农牧业向发展条件好的地区集中。

在工业生产空间上，构建以“一圈两带多点”为主体的城市化、工业化战略格局。呼（和浩特）包（头）鄂（尔多斯）地区以一体化发展为方向，形成经济圈，辐射带动巴彦淖尔、乌兰察布等部分地区，突出发展高新技术产业、先进制造业和现代服务业，建设国家级能源重化工基地、绿色农畜产品生产加工基地、稀土研发生产和交易中心、冶金及重型汽车生产基地；发挥锡（林浩特）赤（峰）通（辽）地区的资源优势，形成经济带，建设成为有色金属冶炼加工产业基地、东北地区重要的能源基地、绿色农畜产品生产加工和特色制药基地、重要的交通枢纽和物流中心；加强海（拉尔）满（洲里）牙（克石）地区与东北地区的对接，形成经济带，积极承接东北老工业基地及沿海发达地区产业转移，建设新兴能源重化工基地、绿色农畜产品生产加工基地、进口资源落地加工基地、对俄蒙开放的重要窗口、东北亚地区重要的物流中心；加强乌（海）乌（斯太）鄂（托克）小三角区的区域内部协作，加快生态工业园区建设，突出发展循环经济，延长产业链条，培育发展接续替代产业，实现绿色发展。

在生态空间上，结合内蒙古的草原、森林、沙漠等特点，选择大兴安岭生态功能区和阴山北麓生态功能区、呼伦贝尔沙地、科尔沁沙地、浑善达克沙地、乌珠珠沁草原、黄土高原丘陵沟壑水土流失区、毛乌素－库布其沙漠化防治区、阿拉善沙漠化防治区以及生态保护区等禁止开发区，加大保护力度，构筑内蒙古生态安全战略格局。同时，积极发展旅游产业，发展草产业、沙产业等生态建设的后续产业，在沙漠地区发展太阳能发电等，提高生态保护和建设的外溢效益。

在农牧业生产空间上，发挥内蒙古北方粮食基地功能，提高粮食安全保障水平。构筑河套－土默川平原农业主产区、西辽河平原农业主产区、大兴安岭沿麓农业发展带、呼伦贝尔－锡林郭勒草原畜牧业发展带的“两区两带”的农牧业战略格局，保障农牧业的持续稳定发展。

（三）正确处理投资消费关系，保持经济长期平稳较快发展

以项目建设为切入点，优化投资结构，提高投资效益，促进有效投资较快增长。按照三次产业结构和工业内部结构升级的需要，引导投资方向和优化投资结构；鼓励投资更多地投向技术改造以及新兴战略性产业，推进工业投资结构的调整，推动经济发展更多地依靠技术。

结合改善民生，推动消费快速增长。大力发展第三产业，增加就业岗位，增加中低收入者群体的收入水平。特别是着力增加农牧民收入，尽快提高农牧民的购买力和消费能力，积极培育农村牧区消费市场，使“消费凹地”转变为消费市场。

发挥与俄罗斯和蒙古国等国家的互补优势，加强保税区、出口加工区、物流园区等对外开放载体建设；拓展经济技术合作的领域和深度；进一步优化出口商品结构，提高市场占有率；加大引进资源力度，积极发展进口资源加工产业。

（四）推动重点领域和关键环节改革，为经济社会发展注入强大动力

从内蒙古的现实需求出发，以调整经济结构发展偏差为着力点，加快推进资源环境价格形成机制改革，推进民营经济发展的制度建设，推进城乡一体化的制度建设，推进国民收入分配结构调整，推进就业体制改革。

根据转变经济发展方式的需要，推进经济建设型政府向公共服务型政府转型，解决政府基本公共服务职责不到位、政府自身建设滞后等问题。推进自治区直管旗（县、市）改革试点，缓解旗（县、市）事权与财权不相称的矛盾，降低行政成本。

（五）扩大开放，形成合作共赢新优势

充分利用俄罗斯和蒙古国资源，以满洲里、二连浩特、甘其毛都、策克－乌

斯太、珠恩嘎达布其等进口资源加工基地为重点，加强口岸工业园区建设，发展资源落地加工产业，不断提升进口贸易的层次和水平，实现对俄蒙合作持续稳定发展。

对国外开放与向国内其他省区开放相结合。把承接产业转移与促进产业多元、延伸、升级结合起来。把承接产业转移与构筑要素流入区结合起来。在承接产业转移中，同步做好对技术、装备的引进和吸收。优化政策、法制、人文等软环境，着力打造商务成本“凹地”、投资兴业“宝地”、要素集聚“高地”。把承接产业转移与扩大“东联北开西出”结合起来。扩大对东部沿海地区全方位、宽领域、多层次开放，在主动接受发达地区辐射带动中提升产业发展层次。

大力培育和发展服务贸易。顺应世界服务贸易迅速发展的总体趋势，重视服务贸易的发展，推进对外贸易转型和升级。为经济运行提供充分而有效的服务供给和支持，满足内蒙古重化工业发展对生产性服务业更高层次的需求。促进货物贸易及整个对外贸易的高效发展，使区位优势和资源优势转变成为开放优势和经济优势。

参考文献

内蒙古自治区统计局：《内蒙古统计年鉴》(2006～2009)，中国统计出版社。

内蒙古自治区统计局：《内蒙古自治区2009年国民经济和社会发展统计公报》，2010－2－27。

重庆市“十二五”时期发展思路研究报告

邹 璇 赵金锁 文传浩 张春勋*

摘 要：“十二五”规划期重庆正处于发展模式转型、全面实现小康、落实“314”总体部署、新一轮西部大开发和统筹城乡取得突破性成效的关键时期。本报告在对重庆市“十一五”规划执行情况进行总结的基础上，提出了重庆市“十二五”规划的基本指导思想、发展目标、产业发展重点、重点工程项目及保障措施。

关键词：重庆市 “十二五”规划 基本思路

一 “十一五”规划执行情况简要总结

1. “十一五”规划执行情况

（1）发展进度超过预期。5 年来，GDP 年均增长 14% 以上，高于规划目标 4 个百分点。有 37 个区县 GDP 年均增速达到或超过当地规划目标。

（2）各项指标基本实现。政府主导实施的涉及公共利益的指标有 14 项达标，约束性指标有 13 项达标，如主城区环境空气质量满足Ⅱ级天数、三峡库区长江干流水质、森林覆盖率、城镇登记失业率、人均受教育年限等。

（3）开放步伐持续加快。前四年引进外资年均增长 80% 以上，内资年均增长 70% 以上，分别提前 3 年、2 年实现“十一五”规划目标。进出口总值超过 150 亿美元，已经完成了“十一五”规划目标。

* 邹璇、赵金锁、文传浩、张春勋，重庆工商大学长江上游经济研究中心。

(4) 居民分享发展成果。重庆市城市居民人均可支配收入提前实现1.5万元的规划目标，年均增长15.3%，农村居民人均纯收入年均增长13.7%。

然而，还有3个指标未达标，分别是非农产业就业比重、研究与开发支出占地区生产总值比重和二氧化硫排放总量。

2. “十二五”规划的压力

发展差距未能缩小。“十一五”期间重庆市没能有效缩小与西部地区兄弟省份的发展差距，而与沿海发达地区的发展差距也在继续扩大。城乡发展差距持续扩大，对外开放水平仍然较低。此外，重庆市可持续发展压力加大。二氧化硫排放削减未达到规划进度要求，仅完成任务的50%；土地开发利用形势严峻，耕地后备资源不足5万公顷，耕地补充的难度和成本不断增加。

对此，“十二五”规划期间，重庆必须要完善对策。一要落实国务院三号文件，二要促投资保增长，三要扩大对外开放。

二 “十二五”规划指导思想、基本原则和发展目标

相比于“十一五”规划，“十二五”规划应具有六大特点：深入践行科学发展观，解决好发展模式转型的问题；实现全面小康的关键5年；科学应对国内外复杂形势；西部大开发实施10年之后，以基础设施为重点突破转为以产业构架为重点突破；认真落实“314”总体部署的关键时期；统筹城乡综合配套改革试验有实质性的突破。

六大新特点中，前三个具有全国普遍意义，而后三个则是重庆特色。因此，在“十二五”发展过程中要处理好增长与发展的关系、对外开放与扩大内需的关系、区域发展与培育形成主体功能区的关系、推进城镇化与解决“三农”问题的关系、提升经济实力与增强中心城市服务功能的关系、“一圈”加快发展与“两翼”提速发展的关系。

此外，“十二五”期间还要着力解决好如何加快发展、实现率先发展的问题；如何提升直辖市功能作用的问题；如何优化区域结构的问题；如何成功探索内陆开放道路的问题；如何实现统筹城乡改革突破的问题；如何转变发展方向的问题。

1. 指导思想

以邓小平理论和“三个代表”重要思想为指导，以科学发展观统领经济社

会发展全局，深入贯彻落实科学发展观，实现全面建设小康社会，积极应对和攻克国内外复杂发展形势。纵深推进新一轮西部大开发、落实“314”总体部署、全面推进统筹城乡综合配套改革、加快内陆开放型高地建设。

2. 基本原则

坚持以人为本，以经济建设为中心，用发展和改革的办法解决前进中的问题，转变发展观念、创新发展模式、升级产业结构、提高发展质量，落实“五个统筹”和“六个必须”。坚持深化改革、扩大开放，用可持续增长方式提升自我发展能力，实现经济又好又快发展。切实把经济社会发展转入全面协调可持续发展的轨道，为全面建设小康社会打下坚实基础。

3. 发展目标

（1）落实“314”总体部署。落实三大定位——努力把重庆加快建设成为西部地区的重要增长极、长江上游地区的经济中心、城乡统筹发展的直辖市；实现一大目标——在西部地区率先实现全面建设小康社会目标；完成中央交办的四大任务——加大以工促农、以城带乡力度，扎实推进社会主义新农村建设；切实转变经济增长方式，加快老工业基地调整改革步伐；着力解决好民生问题，积极构建社会主义和谐社会；全面加强城市建设，提高城市管理水平。

（2）全面建设小康社会。经济规模、质量、效益迈上新台阶。2015年力争地区生产总值达到13000亿元，人均地区生产总值达到38000元，全社会固定资产投资在优化结构前提下累计完成13500亿元，社会消费品零售总额达到9000亿元。非农产业增加值比重达到90%，全员劳动生产率提高到25万元/人·年，单位地区生产总值能源消耗降低16%以上，工业固体废物综合利用率达到88%。对内对外开放进一步扩大，区域合作更加紧密，进出口总额和外商直接投资分别达到200亿美元和40亿美元，引进内资达到2000亿元。基本形成以企业为主体的技术创新体系，研究与开发支出占地区生产总值比重提高到2.5%，高技术制造业增加值占地区生产总值比重提高到8%，形成一批拥有自主知识产权的品牌产品和竞争力较强的优势企业。城镇化率、非农产业就业比重分别提高到65%和75%，解决三峡库区产业空虚问题取得明显进展，贫困地区和少数民族地区生产生活条件明显改善，三大经济区发展趋于协调。

（3）深入推进统筹城乡综合配套改革。大力发展库区特色产业，初步改变库区产业“空心化”问题。完成国有企业改革，促使老工业基地焕发活力。完

成“一圈两翼”经济总体布局，实现全市域“一小时经济圈”构想。新农村建设取得实质性成效，农村交通、水利、电网、人畜饮水、卫生厕所、沼气等建设取得重大进展，全面普及农村义务教育，新型农村合作医疗参合率达到100%，基本解决农村绝对贫困人口温饱问题。基本形成防治水环境污染、大气环境污染、水土流失、地质灾害等生态环保体系，基本遏制生态环境恶化的趋势。

（4）切实建成长江上游经济中心。形成比较完善的交通、能源、水利、信息、市政等基础设施体系，公路通车总里程达到43000公里（其中高速公路2600公里），铁路营运里程达到2100公里，港口货物吞吐能力达到178000万吨（其中集装箱230万标箱），电力装机容量达到1800万千瓦，总体缓解基础设施“瓶颈”制约，水陆空通道互动、节点有机衔接、网络合理布局的长江上游综合交通枢纽和安全、便捷、互通互联的长江上游通信枢纽基本建成。两江新区和西永综合保税区的产业园区经济架构大体形成，以北部新区、高新技术产业开发区、经济技术开发区、长寿化工园区和特色工业园区为主体的园区得到名副其实的充实和发展；以大都市区为龙头，区域性中心城市相呼应，若干中小城市和小城镇共同发展的城镇体系基本形成。

（5）加快国际贸易大通道建设。充分利用重庆市的国际航空枢纽、长江黄金水道交通枢纽和西南地区铁路交通枢纽的优势。初步扩建重庆江北国际机场，完成第二跑道、T2A航站楼及配套设施扩建工程和Ⅱ类仪表着陆系统工程建设，到2015年，满足年飞机起降26万架次、年旅客吞吐量2500～3000万人次、年货邮吞吐量45万吨的需求设计。打通重庆—昆明—东南亚和南亚陆上国际通道、重庆—贵州—北海—东南亚和南太平洋国家水路国际通道、重庆—西安—乌鲁木齐——中亚、西亚和欧洲陆上国际通道；充分利用重庆—武汉—上海—全球沿海国家水上交通要道。

（6）加快“五个重庆”建设。“宜居重庆”重点要做好居住品质、公共空间、服务设施三大工程。“畅通重庆”重点要做好重庆市交通建设，其目标是通过强化主城辐射功能有效带动大重庆跨越式发展。“森林重庆”实现2015年森林覆盖率45%，城市建成区绿地率40%，都市区建成国家森林城市，达到社会经济可持续发展的目的。“平安重庆”建设达到治安秩序良好、生产生活安全、矛盾有效化解、执法司法公正、队伍廉洁为民的目的。“健康重庆”建设力争到2015年市民健康素质超过全国平均水平、健康保障水平处于西部前列、健康行为基本养成。

此外，加快内陆开放型高地建设、长江上游地区经济中心建设、长江上游地区金融中心建设，完成中央部署的全国第五大中心城市建设，纵深推进新一轮西部大开发。

三　产业发展重点

1. 汽车摩托车

打造资本构成多元化、企业组织集团化、生产经营规模化、产品市场国际化的现代汽车产业基地。保持微车优势，积极发展节能环保经济型轿车，提升中级轿车竞争力，扩大轻型车生产规模，促进重型车提升档次，建设发动机生产基地。整合产业资源，加强国际合作，构建以制造、研发、商贸服务为一体的“中国汽车名城”。发挥整车的带动作用，发展一批零部件优势企业，建设面向全球供货的零部件生产基地。

摩托车产业实现“数量扩张型”向“质量效益型”转变，加快形成整车、发动机和零部件研发能力，注重产品结构调整，积极占领高端摩托车消费市场，主导车型达到国际先进水平，部分产品达到当期国际水平，建设国内规模最大、配套能力最强、技术水平领先的“摩托车之都”。

2. 装备制造业

大力提升研发设计、工艺装备、系统集成水平，建成我国重要的装备制造业基地。重点建设内燃机、环保成套装备、仪器仪表、军事装备等4个国家级研发生产基地；发展输变电成套装备、数控机床、电子产品及通信设备、船舶及配套产品等4个优势装备制造行业；发展轨道交通设备、工程机械及大型结构件、水力及风力发电成套设备、系列模具、医疗成套设备、优质材料等6大重点产品。

3. 高技术产业

重点发展信息技术、生物技术、新材料、新能源等高技术产业，加快自主研发专利技术的产业化进程，促进产学研结合，增强技术研发的针对性、实效性和产业化基础。

4. 资源加工业

合理开发利用矿产资源，采用先进生产技术和清洁生产工艺，矿电联产，集中布局，保护环境，努力构建化工、冶金、建材基地。大力发展天然气化工、盐

化工、化肥和精细化工，实施乙烯下游产品链建设，实现化工业发展新突破。结合农副产品及特色生物资源，加快发展医药食品纺织等轻工业。

5. 金融业

形成具有一定辐射能力的金融市场体系、多元化的金融机构体系、适应市场需求的金融创新机制以及具有比较优势的金融发展环境。促进金融机构相对集中布局，逐步形成功能齐全、国际接轨、辐射力强的中央商务区核心金融区。加快发展跨区域票据交易，发展产权交易市场。做强银行、证券、期货、保险、信托产业，做大货币、资本、保险、外汇市场。积极引进各类金融机构来渝设立地区总部或分支机构。做大做强地方金融企业。壮大上市公司队伍。

6. 现代商贸物流业

深化流通体制改革，推进传统商业经营方式向现代流通方式转变，传统流通格局向大市场、大贸易、大流通转变，提升商贸业整体水平。建立、完善中央商务区、区县（自治县、市）中心商圈、商业特色街（专业市场）和乡镇（社区）商业点4个层次商业服务网络，沟通城乡商贸流通。鼓励发展连锁经营、特许经营、多式联运、电子商务等组织形式和服务方式，支持商贸企业建设物流配送网络，大力推动流通现代化；加大物流业基础设施建设和政策扶持力度，基本建立起发展现代物流的硬件设施，并在配套性、系统性、标准化、专业化等方面形成规范，加快构建信息通达、物畅其流、快捷准时、经济合理的社会化、专业化的现代物流服务体系。

四　建设的重点工程项目

1. 汽车摩托车产业重大项目

新增轿车及发动机项目；新增商用车项目；新增大中型客车项目；新增重型汽车项目；新增摩托车发动机及汽油机扩产项目；新增汽车摩托车轮胎项目；汽车摩托车试车场项目。

2. 装备制造业重大项目

内燃机制造项目；环保成套设备制造项目；仪器仪表设备制造项目；输变电成套设备项目；数控机床制造项目；电子产品及通信设备制造项目；船舶及配套设备制造项目。

3. 高技术产业重点工程项目

落实信息产业“1162 工程”。建设北部新区高新园、西永微电子工业园两个基地，培育一批电子信息研发制造优势企业。

发展现代中药、生物医学工程、生物制药、化学原料药及制剂、生物农业等领域，加快培育重庆国家生物产业基地。

发展高性能结构材料、功能材料及器件、天然气化工材料、新型建筑材料等领域。新能源产业，重点发展风能、氢能、生物质能、太阳能、地下温泉热能、农村沼气等领域。

4. 矿产及农林资源加工业重点项目

加大长寿天然气和石油化工、涪陵化肥、万州盐气化工的发展力度，培育提升永川氰化工、大足和铜梁锶化工、城口钡化工、垫江天然气精细化工等特色化工，逐步建成现代综合化工基地。

依托现有钢铁工业基础，重组提升，集中布局，开发有竞争力的产品，努力建设黑色冶金基地。

建设大型氧化铝项目，发展铝精深加工，建设国内重要的铝业基地。

高效利用锰、锶、钡、镁和硅矿资源，建设国内重要的锰、锶、钡工业基地。

5. 现代商贸物流业重点工程项目

打造寸滩港、铁路集装箱中心站、江北国际机场 3 个物流中枢和多个区域性物流中心，综合应用先进运输、仓储、装卸、包装等机器设备，在汽车、摩托车、建材、农副产品等方面，培育一批现代物流优势企业，构建物流公共信息平台。

五　保障措施

1. 改革行政管理体制

按照建设服务政府、责任政府、法治政府的要求，规范经济调节职能，强化市场监管职能，全面履行公共服务职能，完善社会管理职能。进一步推进政企分开、政资分开、政事分开、政府与市场中介组织分开，合理界定政府在市场经济活动中的职责范围。明晰政府部门的职能边界，消除部门职能交叉。深化投资体制改革，完善投资核准和备案制度，落实企业投资决策自主权；继续减少行政许可，取消不符合世贸组织原则、妨碍市场开放和公平竞争的行政审批；提高政府工作的透明度，保障人民群众对政府工作的知情权、参与权、表达权和监督权。推动政务公开，实行政府部门和公共事业单位向社会公开服务承诺制度。强化行政系统内部监督，完善行政首长问责制。

2. 改革财税体制

优化财政支出结构，扩大财政对基本公共服务的覆盖范围，提高对教科文卫、“三农”、社会保障、环境保护等领域的支出比重。在投融资体制改革过程中，逐步把政府财力对基础设施、公共设施的直接投资转变为政府引导、社会参与，企业自主融资、投资的发展格局，财政资金逐步从一般经营性、竞争性领域退出。深化“收支两条线”改革。

3. 理顺市场机制

培育市场主体与发展市场中介组织并举，完善商品和要素价格形成机制，逐步形成城乡一体、内外开放、公平竞争、规范有序的市场体系。加强各类市场建设，强化各类市场监管。

4. 用规划指导经济发展

严格以规划为依据，合理组合运用土地、财税、金融、环保、价格等政策，制定有利于转变经济增长方式，有利于重点产业和先导产业发展，有利于创造更多就业岗位的综合经济政策，调节经济发展方向和进程。建立以规划、产业政策、行业准入和信息发布为基础，以土地和环保为约束的投资调控和监管体系。

5. 建立统筹协调分类实施机制

农业、工业、服务业等产业和利用外资、对外贸易等领域的发展目标任务，主要依靠市场配置资源，依靠市场主体行为实现。综合性指标、经济增长方式转变、调整优化经济结构、增强自主创新能力、建设社会主义新农村、促进区域协调发展、建设资源节约型和环境友好型社会等目标任务，主要通过完善市场机制和政策导向机制努力实现。生态环境保护、资源管理保护、收入分配调节、维护市场经济秩序、保障人民合法权益、加强社会建设和管理等目标任务，主要通过建立健全法规、加大执法力度等法律手段，并辅之经济调节努力实现。

四川省“十二五”时期发展思路研究报告

周 江*

摘　要：本报告通过对四川省“十二五”时期发展面临的环境分析，提出四川省“十二五”规划必须以科学发展观为指导，按照“统筹兼顾、创新驱动、绿色增长、共享共建”的要求来谋划发展思路；并提出了四川省“十二五”期间经济社会发展的目标与战略重点。

关键词：四川省　“十二五”规划　发展思路

一　四川省“十二五”规划的背景及经济环境分析

“十一五”期间，在党和国务院的领导下，四川省委、省政府认真贯彻和落实科学发展观，团结和率领全川人民继续推进西部大开发、积极扩大内需、抓好灾后重建工作，实施跨越式发展战略，与时俱进，开拓创新，艰苦奋斗，经济社会发展取得重大成绩。在国内外发展环境错综复杂、不确定因素增多的大背景下，四川省的发展既存在着严峻的挑战，也面临着难得的历史机遇。

（一）“十二五”时期经济发展面临的有利因素

1. 四川省经济已经具备较好的发展基础

经过新中国成立60周年特别是改革开放30年发展建设的积累，四川省经济已经具备了较好的发展基础，突出表现在：一是地区生产总值居西部地区第

* 周江，四川省社会科学院区域经济研究所。

一，在西部的影响和带动能力明显增强；二是形成了产业门类比较齐全的工业体系和特色突出的优势产业，装备制造、电子信息、优势资源开发以及农产品加工等产业具有较大较强的优势；三是科技实力和科技创新能力大大增强，在西部地区占有优势地位，高新技术产业在全省经济中的份额进一步提高。

2. 四川省经济社会在“十一五”期间有较快的发展

GDP 年均以两位数增长，产业结构得以改善，财政收入逐年增加，人民生活水平进一步提高。“富民强省”和灾后重建推进了“基于民生”的社会建设，以“基层民主政治体制建设”和“政府转型”为主要内容的政治建设正在从试点推向全省，文化建设加快，文化产业初具规模。

3. 灾后重建和西部经济发展高地建设为下一步发展创造了有利条件

最近两年实施的灾后重建和高地建设，使投资规模大幅增长，一大批重大项目陆续上马，为“十二五”期间四川省经济加快发展创造了条件。西部综合交通枢纽规划建设的实施，投资环境的进一步改善，必将增强四川省对外来投资、人才等的吸引力和集聚力。

4. 国家将大力拓展成渝经济区建设带来的发展机遇

成渝经济区是国家级重点开发区，是国家区域总体战略部署的重要组成部分。四川省有 15 个市在成渝经济区内，将肩负起打造西部重要增长极，建设国家重要的先进装备制造业、现代服务业、高新技术产业和农产品基地、全国统筹城乡综合配套改革试验区、国家内陆开放示范区、国家生态安全保障区的重要使命。

（二）“十二五”时期经济发展面临的问题

四川省“十一五”规划总体上执行的比较好，但也存在一些不足，主要反映在以下四个方面。

1. 结构性矛盾依然突出

四川省产业结构调整与经济增长的反差比较明显，产业整体层次低，工业对四川经济发展的支撑力不强，在经济发展中的主导作用发挥不够，产业结构不合理，城乡二元结构仍然突出，城乡发展差距还在扩大。

2. 经济发展的质量和效益不高

2008 年 GDP 虽然超过万亿元，居全国第 9 位，但 2008 年地方财政一般预算收入仅占 GDP 的 8.3%，低于全国 9.5% 的平均水平，在全国各省区市中排名第 18 位，说明经济发展的质量效益不高。

3. 国际金融危机给经济发展带来很多不利影响

国家虽采取了一系列举措，扭转了经济增速下滑的趋势。但不稳定、不确定和未知、可变因素还很多，形势依然严峻，对“十二五”期间经济发展规划的实现会有一些影响。为此，不仅要有充分的思想准备，更要有几种新的对策预案。

4. “基于民生”的社会建设有待推进

“十二五”期间，随着政府掌控的经济资源增加，社会公共资源的公平性问题将日益凸显。以教育、医疗、住房、社会保障、分配、社会管理等为主要内容的民生问题如果不能在经济发展的同时取得突破性进展，将使四川省已存在的城乡差距、区域差距和体制内外利益差距扩大，有可能引发新的社会矛盾，直至导致社会冲突。

综上所述，在“十二五”期间，四川省虽然将受到传统发展难题的困扰和 5.12 地震与国际金融危机的影响，但总的来说，机遇仍大于挑战。因此，要紧扣发展这一主题，以发展应对经济社会面临的种种问题和挑战，利用好各种发展机遇，努力实现“十二五”期间经济社会跨越式发展。

二　四川省“十二五”时期发展指导思想与基本原则

（一）四川省“十二五”时期发展的指导思想

深入贯彻落实科学发展观，以“加快发展，科学发展，又好又快发展”为总体取向，以“加快建设灾后美好新家园，加快建设西部经济发展高地”为主线，以工业强省为主导，联动推进新型工业化、农业现代化和新型城镇化；以统筹城乡、区域协调发展为切入点，形成城乡经济社会发展一体化新格局；以技术创新、制度创新和管理创新为驱动，推动产业结构优化升级，提升经济运行效率；以生态文明建设推进绿色经济发展和生态环境保护，转变经济发展方式，增强可持续发展能力；以改善民生、成果共享为落脚点，促进社会和谐稳定；以改革开放为动力，加强区域合作，实现合作共赢。要加快富民强省、全面建设小康社会进程，开创四川经济社会发展新局面，谱写和谐社会新篇章。

（二）四川省“十二五”时期发展的基本原则

1. 统筹兼顾、突出重点

统筹城乡发展。加快社会主义新农村建设，形成城乡经济一体化发展新格局；统筹经济与社会协调发展，推进新型工业化、新型城镇化和农业现代化“三化”联动；统筹当前与长远发展，要在注重“保增长、保民生、保稳定”的同时，立足长远发展；以成渝经济区建设为契机，以城市群建设为重点，统筹区域协调发展。

2. 创新驱动、优化提升

坚持技术创新，提高自主创新能力，促进产业结构优化升级，增强区域核心竞争力；加强制度创新和管理创新，进一步解放生产力，优化资源配置，提升经济运行效率。

3. 绿色增长、持续发展

按照资源节约、环境友好的发展要求，注重资源科学开发和生态环境保护；大力发展绿色经济，构建绿色产业体系；加快发展循环经济、低碳经济，转变经济发展方式，增强可持续发展能力。

4. 共建共享、民生为本

坚持富民优先、成果共享、深入推进民生工程，提高城乡居民收入，缩小城乡收入差距，增强可持续发展能力。

5. 改革开放、合作共赢

进一步深化重点领域和关键环节体制改革，扩大开放，建成国家内陆开放示范区；加强区域间要素合理流动，通过区域合作实现互利共赢。

三　四川省“十二五”时期发展目标

“十二五”规划应按2020年全面建设小康社会这个总目标，以制定2011～2015年的阶段发展目标为任务，按照党的十七大提出的全面建设小康社会的新要求，结合灾后重建和金融危机影响，适当调整四川省经济社会发展目标。努力把四川省建设成为辐射西部、面向全国、融入世界的西部经济发展高地。具体来说，“十二五”期间应达到的预期目标包括以下几点。

1. 经济保持较快增长

地区生产总值年均增长10%以上，到2015年达到29000亿元，人均达到35000元。经济增长质量和效益提高，地方财政一般预算收入保持较快增长。

2. 经济结构进一步优化

农业综合生产能力增强，现代农业产业化水平提高；工业化、城镇化进程进一步加快，城镇化水平达到45%左右；工业结构进一步优化，到2015年高新技术增加值占GDP的比重提高到15%左右，服务业发展水平明显提高。所有制结构更趋合理。

3. 人民生活进一步改善

城乡公共服务体系更加健全，科技、教育、卫生等社会事业明显加强。城乡居民收入快速增加，收入分配差距扩大的趋势得到有效遏制，社会保障体系不断完善，基本医疗保险扩大到全体城乡人口。城镇登记失业率控制在5%以内，到2015年城镇居民人均可支配收入达到25000元，农民人均纯收入达到8000元。少数民族地区和革命老区人民生活水平得到明显改善。

4. 可持续发展能力增强

生态省建设进入整体推进阶段，建成一批生态省建设重点工程，新型工业化和发展生态经济方面取得较为明显的成效。全省城乡生态环境明显好转，人民生活质量明显提高。全省万元GDP能耗继续下降，主要污染物排放总量继续减少，环保产业占GDP的比重达到5%，城镇生活污水集中处理率达到55%，城镇生活垃圾无害化处理率达到85%，适宜农户沼气普及率达到40%，森林覆盖率达到35%，水土流失面积进一步减少。全省城乡生态环境明显好转，人居环境质量进一步提高。

四　四川省“十二五”时期发展的重点选择

1. 构建扩大内需长效机制，推进经济平稳快速发展

以政府投资带动引导民间投资、优化投资结构。加强基础设施建设，“十二五”期间，铁路、高速公路、机场等交通基础设施建设全面推进。加强基础设施网络化、一体化和现代化建设，形成以交通、能源、信息和水资源综合利用四大基础网络为支撑，以环境保护和防灾抗灾两大设施体系为保障，布局合理、设施先进、功能齐全的基础设施建设系统。优化民间投资长期稳定增长的体制条件，扩大民营资本的市场准入范围，减少行政许可事项、改进对民营企业的金融服务、减轻民企的税费负担。

2. 加快经济结构的调整，促进产业结构的优化升级

“十二五”期间，要把经济结构调整放在战略性高度，并贯穿于经济工作的各个环节，使产业结构、城乡结构、就业结构、所有制结构等的调整有机协调进行。要以走新型工业化道路为主攻方向，明显提高工业的信息化水平，大力发展高新技术产业，积极应用高新技术和先进适用技术改造与提升传统产业，努力减少有限资源的消耗和废弃物排放，延伸产业链条，降低成本，增强产品市场竞争力。要以非公有制经济发展为重点，进一步提高非公有制经济比重，培育更多具有活力的市场主体。

3. 深入推进灾后重建，统筹经济社会发展

按照“统筹规划、适度超前、优化网络、提高水平”的思路，以提升区域环境竞争力、优化城镇体系空间布局为目的，分步骤、分层次完善交通、通信、电力、水利等基础设施建设，恢复并发展其综合效能和服务水平，努力实施基础设施的网络化、一体化和现代化。

4. 建设社会主义新农村，统筹城乡协调发展

大力发展现代农业，加大农业科技推广力度，促进科技成果应用，推进农业产业化经营，加快农业信息化建设，提高资源利用效率，实现农业可持续发展。把新农村建设和灾后重建美好新家园结合起来，以发展现代农业为手段，走节约土地、集约集群的社会主义新农村道路。

5. 优化区域空间布局，促进区域经济协调发展

构建成都“大都市”经济圈，空间范围包括成都、绵阳、乐山、眉山、资阳、遂宁、雅安八个市。建成西部辐射带动力最为明显的大都市圈，建成西部经济中心，成为引领西部发展的核心增长极。

加快“成渝通道发展轴”的发展。包括宜宾、泸州、内江、自贡、南充五市。通过重点建设成渝经济区长江上游沿江、成内渝、成遂南广渝三大发展带，形成成渝经济区城镇化水平高、产业集聚度高、区域一体化程度高的新的增长极和四川省经济发展的次高地。

加强“环渝腹地区块”建设。主要包括与重庆毗邻并已经形成经济联系较密切的达州、广安两市，成为支撑四川省发展的新的增长区域。

加大攀西战略资源综合开发的力度。积极争取国家在攀西地区建设“攀西稀有战略资源综合开发示范区”的支持，坚持综合利用和集约利用，提高资源利用率，不断延伸产业链。

加大对四川革命老区和三个民族自治州的多方面扶持力度。“十二五”期间，要对这两个区域给予一些特殊和特别的政策优惠和扶持条件，使其加快发展步伐，逐步缩小地区之间发展的过大差距。

6. 增强自主创新能力，走创新型发展道路

增强自主创新能力，提升发展的整体素质和技术水平，提高科技对经济发展的支撑能力和引领作用，努力将四川省建设成为创新型大省和科技强省，实现经济发展方式由要素驱动向创新驱动的根本转变。

7. 加强区域合作和对外开放，积极承接产业转移

加强与东部沿海地区之间的区域合作，构建“优势互补，共同发展”的区域经济合作新格局，从宏观上为产业转移与承接搭建有效的合作平台。打造具有优势和特色的工业园区，为转移企业营造配套环境，吸引大企业向园区转移。在资源富集的地区设立资源开发区，吸引和承接东部地区相关企业进入园区，进行产业链式的系列化开发，通过各个资源开发区建设，形成具有优势和特色的产业集群。

8. 加快县域经济发展，构建全面建设小康社会的基础

把县域经济发展放在重要的位置，加快步伐、加大力度发展县域经济。这是关系到2020年能否实现全面建设小康社会的重大问题。要立足于县域经济发展的实际，因地制宜培育优势特色产业。要抓住扩大内需、灾后重建的机遇，结合城乡统筹、扩权强县等政策，加强对县域基础设施和公共服务设施的投资力度。大力发展民营经济和中小企业，积极营造良好的县域市场环境、政策环境、执法环境和金融环境，为民营企业和中小企业发展创造良好条件。

9. 深化重点领域和关键环节的改革，完善经济体制

建立健全现代市场体系，深化体制改革，打破行政性垄断和地区封锁，完善商品市场，健全资本、土地、技术和劳动力等要素市场，规范发展产权交易市场，完善价格形成机制，规范市场秩序，形成统一、开放、竞争、有序的现代市场体系。

10. 着力解决民生问题，促进社会和谐稳定

坚持富民优先，稳定和强化惠民政策，努力增加居民收入，逐步建立提高城镇居民和农民收入的长效机制，提高居民的消费水平，全面提升城乡居民的生活质量，确保人民群众可以共享发展的成果。

11. 以生态省建设为载体，推进生态文明建设

建立生态文明的产业支撑体系，高效低耗的生态经济体系、持续利用的资源支撑体系、优质可靠的环境安全体系。坚持社会经济发展与生态环境保护并重，大力发展绿色经济、循环经济，实现经济社会与区域资源环境协调发展。

云南省“十二五”时期发展思路研究报告

梁双陆*

摘　要： 云南省“十一五”时期经济社会发展总体保持平稳运行，面对错综复杂的国际国内形势，“十二五”时期面临着加快发展与转变经济发展方式的双重任务，基本思路是加快转变经济发展方式，大力调整经济结构，加快科技创新，着力改善民生，推动科学发展和和谐发展。需要重点完成的任务是加快经济结构调整、加快现代产业体系构建、加快基础设施建设、加快区域协调发展、加快和谐社会建设、努力扩大对外开放、不断深化体制改革，使云南经济社会又好又快发展。

关键词： 云南省　“十二五”　发展思路

一　云南省“十一五”时期发展回顾

到“十一五”期末，云南省地区生产总值预计达到6980亿元左右，预计“十一五”期间年均增速11.6%，经济总体保持了平稳较快增长。产业结构调整取得成效，三次产业比重由2005年的19∶42∶39调整到2010年的16.2∶43.3∶40.5。全社会固定资产投资达到5500亿元左右，建成了一批事关全局的好项目、大项目。综合交通运输体系不断完善，水利基础设施建设成绩显著，能源建设全面推进，中缅油气管线工程加快推进，成品油管道建设进展顺利，信息化水平不断提高，高速宽带网络设施基本建成，电子政务建设取得显著成效。地方财政一般预算收入将

* 梁双陆，云南大学经济研究所。

达到768亿元，工业增加值将达到2420亿元左右，城镇居民人均可支配收入预计达到15500元左右，农村居民人均纯收入预计达到3640元左右，经济社会逐渐步入又好又快发展轨道。

“十一五”期间，云南省始终坚持以人为本，注重社会事业的发展，着力改善民生。“十一五”期末人口自然增长率可控制在6.08‰以内，价格总水平基本稳定，社会消费增加。教育全面发展，“两基”攻坚目标如期实现，中等职业教育在校生在“十五”期末基础上实现了翻番。公共卫生事业全力推进，基层卫生服务体系进一步完善，全省基本实现远程可视医疗县县通。文化事业较快发展，公共文化服务体系加快构建。民族民间传统文化保护走在全国前列。社会保障体系建设步伐加快，社会保险覆盖面不断扩大，扶贫开发全面推进，五年累计减少贫困人口将达到208万人。城乡供水保障体系进一步完善。积极推进了生态文明建设和环境保护，全面实施“七彩云南保护行动”、“滇西北生物多样性保护行动”、“九潮流域水污染综合防治工程”、“三峡上游区水污染治理工程”，滇池治理工作全面提速，水质恶化的趋势得到有效遏制，综合治理效果开始显现，洱海治理成果得到巩固提升，创造了水污染防治新模式。推进“森林云南”建设，实施天然林保护、退耕还林、防护林建设、石漠化综合治理等工程，森林覆盖率超过50%。循环经济发展加快，初步形成工业循环经济体系，资源利用率不断提高，节能减排取得实效，万元GDP能耗下降17%，化学需氧量、SO_2年排放量分别削减到27.1万吨和49.8万吨，城市污水集中处理率、城市垃圾无害化处理率分别达到70%和60%。“平安云南”创建活动顺利推进，社会治安综合治理不断加强，禁毒防艾工作成效显著。公共危机应急机制和救援体系不断健全，抗灾救灾行动迅速。全省呈现出民族团结、边疆稳固、平安和谐的良好局面。

二　云南省“十二五”时期基本思路与发展目标

“十二五”时期云南省发展的基本思路是：以邓小平理论和“三个代表”重要思想为指导，全面贯彻落实科学发展观，紧紧围绕全面建设小康社会的奋斗目标，实施绿色经济强省、民族文化强省和中国面向西南开放的桥头堡战略，以转变经济发展方式为主线，加快经济结构调整，加快科技创新，提升经济增长的内生动力，加快改善民生，优化区域经济结构，增强经济社会综合实力，提高人民富裕程度，促进民族团结、边疆稳固，推动科学发展、和谐发展。

云南省“十二五”发展目标是：努力使年均经济增长速度保持在9%左右。到2015年，经济发展方式得到明显转变，经济结构不断优化，自主创新能力明显增强，生态环境明显改善，人民生活水平不断提高，资源利用效率明显提高。

三　云南省“十二五”时期发展的重点任务

（一）加快经济结构调整

全面调整产业结构、需求结构、所有制结构、投资结构、城乡结构，促进经济发展方式转变和可持续发展。

调整产业结构。推进产业发展从主要依靠规模扩张转变为规模扩张与质量提升并重；从主要依靠传统产业发展，转变为培育战略性新兴产业与加快运用新技术改造提升传统产业并重；从主要依靠资源消耗向主要依靠科技进步、劳动力素质提高和管理创新转变。

调整需求结构。积极调整投资、消费、出口结构，在保持投资持续稳定增长的基础上，扩大居民消费，大力发展进出口贸易，努力实现内需主导、消费驱动、外需补充的经济增长格局。

调整所有制结构。推进公平准入，改善融资条件，破除体制障碍，形成各种所有制经济平等竞争、相互促进的新格局。

调整投资结构。把增加投资与调整结构、转变方式、促进消费、推进城镇化、改善民生、夯实基础结合起来。

调整城乡结构。针对云南城乡二元结构突出的问题，以城乡一体化为目标，加快城镇化进程和农村发展，缩小城乡差距。统筹城乡规划、产业发展、公共服务、社会保障、户籍管理、劳动就业、基础建设、金融发展、建设用地、生态建设，促进城乡发展步入相互支持、相互促进、相互协调的轨道。

（二）加快构建现代产业体系

1. 努力增强自主创新能力

加快基础研究和战略高技术前瞻布局，利用东中西合作机制，系统谋划创新能力建设。要加强企业创新和产业技术开发平台建设，加强区域性技术创新服务体系建设。推进产学研、产业技术联盟，引导资金、人才、技术等创新资源向企业聚集。要把增强自主创新能力与促进产业结构优化升级、培育战略性新兴产业有机结合，着力突破关键核心技术，增强自主创新能力。要建立科技创新成果向技术标准转换的快捷通道，加快技术创新成果产业化进程，以科技创新引领产业发展，提升产业综合竞争力。制定和落实鼓励技术创新和科技成果产业化的政策，为提高产业自主创新能力提供制度保障。

2. 大力发展现代农业

在稳定粮食种植面积、确保粮食安全的基础上，加快传统农业向现代农业的转变。用现代科学技术改造农业，促进农业在生产方式上逐步实现规模化、集约化、精准化、设施化。打破行政区划约束，做好生物产业工业化大生产优质专用原料基地建设区域布局，进一步加强农业示范区建设。加强动物疫病防控，大力发展无公害、绿色、有机农产品生产，全面提高农产品质量安全水平。大力培育农业产业化龙头企业和农民专业合作组织，推进农业产业化经营、规模化生产，加快发展农产品精深加工，逐步形成龙头产品带动、龙头企业主导、生产加工销售有机结合的高效农业产业体系。积极发展外向农业，提高农业对外开放水平。加强农业社会化服务体系、科技推广体系建设。强化土地整治及中低产田、中低产林改造，进一步加快水利基础设施建设，提高农业机械化装备水平。

3. 加快推进新型工业化

按照“调优、调强、调轻”的思路，将做大做强、做优做精特色工业作为促进经济增长的重要抓手，深入实施品牌、标准化、质量兴省战略，大力推进关联产业之间的融合与互动，提高产业之间发展的协调性和耦合性，促进传统产业新型化、新兴产业规模化，促进信息化与工业化的深度融合，主动承接产业转移，以低碳经济的理念积极发展绿色制造。实施大企业、大集团战略，支持企业开展联合重组，引进战略合作伙伴，增强竞争力。推动优质生产要素向优势区域、专业园区和企业集中，实现资源的优化配置，进一步提高产业集中度，形成若干各具特色，以大公司、大企业集团为核心，专业化中小企业和生产性服务机构协调配套的产业集群和产业链。

4. 着力发展服务业

大力发展现代物流、金融保险、信息咨询和科技服务等生产性服务业，促进服务业与工农业生产互动发展，提高产业附加值和知识、技术、人力资本含量。以改善民生、培育品牌为目标，大力发展创业成本低、吸纳就业能力强和市场需求大的生活性服务业，全面提高服务业发展速度、质量和水平。支持昆明等有条件的中心城市，发挥辐射带动作用，逐步形成以服务经济和区域性总部经济为主的经济结构。

5. 积极培育战略性新兴产业

统筹谋划战略性新兴产业布局、发展规模和建设时序，使战略性新兴产业成为推动经济发展的新生动力。选择现代生物、光电子、新材料、新能源、节能环保、信息等产业作为主攻方向，力争实现跨越式发展。以生物育种、生物医药、生物制造、生物技术服务为重点，将生物技术革命的创新成果率先转化为产业优势；以突破光电子关键技术为支撑，打造红外及微光夜视、光伏、半导体照明产业链，提升精密光学元器件加工技术，推进光学运用系统集成；加快开发特种有色金属新材料、稀贵金属材料、光电子材料、能源材料、信息材料、化工新材料、生物基新材料等，奠定云南由原材料大省转变为特色新材料强省的基础；推进新能源、节能环保、先进装备制造、石化深加工等产业的技术集成、产业集群、要素集约发展，构建“核心技术－战略产品－工程与规模应用”的创新价值链。

（三）加快基础设施建设

1. 着力加强水利基础设施建设

坚持防洪抗旱并重，开源节流并举，大中小型水利工程结合，加强水利基础设施建设。继续推进以“润滇工程”为重点的水源工程建设，加快建设一批骨干水源工程；完成清水海引水工程和牛栏江－滇池补水工程建设，积极争取滇中调水工程开工建设；加快城乡居民饮水安全工程建设，基本解决城乡居民饮水安全问题；全面完成病险水库除险加固，提高水利设施的供水保障能力；加快农业灌溉工程、水生态环境保护工程、江河堤防治理工程建设，提高水资源保障能力，实现水资源的可持续利用。

2. 加快交通基础设施建设

围绕建设中国面向西南开放桥头堡战略，以构建第三亚欧大陆桥印度洋国际大通道为重点，加快建设连接“两洋”陆路主通道和省际、国际铁路，高速公路，以及国家门户枢纽机场——昆明新机场为核心的机场网络组成的全省综合交通主骨架，促进各种运输方式有效衔接，基本形成以航空为先导、陆路为骨干、

区域枢纽为纽带、水运为补充、管道为辅助的一体化现代综合交通运输体系，支撑云南经济社会和谐快速发展。

3. 加快能源基础设施建设

继续加强以水电为主的电源建设，围绕解决电力丰枯矛盾，大力发展优质主力火电和具有调节能力的水电，为经济社会发展提供优质低碳电源；以优化电力配置为重点，加快500千伏主干网架建设，进一步优化220千伏及以下配网结构，提高城乡用电水平，全面解决无电人口通电问题；提升煤炭开发层次，支撑电力和化工等用煤需求；以中缅油气管道和原油炼化基地建设为契机，大力发展成品油、天然气管网等基础设施，提高油气保障能力，推进成品油输送管网、中缅原油管道及天然气管道建设。

4. 加快城乡通信基础设施建设

大力发展下一代互联网、新一代高速无线接入网和第三代移动通信网，形成天地合一的信息传输网络；以推进三网融合发展为基础，加快发展宽带数字传输技术，推动城乡用户的宽带接入，鼓励广电、电信企业加强合作，优势互补；加强信息安全、网络安全等基础设施建设，积极推进信息资源共享及服务。

（四）加快推进区域协调发展

坚持城乡统筹和区域协调发展的基本方针，以推进城镇化和新农村建设为主攻方向，全面构筑主体功能清晰、区域特色鲜明、城乡和谐共融、区际差距缩小的区域协调发展新格局。

加快推进城镇化。遵循“强圈、筑群、兴轴、促带”的区域协调发展总体思路，按照“点轴集聚、突出特色、布局合理、节约土地、功能完善、以大带小、促进协调”的空间布局原则，逐步破除行政区分割，以圈层经济为单元规划全省城镇发展，积极鼓励发展城市圈、城市群和各具特色的城市带。

加快推进新农村建设。在统筹城乡规划、产业布局、劳动就业和社会管理的基础上，加快城市公共服务向农村覆盖。确保财政支出优先支持农业农村发展，预算内基本建设投资优先投向农业基础设施和农民民生工程。

（五）加快推进生态文明建设

大力推进节能减排。以提高资源综合利用率和减少废物排放为目标，以技术创新和制度创新为动力，推动形成“低消耗、低污染、高效率”的集约型发展方式。

积极发展低碳经济。从生产、消费、体制机制层面推进低碳经济发展，推动经济社会发展向低碳源、低碳排、高碳汇模式转型，积极争取成为国家低碳经济率先试点示范省区。

大力发展循环经济。全面推进节能、节水、节地、节材和资源综合利用，努力降低能耗、水耗和物耗，明显提高单位土地面积产出率。

切实加强生态建设和环境保护。按照主体功能区规划和生态立省战略的要求，继续加强天然林保护，巩固退耕还林还草成果。建立以工业污染防治、城镇污水和垃圾处理、农村农业面源污染控制为主的污染防控体系，抓好九大高原湖泊和三峡上游区等重点流域水污染防治，强化农村环境保护和重金属污染治理，改善城市大气环境质量。建立公平的生态利益共享及相关责任分担机制，积极争取财政转移支付，加大投入力度。

（六）加快和谐社会建设

完善基本公共服务均等化。以解决教育、医疗卫生、文化体育、就业服务、收入分配、社会保障等基本公共服务区域间、城乡间发展不均衡为重点，推进城乡基本公共服务均等化。

完善社会管理。加强政府社会管理和服务功能。全面开展平安文明社区建设，积极推进农村社区建设，健全新型社区管理和服务体制。统筹协调各方面利益关系。形成科学有效的利益协调、诉求表达、矛盾调处和权益保障机制。完善安全生产机制，健全社会突发事件应急管理体制，全面提高政府处置突发事件的能力。

推进“平安云南”建设。完善维护社会稳定的体制机制，积极预防和有效化解矛盾和纠纷，防止各类矛盾叠加升级。

（七）努力扩大对外开放

构建开放合作新格局。配合国家区域发展及开放新战略，构建中国开放型内陆港经济区。以滇中城市经济圈为发展极，水富、富宁、河口、磨憨、瑞丽、腾冲等城镇为重要的“门户节点”，积极融入泛珠江三角经济带、成昆经济带、昆渝经济带、南昆经济带，大力推进中越昆河经济走廊、中老泰昆曼经济走廊、中缅昆仰经济走廊、中印昆加（加尔各答）经济走廊建设，着力打造中国内陆面

向西南开放的国际发展空间新格局。

着力引进外资。以创新方式、优化结构、引资引智并重为方向，引导外资投向，鼓励外资参与跨境外包、物流服务发展，积极促进先进制造业、高技术产业和高端制造环节向省内转移，积极利用国外贷款加快交通、教育、市政、生态环境等基础设施建设，不断提升利用外资的水平和质量。

不断扩大对外投资。以增强利用海外资源、市场和先进技术的能力为重点，稳步推进对外投资的规模和效益。

努力扩大次区域经济合作。不断建立健全与东南亚、南亚的双边、多边和多层次、多领域的合作协调机制，巩固和完善云南－泰北、云南－老北、云南－越北等合作机制；推进对内对外合作平台建设，配合国家完善中国－南盟合作机制，积极争取“中国－南亚博览会”永久落户昆明，争取国家支持在昆明举办“滇池泛亚论坛”。

（八）加快民族地区、贫困地区和边疆地区发展

加快民族地区经济社会发展。坚持和完善民族区域自治制度，牢牢把握各民族团结奋斗、共同繁荣发展的主题，以突出问题和特殊困难为切入点，切实加快少数民族和民族地区经济社会发展。进一步完善转移支付体系，切实加大民族地区基础设施、生态环保、社会事业、基层政权建设等公益性建设项目的投入力度。以实施兴边富民、扶持人口较少民族、扶持四个特困民族、扶持散居少数民族、民族特色村寨保护与发展、少数民族素质提高六大工程为重点，促使民族地区基础设施和生态环境明显改善，自我发展能力不断增强。

打好解决贫困问题的攻坚战。以扶持边远、少数民族、贫困地区深度贫困群体脱贫发展为突破口，千方百计加大扶持力度。通过整合各类资金、提高补助标准、增加专项转移支付、项目支持、易地搬迁、对口帮扶、完善社会保障等措施，扶持深度贫困群体和特殊困难贫困区域脱贫发展。创新扶贫思路和方式，明确责任，建立健全生态保护和资源开发补偿机制，扩大生态转移支付补偿范围，对守土固边的边民，逐步实行专项扶持政策，着力保障和改善民生。以整村（乡）推进、产业开发、劳动力培训转移为重点，加大整县推进试点，切实构建专项计划、惠农强农政策和社会各界扶贫等多方力量、多种举措有机结合、互为支持的“大扶贫”新格局。

贵州省“十二五”时期发展思路研究报告

白 明 刘庆和*

摘 要：贵州“十二五”时期应围绕基础设施建设，生态产业、生态文明城市、生态环境和资源保护、区域创新支撑体系及民生保障体系等的构建，通过发展特色经济区将贵州发展为西部矿产资源大省、国家重要的能源和原材料工业基地、全国重要的以航空航天为代表的特色装备制造业基地、西南地区的陆路交通枢纽、欠发达地区跨越式发展实验区、长江和珠江流域的生态屏障和生态文明示范区。

关键词：贵州 “十二五” 发展思路 战略定位

一 “十一五”时期经济社会发展回顾

2006年以来，贵州经济和社会发展进程明显加快，各领域发展迅速。与2005年相比，2009年全省地区生产总值按可比价格计算年均递增11.6%，比“十五”时期快2.9个百分点；财政总收入增长1.13倍，年均递增20.8%，增速比“十五”时期加快1.7个百分点①。全社会固定资产投资规模实际扩大1.14倍，年均递增20.9%，比“十五”时期加快约1.0个百分点；社会消费品零售总额翻了一番多，实际年递增速度超过16%，比“十五”时期快4.43个百分点。农民人均纯收入年均递增速度达到8.3%，比“十五”时期加快3.88个百

* 白明，贵州财经学院经济学院；刘庆和，贵州省社会科学院西部开发研究所。
作者感谢贵州大学洪名勇教授的有关建议，但文责自负。

① 其中一般预算收入增长1.28倍，年均递增22.92%，增速比“十五”时期加快5.7个百分点。

分点，与全国的相对差距缩小 1.52 个百分点。基础设施建设和社会事业发展出现新局面，长期以来一直困扰贵州的交通、水利等问题正逐步得到解决，一些领域取得或正在取得历史性突破。

1. 产业结构进一步优化

三次产业结构由 2005 年的 18.6∶41.8∶39.6 调整为 2009 年的 14.3∶37.4∶48.3。农业基础地位增强，2009 年粮食总产量达到 1168.27 万吨，创历史最高纪录，实现农村人口粮食基本自给；生态畜牧业在农村经济发展中的支柱地位进一步巩固和提高，蔬菜和优势经济作物对农村经济和农民增收的拉动作用进一步加大。以支柱产业为支撑、特色优势产业为依托、高新技术产业为先导的贵州特色工业体系正逐步形成和完善。能源工业作为第一支柱产业的地位和作用进一步增强，“西电东送”格局已经形成；到“十二五”期末，贵州省电力装机容量将达到 4510 万千瓦，外送通道能力将达到 1100 万千瓦；煤炭年产量从 2005 年的 1.06 亿吨增加到 2009 年的 1.36 亿吨。优势原材料产业不断壮大，烟酒工业的传统优势进一步巩固，装备制造业振兴步伐加快，民族制药、特色食品等产业发展迅速，电子信息产业取得长足进步，以旅游为龙头的服务业在国民经济中的地位日益凸现，对经济增长的贡献率进一步提高，支撑作用进一步增强，旅游业总收入由 2005 年的 242.83 亿元增加到 2009 年的 805.23 亿元。

2. 以交通水利为重点的基础设施建设取得重要突破

公路通车里程由 2005 年的 4.7 万公里增加到 2009 年的 13.5 万公里，增长 1.87 倍；其中高速公路通车里程由 577 公里增加到 1188 公里，增长 1.06 倍，乡镇通油路率、建制村通公路率分别达到 84.9% 和 89.2%。农村人口人均有效灌溉面积从 2005 年的 0.33 亩增加到 2009 年的 0.58 亩，增长 75.76%，农业生产保障能力明显提升。信息化建设步伐加快，广播综合人口覆盖率达到 86.6%，电视综合人口覆盖率达到 91.3%，提前三年实现了 100% 行政村通电话和 100% 乡镇通宽带的任务，全省信息化综合指数突破 50，提前两年完成“十一五”规划目标。

3. 生态环境明显改善

森林覆盖率到 2009 年已超过 40%，工业固体废弃物综合利用率、城市污水处理率和城市生活垃圾无害化处理率持续上升，而单位地区生产总值能耗、化学需氧量和 SO_2 排放量持续下降。81.8% 的出境河流断面水质达到或优于功能区水质标准。

4. 社会事业发展取得明显进步

“两基”工作顺利通过国家督导检查验收，“普九”人口覆盖率100%的成果得到巩固。全省小学适龄儿童入学率达98.4%，初中毛入学率达到98.2%，高等学校毛入学率达到13.8%。农村医疗设施不断完善，服务水平不断提高。新型农村合作医疗制度全面覆盖，参合率达94.3%。重大疾病防控成效显著，一举摘掉了全国传染病发病第一的帽子，地方病防治取得重大进展。人口增长得到进一步控制，人口自然增长率由2005年的7.38‰下降为2009年的6.96‰；出生人口素质不断提高，实施出生缺陷干预覆盖常住出生人口的80%以上。乡镇综合文化站建设加快推进，贵州数字图书馆正式开通。城乡体育设施进一步完善。科技创新体系建设进一步加强，科研能力得到较大提升。

5. 人民生活水平显著提高

2005~2009年城镇居民人均可支配收入由8147元增加到12863元，按可比价格计算年均递增10.1%。农村居民人均纯收入从1877元增长到3005元，按可比价格计算年均递增10.5%。农村自来水普及率达到53%。城乡居民生活条件显著改善，耐用消费品拥有量大幅增长。

二　贵州与全国的差距

虽然“十一五”时期贵州经济和社会各项事业发展迅速，但与全国相比仍然存在很大差距。

1. 投入长期不足，人民生产生活条件艰苦

2000年以来，贵州省绝大多数年份固定资产投资实际增长速度均低于全国和西部地区。2009年，贵州省人均全社会固定资产投资6405.3元，仅及全国平均水平的37.9%，与全国的绝对差距比2000年扩大5.8倍。人均财政支出为3569.6元，仅为全国平均水平的70%左右。投入不足，加之生态脆弱、自然条件差、建设成本高，导致基础设施严重短缺，极大地制约了当地的生产发展和人民生活水平的提高。2009年，全省仍有15.1%的乡镇和74.7%的建制村没有通油路，10.8%的建制村没有通公路。工程性缺水严重，农业、工业、城镇用水困难，农村人均有效灌溉面积不及全国平均水平的2/3，近1000万农村人口存在

饮水安全问题。

2. 社会事业落后，人口素质低

长期的投入不足导致社会事业落后。2009 年全省高中阶段毛入学率为 51.9%，高等教育毛入学率为 13.6%，均是全国倒数第一，贵州是全国唯一没有跨入高等教育大众化门槛的省份。全省科技进步水平指数为 34.26%，不及北京、上海和天津的一半，比全国平均水平低 11.94 个百分点。每千人口医院和卫生院床位数 2.24 张，仅为全国平均水平的 2/3 左右。社会事业落后进一步导致人口素质低下，国民平均受教育年限 7.03 年，每 10 万人中接受过高等教育的人数不到 4000 人，平均预期寿命 68.62 岁，均远远低于全国平均水平。

3. 经济落后，贫困人口多

2009 年，贵州人均 GDP 为 10211.5 元，仅为全国平均水平的 36.4%，居全国倒数第一位，与全国的绝对差距比 2000 年扩大 2 倍多。人均地方财政收入 1094.1 元，为全国的 40% 左右，居全国倒数第一位，与全国的绝对差距比 2000 年扩大 4 倍左右。城镇化率为 30%，居全国倒数第二位。贵州工业化水平在全国处于落后位置，综合现代化水平居全国倒数第一。作为全国唯一没有实现总体小康的省份，城镇居民人均可支配收入 12862.5 元，仅及全国的 74.9%，居全国倒数第四位，与全国的绝对差距比 2000 年扩大 2.7 倍。农村居民人均纯收入 3000 多元，不到全国的 60%，居全国倒数第一，绝对差距比 2000 年扩大约 1.5 倍。收入水平低直接导致消费水平低，收入差距扩大直接导致消费差距扩大。2009 年贵州省城镇居民人均消费性支出 9048.3 元，仅及全国的 73.8%，居全国倒数第三位，与全国的绝对差距比 2000 年扩大约 3.5 倍；农村居民人均消费性支出 2423.8 元，不到全国的 60%，居全国倒数第一，与全国的绝对差距比 2000 年扩大近 2 倍。贵州是全国农村贫困人口最多的省份。按照新的扶贫标准，2009 年贵州农村还有 585.38 万贫困人口，占全国贫困人口的 14.6%，农村贫困发生率 17.4%，比全国高 14 个百分点。

总体而言，截止到 2009 年底，贵州绝大多数经济社会发展指标在全国处于倒数第一的位置，虽然近年来个别指标与全国的相对差距有所缩小，但绝对差距仍在持续扩大，总体发展水平比全国平均落后 10 年左右。占全省人口约 40% 的少数民族人口和占全省国土面积近 70% 的少数民族地区与全国的差距更大，总体发展水平比全国平均落后 10～15 年左右。

三 “十二五”时期贵州的战略定位

根据贵州发展实际情况、资源比较优势、产业基础、开发潜力、交通区位条件和生态安全地位，贵州“十二五”时期在全国和区域发展中的战略定位应当是：西部矿产资源大省、国家重要的能源和原材料工业基地、全国重要的以航空航天为代表的特色装备制造业基地、西南地区的陆路交通枢纽、欠发达地区跨越式发展实验区、长江和珠江流域的生态屏障和生态文明示范区。

1. 西部矿产资源大省

贵州境内矿产资源种类繁多，资源丰富，分布广泛，门类齐全，且成矿地质条件好，是著名的矿产资源大省。已发现矿产110多种，其中有近80种已经探明储量，有多种保有储量排在全国前列，在国内占有重要地位。其中，煤炭不仅储量大，且煤种齐全、煤质优良，有“江南煤海”之称，煤炭保有储量达520亿吨以上，居江南各省区市之首；铝土矿质佳量大，保有储量4.24亿吨，居全国第二位；贵州是全国富磷矿最多的省份，富磷矿资源储量占全国总量的1/3；全省已查明的黄金储量在150吨以上，居全国第12位，是中国新崛起的黄金生产基地之一。

2. 国家重要的能源和原材料工业基地

贵州省能源资源丰富，水能与煤炭优势并存，水火互济，是国家“西电东送”电力输出中心，竞争优势较强，具备构建国家重要能源基地的基础条件，能够为国家能源安全提供保障。发挥贵州省能矿资源组合优势，依托煤、磷、铝等优势资源，以煤化工、磷化工、煤电化和煤电铝、煤电磷、煤电钢一体化为重点，大力发展原材料工业，提高产品附加值和市场竞争力，形成完整的产业链，建设国家大型原材料加工基地，保障国家原材料供给。

3. 全国重要的以航空航天为代表的特色装备制造业基地

贵州航空、航天和电子三大工业基地是我国“三线建设”时期建设的国防军工基地，集聚了大批军工骨干企业和专业技术人才，新型航空航天产品及重大装备的研发能力和技术创新能力强，是发展事关国家安全的航空航天、重大装备制造、电子信息等国防战备产业的重要基地。产品科技含量高，竞争优势明显；产业关联度大，带动能力强。因此，建设以航空航天为代表的特色装备制造业基地，不仅有利于提升我国国防战备产业实力，而且有利于带动贵州地方经济发展。

4. 西南地区的陆路交通枢纽

贵州地处大西南腹地，位于西南地区和华南地区的结合部，在西北地区、西南地区和华南地区、华北地区及大湄公河流域地区的相互交流中具备承南启北、承东启西的地缘条件。贵州目前已经基本形成以铁路和高速公路为骨架的交通体系。加快建设贵州陆路交通枢纽，将进一步推动东盟连接泛珠三角区域陆路国际快速大通道、西南地区最便捷出海快速通道和中国西北、西南至华南的重要物流通道的形成，不仅将整个泛珠三角区域与东盟更加紧密地连接在一起，努力打造一条现代南方“丝绸之路”，而且将大大缩短西南地区与珠三角地区、西北与华南地区物流和客流时空距离，有利于相关区域内各成员之间以及与东盟各国的交流合作、共同发展。

5. 欠发达地区跨越式发展试验区

由于自然地理和历史原因，贵州目前仍是典型的欠开发、欠发达的少数民族地区，经济和社会发展水平相对滞后，与西部地区和全国平均水平存在很大差距。努力创造条件实现贵州经济和社会跨越式发展，是全面建设小康社会和促进区域协调发展的迫切要求，是加快改善民生和基本生活条件的迫切要求，是促进各民族共同团结奋斗、共同繁荣发展的迫切要求，也是构筑长江和珠江上游生态保护屏障的迫切要求。经过近年来的快速发展，贵州经济实力显著增强，以交通、水利和信息为重点的基础设施建设成效显著，特色优势产业不断发展壮大，城镇化水平不断提高，生态建设和环境保护成就突出，可持续发展能力不断增强，具备实施跨越式发展的基础条件。作为西部欠发达地区的典型代表，贵州的跨越式发展能够为其他欠发达地区提供借鉴。

6. 贵州是长江、珠江上游生态屏障，生态文明示范区

贵州生态十分脆弱，水土流失和石漠化问题严重，全省水土流失面积占国土总面积的41.5%，石漠化面积占全省国土面积的18.8%，而且每年还在以2%～3%的速度扩展。贵州地处长江和珠江（以下简称“两江”）上游，生态一旦受到破坏，就会危及“两江”中下游地区财产和人民生命安全。建设两江上游生态屏障是西部大开发的重要战略内容和目标之一，也是建立全国生态安全体系的重要组成部分，这要求贵州要尽快提升发展水平，转变发展方式，保住青山绿水，建设生态文明。近年来，在国家的大力支持下，贵州交通物流、水利等基础设施建设已经取得重大突破，为充分发挥生态优势、发展生态农业和生态旅游产业提供了有力的支撑条件；通过不断加大生态建设力度，全省森林覆盖率已经超过40%，相当于全国平均水平的两倍，生态文明建设初见成效，为建设生态文明示范区奠定了良好的生态环境基础。

四 “十二五”时期贵州的发展目标

根据2009年9月《中共贵州省委、贵州省人民政府关于深入学习实践科学发展观全力抢抓机遇实施重点突破加快推进经济社会发展历史性跨越的决定》，贵州的发展目标是：紧紧围绕实现经济社会发展历史性跨越的总目标，切实抢抓机遇，充分发挥优势，实施重点突破，推动整体跨越。举全省之力，突出加快基础设施建设，大力推进新型工业化和特色优势产业发展，加快提高城镇化水平，加强生态建设和环境保护，切实保障和改善民生，努力建设经济繁荣、社会和谐、文化多彩、民族团结、山川秀丽、人民幸福的美好贵州。到2015年，力争全省生产总值在2008年基础上翻一番以上；基本形成以快速铁路、高速公路为重点的现代综合交通运输体系、较为完善的城乡供水安全保障体系和现代信息网络体系，基本解决交通、水利、信息等基础设施的“瓶颈”制约；基本形成规模化、集群化、具有较强市场竞争力和辐射带动能力的特色优势产业体系，努力推动资源优势向产业优势和经济优势转变；基本形成以大中城市和特色小城镇为支撑的城镇体系，全省城镇化水平明显提高；基本形成科学合理的资源综合利用和生态环境建设与保护体系，可持续发展能力明显增强，力争单位地区生产总值能耗达到全国平均水平；基本形成完善的以就业和社会保障、人才、教育、卫生、文化等为重点的公共服务体系，人民生活水平明显提高，进一步开创贵州改革开放和社会主义现代化建设新局面，为构建“和谐贵州”、实现经济社会发展历史性跨越奠定更加坚实的基础。

五 “十二五”时期贵州的发展重点

（一）以交通、水利为重点，构建基础设施支撑体系

围绕构建快速铁路系统，以实现各市（州、地）有快速铁路通过并进而规

划建设用快速铁路、城际轨道交通连接各市州地首府为目标，大力推进贵阳至广州、重庆、成都、昆明、南宁快速铁路建设，加快贵阳铁路枢纽等在建项目建设。围绕构建高速公路体系，以10年左右实现县县通高速公路为目标，大力实施全省高速公路路网规划，加快建成贵广快速公路，力争尽快开工建设贵州已经纳入国家高速公路路网规划的高速公路项目。进一步加快乡村公路建设，确保到2012年100%乡镇通油路或水泥路，所有建制村通公路（油路）取得积极进展。力争把贵阳龙洞堡机场逐步发展成为区域性大型枢纽机场，完善支线机场配套设施，新建遵义、六盘水、毕节、黄平和黔北等支线机场，基本形成以龙洞堡国际机场为中心、干线机场和支线机场协调运行的民用航空网络。积极推进水路运输体系建设，以乌江、南北盘江和红水河为重点，整治河道，完善港航配套设施，提高北入长江、南下珠江的水运通过能力。

加强水利基础设施建设，加快构建城乡供水安全保障体系。以解决城乡饮水、农业灌溉为重点，坚持大中型水利骨干工程与小水利工程并举，进一步加强水利基础设施建设，继续实施一批“滋黔”工程项目和第二期饮水配套工程。在建成农村人口人均有效灌溉面积0.58亩的基础上，实施农村人口人均0.5亩基本口粮田建设。大力实施农村安全饮水工程，加强城市供水设施建设，确保到2012年基本解决城乡饮水困难问题。加快重点流域水土流失治理、病险水库加固和山洪灾害防治等工程建设，提高水利抗灾能力。推进小水电代燃料工程建设。统筹地表水和地下水的开发利用，优化水资源配套，提高水资源利用效率。根据各地水源实际，积极推广长距离管道送水，确保水利设施长期发挥效益。加快节水改造工程和节水技术推广，突出抓好一批循环用水、中水回用、节水灌溉等重点节水示范项目。到2015年，基本形成较为完善的城乡供水安全保障体系。

（二）依托优势资源和技术创新，构建特色生态产业体系

加快做强做大特色优势工业。按照新型工业化的要求，突出发展具有自主知识产权、起点高、市场前景好、带动力强的资源节约型、环境友好型、安全发展型的特色优势工业。优化发展能源工业，建设大煤矿带小煤矿体系，推动大型煤炭企业集团的形成，加快建设六盘水、毕节、黔西南等地煤化工、煤电一体化基地；继续实施“西电东送”，推进电源项目和城乡电网统筹建设与改造；规范有序地探索发展新能源产业。做强做大原材料工业，推进煤电化和煤钢电、煤电

铝、煤电磷一体化；以煤化工、磷化工、铝及铝加工、锰及锰加工、钛及钛加工等为重点，大力发展优势原材料精深加工产业。做强做优烟酒工业，提高卷烟工业整体实力和效益水平，努力实现从烟草大省向烟草强省的转变；充分发挥国酒茅台品牌的带动作用，全力打造“贵州白酒”品牌，全面提升白酒产业整体市场竞争优势。加快发展民族制药业和特色食品业，培育发展现代生物产业，支持相关骨干企业和行业参与制定、完善行业国家标准和国际标准，引导和鼓励相关企业整合重组，形成一批知名品牌，提高规模化、集团化水平。推动工业化与信息化融合，充分发挥军工企业优势，推进军民结合、军地合作，大力振兴和发展装备制造业与电子信息产品制造业，积极发展成套装备及关键零部件、通信终端设备、汽车及零部件和新型电子元器件等制造业和高新技术产业，推动以贵阳、遵义、安顺为重点的装备制造业基地建设和国家级研发基地建设，搞好安顺民用航空产业国家高技术产业基地建设，努力形成整机带动配套的发展格局。

大力推进以生态畜牧业为重点的生态农业体系建设。按照建设现代农业要求，加快农业结构调整，优化农产品区域布局，构建生态农业产业体系。加强农业综合开发，加大中低产田改造力度，实施优质高产工程，稳定提高粮食综合生产能力。大力发展种草养羊等生态畜牧业，加强良种繁育、疾病防控、饲草饲料生产等畜牧业综合配套体系建设。进一步巩固烤烟、油菜生产，加快优势蔬菜产业带和规模化商品蔬菜基地建设，大力发展马铃薯、茶叶、油茶、精品水果、中药材、花卉等大宗特色优势农产品。培育发展一批面向珠三角、东盟市场的农产品生产加工基地。积极推行农业标准化生产，建立健全农产品质量安全检验检测体系。

加快发展以生态旅游和现代化物流为重点的服务业。积极推动面向工农业生产和民生的各项服务业加快发展。加快发展旅游业，深入实施旅游精品战略。大力发展现代物流业，围绕重要交通通道、枢纽、节点，建设一批物资集散中心、物流园区和现代物流基地。积极促进金融业发展。

（三）实施大中城市带动战略，构建生态文明城市体系

进一步加强以城市道路和交通网络为重点的城市基础设施建设，增强城市功能，充分发挥大中城市的辐射带动作用，加快构建以大中城市为支撑的生态文明城市体系。加快推进农村人口城市化，着力深化制约农村人口向城镇转移的户

籍、就业、住房、义务教育等社会管理制度改革，进一步完善社会保障体系，加强教育、卫生等公共服务设施建设，科学有序地把在城镇有相对固定住所和相对固定工作的农民工转变为城镇人口。

（四）建设“两江”上游生态屏障，构建生态环境和资源保护体系

坚持在保护中开发、在开发中保护的方针，着力加强生态建设和环境保护，增强生态环境和资源对经济社会发展的保障能力。坚持治水与固土并重，生物措施、工程措施和技术措施并举，整合使用好各类专项资金，建立和完善生态环境补偿机制，抓好石漠化综合治理。加强重点流域和区域水土流失综合防治，着力推进退耕还林、重点防护林、天然林保护等林业工程建设，继续实施长江流域治理、珠江流域治理和世行贷款水土保持项目，进一步提高森林覆盖率，到2020年全省森林覆盖率提高到46%左右。加强环境保护与治理，严格执行环境影响评价制度、污染排放总量控制制度和排污许可证制度，综合防治工业污染、农村环境污染和城市污染，重点实施北盘江流域、乌江流域和清水江流域水环境综合治理工程，着力推进煤炭、电力、化工、冶金、建材、有色金属、造纸、医药等行业的清洁生产工程和循环经济试点工程，使污染物排放总量控制在国家下达的指标范围内，城乡各类环境功能区主要指标达到环境质量标准。加强矿产、土地、水等资源合理开发利用和保护，进一步完善资源有偿使用制度，提高资源利用效率。

（五）加强生态经济技术能力建设，构建区域创新支撑体系

按照“合作创新、加强转化、重点突破、引领跨越”的原则，围绕发展生态经济需要，整合三大军工基地和地方创新资源，实施一大批重大专项和重点项目，推进科技创新平台、知识创新基础平台和创新服务平台建设，提高贵州区域创新能力。加强高新技术研发和推广应用示范基地建设，加快科技成果转化。加强人才培养，促进人力资源向人力资本转化。

（六）进一步加大投入力度，构建民生保障体系

加快完善社会保障体系，进一步完善城乡居民最低生活保障制度，加大对低收入家庭的补贴和救助力度。大力推进保障性安居工程建设，完善住房保障体

系。租售并举，加快廉租住房建设，着力解决城镇低收入家庭住房困难问题；全面启动农村危房改造工程，加快改善农村困难群众的居住条件。大力发展教育、文化、医疗卫生、人口计生等社会事业，建立完善公共服务体系。

（七）发展五大特色经济区

虽然贵州总体发展滞后，但省内各地经济发展条件存在差异、发展水平不一，“十二五”时期应当根据各地实际情况确定各自发展重点。以贵阳、安顺为核心的黔中经济区是省内条件最好的地区，该区域的发展方向应以生态经济为核心，以建设生态文明为目标，重点发展国防战备产业；烟草、食品、中药制造等特色产业；煤、煤电、煤化工、铝及铝加工、磷及磷化工等优势工业；都市旅游农业和休闲旅游产业。毕（节）－水（城）－兴（义）经济带与四川、云南和广西接壤，并有较多经济联系，该经济带在今后的发展中应以循环经济为主攻方向，将循环经济理念贯穿于农业、工业和服务行业之中，做大做强特色农业和生态农业；发展特色经济林果业，建设两江生态屏障；以煤、煤化工、煤钢电一体化以及冶金工业为主导，建设循环经济工业园区；以生态旅游为重点，大力发展服务产业。以遵义市为核心的黔北综合经济区既是贵州经济发展的重要增长点，又有临近重庆市的区位优势，经济发展的重点，一是特色农业；二是以酿酒为龙头的食品工业，大力发展以茅台酒为重点的白酒制造业；三是以赤水红色旅游、生态旅游为核心的旅游产业；四是农用化肥、煤化工。铜仁、黔西南等贵州东南部特色经济区既得益于长株潭城市群建设外溢效应的影响，又具有典型的喀斯特地貌、生态覆盖率高、多民族原生态文化的优势，能够为港澳、珠三角提供绿色、有机农产品。其发展的重点产业，一是特色农业；二是林果产业；三是民族生态旅游业。

西藏自治区“十二五”时期发展思路研究报告

何 纲*

摘　要： 西藏的社会主要矛盾和特殊矛盾决定了西藏工作的主题必须是推进跨越式发展和长治久安。由于历史起点和发展基础的差异，西藏到2020年要同全国一道实现全面小康社会的目标，“十二五”时期将是发展的一个关键时期。本报告在简要回顾西藏“十一五”规划目标执行情况的基础上，结合中央第五次西藏工作座谈会精神，重点分析了“十二五”期间西藏经济社会发展的指导思想、基本原则、发展目标和重点产业，并提出“十二五”时期促进西藏跨越式发展的宏观政策建议。

关键词： 西藏自治区　“十二五”　发展思路

2010年是完成“十一五”规划的最后一年，又是承接“十二五”规划的起始年。特别是2010年1月18～20日召开的中央第五次西藏工作座谈会，使西藏面临着一次更大的发展机遇，站到了新的历史起点上。毫无疑问，认真总结“十一五”以来经济社会发展的成就和经验，对于精心梳理“十二五”时期发展思路，切实走出一条有中国特色、西藏特点的发展路子，具有重要的现实和战略意义。

一　西藏自治区“十一五”规划执行情况简要回顾

2006年1月16日，西藏自治区八届人大五次会议批准《西藏自治区“十一

* 何纲，西藏自治区社会科学院经济战略研究所。

五”时期国民经济和社会发展规划纲要》（以下简称《纲要》）以来，自治区党委、政府提出“一产上水平、二产抓重点、三产大发展”的经济发展战略、走“中国特色、西藏特点”的发展路子和坚持“一贯彻、三坚持、两推进”的总体要求，统领《纲要》实施。四年多来，在中央的特殊关怀和全国人民的无私援助下，自治区党委、政府排除宏观经济环境不断变化带来的不利因素、克服反分裂斗争任务艰巨带来的困难，团结带领全区各族人民，深入贯彻落实科学发展观，着力提高农牧民生活水平，提升自我发展能力。目前，从全区“十一五”规划实施情况看，《纲要》的战略性、宏观性、政策性指向明确，总体上较为科学地预测了“十一五”时期全区国民经济和社会发展的趋势，较为准确地把握了西藏的独特优势，制定的目标符合跨越式发展的要求。《纲要》提出的指导思想、发展战略、各项目标和任务得到了较好的贯彻落实，经济保持了平稳较快增长，小康西藏、平安西藏、和谐西藏建设取得新成就。

2007 年 1 月国务院第 167 次常务会议原则同意《西藏自治区“十一五”规划项目方案》，确定“十一五”时期建设项目 180 个，计划投资 778. 8 亿元。到 2009 年底，180 个项目除拉日铁路和藏中抽水蓄能水电站外，全部开工建设，125 个项目投资已安排完毕，占总投资额的 75%。重大投资项目的顺利进行，保证了西藏自治区“十一五”规划目标的完成进度。根据《纲要》确定，到 2010 年西藏自治区将要达到的发展目标具体有 20 个量化指标，如表 1 所示。

表 1　西藏自治区“十一五”期间经济社会发展的主要目标

指　标	2005 年预计	2010 年目标	年均增长	目标属性
地区生产总值(2005 年价格,亿元)	250. 4	440	12%	预期性
人均地区生产总值(2005 年价格,元)	9070	15100	10. 70%	预期性
地方财政一般预算收入(亿元)	12	24	15%	预期性
第二产业增加值占 GDP 比重(%)	24	30		预期性
城镇居民人均可支配收入(元)	8411	12000	7. 50%	预期性
农牧民人均纯收入(元)	2075	3820	13%	预期性
县通沥青路率(%)	45	80		预期性
乡镇通公路率(%)	93	100		预期性
电力人口覆盖率(%)	60	90		预期性
乡镇通邮率(%)	70	95		预期性
初中适龄人口入学率(%)	75	95		约束性
人均受教育年限(年)	4. 1	7		预期性

续表 1

指　标	2005 年预计	2010 年目标	年均增长	目标属性
千人拥有卫生技术人员(人)	2.93	3.48		约束性
城镇登记失业率(%)	4.3	5		预期性
五年城镇新增就业(万人)	-6.4	-8		约束性
全区总人口(万人)	277	293	11‰	预期性
城镇化率(%)	19.8	25		预期性
耕地保有量(万公顷)	31	31		约束性
城镇垃圾处理率(%)	50	80		约束性
万元地区生产总值能耗(吨标煤)	1.48	1.29*		约束性

注：括号内数字为五年累计数，*代表国家规划指标。

由于数据普查原因，2005 年乡（镇）通公路率基数发生变更。2006 年全区县乡村公路普查显示，截至 2005 年底，全区只有 75.6% 的乡（镇）达到通公路标准。这个数据成为国家有关部门之后安排西藏农村公路建设投资的一个重要依据，我们对“十一五”规划执行情况的评估以该数据为乡（镇）通公路率基数。四年来，《纲要》确定的主要目标和指标完成情况如下。

1. 增强综合经济实力方面

2009 年西藏生产总值实现 441.36 亿元，按可比价格计算，比 2008 年增长 12.4%。延续了自“十五”以来，除 2008 年受拉萨“3.14”事件的冲击，经济增速有所放缓外，全区 GDP 连续保持 12% 以上增速的良好势头；人均 GDP 达到 15295 元，比 2008 年增长 11.2%。GDP 和人均 GDP 均提前一年实现 2010 年预期目标。从表 2 可以看出，“十一五”时期以来，西藏除 2008 年外，其余年份 GDP 和人均 GDP 的增速均高于预期。

表 2　2005~2009 年西藏自治区 GDP 和人均 GDP 变化情况

年份	地区生产总值(亿元)	增长率(%)	人均地区生产总值(元)	增长率(%)
2005	251.21	12.1	9114	10.6
2006	291.01	13.3	10430	12.1
2007	342.19	14.0	12109	12.5
2008	395.91	10.1	13861	9.0
2009	441.36	12.4	15295	11.2

资料来源：《西藏统计年鉴 2009》；《2009 年西藏自治区国民经济和社会发展统计公报》，2010 年 3 月。

2. 财政保障方面

“十一五”时期以来，截止到2008年12月，三年间中央补助西藏自治区财力已达640亿元（不含基建、国债），比“十五”期间中央补助西藏的财力总量还多262亿元，年均递增16.15%，完成“十一五”测算数的82.46%。如表3所示，“十一五”以来，地方财政一般预算收入年均增长25.96%，增速比规划目标高出10.96个百分点。2008年全区完成地方财政一般预算收入24.88亿元，提前两年实现2010年规划目标。2009年全区完成地方财政收入30.37亿元，按同比口径计算，比上年增长6.2%。其中，一般预算收入30.09亿元，增长20.9%。

从2006~2009年，地方财政一般预算支出累计完成1326.35亿元（包含基建、国债），年均递增26.81%。财政保障水平明显提高，各级财政不断加强对改善民生、扩大消费和维护稳定等各项事业的投入，为《纲要》实施发挥了积极作用。

表3 2005~2009年西藏自治区地方财政收入和支出情况

单位：亿元，%

年份	地方财政一般预算收入			地方财政支出		
	数额	增长率	其中各项税收	数额	其中一般预算支出	增长率
2005	12.03		8.15	189.16	185.45	
2006	14.56	21.03	8.84	202.29	200.19	7.95
2007	20.14	38.32	11.68	279.36	275.37	37.55
2008	24.88	23.54	15.19	383.86	380.66	38.24
2009	30.09	20.94	18.48	470.56	470.13	23.50

资料来源：《西藏统计年鉴2009》；《2009年西藏自治区国民经济和社会发展统计公报》，2010年3月。

3. 改善人民生活方面

城乡居民收入快速增长，如表4所示，2009年农牧民人均纯收入达到3532元，增长11.2%。四年来农牧民人均纯收入年均增长14.2%，比预期高出1.2个百分点，完成2010年规划指标3820元的92.5%。主要受公务员工资改革增资的影响，城镇居民人均可支配收入四年来年均增长12.85%，2008年即达到12482元，提前两年实现2010年规划目标。2009年城镇居民可支配收入达到13544元，比上年增长8.5%。

表 4　2005～2009 年西藏自治区城乡居民家庭人均收入变化情况

单位：元，%

年份	农牧民人均纯收入	增长率	城镇居民人均可支配收入	增长率
2005	2078	11.7	8411	2.6
2006	2435	17.2	8941	6.3
2007	2788	14.5	11131	24.5
2008	3176	13.9	12482	12.1
2009	3532	11.2	13544	8.5

城乡居民消费能力增强，家用电器等耐用消费品逐渐进入农牧民家庭。“十一五”头两年社会消费品零售总额增速超过 22%，2008 年达到 156.58 亿元，比上年增长 21.3%。受全国物价总水平上涨的影响，四年来全区物价水平总体呈上涨趋势，上涨幅度略低于全国平均值，控制在可承受范围之内。城镇登记失业率 2009 年前始终控制在 4.3% 以内，2009 年城镇登记失业率 3.95%。预计“十一五”期间不超出 5% 的规划目标。到 2008 年，全区新增就业累计 7.4 万人，完成 2010 年规划目标的 92.5%。2006 年、2007 年分别设立了工伤保险和生育保险，各项社会保障制度进一步完善，覆盖面不断扩大。目前，西藏自治区是全国首个实现城镇职工基本医疗保险统筹的省区，失业保险、工伤保险、生育保险已实现了地市级统筹。

4. 完善基础设施方面

“十一五”以来，固定资产投资年均增长 17.5%，如图 1 所示，特别是 2009 年随着扩大投资刺激消费各项政策措施的出台，全年全社会固定资产投资完成 379.42 亿元，比 2008 年增长 22.4%。青藏铁路开通运营，3 个机场通航，到 2009 年底，全区公路总通车里程达 53845 公里，比 2005 年增加 10129 公里，其中有铺装路面总里程 3279 公里；乡镇通邮率达到 80%，行政村通电话率达到 85%。2008 年底，县通沥青路率为 61.6%，乡（镇）通公路率为 96.5%，建制村通公路率为 70.1%，分别与 2010 年规划目标比较，还有一定差距；全区电力装机容量达到 71.6 万千瓦，电力人口覆盖率 71%，比 2005 年提高 11 个百分点，与 2010 年规划目标相差 19 个百分点。各项水利设施进一步增强。

5. 推进产业建设方面

产业结构优化升级稳步推进，2009 年，在全区生产总值中，第一产业增加

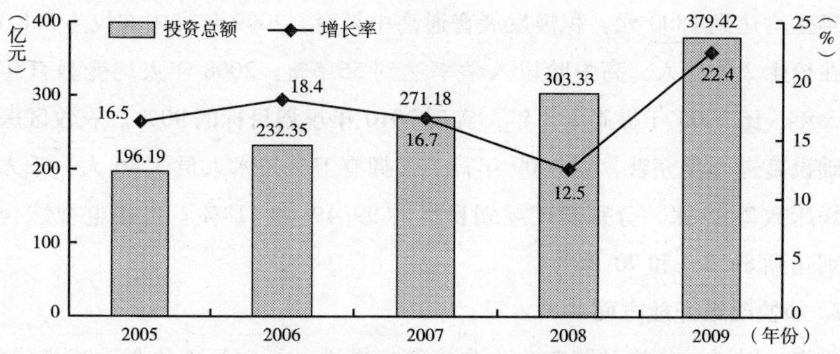

图 1　2005～2009 年西藏自治区固定资产投资及增长速度

值 63.99 亿元，增长 3.3%；第二产业增加值 136.19 亿元，增长 21.7%；第三产业增加值 241.18 亿元，增长 10.3%。第一、二、三产业增加值所占比重分别为 14.5∶30.9∶54.6。第二产业增加值占 GDP 的比重达到 30.9%，提前完成 2010 年规划目标。从第二产业内部来看，产业布局也日趋合理，现已初步形成了以优势矿产业、建材业、民族手工业、藏医药业为支柱的包括电力、农畜产品加工业、食（饮）品加工制造等工业为主的富有西藏特点的工业生产体系，产品逐步进入国内市场。

6. 统筹城乡和区域协调发展方面

城镇基础设施建设加快，城镇综合服务功能稳步提高，城市辐射能力得到加强。截止到 2009 年底，全自治区共有 2 个设市城市、71 个县城、140 个建制镇，城镇建成区面积约 190 平方公里。全区城镇居住人口 69.03 万人，城镇化率为 23.8%，比 2005 年提高了 4 个百分点。新农村建设成效显著，到 2009 年末，已解决了 23 万户、120 万农牧民的安居问题，提前一年完成了“十一五”安居工程规划目标。中部、东部和西部发展各具特色，协调性进一步增强，地区间人民生活水平差距呈缩小趋势。

7. 全面促进社会事业发展方面

全区“两基”攻坚历史任务如期完成，城乡免费义务教育全面实现。到 2009 年，小学适龄儿童入学率达到 98.8%，初中入学率达到 96.4%，提前实现 2010 年规划目标。全区青壮年文盲率下降到 1.8%。积极推进义务教育经费保障机制改革，全区 45 万多名义务教育阶段学生受惠。再次提高了“三包”经费标准，年生均达到1800元。积极发展普通高中教育。2009年高中在校生3.8万人，中职在校生2.1万人，高中阶段入学率达到56.5%。2008年人均受教育年限达到6.3年，比2005年提高2.2年，实现2010年规划目标的90%。农牧区医疗卫生基础设施进一步完善，到2009年，千人拥有卫生技术人员3.46人，千人拥有医院病床数2.95张，分别实现规划目标的99.4%和118%。广播电视综合覆盖率分别达到89.2%和90.36%。

8. 加快改革开放方面

投资、财税、价格和国有企业改革稳步推进，行政管理体制改革步伐加快，宏观经济管理体制和机制得到改善。农牧区“三个长期不变”基本政策不断完善，以乡镇机构、农村义务教育体制和健全农村公共服务体系等为主要内容的农村综合改革积极稳妥推进，草场承包经营责任制进一步落实，集体林权制度改革试点进展顺利。积极推进国有企业改革，出台了扶持企业发展激励办法和企业高级管理人员激励办法。雅砻藏药完成重组，奇正藏药顺利上市。非公有制经济发展迅速，呈现出极大的发展活力。积极为投资者营造良好的政策环境、法制环境和行政环境，出台了《关于进一步加强全区招商引资工作的意见》，对外开放环境进一步改善，开放水平不断提高。2009年全区招商引资到位资金59亿元，比上年增长23%，比2005年增长117%。受金融危机的影响，2009年实现进出口贸易总额4.5亿美元，虽然与2008年相比有较大幅度下降，但边民互市贸易实现了较快增长，边境贸易稳步发展。

9. 增强可持续发展能力方面

耕地保有量面积守住31万公顷红线。生态文明建设稳步推进，全面启动农村薪柴替代工程，截至2008年底，有4.3万户农牧民用上清洁能源。垃圾处理设施建设加快，预计可以完成2010年规划目标。环境保护和节能减排工作同步推进，水土流失治理取得成效，主要污染物减排目标进展顺利，万元地区生产总值能耗控制在规划指标内，城镇空气质量继续保持良好。

10. 推进平安西藏、和谐西藏建设方面

民族区域自治制度进一步完善，民族关系和谐发展。积极引导宗教与社会主义社会相适应。拉萨“3·14”事件发生后，各地（市）、各部门和社区安全保障工作进一步加强，反分裂斗争工作机制更加完备，各族人民更加紧密团结，建设平安西藏、和谐西藏的决心和信心更加坚定。

二　当前西藏自治区经济社会发展中存在的主要问题

总体上看，经过“十一五”前四年的发展，西藏经济社会都取得了巨大的成就，走“中国特色、西藏特点”发展路子的基础更加坚实。但深层次的问题和矛盾以及束缚经济发展的“瓶颈”还未根本解决，要在2010年实现“十一五”规划目标和“十二五”期间切实转变经济发展方式、促进跨越式发展和长治久安仍然面严峻形势和繁重任务。梳理起来，当前西藏经济社会发展中存在的主要问题集中体现在以下五个方面。

1. 经济总量小，产业结构不合理，经济效益低下

2009年西藏生产总值为441.36亿元，仅占全国生产总值335353亿元的0.132%，从1999年至今西藏的生产总值占全国的比重均在0.2%以下。国民经济三次产业比例为14.5：30.9：54.6。表面上看，西藏的产业结构比较合理，但具体分析，我们可以发现产业结构存在“一产弱、二产散，三产带动不明显”的弱点。一产中传统生产方式和自然经济还占有相当比重。二产中相互之间没有形成产业链，企业规模小，缺少具有核心竞争力的大企业、大集团，尤其是西藏的工业发展还处在起步阶段，增加值仅占GDP的7.4%，比全国平均水平低35.5个百分点。三产看似比重很大，但从内容结构看，经营性行业还占不到60%，而吃财政饭、不创造税收和利润的非经营性部分却占到了40%以上，高出全国平均水平25个百分点。此外，由于西藏远距离运输、高成本运作，现在100元的投入，只能实现60~70元的产值，不到发达地区的1/3；而在工业企业中，100元总资产只能创造6.6元的利润，比全国平均水平少一半多，流动资金平均每年仅能周转0.7次，远低于全国平均2.6次的水平。

2. 农牧区基础薄弱，促进农牧民持续增收难度大

“十一五”时期以来，虽然自治区各级党委、政府把政策、资金、精力全方位向农牧区、农牧民倾斜，改善了农牧民生产生活条件，但是农牧区一些深层次的问题依然存在，随着收入基数的不断提高，农牧民增收的难度越来越大。农牧民文化水平和技能偏低、商品意识比较淡薄，培训工作亟待进一步加强；政策性增收、劳务输出等支撑农牧民收入增长的条件提升空间有限，在一定程度上制约了农牧民收入的持续较快增长；特色农牧业产业化水平不高，龙头企业规模小、档次低、带动作用弱，专业合作组织相对缺乏，影响了农牧民组织化程度的提高；生产生活方式比较落后，科技贡献率低，农业综合生产能力亟待提高；农牧区基础设施滞后和区域发展不平衡的问题依然存在，农牧民生活水平和生活质量的提高仍然受到较大制约。

3. 改善民生工作任务仍然繁重

“十一五”时期以来，西藏坚持统筹经济社会协调发展，加大社会事业投资力度，加强公共服务能力的建设，经济社会发展协调的矛盾虽然得到缓解，但由于历史欠账太多、相关设施不配套，加上专业人才缺乏，公共服务能力与人民群众日益增长的物质文化需求不相适应的矛盾依然存在。城乡之间、区域之间义务教育水平差距还比较大，寄宿制学校建设远远不能满足农牧区义务教育的需要。卫生事业发展与人民群众的医疗保健需求还不相适应，农牧区看病难、看电视难、听广播难等民生问题尚未得到根本解决。社会保障体制尚不健全，特别是农牧区社会保障体系建设滞后。社区服务基础设施薄弱。防抗灾体系不健全、基础设施建设不足。广播影视和文化事业设施建设滞后，与经济增长不相协调。解决大学生就业、零就业家庭和“35、45”人员就业压力较大，农牧区剩余劳动力转移和脱贫攻坚任务艰巨。

4. 基础设施建设仍然相对落后，受资金、能源、技术等瓶颈制约，特色产业发展的支撑能力不强

虽然经过多年努力，西藏基础设施建设有了很大发展，但由于幅员广、面积大，各种设施欠账还比较多，特别是电的缺口大，成为制约经济社会发展的最大瓶颈。2009 年西藏城镇化率只有 23.8%，仅相当于全国平均水平的 45.7%。“十一五”时期以来，尽管政府设立了较大规模的产业发展扶持资金，持续加大对产业发展的支持和引导力度，但是，内外部环境和条件仍然制约着西藏特色产业发展。自有资金不足、自身融资能力弱，企业做大做强缺乏稳定、可靠的资金保障；研发和创新能力弱，没有自己的核心技术，企业和产品难以上规模、上水平、上档次；管理和技术人才短缺，企业竞争力受交通、能源等外部基础设施还不完善的限制，无法满足产业快速发展的需要。

5. 反分裂斗争的复杂性、尖锐性和长期性，对西藏跨越式发展和长治久安带来严峻考验

面对西藏经济社会发展的良好态势，国际反华势力利用和制造所谓的“西藏问题”遏制中华民族崛起的良苦用心一直存在，达赖集团为了维护其所代表的农奴主阶级利益，甘愿充当国际反华势力的忠实走狗，利用境内外分裂分子制造破坏活动的企图一刻也没有停止，反分裂斗争是我们面临的一项长期的、艰巨的、压倒一切的政治任务，西藏人民必须以更大的精力，更多的人力、物力、财力来维护社会稳定，为跨越式发展奠定坚实的政治基础，这无疑加大了西藏的发展成本。

三　西藏自治区“十二五”时期发展思路

当前，西藏已进入“十一五”规划实施的尾声，全区及各地（市）的“十二五”发展思路研究也都早已提上议事日程。2010 年 1 月 18 ~ 20 日，党中央、国务院在北京召开了第五次西藏工作座谈会。会议指出，经过民主改革 50 年特别是改革开放 30 多年来的不懈努力，西藏已经实现了基本小康，站在了新的历史起点上。但我们也要清醒地看到，西藏的发展和稳定仍然面临不少困难和挑战，出现了许多新情况新问题。综合起来看，当前西藏的社会主要矛盾仍然是人民日益增长的物质文化需要同落后的社会生产力之间的矛盾。同时，西藏还存在着各族人民同以达赖集团为代表的分裂势力之间的特殊矛盾。

同全国一样，到 2020 年西藏要实现全面建设小康社会的目标，不同的是西藏站在更低的起点和相对恶劣的发展条件基础上。要实现这一宏伟目标，“十二五”时期将是西藏发展的一个关键时期，而西藏存在的社会主要矛盾和特殊矛盾决定了西藏工作的主题必须是推进跨越式发展和长治久安，必须以中央第五次西藏工作座谈会为契机，把中央关于加快西藏发展的决策部署同西藏实际紧密结合起来，转变发展观念、创新发展模式、提高发展质量，夯实建设社会主义新西藏的物质基础，使跨越式发展建立在科学发展的基础之上。

（一）西藏自治区“十二五”期间经济社会发展的指导思想和基本原则

1. 指导思想

中央第五次西藏工作座谈会进一步明确了新时期西藏工作的指导思想：高举中国特色社会主义伟大旗帜，以邓小平理论和“三个代表”重要思想为指导，

深入贯彻落实科学发展观，坚持中国共产党领导，坚持社会主义制度，坚持民族区域自治制度，坚持走有中国特色、西藏特点的发展路子，以经济建设为中心，以民族团结为保障，以改善民生为出发点和落脚点，紧紧抓住发展和稳定两件大事，确保经济社会跨越式发展，确保国家安全和西藏长治久安，确保各族人民物质文化生活水平不断提高，确保生态环境良好，努力建设团结、民主、富裕、文明、和谐的社会主义新西藏。这也是“十二五”期间西藏经济社会发展的主要指导思想。

2. 基本原则

“十二五”期间要把科学发展观这个根本指针贯穿经济社会发展全局，把中央关心、全国支援和全区各族人民艰苦奋斗结合起来，用发展和改革的办法解决前进中的问题，把改善农牧民生产生活条件，增加农牧民收入作为经济社会发展的首要任务，发展中应坚持以下基本原则。

（1）基础设施先行原则。从事关国家安全和推进跨越式发展的高度，加强统筹规划，保持必要的投资规模和力度，进一步推进交通、能源、水利、通信等基础设施和公共服务设施建设，为产业发展、社会进步、生活改善创造良好条件。

（2）坚持适度集中，着力打造高原特色品牌的经济发展原则。从促进社会资源的优化配置，转变生产生活方式的高度，调整区域经济布局，降低行政和社会管理成本，建设以拉萨为中心的中部经济区和与其关联的东部、西部经济区，加快中心城镇功能建设和小城镇发展，转移农牧区富余劳动力，以集中定居和半定居促进分散的游牧民脱贫致富，促进人口等生产要素适度集聚。充分发挥西藏资源优势和潜力，打造西藏高原品牌，加快发展特色经济，形成一批有规模、有竞争力的优势产业，促进基础设施建设和产业发展的良性循环，促进资源优势转化为经济优势，提高经济和社会活动的效率和效益，增强自我发展能力。

（3）坚持开放带动原则。从事关国家战略全局和融入国内统一大市场的高度，加快市场化进程，大力改善投资环境，进一步加强与国内外市场的联系。加强与周边省区的合作，依托内地和对口支援，积极发展与南亚各国的经贸往来，提高对经济增长的拉动作用。

（4）坚持科教兴藏和人才强区。从事关为经济社会发展提供智力和人才支撑，促进社会文明进步的高度，优先发展教育，创新发展科技，加快人力资源开发和人力资本积累。加强基础教育、职业教育、高等教育和干部培训，培养适应跨越式发展的党政干部队伍、企业经营管理队伍、专业技术队伍和高素质劳动者队伍。建设技术推广、资源共享、研究开发三大科技平台，促进经济增长方式的转变。

（5）坚持可持续发展原则。从事关经济社会与人口、资源、环境协调发展的高度，提高人口资源管理水平，科学部署产业开发重点，适度开发与自然生态相适应的特色产业，大力发展循环经济，加强生态环境保护与建设，增强可持续发展能力，建设资源节约型和环境友好型社会，使西藏成为重要的国家安全屏障、重要的生态安全屏障和重要的资源储备基地。

（二）“十二五”时期西藏经济社会发展的主要目标

中央第五次西藏工作座谈会明确规定了西藏经济社会发展的主要目标：到2015年，保持经济社会跨越式发展势头，农牧民人均纯收入与全国平均水平的差距显著缩小，基本公共服务能力显著提高，生态环境进一步改善，基础设施建设取得重大进展，各民族团结和谐，社会持续稳定，全面建设小康社会的基础更加扎实；到2020年，农牧民人均纯收入接近全国平均水平，人民生活水平全面提升，基本公共服务能力接近全国平均水平，基础设施条件全面改善，生态安全屏障建设取得明显成效，自我发展能力明显增强，社会更加和谐稳定，确保实现全面建设小康社会的奋斗目标。走有中国特色、西藏特点的发展路子，就是要努力实现这一重大发展目标。

很显然，以上提出的目标任务是综合性的，涵盖了西藏社会的各个方面。为了使目标任务的设想更具有实践应用价值，以下从经济建设、生态建设、社会建设三个主要方面分别加以说明。

1. 经济建设目标

（1）经济发展速度。以2009年全区生产总值为基数，“十二五”时期GDP年均增长12%以上，预计到2015年GDP达到870亿元以上，这也是确保西藏到2020年与全国同步实现全面小康社会的约束条件。

（2）经济结构调整优化。到2015年，第一、二、三产业增加值比重由2009年14.5∶30.9∶54.6，调整为12∶32∶56。从现有的数值上看，实现这个调整并不难，很快就可以达到。关键是西藏的特色优势产业要发展壮大起来，到2020年，旅游业要从全区的主导产业发展壮大成为全区的首要支柱产业；水电开发、矿产资源开发也要发展成为重要的支柱行业。

（3）人民生活水平。当前西藏的农牧民人均纯收入和城镇居民人均可支配收入两项指标均低于全国平均水平。到2015年，要力争使这两项指标达到全国平均水平的80%左右。

（4）城镇化发展水平。根据联合国关于城市化的指标，人均GDP达到1000美元，城市人口占总人口比重应达到62%。我国目前人均GDP已达到1000美元，但城市化率远没达到这一标准所对应的指标。西藏的情况更为特殊，2009年城镇化率仅为23.8%，要达到目前全国的平均水平也存在极大的困难。“十二五”及以后发展时期，要利用交通基础设施加快发展、交通线路不断延展、能矿资源开发建设的有利条件，加快沿线及辐射区域城镇和依附能矿项目的新型小城镇的建设，进一步提高城镇化水平，力争到2015年时，西藏城镇化率达到30%。到2020年时，西藏城镇化率达到40%。

（5）劳动就业。西藏80%以上人口居住于农牧区，到2008年，54.6%的从业人员滞留于第一产业，隐性失业问题相当严重，不仅导致农牧民增收困难，对生态环境也产生极大压力，加快农牧区富余劳动力向非农产业、城镇转化已是当务之急。“十二五”及以后发展时期，必须把扩大就业、控制失业率放在西藏经济社会发展更加突出的位置，努力增加就业岗位，力争城镇新增就业和转移农牧区劳动力分别达到5万人和10万人，城镇登记失业率控制在5%以内。

2. 生态环境建设目标

2009年2月，国务院批准实施了《西藏生态安全屏障保护与建设规划》，将西藏生态安全屏障保护与建设工程确定为国家重点生态工程。西藏“十二五”及以后的发展必须建立在生态环境不断改善的基础上，具体任务主要包括：坚决控制住因人为因素而产生的新的水土流失和草地退化，全面遏制荒漠化的加剧；加大环境建设投入力度，使重点区域的水土流失和荒漠化治理初见成效；加快农村现代生活能源建设，逐步减少薪草燃料使用量；以江河整治为基础，以小流域治理和草场荒漠化治理为重点；实施“宜林则林，宜草则草”、“乔、灌、草”相结合的方式，大规模开展植树种草的植被恢复工作。

3. 社会发展目标

（1）劳动力平均受教育年限。2008年，西藏劳动力平均受教育年限为6.3年，略高于1990年全国农村劳动力平均6.01年的受教育年限，落后全国平均水平近20年。“十二五”期间，应加大对教育尤其是农牧区基础教育的投入，努力实现“两基”达标及巩固，力争到2015年，劳动力平均受教育年限超过2000年全国农村劳动力7.33年的平均受教育年限。到2020年时，力争达到2000年全国城市劳动力10.2年的平均受教育年限。

（2）高中阶段入学率。2009年西藏高中阶段入学率为56.5%，低于全国2006年59.8%的平均水平。“十二五”时期及至2020年，要切实把科技兴藏、优先发展教育放在突出地位，扩大高中教育设施建设，扩大高中教育规模，力争到2015年高中阶段入学率达到70%，到2020年时达到90%。

（3）千人拥有职业医生数。重点加强农牧区医疗卫生基础设施建设，提高千人执业医生拥有量，完善农牧民健康体系，解决农牧民就医难问题。力争到2015年每千人拥有执业医生数由2009年的3.46人提高到5人以上。

（4）社会保障。2008年全区社会保障覆盖率仅78.5%。“十二五”期间，应在继续推进和完善城镇社会保障体系建设、做到应保尽保的基础上，加快农牧区社会保障体系的建设步伐，重点是农牧区医疗保险和贫困户“低保”体系建设。力争到2015年全区社会保障覆盖率达到85%以上。

（三）“十二五”时期西藏产业发展的重点

“十二五”是推进西藏跨越式发展，实现全面建设小康社会目标的关键时期，应主要围绕转变经济发展方式，继续推进“一产上水平、二产抓重点、三产大发展”的经济发展战略。产业建设的重点如下。

1. 持续深入推进社会主义新农村建设，围绕农牧业增效、农牧民增收的中心任务，取得“一产上水平”的重大突破

西藏新农村建设是以“安居乐业”为突破口扎实推进的，“十二五”期间，要努力发展农村生产力，促进农牧民收入持续增长，真正实现“一产上水平”。

（1）大力加强农牧区基础设施建设，全面改善农村居民的生产生活条件。加强以农村能源、交通、人畜饮水工程、生态环境为主要内容的乡村基础设施建设，强化对耕地、草场利用的宏观调控，从时间和空间上对耕地、草场进行合理布局，努力提高土地节约集约利用水平。

（2）推进有西藏高原特色的现代农牧业体系建设。中央第五次西藏工作座谈会确定，要把西藏建设成为重要的高原特色农产品基地。根据西藏区内的资源

环境特征，可以选择以“一江两河”中部流域为基地，集中开发青稞产品；以藏北草原为基地，开发牦牛产品；以藏东南为基地，建立藏药材生产基地。此外，蔬菜、花卉的种植，林、果、茶产品的开发等，均可利用西藏独特的资源培育特色品牌，形成有竞争力和生命力的特色经济。

2. 按照新型工业化道路的基本要求，建设完善有西藏特色的工业经济体系，取得“二产抓重点”的重大突破

根据“走新型工业化道路”的基本要求，充分发挥西藏地区的文化与资源优势以及“后发展优势”，建设有西藏特色的工业经济体系。

（1）有选择地适度超前发展资金密集型基础工业。长期以来，西藏产业结构存在的主要矛盾表现为基础产业一直短缺，严重制约了其他加工产业特别是高水平加工产业的发展。“十二五”期间，产业政策的重点应放在能源、原材料、交通运输、邮电通信等基础产业上，以消除基础性产业对整个第二产业发展的制约。

（2）大力发展具有突出优势的矿产资源开发业和藏医药业。据有关研究论证，20 世纪 80 年代以来，我国不可再生的矿产资源形势日趋严重，对国民经济和社会发展的保证程度较低，到 2010 年，45 种主矿产中能够满足需要的仅有一半，其他则要依靠进口来弥补国内的需求缺口，前景堪忧。目前西藏区域内已探明的矿种有 100 多种，矿产点 200 余处，其中许多矿产的储量位居全国前列。中央第五次西藏工作座谈会提出，西藏要成为国家“重要的战略资源储备基地”。因此，西藏矿业开发能够较好地实现自身资源优势，并能贡献于整个国家经济的持续发展。

西藏具有自成体系的藏医药学和十分丰富的藏药材资源两大优势，“十二五”期间重点是加强藏医药基础研究，加强藏医药科研机构及队伍建设，在现有藏医药研究机构、人员基础上，加快扩建研究基地，改善装备、完善功能，充分发挥科技进步对藏医药发展的推动作用。与此同时，加强政策引导和扶持，合理配置藏医药资源，促进藏医药生产、经营和服务的集团化发展，真正把藏医药产业做大做强，使藏医药产业成为西藏经济社会发展的一个作用强劲的增长极。

（3）有选择、有重点地培育发展高新技术产业。结合区情实际，有选择、有重点地发展高科技产业，是促进西藏跨越式发展实现现代化目标的重要标志，“十二五”期间西藏有望做大做强的高新技术产业具有以下几类。

生物资源开发。目前西藏自治区红景天等生物资源的研究、开发，为发展高新技术产业开了一个好头。红景天的开发利用已形成了产业规模，年产值已超过1亿元；雪莲花、乌头、菌类等资源的开发研究工作也正在进行之中；红豆杉是世界稀有树种，在西藏南部有大面积分布，科研人员已从中提取出抗癌活性物质——紫杉醇及其合成品，极具药用和经济价值；藏红花也已回到“故乡”，在拉萨大面积人工栽培成功，形成了一个药用植物繁育基地。在此基础上，西藏生物资源开发利用具有巨大的潜力，“十二五”及相当长一段时期内，应大量利用现代生物技术的成果，以开发绿色食品、保健品、新特药品等为终端目标，促使其向规范化、标准化、系列化方向发展，形成具有西藏特色的高技术、高附加值的生物资源产业。

太阳能利用产业。当前太阳能开发利用的高新技术有三大类：一是太阳能光热转换的新技术，即通过各种集热部件把太阳辐射转换为热能后用于工业用热、制冷、空调、热发电、材料高温处理等，真空管集热器就是其代表性的产品。二是太阳能光电转换技术。这是基于光伏效应的一种新技术，各种类型的太阳能电池、砷化锌电池等，是其技术应用的主要产品。三是光化学转换技术。光化学是研究光和物质相互作用引起的化学反应的一个化学分支，利用其新技术可以生产出高效能的光化学电池。西藏具有丰富的太阳能资源优势，区内太阳能应用研究已有一定的基础，今后应当进一步加大研发投入并大量引进当前比较成熟的产品新技术，逐渐在太阳能开发利用领域建立起西藏的高新技术产业。

3. 以旅游业为龙头，大力发展西藏现代服务业，实现“三产大发展”的重大突破

旅游业在西藏第三产业中的地位十分重要，对整体服务业的带动作用十分巨大。以旅游业为龙头，运用现代经营方式和服务技术，改造商贸、餐饮等传统服务业，积极发展现代服务业。依托青藏铁路、干线公路、航空港、陆路口岸等，组建以拉萨为中心的物流网络体系，宽领域、多层次地发展现代物流业，促进配送、运输、仓储和快递等各类流通业态的全面发展。积极稳健地培育和发展房地产业，使房地产业成为新的经济增长点。

四 “十二五”时期西藏经济社会发展的宏观政策保障

当前，西藏自治区的维稳方式已由非常态转变到常态，为全区经济社会发展创造了良好的社会环境，全区各族干部群众思稳定、盼富裕、谋跨越、奔小康的愿望日益强烈。随着中央第五次西藏工作座谈会的召开和相关文件的出台，中央进一步加大了对西藏经济社会发展的支持力度。“十二五”期间宏观调控政策制定的重点是在结合中央第五次西藏工作座谈会精神的基础上，根据形势的变化，着力提高政策的针对性和灵活性，促进西藏跨越式发展。

1. 坚持深入开展反分裂斗争，塑造稳定和谐的发展环境

坚决贯彻中央关于反分裂斗争的各项方针政策，继续深入开展反分裂斗争，严密防范和严厉打击各种形式的分裂活动，加强涉藏外事外宣工作，不断完善和健全反分裂斗争的工作机制，牢牢掌握反分裂斗争主动权，为跨越式发展创造良好的社会环境。

2. 抓住中央继续保持对西藏特殊优惠政策连续性和稳定性的有利时机，加强制度创新研究，制定配套制度

中央第五次西藏工作座谈会确定对西藏继续执行并完善“收入全留、补助递增、专项扶持”的财政政策，加大转移支付力度，对特殊民生问题实行特殊政策并加大支持；继续实行“税制一致、适当变通”的税收政策；加大金融支持力度，继续维持西藏金融机构优惠贷款利率和利差补贴等政策。分别于2010年2月和3月份出台的《中共中央国务院关于推进西藏跨越式发展和长治久安的意见》（中发［2010］4号）、《国务院办公厅关于印发支持西藏经济社会发展若干政策和重大项目意见的通知》（国办函［2010］62号）是西藏“十二五”经济社会发展的指导性文件，我们要在吃透文件精神的基础上，从加快转变经济发展方式的战略高度着眼，加强制度创新研究，制定符合西藏实际的配套政策，切实用好用活中央对西藏的特殊优惠政策。

3. 着力抓好投资消费增长，确保发展步伐明显加快

切实抓好重点项目前期工作，积极争取中央投资。继续加大同国家有关部委的汇报衔接力度，争取早日批复西藏自治区“十一五”规划项目调整方案及“十二五”规划项目方案，为“十二五”发展奠定基础。积极引导消费预期，创新消费模式，不断扩大城镇消费，切实落实好财政补贴政策，努力挖掘农牧区消费潜力。

4. 应对经济全球化的机遇和挑战，全面提高对外开放水平

紧密结合西藏实际，全面提高对外开放水平，参与全球化进程。扩大利用外资规模，提高利用外资水平，更好地发挥外资的带动效应。结合国内产业结构调整升级，更多地引进先进技术、管理经验和高素质人才，注重引进技术的消化吸收和创新提高。鼓励外资公司在西藏设立分支经营机构；积极引进风险资本，完善创业投资机制，支持地区内企业特别是中小企业技术创新。强化西藏企业开拓国内外市场，技术创新和培育自主品牌的能力。提高输出商品档次和附加值，扩大名优特新和高技术产品和服务的输出，全面提高在国内外市场的竞争力。

5. 加快转变政府职能，努力建设服务型政府，为西藏跨越式发展提供更好的公共服务与管理

加快行政体制改革，转变政府职能，规范政府行为。严格依照法规、市场经济规则和客观经济规律办事，正确处理政府与企业、市场和社会中介组织的关系，真正把政府职能转到经济调节、市场监管、社会管理、公共服务上来，重点放在搞好服务、营造环境上。继续完善“一站式审批”服务，切实做到应在站内办结的审批事项，一定要在站内办结。科学设置和理顺各级政府与各部门的管理职权，防止交叉、多头管理，形成行为规范、运转协调、公正透明、廉洁高效的行政管理体制。

6. 加强生态环境保护与建设，增强可持续发展能力

坚持贯彻节约资源和保护环境的基本国策，以《西藏生态安全屏障保护与建设规划》为指导，落实好西藏生态补偿机制，大力实施薪柴替代工程和农牧区环境综合整治工程。依法落实基础建设和规划环评制度，严格环境执法监管。认真落实节能减排各项措施，进一步整顿和规范矿产资源开发秩序，抓好高耗能行业改造和建筑节能管理。

陕西省“十二五”时期发展思路研究报告

陕西省社会科学院课题组*

摘　要： 本研究报告认为“十二五”时期陕西发展思路的确定必须从省际比较和“陕西现象”两个方面的反思中进行调整；以此提出了陕西省“十二五”时期发展的总体思路及发展重点。

关键词： 陕西省　“十二五”　总体思路

一　“十二五”时期陕西发展总体思路必须调整

1. 从省际比较出发科学认识以人为本的发展模式

在国内，尽管东部、中部、西部区情差异较大，发展程度不同，但发展比较快的省都是从国情、省情出发，注重劳动密集型产业的发展，如农副产品加工业、第三产业、民营中小企业、县域经济等，坚持以人文本的发展模式，走出了中国特色的发展道路。

在东部，江苏是科教第一大省。江苏大专院校、科研机构和大中型企业较多，均名列全国前茅。但是浙江的人均主要经济指标如人均 GDP、人均财政收入、城镇人均可支配收入、农民人均纯收入全面超过江苏，并名列全国所有省区（除直辖市）之首。浙江经济是从纽扣、领带、打火机、服装、鞋帽、圆珠笔等小商品、大市场起步的，是典型的劳动密集型制造业。劳动最密集的产业是第三产业，2008 年，浙江第三产业增加值占 GDP 的 41.0%，而江苏只有 38.1%。

---

* 课题组长及执笔人：张宝通；课题组成员：李平安、王晓娟。
作者单位：陕西省社科院。

2000～2007年，浙江省全国百强县数量一直名列全国第一，其中2007年全国最富裕的县浙江有23个，江苏只有10个。

在中部，湖北是科教第一大省，有武钢、二汽等全国著名的特大型企业，其大专院校、科研机构也名列全国前茅。但河南不仅经济总量超过湖北，而且2007年前，发展速度也超过湖北。河南是中国人口第一大省，也是农业大省，是中国的粮仓。河南从省情出发，发挥人口优势，重视发展食品工业等农产品加工业，把中国的粮仓变成了国人的厨房。全国1/3的方便面是河南生产的，1/2的速冻食品是河南生产的，超过1/2的火腿肠、味精是河南生产的，全国肯德基和麦当劳用的鸡肉90%是河南生产的。食品工业是河南的第一大产业，其食品工业的增加值超过了西部一些省区的经济总量。河南现在已经成为全国第五大经济强省、内陆地区第一大经济强省。

在西部，陕西是科教第一大省，陕西综合科教实力位居全国前列。陕西的高新技术产业、装备制造业基础雄厚，航空、航天等国防科技工业综合实力居全国之首。而内蒙古是少数民族边远地区，经济总量和人均GDP超过了陕西。内蒙古是全国发展最快的省区，速度连续8年居全国第一。主要原因之一在于重视发挥2414万农牧民的作用，有伊利、蒙牛、鄂尔多斯、鹿王、仕奇、草原兴发、小肥羊、小尾羊、河套酒等20多个全国驰名商标。

综上所述，浙江、河南、内蒙古实际上走了一条和我们国家30余年走过的一样的中国特色发展道路，即以人为本的发展道路。而江苏、湖北、陕西走了一条类似印度的发展道路，实际上是模仿了西方发达国家的发展模式，是以科教为本了。实践证明，以人为本的发展模式比科教为本的发展模式要好。

2. 从“陕西现象”反思陕西发展总体思路

陕西综合科教实力居全国前列，但经济总量在全国排序偏后，2007年陕西地区生产总值居全国第20位；人均收入在全国居于后列，2007年城镇人均可支配收入在全国排第26位，农民人均纯收入在全国排第28位，是典型的“科教大省、经济小省、收入穷省”，被称为“陕西现象”。之所以造成“陕西现象”，是因为陕西对省情没有深刻的认识，总体发展思路不完全符合陕西省情。

地处西部的陕西和浙江等沿海省市发展的历史不同。陕西在新中国成立前是自然经济，农耕文化根基很深；新中国成立后是国家建设的重点地区，计划经济影响很深。陕西的现代工业是计划经济时期奠定的，没有经历过沿海省市那样的商品经济阶段。因此，陕西人养成了读书、当官、端铁饭碗、过稳定生活的习惯。

陕西的经济、社会、科技是典型的二元结构。陕西的重点大学、科研机构基本上都是原部委所属的，大中型企业特别是国防科技企业大部分都是中央所属的，不像浙江的企业是从地方经济中成长起来的“草根经济”。陕西的先进产业以航空、航天为代表；同时又有落后的地方经济，先进和落后处在两个极端。尽管经历了30余年的改革，其体制并未融为一体，原因之一是国防科技企业的特殊性。面对二元的经济结构，陕西却采取了一元化的战略，试图通过发展科技教育、高新技术和装备制造业来带动全省经济。实践表明，效果并不理想。

二 “十二五”时期陕西发展的总体思路

西部大开发战略开始实施以后，陕西提出建设西部经济强省的战略目标。中共十七大后，又进一步上升为建设西部强省，突出了高新技术、装备制造和能源化工，但从中仍然看不到富民，看不到“以人为本”，“陕西现象”依然存在。学习实践科学发展观后，省委提出“推动科学发展，富裕三秦百姓，建设西部强省。”这是把强省战略调整为强省富民战略，并启动了民生“八大”工程，重视县域经济的发展。2008年陕西GDP达到7314.58亿元，由全国2007年的第20位上升到第18位，城镇居民人均可支配收入由第26位上升到第22位，农民人均纯收入由第28位上升到第27位。2009年GDP达到8186.65亿元，居全国第17位，“陕西现象”开始转变。

“十二五”时期陕西总体发展思路是：全面贯彻科学发展观，坚持以人为本的发展模式，将强省战略调整为强省富民战略。调整经济结构，转变发展方式，统率经济社会发展。立足陕西二元结构的实际，一手抓强省，一手抓富民，变一元化战略为二元化战略。通过一手抓自主创新，一手抓引进、学习、推广、应用；一手抓技术密集、资本密集型的强省产业，一手抓劳动密集型的富民产业；一手抓中心城市作用的发挥，一手抓县域经济的发展，统筹兼顾，全面协调，实现强省富民目标。

1. 自主创新与引进、学习、推广、应用并重

陕西是科教大省，国防科技综合实力居全国第一。特别是航空、航天等担负

着建设创新型国家的重任。因此，强调自主创新是正确的，可以发挥陕西的科技优势，引领我国的科技创新和产业升级。但是，必须同时抓引进、学习、推广、应用。

陕西要借鉴沿海地区的发展经验，解放思想，转变观念，要重视科教兴陕。在自主创新上，要把重点放在集成创新和引进、消化、吸收、再创新上，让自己少走弯路，多走捷径，实现跨越发展。

2. 技术密集、资本密集型产业与劳动密集型产业并重

高新技术产业、装备制造业是陕西的优势产业，也是促进产业升级、转变发展方式国家重点支持的产业。能源化工是陕西最具资源优势、发展潜力巨大的产业，是国家西部大开发确定的特色产业。陕西发展高新技术产业、装备制造业和能源化工产业，可以有效提升陕西在全国的地位。

陕西地方经济相对落后，发展基础起点较低，传统产业有着广阔的发展条件和市场。以农业和生物资源为基础的轻工业、食品工业等劳动密集型制造业，特别是劳动最为密集的服务业，投资少，门槛低，市场大，能提供大量的就业机会，是能够富民的产业，要创造条件大力发展。这样，既能解决就业，提高人均收入，又能增加经济总量，提升陕西经济位次。

3. 中心城市和县域经济并重

西部由于没有经历过沿海地区那样的商品经济阶段，自然经济、农耕文化影响还很深，县域经济基础薄弱，不会出现小城镇推动大城市的发展局面。同时，西部的科技、人才、工业、资金和现代服务业主要集中在中心城市，因此，要发挥中心城市的作用带动区域经济的发展。陕西要发挥好各个城市的辐射带动作用，培育壮大区域经济增长极，带动全省经济的发展。

“十二五”期间，要重点发挥好两个城市的作用，一是西安，二是榆林。西安是大关中的核心、大西北的龙头、亚欧大陆桥经济带的心脏。必须加快西咸一体化步伐，果断组建大西安。榆林煤、油、气、盐等资源极为丰富，被誉为中国的科威特，是国家级陕北能源化工基地的龙头，可以发展为陕西经济的第二极。要加快横山撤县设区的步伐，使榆林形成一市两区的格局。榆林地处鄂尔多斯盆地能源基地的中心，可进一步发展成为陕甘宁蒙晋毗邻区的中心城市和连接大关中与京津冀的枢纽城市。

陕西的县域占了全省地域面积和人口的大部分，只有县域经济发展了，陕西的经济总量和人均收入才能大幅度提高，强省富民的目标才能实现。因此，陕西在发挥中心城市作用的同时，必须大力发展县域经济。要发挥“市场经济 + 政府推动”体制的威力，通过加强县域经济考评，促进县域经济竞争。

三 “十二五”时期陕西的发展重点

1. 抓住大关中发展机遇，建设西部大开发战略高地

近年来关中地区并没有实现率先发展。一个重要原因是关中和珠三角、长三角、京津冀的产业结构同构，都是以先进制造业为主的，互相处于竞争状态。关中要率先发展，必须借助国家大战略。要抓住国务院批准《关中 - 天水经济区发展规划》机遇，把关中建设成全国内陆型经济开发开放战略高地，并带动全省及大西北的发展。

建设关中战略高地，关键要建设好规划中的四个基地。一是建设统筹科技资源改革示范基地。西安和关中地区是大专院校、科研机构、国防科技企业的集中地，只有统筹科技资源，发挥科技优势，让科技向经济转化，带动地方经济发展，关中和陕西的产业升级和发展方式才能跃上新台阶。二是建设全国先进制造业重要基地。要发挥西安及关中制造业中高新技术和装备制造特征明显、国际科技工业实力雄厚的优势，立足服务全国，争取世界水平，打造一批具有国际竞争力的企业、品牌和产业集群。三是建设现代农业高技术产业基地。要发挥杨凌农业高新技术产业示范区的作用，让农业高新技术首先在关中推广应用。四是建设彰显华夏文明的历史文化基地。让渭河文明成为黄河文明的代表，把西安及关中建成中华民族的共有精神家园，通过发展旅游和文化产业，让中华文明从这里走向世界。

建设关中战略高地，基础是构建“一核、一轴”框架。首先要做大“一核”。不仅要设立西咸新区，推进西咸经济一体化，更要组建大西安，实现西咸全面一体化，还要建设大西安都市圈，把“核”做得更大。要把渭南、铜川、杨凌纳入大西安都市圈，通过建设西（安）渭（南）、西（安）杨（凌）、西（安）铜（川）三条经济轴，进一步发挥大西安都市圈的辐射带动作用。其次要做壮“一轴”。要把宝鸡建成大关中的副中心，使其成为联结西安、天水的枢纽，发挥宝鸡对陕甘川宁毗邻区的辐射带动作用。要争取在“十二五”期间把杨凌独立设市，并建成“中国唯一、世界唯一”的农科型中心城市。要把铜川建成为渭北的中心城市，解决资源型城市矿竭城衰可持续发展的世界性难题。要把渭南建成关中东部的中心城市，并把华阴、韩城、商洛建成关中的三大门户城市，促进关中向东开放。完成上述任务的关键和突破口是将咸阳一分为三，将兴平以东、三原以南划归西安，组建大西安；将彬县、长武、旬邑、淳化等资源县划归铜川，振兴铜川；将其余县划归杨凌，设立杨凌市。再次，要发挥关中的辐射带动作用。向北辐射延安、榆林，并争取将黄陵设市，使其成为中华民族的圣地城市，以便吸引海外华人资金建设陕西；向南辐射安康、汉中，带动陕南突破发展。

2. 抓住鄂尔多斯盆地能源基地建设机遇，打造陕西经济第二极

东部沿海和国家的大发展，为陕北的发展提供了广阔的市场空间和资金来源。现在国家正在规划建设鄂尔多斯盆地能源基地，为陕北进一步跨越发展提供了新的机遇和发展前景。抓住这个机遇，使陕北在全省经济格局中再上新台阶，使其经济总量向关中逼近，成为建设西部强省新的支撑板块。

目前世界正在兴起新能源革命和发展低碳经济，一旦技术出现大的突破，新能源成本大幅度下降，将对煤炭能源形成巨大冲击，煤炭就会贬值。目前陕北能源化工基地正处在成长期，只有加大开发力度，不断积累资金，才能进一步延长产业链，发展配套产业，培育新兴产业，优化产业结构；才能实现以工支农，以城带乡，支持民生工程，推动协调发展；才能治理好环境，保护好生态，转变发展方式，实现可持续发展。

以榆林为龙头的陕北能源化工基地不仅能发展为陕西最有增长潜力的第二大板块，而且能进一步发展为陕甘宁蒙晋毗邻区的中心城市，进而成为连接西安为中心的关中地区和京津冀的枢纽城市。因此，要着力打造西安－铜川－延安－榆林－朔州－北京大通道，使其不仅带动陕北的发展，而且使榆林为龙头的陕北能源化工基地融入到京津冀和环渤海，成为京津冀和环渤海的能源化工基地，利用京津冀和环渤海的信息、资金、技术、市场发展自己，实现陕北发展新的跨越。

3. 抓住“西三角”构建机遇，建设陕南国家级绿色产业基地

随着西（安）（安）康铁路、西（安）汉（中）高速和西（安）（安）康高速公路的建成，秦岭屏障已经被突破。西安至成都、西安至重庆的高速铁路建成以后，会进一步将关中和成渝联成一体，形成以西安、重庆、成都为中心的

“西三角”，将会形成南有珠三角、北有京津冀、东有长三角、西有西三角的格局，西三角将发展成为中国经济的第四极和西部大开发的统一龙头。不仅对陕西、重庆、四川的发展意义重大，而且对带动西部大开发意义重大。

把西三角打造成中国经济第四极，不仅能提升关中和成渝的战略地位，争取更多的发展机遇，而且对陕南的突破发展意义重大。陕南是集中连片的贫困地区，又是南水北调的中线水源地，在国家主体功能区划分中相当一部分属于限制开发和禁止开发的区域，突破发展遇到很大障碍。陕南位于关中和成渝之间，属于西三角的腹地。西三角的构建为陕南突破发展带来了机遇，使陕南可以接受关中和成渝两方面的辐射带动。构建西三角要求关中、陕南、成渝协调发展，因而会对陕南的发展给予更多的关注和支持。陕西应当与重庆、四川一起，共同争取将西三角经济区列入国家“十二五”规划，加快修建西安至成都、西安至重庆的高速铁路，积极推动西三角构建，为陕南突破发展创造条件。

4. 实施陕北造地战略

陕西正处于工业化、城镇化起步发展阶段，城镇化率还比较低。对陕西来说，必须加快工业化、城镇化步伐。但工业化、城镇化受到了用地指标的极大制约。陕北要跨越发展，工业化、城镇化也需要大量土地。陕南耕地更为稀缺，工业化、城镇化受到土地更大制约。因此，陕西必须在工业化、城镇化用地上有大的突破才行。

陕北地处黄土高原腹地，土层深厚，但多为丘陵沟壑。现在完全有能力用现代化工程机械去平整土地，大规模造地，通过土地置换，为工业化、城镇化建设提供大量土地。目前，延安新机场的建设、府谷新区的建设正在为我们提供示范，可以从西安等城市地价款中拿出一部分钱到陕北去造地。一是治理了丘陵沟壑，为陕北城镇建设提供了用地；二是置换出大量土地指标，使关中战略高地建设和城市化发展有了土地空间；三是探索出一条通过造地保红线的途径。因此，应当把在陕北黄土高原造地作为一个大战略，成立专门的机构和造地公司，在全省统筹土地资源。

甘肃省“十二五”时期发展思路研究报告

范 鹏*

摘 要：甘肃省“十二五”期间要充分体现国家安全的战略纵深区、生态保护的战略屏障区和西部崛起的突破口地位，纳入“西安-成都-重庆”和“兰州-西宁-银川”两个“西三角”的构建之中。要继续坚持项目带动，加快转变发展方式的速度，加大经济结构调整力度，通过实施追赶型跨越式发展战略，做大做强中心城市，重点发展河西与陇东能源产业，为把甘肃打造成国家重要的能源特别是新能源基地奠定基础，使经济社会发展水平在量与质上均能达到新的水平。

关键词：甘肃 “十二五” 规划思路 战略定位

一 甘肃省“十一五”规划执行情况的回顾与总结

“十一五”时期是改革开放以来甘肃发展最好最快的时期，全省上下坚持以科学发展观为统领，制定和实施了符合省情的“四抓三支撑”① 的总体发展思路和“中心带动、两翼齐飞、组团发展、整体推进”的区域发展战略，全力推进西部大开发，全面落实用好用足各项政策，出色地完成了“十一五”规划主要预期目标任务。

---

* 范鹏，甘肃省社会科学院。

① 发展抓项目、改革抓创新、和谐抓民生、保证抓党建，强化基础设施、人力资源和优势特色产业支撑。

（一）“十一五”时期发展的主要成就

国民经济平稳较快增长，人均国内生产总值逐年提高。2006～2009 年，全省地区生产总值连续保持了年均 10% 以上的增长速度。地区生产总值从“十五”期末的 1475.94 亿元增长到 2009 年的 3382.35 亿元，预计到 2010 年将达到 3700 亿元左右；人均地区生产总值也从“十五”期末的 5725 元增加到 12852 元。提前实现了“十一五”规划的目标。

结构调整步伐逐年加快，产业结构有所改善。到 2009 年，三次产业结构调整为 14.7∶44.4∶40.9。

城乡居民收入稳步增长，生活水平逐步提高。2006～2009 年，全省城镇居民人均可支配收入从 8920 元增加到 11930 元，农民人均纯收入由 2134 元增加到 2980 元。公民享有的公共服务数量增多、质量提升，生活水平不断得到改善。农民人均纯收入在“十一五”中期之后增长速度开始超过城镇居民人均可支配收入。

财政收入快速增长，支出力度不断加大。2005～2009 年，全省大口径财政收入从 254.57 亿元增加到 604.01 亿元。同时财政支出从 429.35 亿元增加到 1245.57 亿元。财政支出结构不断优化，保障了民生等各类重点支出。

农业经济形势良好，农业生产条件得到改善。2006～2009 年，甘肃农业经济发展形势良好，农业生产条件逐步得到改善。“十一五”期间粮食总产量基本稳定在 800 万吨以上，达到了自给有余，2009 年达到 906 万吨，在全国所占比重有所提高。农业机械化、水利化、电气化等现代化水平逐年提升。

工业经济平稳发展，支柱行业增势强劲。工业生产增长较快，主要产品产量平稳增长，经济运行质量提高。2005～2009 年，规模以上工业增加值由 601.80 亿元提高到 1136.71 亿元。支柱行业增势强劲，支撑作用不断加大。

内需增长较快，城镇、农村投资和消费加速增长。全社会固定资产投资总额由“十五”期末的 874.53 亿元增加到 2009 年的 2479.60 亿元，出现了前所未有的高增长态势。同期，农村投资占全社会投资的比重由 9.64% 上升到 11.56%。

流通体制改革逐步深化，对外开放取得新进展。内外贸系统国有、集体流通企业中已有近 90% 完成了以产权置换和身份置换为核心内容的改革。国有中小内贸企业通过股份合作制、承包租赁、售卖等方式，基本实现了放开搞活。一些国内外知名的大型流通企业集团纷纷落户甘肃。

社会保障覆盖面扩大，民生持续得到改善。2006～2009 年，就业、社会保障、城市低保、医疗保险工作取得突破性进展。社保制度使得城镇居民受益，全省所有县区均开展了新型农村合作医疗工作，参合率为 95% 左右，累计受益 1043 万人次。

（二）“十一五”时期发展的基本经验

“十一五”期间甘肃的发展是在极其复杂的国际国内背景、较差的自然环境和仍然不良的基础设施环境中实现的。经过几年的艰辛探索，发展思路日益清晰、发展战略更加明确、发展的信心与决心也更加坚定，积累了如下的宝贵经验。

必须坚定不移地坚持发展抓项目，进一步夯实经济发展的基础。始终把项目建设摆在突出的位置，以基础设施建设项目为重点，强化生态环境保护和特色优势产业项目建设，通过项目投资的支持和拉动，使政策机遇转化为发展动力，使潜在的优势转化为现实效益，使危机与挑战转化为投资契机，这是增强甘肃经济社会自我发展能力的关键。

必须坚定不移地转变发展方式，进一步增强抵御风险的能力。进一步增强抗击外部冲击的能力、保持经济发展稳定性仍是一项艰巨任务。转变发展方式、调整经济结构、实现又好又快发展的任务十分繁重，实现速度、质量、效益的统一，促进经济发展与资源、环境相协调，就一定要把工作重心真正转移到促进发展方式转变上来。

必须坚定不移地坚持改革扩大开放，进一步推进体制机制创新。只有大力推进重点领域和关键环节的改革，不断扩大对内对外开放，把改革的力度、发展的速度与社会可承受的程度统一起来，努力消除制约发展的体制机制性障碍，才能为加快发展提供体制机制保障。

必须坚定不移地坚持以人为本，进一步探索具有甘肃特点的文明发展之路。注重社会公平，使人民群众能够共享改革发展成果，防范和化解各种社会风险，不断促进社会和谐，同时在生态压力不断加大、环境保护日趋重要的大趋势中，正确处理经济社会发展和生态环境保护的关系，是“十一五”期间甘肃探索具有自身特点的文明发展之路所特别注重的方面。

二 “十二五”时期甘肃发展的总体思路

（一）指导思想

高举中国特色社会主义理论伟大旗帜，以进一步加快全面建设小康社会和构建和谐社会进程为目标，以科学发展观为统领，顺应世界发展大趋势，把握国民经济发展新规律和宏观政策变化新态势，立足甘肃战略地位，深度挖掘发展潜力，以思想再解放、观念新转变促进甘肃实现追赶型跨越式发展的新目标。继续坚持以经济发展为中心不动摇，加快转变发展方式的速度，加大经济结构调整力度，大幅度提升自我发展能力；坚持协调发展社会事业，大幅度提升发展保障能力；坚持发展生态经济和循环经济，大幅度提升可持续发展能力；坚持以人为本和持续改善民生，大幅度提高人民群众生活质量。

（二）战略定位

1. 国家安全的战略纵深区

甘肃地处中亚与东亚分界线上，是我国西北要冲，自古以来就是连接祖国内陆与西部边疆的战略要地，当今更是抵御国际恐怖主义、民族分裂主义和宗教极端主义渗透，维护祖国统一、领土完整和主权安全的战略纵深区。从提供战略保障、实施战略迂回、拓展战略纵深、形成战略屏障的意义上来说地位十分重要。

2. 经济发展的战略通道区

甘肃是我国近西部和远西部、西南区和西北区的中心交汇地带，是向西北西南方向对外开放的陆路通道。在西北地区居于“座中联四”的中心位置，具有承东启西、南拓北展的区位优势，是目前连接西北 5 省、将来打通所有西部的承东启西的国际大通道，战略通道区位优势十分突出。

3. 生态保护的战略屏障区

甘肃为三大流域、三大高原的交汇地，是江河源的重要水源补给区，是国内水土流失最为严重的省区。其生态状况不仅关系到自身生态安全和经济可持续发展，而且直接关系西部甚至全国生态环境的优化，在全国生态格局中具有特殊的重要性。其生态功能的不可代替性，对确保国家生态环境安全至关重要。

4. 各民族大融合的前沿地带

甘肃地处汉族和西北少数民族杂居带和接壤带，全省现有除珞巴族以外的54个少数民族。临夏回族自治州是我国回族人口聚集最多的民族自治州，甘南藏族自治州地处安多藏区和康巴藏区的枢纽地带，两个民族自治州在回藏文化、宗教和历史中的地位非常重要，是连接中原和西北民族地区经济文化的纽带，在西北处于“中心扩散”的中枢地位。

5. 统筹西部发展的突破口

未来中国的发展取决于地理意义上的“中部崛起”，“西安－成都－重庆和兰州－西宁－银川”两个“西三角”的振兴是西部开发第二个十年最重要的战略增长极。甘肃在西部地区有着拱卫关中、翼护宁青、远援西藏、襟带新疆、打通南北的特殊作用，但甘肃经济社会发展却处于全面建设小康社会的谷底，只有纳入两个西三角的着力构建与有效打通的战略格局之中，甘肃才有可能实现追赶型跨越式发展的目标，因此，它实质上扮演着统筹西部发展的突破口的重要角色。

（三）基本原则

坚持项目带动，夯实发展基础。继续坚持发展抓项目不动摇，通过项目特别是事关长远的大项目带动，进一步夯实甘肃持续发展的物质基础。

坚持以人为本，促进社会和谐。努力把改善民生作为发展的出发点和最终归宿，以社会和谐为发展的前提条件和目标任务。

坚持统筹兼顾，实现整体推进。既突出“中心”与“两翼”在全省发展中的重点地位，又注重各个市州各项事业协调发展、整体推进。

坚持开放开发，实现跨越发展。以改革带动开放、以开放促进开发，把进一步深化改革与扩大对内开放作为转变发展方式、调整经济结构的战略举措落实到各项工作中去，寻求合作机遇，提升合作水平，扩大合作范围，注重合作效益，在互利多赢中实现甘肃追赶型跨越式发展。

（四）发展目标

1. 总量调控目标

地区生产总值年均增长10%；2015年地区生产总值突破6000亿元，人均生产总值接近4万元。全社会固定资产投资年均增长15%以上；财政收入增长与地区生产总值增长基本持平；五年新增就业100万人；物价总水平保持基本稳定。主要经济指标在全国总量中的比重有所增加，平均值达到1.5%左右。

2. 结构调整目标

进一步转变发展方式，加大产业结构调整力度，到2015年第一产业降到10%以下，第三产业提高到45%以上，初步实现“三二一”结构。研究与试验发展经费占地区生产总值的比重达到2%，科技创新能力明显增强。城镇化率年均提高一个百分点，总体水平达到40%左右。

3. 社会发展目标

彻底实现普及九年义务教育目标，进一步提高义务教育质量，促进教育公平，高中阶段和高等教育毛入学率提高20%和10%，人均受教育年限提高一年。大力发展公共医疗卫生事业，新型农村合作医疗参加率达到99%左右。公共产品与服务主体逐步多元化，数量明显增加，质量稳步提高。社会保障水平进一步提高，向农村延伸面继续扩大，保障水平逐年小幅提高。防灾减灾能力明显增强，社会安定和谐与生活生产安全程度明显提高。

4. 持续发展目标

循环经济比重增加，以节水增效和减少排放为重点，构建资源节约型、环境友好型社会有突破性进展，万元地区生产总值能耗比2010年降低20%以上，万元工业增加值用水量降低30%以上。人口自然增长率控制在6‰左右。森林覆盖率达到17%左右。

5. 生活质量目标

城镇居民人均可支配收入年均增长8%以上，到2015年突破2万元；农民人均纯收入年均增长10%以上，到2015年突破5000元。居民平均预期寿命增加一岁；居住水平进一步改善；文化生活进一步丰富；享受公共服务的范围扩大；享受社会保障的层次提高；民主权利得到新的保障。

三 “十二五”时期甘肃发展的重点产业与空间布局

（一）产业体系

以新能源产业为战略突破口，进一步提升石油、化工、冶金新材料、装备制造业的技术水平，大力培育区域特色优势产业，夯实现代服务业的发展基础，构建四大竞争性支撑产业，实现后发省区的创新赶超发展。

新能源产业。大力发展风电、太阳能等为主的新能源产业，带动工业体系和区域产业结构的升级换代。以新能源装备制造为核心，加快风电场服务业发展，初步形成风、光电互补的立体式新能源产业架构。积极谋划核能、生物质能的重大建设项目。

石油化工冶金新材料。扩大兰州、玉门和庆阳的原油加工规模。加快平凉、庆阳、天水在内的陇东煤电化基地建设。积极推进新材料国家高技术产业基地、国家石化新材料产业化基地建设，加大矿产资源勘探和开发利用，大力发展技术含量高的后续加工产品，淘汰落后生产能力，实现总量增长和结构优化。

特色优势产业。发挥特色农产品资源优势，以草畜产品、马铃薯加工、啤酒原料、玉米制种、酿酒原料、葡萄酿造、果蔬制品、保健食品、民族食品等为重点，提升技术水平和加工层次，扩大生产经营规模，创立名优品牌。充分利用中药材资源和生物制药技术优势，推进药物资源综合加工，构筑药物种植、新药研发、药品制造和市场营销相配合的产业体系。

现代服务业。利用兰州地处西部地区重要的资金流、人流、物流、信息流中心优势，把兰州打造成西北地区金融中心和物流重心，形成大市场、大商贸、大流通格局，发挥其“率先、带动、辐射、示范”作用。

（二）空间布局

通过构建新的产业体系形成“中心带动、两翼齐飞、组团发展、整体推进”的统筹区域发展的新格局。总体空间布局为“一个中心、两大增长点、两大新基地”。

1. 兰州中心圈

以兰（州）白（银）为核心的都市经济圈，是甘肃未来发展的重要空间战略布局的中心，通过“兰白都市经济圈”的打造特别是兰州国家级交通枢纽的地位的形成，凸显兰州辐射带动功能，最终形成甘肃经济社会发展的中心地带。

2. 两个增长点

抓住国家建设开发关中－天水经济区的机遇，在承接产业转移、增强自主创新能力中做大做强天水装备制造业，并带动周边的平凉、庆阳、陇南的发展，形成未来甘肃经济增长的东部点。金昌是甘肃发展增长的西部点，与张掖、武威在经济方面有着很强的互补性，要发挥三方在资源、能源方面的优势，淡化行政区域界限，强化经济区域合作与资源共享，努力打造西部新材料基地。

3. 两大新基地

一是包括平凉、庆阳、天水在内的陇东煤电化基地。陇东地区煤炭资源丰富，区位优势十分明显，开发陇东煤炭资源，打造陇东能源基地，实现“陇煤外送”。按照“煤、电、化、材”一体化综合开发的思路，部署实施资源开发和交通、水利基础设施等项目建设，千方百计提高煤炭产业的附加值和比较效益，强力推进煤炭资源综合开发利用，着力延长煤炭产业链，提高资源就地转化率，形成以煤炭、电力、煤化工产业为支撑的产业集群，全力打造陇东亿吨级大型煤炭基地、千万千瓦级煤电基地，走输煤与送电并举的良性发展道路。二是以酒泉、嘉峪关为核心的新能源及新能源装备制造业基地。立足酒（泉）嘉（峪关）地区资源优势和产业基础，使酒泉千万千瓦级风电基地装机容量在“十二五”期间达到1270万千瓦。整合省内新能源装备制造能力，积极引导生产要素向该区域聚集。坚持自主创新和引进消化吸收相结合，围绕提升新能源装备制造业的核心竞争力，促进产业升级，壮大产业规模和优化产业布局，推动风电装备制造和光伏产业做大做强，打造西北地区具有重要地位和较强竞争力的新能源装备制造业研发、制造和应用示范基地。

宁夏自治区“十二五”时期发展思路研究报告

何风隽　仇娟东*

摘　要： 宁夏“十二五”期间应围绕实施工业强区战略，建设北、中、南“三大示范区”，推进形成主体功能区，加快沿黄城市带建设，培育战略性新兴产业，加强生态环境建设，大力改善民生和加强基础设施建设。构筑宁夏内陆开放型经济区：打造我国面向穆斯林世界开放的前沿阵地，创建穆斯林国际旅游目的地。

关键词： 宁夏　“十二五”　发展思路　基本构想　内陆开放型经济区

一　“十一五”时期宁夏经济社会发展成就巨大

“十一五”期间，国际国内形势错综复杂，但也存在国家深入推进西部大开发和国务院出台《国务院关于进一步促进宁夏经济社会发展的若干意见》一揽子政策的重大机遇。在此背景下，预计宁夏“十一五”规划确定的主要目标和任务将如期完成，多数指标将超额完成。

经济总量指标实现“翻番”。预计到2010年末，宁夏全区地区生产总值将达到1500亿元，是2005年的2.4倍，年均增长11.6%。地方财政一般预算收入达到124亿元，是2005年的2.6倍，年均增长超过20%。五年累计完成固定资产投资4500亿元，是“十五”时期的2.9倍，年均增长24.5%。

以宁东基地为重点的新型工业快速崛起。2008年国家在宁东一次性启动煤

* 何风隽、仇娟东，宁夏大学经济管理学院。

电化“八大工程”，五年累计完成投资1160亿元以上，煤炭产能达到6000万吨以上、发电装机容量达到500万千瓦以上、煤化工产能500万吨。2010年，全区工业增加值达将到650亿元，年均增长15%，“五优一新”产业①不断壮大，新能源、特色医药、生物工程等新兴产业快速发展，初步形成了特色鲜明的现代工业体系。

农业和农村经济步入历史最好发展时期。“十一五”期间，实施灌区续建配套和节水改造、渠系整合、扬黄灌溉、农村安全饮水等重点工程，新增灌溉面积56万亩、改造中低产田273万亩、高标准旱作农田100万亩。以北部引黄灌区现代农业、中部干旱带节水高效农业和南部山区生态农业为重点的三大农业示范区建设取得积极成效，枸杞、马铃薯、酿酒葡萄、硒砂瓜、清真牛羊肉等13个特色优势产业上规模、增效益。生态移民、塞上农民新居、危房危窑改造、村庄道路硬化、旧村综合整治改造等工程，使村容村貌大为改观。

基础设施建设步伐加快。预计到“十一五”期末，太（原）中（卫）银（川）铁路可建成通车，银川火车站将完成扩建；基本建成黄河滨河大道、盐池至营盘水高速公路、银川绕城高速等；建成银川河东机场二期改扩建工程、中卫香山和固原六盘山支线机场；全区铁路通车里程达到1272公里，公路通车里程达21500公里，城乡出行更加安全便捷。

生态环境建设迈上新台阶。实施“三北”防护林、天然林保护、退耕还林、防沙治沙等重点工程，累计造林560万亩，实施禁牧封育政策，在全国率先实现人进沙退。制定并实施严厉的环境保护政策，关停一批“六小企业”，削减落后生产能力，全面完成国家下达的万元GDP能耗、SO_2、化学需氧量等节能减排任务，主要污染物达标排放，环境质量进一步改善。

社会民生事业全面推进。预计2010年城镇居民人均可支配收入超过15000元，农民人均纯收入超过4400元，年均分别增长13%和11%以上，是改革开放以来增长最快的时期。以养老、医疗、失业、工伤、生育等为主的社会保障体系基本建成。新型农村合作医疗参合率达到94.5%，基本实现了乡和行政村都有标准化卫生院、卫生室的目标，全区城乡居民特别是农民的就医条件得到

① “五优一新”产业指能源、煤化工、新材料、装备制造、农副产品加工等优势产业集群和高新技术产业。

有效改善。

改革开放取得新突破。农民粮补“一卡通”、药招“三统一”、“乡财县管”、省（区）直管县试点、水权转换等改革走在全国前列。对外开放进一步扩大，大型招商活动取得新成果，一大批央企集团和跨国公司落户宁夏，宁夏香港经贸文化旅游活动周、中国（宁夏）投资贸易洽谈会等节会活动升级，成为对外开放的新平台。

二 宁夏经济社会发展存在的主要问题

资源短缺与资源深度开发制约因素并存。宁夏的矿产资源单一，以煤炭资源为主的深度开发，受技术、市场等外部因素的制约多。水资源短缺，制约了中南部地区生态建设和盐矿资源的开发利用。

经济结构性矛盾突出。宁夏工业的“两高一资”特征明显，自主创新能力弱，产业层次低，初级产品比重大，高技术产业比重严重偏低，服务业发展滞后。城乡、区域、所有制结构不合理，粗放型发展方式尚未根本转变。

基础设施依然薄弱。宁夏的基础设施总量不足，质量不高。对外通道不畅通，特别是铁路基础设施严重滞后，技术等级偏低，运行速度慢，公路断头路多，航线航班少，难以满足自治区经济社会发展的需要。

生态环境压力大。人口、资源、环境矛盾突出，节能减排和应对气候变化形势严峻，对自治区未来发展空间形成较大制约。中南部地区生态环境脆弱，人口严重超载，扶贫开发任务艰巨。

三 “十二五”期间宁夏经济社会发展的主要任务

1. 实施工业强区战略，推进资源清洁高效利用

依托资源优势，加快推进以宁东为重点的新型工业快速发展，提升全区现代化水平，增强综合经济实力，带动经济结构优化升级。将煤炭、电力、化工作为战略主导产业来抓，通过发展壮大能源产业、拓展延伸化工产业、加快培植新材料产业、改造提升装备制造业、积极发展优势特色农产品加工业等措施，培植大企业，延长产业链，应用高新技术提升五大优势产业，增强市场竞争力，实现资

源优势向经济优势转化的新跨越。

2. 建设“三大示范区”，加快发展现代农业

北部引黄灌区应按照高产、优质、高效、生态、安全的发展方向，建成精品、高端、高效的现代农业示范区，建成全国重要的商品粮基地和优势特色农产品生产加工基地。中部干旱带应朝节水、生态、特色、避灾的方向发展，建成生态和效益双赢的旱作农业示范区。南部山区应按照治理一条流域、建设一个基地、发展一方经济、富余一方群众的发展思路，建成生态与农牧业良性发展的生态农业示范区。通过加强农业基础设施建设、提升农业产业化水平、完善农业服务体系等措施，以现代科学技术提升农业、以现代物质技术装备农业、以现代生产方式经营农业，转变农业发展方式，完成领先西北、示范全国的农业发展目标。

3. 推进形成主体功能区，统筹区域协调发展

构建以沿黄城市带为主体的城市化战略格局；构建以六盘山水源涵养、水土流失防治生态屏障、贺兰山防风沙生态屏障、中部防沙治沙带和宁夏平原绿洲生态带为骨架的生态战略安全格局；构建以宁夏平原为主体的优质小麦产业带、优质水稻产业带、优质玉米产业带，以中北部为主体的特色林果业产业带，以南部山区为主体的马铃薯产业带，形成宁夏农产品供给的安全战略格局。通过增加对中南部地区的财政转移支付、推进基本公共服务均等化、改善城乡生产生活基础设施、扶持各类优势资源开发和产业发展等措施，统筹解决北部引黄灌区和中南部地区的发展问题。

4. 加快沿黄城市带建设

以水为依托，全面贯通滨河大道，疏通河套水网，拉大河套框架；提高城市品位，彰显城市特色，加快建设黄河楼、黄河文化园等一批标志性文化工程，打造沿黄文化长廊。以交通为纽带，建成以银川市为中心的“一小时经济圈”、以四个地级市为次中心的“半小时通勤圈”；加快口岸与物流中心的建设步伐，将宁夏建成全国重要的区域性物流中心和新欧亚大陆桥重要的物流中转基地。以产业为支撑，推进工业向园区集中、土地向规模特色产业集中、人口向沿黄城镇集中，将沿黄地区建成支撑宁夏经济发展的增长极、承接东部产业转移的强势区、领先西部现代化发展的城市群。

5. 培育战略性新兴产业，抢占未来产业竞争的制高点

根据后危机时代国际竞争需要，把握国内外科技和产业发展方向，加快培育战略性新兴产业是优化产业结构、提升产业竞争力的战略突破口。就当前具体情况而言，应当把节能环保、新能源、新材料、生物医药、新型防治、高端装备制造业、沙产业、地毯产业、特色旅游、现代物流等作为宁夏战略性新兴产业加以培育。制定政府采购、风险补助、鼓励使用新兴产业产品、技术、服务等支持办法，在技术创新、投融资、税收减免、财政补贴等方面扶持战略新兴产业发展，建立新兴产业集聚区和发展基地。

6. 加强生态环境建设，构建“两型”社会

环境友好型社会的建设，应坚持自然修复与工程措施相结合，促进全区生态环境整体趋好和良性循环。北部应完善农田林网、保护黄河湿地、加强贺兰山南麓防护林建设；中部应实施封山禁牧、草场封育、恢复生态植被、建设防沙治沙生态带；南部应重点实施六盘山“三河源”水源保护工程、加快六盘山水源涵养林建设步伐、加强天然林保护、建成黄土高原大六盘生态屏障。

资源友好型社会的建设，应进一步严格环保审核和节能评估制度，大力发展循环经济，逐步建立全社会资源循环利用体系，推进绿色循环企业、园区和城市建设，全面实施黄河流域水污染治理、燃煤电厂脱硫脱氮、城市生活垃圾无害化处理，实施农村清洁工程。

7. 大力改善民生，促进社会和谐稳定

在基本公共服务均等化方面，全面消除中小学校舍安全隐患和“大通铺、大班额”等问题，普及高中阶段教育，形成符合产业发展和劳动力转移需要的区、市、县三级职业教育办学体系；加快医疗卫生事业发展，缩小城乡、地区、不同收入群众之间的基本医疗卫生服务差距；通过重点发展面向基层和农村的公益性文化事业，进一步提高广播电视覆盖率和服务水平。

在就业渠道的拓展方面，实施更加积极的就业政策，鼓励全民创业，积极开发公益性就业岗位，加大对自主创业、自谋职业的政策支持，建立健全政府投资、重大项目和产业规划促进就业的新机制。

在社会保障体系的完善方面，进一步扩大城乡社会保险覆盖面，提高社会保障标准，完善最低生活保障制度，健全专项救助制度，建设农村教师、乡镇卫技人员、农民工周转房，逐步将进城稳定就业人员纳入廉租房和经济适用房

供应范围。

在农村扶贫开发方面，继续改善南部山区和中部干旱带群众生产生活条件，实施人畜饮水、移民搬迁工程；搭建中南部地区与沿黄城市带之间的劳动力转移通道；扶持中南部地区草畜、马铃薯、劳务输出三大产业发展，加快旅游、岩盐等资源的开发利用。

8. 加强基础设施建设，夯实跨越式发展的基础

在水利建设方面，加大引黄灌区续建配套与节水改造和中低产田改造的力度，实施农村饮水安全项目，加快建设中南部地区人畜饮水工程，积极争取国家开工建设黄河大柳树水利枢纽工程。

在交通体系建设方面，重点建设进入北京“六小时经济圈”和南下西安“三小时经济圈”的铁路体系；打通南下北上、东进西出交通通道，重点消灭省际、县际、城际断头路；加强农村公路建设，实现行政村村村通油路；实施银川河东机场三期扩建工程，开通银川至国内所有省会城市和副省级城市直达航线，银川至韩国、日本、迪拜及中东其他穆斯林国家航线，机场旅客吞吐能力达到 800 万 ~ 1000 万人次；加快中卫、固原支线机场附属设施建设。

在城乡基础设施建设方面，加快建设吴忠、中卫等热电联产项目，沿黄所有县城建成运行污水、垃圾处理系统，配套完成污水、垃圾再生利用设施，推动资源再生利用。

四　构筑宁夏内陆开放型经济区

对地处内陆、不沿海、缺少便捷港口的宁夏而言，发展内陆开放型经济、面向穆斯林世界开放是完善我国对外开放战略格局的现实选择，是拓展国际外需市场的现实选择，是确保国家能源安全的现实选择，是促进民族团结和构建和谐社会的现实选择。

（一）宁夏发展内陆开放型经济的有利条件

1. 是全国最大的回族聚居区

宁夏现有近 230 万的回族人口，占全国回族人口的 1/5，占宁夏总人口的

36%。在全国省（自治区、直辖市）中，宁夏的回族人口最多、占比最高，是我国最大的回族人口聚居区，被誉为中国的“穆斯林省”。宁夏的回族穆斯林文化氛围最浓郁和典型，恪守穆斯林文化生活方式最规范。

2. 民族团结的政治优势

回族与中东阿拉伯国家及穆斯林世界有着共同的宗教信仰、民族心理素质以及悠久的通商历史传统。多年来，宁夏回汉等各族人民和睦相处，已成为我国民族团结的典范。回族人民具有光荣的爱国主义传统，抵御外来势力渗透能力较强。

3. 有与穆斯林国家经贸文化交往的先行优势

从20世纪80年代开始，宁夏与穆斯林国家的交流与合作不断发展。近年来，中国（宁夏）回商大会、宁伊（朗）合作论坛等活动，大大促进了宁夏与穆斯林国家的双边交流与合作。宁夏的“一节一会”已上升到国家级大型展会，中国（宁夏）国际投资贸易洽谈会已成为我国与穆斯林国家经贸文化合作交流的国家级主阵地。宁夏已培养了一大批阿拉伯语翻译人才，宁夏的清真食品、穆斯林用品已远销马来西亚、阿联酋、沙特、科威特等地，清真食品产值占全区食品总产值的80%。此外，宁夏的面积小、人口少，适宜作为改革开放的试点区域。

（二）宁夏发展内陆开放型经济的基本构想

“十二五”及以后一段时期，宁夏应充分发挥回族穆斯林文化优势，发展与穆斯林国家的经贸文化交流与项目合作，形成物流、人流与资金流，从而扩大市场需求。在人流与物流积聚到一定规模后，必然产生大量的服务需求，从而有效刺激服务业的快速发展以及带动农副产品加工业的发展。届时，宁夏经济社会将得到较快发展，产业结构显著转变，环境保护及节能减排压力得以缓解，就业显著增加，发展方式得到根本转变。

宁夏发展内陆开放型经济的基本构想是：打造我国面向穆斯林世界开放的前沿阵地，建设清真食品认证中心、伊斯兰金融中心和经贸文化交流中心等，搭建世界穆斯林文化城、中阿（宁夏）论坛银川会址、国家穆斯林大厦、国际人才交流中心、世界穆斯林商贸中心等“五个平台”，创建穆斯林国际旅游目的地（图1）。

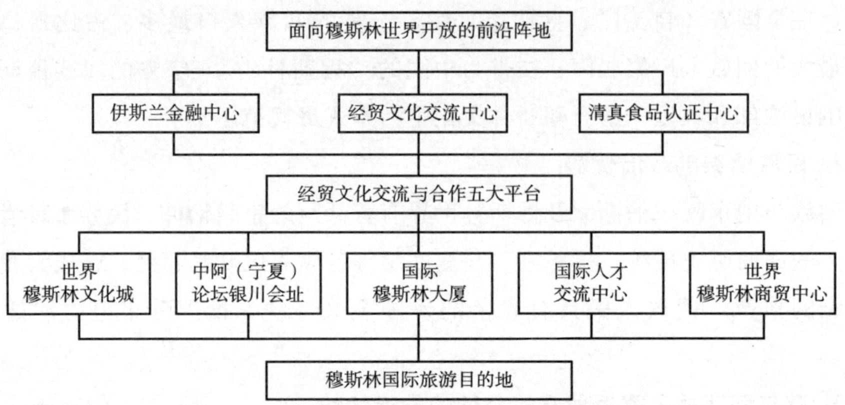

图1　宁夏发展内陆开放型经济基本构想

参考文献

王正伟：《建设宁夏内陆开放型经济区的思考》，《求是》2009 年第 24 期。

宁夏回族自治区发改委课题组：《宁夏发展内陆开放型经济问题研究》，2010。

青海省“十二五”时期发展思路研究报告

苏海红 *

摘　要：“十二五”时期是青海经济发展的重要战略机遇期，正处于经济内生增长、经济结构优化、发展方式转变、社会结构转型的关键时期，全省上下将主动适应新形势，围绕国家实施扩内需、保增长的宏观政策以及新一轮西部大开发、加快青海等省区藏区发展等一系列区域政策，抢抓机遇，应对挑战，努力推进全省经济社会更好更快更大发展。

关键词：青海省　“十二五”　规划思路

“十二五”时期，是经济结构、社会结构、经济社会发展方式转型升级的重要时期，也是深化重点领域和关键环节改革的攻坚时期，要准确把握经济社会发展新变化，正确处理发展经济、改善民生和保护生态的关系，抢抓机遇，应对挑战，努力推进全省经济社会更好更快更大发展。

一　“十一五”时期青海省经济社会发展回顾

“十一五”时期，青海省国民经济持续快速增长，综合实力迈上新台阶，社会事业全面进步，人民生活水平显著提高，生态环境保护和建设取得重大进展，民族团结进一步巩固。

国民经济持续快速增长。通过五年的发展，经济总量、人均水平、投资规

* 苏海红，青海省社会科学院经济研究所。

模、财政实力可望比“十五”期末翻一番以上。预计到2010年，地区生产总值将达到1200亿元，年均增长11.5%；人均地区生产总值达到21200元，年均增长10.7%；固定资产投资累计完成3243亿元，年均增长19.6%；财政一般预算收入达到186.5亿元，年均增长24.1%，其中地方财政一般预算收入100亿元，年均增长24.2%。

1. 社会建设取得显著成效

用“小财政”解决“大民生”的突出问题，社会事业发展长期滞后的局面得到改观，有效支撑了社会和谐发展。城乡免费教育普遍实施，“两基”攻坚任务全面完成，教育基础设施建设和教育结构调整取得重大进展；省州县三级医疗、公共卫生体系基本建立，服务水平稳步提高；创新能力增强，在资源开发、节能减排等方面取得重大成果；人民生活水平不断提高，到2010年，城镇居民人均可支配收入将提高到13707元，年均增长6.9%；农牧民人均纯收入提高到3647元，年均增长5.8%。

2. 基础设施建设取得重大进展

基础设施条件显著改善，等级化、网络化、功能化发展势头强劲。综合交通运输网络初步形成，实现省会到州府通二级公路、州府到县城通三级公路和大部分乡村通公路的目标；青藏铁路、兰青二线、西（宁）格（尔木）二线以及柴木地方铁路如期建成，兰新铁路第二双线开工建设；玉树机场建成通航，西宁机场二期改扩建工程开工；天然气涩（北）（西）宁兰（州）复线、涩（北）格（尔木）复线和石油花格复线建成投运；多种能源互补格局初步形成，太阳能、风能等新能源开发建设拉开序幕；建成一批城镇道路、电网、供排水、供气、污水垃圾处理等基础设施项目，城镇载体功能明显增强。

3. 特色经济框架基本形成

在依托优势资源、发展特色产业、加快结构调整方面迈出坚实步伐。农牧业结构进一步优化，产业化取得长足发展；盐湖、电力、石油天然气、有色金属四大支柱产业以及冶金、建材、医药、农畜产品加工四大优势产业进一步发展，柴达木、西宁循环经济试验区建设取得积极进展，园区经济快速发展；服务业稳定发展，新型业态不断涌现，旅游业成为新亮点。

4. 生态环境恶化趋势得到遏制

生态立省战略稳步实施，以三江源区、青海湖流域为重点的生态环境综合治理加快推进，天然林保护、退耕还林还草、退牧还草、水土保持、小流域治理和西宁南北山绿化成效显著，森林覆盖率达到5.3%。生态环境恶化趋势得到有效遏制，人与自然和谐发展的局面进一步巩固。

5. 改革开放迈出新步伐

省级行政机构改革顺利完成，行政审批制度改革和投资体制改革取得新进展；国有资本调整和国有企业重组加快推进，非公有制经济发展环境优化改善；农村牧区综合改革向纵深推进，土地草场经营权流转、集体林权制度和宅基地置换改革逐步推开；教育、卫生、文化等民生领域改革取得明显成效，社会基本公共服务水平明显提高；对外开放向多形式、多领域拓展，初步形成多方参与、内外联动、互利共赢的开放型发展新格局。

二 "十二五"时期青海省发展环境

1. 宏观环境

从国际看，由于国际金融危机和后危机的影响，世界经济格局将深度调整，围绕资源、技术、市场、人才的国际竞争将更加激烈，新能源、新材料、生物技术、信息技术、低碳经济将成为引领全球经济发展的战略性新兴产业。从国内看，"十二五"时期经济发展将处于新一轮增长期，工业化、城镇化、市场化、信息化将成为发展的主要趋势，经济结构、社会结构将进入转型升级的关键时期，国家将以转变经济发展方式为主线，以扩大内需、改善民生为立足点，着力调整经济结构、加快社会建设、保护生态环境、深化改革开放，保持经济社会平稳较快发展。从青海省看，经过改革开放30年，特别是西部大开发十年以来的快速发展，生态资源、矿产资源、旅游资源等优势凸显，发展速度不断加快，发展实力不断增强。

2. 机遇

发展新兴产业将成为未来新趋势，新能源、新材料、生物产业等新兴产业的加快崛起，世界经济的深度调整有利于青海加快转变经济发展方式，促进产业结构的战略性调整。国家实施扩大内需、保持经济平稳较快增长的宏观政策和新一轮西部大开发、加快青海等省区藏区发展等区域政策，为青海扩大投资规模、增强发展后劲提供难得的历史机遇。青海省多年来的开发建设，为未来快速发展创造较好条件。

3. 挑战

金融危机影响仍然存在，经济回暖特别是工业经济回升的基础还不牢固，青海承接国内外产业转移将受到较明显的制约。在国家全方位调整需求结构、产业结构、城乡结构、区域结构的新形势下，“两高一资”产业所占比重较大，依靠低资源成本、低劳动力成本、低环境成本发展工业的模式难以为继，实现人口、经济、资源、环境协调发展的任务十分艰巨。民间投资和外商投资比重过小的投资主体结构没有发生根本变化，政府投资继续扩张空间有限，投资持续高速增长难度增加。公共服务产品供给能力仍然不足，实现公共服务均等化面临巨大压力。农牧民就业渠道收窄，持续高速增收难度加大，就业形势严峻，扶贫开发面临较多困难。资本市场发育滞后、融资能力弱、资本短缺将使青海以投资为主要推动力的经济发展受到直接影响。改革进入攻坚克难阶段，复杂性和艰巨性明显加大，保持社会和谐稳定的压力进一步加大。

三 “十二五”时期青海省发展思路与形势展望

1. 基本思路

以邓小平理论和“三个代表”重要思想为指导，全面贯彻落实科学发展观，以跨越发展、绿色发展、和谐发展、统筹发展为主线，以转变发展方式、改善民生、保护生态为着力点，加快体制科技创新，加快发展特色优势产业，加快基础设施建设，积极推进工业化、城镇化和基本公共服务均等化，着力提高发展水平，显著提高人民生活水平和生态保障水平，努力建设富裕文明和谐新青海。

2. 发展目标

到2015年，青海省经济综合实力跨上新台阶，工业化、城镇化和基本公共服务均等化取得重大进展，“四区两带一线”协调发展新格局初步形成，生态安全屏障建设取得显著成效，改革开放和精神文明建设取得新进展，城乡居民收入大幅度提高，社会更加和谐稳定。全省地区生产总值年均增长11.6%，人均地区生产总值达到35200元；财政一般预算收入年均增长14.5%；全社会固定资产投资年均增长14%以上。非公有制经济比重达到35%；新兴产业增加值比重达到20%；城镇化率达到47%。城镇居民人均可支配收入年均增长8%，达到

20000元；农牧民人均纯收入年均增长9%，达到5600元。教育、卫生、文化、广播电视等基本公共服务均等化水平明显提高，养老、医疗、最低生活等社会保障基本实现全覆盖，保障水平逐年提高。

3. 形势展望

国民经济将实现跨越式发展。国家在扩大内需、保持经济平稳较快增长和西部大开发、支持藏区发展、强化生态保护、推进循环经济发展等方面出台了一系列扶持政策，提出用3~5年时间，集中解决经济社会发展最突出最紧迫的问题，在民生改善、社会事业发展、生态环境保护、基础设施建设等方面取得重大突破等，这些政策都将有利于青海经济社会的跨越式发展。

战略性新兴产业将成为转变经济发展方式的新抓手。随着青海柴达木地区千万千瓦级并网太阳能发电项目、边远地区光伏电源利用项目和农牧区集热利用项目的陆续启动，新能源、新材料、先进制造业和节能及资源综合利用等新兴产业将成为青海未来转变经济发展方式的新抓手。

城乡居民消费需求保持快速增长。随着城乡居民收入持续大幅增加的累积效应继续释放，就业形势改善、企业效益预期向好、城乡最低生活保障和基本医疗卫生改革等民生领域改革推进，居民消费预期和消费能力提升，将推动“十二五”时期青海城乡居民消费需求。

城乡统筹发展加快推进。通过大力发展县域经济，城镇化的稳妥推进，城镇综合承载能力将逐步提高，吸纳农村人口加快向小城镇集中，有利于形成大中小城市和小城镇协调发展、城镇化与新农村建设良性互动的局面。

旅游业将成为经济继续发展的新亮点。随着“大美青海”等一系列宣传活动的深入开展、旅游业基础设施的逐步完善和服务质量的不断提高，青海旅游市场竞争力将有效提升。

四 “十二五”时期青海省的发展重点

（一）加强基础设施建设以改善发展条件

“十二五”期间，要进一步加大基础设施建设投入，开工建设一批重点工程，加快构建适度超前、功能配套、安全高效的现代化基础设施体系。

一是加快构建以西宁、格尔木为中心，连接甘、川、新、藏的运输通道、运输枢纽和交通场站，提高路网通畅水平和通达深度，强化出省通道建设，促进各种运输方式的有机衔接，尽快形成综合运输网络。

二是坚持多元发展、多能互补、节能高效的发展方针，优先发展水电，大力发展太阳能、风能、生物质能等新能源，积极开发煤炭、油气资源，着力构筑可靠、稳定、经济、清洁的能源供应体系，实现能源的跨越和绿色发展。

三是加大水利建设投入力度，合理开发和配置水资源，提高防洪抗旱和水资源保障能力，增加城镇供水能力，扩大有效灌溉面积，全面解决农村牧区居民饮水安全问题。

四是加强通信基础设施建设，扩大网络覆盖面，完善网络功能，满足安全需求，加快建设覆盖省、州（市、地）、县、乡四级统一的电子政务内外网，推进电信网、广播电视网和互联网融合，推进光纤等高速接入技术的应用，统筹建设“无线城市”、“数字青海”。

（二）转变经济发展方式以推进特色优势产业

促进产业发展由追求GDP向促进就业转变，促进资源开发由粗放型向集约型转变，生产方式由高能耗、高消耗、高污染向低能耗、低消耗、低排放转变，使传统优势产业、战略性新兴产业和现代服务业协调发展。

一是培育发展战略性新兴产业。围绕电子材料、新型合金材料、新型化工材料和新型建筑材料，加快发展三硅、三箔、三锂、三镁、三合金及高性能玻璃、干法水泥等新型材料，重点发展有机绿色食品、生物医药、生化制品、动植物种质利用产业和生态产品。

二是大力发展生态农牧业，构建“三区十带”农业和“三大区域”畜牧业发展格局，即东部农业区麦类、豆类、油菜、马铃薯、果蔬产业带，柴达木绿洲农业区小麦、蔬菜、沙生植物产业带，青海湖周边小块农业区油菜、青稞产业带，稳步发展青南地区生态畜牧业，加快发展环青海湖地区现代畜牧业，大力发展东部高效畜牧业。

三是发展壮大传统工业，推进科技创新，加强产业核心关键技术攻关，改造提升四大支柱和四大优势产业，培育和发展装备制造、煤化工等新的优势产业，建成全国重要的水电基地、盐湖化工系列产品生产基地、区域性石油天然气化工基地、有色金属生产基地。

四是加快发展服务业，优先发展生产性服务业，丰富繁荣生活性服务业，增强服务业扩大就业、带动经济增长的作用。

五是加快资源勘探开发。以实施青藏地质专项为重心，加强矿产资源勘探，力争实现地质找矿重大突破，形成一批特大型重要矿产资源接续基地，为青海省经济社会发展提供资源保障。

（三）强化民生工程建设以提高城乡居民生活水平

坚持民生优先，着力解决人民群众最关心、最直接、最现实的就业、收入、住房、社会保障、教育、医疗卫生、文化等切身利益问题，完善社会管理，使发展成果真正惠及各族人民。

一是完善和落实就业政策，健全就业服务体系，发展劳动密集型产业、服务业、非公有制经济和各类中小企业，广泛开展创业培训，促进农村牧区劳动力转移就业。

二是提高居民收入在国民收入分配中的比重，提高劳动报酬在初次分配中的比重，使城乡居民收入增长不低于经济增长，劳动报酬增长不低于企业收入增长。

三是加大教育投入，巩固完善义务教育，实施好农村牧区中小学校舍和寄宿制学校建设，整合优化教育资源布局，扶持农牧区发展学前教育，大力发展中等职业教育，提高高等教育的质量和水平。

四是全面落实医药卫生体制改革方案，建立健全覆盖城乡居民的基本医疗卫生制度，为群众提供安全、有效、方便、廉价的医疗卫生服务。

五是稳定并完善现行人口和计划生育政策，提高人口素质，完善农村计划生育家庭奖励扶助制度、计划生育家庭特别扶助制度，继续实施少生快富工程。

六是加大西新工程实施力度，加强州地县公共图书馆、文化馆和乡镇综合文化站、村级文化活动室等公共文化基础设施建设，提高公共文化产品供给能力。

七是按照“广覆盖、保基本、多层次、可持续”的原则，建立健全城乡养老保险制度、基本医疗保障制度和低保制度，完善社会保障体系。

（四）加快城镇化步伐以统筹城乡一体化发展

加快建立健全以工促农、以城带乡的长效机制，促进城乡发展一体化，以发挥区域比较优势为重点，推动形成“四区两带一线”分工合理、各具特色、优势互补、良性互动的区域协调发展新格局。

一是统筹城乡发展。把加快城镇化作为统筹城乡发展的主攻方向，把促进农民工进城就业作为统筹城乡发展的突破口，把加快新农村建设作为统筹城乡发展的着力点，构建以兰青－青藏铁路为主轴，推进形成以西宁为中心的东部城镇群，以格尔木、德令哈为中心的柴达木城乡一体化地区，以结古、大武等城镇为组成部分的城镇化格局。

二是统筹区域发展。构建“四区两带一线”区域发展新格局，把以西宁为中心的东部地区建成引领全省发展的综合经济区和促进全省协调发展的先导区；把柴达木地区建成全国重要的新型工业化基地、循环经济试验区和支撑全省跨越发展的重要增长极；把环青海湖地区建成全省生态旅游和现代畜牧业发展的示范区，打造全国重要的旅游目的地和国家级旅游景区；把三江源地区建成全国重要的生态安全屏障和国家级生态保护综合试验区，为全国和省内其他区域建立生态补偿机制提供经验和模式；把沿黄河发展带、沿湟水发展带和兰青－青藏铁路发展轴线的“两带一线”打造成全省重要的特色农牧业走廊、新型工业走廊、水电开发走廊、生态旅游走廊和城镇化发展带，成为全省经济、人口的主要集聚区。

（五）着力生态保护与建设以构筑生态安全屏障

坚持生态立省，构建国家生态安全屏障，加强能源资源节约和环境保护，大力发展循环经济，降低经济发展的资源消耗，促进资源节约型、环境友好型社会建设。加快构建以三江源草原草甸湿地生态功能区为屏障、以青海湖草原湿地生态带、祁连山水源涵养生态带为骨架的“一屏两带”生态安全格局。全力推进三江源国家生态保护综合试验区建设，落实生态补偿机制，实施好青海湖流域及周边地区生态环境保护与综合治理项目，推进祁连山南麓生态综合治理工程，实施黄土高原水土流失综合治理工程，推进实施柴达木地区生态保护与综合治理工程。

（六）发展循环经济以提升资源可持续保障能力

坚持开发节约并重，按照减量化、再利用、资源化的原则，大力推进柴达木、西宁循环经济试验区建设，完善政策支持体系，强化基础设施建设和公共服务，统筹协调新兴产业发展和传统产业改造，构建资源循环利用产业链，形成产业间纵向延伸、横向拓展，资源、产业、产品多层面联动发展的循环型产业格局。

一是柴达木循环经济试验区重点建设格尔木、德令哈、大柴旦、乌兰四个循环工业园区，发展以盐湖资源综合利用为核心、以钾资源开发为龙头的盐湖化工循环型产业，以盐湖资源综合利用为基础的金属产业，以配套盐湖资源开发的油气化工循环型产业、煤炭综合利用产业、高原特色生物产业和可再生能源产业六大循环产业体系。

二是西宁循环经济试验区重点建设东川、甘河、南川、生物科技、装备、民和等六个循环工业园区，发展以有色、黑色金属冶炼、精深加工为重点的合金新材料循环产业链，以工业硅、多晶硅、单晶硅为重点的太阳能光伏产业链，以天然气、合成氨、尿素、复合肥为重点的精深化工循环产业链，以绿色食品、生化制品、保健品、中藏医药为重点的生物产业链以及新型建材、先进装备制造、轻纺等七大循环产业体系。

新疆自治区“十二五”时期发展思路研究报告

闫亚娟　李 莹　袁 娜　李慧玲　马海霞*

摘 要： 本报告在对新疆“十一五”时期发展进行回顾与总结的基础上，分析了新疆“十二五”时期发展面临的机遇与挑战，提出了新疆“十二五”期间发展的基本思路、发展目标和发展重点。

关键词： 新疆维吾尔自治区　“十二五”规划　发展思路

一 “十一五”时期新疆维吾尔自治区经济社会发展回顾

“十一五”时期是实施西部大开发战略、全面建设小康社会的第二个五年。在此期间，新疆国民经济实现较快增长，质量效益显著提高，发展活力不断增强，人民生活得到进一步改善，社会事业全面发展。

（一）经济总量持续增长

2006～2008 年，新疆维吾尔自治区地区生产总值由 3045.26 亿元增长到 4204.41 亿元，年均增长 11.4%，高于全国 GDP 的增长速度，位于西北地区前列。2009 年，是新疆经济发展最为困难的一年，受国际金融危机和乌鲁木齐“7·5”事件的双重负面影响，全年实现地区生产总值 4273.57 亿元，按可比价格计算，比上年增长 8.1%。

* 闫亚娟、李莹、袁娜、李慧玲、马海霞，新疆师范大学法经学院。

2006～2009年，人均生产总值由14871元增加到19926元，增长了34%。地方财政一般预算收入由219亿元增长到388.78亿元，增长了77.5%，城镇居民可支配收入由8871元增加到12258元，增长了38.2%，农村居民人均纯收入由2737元增加到4000元，增长了46.1%，社会消费品零售总额由727.59亿元增加到1177.53亿元，增长了61.8%。

（二）固定资产投资平稳较快增长

2006～2009年，新疆固定资产投资由1567.05亿元增长到2827.23亿元，增长了80.4%。其中，城镇投资由1418.01亿元增长到2534.85亿元，增长了78.8%；农村投资由149.04亿元增长到292.38亿元，增长了96.2%。①

三大产业投资结构发生变化。第一产业投资明显回落，第二产业投资略有增长，第三产业投资大幅上升。三大产业投资比例由2006年的8.7∶44.4∶46.9转变为2009年6.1∶45.6∶48.3。

基础设施投资建设全面推进。2009年，新疆突出抓好一大批重大基础设施建设，重点项目建设完成投资1000亿元，其中新开工重点项目45项。以铁路、公路、民航、管道为主的综合交通体系建设不断完善。全区在建铁路11条，其中总投资1450亿元。国道312线星星峡－哈密段等5条公路建成通车。吐鲁番、库车机场迁建和博乐机场全面开工建设。②

（三）产业结构调整取得新成效

“十一五”期间，新疆依托区内特色农产品资源、丰富的能源资源、优势矿产资源，培育和壮大了特色优势产业，大大推进了三次产业结构调整。2006～2009年产业结构由17.3∶47.9∶34.8优化为17.8∶45.7∶36.5。已基本形成了以农业为基础，以工业为主导，第三产业占重要地位的初具现代工业化水平的产业结构。2006～2009年，新疆农林牧渔业总产值由883.54亿元增加到1297.62亿元，增长了46.9%；农村非农产业收入成为农民增收的亮

① 资料来源：《2006年新疆维吾尔自治区国民经济和社会发展统计公报》，《新疆维吾尔自治区2009年国民经济和社会发展统计公报》。

② 资料来源：《新疆维吾尔自治区人民政府公报（2010）》。

点。同期，新疆全年工业增加值由1218.73亿元增加到1579.88亿元，增长了29.6%。[①] 工业总体实力显著增强，已形成了包括石油、煤炭、钢铁、化工、电力、建材、纺织等门类比较齐全的现代工业体系，积极实施了重点产业调整振兴和技术改造规划，机电、医药、建材、冶金、化工等地方工业实现全行业盈利。

（四）能源基地建设取得新进展

丰富的煤炭、石油、天然气资源是新疆推进新型工业化进程中最具吸引力和潜力的优势资源，目前，已有一批大企业大集团积极参与自治区煤炭资源的勘探和开发利用。2006年7月建成了西部原油成品油管道工程，实现了西部地区由资源外输向产品外输的转变。2009年，独山子千万吨炼油百万吨乙烯、迪那二凝析油气田、塔里木大化肥等一批重大能源项目竣工投产，与此同时，在独山子千万吨炼油百万吨乙烯装置旁，国家石油储备基地项目破土动工，工程总投资26.5亿元，建设规模为300万立方米。准东、伊犁、吐哈、库拜等煤电煤化工基地建设全面推进。一批大型特大型煤矿、煤电、煤化工项目和一批水电、风电等新能源项目开工建设。[②] “西气东输”二线已于2008年2月全线开工，预计2012年全线建成，这将进一步奠定新疆成为我国石油天然气的主产区和21世纪国家重要的石油战略基地的地位。

（五）进出口贸易变化较大

2006~2008年，新疆外贸进出口总额迅猛增长，由91.03亿美元增长到222.17亿美元，年均增长42.43%。2009年，由于周边的哈萨克斯坦、吉尔吉斯斯坦等经济体受国际金融危机的冲击，需求急剧下降，导致新疆外贸出口萎缩。全年进出口贸易总额为138.28亿美元，比上年下降37.8%，其中，出口108.24亿美元，下降43.9%；进口30.04亿美元，增长3.0%。[③]

---

① 资料来源：《2006年新疆维吾尔自治区国民经济和社会发展统计公报》，《2009年新疆维吾尔自治区国民经济和社会发展统计公报》。

② 阿不都热扎克·铁木尔等：《2009~2010年新疆经济社会形势分析与预测》，新疆人民出版社，2009，第14页。

③ 资料来源：《2006年新疆维吾尔自治区国民经济和社会发展统计公报》，《2008年新疆维吾尔自治区国民经济和社会发展统计公报》，《2009年新疆维吾尔自治区国民经济和社会发展统计公报》。

2006~2009年各主要贸易方式进出口均出现不同程度的变化。在出口总额中，一般贸易由2006年的15.88亿美元增长到2008年的29.02亿美元，2009年下降到16.81亿美元。加工贸易由2006年的2.70亿美元增长到2008年的4.42亿美元，2009年下降到3.22亿美元。边境小额贸易由2006年的52.20亿美元增长到2008年的157.69亿美元，2009年下降到75.42亿美元。

在进口总额中，一般贸易由2006年的6.19亿美元增长到2009年的12.87亿美元。加工贸易由2006年的0.47亿美元增长到2009年0.25亿美元。边境小额贸易由2006年的12.64亿美元增长到2008年的18.73亿美元，2009年下降到15.74亿美元。

2006~2008年，外商直接投资合同金额由3.64亿美元增加到6.45亿美元，2009年外商直接投资合同金额为4.70亿美元，同比下降26.7%。

（六）社会事业协调稳步发展

“十一五”期间，新疆积极扩大就业、健全社会保障体系、发展各项社会事业、保障公共安全等战略任务取得积极成效，各族人民群众基本公共服务水平进一步提高，民生得到有效改善。

教育事业发展取得历史性成就，全区坚持教育优先发展的原则，从资金、政策等多方面对教育事业，尤其是“双语”教育给予重点倾斜和支持。先后出台了《关于大力推进“双语”教学工作的决定》和《关于加强少数民族学前“双语”教育的意见》，并确立了“从小抓起，从教师抓起”的“双语”教学工作指导思想。并组织双语专家、教研人员编写了双语读本和指导用书。大力推进了学前“双语”教育。2008年，全区在国家扶持下建设了214所农村“双语”幼儿园。2009年，国家又投入4.8亿元将继续扶持建设465所幼儿园，学前、中小学“双语”和民考汉学生占少数民族学生的比重达到了42%。[①]

文化兴边战略有效推进。新疆“边疆文化长廊”，地州级博物馆文物库房、县级图书馆、文化馆及文艺团体排练厅场所建设和设备配置水平明显改善，实施了流动舞台车和“送书下乡”工程，文化信息资源共享工程网络和服务平台建

① 阿不都热扎克·铁木尔等：《2009~2010年新疆经济社会形势分析与预测》，新疆人民出版社，2009，第42页。

设进一步加快，先进文化的阵地作用充分发挥。

医疗卫生工作全面推进。2009 年，推进 38 个县级医院、109 个中心乡镇卫生院和 39 个社区卫生服务中心项目建设任务，总投资 7.6 亿元，其中中央投资 6.1 亿元。① 农牧区卫生事业建设进一步加强，2008 年在全区全面推行新型农牧区合作医疗制度，同时完善了农村卫生队伍建设，从 2009 年开始，自治区将用 5 年时间，面向农牧区定向招生，向村卫生室补充和培养 5000 名具有中等医学学历的乡村医生。

二 “十二五”时期新疆发展环境分析

（一）宏观环境

当今世界多极化、经济全球化深入发展，国际力量对比出现新态势，经济格局发生新变化。金融危机在对传统产业、传统经济增长方式产生巨大破坏力的同时，也将催生新的科技革命和新兴产业的崛起，使新疆地区经济发展面临新的机遇和挑战。② 同时，新疆周边政治环境趋稳，政治互信进一步增强，经贸关系日益密切，经济合作前景广阔，人文交流进一步发展，但仍有一些不确定、不稳定因素给新疆的边境贸易和投资带来一定风险。

外部环境总体对新疆发展有利，从国内外发展形势看，“十二五”时期，新疆与全国一样，仍处于重要战略机遇期。这一时期，是新疆在新的起点上加快实施西部大开发战略的重要时期，是新疆全面建设小康社会，加快推进社会主义现代化建设的关键时期，新疆经济社会发展将进入又好又快发展的新时期。

（二）机遇与挑战

1. 机遇

“十二五”时期新疆经济社会发展将面临前所未有的战略机遇。中央高度重

① 阿不都热扎克·铁木尔等：《2009～2010 年新疆经济社会形势分析与预测》，新疆人民出版社，2009，第 44 页。

② 阿不都热扎克. 铁木尔等：《2009～2010 年新疆经济社会形势分析与预测》，新疆人民出版社，2009，第 24～30 页。

视新疆的发展与稳定工作，做出了“稳疆兴疆，富民固边”的重大战略部署，明确了新疆是西部大开发的重点。在新的形势下，中央对新疆发展与稳定的高度重视为新疆加快发展提供了根本保障，金融危机引发的世界经济格局调整和新一轮产业转移为新疆加快发展提供了新动力，中央一揽子经济增长刺激方案带动的大规模基础设施建设投入为新疆增强基础设施承载力奠定了坚实的基础，世界性能源资源短缺将为新疆优势资源开发利用带来新的发展机遇，改革开放30年来取得的丰硕成果为新疆加快发展打下了坚实的基础，向西开放的地缘优势为新疆加快发展拓宽了市场空间。

随着对口支援新疆工作的开展，全国19个省市将对口支援新疆12个地州和兵团的12个师，在建立起人才、技术、管理、资金等全方位对口支援新疆的基础上，着力帮助各族群众解决就业、教育、住房等基本民生问题，并支持新疆特色优势产业发展。①

改革开放以来，新疆综合实力不断增强，基础设施条件显著改善，特色优势产业发展势头强劲，加快能源、资源大规模开发建设的时机已经成熟。地缘优势进一步显现，作为全国向西开放大通道和桥头堡的作用进一步加强。随着社会主义市场经济体制逐步完善，为新疆经济社会发展注入新的活力和动力。这都为新疆实现跨越式发展奠定了坚实的基础。

2. 挑战

新疆经济基础薄弱，发展中暴露的问题将制约经济的发展；水资源短缺、生态脆弱、贫困地区人口增长过快、基础设施薄弱，资金、技术、人才短缺，现有体制的约束，都将使新疆经济发展面临巨大挑战。同时，国际和周边环境复杂多变，不稳定、不确定因素增多，国内经济转型期各种矛盾的凸显，也对新疆经济发展提出了严峻挑战。

三 “十二五”时期新疆发展的基本思路与发展目标

（一）基本思路

“十二五”时期，在科学发展观的指导下，以经济建设为中心，着力调整

① 《对口支援新疆，共谋发展大计》，天山网，http：//www. tianshannet. com/。

经济结构，稳疆兴疆，改善民生，促进经济社会更好更快发展将是新疆经济社会发展的主线。重点在提高人民生活水平、煤炭资源开发利用、扩大向西开放上实现重大突破。①

1. 实施六大发展战略

实施以市场为导向的优势资源转换战略和大企业大集团战略；实施加强薄弱环节基础能力建设战略；实施科教兴新和人才强区战略；实施南北互动的区域协调发展战略；实施向西为重点的扩大对内对外开放战略；加强生态环境保护，实施可持续发展战略。

2. 建设九大支柱产业体系

建设国家重要的石油天然气开采及加工产业体系；建设国家重要的煤炭及煤电煤化工产业体系；建设国家重要的矿产资源生产加工产业体系；建设特色农牧产品生产加工产业体系；建设机电装备制造产业体系；建设高新技术产业体系；建设向西出口商品加工产业体系；建设特色旅游产业体系；建设现代物流产业体系。②

把新疆建成我国重要的能源资源战略基地、国家能源资源陆上大通道、我国向西开放的重要门户、西部地区乃至我国经济增长的重要支点。

（二）发展目标

按照科学发展观和全面建设小康社会的总体要求，“十二五”时期新疆经济发展的主要目标为：国民经济继续保持较快增长，产业结构进一步优化，实现基本公共服务均等化，城乡居民生活水平提高，经济可持续发展能力增强。

四 “十二五”时期新疆发展重点

1. 维护社会稳定，促进经济平稳增长

牢固树立“稳定压倒一切，稳定是第一责任”的思想，坚持维护社会政治大局稳定、进一步促进安定和谐，坚持把加强民族团结作为实现长治久安的根本

① 刘晏良：《对新疆“十一五”规划的思考》，《宏观经济研究》2005年第4期。

② “十二五”规划前期研究课题组：《“十二五”新疆经济社会发展环境、战略、定位和目标研究》，第40~45页。

之策、进一步巩固和发展民族大团结，为经济发展创造稳定增长的环境。经济平稳增长是新疆实现跨越式发展和全面建设小康社会的根本途径。在“十二五”期间，新疆经济社会发展要进一步改善投资环境，进一步拓宽投资渠道，提高居民消费水平，扩大对外开放，促进经济持续较快增长。

2. 调整和优化产业结构，形成特色优势产业

经济结构战略性调整和产业结构优化升级是新疆产业结构调整的主攻方向。要在继续巩固和加强农业基础地位的同时，不断拓展和深化优势资源转换战略，积极发展现代服务业，加快培育特色优势产业，发展高新技术产业，协调好三次产业的发展关系。

农业要加快构建高产、优质、高效、生态、安全的现代农业产业体系，继续推进生态农业产业化发展。工业要在因势利导做大做强石油石化产业和加快推进煤炭、煤电煤化工产业和优势矿产资源开发利用的同时，充分把握好这次世界性产业布局和结构调整机遇，大力发展制造业和出口加工业，形成一批有较强竞争力的企业。以特色旅游业为龙头，积极发展现代服务业。大力发展面向生产和农村的服务业，重点发展金融、保险、科技研发、文化创意、工业设计、现代物流，提高服务水平和质量。

3. 推动区域经济协调发展，加快贫困地区发展

按照“天北率先发展、天南突破发展、贫困地区跨越式发展”的思路，统筹南北疆区域协调发展。优化发展天山北坡经济带，以推进新型工业化和农业现代化为重点，促进生产要素优化组合，提高工业质量和效益，发展集约化农业。继续推进南疆石油天然气化工产业带发展，以石化工业园区和轻纺工业园区为载体，以石油、天然气深加工等项目为依托，统筹规划，合理布局，建成新疆重要的石油化工产业带。采取更加特殊的政策扶持南疆三地州等贫困地区发展，加快基础设施建设，加大扶贫开发力度。继续支持各具特色的县域经济快速发展，逐步形成区域间相互促进、优势互补、协调发展、共同富裕的发展格局。①

4. 重点面向中亚扩大对外开放水平

新疆作为我国向西开放的重要门户和陆上能源资源安全大通道。大力发展面向中亚的外向型产业，加快口岸基础设施建设，完善边境贸易政策，推进双边或区域

① 姬肃林等：《“十一五”时期新疆区域经济协调发展的思考》，《实事求是》2005 年第 2 期。

贸易自由化的进程，形成西部陆上开放和东部沿海开放并进的对外开放新格局。①

5. 深化优势资源转换战略，推进新型工业化建设

充分利用资源优势和现有基础，培育和发展壮大支柱产业，依靠石油天然气煤炭及重化工拉动、高新技术产业推动、农副产品深加工和矿业开发跟进等措施，大力发展工业园区，突出抓好石油天然气、重化工基地和以农产品深加工为主的特色轻工基地，全面、快速提升工业化整体水平。

6. 大力发展县域经济，促进城乡一体化进程

强化县域经济发展战略，为城乡一体化提供平台。以推进城乡经济社会共同发展为目标，坚持"工业反哺农业，城市支持农村"的方针，引导资金、技术、人才等资源要素向农村倾斜，积极推动户籍、就业、社会保障、财税等城乡体制改革，促进农村劳动力转移，努力改变城乡二元经济结构，逐步建立以城带乡、以乡促城、城乡互动、优势互补、整体发展的新型城乡经济发展格局。

7. 改善生态环境，增强可持续发展能力

把生态环境保护和建设与经济发展结合起来，把资源开发与保护及节约使用结合起来，加快发展循环经济、生态经济，推进节能环保，努力实现经济持续快速发展，资源合理利用，环境不断改善，生态良性循环。

8. 提高基本公共服务水平，着力保障和改善民生

按照"效率优先，兼顾公平"的原则，以共同富裕为目标，使各族群众充分享受改革开放和现代化建设的成果。提高居民收入在国民收入分配中的比重，提高劳动报酬在初次分配中的比重，提高扶贫标准和最低工资标准；调整财政支出结构，新增支出以改善民生为重点；努力扩大就业，建立和完善城乡一体的就业和社会保障体系；加大扶贫脱贫工作力度，建立和完善长效帮扶机制。②

9. 继续深化改革，增强发展活力

坚持社会主义市场经济改革方向，不失时机地推进重点领域和关键环节改革，增强经济发展动力和活力。逐步消除影响生产力发展的体制性、政策性障碍，为经济和社会发展营造良好的体制和政策环境。③

---

① 王志飞：《中国新疆与中亚五国区域经济合作研究》，《经济与管理》2009 年第 2 期。

② 李红：《对当前新疆经济形势的分析与判断》，《新疆财经》2009 年第 3 期。

③ 努尔·白克力：《新疆 2010 年政府工作报告》，2010 年 1 月 12 日。

西部发展案例分析研究

CASE STUDIES OF WESTERN DEVELOPMENT

"内蒙古现象"分析研究报告*

赵海东**

摘　要： 内蒙古自2001～2009年GDP年均增速17.6%，增速连续8年居全国之首，创造了颇具代表性的"内蒙古模式"。本报告对2001～2008年内蒙古经济指标进行分析，研究内蒙古经济增长的变化轨迹，运用比较优势理论、产业转移理论、产业集群理论、增长极理论和循环经济等理论分析内蒙古经济增长的原因。内蒙古及其他西部地区未来经济的发展必须在基本约束条件没有根本性变化的情况下调整经济结构、转变经济发展方式，提高经济增长的质量。

关键词： 内蒙古现象　原因　问题　对策

---

* 国家社科基金项目：《资源富集区发展循环经济的机制与对策研究：以内蒙古为例》（批准号08BJY070）；本研究由赵海东主笔，内蒙古大学经济管理学院钟霞副教授、茶娜副教授，研究生范珂萌、薛皎、张华参加写作。

** 赵海东，南京大学商学院博士后，内蒙古大学经济管理学院教授。

2009 年，面对国际金融危机对我国经济的严峻挑战，内蒙古经济形势实现了企稳回升、日趋向好，保持了较快发展态势。2009 年国内生产总值为 9725.78 亿元，同比增长 16.9%，比全国平均增速高 8.2 个百分点，继 2002 年以来增速连续 8 年保持全国各省区市第一。

一　问题的提出与文献回顾

内蒙古是我国成立的第一个少数民族自治区，地广人稀、资源富集，历史上以农牧业为主，地形和气候条件复杂，在经济发展上存在诸多不利因素。自 2000 年国家实施西部大开发战略以来，内蒙古从西部 12 个省区市中脱颖而出，创造了 GDP 增速连续 8 年居全国第一，其他总量指标增速居全国前列，主要经济指标在全国排序不断前移的增长奇迹，成为 21 世纪以来，在我国区域经济发展中经济增速最快的省区。对于内蒙古经济的超常速增长媒体和学术界称之为“内蒙古现象”或“内蒙古模式”。那么，长期以来发展较为滞缓、落后的内蒙古自治区，为什么会催生出“内蒙古现象”？是什么因素演绎了“内蒙古现象”？高增长现象背后又存在哪些发展中的问题？对这些问题的研究，对于继续研究实施西部大开发战略，转变西部地区经济发展方式，实现科学发展具有明显的现实意义。

（一）“内蒙古现象”：一个文献回顾

把一个地区的发展称之为“现象”或“模式”，内蒙古不是首例。早在 1984 年费孝通先生就提出了“苏南模式”的概念，所谓“苏南模式”，是指苏南地区通过农民办工业，发展乡镇企业的农村经济现象，[①] 之后又有“温州现象”、“珠三角现象”等。称之为模式也好、现象也好，其实是对区域经济发展经验的总结与概括，其目的是为其他区域经济的发展提供经验和借鉴。

“内蒙古现象”一词见诸报刊，最早是由《瞭望》新闻周刊记者吴国清在《西部开发中的“内蒙古现象”》（《瞭望》，2005 年第 31 期）一文中首次提出，

---

① 宋林飞：《中国经济发展模式的理论探讨：费孝通的一项重要学术贡献》，《江海学刊》2006 年第 1 期。

并用这一概念诠释内蒙古在西部大开发中所取得的成就。随着内蒙古经济的飞速发展，"内蒙古现象"成为媒体关注、学术界研究和探讨的热点问题。媒体和学术界对"内蒙古现象"从不同的视角阐释了各自的观点和看法，对有关"内蒙古现象"文献的回顾，有助于对"内蒙古现象"有更清楚的认识。

1. 关于"内蒙古现象"的诠释

吴国清认为，所谓"内蒙古现象"，是指在西部大开发过程中，经济发展相对落后的内蒙古依靠相关政策和自身努力，在区域内迅速形成投资、人才和技术集聚效应，经济迅猛发展，增速名列全国前茅，且形成良好发展后劲的经济现象。[①] 内蒙古社会科学院潘照东研究员，于2005年首次提出"内蒙古模式"的概念，并用三个特征诠释了内蒙古在西部大开发起步5年取得的历史性突破：①加强生态建设，努力改善生态环境，奠定经济、社会发展和提高人们生存质量的坚实基础；②实现从粗放型资源转换战略向集约型资源转换战略的转型，推进新型工业化历史进程；③工业化与城镇化、沿边开放协同互动，促进生产力布局优化。[②] 之后，潘照东研究员又指出，内蒙古自治区"十五"时期以来全面落实科学发展观，经济发展取得的历史性突破及其基本经验，应当是一种成功的"模式"，而不能仅仅认为是一种"现象"。[③]

中国社科院西部发展研究中心陈耀教授，将"内蒙古现象"诠释为资源富集区的成功开发模式[④]。内蒙古社会科学院经济研究所姜月忠研究员认为"内蒙古现象"是具有经济增长战略优先、资源型经济特征明显和外部依赖型经济三种特征的一种经济发展模式。[⑤]

2. 关于形成"内蒙古现象"的原因的阐述

中国社科院西部发展研究中心陈耀教授认为，抢抓国内新一轮重化工大发展机遇，着眼于满足全国的市场需求；极力凸显能源矿产和草原资源的比较优势，加快优势资源的就地转化；较大地改善基础设施及软环境，增强自我发展能力和投资吸引力；重视自主品牌的培育，发挥强势品牌企业对区域经济的带动效应是

① 吴国清：《西部开发中的"内蒙古现象"》，《瞭望》2005年第31期。

② 潘照东：《论"内蒙古模式"》，《北方经济》2005年第9期。

③ 潘照东：《对内蒙古模式的再认识》，《北方经济》2009年第1期。

④ 陈耀：《高速发展的内蒙古现象：透视与启示》，《西部论丛》2006年第12期。

⑤ 姜月忠：《内蒙古经济发展模式的理论思考》，《北方经济》2009年第1期。

造就“内蒙古现象”的主要原因。

甘肃省委党校经济社会发展研究所李含琳教授认为，形成“内蒙古现象”的根本原因是①工业化、科技和信息化战略的实施，②科技水平和技术创新能力的提高支撑了内蒙古循环经济优势产业，③国家对内蒙古自治区的投入。[①] 重庆社会科学院企业研究所王秀模教授认为，内蒙古发展模式的核心是努力扩大内外资源利用的现代集聚效应。[②]

3. 关于“内蒙古现象”的启示与评价

李含琳教授认为内蒙古经济发展模式基本上是高耗能型的，对环境的污染和对资源能源的高度依赖性，对以后的发展造成隐患。内蒙古未来经济发展应该一是加快产业结构调整，延长产业链条，继续做大做强优势特色产业；二是大力发展循环经济，节约资源，保护环境；三是加强区域内部协作，实现城乡和经济社会协调发展。[③]

内蒙古自治区发展研究中心杨臣华研究员认为“内蒙古现象”面对新的机遇和挑战，要使“内蒙古现象”在今后一个较长时期得以创新和延续，必须创新发展模式、提高区域创新能力、拓展对外开放思路、推进和谐社会建设。[④]

内蒙古社会科学院经济研究所姜月忠研究员认为，内蒙古经济发展模式面临的挑战有以下五个方面：第一，经济增长与居民收入增长、社会保障、社会发展不协调的问题；第二，国家和地方垄断势力强大，市场经济发展缓慢和民营业经济发展不足问题；第三，经济粗放增长与生态环境保护不适应，循环经济发展水平低的问题；第四，区域不均衡发展表现明显；第五，对于国内经济与对外经济发展不平衡，走出去战略不顺利的问题。

原内蒙古党委政研室主任布和朝鲁教授在其《奋力走进前列——内蒙古现象研究》一书中，从经济总量、各产业以及区域发展进程上具体分析了内蒙古现象，从政府主导、投资拉动、资源支撑、机遇牵动四个方面分析了构成内蒙古经济超常增长的模式。

---

① 李含琳：《对“内蒙古现象”的全方位思考》，《西部论丛》2006 年第 12 期。

② 王秀模：《内蒙古现象的模式创新与示范效应》，《重庆社会科学》2008 年第 3 期。

③ 李含琳：《对“内蒙古现象”的全方位思考》，《西部论丛》2006 年第 12 期。

④ 杨臣华：《内蒙古现象的机遇、思路和资源禀赋因素》，《实践》2007 年第 9 期。

（二）"内蒙古现象"的基本特点

"内蒙古现象"引起政府、媒体和学术界的关注，在于长期以来发展较为滞缓、落后的内蒙古自治区的跨越式增长，这种跨越表现为经济增长速度超乎常规，总量排位前移跨度大，工业带动经济增长强劲等，"内蒙古现象"具有以下几个显著特点。

1. 从经济增速看，表现为经济持续高速增长、主要经济指标排位大幅前移

2000年，内蒙古GDP增长10.8%，增速居全国第六位。2001年增长10.7%，增速居全国第四位。2002年增长13.2%，增速居全国第一位，内蒙古第一次领跑全国，"内蒙古现象"由此拉开序幕。2001～2008年，内蒙古GDP年均增速17.6%，比全国同期平均增速高7.4个百分点。内蒙古自治区的经济总量从2003年的全国第24位，前移至2008年的第16位，进入全国中等行列。

2. 从增长动力看，表现为以资源型产业为依托的工业推动型

内蒙古经济的超常速增长主要是由工业的超常速增长所带动。尤其是以煤炭资源为主的能源产业发展，能源、冶金、化工、农畜产品加工、装备制造和高新技术成为内蒙古的六大主导产业，成为内蒙古经济腾飞的引擎之一。"十五"期间，内蒙古的工业增加值年均增长21.5%，居西部、全国之首。其中，规模以上重化工业年均增长达32.9%，高于规模以上工业2.6个百分点。2000～2008年间，六大优势特色产业工业增加值增长了8.7倍，占全部工业增加值的比重由50.2%提高至85.2%，占规模以上工业增加值的比重由86.9%提高至93.8%，占GDP的比重由15.8%提高至41.7%，成为拉动经济快速增长的主要动力。

3. 从增长格局看，表现为以"呼－包－鄂"为增长极的区域推动型

"呼－包－鄂"三市占内蒙古自治区面积的11.1%，人口占全区总人口的27.8%。截止到2008年，"呼－包－鄂"三市的经济总量达4679.37亿元，占内蒙古自治区GDP的60.3%，地方财政收入为439.11亿元，占全区财政收入的52.6%，固定资产投资完成2235.6亿元，占内蒙古全社会固定资产投资的50.67%。2002年以来，"呼－包－鄂"三市国民生产总值年均增长20%，其他指标达到全区一半以上，成为内蒙古自治区经济增长的"增长极"。

二　内蒙古现象：经济增长的描述与比较

（一）国民经济持续高速增长，经济总量不断扩大，排序大幅前移

国内生产总值、固定资产投资、财政收入的增长是反映一个地区经济增长的主要经济指标。内蒙古自治区地区生产总值由1999年的1379.3亿元，增加到2008年的7761.8亿元，在全国各省区市的位次由第24位增长到第16位；1999~2008年内蒙古经济年均增长16.8%，比全国平均增速高6.8个百分点，其中2003~2008年，分别以23.1%、27.3%、28.1%、24.3%、25.8%、27.4%连续六年增速居全国第一位；人均生产总值按年平均汇率折算达到4638美元，居全国第8位，连续六年保持西部第一位。财政收入由1999年的86.6亿元增加到2008年的1115.1亿元，在全国各省区市的位次由第24位上升到第17位，财政收入年均增长32.8%，比全国平均增速高4.3个百分点。固定资产投资由1999年的383.4亿元增加到2008年的5604.7亿元，固定资产投资年均增长34.72%，比全国平均增速高13.18个百分点，在全国各省区市的位次由第27位上升到第12位（见表1、表2、图1）。

表1　内蒙古经济总量指标及在全国的排名（1999~2008年）

单位：亿元

年份	国内生产总值	全国排名	财政总收入	全国排名	固定资产投资额	全国排名
1999	1379.3	24	86.6	23	383.4	27
2000	1539.1	24	95.0	23	430.4	23
2001	1713.8	24	99.4	25	496.4	23
2002	1940.9	24	112.9	24	715.1	24
2003	2388.4	24	138.7	24	1209.4	10
2004	3041.1	23	196.8	23	1808.9	15
2005	3895.6	19	277.5	20	2687.8	12
2006	4841.8	16	343.4	20	3406.4	11
2007	6091.1	16	840.3	18	4404.8	11
2008	7761.8	16	1115.1	17	5604.7	12

资料来源：《内蒙古统计年鉴》（2000~2009）及《中国统计年鉴》（2000~2009），中国统计出版社。

表2　内蒙古经济总量的增速及在全国的排名（2000～2008年）

单位：%

年份	国内生产总值	全国排名	财政总收入	全国排名	固定资产投资额	全国排名
1999	—	—	—	—	—	—
2000	11.59	6	9.82	19	12.26	6
2001	11.35	4	6.05	31	15.33	16
2002	13.25	1	13.20	7	44.06	21
2003	23.06	1	22.42	7	69.12	3
2004	27.33	1	46.47	1	49.57	14
2005	28.10	1	40.62	2	48.59	2
2006	24.29	1	77.44	1	26.74	11
2007	25.80	1	40.51	5	29.31	9
2008	27.43	1	32.53	2	27.24	19

资料来源：根据《内蒙古统计年鉴》（2000～2009）及《中国统计年鉴》（2000～2009）计算。

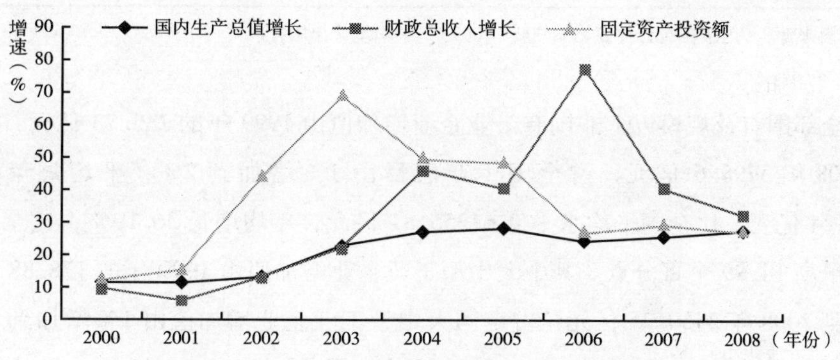

图1　内蒙古国内生产总值、财政收入与固定资产投资增长变化趋势（1999～2008年）

（二）工业增长迅速，工业增加值增速高于全国平均水平。

2000～2008年，内蒙古的工业增加值由2000年484.19亿元增加到2008年3798.6亿元，平均每年增加1497.09亿元，年均增长29.37%，其中规模以上工业增加值平均每年增加1250亿元，年均增长36.91%，规模以上工业对全区生产总值增长的贡献率达70.93%。2002～2008年，内蒙古工业经济连续6年增长速度居全国各省区市第一位（见表3）。

表3 内蒙古工业增加值及增速（2000～2008年）

单位：亿元，%

年份	工业增加值		规模以上工业增加值			
	增加值	增速	增加值	排序	增速	排序
2000	484.19	12.2	279.54	24	15.8	4
2001	541.02	11.7	307.60	25	10.0	6
2002	614.89	13.7	375.82	21	22.2	2
2003	773.50	25.8	515.87	21	37.3	1
2004	1015.37	31.3	807.00	21	56.4	1
2005	1477.88	45.6	1240.43	19	53.7	1
2006	2025.72	37.1	1778.17	18	43.4	1
2007	2742.67	35.4	2495.34	16	40.3	1
2008	3798.60	38.5	3450.25	17	38.3	1
平均	1497.09	29.37	1250.00	—	36.91	—

资料来源：《内蒙古统计年鉴》（2000～2009），中国统计出版社。

全部国有及规模以上非国有工业企业增加值由1999年的235.73亿元，增加到2008年3798.6亿元，占全国生产总量由1%增加到2%，平均每年增加1208.24亿元，比全国平均水平低61355.81亿元，年均增长36.19%，比全国平均水平高14.29个百分点。其中大中型工业企业增加值由1999年的178.88亿元增加到2008年2450.25亿元，占全国大中型工业企业增加值由1%增加到2%，平均每年增加779.65亿元，比全国平均水平低39067.08亿元，年均增长33.75%，比全国平均水平高10.97个百分点（见表4）。

2000～2007年，内蒙古全部国有及规模以上非国有工业企业工业增加值总量大幅增加，增速迅速提高，比西部地区平均水平24.35%高出10.21个百分点，超过四川、重庆和陕西，跃升西部第一位（见表5）。

工业的高速增长对内蒙古经济增长的带动作用日益增强，2008年工业增加值对经济增长的贡献率达62.1%。随着工业的高速增长，第二产业占GDP的比重不断提高，由1999年的37%提高至2008年的55%。但是，工业带动就业的能力较低，第二产业就业人口占总就业人口的比重1999年为17.6%，到2008年下降为16.9%，平均每年下降0.43个百分点（见表6）。

表 4　内蒙古工业增加值增速与全国的比较（1999～2008 年）

年份	全部国有及规模以上非国有工业企业增加值(亿元)				大中型工业企业增加值(亿元)			
	内蒙古		全国		内蒙古		全国	
	增加值	增速(%)	增加值	增速(%)	增加值	增速(%)	增加值	增速(%)
1999	235.73	—	21564.74	—	178.88	—	13279.95	—
2000	279.54	18.58	25394.80	17.76	209.42	17.07	15747.32	18.58
2001	307.60	10.04	28329.37	11.56	223.53	6.74	18133.44	15.15
2002	375.82	22.18	32994.75	16.47	257.71	15.29	20841.19	14.93
2003	516.72	37.49	41990.23	27.26	354.46	37.54	29073.42	39.50
2004	1015.66	50.33	54805.10	30.52	474.09	33.75	35696.35	22.78
2005	1240.43	59.68	72186.99	31.72	847.74	78.81	48073.53	34.67
2006	1778.17	43.35	91075.73	26.17	1154.18	36.15	58793.71	22.30
2007	2534.09	42.51	117048.40	28.52	1646.22	42.63	74603.99	26.89
2008	3798.60	49.90	128168.00	9.50	2450.25	48.84	84227.90	12.90
平均	1208.24	36.19	61355.81	21.90	779.65	33.75	39847.08	1208.24

资料来源：2008 年及 2004 年数据根据相应年《内蒙古自治区国民经济和社会发展统计公报》及《中华人民共和国国民经济和社会发展统计公报》计算，其余数据来自各年《中国统计年鉴》及《内蒙古统计年鉴》。

表 5　内蒙古与西部 12 省区市工业增加值增速的比较（2000～2007 年）

单位：%

省区市	2000 年	2001 年	2002 年	2003 年	2004 年	2005 年	2006 年	2007 年	平均增速	排序
重　庆	18.48	8.62	16.85	24.30	29.50	13.75	41.89	48.11	24.54	6
四　川	4.43	19.31	23.67	19.26	32.67	39.68	28.99	44.24	25.96	3
贵　州	10.68	9.02	14.59	27.81	26.53	33.63	27.57	19.15	20.83	9
云　南	8.22	9.53	13.21	13.19	18.13	13.35	27.30	23.17	15.60	11
西　藏	9.90	2.59	10.54	18.11	16.22	6.32	23.25	24.32	13.67	12
陕　西	18.85	11.80	16.10	26.36	29.12	51.79	38.54	30.15	27.28	2
甘　肃	8.49	21.15	14.87	13.95	30.15	10.79	26.45	30.29	19.24	10
青　海	12.04	9.95	11.58	18.80	39.03	42.82	37.29	32.00	24.78	5
宁　夏	19.61	12.56	-2.86	35.81	34.36	45.38	23.78	40.80	25.23	4
新　疆	38.91	2.41	2.32	24.00	33.14	43.96	30.60	20.43	23.58	7
广　西	14.93	5.81	8.10	20.53	33.40	33.41	35.26	41.36	23.44	8
内蒙古	18.58	10.04	22.18	37.49	50.33	59.68	43.35	42.51	34.56	1
西部地区	13.96	11.40	15.05	22.08	31.28	35.50	33.33	35.21	24.35	—
全　国	17.76	11.56	16.47	27.26	30.52	31.72	26.17	28.52	23.55	—

资料来源：《中国统计年鉴》（2000～2009），中国统计出版社。

表 6　内蒙古工业化水平与全国的比较（1999～2008 年）

单位：%

年份	第二产业产值占生产总值比重		第二产业就业人口占总就业人口比重	
	内蒙古	全国	内蒙古	全国
1999	37.0	45.8	17.6	23.0
2000	37.9	45.9	17.1	22.5
2001	38.3	45.1	16.8	22.3
2002	38.9	44.8	16.0	21.4
2003	40.5	46.0	15.2	21.6
2004	41.0	46.2	14.9	22.5
2005	45.5	47.7	15.6	23.8
2006	49.1	48.7	16.0	25.2
2007	51.8	48.5	17.0	26.8
2008	55.0	48.6	16.9	27.2
平均	4.51	0.68	-0.43	1.88

资料来源：根据《内蒙古统计年鉴》（2000～2009）及《中国统计年鉴》（2000～2009）计算。

（三）城乡居民收入与消费逐年增长

1999～2008 年，内蒙古城乡居民收入和消费均有较大幅度提高。城镇居民人均可支配收入由 4770.5 元增加到 14433 元，平均每年增加 8292.9 元，比全国平均水平低 1348 元，每年递增 13.09%，比全国平均水平高出 1.44 个百分点；农村居民家庭人均纯收入由 2002.9 元增加到 4656 元，平均每年增加 2791.4 元，比全国平均水平低 269 元，差距小于城镇，每年递增 9.83%，比全国平均水平高出 0.93 个百分点（见表 7，图 2，图 3）。

内蒙古城镇居民人均消费支出由 1999 年的 3469 元增加到 2008 年 10828.6 元，年均消费支出增加 6279.6 元，比全国平均水平低 973 元，每年递增 13.5%，与收入增速持平，比全国平均水平高出 3.1 个百分点；农村牧区居民家庭人均消费支出由 1533.7 元增加到 3618 元，平均每年增加 2229.7 元，比全国平均水平低 92.3 元，每年递增 10%，与收入增速持平，比全国平均水平高出 0.2 个百分点（见表 8）。

表7 内蒙古城乡居民家庭人均收入与全国动态比较（2000～2008年）

单位：元，%

年份	城镇居民家庭人均可支配收入				农村居民家庭人均纯收入			
	全国	增速	内蒙古	增速	全国	增速	内蒙古	增速
1999	5854.0	—	4770.5	—	2210.3	—	2002.9	—
2000	6280.0	7.28	5129.1	7.52	2253.4	1.95	2038.0	1.75
2001	6859.6	9.23	5536.0	7.93	2366.4	5.01	1973.0	-3.19
2002	7702.8	12.29	6051.0	9.30	2475.6	4.61	2086.0	5.73
2003	8472.2	9.99	7013.0	15.90	2622.2	5.92	2268.0	8.72
2004	9421.6	11.21	8123.0	15.83	2936.4	11.98	2606.0	14.90
2005	10493.0	11.37	9137.0	12.48	3254.9	10.85	2989.0	14.70
2006	11759.5	12.07	10358.0	13.36	3587.0	10.20	3342.0	11.81
2007	13785.8	17.23	12378.0	19.50	4140.4	15.43	3953.0	18.28
2008	15780.8	14.47	14433.0	16.60	4760.6	14.98	4656.0	17.78
平均	9640.9	11.65	8292.9	13.09	3060.7	8.90	2791.4	9.83

资料来源：根据《内蒙古统计年鉴》（2000～2009）及《中国统计年鉴》（2000～2009）计算。

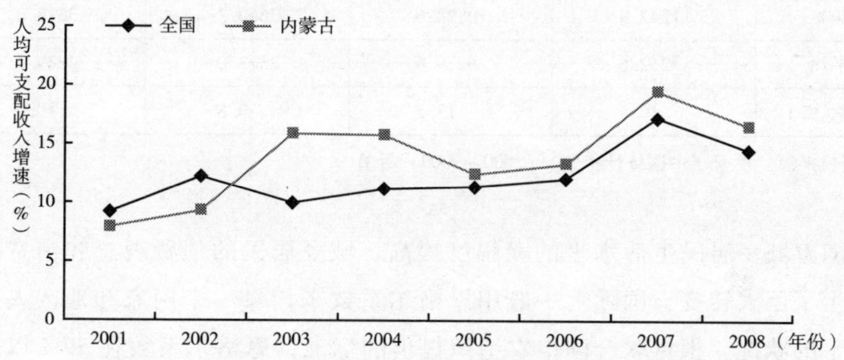

图2 内蒙古与全国城镇居民家庭人均可支配收入增速对比

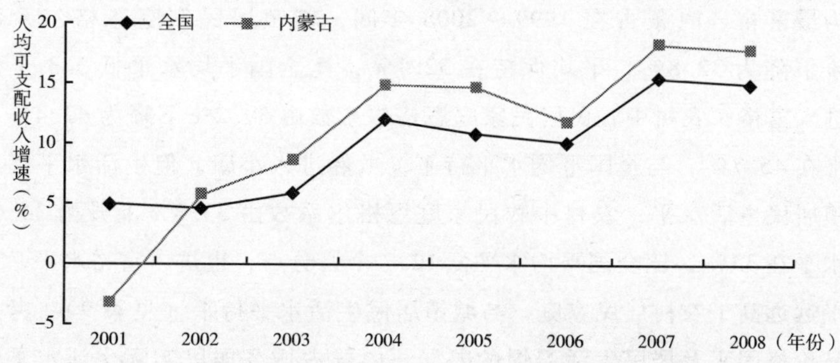

图3 内蒙古与全国农村居民家庭人均可支配收入增速对比

表8　内蒙古居民人均消费支出与全国对比（1999～2008年）

年份	城镇居民人均消费支出(元)		农牧民家庭生活人均消费支出(元)	
	全国	内蒙古	全国	内蒙古
1999	4615.9	3469.0	1577.4	1533.7
2000	4998.0	3927.8	1670.1	1615.0
2001	5309.0	4195.6	1741.1	1555.0
2002	6029.9	4859.9	1834.3	1647.0
2003	6510.9	5419.1	1943.3	1771.0
2004	7182.1	6219.3	2184.7	2083.0
2005	7942.9	6928.6	2555.4	2446.0
2006	8696.6	7666.6	2829.0	2772.0
2007	9997.5	9281.5	3223.9	3256.0
2008	11242.9	10828.6	3660.7	3618.0
平均	7252.6	6279.6	2322.0	2229.7
增速(%)	10.4	13.5	9.8	10.0

资料来源：根据《中国统计年鉴》（2000～2009）计算。

随着城乡居民生活水平的大幅度提高，城乡居民的消费观念和消费结构也发生了巨大转变。国际上一般用恩格尔系数来衡量一个国家和地区人民生活水平的状况。根据联合国粮农组织提出的标准，恩格尔系数在59%以上为贫困，50%～59%为温饱，40%～50%为小康，30%～40%为富裕，低于30%为最富裕。内蒙古在1999～2008年间，城镇居民家庭恩格尔系数由34.5%下降为32.8%，平均保持在32.1%，比全国平均水平低5.3个百分点，进入富裕；农村中农民居民家庭恩格尔系数由59.2%下降为42.4%，平均水平在45.7%，与全国平均水平持平，虽然进入小康，但生活水平远远低于城镇居民生活水平；农村中牧民家庭恩格尔系数由33.8%上升为34.6%，平均水平在33%，比全国平均水平低12.7个百分点，也进入富裕水平，但生活水平远远高于农村居民家庭，与城镇居民生活水平持平（见表9）。考虑到消费品价格因素及居民生活习惯的差异，内蒙古城乡居民实际生活水平要比数据显示略低。

表9 内蒙古城乡居民家庭生活水平与全国的比较（1999～2008年）

单位：%

年份	城镇居民家庭恩格尔系数		农村居民家庭恩格尔系数		
	全国	内蒙古	全国	内蒙古	
				农民家庭	牧民家庭
1999	42.1	—	52.6	—	—
2000	39.4	34.5	49.1	59.2	33.8
2001	38.2	33.9	47.7	46.5	33.5
2002	37.7	31.5	46.2	47.7	34.1
2003	37.1	31.5	45.6	43.5	34.3
2004	37.7	32.5	47.2	45.3	34.0
2005	36.7	31.4	45.5	45.1	29.2
2006	35.8	30.3	43.0	41.0	30.8
2007	36.3	30.4	43.1	41.0	32.5
2008	37.9	32.8	43.7	42.4	34.6
平均	37.4	32.1	45.7	45.7	33.0

资料来源：根据《内蒙古统计年鉴》（2000～2009）及《中国统计年鉴》（2000～2009）计算。

（四）产业结构加速调整，初步形成符合内蒙古发展阶段特征的产业结构

内蒙古自治区坚持以产业体系建设为重点，大力培育发展主体，推动资源优势向经济优势转变，提高资源综合开发利用水平，初步形成以第二产业为主体的产业结构。三次产业结构由1999年的24.9∶37∶38.1演进到2008年的11.7∶55.0∶33.3，这是欠发达地区由工业化初期向工业化中期演进过程中典型的产业结构（见表10、图4、图5）。

从三大产业结构的变化看，1999～2008年，内蒙古第一产业增加值由342.91亿元增加到906.98亿元，占GDP比重由24.9%下降到11.7%，比全国高0.38个百分点；第二产业增加值由510.47亿元增加到4271.03亿元，占GDP比重由37%上升到55%，比全国高6.41个百分点；第三产业增加值由525.93亿元增加到2583.79亿元，占GDP比重由38.1%下降到33.3%，比全国低6.78个百分点。

表 10　内蒙古产业结构变化与全国的比较（1999～2008 年）

单位：%

年份	第一产业比重		第二产业比重		第三产业比重	
	全国	内蒙古	全国	内蒙古	全国	内蒙古
1999	16.5	24.9	45.8	37.0	37.7	38.1
2000	15.1	22.8	45.9	37.9	39.0	39.3
2001	14.4	20.9	45.1	38.3	40.5	40.8
2002	13.7	19.3	44.8	38.9	41.5	41.8
2003	12.8	17.6	46.0	40.5	41.2	41.9
2004	13.4	17.2	46.2	41.0	40.4	41.8
2005	12.2	15.1	47.7	45.5	40.1	39.4
2006	11.3	13.1	48.7	49.1	40.0	37.8
2007	11.1	12.5	48.5	51.8	40.4	35.7
2008	11.3	11.7	48.6	55.0	40.1	33.3
平均	13.2	17.5	46.7	43.5	40.1	39.0

资料来源：《中国统计年鉴 2009》，中国统计出版社，2009。

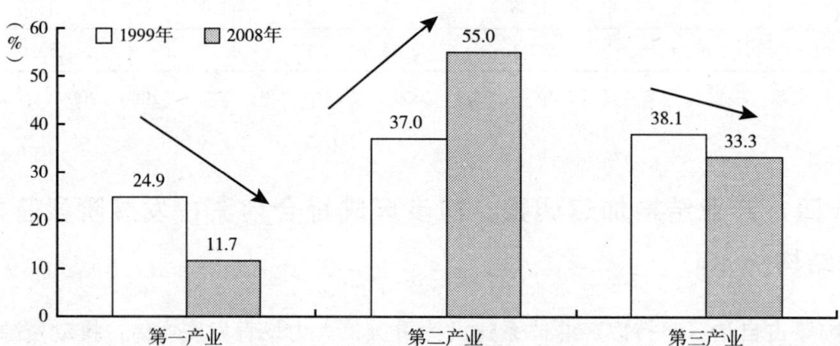

图 4　内蒙古三次产业结构变动对比

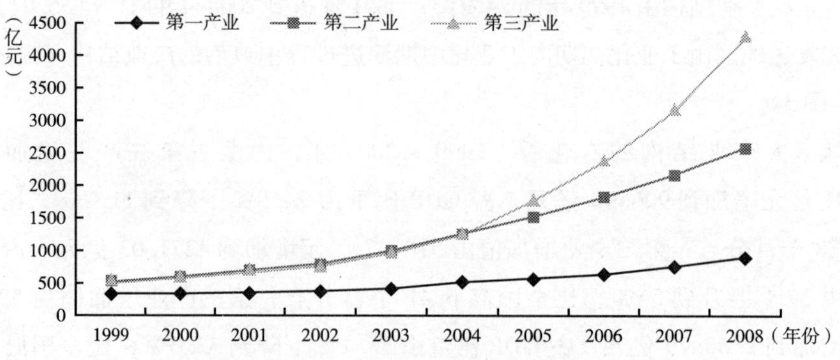

图 5　1999～2008 年内蒙古三次产业结构变化趋势比较

第一产业内部结构发生变化，农业与畜牧业结构，畜牧业区域结构和种植业品种结构更趋于合理化。农区牲畜头数超过了牧区牲畜头数，优质高产、高效农作物种植面积超过了全部农作物种植面积的50%。内蒙古自治区农牧业综合生产能力进一步增强，全区粮食综合生产能力稳定在1750万吨水平以上，2008年粮食总产量2130.23万吨，与1999年的1428.5万吨相比，年均增长4.1%。2008年全区畜牧业产值占第一产业的比重达49%，比1999年上升13.8个百分点，畜产品产量稳定增长，牛奶、羊肉、山羊绒产量连续5年居全国之首。牧业产业化进程明显加快，2008年农畜产品加工转化率达到63%，伊利、蒙牛、鄂尔多斯、鹿王、河套酒业等一大批知名农畜产品加工企业带动了农牧业产业化的发展。

1999～2008年第二产业增加值年均增长26.62%，增速快于地区生产总值增长3.75个百分点，其中规模以上工业增加值年均增长23.67%。全区规模以上工业增加值在西部各省份的位次由1999年的第7位前移到2008年的第1位。

在经济总量中有一半由工业贡献，工业增加值占GDP比重由2000年31.5%上升到2008年48.9%，而工业中主要由规模以上企业贡献，规模以上企业增加值占GDP比重由2000年18.2%上升到2008年44.5%；规模以上企业增加值主要有六大优势特色产业创造，其占比由2000年86.9%上升到2008年93.8%。

1999～2008年第三产业增加值由525.93亿元增加到2583.8亿元，年均增长19.35%。第三产业成为吸纳就业的主渠道，截至2007年底，第三产业累计就业人数达到328.6万人，占全部就业人数的比重为30.4%，比1999年提高3.6个百分点，但第三产业比重呈下降趋势。

（五）经济发展综合竞争力水平不断提升，在西部地区的排位大幅前移

宏观经济竞争力是评价一个地区经济总体发展水平和经济发展潜力的重要依据，通过对宏观经济层面的运行状况进行考察，可以深入了解宏观经济发展的基本现状，把握经济发展综合竞争力的基本走向。

根据1999～2007年的有关数据进行分析和评价，对反映宏观经济竞争力的经济总量水平、收入与消费水平、工业化与城市化水平及市场化水平指标进行综合形成静态指标，再根据相应指标增长率进行综合形成动态指标。在西部12省

区市中内蒙古宏观经济竞争力静态指标排名由1999年的第六位上升为第二位，动态指标由2002年的第四位上升为第一位。

对反映三次产业的总产值、增加值、劳动生产率、农民人均纯收入、工业利税总额、固定资产原值、总资产贡献率、第二产业专业人员占从业人员比重、单位工业增加值能耗、产品销售率、资产负债率、市场占有率、第三产业从业人员数、第三产业从业人员比重、第三产业占GDP比重总产值增长率等指标进行综合形成静态和动态指标。在西部12省区市中内蒙古产业竞争力静态指标排名由1999年的第五位上升为第三位，动态指标由2002年的第六位上升为第一位。产业规模及盈利能力得到了快速的发展，2007年第二产业总产值达到3154.56亿元，超过陕西，紧随四川之后，并在整体排名上超过陕西，产业竞争力得到了快速提升。

对反映企业规模实力、企业运营能力与质量、企业技术水平与装备、企业社会贡献能力等指标进行综合形成静态和动态指标。内蒙古企业竞争力静态指标排名由1999年的第八位上升为第三位，动态指标由2002年的第三位上升为第二位。随着煤炭、化工、电力、冶金、装备制造、食品等特色优势产业发展，内蒙古新成长起一批规模大、实力强的企业，这对于企业竞争力的提高起到了积极作用，企业发展速度较快。

对反映金融规模、金融效率、经济实力、开放程度、基础设施等指标进行综合形成静态和动态指标，内蒙古金融竞争力静态指标排名波动较大平均在第六位，动态指标由2002年的第八位上升为第三位，总体处于下游水平，金融效率整体低下（见表11）。

（六）随着经济的发展，生态条件和发展环境得到进一步改善

内蒙古自治区不仅是矿产资源富集区，也是我国西北地区生态屏障的重要组成部分。资源禀赋为内蒙古提供了难得的发展机遇，也使内蒙古发展面临巨大的生态环境风险。1999～2008年，内蒙古累计投入生态建设资金370多亿元，相继实施了退耕还林、退牧还草等八大重点生态建设工程，全区草原面积建设总规模达到了7458万亩，禁牧休牧面积达到7.2亿亩，林业生态建设面积达到1.3亿亩，2.4亿亩风沙危害面积和1.5亿亩水土流失面积得到初步治理，生态环境出现了整体遏制、局部改善的历史性转变。

表 11　内蒙古经济发展综合竞争力评价在西部各省区市的排名（1999～2007 年）

年份	宏观经济竞争力		产业竞争力		企业竞争力		金融竞争力		科教与创新竞争力	
	静态	动态	静态	动态	静态	动态	静态	动态	静态	动态
1999	6		5		8		9		8	
2000	2		5		7		8		8	
2001	5		7		8		7		8	
2002	6	4	7	6	8	3	8	8	9	4
2003	3	3	6	1	8	4	7	5	8	1
2004	2	1	5	1	6	1	2	1	9	5
2005	2	1	3	1	6	1	2	1	7	3
2006	1	1	4	1	5	1	4	1	9	4
2007	2	1	3	1	3	2	9	3	7	4

年份	环境竞争力		资源竞争力		对外竞争力		政府作用竞争力		经济发展综合竞争力	
	静态	动态	静态	动态	静态	动态	静态	动态	静态	动态
1999	5	—	1		6	—	5	—	7	—
2000	4		1		6	—	3	—	7	—
2001	2	—	1		6	—	3	—	7	—
2002	2	6	1	5	5	2	3	3	7	5
2003	3	10	1	4	7	11	4	3	6	4
2004	3	9	1	10	4	10	2	3	2	1
2005	3	6	1	8	2	1	2	1	2	1
2006	2	8	1	10	2	2	8	1	2	1
2007	3	7	1	5	5	3	6	9	3	1

资料来源：姚慧琴、任宗哲主编《中国西部经济发展报告（2008）》，社会科学文献出版社，2009。

中央政府和内蒙古自治区政府对基础设施的投资，改善了内蒙古的发展环境和基础条件，基础设施项目对地区经济产生效益。1999～2008 年，内蒙古累计完成了固定资产投资 2.1 万亿元，加强基础设施建设，建成了贯通自治区东西部的公路、铁路和电力三大通道，铁路总里程达到 8547 公里，比 1999 年新增 1216 公里，公路总里程达到 14.7 万公里，比 1999 年新增 8.4 万公里。城镇基础设施显著改善，城镇化率由 1999 年的 41% 提高到 2008 年的 51.7%。

三　内蒙古现象：经济增长的理论分析

一个国家和区域的经济增长，是一个复杂的经济和社会现象，影响经济增长的因素，因区域不同而不同。区域经济发展模式，是对一定区域在一定历史条件下的经济发展特征、经济发展过程及其内在机理的高度概括。内蒙古自治区作为长期以来发展较为滞缓、落后的省区，催生出以经济持续高速增长为特征的“内蒙古现象”，需要从多个经济理论视角进行分析。

（一）自然资源禀赋的比较优势是内蒙古经济高速增长的基础

1. 比较优势理论是内蒙古确立优势产业的理论基础

比较优势理论最早源于亚当·斯密和大卫·李嘉图的古典贸易理论。亚当·斯密最早提出了国际地域分工理论，他认为国与国之间的分工依据是基于各国地域、自然条件所形成的产品生产成本上的绝对差异。大卫·李嘉图继承和发展了亚当·斯密的观点，提出了比较优势理论，即不同国家或地区生产同一种产品的机会成本差异，这种差异来源于各国生产产品的劳动生产率不同。赫克歇尔—俄林的要素禀赋学说立足于要素密集度，提出不同的区域应该按照生产要素禀赋状况进行区域分工，专业化生产其相对丰裕要素商品，进口其要素比较稀缺的商品，形成区域性专业化分工，能够从贸易中获得比较利益。以上理论虽然表述不同，但其理论核心都强调各国应该按照生产成本或要素禀赋的差异确立各自的比较优势，以较低的生产成本生产的产品参与国际分工与贸易，从而获得比较利益。林毅夫指出，只有按照经济的比较优势组织生产活动，企业和整个经济才能最大限度地创造经济剩余。遵循比较优势原则进行国家和区域的分工和贸易，已经成为国家、地区经济发展遵循的基本原则，任何一个国家或地区总是以其比较优势（如自然资源、劳动力、资本、技术、制度等）来选择分工和专业化生产，形成国家或地区的产业比较优势，比较优势理论成为区域经济发展的理论基础。

2. 内蒙古自然资源禀赋状况

内蒙古自治区自然资源丰富，自然资源综合优势度为1.1034，居全国第二位，自然资源人均拥有优势度为3.3244，居全国第二位。① 许多资源不但储量大而且开发条件好，是我国自然资源最为富集的地区之一。草原、森林和人均耕地面积居全国第一，天然草原面积达8666.7万公顷，占全国的21.7%，其中可利用草原面积6818万公顷，草原畜牧业综合生产能力多年来均居国内五大牧区之

① 刘再兴：《中国区域经济：熟练分析与对比研究》，中国物价出版社，1993。

首，是全球公认的优质牧草带。耕地面积676.9万公顷，人均耕地面积0.36公顷，是全国平均水平的四倍，森林面积1866.7万公顷，占全国的11%，林木总蓄积量达11.7亿立方米，在全国名列前茅。

内蒙古人均自然资源拥有量超过全国平均水平1.58倍，人均能源资源拥有量超过全国平均水平13.27倍，居全国第一位。现已发现矿产120多种，探明储量的矿产78种。其中，有42种矿产储量居全国前十位，22种列前三位，七种居全国之首。稀土资源储量7893.24万吨，占世界的80%，占全国的90%以上。内蒙古自治区查明煤炭资源矿地445处，已探明煤炭储量6583.4亿吨，远景储量达1.2万亿吨，居全国第一位①，可供大规模工业开采的主要集中在鄂尔多斯市、锡林郭勒盟、呼伦贝尔和通辽市。其中，鄂尔多斯盆地国土面积约占全国的4%，蕴藏的能源资源约占全国的35%以上，能源调出量占全国能源调出量的50%以上，中国13个大型煤炭墓地中有6个与鄂尔多斯盆地有关，是21世纪中国最重要的能源生产供应基地。天然气总资源量为11.14万亿立方米。已探明天然气地质储量1.25万亿立方米，其中在鄂尔多斯境内天然气资源量为4.6万亿立方米，已探明地质储量7900亿立方米。黑色金属、有色金属、贵金属等金属矿产以及化工原料、工业辅料等非金属矿产种类繁多、储量丰富，矿产资源储量（不含石油、天然气）潜在价值达13万亿元，占全国的10%以上，居第三位，内蒙古人均拥有矿产资源的潜在价值为56.73万元，居全国之首（见表12，表13）。

尽管关于“自然资源的诅咒”（Auty），国内外经济学界的研究见仁见智，但是，国外学者对自然资源与发达国家经济增长关系的大量研究文献也显示自然资源对经济增长的正效应。Delong and Williamson发现，19世纪晚期本国钢铁产业发展的前提条件是煤炭和铁矿的储量，因此，资源丰裕的经济，如英国和德国，在19世纪末成长得特别迅速。相反，第一次世界大战以前意大利经济的不景气，可以用其煤炭储量不足导致生产结构倒退解释；David and Wight认为，在19世纪下半段到20世纪上半段，美国比其他国家更密集地开采其矿产资源，而且这种开采的范围非常广；Gylfason andThorvaldur发现，挪威因成功管理了丰富的自然资源而实现了经济繁荣；De Ferranti et al. 的研究发现，美国工业化的成功很大程度上要归功于国家充分发挥了范围广大的矿产资源的作用。

① 内蒙古经济委员会:《内蒙古自治区政府参考资料》，2007年11月。

表12　内蒙古自治区与西部12省区市主要矿产资源基础储量的比较

省区市	石油(万吨)	天然气(亿立方米)	煤炭(亿吨)	铁矿(亿吨)
广　西	191.73	3.43	8.51	1.00
内蒙古	5763.38	3266.44	808.40	13.83
重　庆	—	1135.76	18.26	0.01
四　川	345.05	5462.78	50.26	31.40
贵　州	—	4.61	148.26	0.53
云　南	12.40	2.86	73.57	4.48
西　藏	—	—	0.12	0.27
陕　西	19884.83	8587.65	277.57	4.11
甘　肃	8727.59	98.91	61.70	3.97
青　海	4377.23	1496.10	20.66	0.07
宁　夏	139.91	1.67	70.06	0.01
新　疆	41883.22	6598.24	127.28	3.04
全　国	275856.75	30009.24	3334.80	220.92
内蒙古储量占全国的比重(%)	2.00	5.48	24.06	5.87

注：铁矿是指矿石；全国的石油和天然气储量还包括海洋探明的储量，分别为35637.62亿吨和2656.65亿立方米。

资料来源：根据《中国统计年鉴2007》的数据整理。

表13　内蒙古矿产资源储量情况表

名　称	保有储量	居全国位次	名　称	保有储量	居全国位次
煤炭	6583.40亿吨	1	黄金	106.77吨	13
石油	4.20亿吨	10	白银	21344.79吨	1
天然气	6431.61亿立方米	4	钼	47.76吨	6
锌	1426.85万吨	2	钨	18.55吨	10
铜	471.75万吨	4	稀土	7893.24万吨	1
镍	3.3万吨	13	铁矿	76.48万吨	9
铅	485.37万吨	2			

资料来源：内蒙古自治区主要经济指标，2007年11月。

阿尔伯特·赫希曼（A. O. Hirschman）指出，“各国在国际市场上的竞争以比较优势为基础，而地区之间的竞争则以绝对优势为基础。如果两个国家在蔗糖生产上都有比较优势，虽然甲比乙优势大，两国都可能发展蔗糖专业化。如果类似的情形发生在南、北两个地区，北方生产可能性大，而南方生产可能被终止。”其他地区难以匹敌的地方化的某种优势是主导产业选择的基本条件，内蒙古自然资源的富集程度和良好的匹配条件为其经济迅速发展奠定了雄厚的基础，立足资源优势，内蒙古工业化发展就是“做大做强优势特色产业”。

（二）把握产业结构升级带来的强大市场需求，抓住国际产业转移的机遇，把比较优势转化为竞争优势

1. 内蒙古经济高速增长的“钻石模型”（Diamond Model）理论

比较优势理论从静态的角度研究了区域产业选择和专业化生产方向，强调一国或地区产业发展的可能性。然而，经济发展是一个动态的过程，随着社会生产力发展，生产要素流动和市场需求变化以及国家发展战略和地方政府对区域发展环境的改造，都会影响区域比较优势的实现程度。

迈克尔·波特提出的竞争优势理论，分析一个国家或地区在某些特定产业获得长久竞争力的原因。波特用“钻石模型”（Diamond Model）解释他的竞争优势理论。完整的“钻石模型”包括生产要素、需求条件、企业战略和结构、相关与支持性产业四项环境因素和“机会”与“政府”两大变数构成。波特认为政府可以通过自己的活动来影响钻石体系四种核心因素中的任何一个方面，从而达到影响企业竞争优势的目的；另一方面，新的需求、新的技术的出现等机会因素则为落后企业追赶先进企业提供了最佳的时机（参见图6）。

2. 中国经济发展进入到以重化工业为主的发展阶段，强大的能源市场需求为内蒙古比较优势转化为竞争优势提供了难得的机遇

产业经济理论认为，一定阶段的经济发展水平是和一定阶段的产业结构相对应的。按当年人民币对美元的汇率计算，2002 年我国人均 GDP 约为 1000 美元，对照钱纳里的标准工业化结构转换模型，人均 GDP 在 560～1120 美元之间处于工业化中期，大致相当于欧美发达国家 20 世纪 30 年代、日本 20 世纪 60 年代中期及我国台湾 20 世纪 70 年代中期。从 2002 年开始，我国对煤炭、电力、石油等能源的需求持续增长，重化工业行业的投资迅速增长，已进入以重化工业为特征的工业化中期阶段。我国要在今后 30～50 年达到中等发达国家的水平，能源、矿产资源的消费强度将在相当长一段时间内保持较高的水平。

2001 年以来，中国的能源供求形势发生了重大变化，能源需求出现了前所未有的高速增长态势。能源消费的年平均增速接近 10%，是改革开放初期 20 年

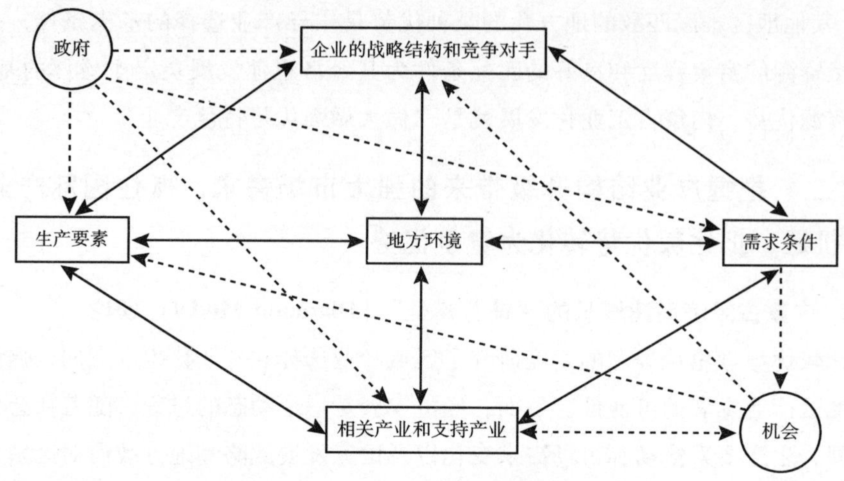

图6　波特的钻石模型

资料来源：迈克尔·波特：《竞争论》，中信出版社，2003，根据第173～190页内容整理。

中平均增速的两倍。2009年全年中国能源消费总量31.0亿吨标准煤，比上年增长6.3%；发电量28344亿千瓦时，增长13.4%；煤炭消费量30.2亿吨，增长9.2%；原油消费量3.8亿吨，增长7.1%；天然气消费量887亿立方米，增长9.1%；电力消费量36973亿千瓦小时，增长6.2%。全国万元国内生产总值能耗下降2.2%。主要原材料消费中，钢材消费量6.9亿吨，增长22.4%；精炼铜消费量753万吨，增长39.7%；电解铝消费量1439万吨，增长14.4%；乙烯消费量1066万吨，增长8.0%；水泥消费量16.3亿吨，增长17.0%。①

20世纪90年代初，国际上出现了新一轮的产业转移，进入21世纪，国际重化工业进入向中国转移的高峰时期，转移区域指向中国资源富集区。内蒙古蕴藏的巨大的矿产资源和能源，成为国际产业转移的热点地区，为内蒙古资源型产业的发展提供了良好的外部环境。内蒙古利用国际产业转移的机遇，顺应生产力布局演变趋势，充分利用资源，合理开发资源，引进国内外的过剩资本和先进技术，实施资源转换战略，将资源优势转化为产业优势。

内蒙古自治区政府在促进内蒙古把握国内产业升级和国际产业转移，利用国

① 中国国家统计局：《中华人民共和国2009年国民经济和社会发展统计公报》，2010。

家区域发展战略上体现了波特“钻石模型”中政府可以通过自己的活动来影响钻石体系核心因素，从而达到影响竞争优势的目的。国家提出西部大开发战略之初，内蒙古并不在西部大开发范围之内，内蒙古自治区政府经过不懈努力，最终与广西以政策覆盖区的身份列入“10+2”西部大开发框架。国家实施振兴东北老工业基地战略后，内蒙古自治区政府又积极争取，于2005年5月将内蒙古东部五盟市纳入国务院东北地区振兴规划。将内蒙古经济发展纳入国家区域经济振兴规划，为内蒙古经济发展获得了资金和政策的扶持。

从竞争优势理论看，内蒙古经济的高速增长源于在国家实施西部大开发战略、东北老工业基地振兴规划的宏观背景下，内蒙古的能源资源优势与我国进入工业化中期的能源、资源市场需求相吻合。使资源以资本的价值形态，通过市场的有效配置，在动态与静态结合的基础上实现了由比较优势向竞争优势的转化。

（三）通过发展产业集群加速工业化进程，产业集群是提升内蒙古区域竞争力、保持经济高速增长的主导力量

迈克尔·波特通过对10个工业化国家的考察，发现在所有发达的经济体中都可以明显看到各种产业集群，成为产业发达国家的核心特征①。据此，迈克尔·波特提出“国家的实力根植于该国产业和产业集群的表现，国家竞争优势也正是该国许多产业发展的综合表现”② 的观点，产业集群已经成为促进经济发展的一种有效方式。

产业集群与区域经济发展关系极为紧密。自20世纪70年代末开始，在意大利、美国、德国和法国等一些发达国家和地区相继涌现出一大批产业集群，包括意大利北部传统产业集群的迅速发展，美国硅谷和128公路电子产业集群、马萨诸塞的制鞋产业集群、德国图特林根的外科器械产业集群、斯图加特的机床产业集群、韦热拉的光学仪器产业集群、法国布雷勒河谷的香水玻璃瓶产业集群、巴黎森迪尔区的网络产业集群的蓬勃发展。它们均已形成并在国际竞争中显现出强劲的竞争优势，有力地促进了区域经济的发展与创新。

产业集群具有企业关联度高、技术进步快、产业链条长、交易成本低、配套能力强、竞争能力强、资源配置率高、就业容量大等优势，是发达国家和地区推

① 〔美〕迈克尔·波特：《国家竞争优势》，华夏出版社，2002，第140页。

② 〔美〕迈克尔·波特：《国家竞争优势》，华夏出版社，2002，第532页。

进优势产业发展、加快工业化进程的成功经验。从发达国家工业基地的发展经验看，发展产业集群是内蒙古新型工业化的必由之路，经济发展的不同阶段都有不同的主导产业和产业集群与之相对应。

钱纳里（H. Chenery）根据世界上 101 个国家人均 GDP 的变动情况，将经济增长和结构转化过程划分为 3 个阶段、6 个时期，在工业化中期阶段，主导产业集群为钢铁、化工、机械等（见表 14）。Boschma 研究了比利时从 1770 年到 20 世纪工业化发展与产业集群转换的关系，他把二百年的工业史划分为三次工业革命和两次特殊发展阶段，每一个阶段都有相应的产业集群相伴（见图 7）。①

表 14　钱纳里经济结构转变阶段划分与对应主导产业集群

发展阶段		人均 GDP（1970 年,美元）	主导产业集群
传统阶段	前工业社会	140 ~ 280	农产品
工业化阶段	工业化初期	280 ~ 560	煤炭、铁矿采掘;建材等初级产品
	工业化中期	560 ~ 1120	钢铁、化工、机械、汽车、电子产业
	工业化后期	1120 ~ 2100	金融、信息、广告、咨询等第三产业
发达经济阶段	后工业化阶段	2100 ~ 3360	高档耐用消费品、新材料、新产品产业
	现代社会	3360 ~ 5040	微电子、生物工程等知识和智能型产业

资料来源：钱纳里，《工业化和经济增长的比较》，上海三联出版社，1989，第 97 ~ 99 页。

内蒙古具备产业集群发展的产业基础和要素条件，丰富的煤炭、天然气、有色金属、绿色农畜产品和土地资源是吸引产业集聚的优势；已经具有一批发挥核心带动作用的骨干企业，可以凝聚和吸引中小企业，有利于形成产业集群。

内蒙古产业集群主要有三类聚合方式。

第一，主导企业带动型。以伊利、蒙牛两大企业为核心，奈伦、牛妈妈、科尔沁、大草原等企业为补充的乳产业集群；以鄂尔多斯、鹿王等企业带动的羊绒产业集群，形成了以乳、肉、绒、粮等加工为主的农畜产品产业集群。

第二，资源禀赋形成型。依托丰富的资源优势进行开发加工，通过若干个同类加工企业形成一定规模的产业集聚，形成以煤、电、天然气为主的能源产业集群。

① Boschma, Ron A.，"The Rise of Clusters ot Innovatiwe Industries in Belgium during the Industrial Epoch", *Research Policy*（1999）pp. 853 – 871.

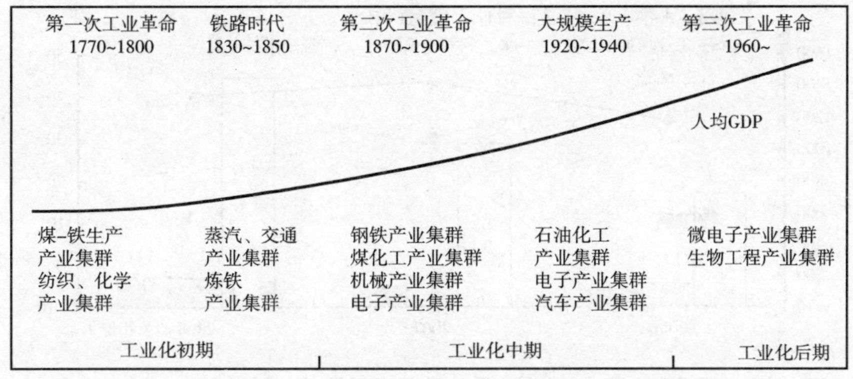

图7　Boschma 关于产业集群与比利时工业进程相伴关系图

资料来源：转引自赵海东《资源型产业集群与中国西部经济发展研究》，经济科学出版社，2006。

第三，园区带动型。通过规划建设各类工业园区，把资源型企业集中在园区，按照高起点、高科技、高效益、高产业链、高附加值、高度节能环保的新型工业化要求发展资源型产业集群。截止到2009年，自治区通过国家审核的工业园区已达到45个，其中重点工业园区24个，工业园区为产业辐射、聚集和布局调整提供了“无障碍”流动的空间和环境，促进了企业空间集聚、基础设施的共建共享、土地集约利用和集中治理污染。形成以钢、铝、硅和有色金属为主的冶金产业集群，以煤、天然气、氯碱为主的化学产业集群，以工程机械、运输机械为主的装备制造产业集群。工业园区已经成为内蒙古特色产业集群发展的主要载体，2008年，工业开发区实现工业增加值1451.64亿元，同比增长40.3%，对全区工业经济的贡献率为32.8%（见图8）。

包头稀土高新技术开发区、呼和浩特金川开发区、托克托生物制药园区、棋盘井高载能工业园区、乌海工业园区等优势特色产业的集中度超过了60%以上，大大提高了产业聚合力。2008年稀土金属制造业、炼焦业的地方专业化指数居全国第二位，贵金属冶炼业的地方专业化指数居全国第四位，轻有色金属冶炼业、制糖业的地方专业化指数居全国第五位。

煤炭产业集群、电力产业集群、化工产业集群、冶金产业集群、机械产业集群、农畜产品加工产业集群、高新技术产业集群等七大优势产业集群有效地提高了内蒙古资源转换的层次，工业经济总体发展水平明显提高。

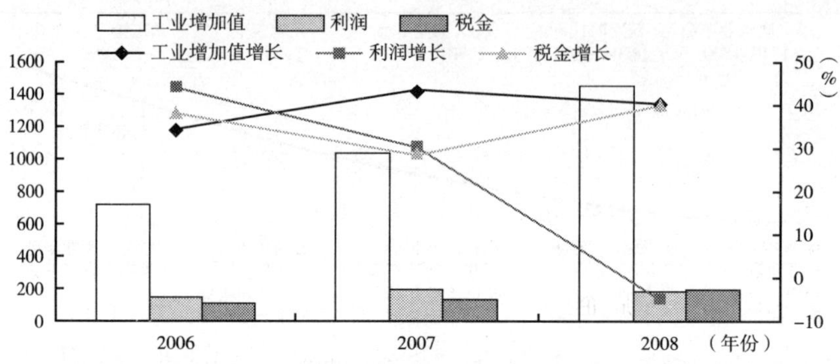

图 8　内蒙古 45 个工业开发区发展情况（2006～2008）

资料来源：内蒙古经济委员会，《内蒙古自治区工业发展概况》，2009 年 12 月。

（四）草原文化是内蒙古经济增长的精神资源

1. 文化决定论是解释现象的一个有力的理论视角

文化影响经济增长是古老的经济学命题，可以追溯到亚当·斯密、穆勒和马歇尔等早期的经济学先驱。文化决定论的提出者马克斯·韦伯（Max Weber），他认为，现代经济增长最先在欧洲发端是伴随着“资本主义精神”而产生的，而资本主义精神的产生又归因于欧洲新教改革后形成的新伦理。熊彼特认为创新是经济发展的源泉，而创新的能力则取决于企业家精神这一文化心理因素。格龙多纳从 20 个方面来划分有利于经济发展的文化和阻碍经济发展的文化，接近前者的即为现代国家，接近后者的则是传统国家。韦尔把文化对经济增长的影响归纳为思想开放、勤劳、储蓄、信用四个方面以及两个更宽泛的文化特征：社会资本和社会能力。

由于文化的不同，最终导致区域间形成各有特色的产业链条，正如黄茜指出，依据本区域现有的经济、社会、文化状况、资源禀赋和生产力水平，能最大的扩张经济总量，结构合理且主导产业突出，经济效益显著，确保可持续发展、具有鲜明区域特点的经济模式。特色文化在区域经济中日益表现为特色经济产业。

2. 草原特色文化与内蒙古经济发展的联系①

草原文化开拓进取的“乞颜”精神，是“内蒙古现象”形成的重要思想源

① 本部分内容参考了乌兰察夫论文，见《“内蒙古现象”文化动因》，2007 年 9 月 10 日《内蒙古日报》。

泉和精神动力，具有深层的内源性影响。“乞颜”精神具有勇敢、进取的特质，是草原文化的民族精神极有活力的一脉。

在改革开放初期，内蒙古同内地与沿海地区存在明显的差距，在改革开放的条件中，草原民族自强不息、开拓进取的“潜质”得到发挥，产生了不甘落后、自强不息、开拓进取、追赶先进的强烈愿望。

内蒙古企业的成长足以印证“乞颜”精神，“内蒙古现象”的形成很大程度上得力于一批内蒙古名牌企业。这些企业按照市场需求进行产品创新和市场开拓，在不同的生产领域大显身手，成为推动内蒙古经济增长的主要力量。蒙牛、伊利、鄂尔多斯等一大批企业，凭着永不满足的进取精神，仅仅几年的时间，取得了突飞猛进的进展速度。其深层的内源就是草原文化开拓进取的“乞颜”精神。

“内蒙古现象”的一个重要特征就是有着众多依托草原文化底蕴走向全国、走向世界的知名企业和品牌。当今文化与经济相互交融，文化在综合国力竞争中的地位与作用越来越突出，以文化资源开发为主要内容的文化产业开拓成为国民经济的重要产业。草原文化是绿色和天然的象征，它为品牌的运营提供了丰富的资源和广阔的空间，蕴含着巨大的经济开发潜能（见表15）。

表15　内蒙古自治区与西部12省区市驰名商标及主要经营项目

省区市	驰名商标(个)	主要经营产业
广　西	11	药、日用品和食品
内蒙古	32	乳制品、餐饮、肉类、酒、煤炭和羊绒制品
重　庆	19	餐饮、饲料、摩托车、软件和酒
四　川	44	餐饮、药、饲料、烟草、纺织、酒
贵　州	8	药、饮食、肥料、塑胶制品
云　南	6	烟草、药、花
西　藏	2	酒、药
陕　西	13	奶制品、变速箱、钻机、机床和药品
甘　肃	4	酒、电解镍、药和轴承
青　海	6	酒、服装和药
宁　夏	2	奶制品、羊绒
新　疆	3	电工、纺织

资料来源：中国商标专网，http：//www. cha-tm. com/。

基于各地特色文化优势发展起来的特色产业总量，内蒙古自治区并不是最多的，但是在发展起来的特色产业上，内蒙古独特的草原文化赋予了这些产业得天独厚的优势。从餐饮上来说，虽然四川、重庆的餐饮家喻户晓，但具有内蒙古独特的餐饮方式仍然可以保持其竞争力。这种情况可推广到酒类、乳制品和其他特色农畜产品等产业。2000 年以来，内蒙古企业注重挖掘草原文化丰富的内涵，打造草原品牌，推动了内蒙古经济的快速发展。内蒙古的企业和产业集群不鸣则已，一鸣惊人，先后有 15 家企业产品商标成为全国驰名商标，名牌产品销售收入占全区工业销售收入近 20%，其中伊利、蒙牛、小肥羊等知名品牌的形成是以草原文化为起点，走向全国、走向世界的。鄂尔多斯集团已经是世界最大羊绒加工企业，并依靠自身品牌，又打造出了跨行业的世界最大的铁合金生产企业，年销售收入达 44 亿元；小肥羊以神奇的业绩、发展速度雄居年度中国十大成长型企业榜首。

草原绚丽多姿的传统文化，为内蒙古旅游业、演出业、娱乐业、餐饮业等产业提供了丰富的资源，不仅成为带动地方经济发展的璀璨亮点，而且对加强对外经济合作，树立地区形象起到积极作用。

（五）循环经济为内蒙古转变经济发展方式提供了新的发展模式

1. 内蒙古实现节能减排目标必须发展循环经济

循环经济既是一种思想理念，又是一种经济发展模式。所谓循环经济，就是在人、自然资源和科学技术的大系统内，在资源投入、企业生产、产品消费及其废弃的全过程中，不断提高资源利用效率，把传统的、依赖资源净消耗线性增加的发展，转变为依靠生态型资源循环发展的经济。

从物质流动的方向看，就是要从传统的“资源→产品→废物”的线性经济的增长转变为一个“资源→产品→再生资源”的反馈式流程。最终实现“低开采、高利用、低排放”，以最大限度利用进入系统的物质和能量，提高资源利用率，最大限度地减少污染物排放，提升经济运行质量和效益。

随着内蒙古工业的高速增长，产业结构也发生着变化，在第二产业中，资本密集型和资源消耗型重化工业成为带动经济增长的主导产业。产业结构的变化一方面导致内蒙古经济发展对能源的需求迅速增长；另一方面，由于粗放型增长方式尚未得到根本改变，导致工业污染物排放较快增长，从而带来结构性环境污染。经济快速增长与资源约束、环境承载能力的矛盾日益突出。

现有的产业结构造成内蒙古能源消费一直保持着较高的增长速度，2002 ~ 2008 年，内蒙古能源消费弹性系数分别为 1. 24、1. 25、1. 56、1. 44、1. 06、0. 85

和0.72，远高于全国平均水平。多数产品的平均单位产品能耗均落后于国内水平，与国际先进水平相比差距更大，其中发电、钢铁、水泥等产品单位综合能耗分别比国内先进水平高18.4%、14.7%、38.95%。从能源消费结构看，2008年，内蒙古全社会总能源消耗16268.22万吨标准煤，其中工业能源消耗10203万吨标准煤，占全区总能耗的63%；电力、钢铁、有色、化工、建材、煤炭六大行业能源消费占全区的58%，占工业耗能的93%。

正处于工业化初期向中期快速推进阶段的内蒙古，GDP年均增长虽然达到两位数，但是这种经济的高速增长，实际上是靠“三高”（高投入、高能耗、高污染）和“两低”（低质量、低效益）换来的。高消耗换来的高增长，必然导致高排放和高污染。1999年，内蒙古工业二氧化硫排放量为52.18万吨，占全国工业二氧化硫排放量的3.57%；2008年内蒙古工业二氧化硫排放量为125.86万吨，占全国的6.32%。1999年，内蒙古工业烟尘排放量为34.68万吨，占全国工业烟尘排放量的3.64%；2008年内蒙古工业烟尘排放量为42.84万吨，占全国工业烟尘排放量的6.39%。1999年，内蒙古工业粉尘排放量为16.9万吨，占全国工业粉尘排放量的1.44%；2008年内蒙古工业粉尘排放量为20.96万吨，占全国工业粉尘排放量的3.58%。在这7年间，尽管内蒙古工业二氧化硫、工业烟尘和工业粉尘的排放量呈波动状态，但内蒙古工业废气排放的总体趋势却是增加的。导致内蒙古经济发展中能耗和排污量相对较高。

2. 内蒙古发展循环经济的成果

内蒙古的自然生态环境和产业结构现状决定了发展循环经济既是内蒙古转变经济发展方式的主动选择，也是被动之举。近年来，内蒙古资源回收与循环利用率显著提高。

2008年，内蒙古废弃资源和废旧材料回收加工业企业增加到10个，实现产值228849万元（参见图9）。

一般来讲，经济增长的同时，工业废物的产生量越少，表明工业废物的产生量得到了有效控制。2008年，内蒙古工业固体废物产生量为10622.08万吨，比上年减少3.2%；每万元工业增加值的工业固体废物排放量为2.8吨/万元，比上年减少1.3吨；工业废水排放达标率82.60%，比上年提高8.91个百分点；二氧化硫排放量达125.86万吨，烟尘排放量达42.84万吨，工业粉尘排放量20.96万吨，分别比上年减少了2.5万吨、7.56万吨和0.92万吨（见图10）。

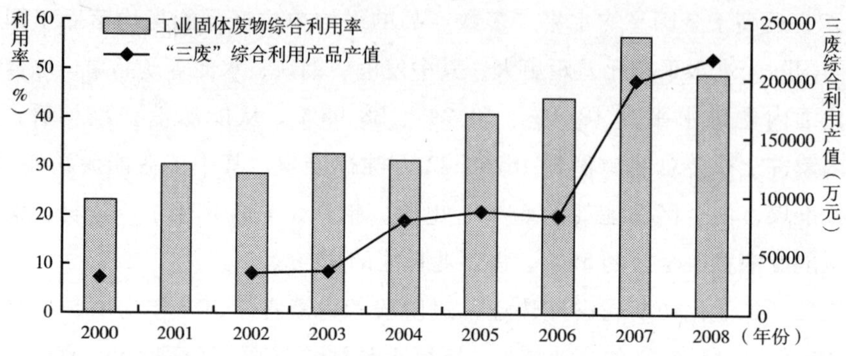

图 9　内蒙古资源循环利用情况（2000～2008 年）

资料来源：根据《内蒙古统计年鉴 2009》整理。

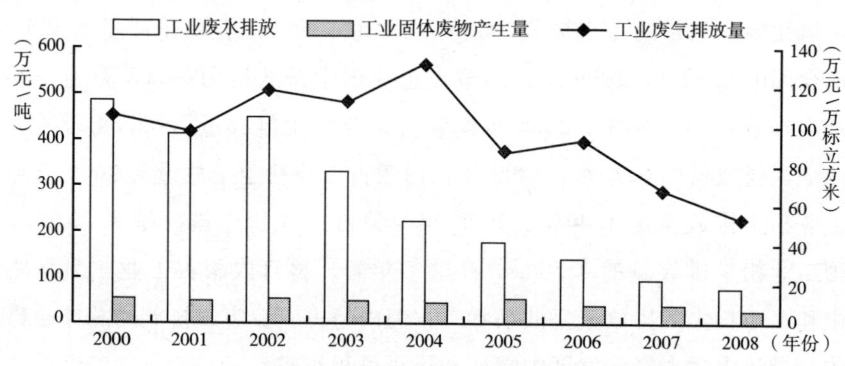

图 10　内蒙古工业增加值废弃物排放变化（2000～2008 年）

资料来源：根据《内蒙古统计年鉴 2009》整理。

（六）"增长极"是内蒙古经济增长的强大动力

1. 增长极理论为内蒙古经济非均衡增长战略提供了理论基础

增长极理论最早是法国经济学家佩鲁提出，他 1950 年在《经济空间：理论与应用》一文中首次提出"发展极"概念。佩鲁认为在经济空间中起支配和推进作用的一个或一组经济部门，是一种优势经济单位，它的优先增长会推动其他部门的增长。赫尔希曼在此基础上，进一步指出增长极发挥以极化效应为主到以扩散效应为主，要经过一定的过渡时间，因而在区域发展中应当先发挥部门和地区增长极的极化效应，集中力量把资源投入到前后向关联强的产业部门，经过长期的发展，增长极的扩散效应会超过极化效应，使地区差异缩小。布代维尔指出所谓的空间增长极，是主导推进型产业的空间集聚，强调空间集聚的地理概念，甚至进一步脱离产业的概念，仅从地理角度，把增长极视为具有高创新能力、高增长率并能促进周围区域经济增长的中心区位。这样，增长极的概念就从经济空间逐渐转化到地理空间，从一个经济单位或产业，转化为空间单位或城市。

2. 内蒙古经济“增长极”

内蒙古的增长极表现为两种类型，一是注重区域经济增长极的培育，形成了“呼－包－鄂”的区域增长极；二是产业增长极，形成了以能源、冶金、化工、装备制造业、农畜产品加工和高新技术六大支柱产业。

（1）区域增长极。

2002 年以来，内蒙古逐渐形成了“呼－包－鄂”城市辐射圈，依托“呼－包－鄂”三角区，带动内蒙古其他区域一起腾飞。近几年来，“呼－包－鄂”三角区的主要经济指标占全区 GDP 比重一直很大。2008 年内蒙古自治区生产总值 7761.8 亿元，呼和浩特、包头、鄂尔多斯三市经济总量达到 4679.37 亿元，占全区的 60.3%，比上年增长了 2.4 个百分点，增速快于全区平均水平 1.7 个百分点。其中，呼和浩特市生产总值 1316.37 亿元，年均增长 20.1%；包头市 1760 亿元，年均增长 22.9%；鄂尔多斯市 1603 亿元，年均增长 28.1%（见表 16）。呼包鄂三市人均生产总值由 2003 年的 18651 元增加到 2008 年的 69454 元，高于全区平均水平 1.16 倍。由于经济高速发展，呼和浩特、包头、鄂尔多斯三个地

表 16　内蒙古生产总值以及呼包鄂三市的生产总值（2000～2008 年）

单位：亿元

年份	内蒙古生产总值	呼和浩特生产总值	包头生产总值	鄂尔多斯生产总值
2000	1539.12	179.14	228.37	150.09
2001	1713.81	211.12	248.57	171.84
2002	1940.94	316.70	333.02	204.77
2003	2388.38	405.64	450.19	278.46
2004	3041.07	512.08	570.42	341.11
2005	3895.55	743.66	848.70	594.82
2006	4841.82	900.08	1010.12	800.01
2007	6091.12	1101.13	1277.20	1148.71
2008	7761.80	1316.37	1760.00	1603.00

资料来源：《内蒙古统计年鉴》（2001～2009），中国统计出版社。

区已成为内蒙古地区经济最发达、最活跃、最具有竞争力的地区，成为拉动内蒙古地区经济增长的重要贡献区域。目前的问题是如何强化其增长极的辐射效应，以带动其他区域的发展。

（2）产业增长极。

在增长极理论的指导下，内蒙古工业逐步形成了能源工业、建材工业、化工工业、装备制造业、农畜产品加工业和高新技术工业6大优势特色产业，成为内蒙古的主要产业增长极，是内蒙古经济增长的主要拉动力。

能源产业是内蒙古工业的第一大产业，以煤炭开采、火力发电为主，还有石油、天然气、风能、水能等产业。2008年，内蒙古能源产业增加值由2000年的86亿元增加到1217亿元，增长14.2倍，占全部工业增加值的32%，占GDP的15.7%。其中煤炭和电力的增长拉动效应更加明显。煤炭工业产值和利润由2001年的64亿元和-1.6亿元，分别提高到2008年的1313亿元和300多亿元。

冶金工业是内蒙古工业的第二大支柱产业，以钢铁产业、铝产业为主。冶金建材产业增加值由2000年的66亿元增加到2008年的1000.4亿元，增长15.1倍。占全部工业增加值的26.3%，占GDP的12.9%。

近年来，内蒙古重点发展煤化工、天然气化工、氯碱化工，集群发展的格局已初步形成。2008年，全区规模以上化工企业387户，资产总额542亿元，实现产值680亿元，完成增加值280亿元，实现利润36亿元，占总工业增加值的7.4%。

内蒙古装备制造业的基础是军工企业，经过50多年的发展，已形成了具有相当规模和一定水平的产业体系。截止到2008年底，装备制造业共有规模以上企业231个，资产合计341亿元。2008年完成工业总产值413.02亿元，完成工业增加值136亿元，实现利润9.5亿元。

农畜产品加工业以乳类加工、肉类加工、绒毛加工为主，是基础坚实、优势突出、品牌响亮、特色鲜明的产业。2008年，全区规模以上农畜产品加工企业964户，从业人员18.1万人，全行业总资产874.5亿元；2008年实现总产值1411亿元，完成工业增加值518亿元，实现利润42亿元。占全部工业增加值的13.7%，占GDP的6.7%。2008年，内蒙古驰名商标32个，农畜产品加工业驰名商标22个。

高新技术产业是以新材料产业、生物制药产业、电子信息产业为主。高新技术产业增加值由2000年的12亿元增加到2008年的121亿元，增加值占规模以上工业增加值的3.5%。六大优势特色产业所形成的产业"增长极"对内蒙古工业、经济的拉动作用日益明显（见表17）。

表17　内蒙古工业结构变化

单位：%

结　构	2000年	2006年	2007年	2008年
工业增加值/GDP	31.5	41.8	45.0	48.9
规模以上工业增加值/GDP	18.2	36.7	41.0	44.5
六大优势特色产业/GDP	15.8	34.9	40.6	41.7
六大优势特色产业/规模以上工业增加值	86.9	95.1	99.1	93.8
六大优势特色产业/工业增加值	50.2	83.4	90.1	85.2

资料来源：内蒙古经济委员会，《内蒙古自治区工业发展概况》，2009年12月。

2000～2008年，六大优势特色产业平均以38.21%速度递增，其中以化学工业和机械装备制造业最为迅速，分别达到51.67%和44.9%（见表18）。

表18　六大优势特色产业发展情况

单位：亿元，%

项　目	2000年	2006年	2007年	2008年	10年平均递增
规模以上工业增加值	279.54	1776.51	2495.34	3450.3	36.91
六大优势特色产业增加值	243	1689	2472	3236	38.21
其中：					
能源工业	86	607	882	1217	39.27
化学工业	10	117	189	280	51.67
冶金建材工业	66	507	741	964	39.82
机械装备制造业	7	75	113	136	44.90
农畜产品加工业	62	317	441	518	30.39
高新技术产业	12	66	106	121	33.49

资料来源：内蒙古经济委员会，《内蒙古自治区工业发展概况》，2009年12月。

在六大优势特色产业中，各产业占规模以上工业增加值比重说明其在产业结构中的地位和重要程度，以能源工业、冶金建材工业和农畜产品加工工业为主占比78%，分别为35.3%、27.9%和15%（见表19）。

表 19 六大优势特色产业占规模以上工业增加值比重

单位：%

项 目	2000 年	2006 年	2007 年	2008 年
规模以上工业增加值	—	—	—	—
六大优势特色产业	86.9	95.1	99.1	93.8
其中：				
能源工业	30.8	34.2	35.3	35.3
化学工业	3.6	6.6	7.6	8.1
冶金建材工业	23.6	28.5	29.7	27.9
机械装备制造业	2.5	4.2	4.5	3.9
农畜产品加工业	22.2	17.8	17.7	15.0
高新技术产业	4.3	3.7	4.2	3.5

资料来源：内蒙古经济委员会，《内蒙古自治区工业发展概况》，2009 年 12 月。

（七）集聚效应开始显现，自主增长机制的培育带动内蒙古经济增长能力

区域经济发展的不均衡产生双重影响。一是极化效应，即欠发达区域流出劳动和资本，发达区域或核心区域凭借自身的优势，从不发达和边缘地区吸入要素和资源壮大自己，扩大区域经济差距。二是“涓滴效应”，即发达地区或核心区域为了保持自身的发展，不断增加向不发达区域和边缘区域采购原材料、燃料和产品，导致资本、技术和人力资本的回流。在经济发展的初期，极化效应往往大于涓滴效应，随着经济的深化发展，涓滴效应的作用才日益明显。西部大开发之前，内蒙古自治区是典型的要素流出区。自 2000 年以来，内蒙古充分利用国家实施西部大开发战略的“天时”、资源能源富集、匹配条件好的“地利”，以及“人和”，使经济发展环境不断改善，良好环境吸引生产要素迅速向内蒙古聚集，使内蒙古突破经济基础薄弱，资本、技术、人才等要素相对短缺的瓶颈制约，通过招商引资形成巨额资金投入。

“十五”期间，内蒙古累计引进国内到位资金 2655.6 亿元，年均增长 46.4%，引资增速位居西部各省区之首。截止到“十五”期末，内蒙古自筹、招商引资和上市融资等非政府投资比重达到了 74.2%，已经成为国民收入的流入区（见图 11）。内蒙古银行业金融机构由 2001 年的 3545 家增加到 2008 年的

4351家、从业人员由2001年的51338人增加至2008年的66106人。华夏银行、浦发银行、中信银行、交通银行等股份制银行纷纷进入内蒙古（见表20）。

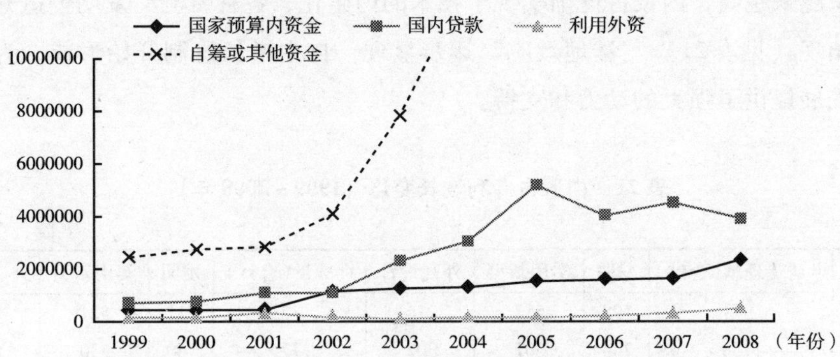

图11 内蒙古社会固定资产投资来源变化（1999～2008年）

资料来源：《内蒙古统计年鉴》（2000～2009），中国统计出版社。

表20 内蒙古银行业金融机构及从业人员现状（2008年）

单位：个，人

项 目	机构数	年末人数	项 目	机构数	年末人数
中国工商银行	445	10309	招商银行	4	222
中国农业银行	602	11699	城市商业银行	186	3557
中国银行	240	4725	农村信用社	2199	20754
国家开发银行	1	121	农村合作银行	100	755
中国建设银行	286	8019	农村商业银行	44	326
中国农业发展银行	84	1902	农村资金互助社	2	13
交通银行	12	600	村镇银行	4	76
华夏银行	5	181	邮政储蓄银行	126	2228
浦发银行	3	121	资产管理公司	3	186
中信银行	2	128	信托投资公司	2	171

资料来源：《内蒙古统计年鉴2009》，中国统计出版社，2009。

财政性投资和银行贷款投资比重进一步降低，民间投资所占比重不断提高。"十五"时期，全区非国有单位投资占全区城镇以上单位投资的比重由2000年的36.1%上升到2008年的62.5%。华能集团、神华集团、大唐发电、新希望铝业、TCL、创维等国内外知名企业纷纷入驻内蒙古，成为内蒙古产业层次提升和经济高速增长的重要拉动力量。

内蒙古逐渐摆脱了依靠引进技术发展的困境，随着内蒙古经济的快速发展，大量企业的进入对当地人才的吸引和培养起了很大的刺激作用，随着企业对技术的需求越来越高，内蒙古逐渐实现了技术的内生化，各种专利、发明创造开始大量的出现（见表21）。“洼地效应”逐步显现，自主增长机制开始形成，为经济社会发展提供了强大的动力和支持。

表21　内蒙古专利增长变化（1999～2008年）

单位：个

年份	申请受理量(合计)	发明	实用新型	外观设计	批准量(合计)	发明	实用新型	外观设计
1999	971	198	557	216	723	17	521	185
2000	1138	234	602	302	775	60	530	185
2001	1089	185	664	240	743	73	440	230
2002	1202	233	643	326	679	53	428	198
2003	1394	242	716	436	816	82	419	315
2004	1457	286	699	472	831	108	437	286
2005	1455	307	708	440	845	98	452	295
2006	1946	430	915	601	978	108	543	327
2007	2015	565	966	484	1313	120	788	405
2008	2221	695	980	546	1328	140	866	322

资料来源：《内蒙古统计年鉴2009》，中国统计出版社，2009。

（八）拉动经济增长的三驾马车中，投资是推动内蒙古经济超速增长的关键所在，经济增长具有明显的“投资拉动型”特征

1. 从投资率、消费率和净流出率看，投资需求是拉动内蒙古经济超速增长的主导力量

内蒙古经济运行中，投资拉动大，消费与出口拉动较小。2000年以来，生产总值年均增长的17.1%中，投资拉动为16.3%，消费拉动为10%，出口为-9.2%。2008年，内蒙古资本形成额占GDP的比重由2000年的41.7%升至73.7%；最终消费占GDP比重由56.8%降至41.2%（见表22）。

可见，2008年内蒙古GDP的高速增长，资本形成率的贡献率超过90%，而消费不到资本形成率的一半，净出口是负拉动。这三大需求对经济增长拉动的不协调性特别突出。

表 22　内蒙古资本形成率、最终消费率与净流出率的变化（2000～2008 年）

单位：%

年　份	资本形成率	最终消费率	净流出率
2000	41.7	56.8	1.520
2001	39.7	56.9	3.491
2002	44.4	58.5	-2.932
2003	56.1	52.6	-8.716
2004	64.0	49.1	-13.037
2005	73.0	46.5	-19.485
2006	71.6	44.0	-15.600
2007	73.8	43.2	-17.000
2008	73.7	41.2	-14.921

资料来源：《内蒙古统计年鉴 2009》，中国统计出版社，2009。

2. 从投资的方向看，工业是投资的主要领域，工业对经济增长拉动作用最大

2000 年，内蒙古第一、二、三产业固定资产投资占全社会固定资产投资的比例分别为 8.84%、27.36% 和 63.8%。2008 年三大产业投资比例分别为 5.1%、51.7% 和 43.2%。2008 年与 2000 年相比，第一产业固定资产投资比例下降了 3.74%，第二产业上升了 24.34%，第三产业下降了 20.6%，第二产业固定资产投资中工业固定资产投资所占比例由 87.87% 上升到 98.2%（各产业投资额变化见表 23）。

表 23　内蒙古全社会固定资产投资额变化统计（1999～2008 年）

单位：亿元

年份	投资总额	第一产业	第二产业		第三产业
			总额	其中工业	
1999		37.27	101.92		240.25
2000	430.42	38.03	117.76	103.47	274.63
2001	496.43	40.79	152.86	134.17	302.78
2002	715.09	80.83	245.55	214.33	388.72
2003	1209.44	90.78	508.49	456.90	610.17
2004	1808.91	110.72	920.37	820.67	777.82
2005	2687.84	129.48	1462.36	1339.76	1096.00
2006	3406.35	171.92	1815.51	1818.56	1418.92
2007	4404.75	183.41	2222.96	2220.05	1998.38
2008	5604.67	286.77	2895.44	2843.24	2422.47

资料来源：《内蒙古统计年鉴 2009》，中国统计出版社，2009。

2008 年与 2000 年相比，内蒙古第一产业增加值增长了 2.6 倍，第二产业增加值增长了 7.33 倍，工业增加值增加了 7.85 倍（见表 24）。

表 24　内蒙古三大产业及工业增加值增长变化（2000 ~ 2008 年）

单位：亿元，%

年份	第一产业		第二产业				第三产业	
	增加值	比例	增加值	比例	其中工业	比例	增加值	比例
2000	350.80	22.8	582.57	37.9	484.19	31.5	605.74	39.3
2001	358.89	20.9	655.68	38.3	541.02	31.6	699.24	40.8
2002	374.69	19.3	754.78	38.9	614.89	31.7	811.47	41.8
2003	420.10	17.6	967.49	40.5	773.50	32.4	1000.79	41.9
2004	522.80	17.2	1248.27	41.0	1015.37	33.4	1270.00	41.8
2005	589.56	15.1	1773.21	45.5	1477.88	37.9	1532.78	39.4
2006	634.94	13.1	2374.96	49.1	2025.72	41.9	1831.92	37.8
2007	762.10	12.5	3154.56	51.8	2742.67	45.0	2174.46	35.7
2008	906.98	11.7	4271.03	55.0	3798.60	48.9	2583.79	33.3

资料来源：《内蒙古统计年鉴》（2001 ~ 2009），中国统计出版社。

四　内蒙古现象：经济增长背后的问题

从前面内蒙古经济增长的描述中可以看出，内蒙古自治区经济持续高速增长，实现了历史性转变，迈入全国中等行列。但是，内蒙古在经济高速增长的同时也积存了一些深层次、结构性矛盾和问题，经济增长对投资和资源的依赖程度较高，说明内蒙古经济走外延式扩张的道路的空间将越来越小。全球金融危机对中国和内蒙古经济的冲击，使这些深层次的问题充分暴露出来，成为内蒙古转变经济发展方式，实现科学发展必须破解的问题。因此，在科学发展观的指导下，更应该理性分析“内蒙古现象”背后，内蒙古经济发展模式的不足，思考内蒙古发展面临的严峻挑战和应对措施。①

① 姜月忠：《内蒙古经济发展模式的理论思考》，《北方经济》2009 年第 1 期。

（一）资源型产业比重过高，产业结构过于单一。这种非均衡的产业体系既对资源、能源消耗高，又对市场波动的抵御能力弱

内蒙古能源矿产资源丰富，储量巨大。对于资源丰裕的地区而言，在工业化发展的特定阶段，资源的突然发现或者资源型产品价格的上升，以及资源性产品需求的增加，可能会刺激资源的强力开发，推动该地区资源产业的发展，进而形成资源型经济，其中，矿产资源的工业化是资源型经济形成的主导因素。就内蒙古目前的经济结构而言，能源、冶金、化工、装备制造等六大优势产业增加值占到全区工业增加值的80%以上，成为内蒙古经济发展的支柱产业。但是，在规模以上工业中，能源、冶金、农畜产品加工业三大产业占77.9%，仅能源一个产业就占37%；化学工业、装备制造业和高新技术产业之和仅占15%，[①] 资源型产业比重过高。

资源禀赋地区依托资源优势发展形成资源型经济后，如果对优势资源和资源产业过度依赖，反而会出现资源丰裕的负效应。由于经济增长依赖资源，经济增长方式难以转变，经济结构难以调整，资源破坏、环境污染问题难以解决，经济发展被锁定在“资源优势→资源开发→资源财富”的轨道，最终导致经济增长滞缓、贸易条件恶化、反工业化、产业空洞化、收入差距扩大、区域发展的非持续性及环境污染等问题，许多资源型国家经济发展滑向“资源诅咒”泥沼。有的国家（地区）形成了“问题区域”（德国鲁尔地区、法国洛林地区、北英格兰、美国阿巴拉契亚地区），有的国家陷入“荷兰病”状态（荷兰、尼日利亚）。内蒙古在经济高速增长的同时，资源与能源消耗问题、工业污染物排放超标等问题也日渐突出。

1. 经济的高速增长与资源高消耗并存，能源消耗高于全国水平，可持续发展水平低

随着经济的快速增长，内蒙古的能源消耗量逐年增长。2000年能源消费总量为3937.54万吨标准煤，而到2008年能源消费总量则高达16268.22万吨标准煤，增加12330.68万吨，提高了4.13倍。2000～2008年，能源消耗总量平均年增长率为14.24%，而同期全国的能源消耗总量平均年增长率仅为8.49%。内蒙

① 巴特尔：《2010年内蒙古自治区经济工作会议上的讲话》2009年12月29日。

古地区平均能源消耗强度为2.16吨标准煤/万元，而同期全国平均能源消耗强度仅为1.10吨标准煤/万元。可见，内蒙古能源消耗水平在数量和强度上都远高于全国平均水平，属于典型的高能耗省份（见表25）。

表25　内蒙古与全国单位产值能耗的比较（2000～2008年）

年份	GDP(亿元)		能源消耗增长率(%)		万元GDP能耗(吨标准煤)	
	全国	内蒙古	全国	内蒙古	全国	内蒙古
2000	89404	1400.00	3.5	8.33	1.46	2.81
2001	95933	1545.49	3.4	13.10	1.40	2.88
2002	102398	1732.48	6.0	16.54	1.42	3.00
2003	116694	2092.86	15.3	27.41	1.48	2.82
2004	136515	2712.08	16.1	30.08	1.58	2.60
2005	182321	3822.77	10.6	25.15	1.23	2.48
2006	211808	4791.48	9.6	16.06	1.20	2.41
2007	251483.2	6091.12	7.8	13.69	1.16	2.31
2008	300670	7761.80	4.0	9.73	1.10	2.16

注：万元GDP能耗根据2000年价格计算。

资料来源：根据《中国统计年鉴2009》，《内蒙古统计年鉴2009》数据计算。

为了检验内蒙古能源消费与经济增长关系，同时考虑到数据的可得性，经济变量选取内蒙古实际生产总值（GDP），量纲为亿元；能源变量选取能源消费总量（E），量纲为万吨标准煤，选择样本区间为1986～2007年，数据主要来自于《内蒙古统计年鉴2008》。[①] 在分析过程中为了消除变量的异方差和便于变量间长短期弹性的分析，文中分别取内蒙古实际生产总值（GDP）和能源消费总量（E）的自然对数值作为时间序列来分析，分别用lnGDP和lnE表示(见表26)。以下分析过程是通过经济计量软件EVIEWS5.0完成的。

---

① 为消除物价变动因素的影响，本文取内蒙古生产总值以1986年为基期，根据生产总值指数生成内蒙古实际生产总值（GDP），具体计算公式为：实际GDP＝名义GDP×GDP平减指数/100。

表 26　内蒙古 GDP 和 E 数据

年份	GDP	E	lnGDP	lnE
1986	181.58	1856.66	5.201696	7.526534
1987	197.8841	1967.11	5.287681	7.584321
1988	217.2723	2035.52	5.381151	7.618507
1989	223.2152	2250.36	5.408136	7.718845
1990	240.0044	2423.51	5.480657	7.792972
1991	257.9372	2505.19	5.552716	7.82612
1992	286.335	2554.99	5.657163	7.845804
1993	319.7225	2676.11	5.767454	7.89212
1994	355.3892	2812.19	5.873214	7.941719
1995	391.4467	3268.44	5.969849	8.092068
1996	447.761	3144.36	6.10426	8.053366
1997	495.9027	3708.95	6.20638	8.218504
1998	548.7199	3440.06	6.307588	8.143244
1999	597.1909	3634.88	6.392237	8.198331
2000	661.3988	3937.54	6.494357	8.278311
2001	732.1685	4453.48	6.596011	8.401441
2002	828.5553	5190.12	6.719684	8.554512
2003	976.8668	6612.77	6.88435	8.796758
2004	1177.124	8601.81	7.07083	9.059728
2005	1457.28	10764.9	7.284327	9.284046
2006	1734.163	12805.52	7.45828	9.457632
2007	2065.388	14649.39	7.633074	9.592154

资料来源：根据《内蒙古统计年鉴 2008》计算。

内蒙古能源消费速度要快于经济增长速度，表现出以能源消耗为主的粗放型增长方式，这种长期稳定的趋势短期无法改变。能源消费速度是经济增长速度的原因，而经济增长速度不是能源消费速度的原因。[①] 这反映出内蒙古经济的高速增长与能源的高消耗并存，这种能源消耗速度大大超过了新能源开发的速度，是内蒙古经济增长不可持续的强制性制约。

① 孙芳、赵海东、邓小东：《内蒙古经济增长与能源消费的协整性和因果关系分析》，《内蒙古财经学院学报》2009 年第 5 期。

2. 工业“三废”排放量大，节能减排、环境保护压力较大

由资源型产业发展带来的工业“三废”污染呈现增长的势头，对2005～2008年有关数据的分析可以看出，内蒙古虽然工业废水、废气和固体废弃物排放量占全国的比重略有减少，但是各种污染物的排放总量在增加（见表27）。2008年，工业废气排放量、工业废水、固体废弃物产生量分别增长了16.82%、67.26%和44.26%，单位面积承载的环境污染压力明显增大。

内蒙古“三废”的排放量是高于全国平均水平的。2008年，全国废水、废渣和废气排放量平均为8.04万吨，0.63万吨和0.67亿立方米，内蒙古的这几项指标分别为3.76万吨，1.37万吨和2.6亿立方米，只有单位GDP的废水排放量低于全国平均水平。

表27　2005～2008年内蒙古环境污染的主要指标及占全国的比重

污染物种类	2005年		2006年		2007年		2008年	
	数量	比重(%)	数量	比重(%)	数量	比重(%)	数量	比重(%)
工业废水排放量（万吨）	24967	1.02	27823	1.16	25021	1.01	29167	1.2
工业废气排放量（亿立方米）	12071	4.49	—	—	18200	4.69	20190	—
工业固体废弃物产生量(万吨)	7363	5.48	8710	5.75	10973	6.23	10622	5.59

资料来源：根据《中国统计年鉴》(2005～2008)、《2008年中国环境统计公报》数据整理计算。

高耗能企业比重大，节能降耗技术落后，资源损失浪费现象严重，需要淘汰的落后产能较大。2009年需要淘汰小火电185万千瓦，小煤炭、小水泥、小焦炭等其他落后产能1200多万吨。2008年内蒙古自治区二氧化硫排放量、化学需氧量在消化增量的基础上分别削减1.7%和2.6%，完成“十一五”任务总量的44.55%和84.5%，节能减排仍然任重道远（见表28）。

内蒙古生态脆弱的局面没有根本改变，部分地区生态环境仍在退化，尤以水资源污染比较严重。内蒙古河流污染主要来自沿岸城市工业废水和生活污水的排放，污染严重的河段主要集中在辽河和黄河流域，污染河段以耗氧有机类污染为主，而且呈持续恶化的趋势。在黄河流域，从青海经甘肃、宁夏至内蒙古，沿岸能源、重化工、有色金属、造纸等高污染的工业企业林立，产生了包括化学需氧量、氨氮、重金属、高锰酸盐指数以及挥发酚等在内的大量污染物排放事故。

表28　西部12省区市2008年节能减排目标完成情况

单位：%

省区市	万元GDP能耗降低目标	万元GDP能耗降低率	万元GDP能耗累计降低率	“十一五”节能目标完成进度
广　西	3.5	3.97	9.47	61.21
内蒙古	5.0	6.34	12.79	55.09
重　庆	4.6	4.97	12.30	58.82
四　川	4.2	3.55	9.76	46.04
贵　州	4.1	6.11	11.51	54.78
云　南	4.4	4.79	9.97	56.36
西　藏	2.5	2.50	7.13	57.88
陕　西	4.0	5.92	13.23	63.61
甘　肃	4.5	4.53	10.82	51.34
青　海	4.0	4.18	4.79	26.37
宁　夏	4.0	6.79	10.92	52.12
新　疆	4.0	3.15	7.13	33.16

资料来源：国家发改委网站，2008年各省区市节能目标完成情况。

3. 抵御市场风险的能力弱，规避风险的回旋余地小

在资源型经济体中，资源税收——收益、采矿权价款及其他相关收益是财政收入的主体，资源产业是国民经济的支柱，经济发展对资源价格的波动十分敏感。世界资源价格波动直接导致资源经济体更大幅度的波动，在“世界资源价格——经济体资源型产业——经济体宏观经济运行”的传导机制中，资源型经济体的自增长能力和抗周期波动能力弱，严重时将导致该经济体经济动荡和发展衰退。

2008年全球金融危机对资源型产业和内蒙古经济的影响和冲击从2008年8月开始显现和加剧。9月以来，内蒙古煤炭、电力、冶金、建材、化工甚至农畜产品加工行业需求减弱，价格波动下调，煤炭和钢材降价20%以上，铝降价40%，铜和甲醇降价60%左右。全区用电量明显降低，10月份西部电网最高负荷同比下降28%，全区有上千万千瓦的电力装机停产。2008年10月12日，内蒙古工业增加值增长速度分别为20.3%、9.8%和3.6%，下滑明显。从2008年9~11月全国主要工业产品产量当月同比增速变化可以看出，产量明显下滑的产品几乎都是内蒙古的支柱产业。

内蒙古自然资源蕴藏丰富，是21世纪中国重要的能源与矿产资源供应基地，在国家经济社会发展中具有突出的战略性地位。内蒙古发展资源产业符合国家的经济发展战略和能源安全战略，也符合内蒙古自身的经济社会发展现状。但是，在加快发展资源型产业的同时，必须意识到资源型经济带来的问题。

（二）经济运行中结构性失衡矛盾突出，既阻碍了经济的持续发展，又限制了经济发展方式的转变

内蒙古经济的增长，基本上走的是一条外延扩张道路，靠的是投资需求的不断扩张。这种经济增长方式所带来的最大弊端就是掩盖了经济总量增长下结构性失衡的深层次矛盾。经济增长已不仅仅是总量问题，而更多的是结构性问题，体现在以下几个方面。

1. 经济增长拉动不均衡，投资依赖性较强，经济外向度不高

投资、出口、消费是拉动经济增长的“三驾马车”，三者的速度相对均衡，才能保持经济持续健康稳定增长。但是，目前内蒙古经济增长主要依靠投资，消费和出口明显疲软。2009年，全区国民生产总值为9725.8亿元，全年全社会固定资产投资总额占生产总值的76.75%，比2008年增长33.2%；全年进出口总额占生产总值的4.7%，比上年下降24.1%。其中，工业投资的占比为38.81%，比上年增长30.9%。从三次产业发展看，农牧业基础还比较薄弱，经济增长主要靠工业拉动，服务业占GDP比重和对经济增长的贡献率仍低于全国平均水平，服务业占国民经济的比重已经由2005年的39.4%，下降到2008年的33.3%，这与全区工业化、城镇化快速发展的形势不相适应。

2. 优势特色产业、资源型产业与非资源型产业发展不均衡

从产业内部看，主要表现在6个优势特色产业发展不平衡，出现了“三大三小”特征，其中“三大”是能源、冶金建材和农畜产品加工业，“三小”是化工、机械装备制造业和高新技术产业。2008年，6个优势特色产业中能源产业占37%，冶金建材产业占30%，农畜产品加工业占16%，化工产业占9%，装备制造业占4%，高新技术产业占4%，后三个产业之和仅占17%，发展非常不协调。

资源型产业与非资源型产业发展不平衡。以资源型产业为主，非资源型产业发展滞后，非资源型产业比重不足14%，工业企业多数是资源型企业。这种单一的产业结构体系抵御市场风险的能力弱，规避风险的回旋余地小，在金融危机

冲击下，这个问题就充分暴露出来。

3. 企业结构不均衡，非公有制企业和中小企业发展不足

所有制结构不合理。内蒙古诸多的企业，公有制企业比重大，国有企业产值比重大；非公有制企业比重小，非国有企业产值比重小，非公有制工业对工业经济的贡献率不足40%。

企业组织结构的小型化。企业要取得较好的经济效益并提高对资源的利用率、降低单位产品的资源消耗量、对污染物进行综合治理必须要达到一定的经济规模。内蒙古企业小型化、分散化，难以充分发挥规模经济效益。

4. 资源的就地转化和产业延伸不足，产品结构不合理

从产品结构看，“原字号”和初级产品比重高，资源深加工能力不强，产品输出仍然以资源输出为主，高排放、高能耗和资源消耗型产品比例较大，高附加值深加工、精加工产品相对较少。煤化工产业目前形成的产品主要以甲醇为主，市场过剩；有色金属冶炼还停留在初级产品层次上，以铜、铅、锌为主，延伸加工不足。2008年，全区的煤炭产量占全国总产量的28.8%，居全国第一位，煤炭在一次能源结构中所占比例大。尽管能源产品产量较大，但由于洗净煤技术推广应用差，优质、洁净能源供应不足，造成煤炭产品单一。产品生产能力利用率的低下，使本已稀缺的资源大量浪费，与此形成鲜明对照的高附加值、市场需求旺盛的高新技术产品供给严重不足。

5. 区域发展不平衡，东西部发展差距拉大

从各个地区来看，内蒙古工业主要集中在“呼－包－鄂”金三角地区，2008年，“呼－包－鄂”地区生产总值、地方财政收入、规模以上工业增加值占全区50%以上，20个重点工业园区有12个在“呼－包－鄂”地区。“呼－包－鄂”地区新的经济增长点较多，内蒙古的优势资源密集于这一区域。已经被国家规划为“西电东送”北通道的重要电源基地和“西气东输”重要的后备资源基地，内蒙古的煤炭、电力、钢铁、电解铝、羊绒加工、乳业等优势产业以及重型汽车、医药、稀土等成长性较好的产业，也大多集中在这一区域。而其他盟市在工业增长点、发展后劲、发展条件上差距较大。2001年，内蒙古西部盟市生产总值为922.44亿元，占全区生产总值的57.7%，高于东部地区15.4个百分点；2008年，内蒙古西部盟市生产总值为5018.07亿元，占全区生产总值的65%，高于东部地区30个百分点，8年拉大了14.6个百分点。

（三）内蒙古城乡居民收入增长与经济增长比例失衡

经济增长是居民收入增长的基础，近年来，在经济高速增长的同时，内蒙古城乡居民收入出现了三大失衡：一是收入增速明显滞后于经济增长与财政收入增长速度；二是城乡居民收入在地区生产总值中的比重不断下降；三是城乡居民收入水平仍低于全国平均水平。

1. 城乡收入增速明显滞后于经济增长与财政收入增长速度

1999～2008 年，内蒙古生产总值由 1379.31 亿元增加到 7761.8 亿元，年均增长 16.8%；财政收入由 100.82 亿元增加到 1107.3 亿元，年均增长 30.13%，同期，城镇居民人均可支配收入的增长为 12.8%，分别低于 GDP 和财政收入增长速度 4.0 和 17.3 个百分点；农村牧民人均纯收入年均增长 9.5%，分别低于 GDP 和财政收入增长速度 7.3 和 20.63 个百分点，城乡居民尚未同步享受到经济增长的成果（见表 29）。

表 29　内蒙古经济增长效益与城乡居民收入增长情况

项　目	1999 年	2008 年	倍数	年均增长(%)
地区生产总值(亿元)	1379.31	7761.80	5.63	16.80
地方财政一般预算收入(亿元)	86.57	650.68	7.52	24.40
财政总收入(亿元)	100.82	1107.27	10.98	30.13
规模以上工业企业利润(亿元)	16.09	771.44	47.93	62.21
城镇居民人均可支配收入(元)	4770.5	14433	3.03	12.80
农村牧区居民人均纯收入(元)	2002.9	4656	2.33	9.50

资料来源：《内蒙古统计年鉴》（2000～2009），中国统计出版社。

2. 城乡居民收入在生产总值中的比重不断下降，且降幅高于全国平均水平

内蒙古城镇居民人均可支配收入占人均 GDP 的比重由 1999 年的 89.2% 下降到 2008 年的 44.8%，下降了 44.4 个百分点；农村牧区居民人均纯收入占人均 GDP 的比重由 1999 年的 37.4% 下降到 2008 年的 14.5%，下降了 22.9 个百分点（见表 30）。同期，全国城镇居民人均可支配收入占人均 GDP 的比重由 81.8% 下降到 69.7%，下降了 12.1 个百分点；农村居民人均纯收入占人均 GDP 的比重由 30.9% 下降到 20.8%，下降了 10.1 个百分点。前者的下降幅度，内蒙古是全国的 3.7 倍；后者的下降幅度，内蒙古是全国的 2.3 倍（见表 31、图 12）。

表 30　内蒙古城乡居民收入占人均 GDP 比重（1999～2008 年）

单位：元，%

年份	人均生产总值	城镇居民收入	比重	农牧民收入	比重
1999	5350	4770.5	89.2	2002.9	37.4
2000	6502	5129	78.9	2038	31.3
2001	7216	5536	76.7	1973	27.3
2002	8162	6501	74.1	2086	25.6
2003	10039	7013	69.9	2268	22.6
2004	12767	8123	63.6	2606	20.4
2005	16331	9137	55.9	2989	18.3
2006	20264	10358	51.1	3342	16.5
2007	25393	12378	48.7	3953	15.6
2008	32214	14433	44.8	4656	14.5

资料来源：《内蒙古统计年鉴》（2000～2009），中国统计出版社。

表 31　全国城乡居民收入占人均 GDP 比重（1999～2008 年）

单位：元，%

年份	人均生产总值	城镇居民收入	比重	农牧民收入	比重
1999	7159	5854	81.8	2210.3	30.9
2000	7858	6280	80.0	2253	28.7
2001	8622	6860	79.6	2366	27.4
2002	9398	7703	82.0	2476	23.6
2003	10542	8472	80.4	2622	24.9
2004	12336	9422	76.4	2936	23.8
2005	14040	10493	74.8	3255	23.2
2006	16084	11759	73.1	3587	22.3
2007	18934	13786	72.8	4140	21.9
2008	22640	15781	69.7	4717	20.8

资料来源：《中国统计年鉴》（2000～2009），中国统计出版社。

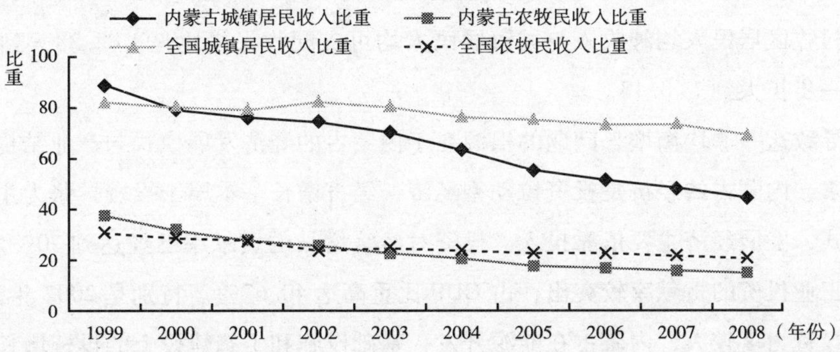

图 12　内蒙古和全国城镇居民、农牧民收入占 GDP 比重比较（1999～2008 年）

3. 城乡居民收入水平仍低于全国平均水平

内蒙古城镇居民人均可支配收入与全国平均水平的差距由1999年的1083.5元扩大到2008年的1348元，10年拉大了264.5元；农村牧区居民人均纯收入与全国平均水平的差距由1999年的207.4元扩大到2006年的245元，8年拉大了37.6元。2008年，内蒙古农村牧区居民人均纯收入与全国平均水平的差距有所缩小，由2007年的187元缩小到61元，缩小了126元（见表32）。

表32　内蒙古城乡居民收入与全国的差距（1999～2008年）

单位：元

年份	城镇居民人均可支配收入			农村牧区居民人均纯收入		
	全国	内蒙古	差距	全国	内蒙古	差距
1999	5854	4770.5	1083.5	2210.3	2002.9	207.4
2000	6280	5129	1151	2253	2038	215
2001	6860	5536	1324	2366	1973	393
2002	7730	6051	1652	2476	2086	390
2003	8472	7013	1459	2622	2268	354
2004	9422	8123	1299	2936	2606	330
2005	10493	9137	1356	3255	2989	266
2006	11759	10358	1401	3587	3342	245
2007	13786	12378	1408	4140	3953	187
2008	15781	14433	1348	4717	4656	61

资料来源：《中国统计年鉴》（2000～2009）、《内蒙古统计年鉴》（2000～2009），中国统计出版社。

此外，城镇居民收入与农村牧区居民收入的差距越拉越大。1999年，内蒙古农村牧区居民人均纯收入与城镇居民人均可支配收入之比是1∶2.38，到2008年进一步扩大到1∶3.13。

导致这一非均衡增长问题的根源在于内蒙古的经济发展模式与产业结构。长期以来，内蒙古的经济是投资拉动型经济，经济增长基本属于投资扩张为主的增长方式，发展经济主要依靠投入。投资对经济增长的贡献率已经达到70%左右，其中工业投资的贡献率较突出，占GDP比重高达40.67%。特别是2002年以来，工业投资力度较大，内蒙古在能源开发、基础设施和生态建设上的投资增长十分迅速，1999～2008年的10年间，第二产业比重增加17.2%。资本密集型和资源消耗型重化工业是带动经济增长的主导产业，六大优势产业增加值占到全区工业增加值的80%以上，以能源化工产业为龙头的资源消耗型企业蓬勃发展，产值由2000年的582.57亿元增至2008年的4271.03亿元，占GDP的比重由2000年的37.85%增至2008年的53.75%。上述因素使得资本相对于活劳动无论质量上还是数量上都相对较强，按生产要素以其贡献取得收入分配的原则，宏观层面上，资本替代劳动，减少了劳动力的总量需求，在国民收入的分配上，劳动力收入份额相对较低；微观层面上，劳动力较资本往往处于劣势地位，这就影响了包括技术工人在内的整个社会的就业形势以及就业人员的工资谈判能力，导致“强资本高回报，弱劳动低收入”的分配格局。

从企业结构看，凡是吸纳劳动力就业较多的地区，几乎都是民营企业比较活跃、民营经济占据比重较大的地区，广东、浙江、江苏无一例外。但是，依托资源型企业发展的内蒙古经济，更多的是依赖于国有大中型企业，由于这些国有企业与民营企业相比更具有规模效益和竞争力，对民营企业造成了挤出效应，使内蒙古民营企业的发展一直比较滞后，严重影响了内蒙古城乡居民的整体就业水平。

只凭借经济快速增长、GDP迅速做大并不能自然而然地带来城乡居民收入的快速增长。如果发展经济不以人民福祉为出发点和落脚点，或者不能达到提高各族人民生活水平的目的，手段和目的分离，就不是科学发展。重要的是经济快速增长的同时人民群众的收入应该有相应增加、生活水平应该有相应提高。

五　结论及建议

西部其他省区市与内蒙古一样，都是自然资源富集、生态环境脆弱地区。内蒙古自治区的经济发展对于西部省区市，尤其是西北地区颇具典型性，总结、反思内蒙古10年经济发展的经验与存在的问题，对西部其他省区市和其今后的发展都具有借鉴意义。

内蒙古经济的高速增长是把握了产业升级和产业转移的机遇，将资源优势与市场需求结合，依靠强劲的投资拉动，实现从潜在优势向竞争优势的转化。党的十七大提出了加快转变经济发展方式的战略任务，强调要促进经济增长由主要依靠投资、出口拉动向依靠消费、投资、出口协调拉动转变，由主要依靠第二产业带动向依靠第一、第二、第三产业协同带动转变，由主要依靠增加物质资源消耗向主要依靠科技进步、劳动者素质提高、管理创新转变。

内蒙古作为21世纪中国能源基地的地位不会变，中国经济增长对能源资源的需求不会减少，内蒙古资源禀赋的比较优势不会改变。国际金融危机使我国转变经济发展方式问题更加突显出来，国际金融危机对我国经济的冲击表面上是对经济增长速度的冲击，实质上是对经济发展方式的冲击。内蒙古未来经济的发展必须在基本约束条件没有根本性变化的情况下调整经济结构、转变经济发展方式，提高经济增长的质量。

（一）改造提升传统资源型产业与大力培育战略性新兴产业相结合

一般而言，每一次大的世界经济危机之后常常伴随着一场新的科技革命。此次由国际金融危机引发的经济危机，将导致以能源技术革命为核心的新一轮技术和工业革命。产业创新不排斥传统产业，包括传统产业的升级。产业转换能力是一个国家经济发展能力的主要决定因素，经济危机中美国政府已经把绿色发展作为重头戏，不排除新能源在不远的将来实现技术和商业化运作上的突破性进展。立足内蒙古的资源优势、多年研发形成的技术优势、竞争优势、已经形成一定规模的产业集群，着力提升产业结构的高度化。

大力培育新兴产业，内蒙古具有发展新能源产业的资源优势和产业基础，风能资源、风电装机都居全国首位，太阳能资源居全国第二。新能源产业是国家重点培育的战略性新兴产业，发展新能源产业，不断拓宽内蒙古工业化发展空间。

（二）顺应低碳经济发展潮流，按照低碳循环经济的发展理念，重构内蒙古工业产业链

当今世界，发展低碳经济已是一种潮流，今后国家将在继续降低能源消耗水平和污染物排放的同时，加大对各地温室气体排放的限制。内蒙古作为国家重要的能源、重化工基地以及冶金、有色、建材等原料生产和输出基地，正处于资源大规模开发和加工转化的时期，工业的重型化特征突出，节能减排压力越来越大。内蒙古有13亿亩天然草原、3亿亩森林、5.6亿亩可利用荒漠化土地，初步测算可实现碳汇10多亿吨，属于减碳潜力大区，有能力实现碳平衡。未来，资源型产业的发展要按照低碳经济的理念和碳汇交易的规则，重构产业链。

（三）将经济增长与城乡居民收入增长有机统一，构建同步增长机制

提高城乡居民收入有利于增强内蒙古经济发展的内在动力，有利于经济结构的优化，有利于促进社会和谐稳定。

经济发展是城乡居民收入水平提高的前提。现有优势主导产业不仅要通过延长产业链“做长”，还要通过横向分工与外包“做宽”。围绕主导产业培育一批“吸附性”的中小产业集群，分享主导产业的“溢出利益”。

经济增长不是终极目标，提高城乡居民收入就是让人民享受经济增长的成果，实现社会福利最大化。并用经济增长的成果去解决城乡收入差距与地区经济发展差距等问题，在经济增长中实现统筹发展。

陕西省神木县经济社会实现跨越式发展报告

谢 军*

摘 要：本报告对全国百强县之一的陕西省神木县自西部大开发战略实施以来经济社会实现跨越式发展的历程进行了回顾，对其发展经验进行了总结，并对其目前发展中面临的问题与机遇进行了分析，提出了未来发展的基本思路和目标。

关键词：神木县 能源基地 跨越式发展 城乡一体化

神木县位于陕西省最北部，与晋、蒙接壤，全县总面积7635平方公里，是陕西省面积最大的县，共辖15个镇4个乡629个行政村，总人口42万。县境内储煤面积达4500平方公里，探明储量500亿吨的优质动力煤、气化煤和化工用煤。此外，还蕴藏着丰富的石英砂（436万吨）、岩盐（14亿吨）、石油、天然气、铁矿、石灰石、膨润土等数十种矿产资源，为各类工业集群、规模发展创造了得天独厚的原料条件。

进入新世纪以来，神木县紧紧抓住西部大开发和陕北能源化工基地建设的机遇，坚持科学发展，促进社会和谐，实现了县域经济社会的高速发展，迅速崛起成为国家级能源化工基地。先后建成“国家级卫生县城”、“全国文明小城镇建设示范点”、“全国计划生育优质服务先进县”、“全国科普示范县”、“全国政务公开示范县”、“全国百强县”、“中国金融生态县”和“中国民营经济最具潜力县”。特别是2009年神木县在全国首家实现了全民免费医疗服务，更使得神木县

* 谢军，陕西省神木县人民政府。

引起了国内外的高度关注。因此，对神木县自西部大开发10年来的发展成效进行总结，对未来的发展进行思考，对于其他县域经济的发展具有很好的启发作用。

一 神木县经济社会10年发展回顾

神木县地处陕北能源化工基地的核心区域，从1986年神府煤田开发算起，已经走过了20余年的发展历程。特别是1999年国家提出西部大开发战略以来，神木县的综合经济实力实现了跨越式发展。1999年全县GDP仅为17.03亿元（当年价格），到2009年增长到了452.64亿元（当年价格），增长了25.6倍，按可比价格计算的年均增长率达到了21.53%；人均GDP由1999年的4795元增加到了2009年的109281元（当年价格），按可比价格计算的年均增长率达到了36.7%；地方财政收入由1999年的1.04亿元增加到了2009年的25.6亿元，增长了23.6倍，年均增长率高达37.8%；城镇居民人均可支配收入由2001年的年的4287元增加到了2009年的19102元，增长了3.46倍，年均增长率为20.5%；农民人均纯收入由1999年的1119元增长到了2009年的7223元，增长了5.45倍，年均增长率为20.5%。

神木的变化，是工业化快速发展的结果。1999年全县工业总产值为10.56亿元，到2009年增加到了535.36亿元，是1999年的50.7倍，年均增长率高达48.1%。目前全县已形成了以煤炭、电力、化工、载能、建材为骨干的多元化工业体系。伴随着工业化的快速发展，所有制结构也由公有制经济为主导转变为以非公有制经济为主的多元结构。

神木县工业化的迅速推进，使社会事业全面繁荣，城乡面貌日新月异。2009年万元生产总值能耗为5.145吨标煤，比上年度下降5%。近5年先后劝阻和拒批各类高能耗、高污染建设项目数十个。基础设施建设全面完善，公路里程达到3000公里。

在陕西率先实施普及12年义务教育，目前高中阶段毛入学率达97.8%。2009年3月起，神木县在全县范围内实施全民免费医疗，成为全国首个实施全民医保的县，建成城区医疗、乡镇医疗、社区医疗有机结合的医疗服务体系，市民平均期望寿命、婴儿死亡率、孕产妇死亡率三大健康指标达到发达地区水平。

城市居民增加，农业产业壮大，农村面貌巨变，人民生活水平显著提高。1999年，在神木35.87万人口中，城镇人口只有7.03万，仅占19.6%；农村人口28.84万，占80.4%。到2009年，在神木40.65万总人口中，城镇人口增加到了10.72万，占到总人口的26.4%。1999年，神木的农业总产值只有2.18亿元，主要依靠劳力加土地的原始耕种。到2009年农业总产值达到了11.59亿元，是1999年的5.32倍。今天，多数地方已变成规模种植、集约经营。农村人口迅速减少，而农业劳动生产率和农业商品率的提高，推动传统农业向现代农业转变。目前，全县625个行政村全部完成了农网改造，实现了村村通公路，自来水普及率达100%，部分家庭开始使用沼气等洁净能源，大部分农民盖了新房，不少农民买了汽车，农村基础设施显著改善。大柳塔村人均住房100多平方米，人均年收入上万元，村里90%以上的家庭都有了小汽车。

2008年以来，受国际金融危机影响，能源价格下滑明显，但神木县域经济依然保持了高速发展的良好态势。能源化工基地建设继续保持“快字当头、好字优先”的基本态势，发展的支撑力进一步增强。神木紧抓国家能源化工基地建设的战略机遇、依靠矿产资源的优势、坚持科学发展的理念，精心打造煤炭、兰炭、化工、电力、载能、建材六大支柱产业，新型工业化步入快车道。2009年实现工业总产值535.36亿元，比2008年依然增长了18.01%；其中：规模以上工业企业完成产值532.99亿元，与上年相比增长24.3%，实现增加值295.92亿元，按可比价计算同比增长14.2%，规模以下工业企业完成产值2.37亿元，同比增长3.5%；实现利润总额173.77亿元，实现利税总额246.3亿元；产销衔接状况得到改善，产品销售率达到97%。主要工业产品原煤产量达1.37亿吨，发电172亿度，焦炭498万吨，电石56万吨，玻璃486万重箱、聚氯乙烯6.15万吨、精甲醇55.87万吨。22个工业生产性项目完成投资61亿元，柠条塔、红柳林、张家峁、石窑店等矿井按计划建设。锦界煤电一体化项目（二期）建成投产。煤炭资源整合顺利开展，第一批参与整合的34个煤矿已全部划定井田范围。兰炭产业摆脱关停困境，成功列入国家产业目录；关闭小炭化炉169台，淘汰落后产能559万吨；22个60万吨以上的新型兰炭项目完成投资18亿元，其中10个项目已建成试生产或具备生产条件；被誉为“榆林版”煤制油的天元煤焦油轻质化项目成功产出高品质燃料油。工业配套基础设施加快完善，园区的载体功能大幅提升，采兔沟水库建成蓄水，红柠铁路加紧建设，大保当至神木北铁路支线前期工作进展顺利，8个兰炭工业集中区基础设施完成投资3000多万元。地方工业节能减排效果明显，2009年全年共削减$SO_2$32493.5吨、COD 1004吨，环评和“三同时”执行率达100%。

城乡一体化建设“二元融合、城乡联动”的格局加快形成，发展的协调性进一步增强。神木坚持“产业向园区集中、人口向城镇集中、生产要素向规模经营集中”，推进“城乡规划、产业布局、基础设施、劳动就业、生态环境建设和保护、公共服务、社会管理”七个一体化，统筹城乡，协调发展。神木新村基础设施累计完成投资3.9亿元，产业项目意向投资规模达15亿元，陕煤集团神南矿区服务中心等项目已开工建设。神木第二新村规划编制完成，神锦大街路基工程完成。包西铁路、榆神高速公路全线开工。工业反哺农业的力度进一步加大，新农村建设蓬勃开展，建成市级示范村16个、样板村1个，实施农业重点项目38个，完成投资5亿元。现代特色农牧业健康发展，羊子存栏达87万只，红枣保存面积达20万亩，10个“一村一品”示范村初具规模，“四妹子”小杂粮、通海羊绒等龙头企业的生产经营水平进一步提高。除财政投资外，“双百帮扶”年度到位资金6364万元，建成项目266个，累计到位资金1.68亿元、建成项目534个。农民转型步伐加快，全年培训农民1.2万人，其中“阳光工程”职业技能培训2020人，就业率达95%。生态建设继续加强，全年完成人工造林9万亩、人工种草16万亩、“三个百树”工程112万株，林草覆盖率提高到49.8%；县城新增绿化面积60万平方米，绿化覆盖率达25%。

认真审视神木县域经济发展的历程，在能源产业的带动下，神木初步实现了由单一农业向农业、工业和现代服务业协调发展的转变，将资源优势转变为发展优势和经济增长优势。县域经济由公有制向多种所有制经济共同发展的转变，能源产业由分散布局向集约发展、节约发展、可持续发展的转变，由一部分人、一部分区域先富起来向共同富裕、和谐进步的转变，由城市规模扩张向城乡统筹协调发展的转变，由粗放增长向经济、政治、文化、社会、生态“五位一体”协调推进的转变，走出了一条令人瞩目的神木之路。

二　神木县经济社会发展的主要措施与经验总结

（一）准确把握形势，制定科学的发展战略，抓住三次重大发展机遇从国家级贫困县到全国百强

第一次是2000年，神木抓住国家实施西部大开发战略，特别是启动西电东

送的历史机遇，充分发挥煤炭资源丰富和基础设施条件得到较大改善的优势，全面分析我国加入WTO、经济体制和市场供求关系对神木县发展的影响，明确提出“实施二次创业，建设西部强县”的目标，制定了“立足优势，面向市场，调整结构，壮大产业，发展特色经济，实现持续发展”的总体思路，积极调整产业结构、所有制结构和区域结构，大力发展煤电、化工、载能、建材、畜牧等产业，形成了以资源加工转化为特征的经济发展新格局。

第二次是2005年以来，按照党的十六大全面建设小康社会和党的十六届三中全会关于树立科学发展观的要求，神木县委、政府深入分析了资源型城市发展中普遍存在的资源浪费、环境污染、城乡差距扩大、社会发展滞后等问题，把科学发展观作为发展的根本指针，把转变发展方式作为经济工作的主线，创造性地提出了“工业主导、城镇带动、城乡统筹、和谐发展”的新思路。在发展模式上，着力推进“四个转变”，即由资源输出向资源综合利用转变，由小规模分散经营向规模化集群化发展转变，由政府投资向外来投资和民间投资转变，由经济建设型政府向公共服务型政府转变。在工业经济上，贯彻“集中、集聚、集约”的原则，重点发展“一带四区五大产业”，“一带”即榆神大公路沿线能源化工产业带，“四区”即大柳塔、店塔、锦界、大保当四个工业园区，“五大产业”即煤炭、电力、化工、载能、建材。在新农村建设上，提出“一体两翼、一河两川、重点村组、梯次推进”的思路，积极促进“产业向园区集中、农民向城镇集中、土地向规模经营集中”，加快了城乡一体化进程。

第三次是2008年，在神木首次跨入全国百强行列之际，神木县委、政府深入分析了国际国内形势后认为，国家能源战略调整的加快使神木在区域发展中的地位进一步提升，国内煤电油运供应的持续紧张使发展能源经济的市场环境更加优越，陕西省委、省政府举全省之力支持榆林发展，为引进和建设重大产业项目创造了更加有利的条件。与此同时，世界经济增速回落，国家土地、信贷、环保等政策环境的趋紧，水资源、生态环境对发展的约束加剧等方面的原因又对神木县域经济的发展提出了新的要求。为此神木县提出了以新型工业化推动全县跨越发展，以城乡一体化促进城乡协调发展，以大地园林化着力改善生态环境，以和谐民本化全面建设小康社会的“四化”方针，以促进神木在新的机遇和挑战面前实现率先发展、科学发展、和谐发展。

实践证明，这些思路和战略是符合神木实际和市场经济规律的。

（二）勇于改革创新，不断突破体制机制障碍

社会主义市场经济体制不断完善的过程，就是不断深化改革、突破体制障碍的过程。独特的资源条件和发展基础，决定了神木既不能坐等中央省市政策，也不能盲目照搬东部地区的发展模式，必须根据神木实际，创造性地开展工作。一是开展解放思想大讨论；二是推进国有企业改革；三是建立锦界工业园区；四是鼓励干部挂职领办创办企业；五是组建了县国有资产运营公司；六是实施“双百帮扶”工程；七是建设六个十万亩生态工程；八是建设神木新村和第二新村；九是大力发展新型兰炭产业；十是实施民营企业白领派遣计划。

（三）发挥比较优势，科学发展构筑产业发展新优势

神木的产业发展具有得天独厚的资源优势，又有20余年开发形成的良好基础，具备了加快、做大、建好的条件。神木认真落实科学发展观，不断加快新型工业化进程，壮大以能源化工为特色的现代工业体系，打造亿吨级煤炭、2000万吨煤化工、千万吨级载能、千万重量箱玻璃和500万千瓦电力生产基地，发挥对县域经济的支撑带动作用。

工业园区建设。按照布局集中、用地集约、产业集聚的原则，抓住全省建设100个县级工业园区的机遇，加大政府投入，继续提升大柳塔、店塔、锦界工业园区设施和服务水平，加快建设大保当、石窑店、红柳林工业园区，为“十一五”和“十二五”时期发展打造广阔平台。把水源建设放在重要战略位置，坚持循环经济和生态经济理念，把工业园区建成现代工业的聚集区，开放开发的示范区。

骨干产业项目建设。煤炭工业加快建设锦界、柠条塔、红柳林、张家峁、石窑店等五个大型现代化矿井，新增产能5000万吨，使煤炭年产量达到1.5亿吨。电力工业抓好锦界6×60万千瓦煤电一体化三期工程建设，新建红柳林2×30万千瓦煤矸石电厂、县城2×30万千瓦热电厂。化工工业开工建设神华陶氏煤制油、南非沙索尔煤液化项目，新建1600万吨煤干馏、1000万吨末煤干馏，100万吨焦油加氢、100万吨聚氯乙烯、100万吨电石和100万吨煤气制甲醇等项目，新上一四丁二醇、聚甲醛、多晶硅等资源深加工项目。盐田开发、气田开发前期工作也在积极筹备之中。

产业结构优化升级。着眼于提升技术装备水平，推动节能减排，实现资源综合利用，加快地方工业的改造升级。神木计划用两年时间完成煤炭资源整合，第一批参与整合的34个煤矿已全部划定井田范围。按照建大关小的思路，新建23个60万吨以上节能环保型兰炭企业，形成1600万吨兰炭产能，对原有的100多个小兰炭企业全部予以关闭。

落实节能减排政策。神木是陕北能源化工基地的核心区域，也是生态环境脆弱地区。神木树立“有了绿水青山，才有金山银山”的观念，认真落实国家环保政策，严格限制高耗能、高耗水、高污染项目，坚决关闭不符合国家产业政策的“五小”工业项目。大力发展循环经济，按照减量化、再利用、再循环的原则，重点做好企业清洁生产、产业耦合发展、资源综合利用、水资源循环利用等工作。

（四）构建城乡一体化新格局

工业经济的主导地位和农业基础条件的脆弱，决定了神木的新农村建设必须走城乡一体化的路子。当前神木正处在工业化城市化加速发展的新阶段，必须主动适应农村人口大量向城镇转移的趋势，加快城镇化进程，推动城乡互补、融合和协同发展。

创新农业农村工作思路。按照“一体两翼、一河两川、重点村组、梯次推进”的总体思路，有步骤、分阶段地推进神木新农村建设。“一体两翼”是工业带和城镇带，目前已集中27万人口，占全县人口的70%，是新农村建设的核心区域。“一河两川”是特色农业发展的重点区，也是未来农业人口的主要聚集区。南部山区则全面实施退耕还林草，发展规模种植和养殖。神木的目标是每年转移农业人口1.5万人，到2010年，全县城镇化率达到75%，从事农业生产的人口下降到10万人以下，农民人均纯收入达到8000元。

加快重点城镇建设步伐。在县城北端窟野河沿岸建设11平方公里的神木新村，将1.6万亩滩涂改造为8万~10万人的城市新区。加快旧城改造步伐，进一步完善城市功能，提高城市现代化水平。集中投入建设重点城镇，加强大柳塔、店塔、锦界、大保当四个小城镇建设，超前规划，完善设施，发展产业，集聚人口。

大力发展特色农业。不断加大财政支农力度，鼓励和扶持农业条件较好的地区发展畜牧、红枣和小杂粮产业，打造神木白绒山羊、神木红枣等名牌产品，提高农业产业化水平。到2010年，全县羊子饲养量达到100万只，红枣经济林达到20万亩。

深入开展双百帮扶。在县委、县政府的倡导下，2008年又新增帮扶企业39户，新增受帮扶行政村15个，达成意向帮扶资金7637万元，到位资金6364万元，确定帮扶项目282个，266个项目完工。目前，全县共有228户企业结对帮扶210个行政村，达成意向帮扶资金1.88亿元，到位资金1.68亿元，确定帮扶项目568个，534个项目已经完工。今后要继续增加帮扶企业，创新帮扶方式，进一步提高帮扶效益，帮助农村改善发展条件，推动和谐社会建设。

加强生态环境建设。以建设“生态城市”、改善人居环境、提高环境承载能力为目标，实施六个十万亩生态工程。分阶段实施两河流域治理，形成流域治理综合体系。把生态建设任务全面纳入项目管理，不断提高工程效益。

（五）内外并举，汇聚加快发展新动力

建设国家级能源化工基地，建设全国经济强县，神木在优化发展环境，激活各种生产要素，调动各方面投资和创业等方面做出了许多积极的创新和尝试，形成社会财富充分涌流的生动局面。

大力引进战略投资者。继续加强与神华、鲁能、陕投、陕煤等大型企业集团的合作，积极引进美国陶氏、南非沙索尔等世界500强企业，建设具有国际水准的大项目，带动产业、技术、管理水平的全面提升。

放手发展民营经济。始终把民营经济作为县域经济的主体，认真落实好《促进民营经济又好又快发展的意见》60条，从产业引导、企业培育、品牌建设、服务保障等方面，进一步优化民营经济发展环境。乘着三次民营经济博览会的东风，推动全社会继续解放思想，着力营造崇尚创业、致富光荣的社会氛围。

创造良好的金融环境。2003年神木创建国有资产运营公司以来，已累计投入国有股本4.8亿元，扶持上马规模亿元以上企业28家，为各类企业提供借款9.8亿元。县农村信用合作社2005年改制后，迅速成为全县金融机构中最具实力的金融企业，为中小企业融资提供了便捷的服务。2008年县国有资产运营公司又与陕西省开发银行合作，组建了中小企业信用担保公司，正在组建神木村镇银行，从根本上改善神木的融资环境。

另外，通过不断提供强有力的人才支持和政府服务水平，使神木投资创业环境得到良好改善，为县域经济跨越发展提供了良好基础保障和发展动力。

（六）发展循环经济、推进节能减排

发展以煤炭为基础的能源经济，必然面对巨大的环境压力。经过十多年探索，神木基本上形成了开发与环境兼容的循环经济发展模式。

近年来，神木县以推进新型工业化为目标，立足优势，扬长避短，以煤炭、兰炭、电力、化工、载能、建材为代表的地方支柱产业不断发展壮大。而兰炭产业在地方特色产业链中具有承上启下、不可替代的关键作用，既是煤炭资源就地加工转化的下游产业，又是新兴煤化工和载能产业的源头，处于煤炭、化工、载能产业链的核心位置。同时，由于兰炭产业为神府地区的独有产业，因此具有很强的地标性特征。为此神木县一方面下决心全部关闭原有169个5万吨以下兰炭炉，淘汰落后产能559万吨。另一方面积极支持企业和相关研究机构开展技术创新。2008年神木三江煤化公司的60万吨煤干馏技术试验示范项目取得成功，神木县抓住这一机遇，规划建设8个兰炭工业集中区，新建60万吨以上节能环保型兰炭生产线23个，全县兰炭生产能力扩大到1600万吨。

围绕兰炭产业升级改造，全县形成了三条产业链。一是“煤－兰炭－电石－聚氯乙烯”产业链。以兰炭、石灰石等为原料，建成23条电石生产线，形成100万吨电石生产规模。采用电石法工艺，神木北元化工建成了10万吨聚氯乙烯项目，2009年又开工建设了100万吨聚氯乙烯生产线。二是“煤－煤焦油－成品油”产业链。由神木天元化工有限公司建设的50万吨焦油加氢项目，利用中温煤焦油为原料，经加氢裂化技术与环保技术组合，实现煤焦化（焦炉煤气、焦油深加工）一体化建设，每年可生产清洁燃料油15万吨，清洁石脑油8万吨，液化气0.4万吨。三是“煤－煤气－电（金属镁、还原铁）”产业链。全县正在建设兰炭尾气发电项目7个，配套金属镁项目7个。

由恒源煤电集团建设的赵家梁循环经济工业园区，正在建设1500吨多晶硅、60万吨兰炭、6×30000千瓦A密闭电石炉等五大项目，总投资近50亿元，建成后年产值将达到60多亿元。

2008年神木县城、锦界、大柳塔三个污水处理厂建成投用，企业污染物稳定达标排放率达到85%。在县城实施“蓝天工程”，大力推广集中供热供气，供

气普及率达到80%以上。全县万元GDP能耗降低5%，化学需氧量和二氧化硫排放量分别削减1064吨和7.68万吨，环境污染得到初步控制。

（七）民生共享发展成果

发展的最终目的是为了改善民生。神木坚持富民优先，发挥公共财政职能，解决好群众最关心、最直接、最现实的利益问题，全力构建经济繁荣、政治清明、社会和谐、人民幸福的新神木。

推行免费教育，努力做到少有所学。在“五免一补”基础上，2008年在全县开始推行12年义务教育和12年免费教育，真正实现教育公平。同时不断加大慈善基金财政注资力度，继续完善贫困大学生资助体系，动员社会力量广泛参与，使每年资助的贫困大学生达到300名左右，保证大学生不因经济原因失学、辍学。

推行免费医疗，努力做到病有所医。完成投资亿元的县医院建设，使其成为全省最好的县级医院，基本满足群众就医需要。在推行农村和城镇合作医疗的基础上，2009年3月起，神木县全面实施免费医疗制度，解除了群众的后顾之忧，彻底解决了世世代代困扰老百姓的看病贵、看病难以及因病致贫、因病返贫的问题，在城乡一体化进程中做出了有益的创新尝试，迈出了关键步伐。

推行城乡居民养老保险，努力做到老有所养。13万城乡居民参加养老保险，收缴保费约1.2亿元，3.2万人开始领取养老保险金，被列入全国首批新型农村养老保险试点县。

推行经济适用房和廉租房制度，努力做到住有所居。通过坚持不懈的努力，真正在神木实现“少有所学、壮有所用、老有所养、病有所医、住有所居”，使全县人民过上高水平的小康生活。

三　神木县经济社会发展面临的问题与发展机遇

在看到成绩的同时，神木县经济社会发展过程中仍然存在不少突出的矛盾和问题，主要表现在：一是经济的结构性矛盾突出。虽然经济实力明显增强，但发展方式仍然粗放，经济结构不优、自主创新能力不强、产品附加值不高，第三产业发展相对滞后，产业结构优化升级的任务还很艰巨。二是城乡统筹过程中农牧业发展基础依然薄弱，城乡居民收入差距拉大的局面没有根本改变。三是生态环境面貌虽然整体好转，但煤炭资源开发和工业化带来的生态地质环境问题日益严峻，重点污染源和采空塌陷治理进展较慢。四是民生和社会事业投入巨大，但管理服务和规范运作水平较低。五是近年来群众致富步伐加快，但社会文明程度没有同步提高，县域经济软实力打造需付出巨大努力。六是发展的资源环境约束加大，煤炭、水等主要资源接续乏力，影响可持续发展。七是少数政府工作人员服务意识和依法行政观念不强，推诿扯皮、吃拿卡要等现象时有发生，投资环境需进一步改善。这些问题的存在，在不同程度上制约着神木县经济社会的进一步发展。对此，县委、县政府已经有了充分的认识，并一直在努力解决。特别是经历了2008年以来这次金融危机的冲击，神木县各级部门对这些问题的严重性体会得更为真切，必须下大力气切实加以解决，才能确保神木在“十二五”期间的发展进入一个崭新的阶段。

这场危机虽然给神木带来了困难，同时也带来了千载难逢的发展机遇。突出表现在：一是危机的洗牌效应，使产业升级的市场压力提前到来，为加快地方产业转型升级提供了机遇；二是危机中人才和技术等要素流动频繁，为通过吸引人才，加快提高自主创新能力提供了机遇；三是针对危机冲击，各级政府采取的扩大内需的政策措施，为推进项目建设提供了机遇；四是危机中市场倒逼力量增加，为企业素质提高提供了机遇；五是危机中一批落后产能被市场淘汰，为进一步做好节能减排和环境保护工作提供了机遇。特别是陕西省促进榆林发展的27条政策，给神木的跨越发展添加了“催化剂”。

四　神木县经济社会进一步发展的基本思路

站在新的历史起点，面临新的挑战与机遇，神木正在以解放思想为强大动力，以保持经济平稳较快发展为首要任务，以转变发展方式为根本举措，以加快项目建设和发展民营中小企业为抓手，以改善民生为出发点和落脚点，坚定不移地推进“新型工业化、城乡一体化、大地园林化、社会和谐化”的发展方针，把神木建设成为“全国经济强县、国家能源新区、西部现代名城、西北生态楷模”，全面提高综合实力、区域竞争力和可持续发展能力，推动神木以开放、和谐、充满魅力的新形象走向全国前列、走向现代化。

具体到当前和今后一段时期的工作，就是全力推进“五个转型”：推进优势特色产业由低层次、高消耗向规模化、高端化转型；推进地区产业结构由资源主导向多轮驱动转型；推进民营经济由单纯的规模扩张向质量、数量和效益并重转型；推进社会结构由“二元”分割制向城乡一体化协调发展转型；推进民生建设由满足一般的生存需求向人本化全面发展转型。

（一）坚持走新型工业化道路，加快结构调整和产业升级

新型工业化道路的基本内涵，就是科技含量高、经济效益好、资源消耗低、环境污染少、人力资源优势得到充分发挥。对照这一要求，近几年我们取得了很大进展，今后要从“做大高端、提升传统、发展非煤”三方面入手，加快新型工业化进程。

大力发展能化高端产业。按照“节约资源、深度转化”的要求，引进国内外能源化工领域的一流企业，建设具有国际水准的大项目。加快建设神华陶氏煤炭综合利用项目，建立由煤炭到甲醇再到乙烯、丙烯等精细化工产品的产业链。抓好锦界煤电一体化三期、100 万吨聚氯乙烯、6 万吨丁二醇等战略性大项目，鼓励支持发展下游产业和深加工项目。积极贯彻省市部署，理顺榆神工业园区的各项机制体制，加快锦界、大保当、高家堡的开发进程。加强园区建设，强化水资源管理，在大保当建设大型配套服务项目，为大项目落地创造良好条件。

加快传统产业的升级改造。着眼于提高开采率和安全水平，继续推进煤炭资源整合，扩大采空塌陷区综合治理试点，开展机械化采煤试验示范。加快面煤干馏、干法水煤浆项目的规模化生产，加强煤炭分级利用、转化和兰炭生产新工艺、新技术、新产品开发，大力发展煤焦油加氢项目。鼓励载能企业引进推广节能环保新技术，提高产品质量和环保水平。

发展壮大非能化产业。着眼神木可持续发展，积极培育替代产业，重点发展建筑陶瓷、生物能源、机械制造、农产品加工等产业。加快陶瓷工业园建设步伐，建设好大通汽车、力锐机械制造、神帝矿山设备加工等制造业项目，逐步建立结构合理、可持续性强的新型工业体系。

推动服务业实现跨越发展。服务业是衡量国民经济整体发展水平的重要标志。随着第一、二产业的繁荣，全县第三产业跨越发展的条件日益成熟。要编制第三产业发展规划，制定优惠政策，打造发展平台，以金融、物流、房地产、旅游和社区服务业为重点，规划安排一批重点建设项目，提升服务业规模和水平。

（二）按照城乡一体化思路，加快城镇化、产业化步伐

适应工业化、城市化加速发展的新趋势，继续加大统筹城乡力度，以“一体两翼、一河两川”为重点，加快推进“三个集中”和“七个一体化”。

重点突出新城建设，适度加快旧城改造。立足于建设西部现代名城，不断拓展城市空间，完善城市功能，加强城市绿化，严格城市管理。建设榆神高速连接县城快速通道和店塔至石窑店运煤通道，完成城市供水工程，实施滨河路改造、鸳鸯塔大桥、集中供热、天然气入户等市政工程，进一步改善人居环境。新村要严格规划管理，提高准入门槛，逐步完善道路、广场、供热等基础设施，加快入园项目建设进度。第二新村要完成神锦大道，加强骨干路网建设，加大项目引进力度，尽快形成园区基本框架。

有步骤有重点地推进新农村建设。加大大柳塔、店塔、锦界、大保当等重点镇的投入，提高服务开发、集聚人口的能力。结合重点城镇建设、采空区治理和新区开发，选择一批有发展潜力的重点村，进行统一规划建设。以中鸡镇束鸡河新村建设为示范，引导民营企业家投身新农村建设。

抓好特色农业基地建设。把握农民进城发展、企业家返乡创业的总体趋势，推动农村土地规模化经营，建设畜牧、红枣、小杂粮生产基地。用以奖代补的方式，支持特色养殖、设施农业、生态休闲农业等新型农业项目。

（三）坚持大地园林化目标，积极发展生态经济

作为生态脆弱区和重点开发区，加强生态建设不仅是实现科学发展的迫切任务，也是事关神木长远发展的百年战略。

尽快启动百万亩生物质能源工程。绿色投资将是新一轮全球经济增长的重要推力，在神木大力发展本土油料植物长柄扁桃，不仅具有显著的生态效益，而且具有可观的经济效益。要依托矿区治理、城乡绿化、荒山整治等工程，集中力量建设百万亩绿色油田，并积极做好产品加工转化研发，为神木的长远发展构建新的资源优势。

继续实施百万亩生态骨干工程。采用工程造林、项目管理的方式，加强规划指导，集中资金投入，建设好马场梁10万亩常绿混交林、县城两山10万亩森林公园、锦界10万亩生态工业园、神湖10万亩湿地自然保护区、秃尾河源20万

亩水源保护区、大保当20万亩臭柏保护区、黄河沿岸20万亩红枣经济林。加快推进榆神高速公路和神锦大道绿化。

不断加强城市绿化。按照园林化的基本方向，切实搞好环城绿化、道路绿化、社区绿化和城区公园建设，打造绿色宜居的生态城市。

（四）加快社会和谐化进程，着力打造幸福神木

不断改善民生，提升广大群众的幸福指数，是我们党执政的终结目标。坚持民生优先，加大民生工程投入，逐步解决关系群众切身利益的突出问题。

切实加强文化建设。以“书香榆林”活动为载体，发展公共文化设施，免费开放图书馆、博物馆、体育馆，开展多种形式的群众性文化活动，形成全民读书、健康向上的文化氛围。扶持文化社团和文艺创作，不断繁荣文化事业。大力弘扬社会公德、职业道德和家庭美德，促进社会和谐。

不断提高社会保障水平。12年免费教育、全民免费医疗、特殊人群免费供养，是我们破解民生难题的重大制度创新，必须长期坚持，并不断总结经验，完善制度。要加快公立幼儿园建设步伐，促进免费教育向下延伸。建设第九中学和特殊教育学校。建立免费医疗信息化管理系统，逐步建立全民健康档案，着力构建疾病预防监控体系，提高医疗资金使用效益。加强与驻神各大企业的沟通协调，运行好人力资源市场，统筹解决就业问题。继续推行城乡居民养老保险，提高标准，扩大范围，解除群众后顾之忧。坚持完善经济适用房和廉租房制度，完成经济适用房二期和廉租房建设任务。

努力创建国家级平安县。建立社会稳定风险评估机制，加强矛盾纠纷排查调处，坚持各级领导公开接访，认真解决群众的合理诉求。深入开展平安创建，继续完善城乡防控网络建设，严厉打击涉黑、涉毒、涉赌等违法犯罪活动，重大恶性案件侦破率要达到100%，切实提高人民群众安全感和满意度。要积极吸取高庄煤矿安全事故的教训，全面加强煤炭安全管理，健全完善开采监管、应急救援体系，严防安全事故的发生。在创建省级平安县的基础上，加快创建国家级平安县。

通过以上措施的实施，预计到2013年，全县地区生产总值达到1100亿元，财政总收入260亿元，其中地方财政收入60亿元，城镇居民人均可支配收入31100元，农民人均纯收入15000元，进入全国五十强。再经过七年努力，到2020年，地区生产总值达到10000亿元，综合经济实力进入全国十强，基本实现现代化。

西部竞争力评价与分析

ANALYSIS AND EVALUATING REPORT ON WESTERN COMPETITIVENESS

西部省域经济发展综合竞争力评价与分析报告*

西北大学中国西部经济发展研究中心课题组

对西部而言，2008 年是充满挑战的一年。年初，广西、贵州等地经历了低温冰冻雨雪灾害；五月份，四川汶川发生特大地震，波及甘肃、青海、陕西等省区；除特大自然灾害外，西部地区还经历了自大萧条以来最严重的国际金融危机的影响和冲击。然而，在不利条件下，西部经济发展依然取得了可喜的成绩：2008 年西部 GDP 占全国 GDP 比重由 2007 年的 17.4% 上升到 17.87%，提高 0.47 个百分点；固定资产投资总额 49662 亿元，增长 38.1%，高于 30.1% 的全

* 本研究报告为国家社科基金项目《国际资本流动与西部地区产业集聚化发展及政策调整研究》(06BJL071) 中期成果的一部分。项目负责人：姚慧琴，徐璋勇，王敏，耿鹏。

国平均速度；产业结构进一步优化，尤其是优势产业、特色产业发展迅速。第二产业占 GDP 比重稳步提升，由 2007 年的 46% 提高到 2008 年的 48%：西部各省区市推行的产业结构调整政策正在发挥作用；规模以上工业企业工业总产值增长 31.5%，高于 25.2% 的全国平均水平；对外贸易迅速发展，西部地区出口总额比 2007 年增长了 38.9%，远高于 17.5% 的全国平均水平；城乡居民储蓄余额增长了 26.32%，略高于全国平均水平（26.29%）；城镇居民人均可支配收入增长了 14.7%，高于东部、中部和东北地区；农村人均纯收入增长了 15.8%，高于东部和中部地区农村人均收入提高水平。经过一年的发展，西部地区经济实力明显增强，人民生活水平稳步提高。

然而，西部经济发展依然存在着缺陷，2008 年第一产业占 GDP 的比重为 15.6%，远高于全国 11.3% 的平均水平，同时第三产业发展缓慢，占 GDP 的比重仅为 36.3%，低于全国 40.1% 的平均水平；城镇居民可支配收入水平和农村居民人均收入水平均低于全国其他地区。另外，长期粗放的经济增长方式引发的环境问题依然严重；同时，西部大规模的资源开采对生态环境的压力依然巨大。西部普遍存在的贫困往往与恶劣生态相伴随，这一问题也没有因为经济的增长获得最终解决。民生问题虽然有所改善，但与发达地区的差距依然较大。

基于此，为了准确、客观地评价西部大开发政策实施以来西部各省区市的竞争力提升状况和发展趋势，我们继续沿用《中国西部区域经济发展综合竞争力分析报告（2009）》的指标体系（见表 1）和分析方法（主成分分析法，并适当采用聚类分析方法），对 2008 年西部各省区市经济发展综合竞争力做出测评和分析，并使用 2005 ~ 2008 年各个指标的三年平均增长率，从动态角度对三年来西部各省区市经济发展综合竞争力的发展态势做出评价。

为保证测评结果的准确性，我们用于测评的数据均来自《中国统计年鉴》（2006 ~ 2009）、西部各省区市统计年鉴（2006 ~ 2009）及各专业统计年鉴（2006 ~ 2009）。动态测评应用的三年平均增长率计算公式如下：

$$三年平均增长度 = \sqrt[3]{2008\text{年数据}/2005\text{年数据}} - 1$$

本评价报告[①]由以下 10 个分报告构成：

① 西藏自治区由于多项指标数据缺失，未纳入本分析报告及各分报告。

（1）西部各省区市宏观经济竞争力评价与分析报告；

（2）西部各省区市产业竞争力评价与分析报告；

（3）西部各省区市企业竞争力评价与分析报告；

（4）西部各省区市科教与创新竞争力评价与分析报告；

（5）西部各省区市资源竞争力评价与分析报告；

（6）西部各省区市环境竞争力评价与分析报告；

（7）西部各省区市金融竞争力评价与分析报告；

（8）西部各省区市对外开放竞争力评价与分析报告；

（9）西部各省区市政府作用竞争力评价与分析报告；

（10）西部各省区市经济发展综合竞争力评价与分析报告。

表1　西部省域经济发展综合竞争力评价指标体系*

一指标级	二级指标	三级指标
西部省域经济发展综合竞争力	宏观经济竞争力	经济总量竞争力,收入与消费水平 工业化水平与城市化水平,市场化水平
	产业经济竞争力	第一产业竞争力 第二产业竞争力 第三产业竞争力
	企业竞争力	企业规模实力,企业运营能力与质量 企业技术水平与装备,企业社会贡献能力
	科教与创新竞争力	科技基础投入,教育基础投入 科教产出,高新技术
	环境竞争力	工业污染,生活污染 环境治理,生态环境
	资源竞争力	生活资源,气候资源 植物资源,能源资源
	金融竞争力	金融规模竞争力 金融效率竞争力 金融生态竞争力
	对外开放竞争力	旅游开放与国际资金流入水平,对外经济合作水平,对外开放水平,外贸开放水平
	政府作用竞争力	基础设施竞争力,政府财政能力 社会保障能力,社会公平度

* 三级指标下设的四级指标详见各分报告。

西部各省区市宏观经济竞争力评价与分析报告

毛 颖　姚慧琴*

宏观经济竞争力是衡量一个地区整体经济发展水平和经济发展潜力的综合指标。运用该指标对西部地区宏观经济层面的运行状况进行分析和评价，不仅有利于深入了解西部各省区市内部宏观经济发展的基本现状，而且也有助于从总体上把握西部各省区市经济发展综合竞争力的基本走向。

一　西部各省区市宏观竞争力评价思路和指标体系的构建

1. 评价基本思路

在对西部各省区市宏观经济竞争力进行分析和评价时，我们仍然采用了静态和动态相结合的方式，以反映2008年西部地区经济发展的基本现状，同时对其未来宏观经济的发展潜力做出一个基本判断。在此基础上，通过与2007年宏观经济竞争力的测评情况进行一个对比分析，及时发现西部各省区市在宏观经济发展过程中出现的新特点，从而更加清晰地把握西部地区宏观经济运行的基本态势，这对于进一步提升西部各省区市的综合竞争力具有重要的理论和现实意义。

2. 指标体系的构建

为保证可比性、一致性与统一性，根据竞争力评价指标体系构建的有关原则，今年我们仍将从经济总量水平、收入与消费水平、工业化与城市化水平、市场化水平等四个方面对西部各省区市的宏观经济竞争力状况进行分析和评价。

我们的分析与评价依次从静态与动态两方面进行。具体的指标选取如表1、表2所示。

---

* 毛颖、姚慧琴，西北大学中国西部经济发展研究中心。

表1　西部各省区市宏观经济竞争力静态分析指标体系

一级指标	二级指标	三级指标
宏观经济静态竞争力	经济总量水平	地区生产总值(亿元) 财政总收入(万元) 固定资产投资额(亿元) 全社会消费品零售总额(亿元)
	收入与消费水平	居民恩格尔系数(%) 人均地区生产总值(元) 人均财政收入(元) 居民人均收入(元) 人均固定资产投资额(万元) 人均社会消费品零售额(万元)
	工业化与城市化水平	第二产业占 GDP 比重(%) 第二产业人口占总就业人口比重(%) 城镇人口占总人口比重(%) 城市平均建成区面积占全省面积比重(%)
	市场化水平	市场化指数(%) 非公有制经济产值占全社会工业总产值比重(%) 非国有单位从业人员占城镇从业人员比重(%) 单位 GDP 所需公务员人数(人/万元)

表2　西部各省区市宏观经济竞争力动态分析指标体系

一级指标	二级指标	三级指标
宏观经济动态竞争力	经济总量水平变动趋势	地区生产总值增长率(%) 财政总收入增长率(%) 固定资产投资额增长率(%) 全社会消费品零售总额增长率(%)
	收入与消费水平变动趋势	居民恩格尔系数增长率(%) 居民人均收入增长率(%) 人均地区生产总值增长率(%) 人均固定资产投资额增长率(%) 人均社会消费品零售额增长率(%) 人均财政收入增长率(%)
	工业化与城市化水平变动趋势	第二产业占 GDP 比重增长率(%) 第二产业人口占总就业人口比重增长率(%) 城镇人口占总人口比重增长率(%) 城市平均建成区面积占全省面积比重增长率(%)
	市场化水平变动趋势	市场化指数增长率(%) 非公有制经济产值占全社会工业总产值比重增长率(%) 非国有单位从业人员占城镇从业人员比重增长率(%) 单位 GDP 所需公务员人数增长率(%)

二　西部各省区市宏观经济竞争力的分析与评价

由于评价宏观经济竞争力的指标之间存在比较密切的相关性，为此，我们在对西部各省区市的宏观经济竞争力进行分析评价时，采用了多元统计分析中的主成分分析方法。根据主成分分析的基本原理，累计贡献大于85%的主成分个数基本包括了原变量的主要信息，因此我们的主成分选取个数以累计贡献率达到85%为标准。具体分析如下。

（一）宏观经济竞争力静态分析与评价

在静态指标中我们选取了2008年的有关数据进行分析和评价。先是对经济总量水平、收入与消费水平、工业化与城市化水平及市场化水平四个二级指标运用主成分的分析方法计算出得分、名次；然后再根据四个二级指标的得分计算出综合得分和排名情况。四个二级指标及综合得分与排名情况如表3所示。

表3　西部各省区市宏观经济竞争力静态指标得分及排名

省区市	经济总量水平		收入与消费水平		工业化与城市化水平		市场化水平		综　合	
	得分	排名	得分	排名	得分	排名	得分	排名	得分	排名
四　川	4.28	1	-0.65	7	0.20	4	1.31	4	1.53	1
内蒙古	1.50	2	5.24	1	0.03	6	1.57	2	1.50	2
重　庆	0.48	5	1.63	2	2.35	1	1.87	1	1.38	3
广　西	0.74	4	-1.05	8	0.18	5	1.51	3	0.62	4
陕　西	1.01	3	0.86	3	0.45	3	-0.04	6	0.43	5
云　南	0.37	6	-1.60	9	-1.13	10	0.05	5	-0.28	6
宁　夏	-2.46	10	0.71	4	1.24	2	-0.12	7	-0.37	7
新　疆	-0.87	7	0.31	5	-0.89	8	-0.91	8	-0.67	8
青　海	-2.59	11	-0.33	6	-0.18	7	-1.47	9	-1.24	9
贵　州	-1.13	8	-3.06	11	-1.24	11	-1.59	10	-1.40	10
甘　肃	-1.35	9	-2.05	10	-1.02	9	-2.16	11	-1.50	11

根据西部各省区市宏观经济竞争力静态指标的得分及排名情况，我们可以得出如下结论。

1. 综合排名角度

与2007年相比，西部各省区市的综合排名没有发生变化，说明2008年各省区市的宏观经济水平之间总体上比较稳定。在2008年中，四川、内蒙古、重庆、广西、陕西五省区市的宏观经济竞争力依然位于前列，保持着较高水平；云南、宁夏、新疆三省区宏观经济情况处于中游水平；而青海、贵州、甘肃在综合排名上较为靠后，处于下游水平，其宏观经济实力有待提升。

2. 分级指标角度

（1）在经济总量水平上，与上年相比西部各省区市的总体排名并没有发生很明显的变化。一是四川省在经济总量上的优势仍然十分明显，据统计2008年四川省国民生产总值12506.3亿元，比上年增长9.5%。全社会固定资产投资7581.2亿元，同比增长29.5%；全年社会消费品零售总额4849.5亿元，同比增长14.7%；地方财政一般预算收入1041.8亿元，同比增长18.9%。这些都为四川在经济总量上领先西部地区奠定了基础；二是排在二至四名的分别是内蒙古、陕西、广西。从2005年起，内蒙古的经济总量就持续高速增长，2008年国民生产总值7761.8亿元，比上年增长17.2%。固定资产投资、全社会消费品零售总额、财政总收入也仅次于四川。陕西2008年全省全社会固定资产投资完成4835.15亿元，比上年增长32.8%，有力地带动了经济总量的上升；三是甘肃、宁夏、青海排名没有发生变动，在经济总量上仍处在下游水平。

（2）在收入与消费水平的排名中，西部各省区市的排名也没有发生显著变化。内蒙古、重庆、陕西位于前三名；宁夏、新疆、青海等位于中游；广西、云南、甘肃、贵州等排名比较靠后。因为该指标主要是从人均的角度进行衡量，排名靠后的省份主要原因是其人口规模太大，或者是其经济总量水平排名比较靠后等。

（3）在工业化与城市化水平的排名中，重庆、宁夏、陕西排名位于前三，四川、广西、内蒙古分别位于四至六名，处于中游水平；甘肃、云南、贵州等省份仍然处于下游位置。从各个分级指标上看，重庆市的第二产业就业人口占总就业人口比重和城市平均建成区面积占比均明显超过西部其他省市，从而城市化整体上保持较高的水平；宁夏在上述两项指标上也具有显著优势。陕西较2007年排名提升的重要原因在于其2008年第二产业占GDP比重大幅提升，2008年第二产业占GDP比重高达56.1%，在西部各省区市中排名第一。

（4）在市场化水平的排名中，重庆、内蒙古和广西位居前列，尤其重庆2008年非国有单位从业人员占城镇从业人员比重高达73.72%，内蒙古和广西排名有所提升的重要原因在于市场化指数的提高和单位 GDP 所需公务员人数的下降，这说明在 2008 年中三省区市政府在整个经济运行中办事效率较高，非公有制经济得到快速发展，市场的作用机制得到了较好的发挥。四川在这两项指标上得分较低这是使其排名下降的主要原因；新疆、青海、贵州、甘肃等地区的市场化排名仍然比较靠后，这些地区无论是从非公有制产值所占比重、非国有单位就业人口所占比例还是单位 GDP 所需公务员人数上衡量，明显的处于落后水平，尤其是甘肃在鼓励非公有制经济发展上仍然需要加大扶持力度。

（二）宏观经济竞争力动态分析与评价

在动态分析中，我们选取了 2005 ~ 2008 年的有关数据进行分析和评价，先是对经济总量水平变动趋势、收入与消费水平变动趋势、工业化与城市化水平变动趋势及市场化水平变动趋势四个二级指标运用主成分的分析方法计算出得分、名次；然后再根据四个二级指标的得分计算出综合得分和排名情况。其中 18 个三级指标的三年平均增长率按几何平均的方式进行计算，具体计算公式为：

$$三年平均增长率 = \sqrt[3]{2008 年数值 / 2005 年数值} - 1$$

四个二级指标及综合得分与排名情况如表 4 所示。

表 4　西部各省区市宏观经济竞争力动态指标得分及排名

省区市	经济总量水平变动趋势		收入与消费水平变动趋势		工业化与城市化水平变动趋势		市场化水平变动趋势		综　合	
	得分	排名	得分	排名	得分	排名	得分	排名	得分	排名
内蒙古	2.00	1	2.15	1	-0.14	6	1.54	1	1.13	1
陕　西	1.39	2	2.05	2	0.36	4	0.72	2	0.99	2
广　西	-0.24	5	-0.61	9	1.59	1	0.70	3	0.93	3
重　庆	0.61	3	0.16	4	0.43	3	-0.03	6	0.36	4
云　南	0.001	4	0.47	3	0.25	5	-0.08	7	0.06	5
宁　夏	-0.30	6	-0.10	5	-0.35	7	0.56	4	-0.06	6
四　川	-0.63	9	-0.28	6	0.48	2	-0.03	5	-0.07	7
贵　州	-0.44	7	-0.52	8	-0.73	11	-0.28	8	-0.62	8
青　海	-0.75	10	-0.44	7	-0.61	9	-0.48	10	-0.70	9
新　疆	-1.19	11	-2.03	11	-0.56	8	-0.37	9	-0.94	10
甘　肃	-0.44	8	-0.86	10	-0.71	10	-1.47	11	-1.07	11

利用动态指标对西部各省区市进行宏观经济竞争力排序，可以反映一个地区宏观经济持续发展能力的大小，根据西部各省区市宏观经济竞争力动态指标的得分及排名情况，我们可以得出如下结论。

1. 综合排名角度

内蒙古在增速上仍位居第一

其中经济总量水平变动趋势、收入与消费变动趋势、市场化水平变动趋势三个分级指标得分都是最高，这主要表现在其 GDP 从 2000 年开始以年均 18% 的高速增长和全社会固定资产投资额年均 40% 的增速，都远远超过了西部和全国其他省份的同期水平。市场化水平高居于西部首位说明内蒙古在经济快速增长的同时，政府的工作效率也在提升，市场的作用机制在经济运行中得到了很好的发挥。但工业化和城市化水平变动趋势排名比较滞后，说明其经济高速增长更多的是依赖矿产资源的开发，第二产业占 GDP 的比重增长率虽然最高，但第二产业就业人口占总就业人口比重增长率、城镇人口占总人口比重增长率和城市平均建成区面积占比增长率较低。对于内蒙古来说，要保持经济的持续高速发展，延长能源产业链和加快产业结构升级势在必行。

2. 陕西、广西、重庆在动态排名上分别位于第二、三、四名

陕西排名上升的重要原因在于其固定资产投资额增长率高居西部地区首位，具体表现在能源化工工业、交通运输业、装备制造业三大行业投资的高速增长上，尤其是陕北能源产业的发展带动陕西经济总量大幅度上升。非公有制经济的高速发展、市场化水平的提高也提升了其市场化水平变动趋势的排名。广西与 2007 年相比，排名由第四上升了一位，主要体现在工业化和城市化水平变动趋势领先的优势上，近年来广西充分发挥其作为连接中国与东盟国际大通道的优势，加快了交通等基础设施及重大项目的建设，保持了其在制糖、电力、汽车、机械等工业上的优势，并抓住北部湾经济区开发的机遇，有力地带动了城市化的建设，使其自 2005 年以来，第二产业就业人口占总就业人口比重和城镇人口占总人口比重变动趋势均快于西部其他省区市。边境贸易的发展也进一步提升了其市场化水平，2008 年边境小额贸易较上年增长了 97.5%。重庆排名由第二位下降至第四位，其市场化水平还有待进一步提升，尤其是其单位 GDP 所需公务员人数应进一步削减。

3. 云南、宁夏、四川在增长潜力上处于中游水平，分别位于第五至七名；而贵州、青海、新疆、甘肃在增长速度上相对而言比较缓慢，暂处于下游水平

云南宏观经济竞争力动态排名较靠前，得益于城市平均建成区面积占比的持续高速增长促进了其工业化和城市化水平变动趋势排名的提升，从2005年起房地产开发投资增长率就保持在30%左右。宁夏经济总量水平和市场化水平变动趋势的排名有力地解释了其具有较强的增长潜力。四川增长潜力虽处于中游水平，但与内蒙、陕西、重庆等西部其他几个经济大省份相比，在宏观经济竞争力的增长潜力上明显落后，主要在于经济总量水平提升较为缓慢，并且在市场化指标的动态排名也较靠后，这说明四川应进一步加快投资、刺激消费，大力发展非公经济，提升市场化水平。新疆、青海近年来在经济增长总量上明显落后于其他地区，尤其是固定资产投资增长幅度在西部省份的排名中处于最后的位置；甘肃和贵州在工业化和城市化中表现明显不如其他省份，尤其是第二产业占GDP的比重增长率过低，它们应该加快第二产业的发展，以此来带动其宏观经济竞争力的提升。尤其是甘肃在市场化水平变动趋势上表现出来的国有单位从业人员占比增长率和单位GDP所需公务员人数增长率的持续高位，导致了其宏观经济竞争力动态排名的显著滞后。这四个省份在动态排名的整体靠后说明如何实现宏观经济的持续快速发展已成为其亟待深思和解决的问题。

三　结论与政策性建议

与2007年的排名相比，2008年西部各省区市宏观经济竞争力的排名情况体现出如下几个特点。

（1）内蒙古在动态排名中的优势十分明显，连续两年的测评都处于第一的位置，具有较强的可持续发展能力。这些充分表明内蒙古紧紧抓住了西部大开发所带来的历史性机遇，逐渐由原先的资源优势向效益优势转变，对资源综合高效利用，形成了相应的特色产业群，这些都使得它在西部地区处于领先的地位。

（2）在连续两年的动态测评中，经济总量排在西部第一的四川省在增长潜力上已连续两年排在中下游水平，说明四川急需转变经济增长的方式，以实现宏观经济的可持续发展。并且我们可以发现这次动态综合排名靠前的省份在市场化水平排名中也都居于前列，如内蒙古、陕西和广西等省区，这在一定程度上说明

一个地区市场化水平的提升，是其宏观经济保持持续快速发展的重要因素。

（3）新疆、甘肃、青海、贵州省在市场化水平的静、动态测评中都处于落后位置，这说明在这些省份中市场的功能还没得到充分的发挥，因而在加快政府职能转变、提高政府的工作效率上，推动非公有制经济发展仍是政府的工作重点。

（4）通过连续两年的排名比较，我们还可以发现在西部地区经济的整体发展过程中，甘肃、青海、新疆“小西北”地区在宏观经济上不仅在现实竞争力上排名落后，而且在可持续发展上后劲也不足，连续两年在动态的测评也都处于明显的落后位置。这主要是青海的经济基础比较薄弱，因此应该加大固定资产投资力度，以提升经济规模的整体水平；甘肃应该把重点放在工业的转型上，加快产业结构的调整和升级，稳步提升市场化水平；新疆经济总量增长率过低要求其着重于扩大投资、刺激消费。而西南地区的贵州省则应大力发展第二产业，加快城市化建设步伐，不断调整经济发展思路。同时，积极寻找经济增长的新亮点，是这些省份进一步提升其宏观经济增长潜力和缩小与西部其他省份差距的必由之路。

西部各省区市产业竞争力评价与分析报告

张 宁*

随着经济全球化的逐步深入，国际产业竞争日益加剧，产业竞争力成为一个国家或地区国际经济地位的决定性因素。产业竞争力既是综合竞争力的基础，又是综合竞争力的主体。对一个地区产业竞争力的分析，可以了解该地区现实的产业实力水平，把握该地区未来产业发展潜力和趋势。为此，我们运用主成分分析方法，分别从静态和动态两个角度对西部各省区市的产业竞争力进行分析与评价。

一 西部各省区市产业竞争力评价的指标体系构建

根据指标体系构建的科学性、系统性、整体性、可操作性和体现可持续发展的原则，我们将分三次产业来具体考察西部各省区市的产业竞争力状况，并运用静态分析与动态分析相结合的方法进行分析与评价。具体指标体系见表1。

表1 西部各省区市产业竞争力评价指标体系

一级指标		二级指标	三级指标
产业竞争力	静态竞争力	第一产业竞争力	第一产业总产值、第一产业劳动生产率、农村居民家庭生产性固定资产原值、农民人均纯收入、农业劳动力人均耕地面积、农业土地生产力、农业机械化水平、单位播种面积用电量、单位播种面积化肥施用量
		第二产业竞争力	第二产业总产值、工业利税总额、固定资产原价、第二产业劳动生产率、工业成本费用利润率、总资产贡献率、产品销售率、资产负债率、市场占有率
		第三产业竞争力	第三产业总产值、第三产业劳动生产率、第三产业从业人员数、旅游总收入、人均交通运输仓储和邮政业、房地产经营总收入、人均批发零售及餐饮业、第三产业从业人员比重、第三产业占 GDP 比重

* 张宁，西北大学中国西部经济发展研究中心。

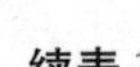
续表 1

一级指标		二级指标	三级指标
产业竞争力	动态竞争力	第一产业竞争力	第一产业总产值增长率、第一产业劳动生产率增长率、农村居民家庭生产性固定资产原值增长率、农民人均纯收入增长率、农业劳动力人均耕地面积增长率、农业土地生产力增长率、农业机械化水平增长率、单位播种面积用电量增长率、单位播种面积化肥施用量增长率
		第二产业竞争力	第二产业总产值增长率、工业利税总额增长率、固定资产原价增长率、第二产业劳动生产率增长率、工业成本费用利润率增长率、总资产贡献率增长率、、产品销售率增长率、资产负债率增长率、市场占有率增长率
		第三产业竞争力	第三产业总产值增长率、第三产业劳动生产率增长率、第三产业从业人员数增长率、旅游总收入增长率、人均交通运输仓储和邮政业增长率、房地产经营总收入增长率、人均批发零售及餐饮业增长率、第三产业从业人员比重增长率、第三产业占 GDP 比重增长率

二　西部各省区市三次产业竞争力静态分析与评价

我们采用 2008 年的数据和多元统计分析中的主成分分析法对西部各省区市的产业竞争力进行静态分析与评价。所用数据来源于《中国统计年鉴 2009》、西部各省区市统计年鉴及统计公报。

在对数据进行标准化处理后，为了更好地对指标进行解释，我们采用 varimax 法进行旋转，并按照累计贡献率大于 85% 的原则提取主成分并计算出各个产业的得分情况，再用各省区市三次产业的综合得分分别乘以其三次产业占 GDP 的比重，从而得到整体的产业静态竞争力得分及排名。具体结果见表 2。

1. 与 2007 年的测评结果相比，2008 年各省区市产业竞争力静态排名整体变化不大

产业竞争力整体排名前三位的分别是四川、内蒙古和陕西，新疆名列第四。其中四川作为西部经济大省优势明显，其三次产业排名均位于西部地区前列，特别是第一、三产业持续位居榜首，充分显示了经济大省的强劲实力。内蒙古自治区平稳增长，第二、三产业发展在西部处于领先水平，尤其是第二产业由第二名上升至第一名，使其总体排名从第三上升到第二。陕西省第一产业增幅明显，由第六名上升到第三名，并使其总体排名上升一位；第二产业平稳发展，产业规

表2　2008年西部各省区市产业竞争力静态评价得分及排名

省区市	第一产业		第二产业		第三产业		综　合	
	得分	排名	得分	排名	得分	排名	得分	排名
四　川	0.252	1	0.592	3	0.818	1	1.662	1
内蒙古	0.062	5	0.771	1	0.377	2	1.210	2
陕　西	0.086	3	0.615	2	0.039	5	0.740	3
新　疆	0.081	4	0.498	4	-0.253	8	0.326	4
广　西	0.200	2	-0.149	7	0.218	4	0.268	5
重　庆	-0.003	6	-0.145	6	0.233	3	0.085	6
云　南	-0.034	7	-0.106	5	0.034	6	-0.106	7
贵　州	-0.210	11	-0.317	8	-0.068	7	-0.595	8
甘　肃	-0.134	10	-0.505	10	-0.329	9	-0.968	9
青　海	-0.122	9	-0.344	9	-0.546	11	-1.012	10
宁　夏	-0.066	8	-0.748	11	-0.535	10	-1.350	11

模、盈利能力、生产效率都处于西部领先水平；但第三产业发展相对缓慢，仍处于中游水平，排名第五。新疆由2007年的第二名下降到第四名，这与其第三产业的竞争力排名不断下降有关。新疆第三产业不断下降，已由2007年的第七名下降到第八名。

产业竞争力排名处于中游水平的是广西、重庆、云南、贵州。其中，广西、重庆、贵州分别上升一个名次；云南则下降明显，由2007年的第五下降至第七，这与其第一、二产业的不断下降密不可分，特别是生产效率和农民人均纯收入等指标排名十分靠后。

排名后三位的依次是甘肃、青海、宁夏。甘肃由原来的第八下降至第九，排名进入后三位；青海和宁夏未发生变化，说明其产业发展相对落后的局面仍未得到改善。

2. 排名上升的地区有内蒙古、陕西、广西、重庆和贵州

2008年内蒙古仍然保持高速增长，GDP增长率达17.2%，远高于全国8.9%的增长率水平。其中，第一产业增加值929.02亿元，增长2.3%；第二产业增加值5101.39亿元，增长21.4%；第三产业增加值3695.37亿元，增长15%。三次产业对经济增长的贡献率分别为1.3%、62.2%和36.5%。其三次产业结构也由2007年的10.7∶51.5∶37.8调整为9.6∶52.4∶38。可以看出其第二产业发展迅速，贡献最大，特别是能源、冶金、化工、装备制造、农畜产品加工业和高新技术六大优势特色产业发展迅速，2008 年六大优势特色产业的增加值占规模以上工业新产品产值的 90% 以上，成为拉动工业生产快速增长的主要动力，使其由原来的资源优势向效益优势转变，成为重要的能源、农畜产品深加工和重化工业基地。同时，区内第三产业也得到了迅速发展，特别是第三产业的区域发展特色正逐步显现。其中，以批发零售贸易餐饮业、金融业、房地产业为主的呼市第三产业增加值占其 GDP 的比重达到 56.2%；以商贸流通业、现代物流业为主的包头市第三产业增加值占其 GDP 的比重达到 40%；以交通运输业、批发零售贸易餐饮业为主的鄂尔多斯市第三产业增加值占其 GDP 的比重达到 38.3%；以特色旅游、边贸为主的呼伦贝尔市第三产业增加值占其 GDP 的比重达到 40.8%。上述四个市的第三产业增加值已占到全区第三产业增加值的 70%。内蒙古三次产业，特别是第二产业的快速发展，使其名次进一步上升，造就了令人惊叹的“内蒙古现象”。

陕西由 2007 年的第四位上升到 2008 年的第三位，主要得益于第二产业，特别是能源化工产业的迅猛发展。2008 年陕西第二产业占 GDP 的比重为 56.1%，是西部各省份中最高的，能源化工工业完成工业总产值 3564.3 亿元，占全省规模以上工业总产值的 48.67%，比 2007 年增长 33.31%。另外，第一产业发展迅速，虽然规模仍处于中游水平，但是土地生产效率和生产条件有了明显的提高和改善，使其上升明显。但是，陕西省的产业结构并未随着经济的快速发展得到优化，特别是第三产业发展相对较缓，始终处于中游水平。2008 年陕西省第三产业占 GDP 的比重下降到 32.9%，对地区生产总值增长的拉动也由 2007 年的 5.1% 下降到 4.7%。这种趋势的延续有可能成为今后陕西省经济快速发展的制约。

广西虽然总体排名只提高了一个位次，由 2007 年的第六上升至第五，但是其三次产业均有发展，其中第二、三产业表现突出，排名都有所提高。另外，2008 年初国家批准实施《广西北部湾经济区发展规划》对其经济发展的影响逐渐呈现。2008 年在经济危机的背景下广西第二、三产业增长率分别为 17.4% 和 11.7%，均高于全国的平均水平，对经济增长的贡献率分别为 55.2% 和 37.8%。根据分析结果，其第三产业的总体实力和产出效率相对较高，上升明显，但是第三产业在国民经济中的地位仍然有待提高。尽管如此，广西第二产业相对落后的现状并未得到根本改观。因此，在今后的发展中也应加大第二产业的发展力度，注重产业结构的优化升级。

重庆名次虽然有所上升，但是始终保持在第六、七位。相较 2007 年，重庆三次产业排名均未发生明显变化。

贵州虽然名次上升一位，但是经济基础薄弱，三次产业均比较落后，因此其总体相对落后的现状仍未改变。

3. 排名未发生变化的是四川、青海和宁夏

四川省位于中国西南，地处长江上游，地理位置优越，交通便利，拥有丰富的自然资源、良好的经济基础、充足的劳动力、雄厚的科技实力，经济发展迅速，优势明显，已成为西部地区经济发展的领头羊。2008 年四川克服了特大地震等自然灾害和国际金融危机对经济增长的影响，取得了抗震救灾的重大胜利，国民经济实现平稳较快增长，三次产业增长率分别为 3.0%、12.9% 和 8.3%，排名均居西部地区前列，特别是第一、三产业稳居榜首，充分显示了经济大省的强劲实力。

青海和宁夏虽然名次没有发生变化，但是三次产业排名均靠后，总体排名一直在末位徘徊，这与当地实际的经济发展现状相符。

4. 排名下降的是新疆、云南和甘肃

虽然新疆、重庆和甘肃排名均有所下降，但是新疆更为明显，由第二名下降为第四名。这与其第三产业竞争力排名不断下降密不可分，特别是第三产业的总体实力排名比较靠后。2008 年新疆第三产业排名由上一年的第七名下降为第八名。此外，由于低温、雨雪、冰冻等灾害和国际金融危机的影响，其三次产业增速相对较缓，特别是第一、三产业，增长率分别为 6.4% 和 9.7%。新疆相对落后的产业结构有可能对其长期的经济发展产生制约，因此，在今后的经济发展中，应当大力发展第三产业，注重产业结构的优化和升级。

云南由 2007 年的第五名下降至第七名，降幅明显。其三次产业中，第一、二产业均有下降，无论是第一产业的生产效率和生产条件，还是第二产业的产业规模、盈利能力和企业效益都已下降至西部地区中游水平，其中第一产业的生产效率和生产条件更为靠后。

甘肃总体排名仍然靠后，这与其落后的经济发展状况相符。

三　西部各省区市三次产业竞争力动态分析与评价

与产业静态竞争力相同，我们仍然采用主成分分析方法分别对三次产业的动态竞争力进行测评，并用各地区三次产业的综合得分分别乘以其三次产业占GDP比重的三年平均值，从而计算出整体的产业动态排名。所有的动态指标均采用三年平均增长率进行计算。具体计算公式如下：

$$三年平均增长率 = \sqrt[3]{2008\text{年数值}/2005\text{年数值}} - 1$$

动态测评结果如表3所示。

表3　2008年西部各省区市产业竞争力动态评价得分及排名

省区市	第一产业		第二产业		第三产业		综　合	
	得分	排名	得分	排名	得分	排名	得分	排名
内蒙古	-0.015	7	0.943	1	0.432	2	1.360	1
广　西	0.160	1	0.069	5	0.157	3	0.386	2
陕　西	0.145	2	0.216	3	-0.019	6	0.342	3
贵　州	0.034	5	-0.422	10	0.642	1	0.254	4
宁　夏	0.047	4	0.251	2	-0.188	7	0.110	5
重　庆	-0.081	9	0.184	4	-0.231	9	-0.128	6
甘　肃	-0.099	10	-0.177	8	0.005	5	-0.271	7
四　川	-0.027	8	-0.059	6	-0.220	8	-0.305	8
云　南	0.056	3	-0.470	11	0.025	4	-0.389	9
青　海	-0.003	6	-0.084	7	-0.327	11	-0.414	10
新　疆	-0.242	11	-0.310	9	-0.259	10	-0.811	11

1. 内蒙古、广西、陕西和贵州四省区产业发展的动态竞争力较强，潜力较大

由表3可见，从动态来看，产业竞争力名列前四位的分别是内蒙古、广西、陕西和贵州，显示出这些省份产业发展的巨大潜力。值得注意的是内蒙古尽管产业动态竞争力整体保持排名第一，但是优势有所减弱。其第一产业排名为第七，其中土地生产率和生产条件等指标下降明显。广西排名第二主要得益于其第一、三产业动态竞争力迅速提高，尤其是第一产业竞争力动态排名为第一。陕西第一、二产业的迅速发展，使其跃居西部前三。陕西综合竞争力无论是静态指标还是动态指标都处于西部地区前列，表明其不仅具有较强的经济实力，还呈现良好的发展趋势。

宁夏、重庆、甘肃、四川的产业发展潜力处于中游水平，分列第四到第八，说明其动态产业竞争力具有一定的优势，但并不明显。

动态竞争力排名后三位的依次是青海、云南和新疆。其中青海和新疆三次产业动态竞争力排名均处于中下游水平，特别是新疆三次产业排名均位于后三位。而云南并非三次产业竞争力全面落后，只有第二产业排名靠后。

2. 从各项分指标得分和排名来看，各省区市各有优势

内蒙古在2008年继续保持高速增长，动态竞争力排名仍然位列第一。但是其第一产业排名靠后，土地生产率和生产条件等指标纷纷被其他兄弟省份超过，特别是农村居民家庭生产性固定资产原值增长率仅为5.82%，为西部最低。当地以畜牧业为主的农业发展特色对此有重要影响。2008年内蒙古第二、三产业仍然表现出强劲的发展潜力，其第二产业全年规模以上工业企业完成增加值3450.25亿元，比上年增长24.5%，居西部之首。同时商贸流通、交通运输等传统服务业规模不断扩大，旅游、金融、保险等现代服务业也得到了快速发展。

广西在2008年持续上一年的高速发展，以其第一、三产业的优势排名第二。2005~2008年，广西第一产业的生产效益和现代化水平增长率较高，其农业土地生产力增长率高达21.99%，单位播种面积用电量和单位播种面积化肥施用量分别增长144.67%和8.01%，皆为西部之首，这一切使得广西第一产业动态竞争力位居西部之首。2008年，广西第二产业继续保持高速发展，规模以上企业完成工业增加值1976.42亿元，增长率为22.6%，居西部前列。第三产业劳动生产率和房地产经营总收入的平均增长率均为西部第一，分别为27.16%和19.54%；而且第三产业总产值和人均交通运输、仓储和邮政业以及人均批发零售及餐饮业的增速均属前列。同时，由于北部湾经济区发展规划的实施，得益于发达地区产业转移和多区域合作带来的共赢，该地区2008年生产总值达到2219.7亿元，比2007年增长15.5%，增幅比全区水平高2.7个百分点，对全区生产总值增长的贡献率达到35.8%。此外该地区全社会固定资产投资总额、财政收入、规模以上工业增加值、社会消费品零售总额、外贸进出口总额等指标增速均高于全区水平。

陕西竞争力动态排名第三名，第一、二产业的贡献较大。2005~2008年，陕西第一产业生产总值和第一产业劳动生产率三年平均增长率分别为20.04%和22.03%，均为西部地区第一；农村居民家庭生产性固定资产原值和单位播种面积用电量三年平均增速位居西北部第二，表现出强劲的发展潜力；第二产业无论是规模还是生产效率的增长率均处于前列，整体排名仍居西部前三；第三产业增长相对缓慢，占GDP的比重也持续下降，2008年仅为32.9%。陕西三次产业不平衡的发展状态会对其经济发展潜力造成约束，因此加快产业结构调整，实行产业结构优化升级是今后发展的重点。

贵州竞争力动态排名位列第四主要原因是第三产业的快速发展。2005～2008年贵州第三产业总体实力发展迅速，最为突出的是第三产业总产值、旅游总收入、人均批发零售及餐饮业以及第三产业占GDP比重三年平均增长率分别为20.67%、47.47%、18.9%以及1.41%，皆为西部第一。尤其是第三产业占GDP比重三年持续增长，为西部一枝独秀。这与其相对较差的经济基础和较小的经济规模密不可分，此外当地按照将旅游业培育成后续支柱产业的目标，积极推进旅游业的建设和发展，深入实施旅游精品战略，大力发展生态旅游、乡村旅游和休闲旅游等，促进旅游业成为贵州新的经济增长点的举措作用明显。

综合排名后三位的是云南、青海和新疆。其中，青海第一、二产业动态排名均处于中游水平，但是第三产业位居最后一名，这与其偏远的地理位置和相对恶劣的自然环境有关。而云南则是由于第二产业排名最后而使其整体排名无法进入中上游水平。云南的工业主要是由以烟草、糖、茶为主的轻工业和以有色金属、钢铁、磷化工等原材料工业为主的重工业构成，基础相对薄弱。而且国家对烟草业限产令、限调令和重点生产低档烟等宏观政策以及2008年初的低温冰雪灾害和全球金融危机，使云南轻重工业均受到一定的冲击，对其整个工业发展产生了极大的影响。新疆动态竞争力的持续下滑，主要是由于其具有较好的经济基础和规模，增长率也相对较低。但是随着能源储量的下降，其经济发展潜力也面临制约。

四 结论

综合以上对西部各省区市产业竞争力静态与动态分析，我们可以得出如下结论。

（1）2008 年西部各省区市总体保持了较快增长。从现实竞争力方面，西南地区的产业发展较西北地区略有优势，四川省遥遥领先，其他省份也均处于中游水平。但是随着内蒙古、陕西、新疆三省产业竞争力的快速提升，这种优势也不断弱化。在发展潜力方面，2008 年西北和西南地区没有明显的差异。

（2）西北地区内蒙古、陕西、新疆三省区优势明显，在西部地区处于领先地位。其中，内蒙古和陕西在发展潜力上呈现优势，分别位列第一和第三。但是新疆的动态竞争力下降明显，已至最后一位，发展后劲不足，应改变发展战略、经济增长模式，加快实现产业结构优化升级，以实现经济的持续快速增长。

（3）西南地区四川作为西部地区的经济大省，优势明显，其三次产业均处于领先地位，特别是第一、三产业。其他省份也处于中游水平，但是四川和云南在发展潜力方面并没有优势，产业发展缓慢，应当注重经济增长方式的转变，提高产业效率。

西部各省区市企业竞争力评价与分析报告

李凯 高燕飞*

企业竞争力是区域竞争力构成的一个重要部分，对西部各省区市企业竞争力的分析与评价就是在对西部地区企业发展运行状况进行考察的基础上，力求对西部企业竞争力的基本走向有一个把握。如何提升区域竞争实力、重点和难点也主要集中在如何加快提升企业竞争力、促进其可持续发展上。各地区企业的综合实力是该地区整体竞争力最坚实的基础。对西部各省区市企业竞争力进行评价与分析不仅有助于促进西部企业提升发展水平，而且对于提升西部区域经济的综合竞争力有着重要的参考价值。

一 企业竞争力评价的思路及指标体系构建

与2008年研究所选取的指标相同，根据竞争力评价指标体系构建的有关原则，2009年我们仍将从企业规模实力、企业运营能力与质量、企业技术水平与装备、企业社会贡献能力等四个方面来考察西部各省区市的企业竞争力水平。我们在分析中采用静态分析与动态分析相结合的方式进行评价。具体的评价指标体系①分别见表1和表2。

二 西部各省区市企业竞争力静态分析与评价

我们将采用主成分分析方法对西部各省区市的企业竞争力进行评价。根据主

* 李凯、高燕飞，西北大学中国西部经济发展研究中心。

① 评价运用的数据若无特殊说明均来自《中国统计年鉴》（2006～2009）、西部各省区市统计年鉴（2006～2009）以及西部各省区市统计公报（2006～2009）。

成分分析的基本原理，累计贡献率大于85%的主成分个数基本包括了原变量的主要信息，因此我们的主成分选取个数以累计贡献率达到85%为标准。具体分析包括以下几方面。

在静态指标中我们选取2008年的有关数据进行分析和评价。先是对企业规模实力、企业运营能力与质量、企业技术水平与装备、企业社会贡献能力四个指标运用主成分的分析方法计算得分、名次；然后再根据二级指标的得分计算出综合得分和排名情况。具体的得分与排名情况如表3所示。

表1　西部各省区市企业竞争力静态评价指标体系

一级指标	二级指标	三级指标
企业竞争力静态评价指标	企业规模实力	规模以上工业企业资产总计(亿元) 规模以上工业企业总产值(亿元) 规模以上工业企业数量(个) 建筑业企业单位数(个) 建筑业企业总资产(万元) 建筑业总产值(万元)
	企业运营能力与质量	规模以上工业企业成本费用率(%) 规模以上工业企业利润总额(亿元) 规模以上工业企业流动资产合计(亿元) 规模以上工业企业产品销售率(%) 建筑业企业利润总额(万元) 建筑业企业流动资产(万元) 规模以上工业企业工业增加值率(%) 规模以上工业企业流动资产周转次数(次) 全国500强企业数(个)
	企业技术水平与装备	规模以上企业全员劳动生产率(元/人) 建筑业自有施工机械设备年末总功率(万千瓦) 建筑业企业技术装备率(元/人) 建筑业企业自有施工机械设备年末净值(万元) 建筑业企业自有设备年末总台数(台)
	企业社会贡献能力	规模以上企业工业增加值(亿元) 规模以上企业本年应缴增值税(万元) 规模以上企业从业人员平均数(万人) 建筑业企业从业人员数(人) 建筑业企业利税总额(万元) 企业工业治污投资(亿元)

表 2 西部各省区市企业竞争力动态评价指标体系

一级指标	二级指标	三级指标
企业竞争力动态评价指标	企业规模实力	规模以上工业企业资产增长率(%)
		规模以上工业企业总产值增长率(%)
		规模以上工业企业数量增长率(%)
		建筑业企业单位数增长率(%)
		建筑业总产值增长率(%)
		建筑业企业总资产增长率(%)
	企业运营能力与质量	规模以上工业企业成本费用率增长率(%)
		规模以上工业企业利润总额增长率(%)
		规模以上工业企业流动资产合计增长率(%)
		规模以上工业企业产品销售率增长率(%)
		建筑业企业利润总额增长率(%)
		建筑业企业流动资产增长率(%)
		规模以上工业企业工业增加值率增长率(%)
		规模以上工业企业流动资产周转次数增长率(%)
		全国500强企业数增长率(%)
	企业技术水平与装备	规模以上企业全员劳动生产率增长率(%)
		建筑业自有施工机械设备年末总功率增长率(%)
		建筑业企业技术装备率增长率(%)
		建筑业自有施工机械设备年末净值增长率(%)
		建筑业企业自有设备年末总台数增长率(%)
	企业社会贡献能力	规模以上企业工业增加值增长率(%)
		规模以上企业本年应缴增值税增长率(%)
		规模以上企业从业人员平均数增长率(%)
		建筑业企业从业人员数增长率(%)
		建筑业企业利税总额增长率(%)
		企业工业治污投资增长率(%)

表 3 2008 年西部各省区市企业竞争力静态评价得分与排名

省区市	规模实力		运营能力与质量		技术水平与装备		社会贡献能力		综　合	
	得分	排名	得分	排名	得分	排名	得分	排名	得分	排名
四　川	5.855	1	1.917	1	2.382	1	4.354	1	4.247	1
陕　西	1.189	3	1.355	2	0.787	3	1.051	3	1.422	2
重　庆	1.197	2	0.750	5	0.521	4	0.565	4	0.939	3
内蒙古	0.268	5	0.922	3	-0.191	7	1.835	2	0.838	4
云　南	0.335	4	-0.524	6	0.214	5	-0.157	6	-0.086	5
广　西	-0.133	6	-0.813	8	0.042	6	-0.003	5	-0.338	6
甘　肃	-1.320	8	-0.660	7	0.870	2	-0.923	8	-0.436	7
新　疆	-0.991	7	0.817	4	-0.741	8	-0.915	7	-0.453	8
贵　州	-1.458	9	-1.121	10	-0.816	9	-1.142	9	-1.425	9
青　海	-2.546	10	-1.085	9	-1.473	10	-2.633	11	-2.330	10
宁　夏	-2.394	11	-1.558	11	-1.596	11	-2.032	10	-2.377	11

根据西部各省区市企业竞争力静态指标的得分及排名情况，我们可以得出如下结论。

1. 从综合排名来看，与2007年相比，2008年西部各省区市企业竞争力排名没有发生明显变化

各省区市在排名上变动不大，发展实力较强的地区依然排名靠前，在2007年比较落后的地区，2008年也基本保持上年的排名。在2008年中，我们可以将静态分析结果分为两大类：四川、陕西、重庆、内蒙古处在第一大类，即它们的综合评价得分为正，而剩余各省划入第二大类。在第一大类中，四川、陕西、重庆分列前三位，这也说明这些省的企业在综合竞争力方面有较大优势。在企业竞争力总的分析评价中，云南、广西、甘肃、新疆处在中间集团，而贵州、青海、宁夏排名最后。

2. 西部各省区市企业竞争力静态排名结果分析

（1）四川省在2007年和2008年两年中，综合排名始终处于首位，这说明四川省企业实力在整个西部地区具有绝对的优势。这一方面缘于良好的发展基础，较为优越的地理环境；另一方面是近几年来，四川省大企业大集团“两个带动”工程和“小巨人企业计划”深入推进，新增规模以上工业企业1458户，492个重点技改项目完成投资391亿元。产业园区建设步伐加快，工业对经济增长的贡献率达61.4%。

此外，四川省企业竞争力在各二级指标排名上均处于首位。据统计，2008年四川省新增规模以上工业企业1458户，规模以上工业企业户数达11946户；实现规模以上工业增加值4939.3亿元，增长17.9%。四川的企业集团体制安排也基本规范，以资本为纽带的母子公司体制和集团公司架构基本成形；集团产权逐步明晰，现代企业各项制度也基本确立；集团内部制度建设日趋完善；劳动人事分配制度改革在稳步推进。正是基于以上原因，四川的企业竞争力在各个方面都领先西部其他省区市。

（2）陕西省在西部各省区市企业竞争力静态排名和上年一样，仍然排名第二，这说明了陕西省企业综合水平在西部地区具有一定的优势。陕西省是教育大省，科技水平处于全国领先水平，这也是陕西省企业发展的“发动机”和“加速器”。另外，陕西是中国中药的科研园区，在科技方面占有绝对优势。一是科技力量强，积极实施项目带动战略，固定资产投资和重点项目建设成效显著；二是科技装备拥有量较多；三是大中型企业中科技开发力量较强；四是中央下达给陕西的科研任务多，承担国家任务和基础研究及专项研究多。通过科学规划、分类指导和政策支持，着力增强区域发展的协调性。关中继续保持率先发展态势，产业结构进一步优化，先进制造、高新技术和现代服务业、现代农业的骨干作用明显提升，科技园区的增长极地位进一步显现，以西安高新区为代表的国家级开发区经济增长保持在30%以上。

另外，陕西的工业基础较好，且具有相当的规模和水平，军工、机械、电子等传统加工工业具有一定优势。此外，2008 年陕西省努力壮大优势特色产业，加快推进新型工业化。装备制造、能源化工和高新技术产业产值分别增长25.3%、37.3%和16.4%，12 家企业进入中国制造业 500 强，盈利过亿元的企业达到 52 户。工业经济效益综合指数提高 44.5 个百分点，创历史最高水平。“13115”科技创新工程深入实施，自主创新能力进一步增强，全年知识产权申请量突破 1 万件，技术合同成交金额增长 45%。这些都是陕西企业在西部具有较好优势的原因。

（3）重庆企业的竞争力综合得分由 2007 年的第五位上升到 2008 年的第三位，各级二级指标排序也比较靠前，其中一个重要原因是认真落实“314”总体部署，着力推进统筹城乡改革、内陆开放高地和“五个重庆”建设，构建“一圈”对口帮扶“两翼”互动发展新格局，实现了全市经济社会平稳健康发展。2008 年重庆市工业增加值占全市生产总值的比重提高到 40%，规模以上工业企业实现利润 255 亿元。区域联动发展，渝东北、渝东南经济增速均快于全市平均水平。完成工业投资 1338 亿元，双钱轮胎、上汽依维柯红岩商用车、大全多晶硅等重大项目竣工投产。

（4）贵州、青海、宁夏三省区企业竞争力排名靠后，说明这几个省区的企业发展水平较差，不具备优势。贵州、青海、宁夏这几个省区存在经济发展基数小，处于内陆地区交通不便利，经济体制落后、人才匮乏等不利因素。另外企业竞争力排名靠后的省区同时又是资源较丰富的地区，对环境、资源的依赖程度较大，因此在西部落后地区强调发展经济的同时不能放任对生态环境的破坏，由于资源的稀缺性和不可再生性，对这些地区的开发必将对后代甚至眼前发展产生重大的影响。

三 西部各省区市企业竞争力动态分析与评价

在动态分析中，我们选取了2005～2008年的有关数据进行分析和评价，先是对企业规模实力、企业运营能力与质量、企业技术水平与装备及企业社会贡献能力四个二级指标运用主成分分析方法计算出得分、名次；然后再根据四个二级指标的得分计算出综合得分和排名情况。其中指标的增长率按几何平均的方式进行计算，具体计算公式为：

$$三年平均增长率 = \sqrt[3]{2008\text{年的数值}/2005\text{年的数值}} - 1$$

利用动态指标对西部各地区进行企业竞争力排序，它反映的是一个地区企业发展能力的大小，四个二级指标及综合得分与排名情况如表4所示。

表4 2008年西部各省区市企业竞争力动态评价得分与排名

省区市	规模实力		运营能力与质量		技术水平与装备		社会贡献能力		综合	
	得分	排名	得分	排名	得分	排名	得分	排名	得分	排名
陕西	2.176	1	1.432	2	1.587	1	0.186	4	2.194	1
内蒙古	1.659	2	1.951	1	-0.387	8	2.613	1	1.735	2
重庆	0.306	4	1.241	3	0.244	3	1.119	2	0.985	3
青海	-0.444	8	0.385	4	-0.204	7	-0.023	5	-0.121	4
广西	0.080	6	-0.390	6	-0.092	6	-0.209	7	-0.222	5
四川	0.121	5	-0.007	5	-0.737	9	0.331	3	-0.291	6
新疆	-0.121	7	-0.607	7	0.160	5	-0.462	8	-0.295	7
甘肃	-1.230	10	-0.848	9	0.920	2	-1.159	10	-0.514	8
宁夏	-1.133	9	-0.996	10	0.179	4	0.040	6	-0.658	9
云南	0.389	3	-1.552	11	-0.924	11	-1.017	9	-1.219	10
贵州	-1.803	11	-0.609	8	-0.746	10	-1.341	11	-1.595	11

根据西部各省区市企业竞争力动态指标的得分及排名情况，我们可以得出如下结论。

1. 西部各省区市企业竞争力动态排名结果

西部各省区市企业竞争力动态综合排名上，陕西省企业动态竞争力排在了首位，其技术水平与装备、规模实力两个二级指标得分都是最高的，这反映了

它与西部其他省区市相比优势极为明显，发展潜力大，可持续发展能力强。内蒙古、重庆、青海动态排名紧随其后，分别位于第二、第三、第四位，它们在增长速度上都处于上游水平；广西、四川、新疆的企业竞争力处于中游水平，分别位于第五至第七位；而宁夏、云南、贵州在企业竞争力上相对而言比较缓慢，暂处于下游水平。其中作为企业竞争力静态排名第一位的四川省在动态排名上相对靠后。

2. 西部各省区市企业竞争力动态排名结果分析

（1）陕西省企业动态竞争力排在了首位，这应该与其投资规模持续扩大密切相关，消费品市场持续旺盛也是拉动陕西省经济增长的重要动力。另外随着家电下乡、提高粮食收购价等一系列国家扩大内需政策的实施，西部地区居民消费品市场繁荣活跃，从增速来看陕西省以 25.3% 的增速位居西部第一。以实施“13115”科技创新工程为重点，加大科技创新和成果转化力度，2008 年知识产权申请量突破 1 万件，技术合同成交金额增长 45%。继续壮大优势特色产业，依托陕北能源化工基地、渭北能源接续地建设和陕南水电开发加强能源化工建设。2008 年陕西省装备制造、能源化工和高新技术产业产值分别增长 25.3%、37.3% 和 16.4%，12 家企业进入中国制造业 500 强，盈利过亿元的企业达到 52 户。工业经济效益综合指数提高 44.5 个百分点，创历史最高水平。

（2）在企业动态增速分析中，青海企业的进步值得关注，青海省企业动态增速排在西部第四位。这说明，青海近几年来调整产业结构转变发展方式上取得了一定的成效。2008 年青海省的冶金、医药、建材、农畜产品加工四大优势产业创造增加值 66.90 亿元，增长 16.8%。四大支柱产业创造增加值 297.01 亿元，比上年增长 18.1%。一批新能源、新材料产业正在加快崛起，在推进新型工业化道路上迈出了坚实一步。重庆企业的进步也是很明显的，重庆的企业竞争力排在了第三位，这与重庆构建“一圈”对口帮扶“两翼”互动发展新格局，认真落实“314”总体部署有着很大的关系。

（3）四川省在企业动态增速排名中比较靠后，首先，这主要由于企业基数较大，四川省的静态水平与西部其他省份相比有着明显的优势，远远领先其他省份，这也使其在增速计算上不具有优势。尽管四川省企业在西部地区优势明显，但和东部地区相比还是有较大差距，与先进地区相比，四川基础设施建设水平以及投资软环境配套建设仍较为落后。同时四川省在发展中存在着产业不均衡，

二、三产业发展与人口规模不成比例；企业自主创新能力不强，骨干企业不多，中小企业发展后劲不足等问题。2008 年更受汶川地震和国际金融危机的影响，GDP 增长速度降至 9.5%，排在西部最后。这些都放缓了四川企业进一步快速发展的步伐。

（4）宁夏、甘肃这两个地区在静态和动态方面排名都比较落后，究其原因，首先这些地区的企业在历史积淀成本上无优势可言，再加之环境地理因素，地区经济发展环境较差，使大中型企业立足困难，企业发展较慢。贵州和云南在动态方面排名靠后，主要是这两个地区产业结构层次低，产业优化升级较困难、经济效益较差，这些成为企业发展的阻力。另外这些地区企业自身在发展中也存在着诸多问题，如观念陈旧、竞争意识不强。要加快这些地区企业发展，不仅要发展特色优势企业，使其拉动地区经济健康快速发展，同时也要发展高新技术产业。

四　结论

本文从静态和动态两个方面对西部各省区市的企业竞争力进行了评价，通过以上分析，我们可以从对西部各省区市企业竞争力的测评中得出以下结论。

（1）就西部而言，西部企业近年来取得了较大发展。特别是像宁夏、青海这样原本落后的省区，近年来企业发展的脚步也在加快，但从整个西部的企业发展看，它与东部地区还有很大的差距，特别是在西部看来是经济较发达的四川、陕西等地区企业发展水平和企业发展增速与东部地区相比仍处于低层次发展阶段。

（2）西部各省区的静态排名和动态排名相比也具有一定的差异性。在静态排名中靠前的一些省份在动态排名中却处于中下游，如在静态排名位于首位的四川在动态排名中处于第六位，说明它们在企业竞争力发展上要注意持续性问题，要注重技术创新和高新科技产业的发展。而在静态排名靠后的一些省份在动态排名中比较靠前，如在静态排名中位于第十位的青海在动态排名中位于第四位，这说明这些省区在企业发展增速上具有优势，但是也要注意技术水平和企业规模方面的改进，否则这种优势难以维持。

（3）西部资源丰富，资源型企业比重相对较大。如何提高资源利用率成为西部一部分企业发展的制约因素之一。同时西部企业还存在着产品技术含量不高，企业自主创新能力不强，骨干企业少等诸多问题，如何促进产业结构优化和高端化，大力推进技术创新，提高产品技术含量，提高企业的综合竞争力，都有待进一步研究和解决。

在目前的经济形势下，短暂的困难不可避免，但是从长远来看，西部各省区市企业将迎来更多更好的发展机遇。如何把握这些机遇，大幅度提升企业的竞争力，将是未来各省区市经济综合实力继续快速提升的关键。

西部各省区市科教与创新竞争力评价与分析报告

耿 鹏*

西部大开发战略实施，使得西部各地区的经济实力得到了明显增强，为继续推进西部大开发奠定了重要的物质基础和良好的发展环境。但是，西部地区发展仍然面临严峻挑战，与东部发达地区的差距依然很大。作为区域经济发展竞争力重要组成部分的科教与创新竞争力，是提升地区自主创新能力，实现地区跨越式发展的重要因素。因此，需要通过提升西部地区的科教与创新竞争力，使西部地区的自我发展能力得到增强，进而加快西部地区的发展，逐步缩小与发达地区的差距，实现区域的协调发展。科教与创新竞争力是指在一定的科技和教育支撑环境下，通过从事研究开发、技术创新、技术转移等科技活动，反映出的一个国家（地区）的科技和教育基础状况、科技投入、教育投入、产出状况以及科技潜力，同时，它反映该国家（地区）科学技术促进经济发展、增强地区整体经济实力的推动能力。

一 西部各省区市科教与创新竞争力评价的指标体系

西部各省区市科教与创新竞争力静态与动态评价指标体系见表 1 和表 2。

为了保证原始数据的可获得性及可比性，本文分析与评价所使用的数值均来源于《中国统计年鉴》（2006～2009）、《中国科技统计年鉴》（2006～2009）和《中国高技术产业统计年鉴》（2006～2009）。

---

* 耿鹏，西北大学中国西部经济发展研究中心。

表1　西部各省区市科教与创新竞争力静态评价指标体系

一级指标	二级指标	三级指标
科教与创新竞争力	科技基础与投入	财政科技拨款(百万元)
		财政科技拨款占财政支出的比例(%)
		R&D经费支出(万元)
		R&D经费支出占GDP的比例(%)
		每万人中科技活动人员数(人/万人)
		每万人中科学家和工程师数(人/万人)
	教育基础与投入	财政教育支出(万元)
		财政教育支出占财政支出的比例(%)
		文盲半文盲人口的比例(%)
		大专以上人口的比例(%)
	科教产出	专利申请受理量(项)
		专利申请授权量(项)
		国内论文数(篇)
		每万人国内论文数(篇/万人)
		技术市场成交合同额(万元)
	高新技术	高新技术产业规模以上企业产值(亿元)
		高新技术产业规模以上企业增加值(亿元)
		高新技术产品进出口额(百万美元)
		高新技术产品进出口额占对外贸易额的比例(%)

表2　西部各省区市科教与创新竞争力动态评价指标体系

一级指标	二级指标	三级指标
科教与创新竞争力	科技基础与投入	财政科技拨款增长率(%)
		财政科技拨款占财政支出比例增长率(%)
		R&D经费支出增长率(%)
		R&D经费支出占GDP比例增长率(%)
		每万人中科技活动人员数增长率(%)
		每万人中科学家和工程师数增长率(%)
	教育基础与投入	财政教育支出增长率(%)
		财政教育支出占财政支出比例增长率(%)
		文盲半文盲人口比例下降率(%)
		大专以上人口比例增长率(%)
	科教产出	专利申请受理量增长率(%)
		专利申请授权量增长率(%)
		国内论文数增长率(%)
		每万人国内论文数增长率(%)
		技术市场成交合同额增长率(%)
	高新技术	高新技术产业规模以上企业产值增长率(%)
		高新技术产业规模以上企业增加值增长率(%)
		高新技术产品进出口额增长率(%)
		高新技术产品进出口额占对外贸易额比例增长率(%)

为了更加客观、全面的分析西部各省区市科教与创新竞争力的状况，根据上文构建的西部各省区市科教与创新竞争力评价指标体系，本文将主成分分析法和聚类分析法相结合，从综合得分和分类两个方面进行分析。

先用主成分分析法得到各二级指标的综合得分及排名，再以二级指标的综合得分为基础数据，用主成分分析法得到西部各省区市科教与创新竞争力的综合得分及排名；使用西部各省区市科教与创新竞争力的综合得分进行系统聚类分析，将聚类分析的结果与主成分分析的结果相结合，实现对西部各省区市科教与创新竞争力的综合评价与分析。

二　西部各省区市科教与创新竞争力的静态分析与评价

1. 主成分分析

根据主成分分析法的计算步骤，我们可以得到西部各省区市科教与创新竞争力静态分析各指标的综合得分，见表3。

表3　西部各省区市科教与创新竞争力静态评价综合得分及排名

省区市	科技基础与投入		教育基础与投入		科教产出		高新技术		综合	
	得分	排名	得分	排名	得分	排名	得分	排名	得分	排名
陕　西	1.746	1	0.755	2	1.563	1	1.133	2	1.595	1
四　川	0.890	2	-0.079	5	1.411	2	2.552	1	1.317	2
重　庆	0.737	3	-0.351	9	0.964	3	-0.114	3	0.354	3
广　西	-0.553	9	0.654	3	-0.397	5	-0.248	5	-0.095	4
新　疆	-0.578	10	0.810	1	-0.423	6	-0.662	11	-0.153	5
甘　肃	-0.066	4	-0.244	8	-0.067	4	-0.537	9	-0.272	6
贵　州	-0.812	11	0.445	4	-0.616	9	-0.227	4	-0.318	7
内蒙古	-0.244	6	-0.130	6	-0.604	8	-0.386	6	-0.409	8
云　南	-0.532	8	-0.190	7	-0.465	7	-0.404	7	-0.482	9
宁　夏	-0.127	5	-0.415	10	-0.709	11	-0.528	8	-0.554	10
青　海	-0.462	7	-1.254	11	-0.656	10	-0.581	10	-0.983	11

2. 聚类分析

为了更详细研究西部各省区市科教与创新竞争力现状的异同，在上述一级指标综合得分的基础上，我们进行系统聚类分析，对西部各省区市科教与创新竞争力现状进行分类研究，得到西部各省区市科教与创新竞争力静态分析一级指标的聚类结果，见图1。

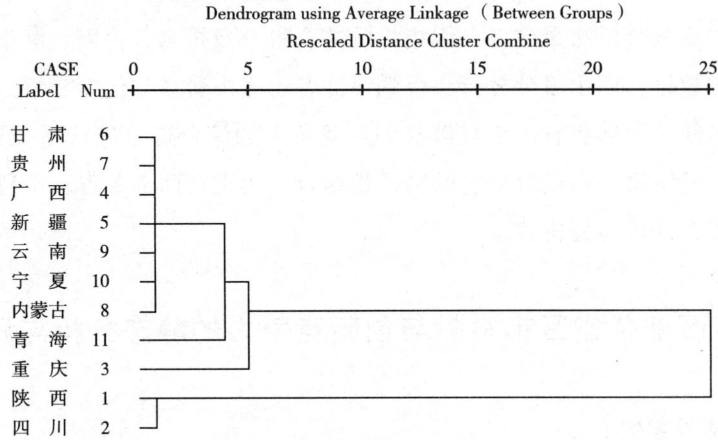

图1　西部各省区市科教与创新竞争力静态分析一级指标聚类结果

3. 综合评价

根据主成分分析和聚类分析结果，可以得出如下结论。

（1）陕西和四川科教与创新最具竞争力。从系统聚类的结果看，陕西和四川处于第一类；从主成分的分析结果看，陕西和四川的综合排名处于前两名，说明这两个地区的科教与创新竞争力现实水平在整个西部地区处于优势地位。陕西在科技基础与投入和科教产出等两个方面排名第一，在教育基础与投入和高新技术等两方面排名第二；四川在高新技术方面排名第一，在科技基础与投入和科教产出等两个方面排名第二。

陕西省的优势具体体现在：科技基础条件实力雄厚，其高校科技资源尤其丰富，具有很强的科技创新基础，全省共有高等学校96所，其中普通高等学校77所，在校学生89.37万人。在科教产出方面，全省地方登记的科技成果共644项；受理专利申请量总计15570件，其中发明专利5858件，实用新型专利5798件，外观设计专利3914件；专利授权量总计6087件，其中授权发明专利1342件，实用新型专利3446件，外观设计专利1299件；全省签订各类技术合同6252项，合同成交总额71.61亿元。

四川省的优势具体体现在：高新技术产业化进程加快。2008年，高新技术产业实现增加值835.8亿元，增长24.9%。围绕电子信息、先进制造、生物工程、航空航天、新材料、核技术和新能源等6大优势领域，重点打造9大战略产品和80个重点产品项目建设，推进7个高新技术产业园区（基地）建设，启动实施统筹城乡发展科技行动，增强高新技术产业对经济社会的辐射带动作用；科技基础得以巩固，拥有国家级重点实验室11个，省部级重点实验室68个，国家级企业技术开发中心22个，国家级工程技术中心11个、省级工程技术中心63个。科教产出方面，四川省的技术市场持续发展，科技进步不断取得新成果。全年登记技术合同6499项，技术合同成交金额51.4亿元；完成省级科技成果登记682项，有248项获得科技进步奖，有23个项目获国家科技奖励；新增中国名牌产品17个，中国驰名商标47个；申请专利24335件，专利授权13369件。其中，新增专利实施项目2720项，新增产值427.3亿元。

（2）重庆科教与创新竞争力较强。从系统聚类的结果看，重庆处于第二类；从主成分的分析结果看，重庆的综合排名处于第三名，说明重庆的科教与创新竞争力现实水平在整个西部地区也较有优势。重庆在科技基础与投入、科教产出和高新技术等三方面均处于第三位，这为重庆经济快速发展提供了较好的科教基础。

在科技基础与投入方面，重庆市全年研究与试验发展经费支出为60亿元，比2007年增长27.5%，占全市生产总值的1.2%。市级及以上重点实验室26个，其中国家重点实验室4个；工程技术研究中心48个，其中国家级中心5个；各类生产力促进中心28家，企业技术中心149家。在科教产出方面，有7项科技成果获国家科学技术奖励。技术市场合同成交额62.20亿元。在高新技术方面，认定高新技术企业147家，高新技术产品169个；高技术工业总产值579.60亿元，软件业总产值95.80亿元。

（3）广西、新疆、甘肃、贵州、内蒙古、云南和宁夏科教与创新竞争力较弱。从系统聚类的结果看，广西、新疆、甘肃、贵州、内蒙古、云南和宁夏处于第三类；从主成分的分析结果看，这七个地区的综合排名处于第四到第十位，其中，广西、甘肃、内蒙古和云南在各二级指标的排名均居于中游，发展比较均衡；新疆、贵州和宁夏在二级指标的排名均有排名落后的指标，说明其发展过程不均衡。分析结果表明这七个地区的科教与创新竞争力现实水平较弱，对本地区的经济带动作用不明显。

（4）青海科教与创新竞争力最弱。从系统聚类的结果看，青海处于第四类；

从主成分的分析结果看，青海的综合排名位居最后，青海在教育基础与投入方面的排名处于最后，在科教产出和高新技术等两个方面的排名处于倒数第二位，说明其科教与创新竞争力处于明显的劣势，科教与创新竞争力现实水平比较落后，这将会直接影响本地区经济又好又快的发展。

从聚类分析的分类结果看，第一与其他几类之间的差别比较明显，这说明陕西和四川的科教与创新竞争力现状明显优于西部其他省区市，是其他省区市在本地区追赶的目标。

从地理分布特征看，陕西、四川和重庆形成了西部科教与创新竞争力现实水平最强的聚集区域，而西北地区的整体水平要落后于西南地区。

三　西部各省区市科教与创新竞争力的动态分析与评价

1. 主成分分析

根据主成分分析法的计算步骤，我们可以得到西部各省区市科教与创新竞争力动态分析各指标的综合得分，见表4。

表4　西部各省区市科教与创新竞争力动态评价综合得分及排名

省区市	科技基础与投入		教育基础与投入		科教产出		高新技术		综合	
	得分	排名	得分	排名	得分	排名	得分	排名	得分	排名
宁　夏	0.887	2	0.959	1	1.103	1	-0.771	10	1.566	1
青　海	-1.122	11	0.624	2	0.684	2	0.727	2	0.553	2
贵　州	0.203	6	0.559	3	0.151	4	-0.515	8	0.384	3
广　西	0.476	4	-1.22	11	0.531	3	0.711	3	0.178	4
新　疆	0.702	3	0.094	6	-0.109	7	-0.587	9	0.114	5
四　川	-0.41	7	0.544	4	-0.012	6	1.07	1	0.079	6
内蒙古	1.047	1	-0.944	10	0.036	5	-0.186	7	-0.029	7
云　南	-0.518	8	0.32	5	-0.573	9	0.127	6	-0.541	8
陕　西	-0.962	10	-0.023	7	-0.321	8	0.14	5	-0.549	9
甘　肃	-0.766	9	-0.066	8	-0.646	10	-1.226	8	-0.814	10
重　庆	0.462	5	-0.847	9	-0.843	11	0.51	4	-0.942	11

2. 聚类分析

为了更详细研究西部各省区市科教与创新竞争力发展态势的异同，在上述各指标综合得分的基础上，我们进行了系统聚类分析，对西部各省区市科教与创新竞争力发展态势进行分类研究，得到西部各省区市科教与创新竞争力动态分析一级指标的聚类结果，见图2。

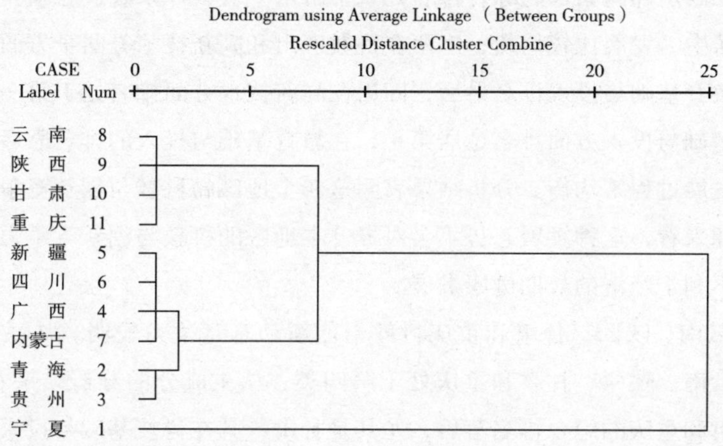

图2　西部各省区市科教与创新竞争力动态分析一级指标聚类结果

3. 综合评价

根据上述主成分分析和聚类分析结果，可以得到如下几点结论。

（1）宁夏科教与创新最具动态竞争力。从系统聚类的结果看，宁夏处于第一类；从主成分的分析结果看，宁夏的综合排名处于第一名，说明宁夏的科教与创新竞争力发展态势非常良好。具体来看，宁夏在教育基础与投入和科教产出等两个方面均排名第一，在科技基础与投入方面排名第二，显示出良好的发展势头。

宁夏全年获省部级以上科技成果178项，比2007年增长15.6%。申请专利量1087件，增长29.7%，其中发明专利160件，增长42.9%。专利授权量606件，增长104.7%，其中发明专利授权量48件，增长50%。

（2）青海和贵州科教与创新动态竞争力较强。从系统聚类的结果看，青海和贵州处于第二类；从主成分的分析结果看，青海和贵州的综合排名处于二、三名，说明这两个地区的科教与创新竞争力发展态势在西部地区也比较好。青海在教育基础与投入、科教产出和高新技术等三个方面排名较为靠前，贵州的各二级指标发展比较均衡，从长期来看，这种发展态势将会使它们的科教与创新竞争力得到较快提升，进而促进其经济沿着快速健康的方向发展。

（3）广西、新疆、四川和内蒙古科教与创新动态竞争力一般。从系统聚类的结果看，广西、新疆、四川和内蒙古处于第三类；从主成分的分析结果看，广西、新疆、四川和内蒙古的综合排名处于中游水平。具体来看，新疆在各二级指标的排名居中，发展比较均衡；广西在科教产出和高新技术等两个方面的排名靠前，而在教育基础与投入排名最后，四川在高新技术方面排名处于第一位，内蒙古在科技基础与投入方面排名位居第一，在教育基础与投入的排名靠后，说明这些地区的发展过程不均衡。分析结果表明这四个地区的科教与创新竞争力缺乏后劲。从长期来看，这种发展态势不会对提升本地区的科教与创新竞争力产生明显作用，也不利于经济的长期健康发展。

（4）云南、陕西、甘肃和重庆科教与创新动态竞争力较弱。从系统聚类的结果看，云南、陕西、甘肃和重庆处于第四类；从主成分的分析结果看，云南、陕西、甘肃和重庆的综合排名落后，尤其是甘肃，其在科技基础与投入、科教产出和高新技术等三方面排名均处于后三位，说明这四个地区的科教与创新动态竞争力处于明显的劣势，从长期来看，这种发展态势将直接影响本地区科教与创新竞争力的提升，并将影响本地区经济的可持续发展。

西部各省区市环境竞争力评价与分析报告

刘 斌*

我国西部地区地处大江大河上游，生态地位非常重要，而西部地区的生态环境又十分脆弱。西部地区由云、贵、川、藏、渝、陕、甘、宁、青、桂和新疆、内蒙古12个省区市组成，面积约675万平方公里，约占国土总面积的71%。2008年末，西部地区总人口约3.6亿，约占全国总人口的27%。西部地区地域辽阔，人口相对稀少，自然资源丰富，有着独特的地理环境、地理位置与地貌特征，是我国自然生态环境的有效调节地和天然屏障，其自然生态环境状况对我国整体自然生态环境的保护和改善有重要的意义。然而，西部地区地质环境复杂，生态承载力相对低下，在当前的经济增长方式下，由于过去政策问题、短期利益驱使以及人们环境保护意识不强，造成了严重的生态问题，我国土地流失面积的80%在西部，每年新增荒漠化面积的90%以上也在西部。

坚持抓好西部地区的生态保护与环境建设，是西部地区开发和建设必须首先研究和解决的一个重大课题。2008年，西部各省区市在党中央、国务院的直接领导下，各部门紧紧围绕节能减排、抗击自然灾害和北京奥运会环境质量保障等问题，全面加强环境监管，各项环境保护工作都取得了新的进展。地方各级政府进一步转变观念，变被动减排为主动减排，纷纷采取多种责任追究制，有力推动了污染减排工作的深入开展。为了客观反映西部各省区市环境状况及其变化趋势，我们有必要从静态和动态两个方面来对西部各省区市的环境竞争力进行分析与评价。其中静态分析与评价主要是针对2008年的环境现状，而动态分析与评价则主要是针对2005～2008年环境的变化趋势。

---

* 刘斌，西北大学中国西部经济发展研究中心。

一　西部各省区市环境竞争力评价的指标体系设计

在工业化发展过程中，工业污染和生活污染是对环境造成冲击的两个主要的因素。因此，此处我们对西部各省区市环境竞争力评价指标体系的设计首先从污染源及其造成的环境影响入手，另外，环境治理及其生态环境现状也是影响各省区市环境竞争力的主要指标。因为环境治理指标反映了政府保护环境的决心和力度；而生态环境指标则反映了政府改善环境的结果。

基于以上思路，我们从静态和动态两个方面设计的评价指标体系分别是表1和表2，我们根据有关的环境评价的文献以及理论，通过选定工业“三废”的排

表1　西部各省区市环境竞争力静态评价指标体系

一级指标	二级指标	三级指标
环境竞争力	工业污染（负向指标）	工业固体废物排放量 工业固体废物排放强度 工业废水排放量 工业废水排放强度 工业废气排放量 工业废气排放强度
	生活污染（负向指标）	生活污水排放量 人均生活污水排放量 生活废气排放量 人均生活废气排放量
	环境治理	工业固体废物综合利用率 工业废水排放达标率 工业废气排放达标率 生活垃圾无害化处理率 造林面积 工业污染治理投资总额 水土流失治理面积
	生态环境	自然保护区面积 湿地面积 城市绿化面积 森林覆盖率 草地资源总面积

放量和排放强度①来衡量工业对环境的污染程度。对于沙尘暴、泥石流等环境灾害，由于存在数据搜集方面的问题，在此处我们没有纳入到评价体系之中。另外，动态评价指标体系中，所采用的增长率是三年平均增长率，即：

$$三年平均增长率 = \sqrt[3]{2008\text{年数值}/2005\text{年数值}} - 1$$

表 2　西部各省区市环境竞争力动态评价指标体系

一级指标	二级指标	三级指标
环境竞争力	工业污染（负向指标）	工业固体废物排放量增长率
		工业固体废物排放强度增长率
		工业废水排放量增长率
		工业废水排放强度增长率
		工业废气排放量增长率
		工业废气排放强度增长率
	生活污染（负向指标）	生活污水排放量增长率
		人均生活污水排放量增长率
		生活废气排放量增长率
		人均生活废气排放量增长率
	环境治理	工业固体废物综合利用率增长率
		工业废水排放达标率增长率
		工业废气排放达标率增长率
		生活垃圾无害化处理率增长率
		工业污染治理投资总额增长率
		造林面积增长率
		水土流失治理增长率
	生态环境	自然保护区面积增长率
		城市绿化面积增长率
		森林覆盖率增长率
		草地资源总面积增长率

二　西部各省区市环境静态竞争力分析与评价

由于数据获取的问题，我们采用 2008 年的数据对西部各省区市的环境竞争力进行了静态的分析。通过 SPSS 软件的主成分分析，我们得到的西部各省区市环境竞争力的地区排名如表 3 所示。

① 排放强度 = 通过排放量/地区面积。

表3 2008年西部各省区市环境竞争力静态评价得分与排名

省区市	工业污染		生活污染		环境治理		生态环境		综合	
	得分	排名	得分	排名	得分	排名	得分	排名	得分	排名
青海	1.278	1	0.745	3	-1.248	10	2.208	1	1.843	1
甘肃	0.937	2	0.748	2	-1.063	9	0.108	4	1.24	2
新疆	0.735	3	0.056	6	-0.942	8	1.715	3	0.977	3
云南	0.445	4	0.883	1	0.407	4	-1.127	11	0.424	4
宁夏	0.137	6	0.44	5	0.241	6	-0.735	6	0.128	5
陕西	0.001	7	0.442	4	0.203	7	-1.041	9	0.022	6
内蒙古	-0.092	8	-0.535	9	0.314	5	2.145	2	-0.073	7
四川	-0.26	9	-0.121	7	1.012	2	-0.178	5	-0.535	8
贵州	0.388	5	-1.568	11	-1.259	11	-1.006	7	-0.614	9
广西	-1.503	10	-0.758	10	0.763	3	-1.062	10	-1.593	10
重庆	-2.065	11	-0.331	8	1.571	1	-1.025	8	-1.82	11

1. 青海、甘肃、新疆、云南的环境竞争力静态综合排名居于西部省区市前列

由于青海、新疆的自然环境基础、生态环境在西部各省区市中较好，而且人为破坏比较少，同时这两个省区在工业投入方面处于西部较低水平，工业污染化程度较低，因而这两个省区的环境状况在近些年始终处于较稳定的状态，位于西部各省区市的前列。甘肃省在2008年坚持“以环境保护为手段优化经济社会发展、以污染减排为抓手促进经济结构调整”的工作思路，全面落实污染防治、生态环境保护和核与辐射环境监管三大任务，使重点流域、区域环境质量得到稳定改善。云南省从“生态立省、环境优先”出发，围绕环境法治、环境治理、环境阳光、生态保护、绿色创建、绿色传播及节能减排“七大行动”和“七彩云南保护行动”，加强生态建设、环境保护和生态文明建设。同时通过出台《关于加强滇西北生物多样性保护的若干意见》启动滇西北生物多样性保护；在湖泊水环境治理方面，大力推进以滇池为重点的九大高原湖泊水环境的治理；在节能减排方面，出台《云南省节能减排工作行政问责实施意见》，强化节能减排各项措施的落实，加大节能减排技术开发和推广力度，淘汰了80万千瓦小火电机组等一批落后产能，切实遏制高耗能高排放产业过快增长势头并启动227个污染减排省级重点项目，推进污染减排统计、监测、考核“三大体系”建设。云南省在2008年通过这些举措有效地减少了云南省的工业废水排放量和工业固体废物排放量。

2. 宁夏、陕西、内蒙古的环境竞争力静态综合排名居于西部省区市中游

宁夏和陕西两省区排名波动较小；内蒙古的排名由2007年的第三名下降至2008年的第七名，这主要是因为在工业固体废物排放量上内蒙古增长幅度较大，在工业废水排放量方面，在其他省份纷纷出现减少或持平的情况下内蒙古依然出现了排放量的增长。

3. 四川、贵州、广西、重庆四省区市的环境竞争力静态综合排名靠后

这四个省区市的共同特点是：工业污染、生活污染较严重；差别之处在于这四个省区市的环境治理的力度与生态环境的保护与改善程度均有所不同。四川、广西、重庆的环境治理力度较大，而贵州的环境治理力度较小。具体看来，四川、广西、重庆三省区市的工业固体综合利用率、工业废水排放达标率、工业废气排放达标率、生活垃圾无公害化处理率、工业污染治理投资总额等均处于西部地区靠前位置。

三　西部各省区市环境动态竞争力分析与评价

我们通过前面的动态指标体系，运用SPSS软件对西部各省区市的环境竞争力进行了动态的比较，得到的结果如表4所示。

表4　西部各省区市环境竞争力动态评价得分与排名

省区市	工业污染		生活污染		环境治理		生态环境		综合	
	得分	排名	得分	排名	得分	排名	得分	排名	得分	排名
陕　西	-0.978	9	0.755	2	0.24	6	1.45	1	1.062	1
宁　夏	-0.641	8	0.677	3	0.478	3	0.606	3	0.718	2
青　海	-1.682	11	-0.096	9	0.434	4	-0.125	7	0.69	3
重　庆	-1.336	10	0.393	5	-0.867	10	0.433	4	0.404	4
内蒙古	-0.143	6	0.485	4	0.902	2	-0.163	8	0.386	5
贵　州	-0.273	7	0.287	7	-0.343	8	0.221	5	0.108	6
新　疆	0.629	4	0.873	1	-0.541	9	0.037	6	-0.241	7
云　南	0.213	5	0.346	6	1.11	1	-1.815	11	-0.262	8
四　川	1.039	3	0.162	8	0.261	5	-0.735	9	-0.508	9
广　西	1.972	1	-3.242	11	-0.321	7	1.035	2	-1.034	10
甘　肃	1.199	2	-0.641	10	-1.355	11	-0.945	10	-1.325	11

1. 2005～2008 年间，陕西在西部环境竞争力动态排名中处于第一位

近几年来陕西省在降低污染（主要是生活污染方面）、治理环境、保护生态方面做出了大量的努力，效果显著。近几年陕西在环境保护方面一直狠抓重点区域治理和200 户能耗大户的节能降耗，通过加速淘汰落后产能，大力推广清洁生产，取得了明显成效，同时加大重点区域环境保护的力度。在生态环境方面，继续对“一山两水三大区块”进行重点治理，加强贯彻秦岭生态环境保护条例，建设秦岭生态功能保护区，打造秦岭植物园绿色“名片”，加强野生动植物和水源地保护，构建全省生态安全屏障。在对渭河综合治理方面，加快实施渭河综合治理工程，限制高耗能、高污染行业在渭河流域布局，加强湿地保护，增加渭河生态水量，正是由于诸如此类的工作的持续开展，使得陕西在环境治理方面效果明显。

2. 与 2007 年相比，甘肃省动态排名有所下降

甘肃省在控制生活污染、环境治理上的力度相对较小以及生态环境状况的改进受限（生态基础很好），所以环境竞争力动态排名下降了九个位次，2008 年排名第十一位。

3. 与 2007 年相比，青海、宁夏、内蒙古、云南、贵州、四川等省区的排名变动幅度不大

新疆、重庆排名变动幅度较大。青海、宁夏两省区的动态排名在 2008 年依然居于靠前位置，显然这是青海、宁夏两个省区多年来坚持保护和改善生态、治理和控制污染的结果。四川、新疆排名均靠后，尤其是新疆由 2007 年的第二位下降到 2008 年的第七位，说明这两个省区在环境治理方面与前几年相比没有很大的改善。四川、新疆在今后需要进一步加强当地的环境治理力度。重庆市的环境竞争力动态排名提高，说明工业化程度较高的重庆坚持不懈的保护环境，取得了相应的成绩。

四　结论与政策建议

通过对西部各省区市 2008 年静态环境竞争力与 2005～2008 年动态环境竞争力的测度与分析，我们预计：从整体排名的格局上看，这种静态排名格局在较短的时间内不易被彻底打破，变动只会存在于小范围之内，即青海、甘肃、新疆排名靠前，云南、宁夏、陕西、内蒙古排名居中，四川、贵州、广西、重庆排名落后。排名靠前的省份往往是因为其具有工业化程度较低使得污染较轻、生态条件基础较好、环境治理力度等因素中的一者或多者，如青海、甘肃排名靠前主要原因是工业化程度较低，污染排放较少及长期以来形成的良好的生态环境。而新疆排名靠前主要原因是管辖面积较大、环境治理力度大。而重庆、四川排名靠后的主要主要原因是：工业化程度高，污染排放严重，此外，造成重庆排名靠后的另一重要原因是管辖面积较小、人口密度较大；从局部来看，由剧烈波动的动态环境竞争力排名可知：通过持续地降低污染排放、加强环境治理、保护与改善环境等措施来提高各省区市环境竞争力的空间还是存在的。

2008 年，西部各省区市继续稳步发展当地经济，在党中央国务院采取强有力的、切实可行的措施下，不断推进西部地区生态环境建设、改善工程，西部生态环境建设继续取得了巨大成就。首先，西部地区在环境治理方面取得突出成绩。西部各省区市的工业固体废物综合利用率，工业废水排放达标率，工业废气排放达标率，生活垃圾无害化处理率普遍提高；在造林、工业污染投资、水土流失治理等方面投入的力度与努力是一贯的，所取得的成绩是显著的；其次，西部地区生态环境发生一定的改观。在城市绿化、保护湿地、保护森林方面，西部地区取得的成绩有目共睹。但若要根本性地扭转西部恶劣的生态状况，充分发挥其生态屏障的作用，我们仍任重而道远，对此笔者提出以下的建议。

（1）要使经济、人口和生态环境相互协调、促进、良性循环地发展就必须遵循生态经济本身的原理，在水土资源和生态环境容量的承载能力范围内，依据生态经济系统结构 - 功能 - 平衡 - 效益原理，调整、优化系统结构，维护、改善系统功能；协调好生态环境建设与经济发展的关系，彻底摆脱脆弱 - 贫困 - 脆弱的恶性循环，达到生态环境与经济发展双赢；实现包括经济效益、社会效益和生态经济效益在内的综合效益，使生态经济系统功能最大化，实现区域的可持续发展。

（2）西部地区保护生态环境的关键是要转变经济发展模式：走新型工业化道路。从发展的角度讲，积极推进工业化是西部发展的必由之路，然而西部地区脆弱的自然条件和较低的经济发展层次决定了西部不能走“先污染、后治理”的发展道路。传统的、粗放式的经济发展模式已到尽头，必须坚持走以信息化带动工业化，以工业化促进信息化，即科技含量高、经济效益好、资源消耗低、环境污染少、人力资源优势得到充分发挥的工业化道路。

(3) 政府推动是实现西部经济、生态、环境良性发展的重要条件。观念、制度和政策上的突破，都离不开政府的推动。政府应当科学地分析西部地区发展面临的各种有利条件和制约因素，加强战略研究，制定符合西部地区经济、社会发展和生态建设需要的科学发展规划。此外，有针对性地开展生态恢复和生态建设，如建立节水型社会、实施荒漠化防治工程、在全国范围内推行东西部生态补偿机制也势在必行。

西部各省区市资源竞争力评价与分析报告

姜丽雅　贺 红*

资源是人类赖以生存的基础，人类的生存与发展离不开如土地、水、阳光、空气、森林、草原、矿藏等资源。我国的西部地区地域辽阔，蕴藏着丰富的资源，特别是矿产资源。2008 年，我国西部 11 省份的石油、天然气和煤的基础储量分别占全国基础储量的 30.55%、82.37% 和 50.93%，这对我国经济的可持续发展起着重要的作用。当前，随着我国经济的快速发展，对能源的消费急剧增长，供需矛盾严重，这些已经成为我国经济社会持续发展的最大制约，直接威胁国家经济安全。在这一背景条件下，对西部各省份的资源状况进行考察，可以深入了解西部各地区资源状况的优劣，为制定合理的资源开发战略提供依据。

一　西部各省区市资源竞争力评价指标体系的构建

1. 资源竞争力评价的思路

为了全面反映西部各省区市资源现状和变化情况，本报告采用以静态和动态相结合的方式，对西部地区的资源状况进行测评。通过对西部各省区市的资源竞争力的排名分析，并对其发展趋势进行预测，这样可以了解各省区市在西部地区的相对位置，并充分认识到自身在资源方面的优势和劣势。为政府立足当地优势资源，大力发展特色经济，缩小东西部差距，走可持续发展之路提供参考依据。

2. 资源竞争力评价指标体系的构建

为了保证可比性、一致性和统一性，2010 年我们仍将从生活资源、气候资源、

* 姜丽雅，西北大学中国西部经济发展研究中心；贺红，西安交通大学。

植物资源、能源资源四个方面来评价西部地区的资源竞争力状况。其中需要说明的是气候资源中的二级指标（全年平均气温适度偏离值和全年平均风速适度偏离值）和能源矿产储量指标。我们根据有关研究结果，设定气温25℃和风速为1米/秒作为人类最适宜的状态，用“全年平均温度适度偏离值”和“全年平均风速适度偏离值”来衡量实际温度和实际风速与我们所设定的最适宜状态的偏离程度。能源矿产储量指标中包括石油基础储量、天然气基础储量和煤炭基础储量。我们在分析中均采用静态与动态相结合的方式做出评价，具体的指标选取如表1、表2所示。

表1　西部各省区市资源竞争力静态评价指标体系

一级指标	二级指标	三级指标
资源竞争力静态分析指标	生活资源	耕地资源总量(万公顷) 人均耕地资源量(公顷/人) 水资源总量(亿立方米) 人均水资源量(立方米/人)
	气候资源	全年平均气温适度偏离值(℃) 全年平均风速适度偏离值(米/秒) 全年平均降水量(毫米) 全年平均日照时数(小时)
	植物资源	森林资源总量(万公顷) 人均森林资源量(公顷/人) 草地资源总量(万公顷) 人均草地资源量(公顷/人)
	能源资源	能源生产总量(万吨标准煤) 人均能源生产量(吨标准煤/人) 能源消费总量(万吨标准煤) 人均能源消费量(吨标准煤/人) 能源矿产储量

表2　西部各省区市资源竞争力动态评价指标体系

一级指标	二级指标	三级指标
资源竞争力动态分析指标	生活资源变动	耕地资源总量增长率(%) 人均耕地资源量增长率(%) 水资源总量增长率(%) 人均水资源量增长率(%)
	气候资源变动	全年平均气温适度偏离值增长率(%) 全年平均风速适度偏离值增长率(%) 全年平均降水量增长率(%) 全年平均日照时数增长率(%)

续表 2

一级指标	二级指标	三级指标
资源竞争力动态分析指标	植物资源变动	森林资源总量增长率(%) 人均森林资源量增长率(%) 草地资源总量增长率(%) 人均草地资源量增长率(%)
	能源资源变动	能源生产总量增长率(%) 人均能源生产量增长率(%) 能源消费总量增长率(%) 人均能源消费量增长率(%) 能源矿产储量增长率(%)

二　西部各省区市资源竞争力静态评价与分析

本报告主要采用的是SPSS软件的主成分分析法进行评价。在静态指标中，我们根据第一部分设计的指标体系，采集了2008年的相关数据。各项指标的数据主要来源于国家统计局的《中国统计年鉴2009》，以及西部各省区市的统计年鉴（2009年）和相关专业年鉴。在进行主成分分析时，首先分别对生活资源、气候资源、植物资源、能源资源四个二级指标运用主成分分析的方法计算其得分和排名；然后再根据四个二级指标的得分计算出综合得分和排名。2008年西部各省区市资源竞争力静态得分和排名情况如表3所示。

表3　西部各省区市资源竞争力静态评价得分与排名

省区市	生活资源		气候资源		植物资源		能源资源		综合	
	得分	排名	得分	排名	得分	排名	得分	排名	得分	排名
内蒙古	0.203	5	-1.043	11	2.856	1	3.084	1	1.841	1
云　南	0.961	1	0.345	4	0.375	3	-0.949	9	0.584	2
四　川	0.658	2	0.450	3	0.201	5	-0.061	4	0.557	3
青　海	0.326	4	0.086	6	1.048	2	-0.548	6	0.530	4
新　疆	0.099	6	-0.490	9	0.314	4	1.639	2	0.472	5
广　西	0.630	3	1.236	1	-0.302	6	-1.335	11	0.189	6
陕　西	-0.699	10	0.123	5	-0.536	7	1.300	3	-0.320	7
贵　州	-0.001	7	-0.507	10	-0.867	9	-0.682	7	-0.630	8
甘　肃	-0.533	8	-0.360	8	-0.750	8	-0.863	8	-0.910	9
重　庆	-0.668	9	0.483	2	-1.147	10	-1.048	10	-1.032	10
宁　夏	-0.976	11	-0.323	7	-1.191	11	-0.537	5	-1.280	11

1. 2008 年，西部各省区市资源竞争力静态评价及排名情况

根据表 3 可见，前三位分别是内蒙古、云南、四川，显示出上述省区的资源在西部 11 省区市中处于优势地位。紧随其后的五个省区分别是青海、新疆、广西、陕西和贵州。排在后三位的是甘肃、重庆、宁夏。

内蒙古的优势非常明显。农牧林业是内蒙古最大的优势资源，这得益于内蒙古自身天然的优势。其耕地面积、人均耕地面积、森林面积、人均森林面积和草地面积远远高于西部其他各省区市，其中耕地面积为 714. 72 万公顷（占西部耕地总面积的 16%），森林面积达到 2050. 67 万公顷（占西部森林总面积的 24%），草地面积达到 6560. 9 万公顷（占西部草地总面积的 34%）。内蒙古的矿产资源富集，特别是煤炭处于我国北方露天矿群的集中地带，储量极其丰富，煤炭的基础储量占西部地区煤炭总基础储量的 47%，且品种优良，种类齐全，易于开采。

云南排在第二位。云南江河纵横，水系复杂，湖泊众多，具有丰富的水资源。水资源总量为 2314. 50 亿立方米，人均水资源量为 5094. 651 立方米/人，水资源量和人均水资源量在西部各省区市中排名第二。云南气候舒适，年温差小，降水充沛，光质好，日照时间长，这种气候特点适宜多种农作物和经济作物的生长和发展，同时也为旅游业的发展提供了有利的条件；云南在能源资源上没有优势，石油和天然气的储量非常少。

四川排在第三位。四川是一个人口大省，2008 年底的总人口为 8138 万人，使其在人均资源得分中处于劣势。四川水资源总量达到 2489. 90 亿立方米，在西部 11 省区市中排名第一，但是由于人口众多的原因，人均水资源量的排名有所下降。四川素有“天府之国”的美称，温暖湿润，全年平均降水量达到了 1028. 20 毫米。四川油、气资源以天然气为主，四川盆地天然气资源十分丰富，是国内主要的含油气盆地之一，已发现天然气资源基础储量达 6000 多亿立方米。

在资源静态排名中，居于中间的五个省区是青海、新疆、广西、陕西、贵州。青海 2008 年底总人口为 554 万人，是西部各省区市人口最少的一个省，这使得青海在人均资源占有量上具有相对优势。青海草地面积占西部草地总面积的 21%，这使得青海成为中国的五大牧区之一，人均森林面积和人均草地面积远远高于其他省区市。在气候资源上，青海属于典型的大陆性高原气候，平均气温低，太阳辐射强、光照充足，年日照时数在 2500 小时以上，干旱少雨，年平均降水量仅为 378. 60 毫米。排在第五位的新疆冬寒夏热，昼夜温差大，晴天多，日照强，年太阳能辐射量仅次于西藏，对农作物的生长十分有利。新疆也是我国的五大牧区之一，在阿尔泰山、昆仑山、天山、塔里木盆地和准噶尔盆地的周围有大量优良的牧场，广阔的草地面积给新疆畜牧业的发展带来了得天独厚的优势。新疆拥有丰富的石油和天然气。广西综合排名为第六，广西气候温暖，热量丰富，降水丰沛，是西部各省区市降水最多的省，达到1625.00毫米（占西部总降水量的20%）。得益于充足的降水量，广西水资源总量达到2282.50亿立方米（占西部总水资源量的20%）。陕西综合排名为第七。陕西水资源缺乏，水资源总量仅占西部总水资源量的2.7%，这使得生活资源的排名靠后。贵州综合排名为第八，贵州全年平均日照时数少，仅为864小时，但是降水量较多，为1370.9毫米，仅次于广西的降水量，降水总量在西部各省区市中排名第二。在能源资源方面，石油和天然气的基础储量接近于0，煤炭的基础储量为150.06亿吨（占西部总煤炭储量的9%）。

甘肃、重庆、宁夏在资源静态竞争力排名中排在最后三位。甘肃、重庆和宁夏在生活资源得分和植物资源得分中都属于靠后的省份。重庆的气候资源得分排在第二位。重庆属于亚热带湿润季风气候，年平均气温在18℃左右，冬暖夏热，无霜期长、雨量充沛、湿润多阴，常年降雨量多。宁夏的能源资源得分排在第五位，宁夏煤炭资源丰富，已被国家确定为13个亿吨级煤炭生产基地之一。

2. 与2007年相比，西部各省区市资源静态竞争力排名的变化情况

由于资源具有相对稳定的特性，与2007年相比，西部各省区市资源静态竞争力排名并未发生明显的变化。有变化的是四川、云南、青海三个省。四川从2007年第三位提高到2008年的第二位，云南从2007年第四位提高到2008年的第三位，青海的资源竞争力从第二名下降到第四名。青海排名下降二位的原因主要是青海生活资源的排名从2007年的第三名下降到2008年的第四名，生活资源中的水资源量的减少在一定程度上是由于全年平均降水量从2007年407.1毫米减少到2008年的378.6毫米，水资源总量从2007的661.6亿立方米下降到2008年的658.10亿立方米，人均水资源量从11994.2立方米/人下降到11879.061立方米/人。

三　西部各省区市资源竞争力动态评价与分析

在动态分析中，我们选取了2005年和2008年的相关数据进行分析和评价，先对生活资源变动趋势、气候资源变动趋势、植物资源变动趋势和能源资源变动趋势四个二级指标运用主成分分析的方法计算出得分和排名；然后在根据四个二级指标的得分计算出综合得分和综合排名。其中所有动态指标均采取三年平均增长率进行计算。具体计算公式为：

$$三年平均增长率 = \sqrt[3]{第2008年数值/第2005年数值} - 1$$

各省区市资源竞争力动态得分与排名情况如表4所示。

表4　西部各省区市资源竞争力动态评价得分与排名

省区市	生活资源		气候资源		植物资源		能源资源		综合	
	得分	排名	得分	排名	得分	排名	得分	排名	得分	排名
内蒙古	-0.136	8	0.811	2	0.805	2	1.462	1	1.159	1
宁　夏	0.029	6	0.999	1	-1.379	10	0.852	4	0.880	2
广　西	1.151	2	0.219	4	-1.323	9	0.158	5	0.367	3
重　庆	1.250	1	-0.245	8	0.603	5	1.372	2	0.329	4
云　南	1.015	3	0.121	6	-0.065	8	-0.674	8	0.151	5
贵　州	0.913	5	0.146	5	0.254	6	-1.616	11	-0.019	6
陕　西	-1.488	10	-0.062	7	0.748	3	1.085	3	-0.145	7
新　疆	0.953	4	-0.422	9	-2.879	11	-0.058	6	-0.282	8
四　川	-2.415	11	0.244	3	2.416	1	-0.848	9	-0.401	9
甘　肃	-0.025	7	-0.484	10	0.651	4	-1.552	10	-0.683	10
青　海	-1.248	9	-1.325	11	0.168	7	-0.179	7	-1.356	11

前三位分别是内蒙古、宁夏、广西，显示出上述省份的资源在西部11省区市中具有良好的发展潜力。紧随其后的五个省份分别是重庆、云南、贵州、陕西和新疆。排在后三位的是四川、甘肃、青海。

我国目前处于资源消耗型的工业化阶段，正面临着资源需求高峰和供给低谷的矛盾中，内蒙古的资源优势必将在未来中国经济发展中处于非常重要的战略地位。内蒙古以其自身的资源禀赋，形成了以煤电、天然气为主的能源工业，成为推动内蒙古经济发展的主导力量。从2005年到2008年，内蒙古的石油基础储量从5670.9万吨增加到了7751万吨，天然气的基础储量从3970.5亿立方米增加到了5635.41亿立方米，煤炭的基础储量从757.9亿吨增加到了789.07亿吨。丰富的资源储量使内蒙古的资源竞争力遥遥处于西部之首。

广西的能源指标增长非常快。随着《广西北部湾经济区发展规划》获国家批准实施，北部湾经济区的开放与开发对广西经济发展的带动作用逐渐呈现，经济的发展将带动对能源的需求。从2005年到2008年，能源生产总量、人均能源生产量、能源消费量、人均能源消费量增长快速，分别增长了16.44%、15.13%、10.1%和8.86%。

在资源动态排名中，居于中间的五个省区市分别是重庆、云南、贵州、陕西、新疆。从2005~2008年，除新疆之外，其他省份的耕地面积都在减少，减少幅度最大的陕西，减少了7.64%。耕地的减少在一定程度上是由于随着各省份经济的发展，需要占用耕地来进行城镇、居民地和工矿交通建设；同时，上述省份也非常注重当地的生态环境保护，积极对水土流失进行治理，退耕还草和撂荒弃耕，这也使得耕地面积减少。在植物资源指标排名中，陕西处在第三位。陕西省坚持实施黄河水保生态、长江流域水土保持、天然林保护、"三北"防护林建设和小流域综合治理等项目，巩固退耕还林成果，并大力开展全民植树造林活动。在能源资源指标排名中，重庆排在第二位，陕西排在第三位。由于陕西和重庆的宏观竞争力动态排名相对于其他三省份处在靠前位置，说明了这两个省市的经济比其他三省区的经济有着更好的发展态势，就如广西一样，经济的发展就需要有能源的支持，陕西和重庆的能源消费增长率高于其他三省份。重庆和陕西的石油增长率在西部也排在靠前位置。特别是重庆，虽然从2005~2008年，石油的基础储量增加了50.4万吨，但是由于其石油基础储量的基数特别小，增长率却达到了115%。

四川、甘肃、青海在资源动态竞争力排名中排在最后三位。从2005~2008年，四川的人口减少了70万人，这使得四川在人均资源增长率上具有优势，人均森林增长率和人均草地增长率高于其他省份，四川在植物资源得分排名中处在第一位，但是由于生活资源得分排名和能源资源得分排名靠后使其综合排名处在第九位。甘肃、青海处在最后两位，说明这两个省在2005~2008年之间在资源方面并未取得明显的进步，落后于西部其他省份。

四　结论

我国西部是世界上最丰富的太阳能资源地区之一，特别是新疆、宁夏、青海地区，全年平均日照时间在2500小时以上。太阳能是一种清洁、高效和永不衰竭的新能源。利用太阳能能源，可以在一定程度上缓解环境压力，保护西部脆弱的生态环境。同时，我国西部地区也具有丰富的能源资源，能源中的煤和油气在西部地区有很大的优势，应加快勘探开发，如内蒙古、新疆和陕西。这些省份可以立足本省的能源资源优势，依托国家强大的政策和资金的支持，把能源优势转化为经济优势，同时为中国的经济发展提供能源支持，保证国家的经济安全。但是在开发资源过程中要注重生态的保护，注重森林资源和草地资源的保护，继续实施退耕还林、天然林保护、三北防护林等重点林业工程的建设，在西部大开发中促进生态和经济的协调发展。

西部各省区市金融竞争力评价与分析报告

闫栋杰　徐璋勇*

金融是经济的核心，经济增长与金融发展之间存在着密切的关联。一方面，经济增长能有效促进金融发展；同时，金融业的发展也为地区经济增长提供有力的支持和保障。研究区域金融竞争力情况，有助于全面了解地区金融发展状况，掌握地区金融发展中存在的优势和不足，从而采取有效措施发展地区金融业，促进地区经济快速增长。西部大开发以来，西部地区金融业取得了快速有效发展，为地区经济增长做出了重要贡献。但是，由于受区域发展机遇及自身禀赋等各方面原因的影响，西部各省区市金融发展状况存在较大差异，金融竞争力也存在一定差距。2008 年，受全球金融风暴影响，西部各省区市经济金融发展受到了不同程度的冲击，金融危机对西部各省区市金融发展产生了怎样的影响，使西部各省区市金融竞争力发生怎样的变化，这些都将是我们关注的重点，也将是本报告所要解答的问题。

一　西部各省区市金融竞争力评价的指标体系

根据区域竞争力指标体系构建的原则，结合西部地区金融发展状况，我们构建的金融竞争力体系分为金融体系竞争力和金融生态竞争力两个二级指标，其中金融体系竞争力又分为金融规模竞争力和金融效率竞争力，分别从规模和效率两个方面对金融体系的运转情况进行测评，最终我们确定了 25 个指标对西部各省区市金融竞争力进行全面测评。同时，为了能够更清晰的认识和分析西部各省区

* 闫栋杰、徐璋勇，西北大学中国西部经济发展研究中心。

市金融发展的潜力，我们分别从静态和动态两个层面进行分析和评价。具体指标体系见表1。

表1　西部各省区市金融竞争力评价指标体系

<table>
<tr><th rowspan="2">一级指标</th><th rowspan="2">二级指标</th><th rowspan="2">三级指标</th><th colspan="2">四级指标</th></tr>
<tr><th>静态竞争力</th><th>动态竞争力</th></tr>
<tr><td rowspan="13">金融竞争力</td><td rowspan="8">金融体系竞争力</td><td rowspan="5">金融规模竞争力</td><td>金融从业人员数量</td><td>金融从业人员数量增长率</td></tr>
<tr><td>金融保险业生产总值
金融机构现金收入
金融机构现金支出</td><td>金融保险业生产总值增长率
金融机构现金收入增长率
金融机构现金支出增长率</td></tr>
<tr><td>金融系统存款余额
金融系统贷款余额
城乡居民储蓄余额</td><td>金融系统存款余额增长率
金融系统贷款余额增长率
城乡居民储蓄余额增长率</td></tr>
<tr><td>保险公司保费收入</td><td>保险公司保费收入增长率</td></tr>
<tr><td>股票成交金额
A股年末账户总数
A股新增开户数</td><td>股票成交金额增长率
A股年末账户总数增长率
A股新增开户数增长率</td></tr>
<tr><td rowspan="3">金融效率竞争力</td><td>各项存款占GDP比率
贷款余额占GDP比率
存贷款比率</td><td>各项存款占GDP比率增长率
贷款余额占GDP比率增长率
存贷款比率增长率</td></tr>
<tr><td>股票成交额所占比例</td><td>股票成交额所占比例增长率</td></tr>
<tr><td>保险深度
保险密度</td><td>保险深度增长率
保险密度增长率</td></tr>
<tr><td rowspan="4">金融生态竞争力</td><td rowspan="2">区域经济实力</td><td>GDP
全社会固定资产投资
财政收入</td><td>GDP增长率
全社会固定资产投资增长率
财政收入增长率</td></tr>
<tr><td>人均GDP
人均固定资产投资
人均财政收入</td><td>人均GDP增长率
人均固定资产投资增长率
人均财政收入增长率</td></tr>
<tr><td>区域开放程度</td><td>外商直接投资额</td><td>外商直接投资额增长率</td></tr>
<tr><td>区域基础设施</td><td>金融保险业基本建设投资</td><td>金融保险业基本建设投资增长率</td></tr>
</table>

二　西部各省区市金融静态竞争力分析与评价

根据主成分分析原理，我们首先对金融规模竞争力、金融效率竞争力以及金融生态竞争力三个二级指标进行主成分分析，将得到的得分再次进行主成分分析从而得到综合得分及最终排名，即西部金融静态竞争力得分及排名。具体结果见表2。

表2　西部地区金融静态竞争力得分及排名

省区市	金融规模		金融效率		金融生态		综合	
	得分	排名	得分	排名	得分	排名	得分	排名
四　川	8.093	1	1.603	1	0.681	3	1.62	1
内蒙古	0.23	6	-1.226	10	3.997	1	1.213	2
陕　西	1.854	2	0.864	4	0.621	4	0.621	3
重　庆	0.468	4	0.942	3	0.908	2	0.546	4
新　疆	-0.372	7	0.949	2	-0.041	5	0.101	5
云　南	0.469	3	-0.047	6	-0.514	6	-0.124	6
广　西	0.259	5	-1.361	11	-0.537	7	-0.391	7
甘　肃	-1.678	9	0.363	5	-1.614	10	-0.729	8
宁　夏	-3.678	10	-0.194	7	-0.633	8	-0.756	9
贵　州	-1.654	8	-0.941	8	-1.782	11	-1.013	10
青　海	-3.992	11	-0.951	9	-1.086	9	-1.089	11

根据表2的结果，我们可以对西部各省区市金融静态竞争力情况做出如下的分析与评价。

（1）总体来看，2008年西部地区金融竞争力比较中四川、内蒙古、陕西以及重庆处于第一集团，排名靠前；新疆、云南、广西和甘肃分列四到八位，属于第二集团，说明其金融竞争力在西部地区中具有一定优势但并不十分明显；宁夏、贵州和青海三省排名靠后，属于第三集团，该地区金融竞争力有待进一步提升。第一集团中的四川和重庆地处我国西南地区，而西北地区只有陕西位列其中，排名前六位的省区中西南地区占据第一、四、六三席，西北地区只有陕西和新疆分别排名第三和第五，在一定程度上说明西部金融发展过程中仍然存在着区域差异现象，西南地区金融竞争力整体强于西北地区。

（2）从各具体指标得分和排名情况来看，第一集团的四川省在各个方面都具有明显优势，无论是规模、效率还是生态，都处于领先地位。金融规模排名第一，说明2008年四川的金融总量包括银行业、保险业以及资本市场的竞争力均领先西部其他省份，是西部金融第一大省。这与其经济发展水平和经济开放程度密不可分，同时也与其丰富的金融资源紧密相关。同时，四川省金融效率竞争力也排名第一，在拥有最大规模金融资源的同时又能保持高效的运作效率，这无疑是四川省金融发展的巨大优势，也是西部各省区市所无法比拟的原因所在。

内蒙古以其在金融生态方面的优势，使其排名西部第二，但其金融规模和金融效率均排名靠后。之所以在金融生态方面取得巨大优势，其原因在于内蒙古人均占有金融资源量远远超过其他各省区市，各项人均数据基本为其他各省区市的一倍还多。这一结果主要是得益于近年来内蒙古快速发展的宏观经济。与其巨大的金融生态竞争力优势形成对比的是其金融规模和效率并不理想，金融规模在西部排名第六，金融效率排名第十。尤其是金融效率低下已严重影响到内蒙古金融竞争力整体水平，这将直接影响金融业在经济发展过程中核心作用的发挥，影响内蒙古宏观经济的可持续发展。金融效率滞后与内蒙古以资源开发为主的粗放型经济发展模式有关。一方面，由于资源的稀缺性推动内蒙古宏观经济快速增长，近几年成为国内 GDP 增速最快的省份；另一方面，由于资源开发的粗放型经济发展模式使得金融效率难以得到有效提高。值得注意的还有内蒙古民间金融的活跃程度在一定程度上也影响了当地金融规模和金融运行效率的提高。因此内蒙古除了为金融发展提供良好外部环境，营造优良的金融生态外，应加大对金融规模尤其是加大对金融效率的关注力度，关键在于合理转变经济发展模式，力求实现在优良环境下金融业的高效发展。第一集团中的陕西和重庆发展都较为均衡，无论是金融规模、金融效率还是金融环境方面都具有一定的优势。但陕西在金融效率和金融生态方面有待进一步提高；重庆则需要关注金融规模的提高。

第二集团中新疆、云南排名五、六位，在西部各省区市中居于中游水平。新疆在金融效率方面具备一定优势，排名第二，但其在金融规模和金融生态方面还有待加强，尤其是金融规模排名西部第七，应该作为下一阶段发展金融的关注重点。云南整体较为均衡，金融效率和金融生态排名均为西部第六，处于中游水平。云南的金融规模排名西部第三，下一步应该努力提高金融效率和改善金融生态环境，在金融规模优势的基础上提高金融综合竞争力水平，争取进入第一集团。广西和甘肃排名七、八位，在西部各省区市中相对靠后。广西的金融效率为西部各省区市最末一位，下一阶段应加大力度努力提高金融运作效率，提高金融综合竞争力。甘肃的金融效率较高，但金融规模和金融生态排名靠后，这与甘肃经济发展水平较低等因素有关。

第三集团的宁夏、贵州和青海分列九到十一位，无论是金融规模、金融效率还是金融生态，上述三省均排名靠后，其金融综合竞争力较低，金融发展相对滞后，需要给予金融业适当的政策倾斜，否则将可能阻碍地区经济发展。

（3）与2007年相比，位次变化较大的是内蒙古，提升了七位，广西提升了三位，宁夏下降了三位，其他各省区市排名基本保持不变。具体来看，内蒙古由2007年第九位提升到2008年第二位，主要是由于其实体经济迅速发展，为金融发展营造了良好的环境。近年来内蒙古宏观经济高速增长，从2002年以来连续七年GDP增速全国第一，这样的经济发展速度不断优化了内蒙古的金融生态环境，最终使得金融综合竞争力排名取得快速提高。广西提升了三位主要是由于《北部湾经济区发展规划》批准实施以来，众多大型投资商进入，各金融机构纷纷进入并加大投融资规模，促使金融规模竞争力取得显著提高。宁夏排名下降了三位，主要是宁夏作为以农业为主的省份，受农产品价格全面下行影响，农业效益降低，这些原因导致金融规模竞争力的相对下降，包括金融机构存贷款余额、储蓄余额以及资本市场的表现均相对落后，最终导致金融综合竞争力排名下降。

三　西部各省区市金融动态竞争力分析与评价

金融动态竞争力反映了金融发展的速度和潜力。金融动态竞争力评价指标为金融静态竞争力评价指标的三年几何平均增长率，计算公式如下：

$$\text{三年平均增长率} = \sqrt[3]{2008\text{年数值}/2005\text{年数值}} - 1$$

同样，我们根据金融静态竞争力测评的方法和步骤对金融动态竞争力进行测评，得出最终得分和排名，见表3。

根据表3的结果，我们可以对西部各省区市金融动态竞争力情况做出如下的分析与评价。

（1）总体来看，2008年西部地区金融动态竞争力中内蒙古、四川、青海以及重庆处于第一集团，排名靠前。表明这四个省区市的金融业发展较快，具有较大优势。甘肃、贵州、陕西和云南分列四到八位，属于第二集团，在西部金融动态竞争力排名中居于中游，说明其金融发展潜力具有一定优势但并不十分明显。新疆、广西和宁夏三省区排名靠后，属于第三集团，这三省区金融发展潜力较低，金融动态竞争力有待进一步提升。内蒙古连续两年排名西部第一，综合得分远远超出其他省区市，成为西部金融业发展最快和最具竞争力的省区。

表3　西部各省区市金融动态竞争力得分及排名

省区市	金融规模增长率		金融效率增长率		金融生态增长率		综合	
	得分	排名	得分	排名	得分	排名	得分	排名
内蒙古	1.713	1	-0.449	8	2.221	1	1.589	1
四　川	0.128	4	1.536	1	0.708	3	1.041	2
青　海	0.61	3	0.735	2	-0.725	9	0.467	3
重　庆	-0.279	7	0.71	3	0.153	4	0.216	4
甘　肃	-0.233	6	0.633	4	-0.084	5	0.127	5
贵　州	0.617	2	-0.677	10	-0.44	8	-0.094	6
陕　西	-0.456	8	-0.579	9	1.302	2	-0.102	7
云　南	-0.019	5	-0.372	7	-0.15	6	-0.238	8
新　疆	-0.593	9	0.515	5	-1.095	10	-0.493	9
广　西	-0.747	11	-0.289	6	-1.57	11	-1.127	10
宁　夏	-0.74	10	-1.764	11	-0.32	7	-1.386	11

（2）从各具体指标得分和排名情况来看，第一集团的内蒙古在金融规模和金融生态两个方面具备绝对优势，其中金融规模增长率得分1.713，金融生态增长率得分2.221，均远远高于西部其他省区市，略为不足的是在金融效率方面排名西部第八。这主要是由于内蒙古宏观经济的快速增长带动金融规模和当地人均经济金融资源的快速增长。因此，下一阶段应该在保持金融规模和金融生态发展优势的基础上，加强对金融效率的高度关注，力争实现金融业的全面均衡发展。

四川在西部金融动态竞争力中排名西部第二位。其金融规模、金融效率和金融生态的变化均排名靠前，尤其是金融效率的提升排名西部第一，说明四川省在保持一定规模优势和良好金融生态的条件下能够确保金融的高效运作，金融发展潜力巨大。青海凭借金融规模和金融效率方面的出色改进排名西部第三，其中金融规模排名西部第三，金融效率提升排名西部第二，说明青海省在近三年内金融规模增速较快同时保持了较高的金融运作效率。但是，值得关注的是青海的金融生态改进缓慢，排名西部第九，这与青海近三年经济增长速度缓慢有关。重庆在西部金融动态竞争力排名中位列第四，除金融规模变化排名靠后外，其余两项均处在上游水平，主要原因在于重庆金融规模基数较大，虽然金融规模绝对值取得较大程度的增长，但其相对的增长率仍然较小。因此，下一阶段应不断拓宽投融资渠道、进一步活跃本地金融市场，以提高金融规模增长率，从而提高地区金融动态竞争力。

第二集团中甘肃排名第五，金融业各方面发展较为均衡，都处在西部中游水平。排名第六、第七的贵州和陕西的发展特点与甘肃不同，各自拥有一个较为强势的方面，但其他两个部分则相对较弱。以贵州为例，其金融规模变化排名西部第二，仅次于内蒙古，说明在近三年内，贵州金融规模发展较快，其增长速度在西部地区较为突出，但与此形成对比的是贵州在金融效率和金融生态的改进方面均处在下游水平，从而导致其综合排名也相对靠后。陕西也存在同样的问题，在金融生态改进方面排名西部第二，发展优势较为明显，但是金融规模和金融效率提升方面就落后于其他省区市。因此，上述两个省份应努力寻求一条金融业均衡发展之路，一方面继续保持优势部分的增长，另一方面重点关注相对弱势部分的发展，从而提高本省金融业的综合竞争力。

第三集团的新疆、广西和宁夏分列九到十一位，无论是金融规模的变化、金融效率还是金融生态的提升，上述三省均排名靠后，金融发展潜力较低。对这三省区来说，需要加大力度发展金融业，给予适当的政策倾斜，否则将可能阻碍地区经济发展。

四　结论

本文从静态和动态两个方面，对西部各省区市金融竞争力进行了测评和分析，从中可以得出如下结论。

（1）从西部地区内部来看，无论是静态竞争力还是动态竞争力，之前测评中出现的西南地区与西北地区竞争力区域差异的情况仍然存在，西南地区金融竞争力整体强于西北地区。

（2）西部各省区市的静态与动态排名存在一定的差异性，在静态排名中靠前的省份在动态排名中却处于中下游，如陕西的静态排名第三，动态排名第七，说明这些省份在金融发展潜力的拓展方面还存在问题，应努力拓展金融渠道，活跃金融市场，提高自身的可持续发展能力。与之相反，一些静态排名靠后的省份其动态排名则比较靠前，如静态排名第十一位的青海，其动态排名西部第三。说明这些省份的金融发展潜力较强，虽然现实竞争力还相对较弱，但是凭借着快速的发展，有望实现静态竞争力的快速提升。

（3）西部各省区市金融发展的非均衡性趋势明显。从金融规模、金融效率和金融生态三方面的测评结果中可以发现，各省区市都很难保证三方面均衡发展，均或多或少存在着不平衡发展的现象。内蒙古的不均衡性表现的尤为明显，静态竞争力中内蒙古综合排名第二，金融生态排名第一，但其金融规模和金融效率排名均靠后；动态竞争力中内蒙古排名第一，金融规模和金融生态提升明显，但其金融效率的提升较慢，排名第八。金融发展的不均衡必将影响地区金融发展的可持续性。因此，在西部地区金融发展的进程中不仅要注重总量规模的发展，同时还应该提高金融运作效率，优化金融发展环境，实现金融的全面可持续发展。

西部各省区市对外开放竞争力评价与分析报告

万波琴 *

对外开放就是要把整个国民经济的运行及整个社会再生产过程，放到世界经济的大格局和国际市场的大背景之下，纳入世界经济的大循环之中。国内外理论界对于对外开放与经济增长之间的正相关关系早已达成共识。各地区的对外开放水平已成为显示该地区经济实力的主要标志。伴随着西部大开发战略的实施，我国的对外开放进一步扩大到广大的西部地区。因此，在世界经济大发展的新时代，正确评估西部地区对外开放水平具有重要的现实意义。

一　对外开放竞争力评价的思路及其指标体系构建

伴随着经济一体化的进程，经济的对外开放程度越来越呈现多元化态势，因此，衡量一个地区的对外开放程度不应仅仅以对外贸易占 GDP 的比重这单一指标，而应从对外贸易、对外经济合作、引进外资、国际旅游四方面综合衡量。根据此原则，我们对西部各省区市的对外开放竞争力评价将从这四个方面入手，选取了四个二级指标、12 个三级指标，并且从静态和动态两个角度进行评价，评价指标体系见表 1。为了保证数据的可靠性，本文采用的数据主要来源于 2009 年西部各省区市的统计年鉴、统计公报和《国际商务年鉴 2009》。

* 万波琴，西北大学中国西部经济发展研究中心。

表 1 西部各省区市对外开放竞争力综合评价指标体系

一级指标	项目	二级指标	三级指标
对外开放竞争力	静态指标	贸易开放水平	商品出口总额(万美元) 商品进口总额(万美元) 外贸依存度(%)
		对外经济合作水平	对外承包工程完成营业额(万美元) 劳务完成营业额(万美元)
		外资开放水平	实际利用外商直接投资(万美元) 外商投资企业中外资注册资本(亿美元) 实际利用外商直接投资占 GDP 比重(%)
		旅游开放水平	国际旅游外汇收入(百万美元) 国际旅游外汇收入占 GDP 比重(%) 接待入境旅游人数(万人次) 星级饭店数目(个)
	动态指标	外贸开放潜力	商品出口总额增长率(%) 商品进口总额增长率(%) 外贸依存度增长率(%)
		对外经济合作潜力	对外承包工程完成营业额增长率(%) 劳务完成营业额增长率(%)
		外资开放潜力	实际利用外商直接投资增长率(%) 外商投资企业中外资注册资本增长率(%) 实际利用外商直接投资占 GDP 比重增长率(%)
		旅游开放潜力	国际旅游外汇收入增长率(%) 国际旅游外汇收入占 GDP 比重增长率(%) 接待入境旅游人数增长率(%) 星级饭店数目增长率(%)

二 西部各省区市对外开放竞争力静态分析与评价

为了保持研究的延续性、可比性，本次测评也采用了以前的方法即主成分分析方法，以西部各省区市 2008 年数据为评价依据，运用 SPSS 软件，得到一级指标的综合得分与排名，然后再把一级指标的得分作为变量，进行主成分分析，得到西部各省区市对外开放竞争力的综合得分和排名，结果见表 2。

表2　西部各省区市对外开放竞争力指标静态得分及其排名

省区市	外贸开放水平		对外经济合作水平		外资开放水平		旅游开放水平		综合	
	得分	排名	得分	排名	得分	排名	得分	排名	得分	排名
四　川	1.647	2	3.605	1	2.787	1	-0.874	7	2.321	1
重　庆	0.013	5	0.660	2	2.431	2	0.311	5	0.904	2
云　南	0.038	4	-0.222	5	-0.410	6	4.347	1	0.755	3
内蒙古	-0.175	7	-0.162	4	1.473	3	0.769	4	0.415	4
广　西	0.571	3	-0.736	9	0.205	4	1.499	2	0.321	5
新　疆	2.523	1	-0.532	6	-1.366	8	-0.596	6	0.243	6
陕　西	-0.501	8	0.594	3	0.125	5	1.090	3	0.287	7
甘　肃	-0.147	6	-0.649	7	-1.494	10	-1.547	9	-0.974	8
宁　夏	-1.086	9	-0.887	10	-1.504	11	-2.091	11	-1.505	9
青　海	-1.695	11	-1.000	11	-0.799	7	-1.866	10	-1.535	10
贵　州	-1.188	10	-0.670	8	-1.449	9	-1.042	8	-1.231	11

为了更全面地分析评价西部各省区市的对外开放竞争力水平，在此基础上，再把一级指标的综合得分进行聚类分析，具体结果见表3。

表3　西部各省区市对外开放竞争力指标静态得分的聚类结果

Case Number	地　区	Cluster	Case Number	地　区	Cluster
1	四　川	1	7	新　疆	2
2	云　南	2	8	甘　肃	3
3	重　庆	2	9	贵　州	3
4	内蒙古	2	10	青　海	3
5	广　西	2	11	宁　夏	3
6	陕　西	2			

根据表2、表3可以得出以下结论。

1. 四川省现实对外开放竞争力最优

四川省的综合得分排名第一，聚类分析的结果又显示其对外开放水平单独为一类，说明四川省对外开放竞争力领先于西部其他地区。在5.12汶川大地震及国际金融危机的背景下，四川省对外贸易实现逆势增长，进出口总额220.4亿美元，居西部第二位，增长53.3%，机电产品出口65.5亿美元，增长79.2%；高新技术产品出口27.7亿美元，增长67.7%。5.12地震后，特别是在金融危机的情况下，成都更是各大投资商的中意目标，外商投资再创新高，全年实际利用外资33.4亿美元，增长66.1%。累计批准外商投资企业8628家，新引进世界500强企业7户，全球500强企业中已有142家来川投资或设立办事机构，四川还积极探索建立资源开发新机制，成功举办第九届西博会，赴18个对口支援省市和港澳地区开展感恩招商活动，共签约项目1139个，总投资4683亿元。全年对外承包工程和劳务合作完成营业额24.1亿美元，同比增长98.0%，对外经济合作能力得到提升，对外经济合作和外资开放水平均位于西部之首。

2. 重庆、云南、内蒙古、广西、新疆、陕西的对外开放竞争力处于中等水平

聚类分析的结果显示重庆、云南、内蒙古、广西、新疆、陕西六省区市的对外开放水平为一类，综合得分又分别位于西部地区第二至第七位，这两种分析结果都显示这六省区市的对外开放水平处于中游水平。

重庆综合得分在西部排名第二名，主要在于重庆对外经济合作和外资开放水平位于西部第二名，2008年是重庆市统筹城乡综合配套改革试验区正式启动的第一年，将利用外资、境外投资与统筹城乡发展的目标相结合，在更大领域、更大范围和更高层次上积极参与国际经济科技合作与竞争，实际利用外商直接投资27亿美元，为2007年的2.5倍，对外开放进入崭新阶段。中小企业为应对地震灾害和金融危机影响的冲击，积极开展了以灾后恢复重建和承接产业转移为重点的“引进来”与“走出去”工作，特别是利用第五届中博会、汶川地震灾区投资项目洽谈会等对外交流平台，积极包装、推介灾后恢复重建投资项目，取得了明显的成绩。

内蒙古综合得分排名第四名。2008年外贸进出口总额89.34亿美元，实际利用外商直接投资26.5亿美元，这些成绩的取得在于内蒙古充分利用地缘区位优势，与世界上的100多个国家和地区建立贸易往来和经济技术合作关系，有对外开放的一类口岸12个，二类口岸6个，积极拓展对外贸易和经济技术合作。另外内蒙古不断优化进出口商品结构，使得对外贸易规模不断扩大，对外贸易市场向多元化发展，初步形成了全方位、多层次的口岸开放格局。

新疆综合得分排名第六，这主要得益于新疆外贸开放水平在西部地区排名第一，进出口贸易总值达222.17亿美元，同比增长62%，增幅居西部地区第一位，外贸依存度已达36.6%，同比提高6个百分点。新疆除了与8个国家陆路接壤的得天独厚的区位优势之外，还有就是新疆出口到周边国家的商品主要是以服装、鞋类、纺织品为代表的日用品，需求缺乏弹性，受金融危机影响小。

云南、广西和陕西的旅游对外开放水平占据西部前三位，对外开放现实竞争力处于中等水平，但与2007年相比，排名有所下降。云南由第二名下降到第三名，最有优势的旅游开放水平仍位于西部首位，但由于国际旅游收入由2007年占GDP的1.4%下降到1.2%，旅游开放水平在西部的相对优势下降，导致其对外开放现实竞争力在西部的排名下降一位。广西由第三名下降至第五名，主要在于广西的对外经济合作排名靠后，这与2008年广西遭遇冰灾、洪灾和全球金融危机有一定联系，使得全年对外承包工程和劳务合作完成营业额在西部排名第九。陕西由第四名下降至第七名，主要在于陕西外贸开放水平排名靠后，全省外贸进出口总值83.68亿，外贸依存度为8.37%，原因主要有以下三点：一是陕西地处内陆腹地，口岸较少（一类口岸1个，二类口岸4个），导致现代物流业发展较慢；二是全省产业结构不合理，出口仍以低附加值、初加工产品为主；三是各级政府及有关部门、企业走出去的意识不强。

3. 甘肃、宁夏、青海、贵州的对外开放竞争力处于较差水平

聚类分析的结果显示甘肃、宁夏、青海、贵州四省区的对外开放水平为一类，综合得分排名靠后，说明其对外开放水平处于下游水平，有待进一步提高。与2007年相比，宁夏对外开放竞争力排名未变，甘肃、青海、贵州排名都是上下变动一个位次。甘肃由于受全球金融危机影响，进出口总值达到60.8亿美元，同比增长10.7%，但增速比上年同期回落33个百分点，外贸依存度由上年的14.98%下降到13.67%。宁夏全区外贸实现进出口总额18.8亿美元，在西部排名第十，外贸依存度为11.88%。青海外贸实现进出口总额6.9亿美元，位于西部末尾，外贸依存度4.98%，也处于西部地区最低水平，所以青海外贸竞争力在西部最差。贵州外贸实现进出口总额33.7亿美元，外贸依存度为7.01%。甘肃、宁夏、青海、贵州不仅在外贸开放水平上排名靠后，在对外经济合作水平、外资开放水平和旅游开放水平上均排名靠后。

三　西部各省区市对外开放竞争力动态分析与评价

对外开放静态竞争力是对该地区当年对外开放现实发展状况进行评价分析，为了考察一个地区对外开放发展潜力，本文以2005～2008年动态平均数据为动态评价依据，其计算公式为：

$$三年平均增长率 = \sqrt[3]{第2008年数值/第2005年数值} - 1$$

和静态分析一样，运用SPSS软件，得到一级指标的综合得分与排名，然后再把一级指标的得分作为变量，进行主成分分析，得到西部各省区市对外竞争力的动态综合得分和排名，具体结果见表4。为了更全面地分析评价西部各省区市的对外开放发展潜力，在此基础上，再把一级指标的综合得分进行聚类分析，具体结果见表5。

表4 西部各省区市对外开放竞争力指标动态得分及其排名

省区市	外贸开放潜力		对外经济合作潜力		外资开放潜力		旅游开放潜力		综合	
	得分	排名	得分	排名	得分	排名	得分	排名	得分	排名
重　庆	0.172	6	0.783	3	1.763	1	1.018	3	1.501	1
云　南	-0.282	7	1.255	1	0.766	4	1.333	2	1.379	2
广　西	0.929	2	1.058	2	-0.042	6	0.524	6	1.076	3
新　疆	0.530	4	-0.023	7	1.065	3	0.247	8	0.623	4
四　川	1.633	1	0.444	4	0.724	5	-2.600	10	0.161	5
甘　肃	0.285	5	0.387	5	1.065	2	-3.051	11	-0.322	6
陕　西	-1.178	10	0.128	6	-0.726	9	0.529	5	-0.380	7
贵　州	0.749	3	-0.811	9	-1.005	10	0.316	7	-0.503	8
内蒙古	-1.345	11	-1.073	10	-0.270	7	0.776	4	-0.891	9
宁　夏	-0.648	8	-0.798	8	-2.678	11	1.337	1	-1.199	10
青　海	-0.845	9	-1.350	11	-0.661	8	-0.429	9	-1.446	11

表5 西部各省区市对外开放竞争力指标动态得分的聚类结果

Case Number	地　区	Cluster	Case Number	地　区	Cluster
1	重　庆	1	7	陕　西	3
2	云　南	1	8	贵　州	3
3	广　西	1	9	内蒙古	3
4	新　疆	1	10	宁　夏	3
5	四　川	2	11	青　海	3
6	甘　肃	2			

1. 重庆、云南、广西、新疆对外开放发展潜力处于最优水平

由表4、表5可见，重庆、云南、广西、新疆属于一类，综合得分分别位于西部各省区市的第一至第四位，说明这四个省区市的对外开放发展潜力是西部最优的地区。

重庆在对外经济合作潜力、外资开放潜力和旅游开放潜力均位于西部前三位。

云南的对外经济合作潜力位于西部之首。2008 年云南对外工程承包、劳务合作完成营业额 6.02 亿美元，是 2005 年 3.85 亿美元的 1.56 倍，年均增长 16.0%，意味着这段时期是云南对外经济合作快速增长期。根据有关资料显示，2006 年云南的对外经济合作发展空间就在迅速扩大，对外工程承包项目从原来单纯的工程施工，发展到用 BOT、BT 和 EPC 等多种融资方式；此外，对外经济合作的地域也越来越广，已遍及 20 多个国家和地区，所以云南 2008 年对外开放发展潜力由 2007 年的第七名上升到第二名。

广西在 2005～2008 年期间，外贸开放潜力和对外经济合作潜力在西部都排名第二，这与广西沿海、沿边、沿江，地处华南经济圈、西南经济圈与东盟经济圈的结合部的区位优势有关。广西积极参与中国－东盟自由贸易区，泛北部湾经济合作、大湄公河次区域合作等多区域合作，通过举办 GMS 和中国－东盟博览会以及各种环北部湾经济发展论坛，搭建对外开放平台，扩大了对外贸易和利用外资的规模。

值得我们关注的是新疆动态排名居西部第三位，优于静态排名第六，新疆有望进一步提高其对外开放现实竞争力。新疆虽然经济相对落后，但在全国区域分工中仍扮演着十分重要的角色。新疆棉花、番茄酱、香梨、哈密瓜、枸杞、啤酒花、肉类、奶制品等农副产品在资源和消费市场上都具有突出的特异性，工业化开发的价值和潜力很大，吸引外资流入和外商投资规模不断扩大。2008 年新疆实际利用外资 1.90 亿美元，是 2005 年 0.47 亿美元的 4.04 倍，年均增长 59.26%。

2. 四川、甘肃对外开放发展潜力处于中等水平

四川、甘肃属于一类，综合得分分别位于西部第五位和第六位，主成分分析结果和聚类分析结果都显示四川、甘肃对外开放竞争潜力处于中等水平。四川动态排名与 2007 年相比变动不大，值得注意的是甘肃动态排名由第一位下降至第六位，甘肃的旅游开放潜力位于西部最后一位，虽然甘肃地处丝绸之路和青藏旅游线的必经之地，旅游资源丰富，但由于受冰冻、拉萨“3·14”事件和地震等

因素影响，甘肃旅游遭受重创。

3. 陕西、贵州、内蒙古、宁夏、青海对外开放发展潜力处于较差水平

陕西、贵州、内蒙古、宁夏、青海五省区属于一类，也是综合得分排名靠后的五省区，说明其对外开放发展潜力较差。内蒙古外贸开放潜力位于西部最后一位，2008 年内蒙古进出口总额 89.33 亿美元，外贸依存度为 8%，但低于 2005 年的 10.3%，对内蒙古对外开放发展潜力由第三名下降至第九名有一定影响。值得关注的是宁夏的旅游开放潜力居西部第一位，2008 年宁夏国际旅游收入是 2005 年的 1.5 倍，与宁夏各级政府及自治区旅游局非常重视对宁夏旅游资源的宣传促销，采取多种方式扩大影响力是分不开的。

四　结论与对策建议

西部各省区市的对外开放程度与自然资源和地理位置密切相关。排名第三的云南省利用自己的旅游资源，搭建旅游业对内对外开放平台，从而提高了对外开放水平，大力发展外向型经济。2008 年新疆的商品进出口总额达到 220 亿美元，外贸开放水平在西部排名第一，这与新疆地处欧亚大陆中心，与 8 国接壤的区位优势有关。甘肃、宁夏、青海、贵州对外开放竞争力在西部排名靠后与他们地处西部内陆，不靠海、不沿江、不沿边有一定关系。

四川省虽然对外开放静态排名位于西部之首，但国际旅游对外开放潜力排名第七，很大程度上受“5·12”汶川地震影响，四川省应积极投入旅游基础设施建设和景点开发，完善旅游配套设施，提升整体竞争力，并借“5·12”汶川地震灾后重建之机，打造地震遗址公园，让其成为四川旅游的新亮点。

重庆不仅静态排名第二，而且动态排名第一，说明重庆不仅对外开放基础好，而且发展潜力很大，随着重庆对外开放的逐渐深入，其必将成为西部地区对外开放的标杆。

云南要继续充分利用十分丰富而具鲜明特色的旅游资源，策划、包装和推出一批热点旅游产品、热点旅游景区等，不断在全国乃至世界掀起云南旅游的热潮，并通过组织好中国国际旅游交易会、中国昆明国际文化旅游节、中国－东南亚（东盟）国际旅游论坛等重大节会赛事活动搭建对外开放平台，提升沿边开放水平。

陕西是西部装备制造业、高新技术产业、医药制造业、软件服务外包业等的重要基地，但相关商品出口规模有限，缺乏在国内出口具有较大影响的产业。陕西要提高外贸依存度，就应培育进出口龙头企业、发挥出口加工区基地作用、调整优化产业结构，同时还得让政府和企业树立参与国际合作与竞争的意识。从陕西利用外资的区域分布看，呈现明显的关中、陕北和陕南"中间大，两头小"的格局，九成的外资企业投向了关中地区。为了提高利用外资水平，应引导外资合理投向陕西各区域，发挥陕北能源化工基地、关中装备制造和高新技术产业基地、渭北果业基地和陕南绿色产业基地的优势。

结合静动态评价结果来看，宁夏、青海、贵州不仅对外开放水平基础差，而且增长速度慢，发展缺乏后劲，要缩小与西部对外开放程度较高地区的差距，就应优化出口商品结构，在扩大农产品出口的同时还应积极培育机电产品、高新技术产品、服务业等新的外贸增长点，发展加工贸易和服务贸易，大力培育中小企业出口主体，逐步实现出口主体多元化；通过优化投资软硬环境，用优惠条件和高效率的工作吸引投资，提高利用外资的水平和质量。

西部各省区市政府作用竞争力评价与分析报告

王　敏*

2008年是既有痛苦也有喜悦的一年。在这一年当中，西部地区经历了冰冻雨雪灾害、经历了汶川地震的痛苦，也体验了北京奥运会的喜悦；西部同时还面临着金融危机的强烈冲击。在灾害面前，西部各地区各级政府充分发挥强有力的政府职能，组织和领导西部各族人民面对自然灾害，应对外部冲击的挑战，取得了可贵的经济成就。地区生产总值占全国GDP比重由2007年的17.4%上升到17.87%，提高0.47个百分点；人均全年可支配收入由2007年的11309.45元提高到2008年的12971.18元，增加了14.7%。西部地区基础设施供给水平进一步提高，新修公路81666公里，其中，新修高速公路1445公里，增长9.62%。在灾害面前，政府效率的提高显而易见。2008年西部财政支出增加39.7%，是多年来增幅最大的一年；同时行政管理费用所占比重由2007年的24.6%下降到2008年的21.1%；社会保障水平的稳步提升则突出表现在农村社会保险的稳步推进上。2008年西部地区农村社会养老保险参保人员新增108.9万人，与2007年的32.1万人相比，增幅达到239.6%；农村社会养老保险参保人员数占全国的比重由2007年的15.0%上升到16.6%，农村社会保障水平大幅度提高。与往年相比，2008年西部地区的突出表现之一是城乡收入差距缩小，由2007年的3.74下降到2008年的3.69，近年来民生工程的推行显见成效。为准确地反映一年来西部各省区市之间政府作用竞争力的变化，我们沿用《中国西部经济发展报告（2009）》中竞争力分析的指标体系框架，采用2008年和2005年的数据，从静态（2008年）和动态（2005～2008年）两个角度，

* 王敏，西北大学中国西部经济发展研究中心。

结合主成分分析方法和聚类分析方法，对西部地区政府作用竞争力做出分析和评价。

一　西部各省区市政府作用竞争力评价指标体系的构建

西部省份地处我国偏远地区，自然条件恶劣，社会经济发展水平落后，贫困人口众多，交通、通信等基础设施条件极差。在这一特殊条件下发展经济，需要政府强有力的支持和推动。因此，我们从基础设施、政府财政能力、社会保障能力和政府维护社会公平这几个角度出发，构建政府作用静态竞争力和政府作用动态竞争力的评价指标体系，见表1和表2。

表1　西部各省区市政府作用静态竞争力评价指标体系

一级指标	二级指标	三级指标
政府作用静态竞争力	基础设施竞争力	交换机容量 长途光缆密度 互联网端口数 陆路运输线路里程数 高速公路里程数 内河航道里程数 民航客运量 民航货运量 陆路运输线路密度 高速公路比重 水路密度
	政府财政能力	财政支出 基础建设费占财政支出比例 行政管理费占财政支出比例 公务员人均 GDP
	社会保障能力	基本医疗保险覆盖率 基本失业保险覆盖率 基本养老保险覆盖率 登记失业率
	社会公平度	城乡收入比 城市低保人口占城市人口比重 转移支付 转移支付费用占财政收入比重

表2　西部各省区市政府作用动态竞争力评价指标体系

一级指标	二级指标	三级指标
政府作用动态竞争力	基础设施竞争力	交换机容量增长率 长途光缆密度增长率 陆路运输线路里程数增长率 高速公路里程数增长率 高速公路比重增长率 内河航道里程数增长率 民航客运量增长率 民航货运量增长率
	政府财政能力	财政支出增长率 基础建设费占财政支出比例增长率 行政管理费占财政支出比例增长率 公务员人均 GDP 增长率
	社会保障能力	基本医疗保险覆盖率增长率 基本失业保险覆盖率增长率 基本养老保险覆盖率增长率 登记失业率增长率
	社会公平度	城乡收入比增长率 城市低保人口占城市人口比重增长率 转移支付增长率 转移支付费用占财政收入比重增长率

二　西部各省区市政府作用竞争力静态分析与评价

我们评价分析所使用的数据均来自于《中国统计年鉴2009》、《中国民政统计年鉴2009》和西部各省份统计年鉴（2009）。在分析方法上，除继续沿用主成分分析方法外，我们还结合了聚类分析方法，从综合得分和分类两个角度对西部地区政府作用力（静态）做出分析和评价。主成分分析和聚类分析的结果分别见表3和表4。

根据主成分分析和聚类分析结果，可以得出如下结论。

1. 四川省政府作用竞争力最强

四川是传统的西部大省，多年来宏观经济整体水平位居西部前列。2008年，面对汶川大地震这一特大自然灾害，四川省政府表现出极为高效的应急反应能力和强有力的领导、指挥能力，在短时间内完成了抢救和安置受灾群众、加强卫生

表3　西部各省区市政府作用竞争力静态评价结果

省区市	基础设施竞争力		政府财政能力		社会保障能力		社会公平度		综合	
	得分	排名	得分	排名	得分	排名	得分	排名	得分	排名
四　川	4.48	1	2.12	1	-0.7	8	1.07	2	1.75	1
重　庆	0.97	3	1.12	2	0.16	6	-0.97	10	0.99	2
广　西	1.55	2	0.71	4	-1.04	9	-1.44	11	0.81	3
内蒙古	-0.87	7	0.93	3	1.39	2	-0.49	7	0.6	4
陕　西	0.72	4	0.26	5	0.34	4	0.44	5	0.25	5
新　疆	-1.31	8	-0.55	7	2.49	1	-0.71	9	-0.06	6
云　南	0.55	5	-0.43	6	-1.53	10	0.03	6	-0.34	7
宁　夏	-1.85	10	-1.09	9	0.26	5	-0.6	8	-0.81	8
贵　州	0.11	6	-1.1	10	-1.64	11	0.56	4	-0.9	9
甘　肃	-1.45	9	-0.85	8	-0.09	7	1.01	3	-0.94	10
青　海	-2.9	11	-1.12	11	0.38	3	1.11	1	-1.34	11

表4　西部各省区市政府作用竞争力静态综合得分聚类结果

Case Number	地　区	Cluster	Distance
1	四　川	1	.000
2	重　庆	2	.190
3	广　西	2	.010
4	内蒙古	2	.200
5	陕　西	3	.300
6	新　疆	3	.010
7	云　南	3	.290
8	宁　夏	4	.188
9	贵　州	4	.098
10	甘　肃	4	.058
11	青　海	4	.343

防疫、抢修损毁基础设施、严密防范次生灾害、强化物资资金保障和监管，并迅速全面启动灾后重建工作。同时，四川省政府进一步加强基础设施投资，多个基础设施项目开工建设，全年共实现固定资产投资7581.2亿元，居西部地区第一位；在政府财政能力上，四川省政府通过规范市县两级部门预算、省级探索建立部门预算编制联审制度、加强政务服务中心建设等方式加强政府自身建设、完善政府对地方经济发展的服务功能，一年中，行政审批流程提速37.9%，行政管

理费用占财政支出的比重由2007年的25.4%下降到2008年的17.5%，由西部地区政府行政费用占比较大的省之一变成行政费用占比最小的省，继续保持了西部政府财政能力第一的地位。在社会保障体系建设和社会公平度的提高上，四川通过八大民生工程的大量投资（501.4亿元）和富民安康工程投资（76.4亿元）来解决绝对贫困人口温饱问题、农村饮水安全问题、农村交通问题和义务教育阶段“两免一补”政策的落实；提高城市和农村社会保障补助水平，增加低保人数。一系列政策的落实和资金的投入促进了四川省建设和谐社会的水平，社会公平度这一二级指标的得分由2007年的第十一位跃居2008年的第二位。然而在社会保障水平上，四川依然居西部下游，排第八位。

2. 重庆、广西、内蒙古三省区市政府作用竞争力位居中上

重庆、广西、内蒙古的共同特点是政府财政能力排名靠前：分别位列第二、第四和第三位；衡量政府效率的指标公务员人均GDP分别位居西部第三、第二和第一位，且这三个省区市这一指标位列前三保持了三年。2008年重庆启动行政审批电子监察系统建设，包括规划、建设、医药在内的多个领域的行政许可透明度进一步提高；行政资源的整合带来了应急救援和减灾防灾体系的进一步完善；广西积极推进民主体制建设，推进政务、村务和常务公开；内蒙古积极推进行政管理体制改革和政务公开，电子政务建设得到加强。在这三个省区市之间比较，重庆和广西基础设施水平较强，分别排名第三和第二。2008年重庆启动了危旧房拆迁改造三年计划，提速构筑对外大通道，一年当中116公里高速公路建成通车；同时加快了城区内诸城快速路网和轨道交通一、三、六号线建设步伐；广西大力推进重点产业园区基础设施和保税物流体系建设，加快构建出海出边国际大通道，沿海基础设施建设大会战二期工程基础建成投产；年内共建成高速公路300公里，多条铁路的建设和改造建设开工，基础设施水平的提高有力地促进了重庆和广西的经济快速增长。内蒙古社会保障能力排名靠前，位列西部第二。2008年内蒙古城镇居民和农村牧区最低生活保障范围分别扩大到82.4万人和113.4万人，基本实现了应保尽保和分类施保；城镇居民基本医疗保险制度全面启动，医疗保险覆盖率、城镇养老保险覆盖率、失业保险覆盖率均排列西部第二位：完善的社会保障制度保证了内蒙古社会和谐和民族和谐。

3. 陕西、新疆、云南三省区政府作用竞争力位居中下

主成分分析结果显示，2008年这三个省区的政府作用竞争力排名第五到第七位。在各个分指标排名上，这三个省区也都位列中游。与2007年相比，新疆的排名由第八位上升到第六位，云南则由第三位下降到第七位，陕西排位不变。与2007年相比，新疆排名的上升主要得益于基础设施、政府财政能力和社会保障水平几个指标得分的提高。其中，2008年新疆共完成重点项目投资700亿元，建成包括国道218线清水河—伊宁段高速公路、哈密机场在内的10个重点项目；在政府自身能力建设方面，新疆不断增强行政监督职能，政府信息化建设步伐加快，行政执法责任制全面推行；而在社会保障水平方面，新疆继续保持了排名第一的位置，医疗保险覆盖率、养老保险覆盖率和失业保险覆盖率继续保持西部最高。而云南排名的下降主要是由于基础设施水平和政府财政能力排名的下降，分别由第四位下降到第五位和第六位。基础设施水平排名的下降主要是由于国际金融危机、煤电油运紧张等原因造成的固定资产投资增长缓慢：2008年云南固定资产投资增长速度为24.5%，仅列西部第九位；在政府财政能力上，云南急需加强政府自身能力建设，缩小政府行政费用，提高自身行政效率。2008年云南行政费用占财政支出比重为22.04%，公务员人均GDP排名第七，均排在西部中下。

4. 宁夏、贵州、甘肃、青海政府作用竞争力位居下游

主成分分析结果显示这几个省区政府作用竞争力排名垫底。与2007年相比，青海排名依然最后，宁夏排名上升了两位，由第十位上升到第八位，贵州、甘肃的排名分别下降两位和一位。宁夏排名的上升得益于政府财政能力排名的上升。宁夏自治区政府是西部较早推行政府采购的省区之一，行政管理费用占财政支出的18.98%，是西部省区市中相对规模较小的一个；基础建设费用占财政支出比重为22.4%，仅次于受到强有力政府支持的西藏。这从侧面证明宁夏作为西部的欠发达地区，政府已经充分意识到政府在经济建设中所起的强有力的推动作用。在这一类别当中，值得一提的是青海。连续两年社会公平度和社会保障能力的排名均位居前列。2007年青海已提前三年完成了覆盖全省的农牧区新型合作医疗制度，在全国率先实现了城镇职工基本医疗保险、城镇居民基本医疗保险、新型农村合作医疗、城乡特困人口医疗救助四项基本医疗保障制度全面覆盖，同时规范了最低生活保障和专项救助工作。其中，社会保障和就业支出受到了中央财政补贴，这一支出占财政收入比重达到了91.6%，排西部第二，仅次于西藏；另外，青海城乡收入差距较小，排名西部第四位。较高的社会保障水平和较好的社会公平程度为经济的发展奠定了良好的社会基础。

三 西部各省区市政府作用竞争力动态分析与评价

我们认为，静态分析仅能反映西部政府当年的竞争力水平和政府职能执行效能，而动态分析则能够反映一段时期内西部各省区市政府竞争力的发展态势。在分析方法上，我们继续采用主成分分析和聚类分析的结合，但在数据上，除2008年的数据外，还采用2005年的数据，以各个指标的三年平均增长率来进行政府作用竞争力的动态分析，具体方法为：

$$三年平均增长率 = \sqrt[3]{2008年数据/2005年数据} - 1$$

在数据来源上，除使用2009年的统计年鉴外，还使用了《中国统计年鉴2006》、西部各省区市的地方统计年鉴和《中国民政统计年鉴》，以确保数据的准确性和合法性。表5和表6给出了政府作用竞争力动态分析主成分分析和聚类分析结果。

表5 西部各省区市政府作用竞争力动态分析与评价

省区市	基础设施竞争力		政府财政能力		社会保障能力		社会公平度		综合	
	得分	排名	得分	排名	得分	排名	得分	排名	得分	排名
广西	-0.9	8	0.41	3	1.18	1	-0.62	9	0.87	1
重庆	1.77	2	-0.3	7	0.92	2	-0.88	10	0.81	2
宁夏	-1	9	1.35	1	0.48	3	0.01	6	0.62	3
新疆	2.67	1	0.02	6	-0.31	7	-2.26	11	0.54	4
陕西	-0.5	7	0.28	5	0.1	6	0.26	4	0.05	5
内蒙古	-1.83	11	1.06	2	-0.4	8	-0.04	7	-0.08	6
青海	-0.07	5	0.36	4	-0.5	9	-0.24	8	-0.14	7
贵州	1.16	3	-0.67	9	0.44	4	1.74	1	-0.17	8
四川	-0.11	6	-0.73	10	0.2	5	1.31	2	-0.39	9
甘肃	0.46	4	-1.28	11	-0.53	10	0.06	5	-0.7	10
云南	-1.67	10	-0.5	8	-1.58	11	0.65	3	-1.41	11

根据主成分分析和迭代聚类分析结果，可以得出以下结论。

1. 广西、重庆、宁夏、新疆政府作用动态竞争力最强

从主成分分析结果来看，广西和宁夏的共同特征是政府财政能力和社会保障水平排名较靠前，重庆和新疆基础设施水平提升速度较快。在政府财政能力上，

表 6　西部各省区市政府作用竞争力动态综合得分聚类结果

Case Number	地　区	Cluster	Distance
1	广　西	1	.160
2	重　庆	1	.100
3	宁　夏	1	.090
4	新　疆	1	.170
5	陕　西	2	.135
6	内蒙古	2	.005
7	青　海	2	.055
8	贵　州	2	.085
9	四　川	4	.155
10	甘　肃	4	.155
11	云　南	3	.000

2005～2008 年，广西电子政务广泛推广，政务公开稳步推行；重庆也具有同样特点；宁夏自 2005 年起在全区范围内推行部门预算、国库集中支付和政府采购、收支两条线改革，三年中改革的范围和规模不断扩大；不断加大转移支付的力度，缓解了县乡财政困难；三年中，广西以“保障和改善民生”为各项工作的出发点和落脚点，在社会保障水平上，基本养老、失业和医疗保险覆盖范围不断扩大，初步建立了城乡居民最低生活保障制度，公共卫生体系和基本医疗服务体系不断健全；宁夏社会保障体系不断完善，城镇职工基本养老、医疗、失业、工伤和生育保险全面推行，基本医疗保险实现全覆盖，同时扩大农村低保范围，提高了救助标准，初步建立了覆盖城乡困难群众的社会救助体系。新疆和重庆的基础设施水平提升速度分别列第一和第二位。新疆坚持狠抓固定资产投资，积极发挥投资对经济增长的拉动作用，加快了重大民生工程、重大基础设施和生态环境保护项目建设，三年中开工包括北疆铁路扩能、星星峡－吐鲁番等 48 项重点公路建设、喀什－和田等 10 条铁路等多项大型基础设施建设项目，那拉提、喀纳斯、克拉玛依等四个机场建成营运；基础设施供应水平的提高极大地促进了新疆建设和谐社会的能力。重庆加快基础设施网络建设，加大对六个区域性中心城市发展的支持力度，已经完成了“8 小时重庆”和“半小时主城”目标，城乡交通条件明显改善；同时提速构筑对外大通道，进一步改善重庆铁路、水运和空运条件，为重庆建设沿江对外开放城市提供良好的基础设施条件。

2. 陕西、内蒙古、青海、贵州政府作用动态竞争力位居中上

2005～2008 年，这四个省区政府作用提升速度在西部地区位居中上。其中，内蒙古和青海省政府财政能力提升速度均相对较快，排名分别为第二和第四位；贵州基础设施提升水平和社会公平度提升水平较快，排名分别为第三和第一位。三年来，内蒙古努力降低政府行政成本，不断扩大政务公开范围，推行电子政务，在财力增强的基础上推行公共财政，取得了良好效果；青海不断深化行政体制改革和事业单位改革，连续三年开展以改进机关作风、优化政务环境、加强效能建设为重点的投资环境治理年活动，推行政务公开和电子政务，取消和调整了 105 项行政审批项目，行政效能建设不断加强，省行政效能投诉中心挂牌成立，政府公信力、执行力和办事效率明显提高。三年中，贵州坚持以交通上水平为中心开展大型基础设施项目建设，着力改善经济社会发展的基础条件，开工了一大批高速公路工程、二级公路工程和原有公路的改扩建工程，多条铁路建成通车，尤其是贵阳到广东快速铁路的开工建设加速了贵州现代化交通体系建设步伐。同时，贵州省政府坚持以人为本，大力提高中低收入群体收入水平，大力推进新阶段扶贫开发，扶贫攻坚取得显著成效，2007 年全面实施了农村居民最低生活保障制度，所有常年生活困难的农村贫困人口全部纳入保障范围，开创了从制度上抑制贫困和扶贫的新格局。

3. 四川、甘肃政府作用动态竞争力位居中下游

四川是西部大省，原有经济基础较好，在动态中政府作用竞争力水平提高较慢。但是，四川社会公平度水平提升较快，这主要得益于四川连续几年来不断推进富民惠民工作和“富民安康”工程。而甘肃相对较好的基础设施提升水平和社会公平度提升水平将有助于该省未来经济实现跨越式增长。

4. 云南省政府作用动态竞争力最差

从主成分分析结果来看，云南是三年中政府作用竞争力水平提升最慢的一个省。各项分指标除社会公平度外均位列下游；结合静态分析结果和 2007 年的静态分析结果，可以基本得出结论：云南省政府作用竞争力正处在持续下降的状态。

四　结论

结合静态分析和动态分析的结果，我们认为，整体而言，西南地区政府作用竞争力优于西北地区；从发展态势来看，西南和西北势均力敌。西北地区政府正充分利用财政手段积极努力的改善和提高当地经济发展的初始条件，保证社会经济的和谐稳定发展。然而，在西部特殊条件下，如何彻底消除贫困、缩小城乡收入差距、实现经济和谐健康发展，依然是西部各地、各级政府面临的严峻问题。

西部各省区市经济发展综合竞争力评价与分析报告

姚慧琴　耿 鹏*

前面我们分别从宏观经济竞争力、产业竞争力、企业竞争力、科教与创新竞争力、资源竞争力、环境竞争力、金融竞争力、对外开放竞争力和政府作用竞争力等九大类指标体系对西部各省区市的经济发展情况做出了分析和评价，为了对西部各省区市经济发展综合竞争力给出总体评价，我们采用主成分分析法和聚类分析法，选择了西部地区 2005 ~ 2008 年的数据，从静态和动态两个方面做出测定。

一　西部各省区市经济发展综合竞争力静态分析与评价

经过对九个方面数据的综合处理和计算，我们得出了西部各省区市经济发展综合竞争力静态综合排名（见表 1）和静态聚类分析结果（见图 1）。

表 1　西部各省区市经济发展综合竞争力静态分析与评价结果

省区市	综合得分	排名	省区市	综合得分	排名
四　川	3. 892	1	云　南	0. 060	7
内蒙古	1. 991	2	甘　肃	-1. 935	8
陕　西	1. 194	3	贵　州	-2. 037	9
重　庆	0. 905	4	青　海	-2. 162	10
广　西	0. 316	5	宁　夏	-2. 303	11
新　疆	0. 079	6	西　藏	缺数据	

* 姚慧琴、耿鹏，西北大学中国西部经济发展研究中心。

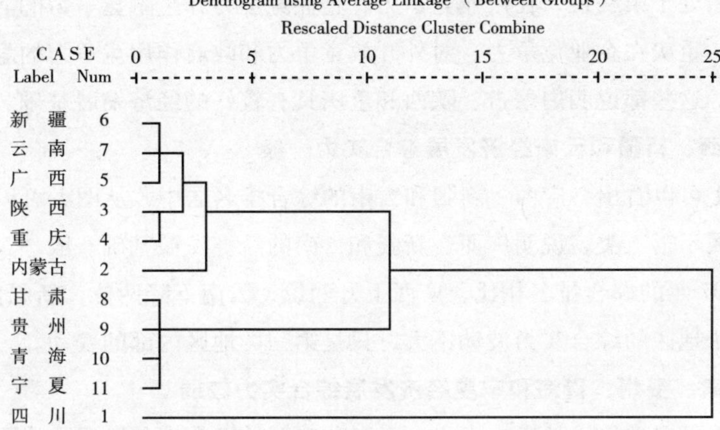

图1 西部各省区市经济发展综合竞争力静态分析聚类结果

通过对静态综合排名和聚类结果的分析，我们可以得出以下结论。

1. 四川经济发展综合实力最强

从表1可以看出，四川的综合排名处于第一位；从图1可以看出，四川属于第一类地区，说明四川经济发展基础在西部地区最好。

从2009年的报告中可以看出，四川从1999～2007年的综合排名始终处于第一位，至今已经连续第10年排名第一，说明四川的经济发展综合实力在西部地区具有明显优势。

具体而言，四川在宏观经济竞争力、产业竞争力、企业竞争力、金融竞争力、对外开放竞争力和政府作用竞争力的静态排名均居第一位，显示了其良好的经济发展基础。

2. 内蒙古、陕西和重庆经济发展综合实力较强

从表1可以看出，内蒙古、陕西和重庆的综合排名处于第二、三和四位，从图1可以看出，这三个地区属于第二类，说明内蒙古、陕西和重庆也有较强的综合实力。

同2007年的综合排名相比，内蒙古上升一位，陕西下降一位，重庆保持不变，说明这三个地区的综合实力波动不大，只是第二类地区内部的变动。

具体而言，内蒙古在资源竞争力的静态排名处于第一位，在宏观经济竞争力、产业竞争力和金融竞争力的静态排名均居第二位；陕西在科教与创新竞争力的静态排名处于第一位，在产业竞争力、企业竞争力和金融竞争力的静态排名均居第三位；重庆在企业竞争力、对外开放竞争力和政府作用竞争力的静态排名均居第二位。这些都说明内蒙古、陕西和重庆具有较好的经济发展基础。

3. 广西、新疆和云南经济发展综合实力一般

从表 1 可以看出，广西、新疆和云南的综合排名居中，从图 1 可以看出，这三个地区属于第三类，说明广西、新疆和云南的经济发展基础一般。

同 2007 年的综合排名相比，广西上升两位，云南下降两位，新疆保持不变，说明这三个地区的综合实力波动不大，只是第三类地区内部的变动。

4. 甘肃、贵州、青海和宁夏经济发展综合实力较弱

从表 1 可以看出，甘肃、贵州、青海和宁夏的综合排名靠后，从图 1 可以看出，这四个地区属于第四类，说明甘肃、贵州、青海和宁夏的经济发展基础相对薄弱。

同 2007 年的综合排名相比，贵州上升一位，青海上升一位，宁夏下降两位，甘肃保持不变，说明这四个地区的综合实力波动不大，只是第四类地区内部的变动。

具体而言，青海在企业竞争力、金融竞争力、科教与创新竞争力、对外开放竞争力和政府作用竞争力的静态排名均处于最后；宁夏在产业竞争力和资源竞争力的静态排名均位居最后。说明青海和宁夏的经济发展基础最弱。

二 西部各省区市经济发展综合竞争力动态分析与评价

经过对九个方面数据的综合处理和计算，我们得出了西部各省区市经济发展综合竞争力动态综合排名（见表 2）和静态聚类分析结果（见图 2）。

表 2 西部各省区市经济发展综合竞争力动态分析与评价结果

省区市	综合得分	排名	省区市	综合得分	排名
内蒙古	1.479	1	贵 州	-0.309	7
陕 西	0.652	2	新 疆	-0.398	8
重 庆	0.628	3	青 海	-0.452	9
宁 夏	0.606	4	云 南	-0.989	10
广 西	0.387	5	甘 肃	-1.317	11
四 川	-0.288	6	西 藏	缺数据	

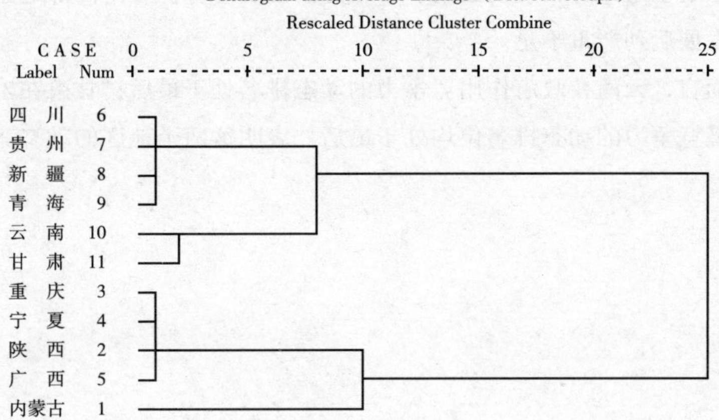

图 2　西部各省区市经济发展综合竞争力动态分析聚类结果

从动态综合得分和聚类的结果，我们可以得出以下结论。

1. 内蒙古经济发展态势最好

从表 2 可以看出，内蒙古的综合排名处于第一位；从图 2 可以看出，内蒙古属于第一类地区，说明内蒙古经济发展态势在整个西部地区最好。

具体而言，内蒙古在宏观经济竞争力、产业竞争力、企业竞争力、金融竞争力和资源竞争力的动态排名均居第一位，显示了其良好的经济发展势头。

2. 陕西、重庆、宁夏和广西经济发展态势较好

从表 2 可以看出，陕西、重庆、宁夏和广西的综合排名处于第二位到第五位；从图 2 可以看出，这四个地区属于第二类，说明陕西、重庆、宁夏和广西经济发展势头较好。

具体而言，陕西在企业竞争力和环境竞争力的动态排名均处于第一位；重庆在对外开放竞争力的动态排名处于第一位；宁夏在科教与创新竞争力的动态排名处于第一位；广西在政府作用竞争力的动态排名处于第一位。说明这四个地区也都具有较好的经济发展势头。

3. 四川、贵州、新疆和青海经济发展态势一般

从表 2 可以看出，四川、贵州、新疆和青海的综合排名处于中游；从图 2 可以看出，这四个地区属于第三类，表明这些地区经济发展缺乏后劲，有待提升。

4. 云南和甘肃经济发展动态排名靠后

从表 2 可以看出，云南和甘肃的综合排名处于最后两位；从图 2 可以看出，这两个地区属于第四类，说明云南和甘肃经济发展态势在整个西部地区处于落后的地位，发展后劲严重不足。

具体而言，云南在政府作用竞争力的动态排名处于最后；甘肃在宏观经济竞争力和环境竞争力的动态排名位均处于最后。表明这两个地区的动态竞争力急需提升。

西部专题研究

ISSUES

甘肃省经济发展滞后的原因剖析

朱智文　马大晋 *

摘　要：近年来甘肃省的经济总量与人均水平和全国的平均状况相比正在逐渐拉大，劳动生产率增幅缓慢，固定资产投资效果不佳，城乡居民收入增长缓慢。造成这些现象的主要原因在于基础设施落后，综合环境条件差，投资效率低下，消费投资结构失衡，产业结构不合理，人力资源开发不足，体制机制不活等。解决的战略思路在于：积极培育战略性新兴产业，统筹城乡发展，培育区域增长极，努力增加农民收入，支持非公有制发展，强化企业创新主体、地位等。

关键词：经济发展　产业结构　区域增长

西部大开发战略实施以来，甘肃经济进入了快速发展的新时期。2000～2009年，甘肃省地区生产总值由1052.88亿元增加到3382.35亿元，年均增长

* 朱智文、马大晋，甘肃省社会科学院。

10.74%；人均生产总值由4129元增长到12852元，增幅3倍多，年均增长10.28%。全省实现大口径财政收入年均增长18.34%，比同期GDP年均增速高出7.6个百分点，2009年甘肃省大口径财政收入占GDP的比重为17.86%，经济基础进一步巩固。虽然甘肃经济发展取得一定成就，但是在全国经济的坐标中，甘肃经济的发展又具有发展滞后的特征，而且与全国的差距不仅没有缩小，反而呈进一步拉大的趋势。长期制约全省经济发展的深层次矛盾和问题仍未得到根本的解决。

一　甘肃省经济发展的特点及与全国的差距

1. 经济总量小、人均水平低、占全国的份额逐渐变小，与全国的发展差距逐渐拉大

1952年，甘肃省生产总值在全国的比重为1.96%，到1978年下降为1.79%。改革开放以来，虽然甘肃经济取得快速发展，但与全国的差距却越来越大，2009年在全国生产总值中的比重仅为1.01%，1995年比重最低，为0.92%。

人均生产总值和GDP的变化趋势相似。1952年甘肃人均GDP为125元，比全国平均水平高6元；而到1978年，甘肃为348元，比全国低31元；以后差距越来越大，2000年为3838元，是全国平均水平的54.18%；2009年为12852元，仅为全国平均水平的51.15%。

分产业情况看，改革开放以来，甘肃第一产业增加值在全国的比重基本保持在1.35%左右，变动不大；第二产业和第三产业比重下降，增加值分别从1978年的2.24%和1.45%下降到2009年的0.96%和0.96%（见表1）；而工业增加值占全国的比重下降较为明显，从1978年的2.16%下降为2008年的0.95%。

表1　主要年份甘肃各产业生产总值占全国的比重

单位：%

年份	生产总值	第一产业	第二产业	#工业	第三产业	人均GDP
1952	1.96	2.53	1.22	0.72	1.51	105.04
1978	1.79	1.3	2.24	2.16	1.45	91.82
1985	1.38	1.3	1.52	1.47	1.23	71.11
1990	1.31	1.28	1.27	1.22	1.38	67.26
1995	0.95	0.92	0.91	0.92	1.03	47.14
2000	1.1	1.36	0.97	0.83	1.18	54.22
2005	1.06	1.37	0.96	0.89	1.07	53.2
2009	1.01	1.40	0.96	3.44	0.96	51.15

2. 劳动生产率增幅缓慢，与全国的差距拉大

改革开放以来，甘肃社会劳动生产率逐步提高，但提升幅度缓慢。1978 年甘肃全社会劳动生产率为 932.71 元/人，全国平均为 902.60 元/人，甘肃比全国还高出 30.11 元/人；随后，由于甘肃经济增长速度滞后于全国，同时，劳动力增速过快，全社会劳动生产率与全国差距逐渐扩大；2000 年全国全社会劳动生产率 1.24 万元/人，甘肃与全国的差距为 0.57 万元/人；到 2009 年，全国全社会劳动生产率迅速提高到 4.3 万元/人，而甘肃仅为 2.27 万元/人，甘肃与全国的差距扩大到 2.03 万元/人。

3. 固定资产投资效果不佳

甘肃经济增长在较大程度上是依靠资金的高投入带动的。全省投资率（即资本形成总额占 GDP 的比重）1978 年为 47.47%，2000 年为 43.07%，2009 年为 73.31%。与此相应，以上各年份固定资产投资效果系数①分别为 64.64%、11.64%、8.32%。可以看出，多年来甘肃省投资率持续快速增长，但固定资产投资效果系数呈不断下降的态势。这表明，甘肃投资效率较低，经济增长方式较为粗放。与全国相比，2000 年全国固定资产投资效果系数为 28.97%，比甘肃高出 7.1 个百分点，2001 年差距扩大到 13.71 个百分点，2004 年以后差距虽然有所缩小，但到 2009 年，甘肃仍落后于全国 7.12 个百分点。

4. 城乡居民收入增长相对缓慢

2000 年以来，甘肃人民群众物质文化生活水平虽然有了较大的提高，实现了总体小康目标，但与全国平均水平相比，甘肃城乡居民收入增长相对较缓，与全国的差距逐步拉大。2000 ~ 2009 年，甘肃城镇居民人均可支配收入与全国的差距由 1363.75 元扩大到 5245.22 元；农民人均纯收入与全国的差距由 824.7 元扩大到 2172.9 元，增速分别比全国低 1.48% 和 1.11%。从恩格尔系数看，与全国一样，甘肃城乡居民富裕程度普遍提高，恩格尔系数波动中下降。从城镇居民恩格尔系数变动趋势看，甘肃城镇居民富裕程度与全国平均水平基本持平，其中 2009 年甘肃城镇居民恩格尔系数高于全国 1.28%。而甘肃农村居民恩格尔系数

① 投资效果系数定义为一定时期内单位投资量产生的生产总值增加量。也就是说，在一定时期内单位投资量产生的 GDP 增量越大，表明投资的宏观效率越高；反之，单位投资量产生的 GDP 增量越小，表明投资的宏观效率越低。

除个别年份外均高于全国，但呈现逐年减小趋势，到2009年，甘肃农村居民恩格尔系数比全国高0.28%（见表2）。

表2 甘肃与全国城乡居民收入及恩格尔系数对比

单位：元，%

年份		2000	2005	2006	2007	2008	2009
城镇居民人均可支配收入	全国A	6280	10493	11759.5	13785.8	15781	17175
	甘肃B	4916.25	8086.82	8920.59	10012.3	10969.4	11929.78
	B/A×100%	78.28	77.07	75.86	72.63	69.51	69.46
城镇居民恩格尔系数	全国C	39.4	36.7	35.8	36.3	37.9	36.5
	甘肃D	37.63	36.04	34.53	35.86	38.32	37.78
	D-C	-1.81	-0.66	-1.27	-0.43	0.42	1.28
农民人均纯收入	全国E	2253.4	3254.9	3587	4140.4	4761	5153
	甘肃F	1428.7	1980	2134	2328.92	2723.8	2980.1
	F/E×100%	63.4	60.83	59.49	56.25	57.21	57.83
农村居民恩格尔系数	全国G	49.1	45.5	43	43.1	43.7	41
	甘肃H	48.45	47.2	46.67	46.8	47.17	41.28
	H-G	-0.65	1.7	3.67	3.7	3.47	0.28

二 制约甘肃省经济发展的因素

虽然近年来甘肃经济发展速度较快，但我们也要清醒地看到，长期制约全省经济社会发展的深层次矛盾和问题仍未得到根本的解决。突出地表现在以下方面。

（一）基础设施落后，综合环境条件差

甘肃交通基础设施覆盖程度低，运输能力严重不足，物流成本较高，综合运输体系不健全。全省公路、铁路网密度分别为全国平均水平的60%和50%，分别居全国倒数第五位、第八位。有39个县不通二级公路，265个乡不通油路，73%的建制村不通沥青（水泥）路。水利基础设施严重滞后，灌区设备老化，年久失修，节水改造和区域调水任务艰巨，大多数城镇防洪标准偏低，防灾减灾体系不健全，农村还有1196万人没有解决饮水安全问题。城镇基础设施欠账较

多，供排水、污水垃圾、道路桥梁等不能满足生活生产需要。同时，甘肃自然条件严酷，水资源贫乏，干旱、洪涝、霜冻、地震、泥石流等自然灾害频繁，土地荒漠化和水土流失严重，生态环境非常脆弱，这也是制约甘肃进一步发展的瓶颈。

综合环境条件不容乐观。根据中国科学院等机构近年来提供的有关资料，甘肃在区域可持续发展能力、区域市场化程度、区域经济发展水平和社会现代化水平、基础设施状况、区域创新能力等重要领域，多数指标处于全国31个省区市的第27位前后，只有极少数指标排在20位以前，政策、体制、人口素质、文化习惯等软环境质量也处于全国的末位，表明甘肃经济发展的综合环境质量，在全国属于最差的三四个地区之一。综合环境条件差直接制约了投资的增加，限制了各类经济形式的发展，非公有制经济受到的制约最为严重。直至目前，全省仍面临着经济实力薄弱、经济总量和人均主要经济指标太低、投资不足、资源供给能力下降，结构调整难度大，工业化、城市化、信息化水平低等困难，改善环境条件、实现协调发展因经济实力薄弱而力不从心。全省经济社会发展水平落后于全国平均水平至少10年左右，落后于国内发达地区在15年以上。

（二）投资效率低下，消费投资结构失衡

近年来，伴随着居民收入的不断增加，甘肃需求结构不断升级，投资结构也发生了诸多变化，但总体上投资率呈现上升趋势，消费率呈现下降趋势，投资消费比①总体攀升。2000年，甘肃投资消费比为0.71；2005年上升为0.75；2008年迅速攀升到1.00。表明甘肃的经济增长主要由投资的增加来拉动，同时，前面分析也提到，甘肃固定资产投资的效率低下，要维持经济的持续增长，就需要不断追加投资。这种增长方式具有不可持续性的特性，不利于甘肃经济的持续发展。而引起消费投资失衡的因素主要有以下几个方面。

1. 投资体制不完善

投资体制的不完善是长久以来投资膨胀和经济不稳定的原因。一方面，我国目前实施的分税制使中央和地方的财权与事权分配不对等。这种条件下，为满足

① 投资消费比=投资率÷消费率。

支出需要，各级政府努力扩大包括预算内收入和预算外收入在内的财源。地方政府在无法通过税收实现所需要的财政目标时，便转向直接投资以获取高额收益，由此产生了高投资率。另一方面，GDP 是目前政府考核的主要指标。地方政府为此盲目上项目、办企业、搞投资，以此来促进经济规模总量的增加。此外，由于要素价格也一直受到人为干预和低估，由此造成投资成本偏低，进而导致微观经济主体具有较强的投资冲动。而政府行为的不规范和社会性管制的缺失使企业在环境保护、生产安全、社会保障等方面投入不足，容易产生巨大的环境成本和社会风险。

2. 劳动者报酬偏低，且收入分配差距过大

收入是消费的主要决定因素，收入分配结构决定了消费分布结构。从国民收入分配结构变动趋势来看，甘肃国民收入不断向政府和企业集中，导致居民收入比重下降。2008 年，甘肃劳动者报酬占 GDP 的比重仅为 47.47%，比 2000 年下降了 11.44 个百分点；固定资产折旧占 GDP 的比重为 17.42%，比 2000 年提高了 7.25 个百分点；营业盈余占 GDP 的比重为 21.07%，比 1995 年提高了 9.07 个百分点。居民收入的过低，使得他们的消费水平和结构只能停留在满足基本生存需要的水平上，制约投资消费结构的优化，也不利于经济的增长。另外，城乡居民之间的收入差距不断扩大，农村居民收入比重大幅下降；城乡居民内部收入差距扩大，占人口比重大多数的中低收入家庭的收入比重在下降，致使居民总体消费倾向不断下滑，经济增长缺乏动力。

（三）产业结构不合理，产业竞争力不强，自我发展能力差

长期以来，甘肃的经济政策取向偏重于工业规模的扩大和总量的提高，忽视产业素质特别是企业的市场竞争力的提高，经济发展的高速度主要依靠高积累、高投资支撑，由此造成的一系列的产业结构问题，已经成为甘肃经济继续稳定发展的掣肘因素。

1. 三次产业结构不合理

现有生产供给结构不能适应国际国内市场需求的变化，一方面表现为低水平下的结构性、地区性生产过剩，另一方面又表现为企业低素质下的生产高消耗、高成本和低效益。第一、二、三次产业结构与工业化过程中结构变动的一般规律仍有明显偏差，从 GDP 比重来看，2009 年甘肃三次产业的占比分别为 14.71%、

44.67%，40.62%，与全国相比，第一产业高于全国4.11个百分点，二、三产业分别低于全国2.13和1.98个百分点。在就业结构中，农业所占比重过高，服务业比重则明显偏低。

2. 工业结构失衡

2008年甘肃规模以上工业总产值中，轻重工业的比例为16.36∶83.64，而同期全国为28.66∶71.34，重工业比重明显高出全国平均水平。甘肃由于是重化工业和基础原材料工业基地，长期将能源、原材料低价卖出，所需的日用消费品和耐用消费品从沿海地区和外省调入。这种入不敷出的投入产出比，使投资效益大量流失，使甘肃的经济发展处于被动局面，严重制约了经济的快速增长。

3. 产业竞争力弱，经济发展缺乏活力

甘肃产业基础薄弱，产业结构仍以传统的能源、原材料行业为主体，偏重型、"两高一资"的格局尚未扭转，技术密集产业特别是高新技术产业规模太小，导致生产效率和经济运行的效率低、成本高，单位产出的能耗和其他资源消耗明显高于全国平均水平，投入产出比则低于全国水平。对能源资源依赖性强，节能降耗压力大。由于产业链条短，高附加值产品比重低，主要能源、金属、非金属矿产资源约束趋紧，具有一定优势的石油化工、有色金属和黑色金属冶炼加工产业，不得不越来越多地输入省外和境外资源，从而造成成本增加，优势被削弱。目前甘肃铜、铝产量分别占全国的9.69%和7.27%，而铜材、铝材产量仅占全国的0.14%和0.83%，有色金属加工产品总量远远低于冶炼产品占全国总量的比重。一些资源面临枯竭，老工业基地改造任务繁重。科技支撑不足，自主创新能力弱，技术研发和成果转换方面财政投入占财政支出的比重仅为1.08%，远低于全国2.79%的平均水平。旅游基础设施建设严重滞后，开发程度低，接待能力差，满足不了游客需求。丰富的资源优势尚未转化为经济优势。

（四）城市化发展水平相对滞后，对工业化反推乏力

目前，甘肃省城市化水平为32.65%，比全国平均水平46.6%低13.95个百分点，同时也滞后于工业化水平。城市化水平不高，主要表现在三个方面：第一，增速相对较慢。2000年以来甘肃城市化率年均增长0.89%，比全国低0.29个百分点。第二，城镇结构不合理。相对于其他地区，甘肃的城镇数量相

对较少，而且多为规模偏小的城镇。同时，城镇间经济联系不紧密，各自为政，独立发展，没有形成规模优势和整体优势。甘肃城市化的相对滞后，使城镇缺乏吸纳能力，不利于人力、物力和财力的集聚和扩散，从而制约了工业化的进程。

（五）市场发育程度较低和市场主体少，非公有制经济发展缓慢

甘肃非公经济在生产总值中的比重较低，企业规模和数量都相对较小。2008年甘肃非公经济实现生产总值1169.13亿元，在全省生产总值中的比重仅为36.81%；其中非公经济在一、二、三产业中的比重分别为31.00%、30.63%和46.29%；规模以上非公有制工业共完成工业增加值168.62亿元，占仅全省总量的14.85%。同时，由于甘肃民营经济的主体是中小企业和个体户，规模较大的民营企业较少，非公经济缺乏新的增长点。而且由于政策设限，非公企业准入难，尤其是通信、广电、邮政、电力、金融等行政垄断部门和行业、公共事业和基础设施领域，非公企业难以涉足，导致非公企业发展空间狭小，民间投资活力尚未得到发挥，自我发展能力相对不足。

而发达地区改革与发展的实践告诉我们，非公有制经济的发展与整个国民经济的发展呈现明显的正相关性。非公有制经济发展快的省市，其整个经济社会发展也快；民营经济发展滞后的地区，整个经济社会发展也相对较慢。近年来，浙江经济总量在全国排名的大幅提升，很大程度上得益于非公民营经济的强力带动。

（六）城乡、区域发展差距大，贫困问题突出

甘肃是我国城乡、区域发展差距较大的地区之一。城乡二元矛盾突出，城乡居民收入差距为4.03∶1，远高于全国3.33∶1的平均水平。临夏州和甘南州人均地区生产总值分别相当于全省排名第一的嘉峪关市的5.7%和9.2%。同时，在加速推进城镇化进程中，既面临着城镇体系不完善、结构不合理，中心城市辐射带动能力不强、中小城市承接产业和集聚人口能力弱、就业空间狭窄、人口城镇化滞后于土地城镇化的问题；也面临广大农村人口受教育程度低，以及城乡分割体制等严重阻碍农村人口向城市转移的突出矛盾。另外，甘肃贫困面大、贫困程度深，2009年农村贫困人口为389.0万人，占全国贫困人口的11%，贫困面为

18.7%，在全国31个省区市中排名第三。甘肃有国家扶贫开发工作重点县43个，占全省县区总数的50%；重点乡926个，占乡镇总数的60%；重点村8825个，占行政村总数的49.3%。扶贫开发工作极不稳固，因灾、因病返贫情况非常突出，2008年，由于特大地震灾害，因灾返贫人口238万人。

（七）自主创新能力不强，装备技术改造较慢

推进技术进步，加快技改步伐，提高产品的技术含量，不断增强自我发展能力，是企业一项长期的重要的工作，也是推动经济增长的主要条件。

科技创新投入不足，产学研体系不完善。2000～2008年，甘肃R&D经费内部支出从7.5亿元持续增加到32.50亿元，R&D经费投入强度（R&D经费支出占国内生产总值比重）从0.71%增长到1.05%。但与全国相比，甘肃的科技综合实力和创新能力明显处于劣势。R&D经费投入强度与全国平均水平1.54%相比仍然低0.49个百分点。同时，甘肃目前科技研发与经济发展两张皮、科技创新成果转化率低的问题仍没有解决。院所通过技术市场向企业转让科技创新成果面临的突出问题是大多科技成果未经过工业性中试，其技术的可靠性还有待完善，其经济可行性还需要市场的验证。同时也普遍存在科技资源配置不合理，科技项目的实施不力，科技成果转化为生产力的水平低下等一系列问题。而且，由于甘肃高校的科研力量不强，缺乏强大的产业、政府、研发一体化推进制度，使得甘肃科技落后。

在企业装备技术改造上，近年来，尽管甘肃在投资中出现了基建与更改比例逐步缩小的良好势头，但更新改造投资的平均水平每年增长速度的发展势头与基建投资相比，仍相对较慢。2008年，甘肃更改投资比2005年增长0.73倍，而同期基建投资增长1.01倍。从更新改造投资的内部结构看，为增加产量的投资所占比重仍偏大。

（八）人力资源开发不足，人才浪费严重

在现代社会，作为经济发展的主导力量，人力资本的开发与积累实质上比物质资本更重要。然而，甘肃在人力资本的配置、开发、利用和保护上做得不尽如人意，从而影响了经济的发展水平。具体表现在以下几个方面。

1. 教育落后

甘肃教育底子薄、欠账多、总体水平落后全国。第五次经济普查数据显示，甘肃省人均受教育年限为5.9年，只相当于小学毕业。特别是农村地区。文盲半文盲非常之多。由于教育的落后，导致科技落后、人才落后、管理落后、观念落后、信息落后、人口素质低等一系列的问题。

2. 人才浪费严重，利用率不高

主要表现为大量专业技术人才集中在机关和事业单位，在企业生产第一线的各类企业技术人员相对较少；就业人数比例最高的农业拥有的各类专业技术人员远远低于其他行业；大量人才集中在城市、大企业，造成人才的高匮乏与高浪费并存；高级人才的待遇始终相对较低。同时，人才向大城市，向机关事业单位集中乃至流向沿海、国外的现象更加严重。

（九）体制机制不活，对内对外开放程度低

市场体系尚不健全，要素市场发育滞后，影响发展的体制机制障碍尚未消除。资源型产品价格形成机制还不完善，政府管理体制改革尚有差距，再分配制度和社会保障体系有待完善。民营经济不够活跃，市场活力有待增强。外向型经济发展水平较低，外贸进出口规模小、结构单一、附加值低，全省外贸依存度仅为14%，实际利用外商直接投资仅占全国总量的0.37%，承接东部产业转移的效应尚未显现。

三　加快甘肃经济社会发展的战略思路

1. 积极培育发展战略性新型产业，努力推进工业经济跨越式发展

紧紧抓住国家发展战略性新型产业的机遇，结合甘肃资源和产业特点，积极培育和发展战略性新型产业。一是依托甘肃现有大型企业集团，大力发展新能源、新材料、生物医药等战略性新型产业，带动工业体系革新和产业结构升级；二是加快对高耗能、高污染和产能过剩行业的结构调整和优化升级，加大技术改造升级力度，提升产业层次和技术水平；依据国家新能源政策，规划搭建新能源装备技术研发平台，重点支持风电装备、太阳能光伏制造等新能源装备制造业；三是大力优化发展环境，主动承接国际国内产业梯度转移，积极引进战略投资

者，尽快形成一批新的生产能力；四是加快发展特色园区和重点产业集群，壮大培育核心企业和新兴产业，提高工业整体竞争力。

2. 统筹城乡发展，着力培育区域经济增长极

在工业化进程加速的今天，城镇作为物流集聚的中心，是拉动投资促进消费的龙头。一要加快大中型城市经济社会发展，提升城市的容量，提高城市化水平，发挥城市的带动作用。二要推动中小城镇快速发展，努力提高农村城镇化水平，进而辐射和推进农村工业化、产业化和现代化进程。通过集约利用土地资源，完善配套功能设施，放宽入户门槛，集聚二、三产业发展等措施，扩大中小城镇的规模；通过培育城镇主导产业，大力发展工业园区和农村服务业，以产业扩张提升农村经济实力。

3. 以农业结构调整和推进产业化进程为突破口，努力增加农民收入

按照统筹城乡发展的要求，以农业结构调整和推进产业化进程为突破口，努力增加农民收入。一是根据国内外市场需求，因地制宜，确定优势产业、产品，充分发挥区域比较优势，逐步形成布局合理、产品产业结构优化的农业区域结构。二是根据甘肃各地资源特色，培育和扶持一批技术先进、经济效益显著，且对其他产业有较强带动或推动作用的农业特色产业，加快形成一乡一品、一县一业的区域经济格局。三是重点培植和建设一批生产规模大、经济效益好、科技含量高、带动农户致富能力强的基地型、加工型、流通型龙头企业，促进农业产业整体开发，从而带动农业产业化进程，实现农业增效、农民增收。

4. 加大政策扶持力度，支持非公经济发展，培育市场主体

加大政府宏观调控能力和指导作用，支持非公有制经济发展，努力培育市场主体。一是加强民营经济体的职业技能培训，提高民营经济队伍整体素质和社会地位，引导他们在观念更新、用人机制、管理创新等方面实现提升；二是加大产业结构调整引导力度，发展壮大个体规模，做大做强整体规模，提升发展质量；三是加大市场监管力度，打击扰乱市场经济的违法犯罪行为，为民营经济发展创造宽松和谐的环境；四是重点解决信贷、融资、财税等方面的问题，从政策方面向民营经济倾斜。

5. 优化创新环境，强化企业自主创新的主体地位，促进经济效益提高

提高自主创新能力对推动经济发展、科技进步和增强地区竞争力有重大的促进

作用。首先要进一步强化企业自主创新的主体地位。要集成全省创新资源，培育出更多的自主创新企业。加快推进企业技术创新，形成企业的核心技术，占领产业的高端位置。其次要大力发展高新技术产业。要发挥高新技术产业的先导作用，以实施重大高新技术产业化项目为支撑，扶持、培育一批起点较高、有自主知识产权的高新技术企业，提高高新技术产业的规模效益，着力培育具有特色的高新技术产业群。第三，要进一步营造鼓励创新的环境，培养造就世界一流科学家和科技领军人才。

“西三角”发展思路研究

张宝通*

摘　要：“十五”西部开发规划“三条经济带”战线过长，重点不明；“十一五”西部规划三大高地力量有所集中；但西部与东部沿海三大增长极相比，综合实力不足，应进一步收缩战线，制订统一的“西三角”经济发展规划。西三角包括：关中，成渝，秦巴山区，其中应重点整合“关中”“成渝”成为中国经济的第四增长极。为实现这一目标，应突破秦巴屏障，搞好“成”、“渝”对接，加快秦巴山区发展，并且还要在构建西三角的过程中做大做强西安，以西、成、渝为经济支柱推动陕川渝经济发展。

关键词：西部大开发　西三角经济区　第四增长极

一　从大关中到西三角，不断深化西部大开发重点战略

西部地区约占我国国土面积的71%。面对这么大的国土面积，西部大开发不可能全面铺开，遍地开花，必须由重点地区，实施重点战略，带动西部大开发。中央和国务院文件多次指出，西部大开发必须依托重要交通干线，发挥中心城市作用，以线串点，以点带面，有重点地推进。西部大开发十年就是沿着这一思路不断推进，不断深化的。西部大开发新的十年仍然需要沿着这一思路继续推进，进一步深化西部大开发重点战略。

“十五”规划，西部大开发重点发展了三条经济带，即西亚欧大陆桥（西陇海兰新）经济带、长江上游经济带和西南出海通道经济带。这三条经济带涵盖

* 张宝通，陕西省社会科学院。

了西部大部分较为发达的地区，但由于战线拉得过长，力量不够集中，重点不够突出，因而效果不是太明显。

“十一五”规划，西部大开发重点构筑了三大战略高地，即大关中（关中－天水）、成渝地区和北部湾。这三大战略高地，分别把西亚欧大陆桥经济带集中在大关中（关中－天水），把长江上游经济带集中在成渝地区，把西南出海通道经济带集中在北部湾，从而使战线大大缩短，力量更加集中，重点更加突出，效果更加明显。但地处西部的三大战略高地与东部沿海的三大增长极不能相比，其综合实力与珠三角、长三角、环渤海差得很远，吸引力和辐射力还不足够强大，无论是自身的发展前景，还是对西部大开发的带动作用都比较有限。因此，还需要将战线进一步收缩，力量进一步集中，重点进一步突出，进一步改变西部大开发重点地区比较分散的现象。2009 年国务院批准了大关中经济区发展规划，2010 年还要批准成渝经济区发展规划，下一步应在此基础上进一步制订统一的西三角经济区发展规划。

“十二五”规划，西部大开发应重点构建西三角经济区，整合西北、西南两大经济重心，打造西部大开发统一龙头和中国经济发展第四增长极。由于秦巴山区的阻隔，西部地区长期分为西北、西南两大区域，从计划经济时期开始就形成了以西安为中心的关中地区和以重庆、成都为中心的成渝地区两大区域重心。西部大开发以来，随着西康铁路的修建及西安至重庆、西安至成都铁路的贯通和西汉高速、西康高速的修建及西安至成都、西安至重庆高速公路的即将贯通，秦巴山区天然屏障已被突破，秦岭已开始变成国家的中央公园。特别是随着大关中和成渝两大战略高地的辐射扩张及联通两大区域高速铁路的修建，将进一步把大关中和成渝两大经济重心推向融合。“十二五”如果能将大关中和成渝整合在一起，形成以西安、重庆、成都为中心的西三角经济区，使大关中和成渝形成一个拳头，把西北、西南的经济重心构建成统一的西部重心和龙头，打造成与珠三角、长三角和环渤海并列的中国第四增长极，不仅对大关中和成渝地区的发展，而且对带动整个西部大开发，促进全国区域协调发展意义重大。

西三角经济区应当包括关中、成渝和它们之间的秦巴山区，共 61 个城市，面积 37.78 万平方公里，常住人口 14026 万人，2008 年 GDP 21504.64 亿元，分别占全国的 3.9%、10.6%、7.1%，占西部地区的 5.4%、38.4%、36.9%，人均 GDP15332 元。其中陕西省有西安、铜川、宝鸡、咸阳、渭南、商洛、汉中、安康和杨凌示范区，共计 8 市 1 区，面积 12.56 万平方公里，人口 3285 万人；四川省有成都、德阳、乐山、眉山、资阳、内江、自贡、宜宾、绵阳、广安、遂宁、南充、达州、泸州、巴中、广元、雅安，共计 17 个市，面积 18.66 万平方公里，人口 8140 万人；重庆市有一小时经济圈 23 个区县、渝东北 11 个区县和渝东南石柱县，共计 35 个区县，面积 6.56 万平方公里，人口 2601 万人。

二　整合关中和成渝，打造中国第四增长极

构建西三角经济区，关键是要整合关中和成渝两大战略高地，使其融为一体，成为统一的支撑和带动西部大开发的战略高地，并成为中国经济的第四增长极。这是一场艰巨的攻坚战，需要突破历史、自然和经济等多方面的障碍。

1. 要进一步突破秦巴屏障

秦巴山区天然屏障虽然已被突破，但要将关中和成渝整合在一起，还需要建设沟通两大战略高地的快捷通道，健全整合两大区域的交通网络，进一步从交通上将二者紧紧连在一起。为此，一要尽快接通京昆高速、包茂高速陕川界断头路，打通西安至成都、西安至重庆高速公路，实现秦巴蜀道半日行。二要加快修建西安至成都的高速铁路，争取修建西安至重庆的高速铁路，打造西成渝“铁三角”，绕行西三角半日还。三要加快修建西康铁路复线，尽快修建阳安铁路复线、宝成铁路北段复线和安（康）张（家界）铁路陕渝段，加强关中与成渝之间的铁路联系。四要加快修建宝鸡经汉中至南充、汉中西乡至达州万源、安康至万州及安康至奉节高速公路，完善关中与成渝之间的高速公路网。同时，加快西安咸阳国际机场、成都双流国际机场和重庆江北国际机场改扩建，实现西成、西渝空中交通公交化，进一步突破秦巴屏障，使关中和成渝融合在一起。

2. 要搞好关中和成渝的产业对接

以关中和成渝为基础的西三角，是 20 世纪 50 年代内地建设和六七十年代“三线”建设的重点地区，形成了一个独立完整的工业体系，也是我国最大的国防科技工业基地。西部大开发，关中和成渝地区又被确定为带动和支撑西部大开发的战略高地，使两大传统经济区的地位进一步提升。构建西三角经济区，既要立足于多年形成的雄厚工业基础，又要突破两大传统区域的既有产业体系，搞好关中和成渝的产业对接，促进军民融合产业的发展，推进两大战略高地强强联

合，实现两大区域优势互补，使其真正形成一个拳头。要在大关中和成渝两大规划的基础上，进一步调整和优化产业结构，站在统一的西三角经济区的高度，把西三角的优势产业做大做强，将其打造成中国经济的第四增长极，重振当年雄风。

一要建设全国重要的先进装备制造业基地。“一五”时期，国家156项重点工程给陕西布了24项，位列全国第一。“三线建设”时期，四川、重庆、陕西是国家投资重点。这些项目主要都集中在西三角地区，而且以装备制造业为主，如航空、航天、重型汽车、数控机床、电力设备等。经过改革开放30余年的发展，配套体系不断完善，研发能力不断增强，在全国占有很高的地位。二要建设国家重要的高技术产业基地。西安、成都、重庆集中了许多国家重点科研机构和大学，国家要把西安和成都高新技术产业开发区建成国际一流的科技园，关中和成渝是航空、航天、电子信息、新材料和生物技术等高技术产业密集区。三要建设全国最大的国防科技工业基地。经过20世纪50年代的内地建设和六七十年代的三线建设及改革开放30余年的发展，西三角地区已形成全国最大的国防科技产业集群，是航空、航天、兵器、电子等“国家队”的聚集地，还可通过军民融合，支持先进装备制造和高技术产业的发展。

3. 要加快秦巴山区的发展

秦巴山区位于关中和成渝之间，是我国集中连片的贫困地区，把两大战略高地分隔开来。要构建西三角经济区，必须加快秦巴山区的发展，缩小与两大战略高地的差距。只有秦巴山区发展了，与关中和成渝协调了，西三角经济区才能真正形成。秦巴山区属于我国南北过渡地带，生物资源极为丰富，又是我国南水北调的中线水源地，南邻三峡库区。要发挥关中和成渝对秦巴山区的辐射带动作用，争取把秦巴山区建成国家级的绿色产业基地，既带动秦巴山区实现突破发展，又保证南水北调中线水源清洁干净。通过建设国家级绿色产业基地，使西三角经济区成为能体现生态文明的中国第四增长极。

总之，通过突破秦巴屏障，整合关中成渝，加强产业对接，打造第四增长极，加快秦巴山区发展，促进西三角经济区尽快形成争取“十二五”时期GDP年均增长13%以上，总量达到5万亿元以上，占西部地区比重达到45%左右，占全国比重达到10%左右，与珠三角、长三角、京津冀共同支撑全国55%左右的经济总量，人均GDP达到4万元左右，城乡居民收入达到全国平均水平，在西部地区率先实现全面小康目标。“十三五”时期GDP年均增长12%以上，总量达到9万亿元左右，占西部地区比重达到50%左右，占全国比重达到12%以上，与珠三角、长三角、京津冀共同支撑全国60%的经济总量，人均GDP达到7万元左右，城乡居民收入达到全国较高水平，带动西部地区共同实现全面小康目标。

三 做大做强西安，支持西三角构建

西三角是由西安、重庆和成都三大中心城市支撑的。但目前西安与重庆、成都相比，人口较少，实力较弱。因为重庆是合并了原万县市、涪陵市和黔江地区的直辖市，成都是合并了原温江地区的大成都。2008年，重庆人口3257万人，地区生产总值5096.7亿元，成都人口1125万人，地区生产总值3901.0亿元，而西安人口只有772万人，地区生产总值仅2190.0亿元。可以说，在西三角中，重庆、成都是大柱子，西安是细竹竿；在拉动西部大开发上，重庆、成都是骡子，西安是小毛驴。要构建西三角，带动西部大开发，必须做大做强西安。只有这样，西三角才能平衡和稳固。

1. 加快西咸一体化步伐，组建大西安

国务院批准的《关中－天水经济区发展规划》要把西安（咸阳）建成国际化大都市，都市区人口要超过1000万人，主城区面积要达到800平方公里。西安、咸阳历史上本来就是一个城市，1966～1971年，咸阳市就归西安管。随着西安行政中心北迁、城市重心北移和跨渭河发展，西安、咸阳已经连成一体。陕西省正在推进西咸新区建设，通过建设沣渭新区、泾渭新区，把西安、咸阳进一步连成一体。陕西应当向重庆、四川学习，抓住构建西三角机遇，采取重庆、成都城市发展模式，果断调整行政区划，尽快组建大西安，实现西咸一体化。使大西安与大重庆、大成都形成三足鼎立之势，稳固地支撑起西三角经济区，并成为拉动西部大开发的三驾马车。咸阳地区由三大板块组成，实现西咸一体化的最佳方案是将咸阳一分为三。将兴平以东、三原以南划归西安，组建大西安；将彬县、长武、旬阳、淳化等能源县划归铜川，把铜川建成渭北的中心城市；将剩余的农业县划归杨凌，把杨凌建成农科型中心城市。再由杨凌、铜川和渭南与西安组成大西安都市圈，进一步做大西安国际化大都市。

2. 复兴唐皇城，再现古西安

国务院批准的《关中－天水经济区发展规划》要把大关中建成彰显华夏文明的历史文化基地，西安是我国建都时间最长、建都朝代最多的世界著名古都，其中周、秦、汉、唐代表了中国历史文化的主流。外国友人讲，不到西安就等于没到中国。西安古城是我国八大古都中唯一保存完整的一座皇城，也是世界上规模最大的一座皇城。我们应当将唐皇城作为保存、再现和弘扬中国历史文化的博物城，将吃、住、行、游、购、娱全部做仿古包装，让游客到了西安，进了唐皇城就像到了古代中国，就能置身于中国历史文化的氛围之中，使西安真正成为中国历史文化的旅游中心，带动彰显华夏文明的历史文化基地建设，与四川九寨沟、重庆三峡等山水自然景观形成互补之势，共同把西三角旅游业做大做强，建设国际一流旅游目的地。

3. 打造中国科教中心，建设新西安

国务院批准的《关中－天水经济区发展规划》要把大关中建成统筹科技资源的改革示范基地，西安是国家级关中高新技术产业开发带和国家级关中星火产业带的核心，其综合科教实力仅次于北京、上海，居全国第三位。西安的发展历程与印度的班加罗尔非常相似，其综合科教实力还强于班加罗尔。目前，班加罗尔已超越其首都新德里和最大的中心城市孟买，成为国际知名的印度科教中心。西安虽然超越不了北京和上海，但可以发展成为不同于北京的中国政治文化中心和上海的中国金融贸易中心的中国科教中心，成为中国的班加罗尔。要把西安打造成全国统筹科技资源的改革示范，让新西安与古西安齐名同辉。

有了大西安、古西安和新西安，西安就能成为国际化大都市，就能与重庆、成都支撑起稳固的西三角，就能使西三角成为中国第四增长极，共同带动西部大开发进入新阶段。要把西三角建成全国内陆型的经济开发开放战略高地，关键要发挥西、成、渝三大中心城市的辐射带动作用。一要充分发挥重庆直辖市的功能作用，强化重庆主城现代物流、金融、信息、商贸等综合服务功能，把重庆建成长江上游地区的经济中心、金融中心、商贸中心和综合交通枢纽。二要充分发挥西部第一大省省会成都综合实力较强的带动作用，把成都建成西南地区的商贸中心、金融中心、文化教育中心和交通枢纽城市。三要充分发挥西安地处全国版图中心和亚欧大陆桥（中国段）心脏的区位优势，把西安建成亚欧大陆桥经济带的金融中心、中国东西部之间的商贸物流中心、西部地区的科技教育中心、大西北的先进制造业中心、中国历史文化的旅游中心和内陆地区的交通通信中心。

四 搭建西三角合作平台，推动陕川渝经济发展

以西、成、渝为支柱的西三角经济区，涉及的不仅仅是这三个城市及其周边地区，而是以这三个城市为中心辐射带动的陕、川、渝广大区域。因此，要推进西三角经济区发展，就必须由陕、川、渝三省市政府共同推动和协调才行。

1. 由陕、川、渝三省市政府出面搭建西三角合作平台

三省市政府主要领导要亲自抓西三角构建，各省市发改委具体负责日常工作。要定期召开西三角协作会议，先理清西三角发展思路，推动西三角经济区构建，争取列入国家"十二五"规划。再完善西三角经济区合作机制，谋划西三角重大项目和政策建议，配合国家制订西三角发展规划，加强三省市经常性经济合作。还要积极创造条件和机会，推进西三角经济区各城市、各行业、各企业之间的自主合作，调动社会和市场的力量，共同打造中国经济第四增长极。

2. 要将西三角合作范围扩大到陕、川、渝三省市全境

构建西三角经济区不仅要整合关中和成渝两大战略高地，发挥西、成、渝三大中心城市作用，打造中国经济第四增长极，而且还要带动陕、川、渝三省市发展。西三角经济区应当包括两个层次，即以西成渝为中心、以关中成渝为基础的核心区和以陕川渝辖区为边界的扩展区。大关中（关中－天水）发展规划就包含核心区和辐射区两个层次，其辐射范围覆盖了陕西全境。中国的经济体制是政府推动型的，将西三角经济区由西、成、渝经济圈构成的核心区扩大到陕、川、渝三省市全境范围，既便于西三角构建，又能带动三省市发展。把西三角范围与三省市辖区统一起来，可使西三角的构建与三省市的发展一致起来，不仅可以提高工作效率，而且有利于西三角经济区发展和第四增长极发挥作用。陕北有丰富的煤、油、气、盐等能源矿产资源，是国家级能源化工基地；川西有丰富的水电资源和矿产资源，可以支持成渝地区的发展。重庆是直辖市和国家级中心城市，理应全境率先实现城市化。把陕川渝全境纳入西三角，便于利用陕川两省丰富的能源矿产资源支持西三角发展，发挥重庆直辖市对西三角的带动作用。

3. 要加强西三角与长三角、珠三角和京津冀的联系

长三角、珠三角、京津冀全在沿海，地处内陆的西三角的构建将使我国四大经济增长极均衡分布，形成南有珠三角、北有京津冀、东有长三角、西有西三角的格局，促使我国区域经济协调发展。西三角地处内陆腹地，要加快发展必须加强与沿海三大增长极的交通联系。

一要加强与长三角的交通联系。加快修建沪蓉高公路和高速铁路，争取早日贯通。加快修建十（堰）天（水）高速公路，争取修建武汉－安康－汉中高速铁路，开辟西三角腹地通向长三角的高速通道，尽快融入长江经济带。二要加强与珠三角的交通联系。争取修建成渝直通珠三角的高速公路和高速铁路，加快融入泛珠三角经济区。三要加强与京津冀的交通联系。争取修建西安经榆林直通北京的高速公路和高速铁路，加强关中与京津冀的联系，促进陕北能源化工基地尽快融入环渤海经济区。通过加强西三角与长三角、珠三角、京津冀的联系，可将中国四大经济增长极整合打造成全球最大的经济增长极，带动中国成为世界最大的经济体。

国务院批准的《关中－天水经济区发展规划》要把大关中建成全国内陆型的经济开发开放战略高地，西三角合作平台的搭建，陕川渝三省市的支持，与沿海三大增长极的协调，将使西三角也成为全国内陆型的经济开发开放战略高地，成为中国经济的第四增长极，带动西部大开发，进一步落实“两个大局”战略。西三角的构建不仅能加快西部大开发，而且会加快我国向西开放的步伐。西三角在向西开放上具有优于沿海的区位优势。一可以利用亚欧大陆桥和欧亚经济论坛加强与中亚、西亚和欧盟国家的合作。为此要加快打通、拓宽亚欧大陆桥的步伐，尽快实现全程公路、铁路高速化，重振昔日丝绸之路雄风。二要尽快打通通向印度洋的通道，为西三角开辟向西开放的新通道，再现昔日西南海上丝绸之路。通过打造西三角开发开放战略高地，实现我国东西双向开放格局。

陕西能源化工产业发展报告*

张金锁　赵 京**

摘　要： 西部大开发以来，能源化工作为陕西第一大特色产业发展迅速。目前，能源化工产业产值已占到陕西省工业产值的半壁江山，成为拉动陕西经济发展的重要引擎。陕西能源化工产业的发展具备资源密集，历史积淀厚实，区位优势，基础设施良好，能源消费需求旺盛五个方面的发展基础，但是仍然存在能源探明程度不高，消费较重，结构不合理等系列问题，建议优化能源产业结构，加快税改和产业集聚区建设，强化人才、生态，完善利益分享以及相关管理，全方位的促进能源产业发展。

关键词： 能源化工产业　能源结构　可持续发展

西部大开发"十一五"规划把能源化工作为西部的第一大特色产业。陕西省作为我国能源大省，"十一五"以来，按照国家对能源工作的总体要求，以科学发展观为统领，坚持大型化、国际化、可持续发展战略，实现了全省能源化工产业跨越式发展。目前，能源化工产业产值已经占到陕西全省工业产值的半壁江山，成为拉动陕西经济发展的重要引擎。面对金融危机的严重冲击，陕西省能源化工行业克服困难，力求创新，保持了加速发展态势，为促进国家能源安全供应和陕西省经济增长做出了突出贡献。①

---

* 基金项目：国家社科基金重大项目"不确定条件下我国能源资源开发、利用和储备可持续发展战略研究"（08&ZD046）子课题一的部分研究成果。

** 张金锁、赵京，西安科技大学能源经济与管理研究中心。

① 《2009 年陕西能源化工发展十大亮点》，2010 年 1 月 14 日《陕西日报》。

一　陕西能源化工产业发展基础与发展成就

（一）发展基础

1. 陕西能源资源富集

陕西省蕴含着丰富的煤、油、气等资源，尤其陕北地区能源资源富集。目前，延安地区已探明石油储量13.8亿吨，而榆林则更因其巨量的能源资源而被称为中国的“科威特”。截止到2008年底，全省原煤保有储量1678.3亿吨，居全国第四位、西部第三位；石油剩余可采储量23046.79万吨，居全国第六位、西部第二位；天然气剩余可采储量5752.82亿立方米，居全国和西部第三位。水力资源可开发量666万千瓦。此外，还有煤层气1500米以浅资源量约1万亿立方米，油页岩探明地质储量6亿吨，太阳能资源蕴藏量约合316亿吨标准煤，地热能蕴藏量约合373万吨标准煤，生物质能资源总量1100万吨标准煤，风能、核能和可替代能源资源也有一定潜力。①

能源资源丰裕的比较优势奠定了陕西在全国能源化工产业发展中的战略地位。

2. 历史积淀厚实

陕西石油开发历史悠久，至今已有上百年。早在1907年，陕北延长县就打出了中国内地第一口油井，并正式创建延长油矿。陕西把煤炭作为能源加以利用始于秦代，清代已有30多个州县开采煤炭，有“大小煤炭百十家”。但由于开采方式落后，能源产业发展缓慢，产量低微。新中国成立后，陕西能源工业得到迅猛发展。“一五”时期重点建设铜川矿区，建成了年产60万吨的陕西第一座现代化矿井——铜川三里洞煤矿。“二五”时期，在渭北石炭二叠纪煤田范围内全面开展煤矿建设，建成了设计能力为年产120万吨的大型矿井王石凹煤矿。“三五”时期，煤矿建设经历了“大调整”，造成原煤产量有所下降。“四五”和“五五”时期，陕西煤炭工业获得较快发展，开发了韩城、蒲白、澄合三个新矿

---

① 《陕西能源开发战略思考》，http：//www.sxjzw.gov.cn/admin/pub _ newsshow.asp？id = 202736&chid = 100119。

区，新建的韩城矿区成为陕西省第二个煤炭生产基地。虽然自新中国成立初期到改革开放前，陕西煤炭、电力和石油化工行业发展相对缓慢，但毕竟为陕西能源化工产业的发展奠定了坚实的基础，使得1980年以后陕西能源化工产业得以快速发展。

3. 区位优势明显

陕西是西部大开发的“桥头堡”，又是联结东西部的枢纽地带。仅西安就有9条高速公路、国道和8条铁路线经过，在全国省会城市中名列第一。陕北能源资源富集区地处我国中西部结合地带，具有承东启西、联南带北的区位优势。从地理位置上看，既是西北经济区走向沿海的前沿，又是中原经济区的延伸，适合作为实施西部能源可持续开发战略的首选地区。从我国资源布局来看，陕西、山西和内蒙古三省区交界处的13个县区煤炭探明储量约占全国的60%，并存有大量的石油和天然气。而榆林地区处于晋蒙陕能源基地的中心区，与晋蒙两地区及海南、新疆相比，榆林不仅资源富集成度更高、资源组合条件优越，而且天然气管输费、化工产品等运输费相对较为低廉，具有发展重化工的地理条件。

4. 基础设施建设进展良好

陕北能源化工基地基本贯通了东西南北高速公路网，西延铁路扩能改造工程、西安至榆林高速公路、榆林至陕蒙界高速公路、青银高速公路榆林段、府谷至神木店塔一级公路等项目已建成投运，太中银、包西、西平铁路和榆神、神府等高速公路建设步伐加快；建成神朔、包神、神延3条铁路，“一纵两横”、通江达海的铁路网络将很快形成；榆林4C级新机场已经投运，延安新机场等项目前期工作顺利推进。榆林作为陕西第二大通信枢纽，通信能力已达到国内先进水平，输变电网络基本形成。建成了陕北至河北南网第三回500千伏输电线路和绥德、府谷等330千伏变电工程，陕北百万伏特高压输电线路前期工作加紧进行，电力保障设施进一步完善。① 制约基地发展的水源地建设也取得实质性进展，相继建成了李家梁、瑶镇、采兔沟水库，王圪堵、南沟门、亭口等大型水库已被列入全国大型水库建设规划，引汉济渭和黄河引水工程前期工作取得积极进展。

5. 能源消费需求持续旺盛

目前，中国仍处于工业化和城镇化高速发展的历史进程中，经济社会发展对

① 郝顺江：《能源基地建设成陕北发展第一推手》，2008年4月30日《陕西信息报》。

能源生产和消费具有高度依赖性。伴随改革开放和经济发展，我国能源生产与消费持续增长。1979～2007年，我国能源消费年均增长5.4%，且多年来能源消费需求快于国内能源生产水平，能源供小于求的态势仍在延续。2007年，我国能源生产总量达23.5亿吨标准煤，能源消费26.6亿吨标准煤。① 2008年中国能源消费比2007年增长8%，能源消费总量达到28.5亿吨标煤，在全球一次能源消费市场中所占比重为17.7%，居于美国之后位列全球第二，在世界能源消费增长中第一次能源消费增量3/4来自中国。预计2030年中国能源消费超美国，中国将成为世界第一大能源消费国。

（二）发展成就

1. 产品贡献

西部大开发以来，陕西能源产量快速增长。2008年，陕西能源化工产业规模迅速扩张，原煤、原油产量及发电量分别达到2.26亿吨、2463.6万吨和815.15亿千瓦时，比10年前分别增长8.3倍、2.8倍和2.2倍，原煤、原油和天然气产量分别占全国的8%、11%和12%。② 2009年，陕西省按照国家能源发展战略要求和省委、省政府决策部署，以陕北能源化工基地、关中彬长能源接续区为重点，进一步加快煤、油、气等一次能源开发，全年原煤产量达到2.8亿吨，

表1　西部大开发以来陕西省能源产量

能源品种＼年份	2000	2004	2005	2006	2007	2008	2009
原煤（万吨）	1983.89	13068.42	15246.00	18261.99	20353.51	22648	28000
原油（万吨）	746.44	1531.51	1778.16	1988.89	2265.87	2463.60	2370
天然气产量（亿立方米）	21.10	74.46	75.46	80.47	110.10	143.79	104
发电量（亿千瓦时）	272.28	480.95	504.94	577.31	698.76	815.15	899.22

资料来源：1995～2007年数据：《中国能源统计年鉴2008》，中国统计出版社，2008；2008年数据：《陕西省统计年鉴2009》，中国统计出版社，2009；2009年数据：《2009年陕西能源化工发展十大亮点》，2010年1月14日《陕西日报》；发电量数据：《陕西统计年鉴》（2001～2009），中国日报网，2010－1－22。

① 周英峰、刘铮：《改革开放以来我国能源消费年均增长5.4%》，2008年11月4日《经济参考报》。

② 贺韬：《带动全省经济社会快速发展的重要引擎—60年来我省能源化工产业发展综述》，2009年9月17日《陕西日报》。

省内原油产量2370万吨，天然气产量104亿立方米，分别增长15.7%、10%和13.8%，[①] 综合能源调出规模逐年扩大，为国家西煤东运、西气东输、西电东送做出了重要贡献。

表2　西部大开发以来陕西省综合能源调入调出量

单位：万吨标准煤

年份	调出量	调入量	年份	调出量	调入量
2000	1863.56	677.84	2005	6937.09	995.98
2001	2634.26	882.08	2006	7310.61	121.62
2002	3491.58	1160.25	2007	7430.09	0
2003	5974.69	1553.08	2008	13053.42	174.43

资料来源：《陕西统计年鉴》（2001～2004、2006～2009），中国统计出版社。

2. 产值贡献

西部大开发以来，陕西能源生产保持了较快增长势头，能源生产总值增长保持了两位数的速度。2007年，陕西能源化工工业总产值2673.79亿元，比1978年增长了170倍，占规模以上工业的47%，对全省工业增长的贡献率达58.8%。[②] 2008年，全省能源化工产业实现产值3564亿元，占到全省工业产值的50%左右，对GDP增长15.6%的贡献率近4个百分点。[③] 2009年，全省各级有关方面按照省委、省政府关于保增长的决策部署，迎难而上，采取了扩大产能、加快重大项目建设、制定实施产业调整振兴政策等一系列有效措施，积极应对金融危机，推动能源化工产业逆势快速发展，能源化工产业全年实现产值3900

表3　西部大开发以来陕西省能源生产和能源生产总值增长速度

单位：%

指标＼年份	2000	2005	2006	2007	2008
能源生产增长速度	7.99	15.61	7.15	15.5	27.13
能源生产总值增长速度	10.4	12.6	12.8	14.6	15.6

注：生产总值增长速度按不变价格计算，2005年以后能源生产用等价值折算。

资料来源：《陕西省统计年鉴2009》，中国统计出版社，2009。

① 《2009年陕西能源化工发展十大亮点》，2010年1月14日《陕西日报》。

② 沈谦：《工业撑起国民经济半壁江山》，2008年11月30日《陕西日报》。

③ 贺韬：《能源化工产业产值占陕西工业半壁江山》，2009年9月14日《陕西日报》。

亿元，同比增长9%，占到全部工业总产值的46%，实现增加值占到全部工业增加值的50%，拉动GDP增长2.5个百分点，能源化工对陕西省经济增长发挥了主力军作用。①

3. 外汇贡献

西部大开发以来，陕西能源化工产业能源出口规模从2000年的61.23万吨标准煤提高到2008年的558.11万吨标准煤，8年间共出口能源产品1727.56万吨标准煤，出口创汇1.26亿美元。

表4　陕西省2000~2008年能源出口数量与金额

单位：万吨标准煤，千美元

年份	2000	2001	2002	2003	2004	2005	2006	2007	2008
数量	61.23	101.53	100.77	111.32	—	3.83	381.61	409.16	558.11
金额	11577	11078	9239	18860	28221	7389	5877	9129	24617

注：①能源出口量按综合能源净出口量统计，2004年国家统计机构未统计综合能源出口数据；②出口金额按矿物燃料、矿物油及其产品、沥青等出口商品金额统计。

资料来源：《陕西统计年鉴》（2001~2009），中国统计出版社。

4. 财政贡献

西部大开发以来，陕西能源化工财政贡献巨大，能源化工产业税金总额从2002年的529724万元增加到2008年的2985515万元，能源化工产业税金总额占全省规模以上工业税金总额的比例从2002年的44.17%提高为2008年的63.64%，年均提高2.8个百分点。

表5　陕西省2002~2008年能源化工产业财政贡献

单位：万元，%

年份	全省规模以上工业税金总额	能源化工产业税金总额	能源化工产业税金占比
2002	1199362	529724	44.17
2003	1519573	730348	48.06
2004	1864071	1043097	55.96
2005	2757800	1545896	56.06
2006	3394924	2088894	61.53
2007	6588651	3643457	55.30
2008	4691310	2985515	63.64

资料来源：《陕西统计年鉴》（2003~2009），中国统计出版社。

① 《2009年陕西能源化工发展十大亮点》，2010年1月14日《陕西日报》。

5. 就业贡献

西部大开发以来，陕西能源化工工业快速发展，产业吸纳就业能力不断增强，能源化工产业从业人员年平均人数从2002年的293769人增加到2008年的414690人，能源化工产业从业人员占全省规模以上工业从业人员的比例从2002年的25.80%提高为2008年的33.10%，7年间累计提高了7.3个百分点。

表6 陕西省2002～2008年能源化工产业就业贡献

单位：人，%

年份	全省规模以上工业从业人员年平均人数	能源化工产业从业人员年平均人数	能源化工产业从业人员占比
2002	1138707	293769	25.80
2003	1121236	299211	26.69
2004	1153937	346596	30.04
2005	1189685	369149	31.03
2006	1225299	405302	33.08
2007	1241098	415011	33.44
2008	1252936	414690	33.10

资料来源：《陕西统计年鉴》（2003～2009），中国统计出版社。

6. 民生贡献

“十一五”期间，陕西省顺利推进能源民生工程，加快农村电网改造，累计完成投资100亿元，农村电网改造面达到89%，解决了2万户共8.5万无电人口用电问题，建成蓝田、安塞等14个农村电气化县。大力实施“气化陕西”工程，开工建设宝汉线、咸宝复线、西气东输二线联络线等长输管线，建成合阳、吴起等12个县城市管网，实现了21个县城通气，预计2012年全面实现“气化陕西”目标。①

西部大开发10年来，榆林能源化工基地强力推进民生八大工程，突出解决吃水、行路、就业、社会保障、住房、就医、教育等群众关注的热点难点问题。着力改善农村贫困状况，在陕西省内率先试点覆盖全市的城乡居民养老保险，全面启动惠民补贴资金“直通车”。榆林市委、市政府累计解决了38万人、62万

① 陕西省发展与改革委员会：《陕西省能源“十二五”规划思路》，http://nyj.ndrc.gov.cn/nygz/t20100222_331442.htm。

头牲畜的饮水问题；新修乡村道路5984公里，贫困乡村交通状况得到改善；基本普及了九年制义务教育；医疗卫生机构发展到342个；广播电视覆盖率达到85%。1192个扶贫开发工作重点村得到了扶持建设，1.6万户6.8万贫困人口实施了移民搬迁，贫困人口由2000年的108.77万人减少至2007年的50.24万人；神木县继实施12年免费教育工程后于2009年3月1日率先启动全民免费医疗制度，建立城乡一体医疗保障体系，最大限度地给百姓带来实惠，从根本上解决了干部职工和城乡居民因病致贫和因病返贫的问题①；延安能源化工基地城镇和农村社会保障覆盖率分别达到52.99%和23.8%。2009年已完成33亿元民生八大工程投资，2010年将安排40亿元投资民生八大工程，能源化工产业发展惠及延安百姓生活。②

二　陕西能源化工产业发展中存在的突出问题

陕西能源化工产业发展10年来，取得了骄人的业绩，但和胡锦涛总书记在陕西视察时提出的“珍惜资源，深度转化”的指示和要求相比，还存在不少相对突出的矛盾和问题。

1. 探明程度不高，后备资源不足

陕西能源资源探明程度不高，煤炭精查储量仅占保有探明储量的10%，石油探明可采储量仅占探明地质储量的16%，天然气探明可采储量占探明地质储量的56%。尤其是石油储采比呈逐年下降之势。③

目前延长石油集团探明储量为13.8亿吨，按采收率15%（目前为12%）计，可采储量为2亿吨，累计已采5500万吨，剩余可采储量按年产1000万吨左右计，只能开采15年。后备资源不足对陕西能源化工产业可持续发展造成一定约束。④

① 榆林市人民政府调查研究室：《在实践与探索中谱写辉煌篇章——榆林市西部大开发战略实施十周年回顾与展望》，http://124.115.244.33/news_view.asp?newsid=1067。

② 吴蓓蓓：《延安40亿民生工程惠及百姓生活》，2010年1月22日《三秦都市报》。

③ 《陕西能源开发战略思考》，http://www.sxjzw.gov.cn/admin/pub_newsshow.asp?id=202736&chid=100119。

④ 陕西省决策咨询委员会：《实现延安经济的可持续发展需及早培育接续产业》，http://www.sxjzw.gov.cn/admin/pub_newsshow.asp?id=202376&chid=100119。

2. 石油采收率和煤炭回采率不高，资源浪费较为严重

由于矿业权转让费过低以及采矿权价款在能源企业生产成本中所占比重过低，加之地方能源企业技术设备和采矿方法落后，受利益驱动，陕西不少矿区在缺乏详查和统一规划的情况下迫不及待地无序开发，导致资源浪费较为严重。目前，全省石油采收率不到20%，煤炭资源回采率平均不到40%，远低于《煤炭工业技术规范》要求的不低于75%的矿井采区回收率，吃肥丢瘦、采厚弃薄、挖浅甩深的掠夺式开采问题突出。①

3. 能源生产结构不合理，新能源、可再生能源发展滞后

陕西是我国传统能源大省，虽具有发展新能源和可再生能源的资源条件和巨大潜力，但由于长期开发投资不足，新能源和可再生能源开发利用滞后。能源生产以煤炭为主，2008年原煤产量为22647.52万吨，能源生产总量构成中原煤占到75.93%。目前，煤炭企业绝大多数又以销售原煤为主，2008年销往外省的原煤为12880万吨，其中仅洗煤532.01万吨，低于陕西省属煤矿1809万吨/年的洗选煤能力，远远低于全国30%的洗选率平均水平。因煤炭用途以发电、洗选、炼焦为主，产品结构单一，产业链较短，科技含量不高，附加值提升很慢，综合效益较差，直接导致了陕西省能源化工产业整体经济效益不高。而且，这种能源结构使得陕西碳排放量居高不下。资料显示，如果陕西煤炭工业规划中所有的项目全部上马，年排放二氧化碳量将达到至少4亿吨。能源生产结构中煤炭比重过大对陕西省的环境质量造成了影响。②

表7 陕西省能源生产构成

单位：%

年份	2000	2005	2006	2007	2008
原煤	70.9	75.28	74.53	73.44	75.93
原油	21.2	17.56	18.29	18.05	15.42
天然气	6.7	6.76	6.89	8.17	8.38
水电	1.2	0.40	0.29	0.34	0.28

注：能源生产构成按当量值计算。

资料来源：《陕西统计年鉴2009》，中国统计出版社，2009。

① 《陕西能源开发战略思考》，http://www.sxjzw.gov.cn/admin/pub_newsshow.asp?id=202736&chid=100119.

② 《陕西制定低碳行动路线图 专家：应对是长期工程》，2009年12月8日《西安晚报》。

4. 能源深度加工不足，关联产业发展相对滞后

由于自然资源禀赋，陕西的煤炭、石油、天然气资源主要集中在陕北，而陕北的加工工业基础相对比较薄弱，加上传统体制的行政条块分割，人为地造成能源工业与其他区域内关联产业割裂。陕北能源工业主要以低附加值的初级产品输出为主，在2003年陕西省委、省政府提出“三个转化”以后，重大煤化工项目大部分处于前期准备阶段，“十一五”时期能建成的只有5个。石油化工型深加工项目很少。能源加工转化投入占一次能源生产量的比例一直低水平徘徊。与能源开发紧密相关的装备制造、材料工业等未能乘势跟进，陕北能源基地建设需要的先进设备和材料基本从东部和国外采购，因而全省一次能源开发投资带动效应比全国平均水平低20%以上。① 由于资源开发模式单一，产业关联度低，不能形成整体的区域经济优势，能源区域发展不平衡导致资源利用效率低，制约了陕西能源化工产业向更高层次的发展。②

表8　陕西省综合能源加工转化情况

单位：万吨标准煤，%

年　份	一次能源生产量	综合能源加工转化投入量	加工转化投入量占比
2000	3805.11	712.34	18.72
2001	4930.63	845.63	17.15
2002	5848.52	990.73	16.94
2003	8408.99	1337.9	15.91
2005	14576.36	205.47	1.41
2006	15619.28	307.55	1.97
2007	18040.50	525.76	2.91
2008	22935.63	563.74	2.46

资料来源：《陕西统计年鉴》（2001～2009），中国统计出版社。

5. 生态破坏严重，环境成本较高

近年来，煤炭、石油、天然气资源的大规模开发在促进陕西经济快速发展的

① 《陕西能源开发战略思考》，http：//www.sxjzw.gov.cn/admin/pub_newsshow.asp? id = 202736&chid = 100119。

② 《陕西能源工业发展现状、问题及对策》，http：//www.cq.cei.gov.cn/content.asp? fcode = 66971。

同时，也使原本脆弱的生态环境受到日益严峻的考验。根据陕西省水利部门调查，陕西省因煤炭开采直接造成的水土流失面积正以每年数十平方公里的速度递增；陕北油、气田开采排放的弃土弃渣达1.5亿吨，年新增水土流失量1800万吨以上。[①] 榆林市仅煤田开发一项就已有17300公顷的植被被破坏，20000公顷土地出现风蚀土地退化。[②]

目前，榆林地区每采1吨煤就会损害地表水2.84吨，破坏和消耗与煤炭伴生的矿产资源8吨，生态环境成本总价值66.1元；每开采1吨原油造成的生态环境成本260元，仅此两项就使榆林市2009年付出的环境代价高达160多亿元。截止到2009年底，榆林市煤炭采空区达499.41平方公里，每年新增70～80平方公里，已塌陷118.14平方公里，每年新增30～40平方公里。[③] 损毁耕地2万多亩，林草地近7万亩，全市湖泊由开发前的869个减少到现在的79个。[④] 延安各采油厂采油废水、油泥等有毒有害物虽然得到处理，但每年仍有近100多万吨废水未经处理，直接排放，致使延安境内的主要流域均受到严重污染，农作物和植被生存面临严峻考验。[⑤]

6. 财税政策不合理和企业社会责任履行不足并存，利益共享机制不够完善

自上世纪90年代以来，陕西对全国的能源供给做出了巨大贡献，仅榆林每年为国家贡献的能源价值就超过600亿元，并且每年以30%的速度飞速增长。但由于国家能源财税政策不合理和中央能源企业逃避生态补偿责任，造成地方政府能源税收大量流失，陕北能源化工基地城乡居民收入持续低于全国平均水平。2002～2008年，榆林市地方财政收入占财政总收入的比重由48.7%下降到31.7%。[⑥] 2003～2008年，延安市地方财政收入占财政总收入的比重由47.76%下降到40.28%。随着资源开发规模的扩大，市县财政对环境保护与治理、基础

---

① 《陕西启动“资源开发生态补偿机制”》，2009年10月20日《经济日报》。

② 宁维英、张建荣：《榆林市土地退化现状及原因分析》，《唐都学刊》2008年第5期，第60～64页。

③ 杨永存：《委员称陕西榆林去年破坏环境损失超财政收入》，2010年3月9日《西安晚报》。

④ 杨静、杨晓梅、李桢、榆林：《煤挖走了，不要留下生态叹息》，2009年12月20日《陕西日报》。

⑤ 延安市政协：《积极推动现代企业制度建设　大大促进区域经济协调发展》，http://www.yazx.gov.cn/WeiYuanYiZheng/dysc200831.html。

⑥ 榆林市人民政府调查研究室：《榆林市县域经济发展研究报告》，http://www.yldy.gov.cn/News_View.asp?NewsID=210。

设施建设、教育卫生等方面的投资也在不断增大，地方财政入不敷出。2009 年延安能源化工基地城镇居民人均可支配收入为 15253 元、农村居民人均纯收入为 4268 元，榆林能源化工基地则为 14856 元和 4127 元，低于全国 17175 元和 5153 元的平均水平。陕西资源富集区居民收入水平过低与国家级能源化工基地的地位和建设形势极不相称，物质利益问题造成了陕西能源资源开发区中央与地方、企业与当地群众之间的矛盾和冲突。

7. 水资源承载力相对不足，铁路运力有限

虽然勘察表明陕北地区地下水资源可利用潜力现为 8. 19 亿立方米/年，加上地表水可利用量 6. 51 亿立方米/年，从理论上讲完全能够满足目前能源化工基地用水需求。但由于水利工程设施建设难以匹配能源开发利用规模和速度，地下水供给量不足，工程性缺水问题突出。而且，地下水资源的无节制开采将带来严重的生态问题。根据《榆林市水资源规划》，2010 年和 2020 年榆林市社会需水量分别为 14. 57 亿立方米和 19. 94 亿立方米，分别缺水 4. 45 亿立方米、7. 11 亿立方米。① 初步预测延安到 2010 年，全市年缺水量 3700 万立方米。10 年后所有县区将普遍缺水。② 水资源短缺将成为严重制约基地建设和发展的一大瓶颈。另外，铁路运力不足也使陕西能源生产规模受限。目前陕西省属煤矿产量已达 1. 5 亿吨以上，而且还有一大批新建和改扩建矿井将陆续投产，2010 年将形成 2. 5 亿吨以上产能，但煤炭外运的铁路运力仅 4000 万吨左右。铁路运力不足在今后相当长的时期内，都将是制约陕西煤炭工业发展规模的主要因素。③

8. 地方能源企业技术进步迟缓，专用性人力资本较为匮缺

由于陕西地方能源开发企业整体规模较小，管理水平低下，加之粗放经营思想严重、对技术进步不够重视，一大批中小型能源企业甚至没有建立起技术研发组织，技术研发方面的投入明显不足，导致陕西能源开发企业技术进步缺乏组织和资金保证，技术进步缓慢。④ 在专业性人力资本方面，陕西省属国有重点煤炭

① 李军：《陕北化工基地“口渴”难“饮”地下水》，2010 年 3 月 12 日《中国化工报》。

② 陕西省统计局：《延安市培育接续产业促进可持续发展的思考》，http：//www. sn. stats. gov. cn/news/sxxx/200863083911. htm。

③ 王双明：《对加快陕西煤炭工业健康发展的认识与思考》，2009 年 12 月 23 日《陕西日报》。

④ 毛浓华：《陕北地区省属能源开发企业技术管理现状及发展对策》，《西部财会》2007 年第 9 期。

企业中中专以上煤矿相关专业技术人员仅占总人数的3.4%。[①] 榆林目前655个各类能化企业中高中级人才仅占职工总数的6.5%。2009年抽样调查数据表明，在抽查的20户能化企业中仅2009年就紧缺能源与环境系统工程、地质测量、化工机械、电力设备、自动化控制、设备维修等专业技术性人才1718人。[②] 专业人力资本形成不足已成为制约陕西省能源化工产业健康发展的重大障碍。[③]

三　促进陕西能源化工产业发展的对策与建议

1. 优化能源结构，实现多元发展

按照科学发展观和陕西省政府《关于进一步加快新能源发展的若干意见》、《陕西省新能源发展规划》的要求，各级政府相关部门和能源化工产业部门要基于能源资源可持续利用的需要，借助"一线两带"科技优势，实施新型能源化工基地建设，加快煤、油、气资源的勘探工作，科学合理地把握非再生能源开发强度和开发规模，不断降低商品煤比重。在此基础上，围绕建设我国新能源示范基地的总体战略目标，依托能源装备制造产业发展的支撑，立足陕西省非再生能源资源发展条件，加大投资力度，积极开发生物质能源，做大做强光伏产业，积极推进水力和风力发电，争取国家核电立项，加快新能源产业发展，促进能源结构优化，从而实现能源化工产业多元化发展。[④]

2. 加快税费改革，提高资源利用率

陕西省各级政府应继续积极主动发挥各自的说服能力，促进能源财税体制改革进程的加快，按照事权范围科学合理地建立规范的中央、省、市（地）、县（区）四级分税制财政体系，确定中央、省、市、县四级财政收入范围。将资源税计征方式尽快由"从量计征"改为"从价计征"。改变过去企业分公司到总公司所在地纳税的税收方式，按照税收与税源相一致原则，在资源地从事开发的企

---

① 王双明：《对加快陕西煤炭工业健康发展的认识与思考》，2009年12月23日《陕西日报》。

② 尉俊东：《榆林"两基地一中心"紧缺人才问题的调查与思考》，http：//shaanxi.cctv.com/20090713/106653.shtml。

③ 赵京：《区域可持续发展与人力资本管理研究—以陕北能源化工基地为例》，《生产力研究》2010年第3期，第109~111页。

④ 张金锁、赵京：《陕北能源化工基地可持续发展战略与对策研究》，《第三届海峡两岸会议能源经济学术研讨会论文集》，北京理工大学，2009。

业，在税源地纳税。在不断促进矿业权交易制度健全的前提下，积极推进地方税收分税体制的完善，力争尽早获得地方税收立法权，提高“两税”增量和增值税留地方的比例，争取拥有地区级政府专享税种，建立有稳定收入来源的地方税收体系。鉴于能源资源开发的外部性及陕西在国家能源供给安全中的重要性，积极争取中央财政转移支付，积极构建采矿权价款的中央与地方分享机制。[①] 通过协调中央和地方的利益关系，防止资源无序开发，提高资源利用率。[②]

3. 加快产业聚集区构建，提升产业集群规模

依托陕北能源化工产业园区和渭北产业基地建设，加强西安－陕北产业合作，打破区域资源的分立格局，共同构造产业链，打造高附加值下游产业体系。将陕北的资源、原材料优势与西安的市场、区位、能源化工装备制造、科技、人才等优势更为有机地结合。根据陕北重大项目产品、规模、实施进度等情况，在西安同步实施下游项目，向东部输出终端产品，形成陕北－西安－东部“L”形的物流和价值流，推动陕西资源优势向经济优势转化，促进陕西全省产业的优化升级。[③]

4. 依靠科教兴能，加强人才队伍建设

实施“科教兴能”战略，采用产学研合作等方式，攻克保水采煤方法成套技术、多灾害并存条件下煤矿高效开采技术，本质安全型高产高效矿井成套开采技术、煤层气抽采与综合利用技术、煤炭循环经济技术、陕北油田勘探和特低渗透油田开采成套技术、天然气勘探和开发的成套技术、煤化工成套技术、“油气煤盐”综合化工成套技术等事关陕西能源开发与利用的关键技术。通过这些关键技术的解决来为陕西能源化工产业的快速发展提供原动力。要加快能源化工产业人才引进工程、人才培养工程、人才凝聚工程的建设步伐，构筑与陕北经济、社会、文化特点相匹配的人才工作新平台，支撑陕北区域经济社会在更高层次上实现跨越发展，提高陕北能源化工企业的技术创新能力和市场竞争力，利用科教进步和知识创新摆脱自然资源诅咒陷阱。

5. 强化生态补偿，加强环境保护

陕西地方政府于2009年1月1日起率先实施《陕西省煤炭石油天然气资源

---

① 邹绍辉、张金锁：《煤炭资源开发税费政策改革方向研究》，《中国矿业》2009年第18期。

② 邓晓兰、张雅丽：《陕北能源经济发展中的财税政策研究》，《西部财会》2008年第2期。

③ 《构建“渭北产业基地”实现三大战略目标》，www. xadrc. gov. cn/xafz/301. doc。

开采水土流失补偿费征收使用管理办法》及其《实施细则》，对陕北的生态环境补偿起到了积极的作用，但补偿范围仍旧过窄，补偿标准仍然偏低。建议政府有关部门按照“谁开发、谁保护，谁污染、谁治理，谁破坏、谁恢复”的原则，制定和出台“能源化工基地环境保护法”，以重置成本为依据确定生态环境恢复治理保证金征收标准，积极探索建立生态环境恢复与保护的长效机制，规定采矿权人为生态环境保护和恢复治理的责任主体，明确采矿权人缴纳环境恢复治理保证金的标准、方式、程序。各级政府和相关部门负责监督管理，形成合理严谨的生态补偿监管体系，促进生态补偿规范化，并力促陕北资源开发生态补偿国家试点工作的开展，加快建立能源化工企业对所在地的补偿、资源输入地对输出地的补偿、国家对地方的补偿3个层次的生态补偿机制，确保陕北生态环境得到有效保护。

6. 完善利益分享机制，着力解决民生问题

中央政府要确立陕西资源地居民在资源开发中的优先受惠权，明确陕西能源资源富集区地方利益和群众利益的合理性和正当性，经济上确立资源开发区对于属地资源的收益权，顺畅利益表达渠道，促进能源企业社会责任履行，① 建立健全资源属地收益和异地有偿使用的利益协调机制，改革环境和资源的廉价和无偿使用体制，增强资源开发地区自我约束、自我积累、自我发展的能力，找到各方利益关系最佳结合点，使资源开发区人民真正受益。各级政府要给资源开发区群众以倾斜性照顾，提高利益受损群众的补偿金和安置费用，保证人民群众的生产生活条件因能源化工产业发展而快速改善。②

7. 加快交通设施建设，保障水资源供给

交通设施和水资源是能源化工基地的发展基础和生命线。针对陕西能源富集区交通设施和水资源相对紧张的情况，应加快建设西延铁路复线、太中银铁路、西包铁路复线建设，加快延安东西大道（铁路或高速公路）等工程，榆绥、神府、榆佳高速公路建设，尽快增加交通运输能力；加快王圪堵水库、南沟门水利枢纽和黄河调水工程建设，积极开发天桥岩溶水、黄河漫滩地下水，通过实施引

---

① 赵京：张金锁：《陕北资源富集型贫困的制度成因与对策研究》，《第三届海峡两岸会议能源经济学术研讨会论文集》，北京理工大学，2009。

② 赵京、王涛、王喜莲：《能源化工基地可持续发展中的利益关系》，《西安科技大学学报》2008年第28期

汉济渭工程，通过水权转换，解决能源化工基地用水问题。

8. 加强地方政府可持续发展管理能力建设，完善可持续发展的政策体系

区域管理与决策是区域经济社会发展的关键因素，可持续发展政策是区域可持续发展的保障。因此，陕西地方政府首先必须实现观念创新，以科学发展观为指导，与传统的发展思维相决裂，不断研究新情况，解决新问题，提出新思路，创造新方法，为能源化工产业可持续发展奠定良好的观念基础。第二，实施体制创新工程，建立一个民主、廉洁、高效的管理体制。第三，加强干部队伍建设，坚持正确的用人导向，建立科学的干部政绩考核指标和办法，在公平竞争中，使一大批德才兼备的干部走上资源开发利用管理的重要岗位。第四，在正确把握陕西能源化工产业发展与资源、环境和社会关系的基础上，系统设计和构建涉及产业组织、区域发展、投资体制、财税关系、价格及贸易结构等方面的包括产业政策、区域政策、投资政策、金融政策、税收政策、价格政策、贸易政策及其他政策的政策体系。[①] 通过对经济行为的激励约束和对经济活动的有效组织来实现能源资源可持续开发利用管理目标。

① 张金锁、赵京：《陕北能源化工基地可持续发展战略与对策研究（国家软科学项目研究报告）》，西安科技大学，2009。

西部地区文化旅游产业发展研究

余 洁*

摘　要：中国西部地区拥有极其丰富的旅游资源，其旅游产业在国家政策的支持下取得了长足的发展，但与东部相比，仍显得后劲不足，总体水平低且发展缓慢。本文对西部地区的文化旅游产业发展现状进行了综合分析，在揭示发展缓慢的原因的同时对西部旅游进一步开发的可行性进行了探讨，并对现有资源的保护现状进行了分析，强调西部开发需注重西部旅游资源的合理开发和保护。

关键词：西部地区　文化旅游产业　保护和开发　产业优势

一　研究背景

中国旅游业经过改革开放以来30多年的发展，已初具支柱产业的规模，而旅游业发展的强劲势头背后存在东西部旅游业发展不均衡的现象，但拥有丰富旅游资源的西部是实现国家旅游业发展目标的后劲所在，西部文化旅游产业在拥有巨大潜力的同时，也存在许多困难和挑战。

目前，学界对文化旅游产业的界定按人文旅游资源可分为两大类。

一是历史文化类旅游产业。即由历史文化类旅游资源开发出来的旅游产业组织，主要包括：①物质性历史文化资源为主体开发出来的景区、景点、博物馆、纪念馆（经营性）；②由非物质文化遗产资源开发的历史文化园、历史名人园、历史文化主题公园、历史文化类博物馆、文化类展览馆（经营性）。

二是社会文化类旅游产业。它是由社会文化类旅游资源开发出来的文化旅游产业组织，主要包括：①民俗文化旅游类资源开发产业：少数民族旅游点、汉民

* 余洁，西北大学经济管理学院。

族乡镇民俗旅游点、都市民俗旅游点等；②休闲娱乐旅游类产业：定点文艺演出场所、温泉休闲业、实景剧场、名牌歌舞厅、名牌音乐酒吧、名牌地方艺术茶楼、地方风味美食街、地方文化酒楼、地方特产购物街、主题公园、野生动物园、海洋馆、高尔夫球场、动漫实景基地等企业；③社会文化设施类产业：观光农业旅游示范点、工业旅游示范点、武术馆、大型体育场馆、美术馆、地方文化展览馆、地质公园博物馆、国家自然保护区自然博物馆、民间工艺场所等。

本文根据此分类标准，对我国西部文化旅游产业现状、发展的可行性及制约因素进行了客观地评价，有利于树立正确的资源观和旅游开发观念，对于西部文化旅游产业的规划和战略的制定，促进西部旅游业的跨越式发展具有重要的借鉴意义。

二　西部文化旅游产业的发展现状

（一）旅游产业形象日趋鲜明，呈现持续发展的良好势头

作为综合性产业的旅游业，它所具有的创汇创收和促进经济发展的功能和作用在西部地区日益显现。在西部大开发战略中，旅游业被确立为“有特色的优势产业”，受到广泛重视并加以重点推进。各级政府不同程度地进一步重视发展旅游业，全社会的旅游意识不断增强，产业形象渐趋鲜明，旅游业已开始从“接待型”向“经济产业型”转变，国际国内旅游都呈现蓬勃强劲的势头。从1999年至2006年，西部12省区市入境旅游者从438万人次增加到915万人次，增长109%，年均增长11%；旅游外汇收入从13.6亿美元增加到31.4亿美元，增长131%，年均增长12.7%；国内旅游人数从2.2亿人次增加到5.8亿人次，增长164%，年均增长14.9%。从2002~2006年，西部12省区市旅游总收入从1656亿元增加到3608亿元，增长118%，年均增长21.5%，高于同期12省区市GDP增长率3.2个百分点。2006年，西部12省区市旅游总收入占GDP的比重达8.6%，比2002年提高了0.4个百分点。其中，半数以上省区市的旅游总收入占GDP的比重超过或接近10%。①

（二）文化遗产类旅游产品的开发日渐成熟

西部各省区市把发展旅游与保护、开发和传承特色、传统文化相结合，通过

① 邵琪伟：《为促进西部地区加快发展和全面建设小康社会做出积极贡献》，2007年12月23日《中国旅游报》。

发展旅游小城镇、乡村旅游、民俗旅游，开发特色旅游商品等，有效保护了民族文化，包括少数民族的建筑文化艺术和绚丽多彩的民族民俗文化，还开发和保护了很多的非物质文化遗产，保护了大量的红色旅游文化资源（见表1）。

表1　西部地区文化遗产旅游产品

旅游产品	西北地区	西南地区
专　题 旅游线路	甘宁的长城之旅 穆斯林风情游 青海高原登山狩猎游 新疆塔克拉玛干沙漠探险游 平凉－庆阳－固原－中卫－武威－敦煌－额济纳旗－阿拉善盟－银川的丝绸之路探秘游 咸阳(汉阳陵)－宝鸡(乾陵)－延安(黄帝陵)－榆林(统万城)－鄂尔多斯(成吉思汗陵)－银川(西夏陵)的西部帝陵游	九寨沟科考体验游 地震遗址爱心之旅 云南"禄丰侏罗纪之旅" 三国蜀汉溯源之旅、 康巴风情之旅 贡嘎山海螺沟冰川之旅 四川－蜀山之王贡嘎雪山环线深度摄影七日游
特　种 旅游线路	沙漠汽车拉力赛 嘉峪关滑翔飞行 酒泉－敦煌徒步(骆驼)旅游	徒步虎跳峡——可以成为时尚的穿越 徒步稻城亚丁——最后的香格里拉 (自行车)成都－二郎山－泸定桥－新都桥－理塘－然乌(通察隅)－波密(通墨脱)－通麦－排龙(可徒步大拐弯)－鲁郎镇－八一－拉萨
跨　境 旅游线路	新疆—蒙古跨境一日游 (新疆阿勒泰地区塔克什肯口岸——蒙古国布尔根县跨境一日游) 新疆－哈萨克斯坦跨境旅游 (新疆吉木乃县－哈萨克东哈洲跨境旅游)	贵州－云南－缅甸 中越边境游:线南宁－凭祥－越南谅山－凭祥－南宁
生态文化 旅游线路	宝鸡(太白山)－平凉(崆峒山)－庆阳(子午岭)－固原(六盘山)－银川(贺兰山)的山水绿色生态游	云南石林－贵州黄果树－贵州织金洞 成都－重庆大足－贵州赤水－长江三峡 四川攀西－云南泸沽湖四川稻城亚丁－滇西、成都－昌都－林芝－拉萨
红　色 旅游线路	兰州－会宁、兰州－会宁－平凉－庆阳－延安、兰州－宕昌－腊子口、张掖－高台、兰州－通渭等红色旅游线路 会宁县－六盘山－甘肃省华池－延安	广西湘江－贵州遵义－云南威信－四川泸定桥红军长征之旅 重庆－遵义－息烽－贵阳及贵阳－荔波－金城江－百色
民族文化 旅游线路	青海民族文化旅游节	云南中甸－四川理塘－西藏芒康三省交会的康巴
民俗文化 旅游线路	鄂尔多斯(成吉思汗陵)－银川(中华回乡文化园)－阿拉善盟(通湖草原)－吴忠(回乡民俗)的民俗风情游	广西南宁－贵州兴义－云南迪庆

（三）旅游基础设施的建设较完善

随着西部大开发的推进，西部地区交通、通信、能源、城市建设等基础设施建设不断加强，也大大改善了旅游业硬件设施和旅游景点的环境质量（见表2）。最突出的成就是交通运输状况的改变，如公路的高等级化、高速化。西部的大城市、旅游中心城市都新建扩建了机场，增加了航线，如敦煌、嘉峪关、九寨沟、西双版纳等。旅游服务有了较大改善，基本形成了有一定档次和规模的旅游服务接待体系。

表2　西部地区旅游饭店及旅行社发展

单位：家

年份	星级酒店	五星级	四星级	旅行社	国际社	国内社
2005	3113	51	218	3270	355	2888
2006	3459	55	262	3577	406	3171
2007	3699	69	313	3840	447	3393

（四）旅游业发展的总体水平仍很低，区内发展差异较大

目前西部旅游业总体发展水平还较低，高速度与低质量、新产业与旧秩序、结构与功能失调并存。旅游产业规模小，占全国的份额低，与其自身特色突出的资源优势不相称。总体来看，西南地区旅游业发展水平要高于西北地区，省际、区际旅游业发展的差异大，陕西、云南、广西较发达，在区内所占份额较大。地区差异性大还表现在旅游热点高度集中在少数旅游线路、旅游中心城市及周边区域等，而广大西部地区旅游资源开发程度普遍低或呈待开发状态。

西南地区国际旅游发展水平相对较高的有云南和广西，其国际旅游收入2009年分别列全国第9位和第14位。四川、重庆旅游资源开发较早，现已有相当的规模。四川省国内旅游业在西部地区发展中最为突出，2009年国内旅游收入达1179.9亿元。在西北地区旅游业发展中，陕西省处于一枝独秀的位置，在接待游客人数、旅游外汇收入和国内旅游收入等几个主要指标中，陕西省都占整个西北地区的50%左右。西安市旅游业发展水平在整个西部地区所有城市中具有十分突出的地位，西安接待外国旅游者人数在全国城市中仅次于北京、上海、广州，列全国第4位。但西北地区旅游业发展极度不平衡，青海和宁夏旅游业发

展相对滞后，各项旅游业发展指标列全国后两位，新疆、甘肃近年来发展较快，初步形成一定的规模。

三　西部旅游产业发展不平衡的原因

西部旅游产业整体发展缓慢及区域间发展不平衡的现象背后的原因，可以归为以下几点。

（一）可进入性差，交通不便成为制约西部旅游业发展的瓶颈

其一，东部省市由于经济发展水平较高，是国内旅游主要的客源市场，而西部地区距离这个主要客源地较远，加之目前交通基础设施并不完善，导致从外部进入西部地区，尤其是进入西部腹地，交通线太长，成本费用高，从而提高了旅游者的进入门槛。

其二，西部地区内部交通网不完善，内部循环线路选择性不强，导致景点间走“回头路”的情况常有发生，影响了部分高品质的旅游景点的发展。

（二）资金匮乏，导致旅游产品开发不利，缺乏强吸引力

西部的旅游开发，无论是旅游资源的开发和维护还是交通、通信等基础设施的建设，都需要强大的资金支持，资金不足极大地限制了重大旅游项目的投资及政府宏观调控能力的发挥。

其一，改革开放以来，我国采取的非均衡的经济发展战略使得资金、人才向东部流动，东部沿海地区实现了经济的高速增长，同时，东西部经济发展总体水平差距开始拉大，西部的基础设施投资和第三产业的投入不足直接约束了旅游业的发展。

其二，西部旅游资金自我形成能力不足，西部旅游开发除受到地方财政的限制外，也受到了环境的制约，西部投资环境不成熟，旅游开发投资成本高，回报率较低，使得西部吸引外部投资的难度加大。

（三）旅游基础设施不够完善

其一，交通设施不完善，交通不便增加了游客的出行成本，从而限制了旅游

者在旅游目的地的消费能力和滞留时间。

其二，其他旅游配套设施不能较好地适应旅游业发展，西部地区尤其是西北地区由于气候原因，普遍存在干旱少雨，水利资源不丰富，水电设施落后的现象。且由于资金问题，部分地区的旅游配套设施并不能满足不断增长的游客的需求。

其三，西部地区的通信设施不够完善，西部地区地广人稀，邮电通信、电视网络等现代通信设施不能满足经济发展需求，同时也限制了旅游信息的传递及旅游产品的宣传。

（四）旅游促销力度不够

西部的旅游开发缺少相应的营销意识，对于旅游产品销售只是单纯地进行一定的旅游宣传及在淡旺季进行价格的调整，没有进一步对旅游资源进行挖掘，对产品的包装和文化内涵的提升度不够，不能针对旅游者的购买心理采用新颖的促销方法，网络、电视等媒体的作用也没有得到充分的发挥。

（五）旅游企业规模小、素质低、缺乏竞争力

在西北及西南的部分地区，尤其是可进入性较差的区域，其地方的旅游企业规模小，多限于地方居民家庭经营管理混乱，旅馆、餐厅等装修简陋，经营模式千篇一律，没有相应的服务意识和服务质量管理，在影响游客的旅游体验的同时影响了景区及旅游地的品牌构建。

（六）对外开放程度低

东西部开放政策和开放程度的不同也影响了西部文化旅游的开发，一方面，外界对西部旅游信息了解很少，加之促销的缺乏使得西部失去了与东部同步发展国际旅游的良机。另外一方面，对外开放程度低也导致了西部地区在观念上的封闭和滞后。

（七）旅游季节性和环境气候的不利影响

西部地区位于内陆远离海洋，受西伯利亚干冷空气影响较大，因此西部地区大陆性气候明显，干旱少雨，对旅游产生较大的季节性影响，旅游淡旺季明显，对旅游设施和旅游企业的接待能力要求较高，另外一方面，干旱少雨的气候条件

及脆弱的生态环境在限制了可进入性的同时增加了旅游开发和旅游资源保护的成本。

（八）旅游资源保护意识薄弱，开发利用不当

首先，不重视旅游资源的开发，西部部分地区对于旅游开发认识不足，只注重开发的政治效益，盲目开发，没有把旅游作为经济发展的有效手段，政策的延续性不强，对资源的保护力度不够。缺乏相应的全面系统的普查和评价，对旅游资源的数量、质量、开发价值、市场潜力等缺乏科学的研究和分析，由此导致许多地方旅游资源开发不当。旅游资源得不到充分的利用和恰当的保护，出现了“一流资源，二流开发”现象，这对于西部文化旅游产业的可持续发展极为不利。

其次，开发观念滞后。西部旅游业并未根据自身特色形成相应的发展观和资源观，而是照搬东部地区的经验，走与东部地区旅游业“同构化”的道路，高成本低效率的开发模式仍然存在。

最后，行业管理不到位，部门割据，政出多门的现象依然存在，行政命令代替市场，导致决策失误。在市场参与方面，政府刻意保护自己投资兴办的项目，导致了不公平竞争。在市场管理方面，政府也没能对旅游经营活动进行有效的监控，使得欺客的现象时有发生，损害了旅游者的旅游体验。

四　西部文化遗产类旅游资源开发的产业优势

在众多的旅游资源中，文化遗产类旅游资源是最能显示当地文化品位，整体提升旅游地魅力的旅游资源。西部地区文化遗产类旅游资源丰富而独特，有巨大的市场潜力。然而，迄今为止西部地区文化遗产类旅游的开发并不完善和成熟，仍然有巨大的发展空间。

当前，西北地区文化遗产旅游产业的发展正面临着诸多难得的有利条件。亚欧大陆桥的全线贯通，丝绸之路的复兴，上海合作组织的建立，西部大开发“十一五规划”和全国主体功能区规划的制定，以及丝绸之路中国段将列入世界遗产名录，都意味着祖国的大西北将成为世界文化遗产的密集区，西北地区文化遗产旅游产业将迎来一个全新的发展时期。

（一）西部文化遗产类旅游资源的独特性

西部地区是中华民族的发祥地之一，汇聚了中国最重要的古代文明，民族文化旅游资源极其丰富，有着明显的西部特色。敦煌莫高窟、秦始皇兵马俑、西夏王陵、楼兰古国、布达拉宫、大昭寺、三星堆、大足石刻等历史遗存已成为中华文化的象征。西部地区有着丰富多彩的文化资源，三大史诗《格萨尔王传》、《江格尔传》、《玛纳斯》世界闻名，民间歌舞、戏曲、剪纸、刺绣、民居、岩画和民间故事、民间文学、宗教艺术等多姿多彩。川西北地区的阿坝藏族羌族自治州是国家级非物质文化遗产白马“㑇舞”、羌笛演奏及制作技艺的发祥地，新疆维吾尔族的“木卡姆”被列入了世界非物质文化遗产名录。还有的是在西北地区特有的地理环境中生存并发展起来的，如千沟万壑的黄土高原上孕育出来的信天游和青海的“花儿”。西部地区蕴含着丰富的、独特的、高品位旅游资源，拥有很多具有唯一性和神秘感的旅游景区，在国际市场上具有很强的吸引力。

（二）西部地区开展文化之旅的巨大市场潜力

中国经济持续稳定发展，城乡居民收入较快增加，将对旅游需求的增长发挥基础性的支撑作用，到西部旅游的客源也将明显增多。国内外学者一致看好中国旅游业的发展前景，预言中国将成为世界旅游强国，包括世界旅游组织（WTO）在内的权威性组织均认定 2020 年中国将成为全球首位旅游目的地国。据预测，到 2015 年我国国内旅游将达 28 亿人次，接待入境过夜旅游者将达 1 亿人次，出境旅游者也将达 1 亿人次。随着我国经济的发展，人民收入的增加以及假日制度的完善和带薪休假制度的法规化，前往西部旅游的国内客源将大大增加。同时，随着西部地区经济社会发展，西部人游西部也将快速发展。西部地区拥有大量的历史文化遗存和丰富多彩的文化资源，文化底蕴深厚，在西部大开发的历史机遇下，开展文化之旅有着巨大的市场潜力。

首先，西部地区是中华文明的重要发祥地，具有丰厚的中国传统文化历史底蕴和鲜明的民族特征，可以从西部丰富的历史文化遗产入手，开展中国传统文化之旅。在策划宣传时，可以紧紧抓住影视传播在游客中的影响力，反映汉唐雄风的如《大汉天子》、《大明宫词》、《贞观长歌》等电视剧都可以作为吸引游客的噱头。

其次，西部地区也是中国革命的重要发源地，遵义、延安、红岩村等孕育了深厚的革命文化传统，近年来，荧屏上《亮剑》、《长征》等主旋律电视剧大热，也为西部红色旅游的发展起到了助推剂的作用，西部地区也因为众多的红色旅游资源成为全国开发红色旅游最好的地区。

最后，西部地区还是我国少数民族及其文化的集萃地，丰富多彩的多民族文化艺术，成为中华民族文化的有机组成部分，也是西部地区开发民族文化旅游最为独特的旅游资源。少数民族的民风民情永远是游客的兴趣所在，而许多参与性旅游活动的推出更有利于西部地区民族风情游市场的扩大。

西部的各省区市已经意识到开发利用和保护民族文化这种潜在的资源优势，并正在不同程度地发掘、利用，取得了较好的经济效益和社会效益。贵州省第一个民族露天博物馆在建成并取得良好的社会经济效益之后，又与挪威王国合作，建立中国第一个民族生态博物馆——六枝梭戛苗族生态博物馆，并将以民族生态博物馆和民族村镇为载体的苗、布依、侗、彝、水等民族生态保护区的建设作为贵州文化旅游业的基本工程。

（三）西部旅游基础设施的提升

改革开放初期，云南省每年接待海外旅游者只有1000多人，甚至在20世纪90年代以前，云南省还是一个交通不便、旅游业发展滞后的边疆省份，而到1999年云南省接待海外旅游者人数突破了100万人次，列全国第六位；旅游外汇收入3.5亿美元，列全国第七位；云南省目前拥有投入运营的各类旅游景点224个，列全国第三位；拥有涉外饭店603座，列全国第二位；拥有旅行社406家，列全国第五位。云南省旅游业的发展速度在90年代一直位于全国前列，在“九五”前四年，全国国际旅游收入年均增长12.7%，而云南省年均增长率超过20%。旅游业已发展成为云南省的主导产业，有力地促进了云南省社会经济的全面发展和快速增长。①

因此，西部旅游经济要得到快速的发展，必须借助开发大西部的契机，修好通往旅游区的铁路、公路，条件好的、客源丰富的地区，还可考虑建旅游航线。各级政府应把本区域内的旅游基础建设放到经济建设总规划中统筹考虑，要完善

---

① 李树民、马兰、邵金萍：《西部旅游业实现跨越式发展的可行性分析》，《西北大学学报（哲学社会科学版）》2001年第3期。

旅馆的住宿条件，提高旅游者满意的程度；建立信息网络，让游客及时了解旅游景区的最新动态，及时调整旅游计划，使旅游者满足多方面的、多层次的需求；跟进相应的各种配套设施，提供个性化的服务。西部旅游业在西部大开发中扮演它应该扮演的角色。

（四）西部旅游管理人才的培养

由于旅游业的特殊性，旅游管理人才除了具备统一的人才培养要求外，还应具备不同于其他专业的、符合自己本身行业特点的基本知识与基本素质。首先要具备一定的人文素质，具有较好的文化素养，在语言、口才、形象、气质等方面有更高的要求。其次旅游人才的知识面要广博，基础知识要扎实，宽口径，能力强，素质高。旅游管理人才应是特色型、应用型、通用型、外向型的复合人才。高素质人才的培养，离不开教育，特别是旅游高等教育。旅游企业急需一批既有理论水平又熟悉实践过程、既能真抓实干又能开拓创新的复合型管理人才。2005 年，按照教育部高教司的统计，全国共开设旅游管理专业的普通高校 355 所，高职高专 608 所。西部也有许多高校都开设了旅游管理专业，专门培养高素质的旅游管理人才（见表 3）。

表 3　西部地区旅游管理专业院校

省区市	院校名称	省区市	院校名称
重　庆	重庆师范学院 重庆工商大学 重庆工业管理学院 西南大学	陕　西	陕西师范大学 西安科技学院 西安外国语学院
四　川	四川师范大学 西南财经大学 四川大学 成都理工学院 西南民族学院 西南交通大学	广　西	广西大学 桂林工学院
		贵　州	贵州大学 贵州财经学院
		内蒙古	内蒙古大学
云　南	云南大学 云南财贸学院 西南林学院	甘　肃	西北民族学院 兰州大学 甘肃工业大学 兰州商学院
陕　西	西北大学 西安交通大学	新　疆	新疆大学 石河子大学
		青　海	青海民族学院

资料来源：根据互联网资料整理。

（五）西部区域旅游协作的开展

2007 年 5 月 27 日，在成都举办的中国西部国际旅游区域战略联盟与协作论坛上，西部十二省区市签署了《中国西部旅游区域合作协议书》，通过了《成都宣言》，提出共同推动“香格里拉生态旅游区”等西部十大旅游区和跨区域旅游精品开发。根据协议，西部十二省区市将构建区域旅游合作保障机制，废除制约旅游区域合作的政策障碍，营造西部旅游联合协作、共同发展的良好政策环境；共同制定区域旅游发展战略和开发建设规划，树立区域旅游主题形象；推进区域旅游整体宣传促销，共建西部旅游信息库，建设西部旅游营销平台和网络，实现旅游信息资源共享。此外，协议还将鼓励支持旅游企业合作，联手开发、共同经营区域旅游线路，形成具有较强竞争力的西部旅游集团以及规范区域旅游市场秩序，建立高效有力的跨区域旅游突发事件预警处置机制和联合处理的旅游投诉机制，完善“黄金周”旅游信息预测预报及重大事件通报制度。

随着丝路联合申遗工作的展开，西北地区的区域旅游协作也有条不紊地开展着。为了加强新疆、甘肃丝绸之路沿线各城市的区域联合与协作，实现区域旅游联合促销、资源共享、互送客源、共同发展的目的，经乌鲁木齐市、吐鲁番地区、哈密地区、敦煌市、嘉峪关市在达成共识的基础上，共同签署“丝绸之路精品旅游文化长廊之旅”区域旅游合作协议，五地市将把丝绸之路上嘉峪关、莫高窟、月牙泉等景点串联起来。同时，五地市还决定共同制作区域旅游宣传册、宣传光碟；共同参加国内外旅游推介会，组织一体化的展位，统一对“丝绸之路精品旅游文化长廊之旅”进行集中宣传；共同开展旅游产品的设计研发工作；统一导游词，互相推介旅游资源；共同协商开通与对方城市的航线和旅游专列；联合开发区域旅游精品线路，互送信息，互相通报旅游情况；定期举办区域旅游间地市联合工作会议，共同创建“诚信旅游”、“无障碍旅游”的区域旅游大环境。

（六）地方政府对文化遗产类旅游资源开发的政策支持

国家扩大内需、促进消费和加快发展服务业一系列方针政策的实施，将为西部旅游业发展提供新的机遇。近年来西部旅游业的快速发展，就是扩大内需、促进消费的明显效果。随着国家加快转变经济发展方式，推进产业结构优化升级，主体功能区规划的实施，西部地区加快发展包括旅游在内的具有比较优势的服务业，将是一种客观的要求和必然趋势。党中央、国务院做出的关于西部大开发的一系列重大决策都强调要大力发展旅游业，培育西部地区特色优势产业。国家制定的关于西部大开发的一系列政策措施都包含了促进旅游业发展的重要内容。中央和国务院各有关部门进一步加大力度，在政策支持、财政扶持、税收优惠、基础设施建设、市场开发、人才培养等许多方面，大力支持西部地区旅游业发展。西部各省区市党委政府高度重视旅游业，采取多种措施加快推进旅游产业发展，形成了主要领导亲自抓、分管领导重点抓、相关部门协调配合、社会各界共同推动的良好工作格局。与此同时，东中部地区各省市进一步加强了与西部地区的旅游合作，内容不断丰富，形式不断扩展，东中西部旅游互动呈现良好态势。

在文化遗产类旅游资源开发的过程中，地方政府的政策支持起着举足轻重的作用。西安曲江新区的开发就是在西安市政府的政策扶持下做大做强的一个文化旅游项目。2007 年 8 月，西安曲江新区成为首批国家级文化产业示范区。政府先后投资 10 亿元加强曲江新区的公共文化服务设施体系建设，出台了 12 条鼓励和扶持影视产业、会展产业的优惠政策；设立 3000 万元文化产业扶持资金，并设立 1 亿元国产影视新人新作助推基金，促进了本地文化产业的快速发展。

五　西部文化遗产类旅游资源保护的必要性

旅游资源在开发过程中遇到的最常见的问题就是开发与保护的矛盾问题。不可否认，旅游资源的开发有利于增加旅游收入，获取经济利益，但是，如果以短期的经济利益为代价，使得珍贵的文化遗产受到难以挽回的破坏，这样的旅游开发是万万要不得的，只有为文化遗产提供科学的可持续发展政策，才能在不损害文化遗产的基础上获得经济收益。

在开发西部文化遗产类旅游资源的过程中，必须要注意开发和保护相结合，尤其是面对一些濒危文化遗产时，抢救和保护更是刻不容缓，开发旅游资源，获取经济收益就要退居次要位置了。具体到保护措施上，国家文物局古建筑专家组组长、中国文物学会会长罗哲文就建议首先对全国的文化遗产进行调查发掘，对濒临灭绝的，要及时收集抢救；对有些还认识不到其价值的，要发掘整理。另外，非物质文化遗产和物质文化遗产应该结合起来加以保护。

目前，文化遗产类旅游资源的开发利用存在以下问题。

（一）低水平地重复开发

目前，文化遗产类旅游资源在开发时遇到的最显著的问题就是低水平的重复开发，尤其突出表现在对民俗旅游资源的开发上。例如，环北部湾经济圈中尤其是广西中越边境地区民族文化旅游资源总体开发缓慢，多属于浅层次的开发，没能深层次发掘其文化内涵，没有形成整体开发的规模，没有统一的民族文化品牌，很多少数民族地区目前正面临经济发展与保护文化遗产的矛盾。距离靖西县城8公里的旧州风景区，原来是该县最为著名的壮族民居旅游点。可时至今日，却变成了半新半旧的普通乡村，钢筋水泥楼房正毫不留情地吞噬着斑驳破旧的壮族老民居，如此下去，旧州村将会变成一个名符其实的农民新村。该县南坡乡定金村，原本是典型南壮地区的枧木杆栏式建筑，深受游客的青睐，但通公路后，几乎全部变成了水泥楼房。在公路沿线，少数民族的服饰、建筑风格、价值观念等越来越汉族化，许多传统习俗文化日渐淡化、流失，只有在公路往里延伸的地区或根本不通公路的山区，才可见到一些传统的少数民族村寨。

在经济利益的驱动下，民族旅游项目日益庸俗化、伪民俗化，一些异地集锦仿制型的民族文化村离开了原生的自然社会环境，将民族文化的精华和糟粕一起包装，搬上舞台，以至失去了民俗的本色与乡土气息，缺乏真实的环境感受。有的将其他民族的风俗照搬过来，不伦不类，形成“伪民俗”。这些旅游发展举措虽然能取得短期的经济利益，但严重影响民族文化旅游的可持续发展。

（二）无限制地过度开发

作为传承文明的重要载体，任何遗产都承担着弘扬古代文化的重任，但随着参观者的纷至沓来，“不堪重负”成了许多遗产地发出的共同声音。在中国众多的遗产当中，敦煌莫高窟算得上是最易受人文因素影响的一个，由于遗产内容和构成方式的特殊性，随着参观者的日益增多，人类活动给壁画、彩塑等带来的影响正在不断加剧。莫高窟正式对外开放始于1979年，20多年来，先后有80多个国家和地区的近400万人次游客参观了莫高窟。近年来，莫高窟旅游人数明显呈上升趋势，而且主要集中在5月~10月，每年游客接待量已超过30万人次，预计未来5~10年内，到敦煌莫高窟旅游的人数还会迅速增加，每年将达到50万人次。由于游客身上携带一定的水汽和温度，当游客过多地进入洞窟参观，极易引起洞窟内温度、相对湿度、墙体表面温湿度及窟内二氧化碳浓度的变化。当呼出的二氧化碳和水汽达到一定浓度时，不但会使壁画产生酥碱，也可能会引起壁画颜料变色。敦煌研究院的一项模拟试验表明，洞窟内相对湿度持续的高低循环是导致壁画病害发生的重要原因。除了潜在的威胁和影响外，参观者的文物保护意识不强，直接用手触摸壁画，也成了敦煌保护任务艰巨的一个原因。

虽然莫高窟已经采取了有效措施将人类行为对壁画的损坏降低到了最小，但不可否认，前人对壁画的损害是不可弥补的。在开发过程中，既不能以牺牲珍贵文物为代价，换取旅游发展，也不能因为要保护文物而拒游客于门外，而是要在切实保护和管理好文物的前提下，充分发挥遗产地的重要作用，将有效保护与合理利用结合起来，把开放给文物带来的破坏降低到最低程度，这是在旅游开发中应长期重视的问题。

（三）许多传统的非物质文化遗产正面临着濒危消失

目前为止，我国的昆曲、古琴、蒙古族长调和新疆的木卡姆艺术已先后入选世界人类非物质文化遗产。但随着全球化趋势和现代化进程的加快，非物质文化遗产受到越来越大的冲击。一些依靠口授和行为传承的文化遗产正在不断消失，许多传统技艺濒临消亡，大量有历史、文化价值的珍贵实物与资料遭到毁弃或流失境外，随意滥用、过度开发非物质文化遗产的现象时有发生，全球经济一体化和现代化进程对非物质文化遗产冲击和消解的问题越来越突出。

保护非物质文化遗产，弘扬民间艺术关系到文化血脉的传承，关系到精神家园的维护，关系到先进文化的建设。所以说，抢救和保护那些处于生存困境中的非物质文化遗产，是时代赋予我们的非常紧迫的历史使命。各地区不仅要进一步做好非物质文化遗产的普查、认定和登记工作，制定非物质文化遗产保护规划，还要采取有效措施，抢救珍贵非物质文化遗产，并逐步建立国家和省、市、县非物质文化遗产名录体系，尽全力保护好中国千百年来流传下来的民间艺术瑰宝。

（四）地方政府更热衷于服务眼前的经济

复旦大学文化遗产研究中心教授陆建松认为，文化遗产的保护首先是政府的责任，应该建立财政保护机制来扶持；其次，要为文化遗产的继承创建一个好的环境，比如通过演出等方式使其步入良性发展的轨道上来。他还特别指出，我国大量文化遗产保留在西部地区，建议国家尽快启动非物质文化遗产抢救工程，使它们的传承获得政策和物质保障。①

然而，在现有的旅游资源开发机制下，地方政府一味注重短期的经济利益，完全忽略了应该对文化遗产进行必要的修缮和保护，景区容量经常超载，忽视了服务于社会的长远的资源保护。这种对文化遗产类旅游资源灭绝性的开发，短期内获取了经济利益，可是从长远来看，这种开发机制遗留给后世的只是不堪重负的、伤痕累累、难以恢复的文化遗产，是无法补救的遗憾。地方政府粗放型开发观念的转变不是一朝一夕的事情，除了自身觉悟的提高以外，国家关于这方面立法工作的加强也会起到监督约束的作用。

（五）西部经济文化的落后使保护更为迫切

从 2005 年、2006 年、2007 年《中国旅游年鉴》中的一些数字来看，西部省份无论是国内旅游、入境旅游，还是旅游总收入与东部省份相比都处于落后地位。2004～2006 年，江苏，广东，北京三省市占据了全国各地旅游总收入的前三甲，而西北五省除陕西省外，皆处于 20 名甚至 30 名以后。表 4 反映出了西部

表 4　部分西部省区与东部省区旅游经济对比

省份	国内旅游者人数(万人次)			国内旅游收入(亿元)			入境旅游者人数(万人次)			旅游外汇收入(亿美元)		
	2004 年	2005 年	2006 年	2004 年	2005 年	2006 年	2004 年	2005 年	2006 年	2004 年	2005 年	2006 年
江苏	14700	17000	19900	1289.8	1626	2062	306.6	378.3	445.2	17.6	22.6	27.9
广东	8967.4	9773.6	10789	1353.5	1519.7	8741	9579.1	10039	53.8	64	75.3	
北京	11950	12500	13200	1145	1300	1482.7	315.5	363	390.3	31.7	36	40.3
陕西	4150	5987.9	6950	185	316.3	378	80	92.8	106.1	3.6	4.5	5.1
甘肃	949.6	1207.9	1574.1	51.6	57.7	75.2	23.7	28.8	30.3	0.4	0.6	0.6
青海	509.2	633	810.3	20.2	25.7	34.6	2.9	3.5	4.2	0.1	0.1	0.1
宁夏	404	500	593	15	17.6	25.5	0.7	0.8	0.9	0.02	0.02	0.02
新疆	1242	1465	1661	109	130	149.1	31.7	33	36.2	0.9	1	1.3

资料来源：根据中华人民共和国国家旅游局《中国旅游年鉴》（2005～2007）整理。

① 赵亚辉、苏显龙：《古老文化遗产亟待更好传承》，2007 年 11 月 2 日《人民日报》。

旅游业和东南部发达地区旅游业的差距，可以看出，虽然从 2004～2006 年的三年中，西部旅游业无论是国内旅游还是入境旅游都呈现上升的状态，旅游总收入也在逐年增长，但是和广东省，北京市比较起来，显然增幅太小，西北五省一年旅游总收入的总和还不及北京市一年的旅游总收入的一半。

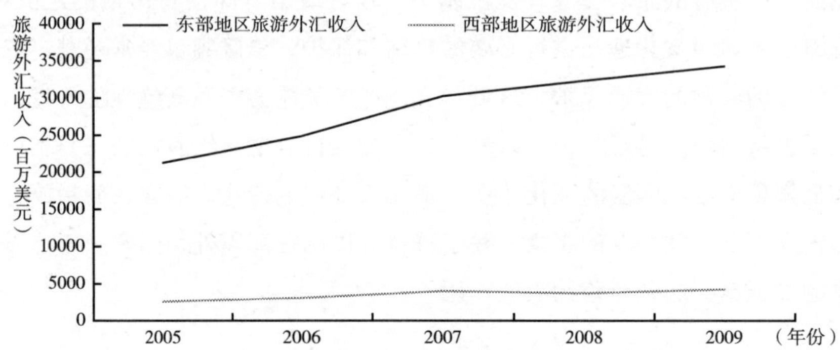

图 1　2005～2009 年东西部地区旅游外汇收入对比

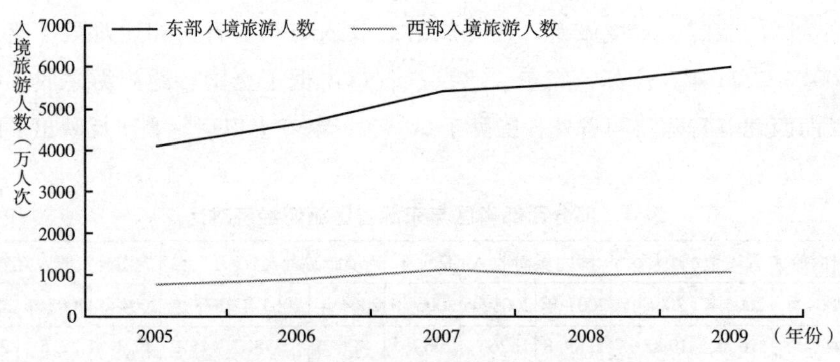

图 2　2005～2009 年东西部入境旅游人数对比

六　结论

本文以西部文化旅游开发现状分析为基础，揭示了西部文化旅游产业发展缓慢的原因，并对西部文化旅游深度开发的产业优势和西部资源的保护的必要性进行了探讨，具体有以下结论。

首先，西部文化旅游在改革开放 30 年来有了长足的发展，但开发观念滞后、区位因素制约、资金匮乏等原因导致了其总体水平较低，区域间发展不平衡、整体发展缓慢的现象。

其次，西部省份的文化旅游业在发展过程中，受到国家及地方政策支持，基础设施有所完善，人才培养初具规模，加之丰富独特的旅游资源、较大的市场潜力及区域协作的开展使得西部文化旅游的深度开发具有较好的产业优势。

再次，西部文化旅游的开发必须重视旅游资源的保护和合理开发。

但本文并未涉及相关建议的探讨，具体如何进行深度开发，如何实施等问题有待进一步论证和研究。

参考文献

邓明艳:《21 世纪西部发展旅游业的资源观》,《旅游资源》2003 年第 2 期。

付磊:《我国东、西部旅游发展差距与西部大开发战略》,《桂林旅游高等专科学校学报》2001 年第 5 期。

任现增:《西部旅游可持续发展的价值因子分析》,《旅游经济》2009 年第 9 期。

张梦、叶红:《东西部区域旅游业竞争力的比较与评价》,《财贸经济》2006 年第 5 期。

殷敏:《西部旅游产业的发展模式与潜力》,《西部论丛》2006 年第 7 期。

西部高技术产业技术创新效率测评

柴华奇　宋德强*

摘　要：本文运用了改进的数据包络分析模型——对抗交叉评价法对2008年我国西部12个省区市的高技术产业技术创新能力进行了评价，设计了"弱标准指数"（*WSI*）对传统的DEA模型评价值和对抗交叉评价值进行了比较分析，构建"标准指数"（*SI*）作为评价高技术产业技术创新效率的关键指标。最后，根据各地区的*SI*排名情况，对中国西部高技术产业的发展情况给出了综合性的分析评价结论。

关键词：技术创新效率　高技术产业　对抗交叉评价模型　数据包络分析

一　引言

（一）研究背景

在市场经济条件下，技术创新已成为产业竞争优势的根本支撑和决定因素，且技术创新也是高技术产业生存的根本所在。近年来，我国高技术产业作为经济发展的重点，取得了长足发展。2008年，我国高技术产业实现总产值57087亿元，工业增加值占全部工业增加值的10.2%。目前，我国高技术制造业规模位居世界第二，国际市场份额居世界第一。作为国民经济发展的战略性先导产业，高技术产业对提升我国产业结构和转变经济增长方式做出了重要贡献。然而，在看到我国高技术产业发展的同时也应注意到，首先我国高技术产业的区域发展不

* 柴华奇、宋德强，西北工业大学管理学院

平衡，各地区在技术创新发展的不同方面存在优势和不足；其次区域技术创新投入不断增加，但技术创新效率却值得探究，此外大多数属于高技术产业的企业仍处于价值链的低端环节，本身并不具备研发高技术的能力。因此，对中国西部高技术产业的技术创新效率进行评估具有重大的现实意义。

（二）相关概念界定

1. 高技术产业

在本文的研究中，依据国家统计局对高技术产业的定义。产业领域主要包括医药制造业、航空航天器制造业、电子及通信设备制造业、电子计算机及办公设备制造业以及医疗器械及仪器仪表制造业等产业。

2. 技术创新效率

技术效率是指在产出规模不变，市场价格不变的条件下，按照既定要素投入比例，生产一定量产品所需的最小成本和实际成本的百分比。技术创新效率是指在技术创新过程中创新投入要素相对于产出能力的利用率，是技术创新能力的发挥和经济效益的重要体现。

（三）理论综述

目前学术界对于技术创新效率的研究主要有两种方法：第一种方法是算数比例法，即用产出与投入的简单比例关系来表示投入产出绝对效率的高低，该方法仅适用于单指标的投入产出效率分析；第二种方法主要基于生产前沿面理论，生产前沿面理论是指通过分析某一待考察单位与效率前沿单位的偏离程度来衡量待考察单位的效率，该理论主要有参数方法（Parametric estimation method）和非参数方法（Non-parametric estimation method），两者的最大区别在于与参数方法相比，非参数方法没有参数方法研究中函数形式需要事先假定、参数估计的有效性和合理性需要检验等多方面问题，不去寻求生产前沿面的具体函数形式，而是直接应用观测数据构造成生产可能集上的生产前沿面，并利用生产前沿面进行经济分析。

非参数方法包括数据包络分析法（DEA）和自由处置包方法（FDH）。DEA以相对效率概念为基础，根据一组关于输入－输出观察值来估计有效前沿面，并根据各决策单元（DMU）与有效生产前沿面的距离状况，确定各 DMU 是否有效。FDH 是 DEA 的一个特例，连接 DEA 前沿各个顶点的线上的点没有被认定为效率前沿，FDH 生产可能性集合仅仅由 DEA 前沿一致或者位于 DEA 前沿内部。

参数方法主要适用于单产出和多投入的相对效率测算，它需要先设定一个投入产出函数，然后将该产出函数的误差项目设计成复合结构（这一结构中包含了衡量投入产出效率的随机项），并根据误差项的分布假设不同，采用相应的技术方法来估计生产函数中的各个参数，从而计算出投入产出效率。其最大优点是通过估计产出函数对投入产出的过程进行了描述，从而使对投入产出的效率估计得到了控制。参数方法大致可以分为随机前沿法（SFA）、厚前沿法（TFA）、自由分布法（DFA）等，其中使用最普遍的是 SFA，其他两种方法都是这种方法的变形。

（四）研究思路

本文的研究思路是从我国高技术产业区域发展现状出发，在国内外学者研究的基础上，依据 2008 年西部高技术产业发展数据，对传统的 DEA 模型——C^2R 模型进行了改进，引入对抗交叉评价模型，通过两种模型对高技术产业区域技术创新效率的比较分析，构建一个能够有效区分决策单元优劣和综合反映评价结果的新指标，对我国西部区域高技术产业技术创新效率进行评价，综合反映我国西部各地区高技术产业技术创新效率区域发展能力，揭示出西部各地区在不同方面存在优势和不足，为西部地区制定相关的技术发展政策提供参考依据。

二 研究模型

（一）传统的 C^2R 模型

DEA 的 C^2R 模型为：对第 i_0 个决策单元进行效率评价（$1 \leqslant i_0 \leqslant n$），以权系数 v 和 u 为变量，以第 i_0 个决策单元的效率指数为目标，以所有决策单元（包括第 i_0 个决策单元）的效率指数为约束。

然而在实际问题中，传统的 C^2R 存在明显的两个缺点：①当决策单元的数量相对于输入输出指标总数偏少时，无法对有效的决策单元加以区分，只能将决策单元分为有效和非有效决策单元两类，而无法进一步对有效决策单元进行区分和排序，例如对于较多的取到最大效率值 1 的决策单元仅用 h_i 一般不能区分这些决策单元的优劣；②输入输出指标的权重分配不切实际，即经常发生不重要的指标权重较大而重要的指标权重较小甚至为零的情况

（二）对抗交叉评价模型

Doyle 和 Green（1994）提出了交叉评价方法，交叉评价的基本思想是用每一个 DMU_i 的最佳权重（v_i^*，u_i^*）去计算其他 DMU_k 的效率值，得交叉评价值：

$$E_{ik} = \frac{Y_k^T u_i^*}{X_k^T v_i^*}. \tag{1}$$

E_{ik}越大对 DMU_k 越有利，对 DMU_i 越不利。

但是，由于线性规划的最优解（v_i^*，u_i^*）不唯一，则由（1）式得出的交叉评价值 E_{ik} 具有不确定性。为此，可采用对抗型交叉评价（aggressive-cross-evaluation）。其基本原理是：先求出每一个 DMU_i 的自我评价值 E_{ii}（即上文 C^2R 模型中的 h_i），再在保证 DMU_i 得到最大值 E_{ii} 的前提下，使其他的 DMU_k 得到尽可能小的交叉评价值 E_{ik}。

三　测评分析

（一）指标选择和数据处理

作者在遵循指标体系建立的科学性、可比性、可行性和适应性原则下，结合评价方法（DEA）的特点，选用了能有效评价技术创新投入和产出的相对效率的指标（如表 1 所示）。本文将中国西部 12 个省区市作为一个区域协调发展决策单元，由于数据不全以及比较分析上存在一定问题，分析时未包括西藏，选择了我国西部 11 个省区市的高技术产业作为研究对象，应用 C^2R 模型和对抗交叉评价模型分别对这些地区的技术创新能力进行评价。

表 1　DEA 模型的投入产出指标

指标类别	指标代码	指标名称	指标说明
投入指标	X1	R&D 经费投入比重	在企业科技活动经费内部之处中用于基础研究、应用研究和试验发展三类项目以及这三类项目的管理和服务费用的支出。
	X2	R&D 人员投入比重	指 R&D 人员折合全时当量。
	X3	科技活动人员投入比重	用来反映投入科技活动人力的规模。
	X4	科技活动经费投入比重	反映社会经济主体对科技活动、技术创新的促进。
	X5	科学家和工程师投入比重	用来反映投入科技活动人力的素质。
	X6	技术开发经费投入比重	测度促进技术进步、科技创新的主要指标。
产出指标	Y1	专利申请	反映拥有自主知识产权科技和技术创新成果。
	Y2	拥有发明专利数	反映技术开发活动的产出情况，测度产业技术创新的主要指标。
	Y3	新产品销售收入	衡量产品创新的最直接指标。
	Y4	高技术产业增加值	反映生产力水平和经济效益的指标，是技术和经营管理水平的综合表现。
	Y5	高技术产品出口额	是高技术产业技术创新效率的影响因素。

（二）实证结果和分析评价

经编程计算，得到西部 11 个省区市高技术产业发展的传统 C^2R 模型方法评价值（h_j）和交叉对抗 DEA 方法评价等结果（e_j）以及它们的排名（见表 2）。为更好的比较分析不同地理区域高技术产业技术创新能力情况，作者设计了两个新的评价指标。第一个新的评价指标是“弱标准指数”（Weaker Standard Index，WSI），并定义 $WSI_j = |(h_j - e_j)\ /e_j| = |h_j/e_j - 1|$，当从同行评议的对抗交叉评价转向 C^2R 评价时，相对效率就相应的增加或减少比率。第二个新的评价指标是可以准确衡量技术创新效率的指标——“标准指数”（SI）。这是为了突出“高 h_j、低 WSI”和“同等范围下，h_j 越高代表技术有效性越高”的要旨，体现出决策单元的技术有效性和各地区的技术创新效率的差异性，其中：

$$SI = h_j^{\ 3}/WSI = \frac{h_j^{\ 3} \cdot e_j}{h_j - e_j}$$

SI 的值是由 h_j 和 WSI 决定的，SI 越高，表示 DMU 有一个较高的 h_j、一个较低的 WSI 值，也即意味着较高的 h_j 和 e_j 值。

表 2 各地区 DEA 评价结果与排名

省区市		h_j	全国排名	e_j	全国排名	*WSI*	全国排名	*SI*	全国排名
西部	广 西	0.0087	28	0.2451	17	0.9645	18	6.83E-07	28
	内蒙古	0.0013	30	0.5384	6	0.9976	22	2.20E-09	30
	重 庆	0.1048	16	0.2014	20	0.4796	7	0.0024	18
	四 川	0.3042	11	0.1561	24	0.9488	17	0.0297	11
	贵 州	0.0338	22	0.1834	23	0.8157	11	4.73E-05	22
	云 南	0.0740	20	0.4141	10	0.8213	12	0.0005	20
	陕 西	0.2567	12	0.1241	26	1.0685	26	0.0158	12
	甘 肃	0.0132	27	0.1216	28	0.8915	13	2.58E-06	27
	青 海	0.0136	26	0.5864	4	0.9768	20	2.58E-06	26
	宁 夏	0.0185	24	0.1930	21	0.9042	14	7.00E-06	24
	新 疆	0.0082	29	0.2526	16	0.9675	19	5.70E-07	29

从表 2 中可以看出，依据西部地区高技术产业技术创新效率测评的情况，可以将西部地区高技术产业发展分成三类情况。

第一类型：*WSI* 较高，意味着较高的 h_j，而 e_j 较低。理论上，较高 h_j 的 *DMU* 有较高的技术有效性，这些地区的高技术产业技术创新虽然技术有效性较好，对各种投入利用效率较高，但可能只是在某一些投入要素的使用上具备优势（如科技活动人员、科学家和工程师等方面）。

以陕西省为例。2008 年陕西省高技术产业测评中，h_j 较高，其全国排名是 12 位，在西部地区中是第 2 位，这说明 2008 年陕西省高技术产业发展具有较高的技术有效性，其高技术产业技术创新技术有效性较好，对各种投入利用效率较高。但是另一方面，2008 年陕西省高技术产业测评中，e_j 较低，其全国排名是 26 位，在西部地区中是第 10 位，这说明 2008 年陕西省高技术产业发展具有较强的不均衡性，也就是陕西省高技术产业发展的传统模式就是大量利用地域高校资源优势，大量投入科技人员，促进高技术产业技术创新的发展，其在高技术产业发展上的资金投入、产业结构调整等领域相对滞后。由此可见，陕西省今后需要在整个高技术产业的产业结构、技术创新发展方式上做调整和改进。

此外，陕西省高技术产业技术创新效率评价中 $SI=0.0158$，排名第 12 位，$h_j=0.2567$，排名第 12 位，$e_j=0.1241$，排名第 26 位，$WSI=1.0685$。*SI* 排名第 12 位说明陕西省高技术产业技术创新效率的整体水平是较高的，然而技术创新

效率自我评价和交叉评价排名相差很大，表明陕西省高技术产业的发展具有不平衡性：①陕西省创新人才投入具有优势，而相比国内发达地区，R&D 经费投入有待提高；②陕西省航空航天和新材料产业是传统的优势特色产业，高技术产业的发展过分依赖于这两个产业。因此陕西省高技术产业的今后发展应建立在产业结构调整和创新投入要素优化的基础上。

与陕西情况类似的有四川、重庆。

第二类型：有广西、内蒙古、云南、青海、新疆等五个省区。其共同的特征是 WSI 较低，意味着较低的 h_j，而 e_j 较高。理论上，较低 h_j 的 *DMU* 有较低的技术有效性，这五个省区的高技术产业技术创新技术有效性较差，对各种投入利用效率较低，但是这五个省区的高技术产业技术创新发展较为均衡，没有简单地依靠在某一些投入要素的使用上具备优势来促进发展。同时，这五个省区的高技术产业技术创新效率评价中 *SI* 排名均较低，也说明了这五个省区的高技术产业技术发展状况较为落后。因此，广西、内蒙古、云南、青海、新疆这五个省区高技术产业的今后发展战略重点应下大力气提升创新效率、培养创新领军人才、培育新的高技术产业突破口。

第三类型：有贵州、甘肃、宁夏等三个省区。其共同的特征是 WSI 较低，意味着较低的 h_j，而 e_j 也较低。理论上，较低 h_j 的 *DMU* 有较低的技术有效性，这三个省区的高技术产业技术创新和技术有效性较差，对各种投入利用效率较低，但是这三个省区的高技术产业技术创新发展也不均衡，简单地依靠在某一些投入要素的使用上具备优势来促进发展。例如，贵州、甘肃的军工产业优势明显，对区域高技术产业技术创新贡献极大。同时，这三个省区的高技术产业技术创新效率评价中 *SI* 排名均较低，也说明了这三个省区的高技术产业技术发展状况较为落后。因此，贵州、甘肃、宁夏这三个省区高技术产业今后发展的战略重点应放在建立全面协调资源、夯实发展基础等方面。

四　结论

通过对中国西部 11 个省区市高技术产业技术创新能力的评价和比较，本文的主要结论如下。

（1）总体而言，我国高技术产业技术创新能力区域发展不平衡，西部地区创新实力雄厚的地区少，创新能力薄弱的地区多。西部大部分地区排名在第20名以后。东部地区的 *SI* 值平均为0.6983，中部地区为0.0112，西部地区为0.0054，东部与中西部地区间的差距较大，而中部与西部地区之间的差距较小。

（2）西部地区在创新投入和创新产出的总量上与东部地区存在很大差距，但是在相对规模上，西部地区存在一定的优势，西部地区更加重视高技术产业技术创新的质量。然而只有当高技术产业总体规模扩大了，才可能从中抽取更多的资源用于技术创新。因此，对西部地区来说，发展高技术产业的总量水平是最关键的，也就是说，今后西部地区高新技术产业发展的一个重点战略目标是快速做大高技术产业总体规模。

（3）加大创新的金融环境支持。科技活动经费筹集总额中金融机构贷款所占比重很小，这是因为我国金融环境支持存在很大缺陷。我国西部地区高技术产业创新资金融资困难问题由来已久，应该借鉴西方国家成熟的风险投资市场理论，建立符合我国西部地区国情的有效地风险融资体系，提高对我国西部地区高技术产业创新的金融环境支持。

（4）我国很多地区高技术产业的发展不平衡。从本文的表2中可以看到，西部很多地区技术创新效率的传统自我评价值和改进的交叉评价值的排名相差很大，这是由于整体的产业结构和产业发展方式上的不平衡导致的，应该深刻认识到这样发展的弊端并加以调整改进，使我国西部地区的高技术产业良性发展。

参考文献

毕红兵：《两阶段生产系统的DEA效率评价模型》，《中国管理科学》2007年第2期。

叶仪成、柯丽华、黄德育：《系统综合评价技术及其应用》，冶金工业出版社，2006。

夏维力、陈晨、姜继娇：《 中国制造业以技术创新为中心的知识资本测度研究》，《科学学与科学技术管理》2009年第2期。

郝勇、范君晖：《系统工程方法与应用》科学出版社，2007。

Christopher S. P. Tong. , "Disparity in Production Efficiency of China's TVES Across Regions: A Stochastic Frontier Production Function Approach", *Asia Pacific Journal of Management*. 2003, 20.

Mu iz M. A. , "Separating managerial inefficiency and external conditions in data envelopment analysis", *European Journal of Operational Research*, 2002, 143: 625 - 643.

Cook W. D. , Green R. H. , Joe Zhu, "Dual-role factors in data envelopment analysis", *IIE Transactions*, 2006, 38: 105 - 115.

Castelli C. , Pesenti R. , Ukovich W. , "DEA-like modes for efficiency evaluation of hierarchically structured units", *European Journal of Operational Research*. 2004, 154: 465 - 476.

Mu iz M. , Paradi J. , Ruggiero J. , "Evaluating alternative DEA models used to control for non-discretionary inputs", *Computers & Operations Research*, 2006, 33: 1173 - 1183.

Tser-yieth Chen, "An assessment of technical efficiency ang cross-efficiency in Taiwan's electricity distribution sector", *European Journal of Operational Research*, 2002, 137: 421 - 433.

图书在版编目（CIP）数据

中国西部经济发展报告. 2010／姚慧琴，任宗哲主编. —北京：社会科学文献出版社，2010.8
（西部蓝皮书）
ISBN 978－7－5097－1664－9

Ⅰ.①中… Ⅱ.①姚… ②任… Ⅲ.①地区经济－经济发展－研究报告－西北地区－2010 ②地区经济－经济发展－研究报告－西南地区－2010 Ⅳ.①F127

中国版本图书馆 CIP 数据核字（2010）第 131338 号

西部蓝皮书
中国西部经济发展报告（2010）

主　　编／姚慧琴　任宗哲
副 主 编／徐璋勇　赵海东　安树伟

出 版 人／谢寿光
总 编 辑／邹东涛
出 版 者／社会科学文献出版社
地　　址／北京市西城区北三环中路甲 29 号院 3 号楼华龙大厦
邮政编码／100029
网　　址／http：//www. ssap. com. cn
网站支持／（010）59367077
责任部门／皮书出版中心（010）59367127
电子信箱／pishubu@ ssap. cn
项目经理／邓泳红
责任编辑／周映希
责任校对／赵士孝　王洪强　南秋燕
责任印制／蔡　静　董　然　米　扬
品牌推广／蔡继辉

总 经 销／社会科学文献出版社发行部
（010）59367080　59367097
经　　销／各地书店
读者服务／读者服务中心（010）59367028
排　　版／北京中文天地文化艺术有限公司
印　　刷／北京季蜂印刷有限公司

开　　本／787mm×1092mm　1/16
印　　张／33　字数／565 千字
版　　次／2010 年 8 月第 1 版　印次／2010 年 8 月第 1 次印刷

书　　号／ISBN 978－7－5097－1664－9
定　　价／79.00 元

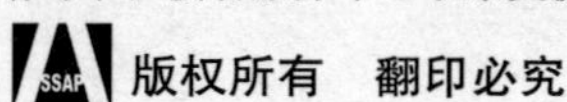

G 人口与劳动绿皮书
中国人口与劳动问题报告
B 房地产蓝皮书
中国房地产发展报告
B 城市竞争力蓝皮书
中国城市竞争力报告
B 中国总部经济蓝皮书
中国总部经济发展报告
(2009~2010)
G 经济信息绿皮书
中国与世界经济发展报告
(2010)
B 文化蓝皮书
2010年
中国文化产业发展报告
B 民间组织蓝皮书
中国民间组织报告
2009
G 医疗卫生绿皮书
中国医疗卫生发展报告
No.5
B 文化创新蓝皮书
中国文化创新报告
(2010)
B 财经蓝皮书
中国服务业发展报告
G 住房绿皮书
中国住房发展报告
(2009~2010)
Y 国际形势黄皮书
全球政治与安全报告
(2010)
Y 世界经济黄皮书
2010年
世界经济形势分析与预测
B 社会蓝皮书
2010年
中国社会形势分析与预测
SOCIETY OF CHINA
ANALYSIS AND FORECAST
(2010)
B 经济蓝皮书
2010年
中国经济形势分析与预测